Das IGL-Buch

Das IGL - Buch 3, Gesellschaftslehre an Gesamtschulen

Autorinnen und Autoren:

Katrin Ader, Bochum
Hans-Ulrich Beuthner, Wittmund
Anne Drell, Duisburg
Renate Fricke-Finkelnburg, Stadthagen
Fritz Junkers, Duisburg
Helmut Klüter, Greifswald
Ruthild Lindemann-Opfermann, Kamen
Brigitte Lüchtemeier, Kamen
Klaus Marsollek, Wittmund
Klaus-Ulrich Meier, Künzell
Karl-Ludwig Reinders, Goch
Wulf Schmidt-Wulffen, Hannover
Martin Thunich, Hannover

Karl-Josef Bergner, Weilerswist (beratende Mitwirkung)

1. Auflage 1 5 4 3 2 1 | 2001 00 99 98 97
Alle Drucke dieser Auflage können im Unterricht nebeneinander benutzt werden, sie sind untereinander unverändert.
Die letzte Zahl bezeichnet das Jahr dieses Druckes.

Dieses Werk folgt der reformierten Rechtschreibung und Zeichensetzung.

Redaktion: Paul-Christian Schenck, Markus Bente
Assistenz: Andrea Vogel
Umschlaggestaltung: Manfred Muraro
Herstellung: Reimar Westphal
Illustrationen: Martina Mahle, Stuttgart
Grafik: Fa. Frank + Ranger, Cornelia Frank, Stuttgart
Rudolf Hungreder, Leinfelden
Layoutgestaltung: Markus Wagner, Stuttgart
Kartenbearbeitung: Klett-Perthes
Kartenredaktion: Willi Stegner
Satz und Repro: Lihs, Satz und Repro Ludwigsburg
ISBN 3-12-408730-5

Gedruckt auf Papier aus
chlorfrei gebleichtem Zellstoff, säurefrei.
Umschlag mit PP-Folie kaschiert,
umweltverträglich und recycelbar.

Das IGL-Buch

Gesellschaftslehre an Gesamtschulen 3

Ernst Klett Verlag
Stuttgart München Düsseldorf Leipzig

Inhalt

Leseschnupperseiten   Methodenseiten

Leseschnupperseiten   Methodenseiten

Leseschnupperseiten — Methodenseiten

Liebe Schülerinnen, liebe Schüler,

Das IGL-Buch

Vor euch liegt nun der dritte Band des »IGL-Buchs«. Einige kennen es bereits aus den Jahrgangsstufen davor, andere lernen es vielleicht jetzt erst kennen. Wir wollen euch daher zuvor noch einmal kurz »Das IGL-Buch« vorstellen: IGL heißt eigentlich »Integrierte GesellschaftsLehre« und bezeichnet den Lernbereich, für den dieses Schulbuch entwickelt wurde. Der Begriff klingt schwierig und er ist auch tatsächlich nicht so leicht in einem oder zwei Sätzen zu erklären. Die Integrierte Gesellschaftslehre versucht nämlich, mithilfe der Fachgebiete Geschichte, Erdkunde und Politik oder Sozialkunde Antworten auf Probleme der Vergangenheit, Gegenwart und Zukunft zu finden. Wie das geht, lernt ihr im Umgang mit diesem Buch von Kapitel zu Kapitel immer besser kennen.
Die folgenden Erklärungen helfen euch mit dem Buch besser umzugehen:

1 Anfang

Jedes neue Kapitel beginnt mit zwei Seiten (Doppelseiten) als »Einführung«. Diese Einführungsseiten stellen euch das neue Kapitel vor. Damit ihr wisst, was euch erwartet, werden in einem Rahmen die wichtigsten Inhalte, die ihr kennen lernen werdet, aufgelistet.

1.1 Wir lernen

Mit einer solchen Überschrift beginnen die Themendoppelseiten. Sie stellen euch ein einzelnes Thema oder ein Problem innerhalb eines Kapitels vor.
Auf der linken Seite der Themendoppelseite stehen längere zusammenhängende Texte, die für euch von den Autorinnen und Autoren geschrieben wurden. Diese Seite erkennt ihr am oberen Rand durch eine grün gepunktete Linie. Rechts stehen die Seiten mit den roten Punkten. Diese Seiten enthalten Materialien, mit denen ihr arbeiten könnt.

➡ Begriff

Dieser Pfeil steht in der Regel vor schwierigen oder neuen Begriffen. Auf der linken Seite unten findet ihr dafür jeweils die Erklärungen. Ist ein Begriff *kursiv* geschrieben und mit einem * versehen, so ist er außerdem am Ende des Buchs in einem Begriffsglossar erläutert.

M2 ■

Die M-Ziffern ordnen alle Materialien auf den Themendoppelseiten. Als Material bieten wir euch unterschiedliche Texte, Bilder, Grafiken, Tabellen usw. an. Sie geben euch neue Hinweise zum Thema, regen zum Gespräch an, beantworten Fragen oder lassen Fragen entstehen. In einigen Materialien werdet ihr noch vereinzelt alte Schreibweisen von Wörtern oder Ausdrücken finden.

?

Auf jeder Themendoppelseite findet ihr einen Kasten mit Fragen, Aufträgen oder Anregungen. Sie fordern euch auf, alleine oder in Gruppen über das Thema nachzudenken und miteinander zu diskutieren. Ihr werdet manchmal auch aufgefordert euch innerhalb oder außerhalb der Schule zu erkundigen oder interessante Dinge zu unternehmen.

!

Solche Kästen enthalten zusätzliche Informationen zum Thema des Kapitels.

Die »Schatzkiste« gibt euch interessante Anregungen und nützliche Tipps.

Nur wenige Texte und Bilder zeigen euch sofort alle Informationen, die in ihnen enthalten sind. Wir stellen euch daher in den Kapiteln Verfahren vor, mit denen ihr die Informationen herausarbeiten könnt. Wir zeigen euch aber auch, wie ihr selbst aktiv werden könnt. Oft gibt es einführende Texte mit besonderen Erklärungen. Sie sind gekennzeichnet mit:
Am Ende des »IGL-Buchs« findet ihr im Methodenglossar eine Zusammenfassung aller in den Kapiteln vorgestellten Methoden.

Register

Und schließlich hat auch unser Buch am Ende ein alphabetisch geordnetes Stichwortverzeichnis. Hier könnt ihr nachschlagen. Die Seitenzahlen verweisen jeweils auf die Seiten im Schulbuch.

1 Multimedia – Wir sind Teil einer Neuen Informationsgesellschaft

Nach Meinung vieler befinden wir uns unmittelbar vor der Entstehung einer neuen Welt. Sie wird unsere Arbeits- und Lebenswelt vollständig verändern. In der Vergangenheit haben der Buchdruck oder das Telefon ähnliche Veränderungen herbeigeführt. Das Zauberwort heute heißt *Online**. Alle sind miteinander und alles ist mit allem vernetzt. Wir werden bald Zugang zu Tausenden von Fernsehsendern, Millionen von Büchern und Zeitungsseiten haben. Die Grenzen zwischen Lern- und Arbeitsorten sowie den privaten Lebensbereichen werden immer mehr verschwimmen. Dafür sorgen zukünftig sprechende Computer, zuhörende Fernseher und Bilder übertragende Telefone. Zentrales Medium dieser Zeit wird der *Computer** sein. Überall auf der Welt arbeitet die Industrie auf Hochtouren, um das Jahrhundert der totalen Information und Unterhaltung einzuleiten. Kann diese Freiheit aber nicht auch missbraucht werden? Unzulänglicher Schutz der Daten und Programme ermöglicht neue Formen von Wirtschaftskriminalität. Die *multimedialen** Datennetze »wissen« nicht, ob sie sinnvolle Informationen verbreiten oder etwa eindeutig rassistische und rechts- wie linksextremistische Inhalte. Ebenso können Gewalt verherrlichende Spiele und pornographische Darstellungen unkontrolliert verfügbar und für sexuelle und frauenfeindliche Belästigungen genutzt werden. Kritikerinnen und Kritiker dieser Entwicklungen erinnern daran, dass es in der Neuen Informationsgesellschaft bis heute noch keine anerkannte demokratische Kontrolle für das »Surfen« auf den *Datenautobahnen** gibt.

In diesem Kapitel könnt ihr

- ▶ Anwendungsbereiche neuer Informationstechnologien kennen lernen;
- ▶ Chancen und Gefahren der Multimediamöglichkeiten überprüfen;
- ▶ Auswirkungen der Informationsflut auf Individuum und Gesellschaft diskutieren;
- ▶ der Frage nachgehen, wer sich für die Neue Informationsgesellschaft interessiert, wer von ihr profitiert und in einem Tribunal deren Macht beurteilen;
- ▶ überlegen, wie ein vernünftiger Umgang mit den vielen Daten und Informationen gesichert werden kann.

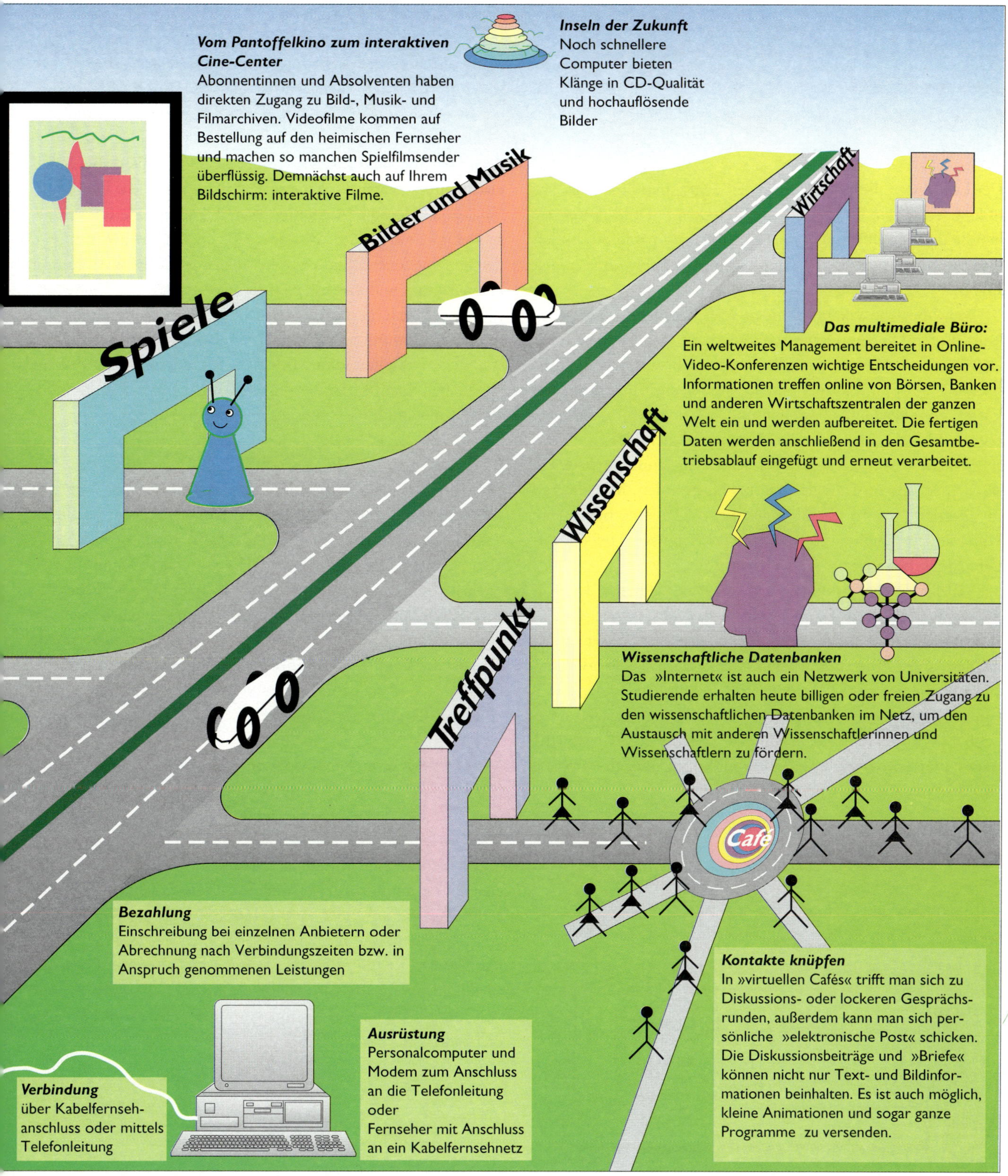

Vom Pantoffelkino zum interaktiven Cine-Center
Abonnentinnen und Absolventen haben direkten Zugang zu Bild-, Musik- und Filmarchiven. Videofilme kommen auf Bestellung auf den heimischen Fernseher und machen so manchen Spielfilmsender überflüssig. Demnächst auch auf Ihrem Bildschirm: interaktive Filme.
Inseln der Zukunft
Noch schnellere Computer bieten Klänge in CD-Qualität und hochauflösende Bilder
Bilder und Musik
Wirtschaft
Spiele
Das multimediale Büro:
Ein weltweites Management bereitet in Online-Video-Konferenzen wichtige Entscheidungen vor. Informationen treffen online von Börsen, Banken und anderen Wirtschaftszentralen der ganzen Welt ein und werden aufbereitet. Die fertigen Daten werden anschließend in den Gesamtbetriebsablauf eingefügt und erneut verarbeitet.
Wissenschaft
Treffpunkt
Wissenschaftliche Datenbanken
Das »Internet« ist auch ein Netzwerk von Universitäten. Studierende erhalten heute billigen oder freien Zugang zu den wissenschaftlichen Datenbanken im Netz, um den Austausch mit anderen Wissenschaftlerinnen und Wissenschaftlern zu fördern.
Café
Bezahlung
Einschreibung bei einzelnen Anbietern oder Abrechnung nach Verbindungszeiten bzw. in Anspruch genommenen Leistungen
Kontakte knüpfen
In »virtuellen Cafés« trifft man sich zu Diskussions- oder lockeren Gesprächsrunden, außerdem kann man sich persönliche »elektronische Post« schicken. Die Diskussionsbeiträge und »Briefe« können nicht nur Text- und Bildinformationen beinhalten. Es ist auch möglich, kleine Animationen und sogar ganze Programme zu versenden.
Ausrüstung
Personalcomputer und Modem zum Anschluss an die Telefonleitung oder Fernseher mit Anschluss an ein Kabelfernsehnetz
Verbindung
über Kabelfernsehanschluss oder mittels Telefonleitung

1.1 Multimedia in Familie und Freizeit – Mittendrinsein ist alles

Der *Computer** bestimmt längst den Tagesablauf in vielen Familien. Vor allem im Freizeitbereich haben PC und Fernseher bereits dazu geführt, dass Spielen, Lesen, Informieren, Bilden und Unterhalten anders geschehen kann als noch vor wenigen Jahren.

Wer über die entsprechenden Einrichtungen (Computer und Modem) verfügt, kann Bankgeschäfte von zu Hause aus erledigen, weltweit in virtuellen, d. h. nichtwirklichen Kaufhäusern (Shopping-Malls) einkaufen, Theater- und Konzertkarten vom Sessel aus bestellen und sich sogar für einen verregneten Nachmittag ein neues Computerspiel oder eine Zeitschrift, die erst Tage später am Kiosk zu kaufen sein wird, direkt per Telefon-Datenleitung ins Haus holen. Mit »Surfen im *Internet**« wird überall geworben. All dieses bietet eine völlig andere Qualität an Reizen und Erlebnissen, bei der andere Menschen nicht mehr so wichtig sind.

Vielfältige Auswirkungen auf das Familienleben können da nicht ausbleiben. Gemeinsame Unternehmungen werden seltener, weil Kinder z. B. Computerspiele interessanter finden als den längst fälligen Besuch bei der Oma. Dass Kinder und Jugendliche vor dem PC einen großen Teil ihrer Freizeit verbringen, hat sich in vielen Familien längst durchgesetzt. Schließlich ist das meistens viel aufregender als der übliche Tagesablauf. Außerdem sind die Kinder beschäftigt, wenn sie stundenlang allein zu Hause sind.

M1

Kinder können viel lernen

Einerseits spielen Jugendliche vor allem wegen des Gefühls, Kontrolle über etwas zu haben. Im wirklichen Leben haben sie kaum Chancen dazu. Andere gleichen durch den Computer ihre Ohnmacht im Alltag aus. Andererseits kann das Computerspielen auch sehr lehrreich sein: Denkspiele erfordern Orientierung, rasches Auffassen und Denken. Bei Spielgeschichten lernen die Kinder, Rätsel zu knacken. In Action-Spielen werden das Aushalten von Stress und die Reaktionsschnelligkeit trainiert. Was wäre gegen Spiele einzuwenden, die verschiedene Fähigkeiten herausfordern und wo man mit Partnerinnen und Partnern zusammen spielt?

Allerdings lernt man dabei nicht, sich auf Menschen einzustellen. Kommunikation findet bei diesen Spielen nur begrenzt statt. Die Fähigkeit zum Mitleiden, zur Zärtlichkeit oder zur friedlichen Konfliktregulierung wird nicht entwickelt. Religiosität, Ruhe und Entspannung spielen keine Rolle mehr.

Computer kosten Geld!

Die Ausstattung der Kinder- und Arbeitszimmer mit den *Neuen Technologien** und ihre Nutzung ist teuer. Sie kostet das ganze Taschengeld der Kinder und Jugendlichen, reißt aber auch größere Löcher in die Familienkasse. Dann müssen auch schon mal andere Dinge des täglichen Lebens zurückstehen. Schließlich wollen alle, die einmal begonnen haben, die neuen Medien zu nutzen, »up to date« sein. Wer in der Schule oder in der Clique vorgeführt bekommt, was ihm bisher entgangen ist, will oft genug auch so bald wie möglich an der aufregenden Computerwelt teilhaben.

Meine Eltern mögen meinen Computer nicht!

Einige Väter sind selbst Technik- und Medienfreaks, der Computer zu Hause beschäftigt auch sie stundenlang während ihrer Freizeit. Viele Jugendliche empfinden es aber mehr als ärgerlich, dass sich ihre Eltern nicht in gleichem Maße von der eigenen Computerbegeisterung anstecken lassen. Deren Vorstellungen von »Action« und »Unterhaltung« sind oft meilenweit von denen ihrer Kinder entfernt. Sie fürchten ihren Kindern am PC unterlegen zu sein und können es oft schwer verdauen, wenn die Modelleisenbahn oder die Barbiepuppe von ihren Kindern als Hilfe zum Erwachsenwerden nicht mehr akzeptiert wird.

M2 ■ »Happyend« auf Bestellung

Interaktives Fernsehen macht die Zuschauer zu Programmdirektoren, die nebenbei noch einkaufen oder Nachrichten zusammenstellen.

Ein wirklich gelungener Samstagnachmittag: Bei einer Fußballübertragung sucht sich der Vater für das Spitzenspiel der Bundesliga per Fernbedienung seinen liebsten Kamerawinkel aus, der Sohn nutzt später den Fernseher, um per Kabel das neueste Sega-Video-Spiel auszuprobieren. Zum Abendessen bestellt die Mama per TV eine Pizza, danach gibt's über Kabel einen Wunschfilm. Und sind die Kinder im Bett, gewinnen die Eltern vom Sofa aus beim »Glücksrad« mit.

»Interaktives Fernsehen« nennen Experten solche Visionen: Die Zuschauer übertragen ihre Wünsche per Fernbedienung an eine Zentrale und gestalten so ihr persönliches Fernsehprogramm.

(Der Stern 12/1994, S. 144 f.)

M3 ■ »Der Schäfer und seine Herde«

M4 ■ Ein Tag ohne Computer

Gestern Nachmittag machten wir mit der ganzen Familie eine Radtour durch den Hopelser Wald. Am Friedeburger Tief gab es einen schönen Platz für unser Picknick.

Nachdem wir uns mit den leckeren Sachen gestärkt hatten, spielten wir im Wasser, badeten, bauten mit Steinen einen Damm, fingen mit der Hand einige Stichlinge, die wir in den aufgestauten kleinen Teich einsetzten. Nach zwei Stunden fuhren wir weiter. Auf dem Nachhauseweg kehrten wir noch in einer Kneipe ein.

(»Am Sonntagnachmittag«, Klassenaufsatz, Juni 1995.)

M5 ■

M6 ■ Der Siegeszug der Computer durch die Büros hat sich bisher noch nicht in den Freizeitbereich fortgesetzt

Zu diesem Ergebnis kommt eine am Dienstag in Hamburg veröffentlichte Repräsentativ-Umfrage des B.A.T.-Freizeit-Forschungsinstitutes zum Thema Freizeitaktivitäten unter 2600 Frauen und Männern im Alter ab 14 Jahren. »Die Technologien in der Medienbranche ändern sich schneller als die Gewohnheiten der Konsumenten«, sagte der Leiter des Instituts, Professor Horst Opaschowski. Die überwältigende Mehrheit halte an den alten Gewohnheiten fest. Für technische Medien-Neuheiten fehlten den meisten das technische Verständnis, die nötige Zeit und auch das Geld. »Ob CD oder Computer, Videofilm oder Videospiele – die Männer geben jeweils den Ton und den Trend an«, berichtet das Institut.

(nach: Frankfurter Rundschau vom 11. 1. 1995.)

1 ■ Stellt in einer Pro- und Contradiskussion die positiven und negativen Folgen von Computerspielen gegenüber. Berücksichtigt auch eure eigenen Erfahrungen.

2 ■ In M2, M4 und M5 werden Familienszenen beschrieben. Schreibt eine Geschichte, wie ihr eure Freizeit in 10 Jahren verbringen werdet, aber mit Menschen aus eurer eigenen Umgebung.

3 ■ Überprüft, ob die in M6 genannten Umfrageergebnisse auch bei den Leuten, die ihr kennt, zutreffen.

4 ■ Nehmt Stellung zu den Karikaturen M1 und M3.

M1 ■ **Neue Heimarbeit?**

1.2 Wer nicht mitmacht, hat das Nachsehen – Multimedia in der Wirtschaft

Hinter dem Schlagwort *Multimedia** verbirgt sich eine technische Entwicklung, die in den nächsten Jahren unser Leben entscheidend verändern wird. Es geht dabei um das weltweit zusammenwachsende Netz von *Computern** über Telefonleitungen, Glasfasernetze und Satelliten. Viele Firmen der Zukunft werden dann weder Büro noch Geschäftssitz, sondern lediglich Adressen im Datennetz haben. Fast alle größeren Telefongesellschaften, die *Hard- und Softwareproduzenten** der Computerindustrie und die Medienkonzerne fördern diese Entwicklung durch milliardenschwere Investitionen und Werbung und bemühen sich längst, diesen Zukunftsmarkt unter sich aufzuteilen. Die Chancen und Risiken dieser Technologien werden unterschiedlich beurteilt. Einige sehen Rationalisierungsgefahren in bisher unerkannten Ausmaßen, andere versprechen sich Millionen von neuen Arbeitsplätzen. Sicher ist, dass viele klassische Arbeitsplätze verloren gehen, aber auch neue geschaffen werden.

Neue Arbeitsplätze

Fernarbeiterinnen und Fernarbeiter der Zukunft sind über elektronische Medien mit ihrer Firma, ihren Kunden oder Auftraggebern vernetzt. Sie haben häufig eine hohe berufliche Qualifikation und nennen sich Telearbeiter oder »Telecommuter« (Telependler). Telearbeit wird keine Grenzen kennen. Neue Arbeitsplätze können überall entstehen – in Ostfriesland oder Indien, je nachdem, wo die Arbeitskraft als wirtschaftlich angesehen wird. Die Gewerkschaften weisen durchaus auf die Schattenseiten dieser Praxis hin: So sei in manchen Pilotprojekten die Tendenz zu erkennen, dass insbesondere Frauen durch Telearbeit eine doppelte Belastung erfahren. Haus- und Erwerbsarbeit vermischen sich – dies bedeutet zusätzlichen Stress. Auch soziale Kontakte reduzieren sich, wenn Telearbeit wegen der Kinderbetreuung erst am späten Abend verrichtet werden könne.

Als weitere mögliche Gefahren nennen Gewerkschaften die soziale Isolation im Beruf, eine Entsolidarisierung der Arbeitnehmerinnen und Arbeitnehmer, eine Schwächung ihrer gewerkschaftlichen Kampfkraft und einen möglichen Ausschluss von innerbetrieblicher Fort- und Weiterbildung.

Pendler auf der Datenautobahn

Pendlerinnen und Pendler von morgen leben außerhalb der Großstädte, arbeiten zu Hause und sind trotzdem in Windeseile über die Vernetzung bei ihrem Arbeitgeber in der Stadt. Ohne Ärger und ohne Verkehrsstaus und ohne Parkplatzsuche, denn das Auto bleibt in der Garage. Die Anreise findet auf der Datenautobahn statt. Wie Fachleute vermuten, wird Telekommunikation den Berufs- und Freizeitalltag, aber auch das Mobilitätsverhalten der Gesellschaft gravierend verändern: Wer am Personalcomputer arbeitet, über Fernsehmonitore konferiert, Bankgeschäfte telefonisch regelt und per Mausklick auf Shopping-Tour geht, spart nicht nur Zeit, sondern schont auch die Umwelt. Das Auto muss nicht mehr so viel bewegen, denn Dienst- und Einkaufsfahrten entfallen, und das entlastet wiederum die Straßen von etlichen Verkehrsteilnehmern.

Multimedia als Jobkiller

Unternehmensberatungen verpassen einer ungezähmten Multimedia-Begeisterung einen Dämpfer. Multimedia ist nämlich nicht nur Beschäftigungsmotor, sondern auch Jobkiller. Stellenverluste sind vor allem bei Banken, Versicherungen, Reiseveranstaltern und im Handel zu befürchten, überall dort, wo zukünftig Computer ganze Arbeitsbereiche der Kommunikation übernehmen werden. Sie schätzen, dass Multimedia keinen Stein auf dem anderen lassen wird, und nur wer sich auf die Technologierevolution einstelle, könne wirtschaftlich überleben.

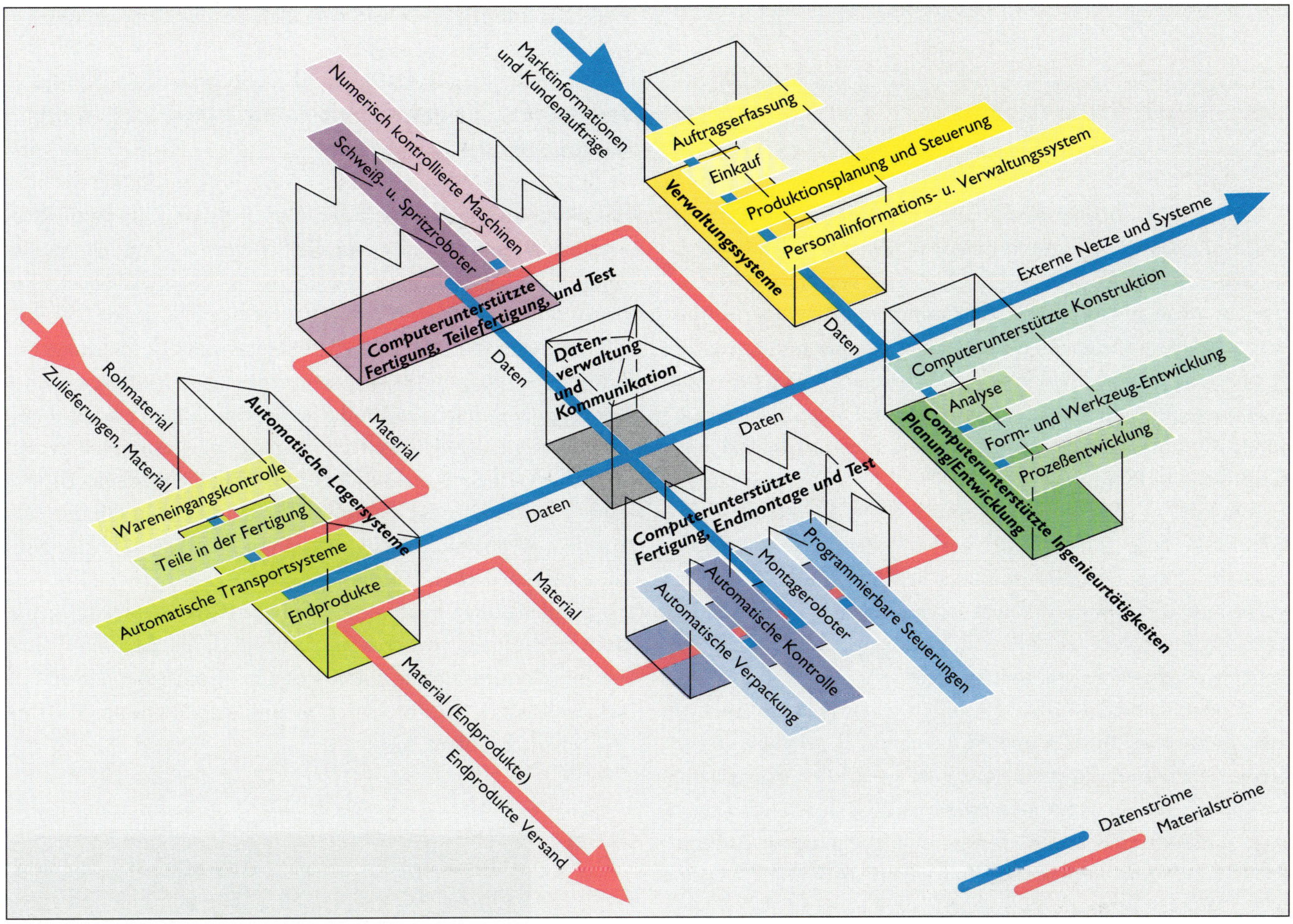

M2 ■ Daten- und Warenströme in einer vernetzten Fabrik

M3 ■ Telearbeit ohne Grenzen?

Wen der Umgang mit den vielfältigen Möglichkeiten der neuen Technik überfordert, wird es schwer haben, in dieser Arbeitswelt ein Auskommen zu finden. Hoch qualifizierte hingegen – so argwöhnen die Gewerkschaften schon – könnten vor lauter Ehrgeiz daheim den Feierabend vergessen und damit »Selbstausbeutung« betreiben. Die IG Metall warnte bereits vor möglichen Karrierefolgen »elektronischer Einsiedelei«: Ein außerbetrieblicher Arbeitsplatz könnte »zum Einstieg in den Ausstieg werden«, weil die daheim Isolierten bei Beförderungen übergangen würden. Aber immerhin 33 % der infrage kommenden Arbeitnehmer sind nach Erkenntnis der EU ohne Furcht vor Benachteiligungen an Teleheimjobs interessiert. Überdies bieten sie für Millionen von Behinderten auf der Welt eine bessere Chance in einen Beruf einzusteigen. Gefördert von den Wirtschaftsministerien einiger Bundesländer etablieren sich erste »Telehäuser« auf dem Lande, für Daten eingerichtete »Nachbarschaftsbüros«. Die sollen vor allem Frauen in wirtschaftlich schwachen Regionen die Chance geben Familie und Beruf zu kombinieren.

(Der Stern 44/1994, S.151 ff.)

1 ■ Stellt in einer Tabelle gegenüber, welche Vor- und Nachteile eine Veränderung der Arbeit wie im Text beschrieben mit sich bringen wird.

2 ■ Welche Arbeitsplätze gehen verloren, welche bieten euch eine Perspektive? Kann Telearbeit (M3) eine Alternative sein? Begründe.

3 ■ Überlegt, in welchen Bereichen der Fabrik in M2 ein Computer stehen sollte. Wie viele werden insgesamt benötigt?

4 ■ Stellt eure persönliche Meinung vor: eure berufliche Zukunft – ohne Zukunft? Gibt es bald nur noch Arbeit für wenige? Begründet.

1.3 Bildung und Multimedia – Die Zukunft im Klassenzimmer?

Obwohl in den vergangenen Jahren in vielen Schulen Computer angeschafft wurden, hat die Nutzung der Geräte im Unterricht nicht entsprechend zugenommen. An weiterführenden Schulen in Deutschland müssen sich noch immer durchschnittlich zwölf Schülerinnen und Schüler ein Gerät teilen und oft genug stehen die teuren Lehrmittel ungenutzt herum. Junge Computer-Freaks gewinnen ihre Kenntnisse fast ausschließlich zu Hause.

Ob die unbefriedigende Ausnutzung vorhandener Lehrcomputer an der Auswahl der vorhandenen Hard- und Software, der Lehrplangestaltung oder der Ausbildung des Lehrpersonals liegt, darüber liegen keine allgemein gültigen Erkenntnisse vor. Am fehlenden Interesse der Schülerinnen und Schüler wird es aber wohl nicht liegen.

Wahrscheinlich werden die öffentlichen Schulen auch in zehn Jahren im Prinzip noch so organisiert sein wie heute. Grund dafür sind die immer knapper werdenden öffentlichen Mittel, die es bald nicht mehr erlauben, dass den Schülerinnen und Schülern eine anforderungs- und zeitgerechte Ausstattung mit Daten verarbeitenden Medien angeboten werden kann. Wirtschaft und Gesellschaft fordern entsprechend heutigen Anforderungen ausgebildete junge Menschen. Nach Meinung vieler Verantwortlicher in der Wirtschaft und den Hochschulen gilt es, Prioritäten für eine zukunftsweisende Ausbildung zu setzen. Das ist teuer, aber eine notwendige Investition in den Standort Deutschland.

Schulen sollen den Weg zur Info-Gesellschaft ebnen

So fordert z. B. die deutsche Elektroindustrie von den Schulen, Jugendliche besser auf die Informationsgesellschaft vorzubereiten. Es müsse ein »informationstechnischer Analphabetismus« verhindert werden. Deutschland liege bei der Verbreitung von Computern international nur im hinteren Mittelfeld. Der Verbandspräsident erwartet, dass der Staat den jungen Menschen den Weg in die Informationsgesellschaft ebnet. Er beklagt, dass hierzulande lediglich zwölf Personalcomputer je 100 Einwohner installiert seien. In den USA kämen auf 100 Einwohner mehr als 30 Geräte. Seine Forderung: Jedes Klassenzimmer, jeder Bibliotheksplatz brauche einen Anschluss an die internationalen Datennetze. Dann könnten sich Schülerinnen und Schüler eine unermessliche Fülle aktiven Wissens selbst suchend erschließen.

Handwerk und Industrie fordern: Jugendliche müssen sich auf neue Berufe vorbereiten!

Deutschland verfügt mit rund 1,5 Millionen Kilometern über das dichteste Glasfasernetz der Welt und damit über einen wesentlichen Standortvorteil an der Schwelle zum Informationszeitalter. Im Jahr 2000 werde es in der Europäischen Union bis zu zehn Millionen Telearbeitsplätze geben, sagen Industrielle voraus. Neue Berufe wie Telemediziner, Infomanagerin, Bildschirmdesigner oder Medienrechercheurin würden entstehen. Anwendungen der modernen Technologien im Verkehrsmanagement, im Umweltschutz und im Gesundheitswesen würden das Leben erträglicher und sicherer machen. Die Industrie erwartet, dass die Politik die bestehenden Hindernisse aus dem Weg räumt. Dazu müsste vor allem die Bildungspolitik weiterentwickelt werden.

Schulen sollen auch auf absehbare Risiken einer Informationsgesellschaft vorbereiten. Der »gläserne Mensch«, eine »soziale Vereinsamung« und das Entstehen einer Zweiklassengesellschaft der Informierten und der Nichtinformierten werden als Probleme gesehen.

M1

M2 ■ Revolution im Klassenzimmer: Lernen mit dem Computer

Immer mehr Lehrer benutzen Rechner im Unterricht. Die Schüler konstruieren am Bildschirm Baumhäuser oder entwerfen Fahrpläne für die Eisenbahn.

Miriam, 9, hat auf dem Bildschirm die Datei »Rotkehlchen« aufgerufen. Jetzt will die Drittklässlerin der Erlen-Schule in Witten-Annen wissen, was der Vogel am liebsten frisst. Behände führt Miriam die Computermaus über den Tisch, bis der Pfeil auf dem Monitor beim Kästchen »Nahrung« angekommen ist. Noch ein Klick und Pfaffenhütchensamen und schwarze Johannisbeeren, garniert mit erklärenden Texten, füllen den Bildschirm. Milena und ihre Klassenkameraden nehmen am Schulprojekt »Neue interaktive Medien im Unterricht« teil, das das nordrhein-westfälische Landesinstitut für Schule und Weiterbildung entwickelt hat. Star der Aktion ist ein Rechner mit CD-ROM-Laufwerk. Darauf ist ein Programm namens »Das grüne Klassenzimmer« gespeichert. Es ermöglicht eine sogenannte Hypermedia-Arbeitsumgebung: Der Computer zeigt nicht nur Texte und Bilder, er führt zudem passende Geräusche und sogar kurze Filme vor – bei den Rotkehlchen etwa darüber, wie sie ihre Jungen füttern.

»Mit traditionellen Methoden hätten die Kinder nicht so viel gelernt«, sagt Lehrerin Marita Golze, 44. »In herkömmlichen Lernmitteln sind Bild, Ton oder Text isoliert. Hier haben wir alles zusammen.« Virtuos stöbern die Knirpse aus Witten in Dreiergruppen in Dutzenden von Computerdokumenten, sie schreiben Texte, rechnen Simulationen durch oder lassen die Bauanleitung für ein Baumhaus ausdrucken. »Das ist viel schöner als jedes Computerspiel«, sagt Alexandra, 9. Klassenkameradin Rebecca fügt hinzu: »Wenn du hier arbeitest, kannst du blättern und immer tiefer reinsteigen.« Lehrerin Marita Golze: »Weil sie in der Gruppe davor sitzen, müssen sie gemeinsam jeden Schritt entscheiden.«

M3 ■ Zwei Meinungen

Eine Technologie, die computergesteuerte Interaktion zwischen Schüler/Schülerin und einem vielfältigen Mediensystem möglich macht, steht für Freisetzung von Spontaneität und Kreativität. Sie ermöglicht ein Lernen mit allen Sinnen, Eigenaktivität, Interaktivität, selbstkontrolliertes und hoch motiviertes Lernen.

In der gegenwärtigen deutschen Schule sind interaktive und multimediale Computersysteme im Unterricht reiner Unfug. Es handelt sich hierbei um individuelle »Lernsysteme«, wogegen die deutsche Schule eine »soziale Lehreinrichtung« ist. Wenn man davon ausgeht, ist Multimedia nur alternativ zur gegenwärtigen Schule zu sehen.

M4 ■ Internationale Kontakte

Über Datennetze kommunizieren mittlerweile Tausende von deutschen Schülern miteinander oder mit Kollegen im Ausland. Sie klinken sich in speziell für Schüler gedachte Netze wie das britische »Campus 2000« oder das »National Geographic Kids Network« in den USA ein. Im elektronischen Palaver lernen Schüler mit dem Computer nicht nur andere Menschen, Kulturen und deren Geschichte kennen, sondern genauso fremde Sprachen.

(M2 u. M4: Der Stern 46/1994, S. 26.)

M5 ■ Was machen dann die Lehrerinnen und Lehrer?

Schülerinnen und Schüler der Zukunft werden wohl auch von Lehrpersonen herkömmlicher Art und deren Rollenverständnis Abschied genommen haben. Eine eigenverantwortliche Selbstorganisation von Lernen mithilfe der neuen Medien erfordert auch von den diesen Prozess begleitenden Erwachsenen eine völlig neue Einstellung zu ihrer Arbeit. Die Bedingungen in einer überwiegend multimedialen Gesellschaft Unterricht zu gestalten, werden sich entsprechend allen anderen Arbeitsbedingungen auch verändert haben.

(M3 u. M5: Autorentext)

M6 ■ Mitfahrgelegenheit?

1 ■ Schreibt heraus, was euch am Unterricht in M2 gefällt und vergleicht mit euren Erfahrungen.

2 ■ Versucht herauszufinden, worin sich die beiden Positionen in M3 unterscheiden.

3 ■ Überlegt euch Bereiche, in denen Computer eine sinnvolle Ergänzung zum herkömmlichen Unterricht sein können.

4 ■ Lest M4, M5 und betrachtet M6. Werden in der multimedial ausgestatteten Schule überhaupt noch Lehrerinnen und Lehrer gebraucht? Diskutiert, welche Aufgaben sie in einem computerunterstützten Unterricht wahrnehmen sollten.

1.4 Die neue Informationsflut – Eine Überforderung für den Menschen?

M1

Es gibt viele Menschen, die sich von der Flut der auf sie eindringenden Daten und Informationen regelrecht überrollt fühlen. Fast die Hälfte der Menschen in der Bundesrepublik empfindet das Zeitalter der Telekommunikation als Bedrohung. Viele, vor allem aus der älteren Generation, fühlen sich von der Überfülle des Medienangebots bedroht und sind solchen Herausforderungen nicht gewachsen.

Was macht Angst?

Sie haben Angst vor der »Datenflut« allgemein und befürchten z. B. sich daraus ergebende berufliche Konsequenzen, wenn sie die neuen Techniken nicht »in den Griff« bekommen. Das liegt auch daran, dass sie nicht übersehen und einschätzen können, was an der Vielzahl der Daten für sie persönlich von Bedeutung ist. Schließlich sind ihre Ängste vor den Möglichkeiten totaler Überwachung und Kontrolle durch die neuen Medien geweckt. Bisher hatten die Menschen noch nicht das Problem, so viele Informationen bewältigen zu müssen. Viele fühlen sich schon jetzt überfüttert mit der Vielzahl an Bildern und Informationen, die sie über die bisher üblichen Medien Radio, TV, Presse und Video erreichen. Dabei sollen es noch mehr werden: aus mehr Fernsehkanälen, aus den Computern über *Datenautobahnen** und interaktiven Netzen. Es soll sogar demnächst leicht möglich sein, in die Dimension der virtuellen Wirklichkeit einzudringen.

Verantwortung im Umgang mit Informationen

Wo so viele Daten verfügbar, ja sogar aufgedrängt werden, müssen Hilfen geboten werden die Flut zu beherrschen. Daraus ergibt sich sowohl eine Verantwortung für diejenigen, die die Daten produzieren, als auch für diejenigen, die sie nutzen. Erstere wollen damit natürlich Geld verdienen; sie müssen sich erst einmal auf dem Markt behaupten. Ihre Verantwortung ist aber dort einzufordern, wo sie mit ihren Produkten die Menschen emotional, politisch, sozial zu beeinflussen suchen. Hier müssen sie politische und gesellschaftliche Grenzen anerkennen.

Die anderen, die konsumieren, müssen auf wirksamer Kontrolle bestehen. Schließlich wollen sie in einer demokratischen Gesellschaft, in der es viele unterschiedliche Meinungen und Einstellungen gibt, auch weiterhin mitreden und mitentscheiden können. Daraus ergeben sich eine Reihe von Aufgaben für die Politik, die hier allein in der Lage ist für entsprechende Bedingungen zu sorgen.

Wir Menschen, nicht die Maschinen!

Die Macherinnen und Macher der Datenflut gehen davon aus, dass uns die Informationstechnologie an die Grenze dessen führen wird, was wir Menschen verarbeiten können. Sollte es wirklich so weit kommen, müssen wir das einsetzen, über das wir Menschen verfügen: (gesunder) Menschenverstand, Moral, Klugheit, Vernunft, Kreativität, Solidarität. Wenn uns diese Eigenschaften erhalten bleiben, sind wir auch besser in der Lage den übermächtigen Informationen zu begegnen.

M2

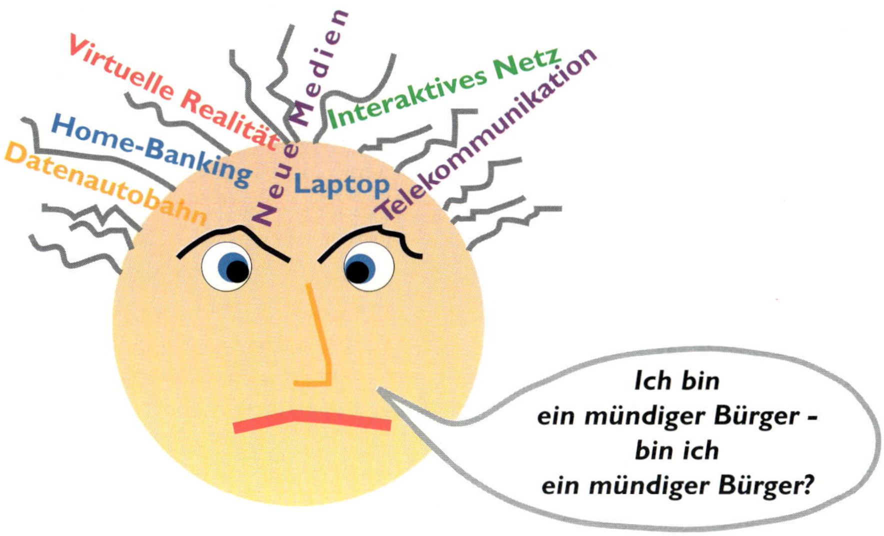

M3■

M5■ Freizeitforscher Opaschowski: Konsumenten reagieren hilflos.

In den nächsten Jahrzehnten wird es enge Grenzen für die Medienrevolution geben. […] Bevor der Multimedia-Boom sich auf breiter Ebene durchsetzen könne, müssten zunächst Akzeptanz- und Kompetenzbarrieren beseitigt werden. Die Menschen könnten mitunter nur noch irritiert und hilflos reagieren, weil vieles zu schnell und hektisch eingeführt werde. Schock- und Flop-Wirkungen könnten da nicht ausbleiben. Um die Akzeptanz der neuen Medien zu steigern, müsse der Erziehung zur Medienkompetenz die ganze Aufmerksamkeit gewidmet werden. Je technologischer unsere Umwelt werde, […] desto stärker werde die Sehnsucht der Menschen nach Muße, Ruhe und In-Ruhe-gelassen-werden. Zeitungen, Zeitschriften und Bücher würden deshalb weiter existieren und zu »den« zukunftsträchtigen Medien gehören.

(Ostfriesenzeitung vom 28. 3. 1996.)

M4■ Anzeige in PC-Welt 3/96

1■ Im Text wird von Angst vor Medien gesprochen. Versucht in Gruppengesprächen herauszufinden, wer Ängste hat, wovor und warum sie/er sie hat.

2■ Vergleiche M1 und M2. Was wollen die Fotos ausdrücken?

3■ Erstellt in kleinen Gruppen eine Collage in Plakatgröße mit Ausrissen aus Illustrierten, in der die Aussagen von M3 und M5 verdeutlicht dargestellt werden.

4■ Was ist eurer Meinung nach der Grund dafür, dass die Buchreihe, für die in der Anzeige M4 geworben wird, erfolgreich ist?

M1

1.5 Informationssicherheit – Wer schützt uns vor Datenklau und Datenmissbrauch?

Es geschah in der Nähe von München: Einbrecher, offensichtlich professionelle Datendiebe, bauten in einem mittelständischen Unternehmen zu nachtschlafender Zeit die Festplatten aus den Personalcomputern der Geschäftsleitung aus und verschwanden damit – und mit ihnen alle vertraulichen, für die Firma überlebenswichtigen Informationen.

Neue Wirtschaftskriminalität

Längst hat sich eine auf Informationsdiebstahl und widerrechtliche Verwendung von fremden Daten ausgerichtete spezielle Wirtschaftskriminalität entwickelt, deren betriebswirtschaftliche und volkswirtschaftliche Schäden beträchtlich sind. »Hacker« versuchen mithilfe ihrer Computer in Informationssysteme und geheime Datenbanken einzudringen, um auf Sicherheitsmängel aufmerksam zu machen. Computer-»Viren«, eine besondere Form der Sabotage, bedrohen große und kleine Datenbestände gleichermaßen, ihre Verbreitung wird mit der immer enger werdenden Vernetzung der weltweiten Computersysteme zunehmend erleichtert und gefährdet unersetzliche Daten und Programme.

Risiko Computer

Heute werden Computer immer mehr auch in Bereichen eingesetzt, in denen Menschenleben direkt davon abhängen – etwa in der Medizin, in Verkehrsleitsystemen, in militärischen Ablaufplanungen. Nach Meinung von Fachleuten sind die Risiken einer Nutzung heute sehr viel größer geworden. Das Risikobewusstsein der Computerbenutzenden dagegen habe mit dieser Entwicklung nicht Schritt gehalten. Garantiert sichere Computersysteme gibt es heute noch nicht.

Auch Politiker warnen vor neuen Kriminalitätsformen

Der Bundesinnenminister hat vor völlig neuen Formen der Kriminalität auf dem Informationssektor gewarnt. Die künftigen Kommunikationstechnologien seien eine große Herausforderung für die innere Sicherheit von Staat und Gesellschaft. Die Speicherung einer riesigen Informationsmenge auf winzigem Raum und sekundenschnelle Übertragungen ermöglichen nämlich völlig neue Verbrechensformen. Seit 1987 hat die Computerkriminalität um mehr als 50 % zugenommen. Auch Computerbetrug, Computersabotage und Datenausspähung weisen zweistellige Zuwachsraten auf. Extremisten nutzten die neue Technik zunehmend zur Verbreitung ihres Gedankengutes.

... und was sie dagegen tun wollen:

Die Bundesregierung muss eine neue Sicherheitsinfrastruktur schaffen. Verschlüsselungssysteme zum Schutz vertraulicher Informationen müssen gefördert, die Identifizierung beim weltweiten Zugang zu Rechnern und Datenbeständen verbessert werden.

Wie lange sind Informationsbestände haltbar?

Wir wissen, dass Bücher und die in ihnen enthaltenen Informationen Jahrhunderte überstehen können. Wie lange die heute benutzten Datenträger wie Disketten, Festplatten, CDs oder die ihnen anvertrauten Daten halten, wissen wir aber noch nicht. In Fachkreisen wird von einer erwarteten Disketten-Lebensdauer von höchstens etwa 25 Jahren ausgegangen.

M2 ■ Elektronische Geldbörse

Datenschützer fordern Anonymität

Die »elektronischen Geldbörsen«, die demnächst in einem Feldversuch getestet und nach etwa einem Jahr bundesweit eingeführt werden sollen, bergen nach Ansicht von Datenschützern erhebliche Risiken. Diese Chipkarten sollen bargeldlose Zahlungen insbesondere von Kleinbeträgen etwa bei Einkäufen auch an Automaten oder im Nahverkehr ermöglichen. Der Hamburger Datenschutzbeauftragte Hans-Hermann Schrader sieht die Gefahr, dass die dabei entstehenden Informationen »detailliert ausgewertet« werden. Das Speichern von Ort und Zeitpunkt der Transaktionen ermögliche »Kundenprofile«, die auch für Arbeitgeber, Polizei, Finanzamt oder Werbewirtschaft interessant sein könnten.

Die Datenschützer plädieren für Guthabenkarten, die mit bis zu 400 Mark »geladen« und dann anonym für Zahlungen genutzt werden können, ohne dass Kontonummern oder Namen festgehalten werden. Die Bürger müssten künftig im wirtschaftlichen Leben in gleichem Umfang wie bisher unerkannt bleiben können.

(Frankfurter Rundschau vom 20.10.1995.)

M3 ■ Freie Fahrt für freie Bürger?

– Ein Aufschrei der Entrüstung ging weltweit durch die Internet-Gemeinde, als die deutsche CompuServe den Zugang zu 200 Diskussionsforen im Internet sperrte, weil die Staatsanwaltschaft unter dem Verdacht der Verbreitung von Kinderpornographie gegen sie ermittelte. […]

– In den USA wird ein Gesetzentwurf verhandelt, nach dem eine Zensur über alle »unanständigen« Inhalte im Internet verhängt werden soll. […]

– Eine politische Zensur hat auch die Volksrepublik China im Sinn, wenn sie gegen Pornographie im Internet zu Felde zieht und ganz nebenbei auch gegen »schädliche Informationen«.

Auch auf der Datenautobahn gilt: Die Rechte des Schwächeren müssen geschützt werden. Ist das hohe Gut des freien Informationsflusses, das zu schützen allen demokratischen Staaten wohl ansteht, in Gefahr?

(nach: Johanna Jäger-Sommer, Freie Fahrt für Freie Bürger? In: Politik-Forum 2/1996, S. 10.)

M4 ■ Unmöglich?

Der Betriebsrat eines fränkischen Unternehmens traute seinen Augen kaum. Doch der Chef meinte es ernst mit seinem schriftlichen Antrag: Weil er glaubte, seine Mitarbeiter würden über das hauseigene Computernetz »unloyale Nachrichten« tauschen und heimlich über ihn lästern, bat er die elektronische Post überwachen zu dürfen. Der Betriebsrat verweigerte die per Gesetz erforderliche Zustimmung zur Schnüffelaktion und versuchte stattdessen dem Chef seine Ängste auszureden.

(Thomas Borchert. In: Der Stern 43/1994.)

1 ■ Diskutiert in der Klasse, was mit dem Begriff »gläserner Mensch« gemeint sein kann. Bezieht M1, M2 und M5 in die Diskussion mit ein.

2 ■ Lest M4 und entwerft einen Antwortbrief des Betriebsrates.

3 ■ Schaut euch M5 an. Welche der dort aufgeführten Daten sollten eurer Meinung nach nicht frei zugänglich sein?

4 ■ Erstellt für eure Schule ein Zeugnisformular. Überlegt, welche Daten ihr dafür benutzen wollt.

5 ■ Ein freier Informationsfluss – um jeden Preis? Führt eine Pro-und-contra-Diskussion.

6 ■ Schlagt im Grundgesetz der Bundesrepublik Deutschland und in eurer Landesverfassung nach, welche Grundrechte von den in M2, M3 und M4 angedeuteten Gefahren möglicherweise berührt werden.

M5 ■ Eine Auswahl gespeicherter Arbeitnehmerdaten

Identifikationsdaten:
- Personalnummer
- Name, Geschlecht, Anrede, Geburtsort, Familienstand
- Wohnort, private Telefonnummer
- Eintritt in den Betrieb, Jubiläumsdaten, Pensionsdaten, Probezeit
- Rentenversicherungsnummer, Lohnsteuer-, Kirchensteuer-, Sozialversicherungsschlüssel

Arbeitsplatzdaten
- Tätigkeitsbezeichnung, Arbeitsplatznummer, für den Arbeitsplatz vorgesehener Grundlohn, Zulagen
- Klima am Arbeitsplatz, Lärm-, Staub- und Gasverträglichkeit

Persönlichkeitsdaten:
- Schulbildung, Berufsausbildung, Umschulungen, beruflicher Werdegang, Fortbildungen, Fremdsprachenkenntnisse, spezielle Qualifikationen
- Körperliche Konstitution wie Muskelbeanspruchung, Körperhaltung, Sehschärfe, Farbtüchtigkeit
- geistige Fähigkeiten wie Auffassungsgabe, praktische Anstelligkeit, technisches Verständnis, mündliche und schriftliche Ausdrucksfähigkeit, Reaktions- und Konzentrationsfähigkeit
- charakterliche Eigenschaften wie Monotoniefestigkeit, Mitarbeiterführung, Unterweisung der Mitarbeiter, Bereitschaft zum Lernen, Konsultieren und Informieren der Vorgesetzten

(nach: Deutscher Gewerkschaftsbund [Hg.], Datenschutzfibel. Düsseldorf 1983, S. 18 ff.)

1.6 Das digitale Königreich – Die Macht eines Softwaregiganten

Im Jahr 1995 hieß es in einer scherzhaften amerikanischen Pressemitteilung, die Firma Microsoft wolle die katholische Kirche aufkaufen, den Papst zum Vize-Präsidenten einer neuen Abteilung für religiöse Software bei Microsoft machen und die Bibel demnächst exklusiv in einer elektronischen Fassung herausgeben. Obwohl als offensichtliche Karikatur gedacht, nahmen doch so viele Menschen diesen Scherz ernst, dass die Firma Microsoft und ihr Chef Bill Gates offiziell dementieren mussten.

Die Gesellschaft der Zukunft wird in allen ihren Bereichen in einem sehr hohen Maße von der Verarbeitung und dem Transport von Daten und Informationen abhängig sein. Das geschieht bekanntlich mithilfe der Computer, denen dazu allerdings die benötigten Voraussetzungen zur Verfügung gestellt werden müssen. Das ist einmal die Hardware, das sind alle Teile eines Computers, die man anfassen kann, und natürlich die Software.

Was ist Software?

Jedem Computer müssen Programme mitteilen, was er machen soll, wie er Daten verarbeiten soll. Dann kann er z. B. Texte schreiben, Tabellen berechnen, Konstruktionen zeichnen oder die Informationen einer CD sichtbar machen. Programmieren nennt man den Vorgang der Herstellung solcher Programme. Gut funktionierende und anspruchsvolle Software zu programmieren ist aufwändig und teuer, das können normalerweise nur große Firmen mit vielen darauf spezialisierten Menschen. Microsoft ist eine solche Firma.

Die Firma Microsoft

Im Jahr 1981 bekam die noch kleine Zwei-Mann-Firma – Bill Gates und der später ausgeschiedene Paul Allen – von IBM, dem damals mächtigsten Unternehmen in der Computerbranche, den Auftrag für ein kleines, gerade erst geschaffenes Computersystem, den PC (Personalcomputer), ein Betriebssystem zu programmieren.

Sie entwickelten das MS-DOS, an dem sie sich auch die Rechte sicherten. Mit dem Verkauf dieses Betriebssystems, das in immer erweiterten Versionen bis heute genutzt wird, begann der Aufstieg der Firma Microsoft und ihres heutigen Chefs Bill Gates. 14 Jahre später ist Microsoft das größte Software-Unternehmen der Welt mit 19 000 Beschäftigten in aller Welt. Die Firma schaffte das mit guten Programmen und vor allem mit einer ungewöhnlich aggressiven Unternehmensstrategie. So wurden z. B. neue Programme zunächst weit unter Preis verkauft, bis den Mitbewerbern das Geld ausging und sie ihre Kokurrenzprodukte vom Markt zurückzogen oder in Konkurs gingen, teilweise wurden sie von Microsoft dann einfach aufgekauft. Oder diejenigen, die ein Betriebssystem kauften, mussten gleichzeitig auch andere Microsoft-Produkte kaufen. Oder Microsoft kündigte Erscheinungstermine für neue, noch gar nicht fertige Software an, um andere Firmen zu verwirren, damit diese die Entwicklung vergleichbarer oder sogar besserer Programme erst gar nicht weiterführten.

Die Macht von Microsoft

Bill Gates ist heute der unumschränkte Herrscher über den Software-Markt weltweit. Er bestimmt nach Meinung vieler Fachleute nicht mehr nur die Software-Branche, er entscheidet mit seinen Produkten mittlerweile auch darüber, wie ein großer Teil der Menschheit in Zukunft arbeiten, lernen und sich unterhalten wird. Gates will mithilfe von Microsoft eine neue Gesellschaft schaffen, eine Informationsgesellschaft, in der fast alle Bereiche des Lebens über den Computer vermittelt werden. Ob Arbeitsalltag, Bankgeschäfte, Fernsehabend, Einkaufen, Bilder und Filme betrachten, Spielen oder Zeitungslektüre – der Bildschirm soll zentraler Teil des menschlichen Lebens werden. Dabei sollen die Programme von Microsoft als gute Geister in den Maschinen dienen. Sie sind es ja, die den Beherrscher der Computerwelt mit jedem Mausklick reicher und damit mächtiger machen.

Microsoft und Bill Gates sowie die von ihnen aufgekauften ehemaligen Konkurrenzunternehmen beschränken sich längst nicht mehr auf die Produktion von Computerprogrammen. Sie haben ihre Aktivitäten ausgeweitet und produzieren und verkaufen Nachschlagewerke, Spiele, Filme, Bildungssoftware. Sie erwerben und vermarkten die Rechte an Kunstwerken und Fotografien von großen Museen, sie betreiben *Online**-Dienste mit Informationen und Unterhaltung, betreiben Genforschung, arbeiten mit amerikanischen Fernsehgesellschaften zusammen und bereiten das interaktive Fernsehen vor. Ohne sie geht nicht mehr viel in der Branche.

M1 ■ Digitales Königreich Microsoft/Bill Gates

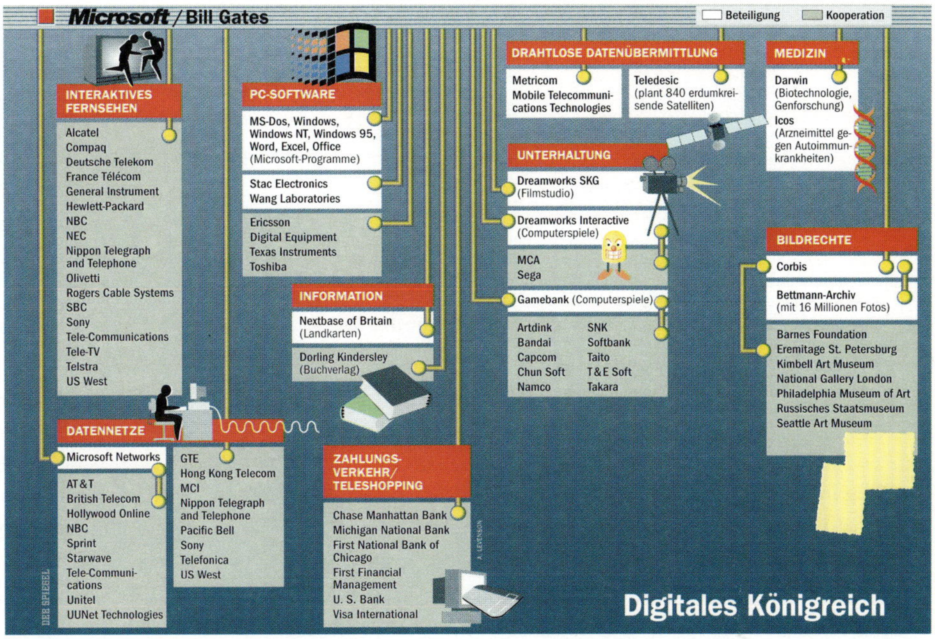

Das Tribunal

oder: Schülerinnen, Schüler, Lehrerinnen und Lehrer machen nicht gewollten Zuständen spielend den Prozess.

Vor allem in amerikanischen Filmen spielen Gerichtsszenen für die Aufklärung und Beurteilung ungerechter Zustände, Ideen und Verhaltensweisen eine wichtige Rolle. In der Tat bieten euch die für den Gerichtsprozess charakteristischen Rollen (Anklage, Verteidigung, Angeklagte, Zeugen, Richterin, Richter) für eine Beurteilung eines Ereignisses oder Zustandes eine gute Möglichkeit. Ihr könnt ein Tribunal folgendermaßen durchführen:

1. Ihr überlegt gemeinsam mit der Lehrerin/dem Lehrer, welches Thema dieses Kapitels Gegenstand eines Tribunals sein soll. Ein mögliches Beispiel könnte sein: Bill Gates wird als Vertreter eines ungezügelten technischen Fortschritts angeklagt. Ihm wird vorgeworfen seine wirtschaftliche Macht zur Durchsetzung seiner Interessen einzusetzen.
2. Eure Klasse wird aufgeteilt in folgende Gruppen:
   a. Die Gruppe der Richtenden, wozu auch eure Lehrerin/euer Lehrer gehören sollte. Ihre wichtigste Aufgabe wäre nicht, abschließend ein Urteil zu fällen, sondern die Verhandlung zu führen;
   b. die Gruppe der Verteidigenden von Bill Gates (Medienindustrie, Wirtschaftsanwältinnen und -anwälte);
   c. die Gruppe der Anklagenden (Kartellamt, Medienkritik, Justizministerium, Konkurrenz);
   d. die Gruppe der Zeuginnen und Zeugen. Sie wird je nach dem Stand des Tribunals aus den unterschiedlichen Interessen- und Handlungsbereichen der einzelnen Parteien von euch zusammengestellt. Sie sind diejenigen, die immer wieder Informationen beschaffen und der Anklage bzw. Verteidigung zur Verfügung stehen.
3. Die dem Gericht vorzutragenden Argumente müssen in den Grundzügen schriftlich vorgelegt und den Kontrahenten zugestellt werden.
4. Ihr solltet das Tribunal von vornherein zeitlich begrenzen.
5. Zwei Möglichkeiten zur Beendigung des Tribunals bieten sich an: Entweder endet es in einer allgemeinen Diskussion, in der ihr unabhängig von euren Rollen diskutieren könnt, oder die Gruppen dokumentieren ihr Material z. B. für eine Diskussion in der Schulöffentlichkeit, für die Schülerzeitung oder für das Schulfernsehen.

1 ■ Versucht Gründe zu finden, warum Microsoft so viele Beteiligungen und Kooperationen eingeht (M1).

2 ■ Diskutiert in Gruppen, ob und warum von Softwareunternehmen auch Gefahren für die Gesellschaft ausgehen können.

3 ■ Sammelt aus Computerzeitschriften Anzeigen und Werbung für Microsoftprodukte. Beschreibt diese Werbung und vergleicht sie mit der Unternehmensstrategie.

1.7 Perspektiven und Konsequenzen – Wie gehen wir mit der Neuen Informationsgesellschaft um?

Der Weg in die »Neue Informationsgesellschaft« stellt eine tief greifende Herausforderung an Kreativität und Gestaltungsfähigkeit von Politik dar – die sie bisher noch nicht unter Beweis gestellt hat.

Der Weg ins nächste Jahrhundert
wird von drei zentralen Entwicklungen bestimmt:

1. Durch Forschung und Entwicklung hat die Menschheit ein riesiges Wissen angehäuft, welches mehr und mehr nicht der Aufklärung dient, sondern gezielt als kommerzielle »Ware Information« genutzt wird.
2. Die moderne Informationstechnik (Computer/Gentechnik) erlaubt es, Stück für Stück fast jeden Prozess flexibel zu automatisieren.
3. Weltweiter Handel, weltumspannende Kommunikationsmöglichkeiten und intensiver Kapital- und Wissentransfer erlauben keine lokalen/regionalen oder unabhängigen Strukturen mehr. Alle stehen miteinander im Wettbewerb, weltweit.

M1 ■ Der Mensch, gefangen im Datennetz

Zukünftige menschliche Gesellschaften werden nicht mehr überwiegend sozial, sondern soziotechnisch ausgerichtet sein.

Die Menschheit hat immer schon alles wissen und alles verstehen wollen. Mithilfe ihrer Forschungs- und Bildungssysteme hat sie es geschafft, dass heute in großen Teilen der Welt prinzipiell die organisatorischen und technischen Strukturen vorhanden sind, diese »Allwissenheit« für jedermann zu ermöglichen.

Wissen als Ware
Die Wirklichkeit sieht dann aber doch anders aus: Wissen, Verstehen, Informationen, jede Form von »Know-how« werden nicht an das Volk verteilt, sondern ausschließlich als Ware teuer verkauft. Jedes Bit wird kommerzialisiert, mit jedem Byte soll Gewinn gemacht werden.

Die Neue Informationsgesellschaft ist keineswegs eine informierte Gesellschaft – ganz im Gegenteil.

Aufgaben der Politik in einer Informationsgesellschaft: Die Menschen einbeziehen!
Die Politik muss dafür sorgen, dass eine wirtschaftliche Nutzung des weltweit verfügbaren Wissens allen möglich ist und dass sich möglichst viele Menschen zu möglichst geringen Kosten nutzerfreundlich und umfassend informieren können. Das gilt für die herkömmlichen Medien genauso wie für die neuen, interaktiven Medien. In beiden Systemen müssen die vorhandenen und in Deutschland außerordentlich störenden sprachlichen Barrieren, z.B. durch Einsatz von vollautomatischen Übersetzern, abgebaut werden.

Wichtiger aber ist es, das gegenwärtig noch vorhandene weltweite informationelle Chaos zu ordnen. Da das den kommerziellen Anbieterinnen und Anbietern nicht überlassen werden kann, ergibt sich hier eine vorrangige Aufgabe eines modernen Staates tätig zu werden.

Davon sind die Politikerinnen und Politiker von heute aber noch weit entfernt. Wenn unsere heutigen Demokratien weitere Politikverdrossenheit in der Bevölkerung verhindern sollen, müssen die Menschen aktiv am politischen Prozess beteiligt werden. Es gilt den breiten Sachverstand der Bevölkerung und das Wissen der Welt bei politischen Entscheidungen aktiv zu nutzen.

Aufgabe der Politik ist es, hierfür Modelle zu entwickeln, Regelungen zu treffen. Dazu muss über die gegenwärtige Umbruchsituation noch viel nachgedacht werden. Im Vordergrund bleibt dabei Artikel 1 unseres Grundgesetzes: »Die Würde des Menschen ist unantastbar.«

M2 Wer schützt das Private?

Fast überall, wo ich hinkomme [...], taucht über kurz oder lang die Frage auf, wie die Informationstechnologie unser Leben verändern wird. [...] Sie wird uns mehr Freizeit bringen und den Horizont unserer kulturellen Aktivitäten erweitern, weil sie für eine bessere Informationsverteilung sorgen wird. Die Ballungszentren werden entlastet, weil sie es den Menschen ermöglichen wird, ihrer Arbeit zu Hause oder am Stadtrand oder in außerhalb gelegenen Büros nachzugehen. Und auch die natürlichen Ressourcen werden geschont, weil man immer mehr Produkte in Form von Bits statt wie bisher als fabrikgefertigte Waren anbieten wird. Dank der neuen Technologie werden wir besser in der Lage sein unser Leben selbst zu gestalten; sie wird uns Erfahrungen und Produkte liefern, die speziell auf unsere Interessen und Bedürfnisse zugeschnitten sind.

Den Mitgliedern der Informationsgesellschaft werden sich ganz neue Wege zu Produktivität, Lernen und Unterhaltung erschließen. [...] Wie bei allen tief greifenden Veränderungen werden auch die Vorteile der Informationsgesellschaft nicht ohne Nachteile zu haben sein. In einigen Wirtschaftszweigen wird es Erschütterungen geben, die umfangreiche Umschulungsmaßnahmen erforderlich machen werden. Die Möglichkeit einer praktisch kostenlosen Datenübertragung und Datenverarbeitung wird die zwischenstaatlichen Beziehungen [...] verändern. Leistungsfähigkeit und Vielseitigkeit der digitalen Technologien werden neue Befürchtungen wecken: hinsichtlich des Schutzes der Privatsphäre, der Wahrung von Geschäftsgeheimnissen und Fragen der nationalen Sicherheit. Ferner sind Aspekte der Chancengleichheit zu berücksichtigen. Die Informationsgesellschaft muss allen ihren Mitgliedern dienen, nicht nur den technisch beschlagenen und ökonomisch privilegierten. [...] Da wir heute nur Fragen allgemeinster Art stellen können, hätte es keinen Sinn, schon jetzt detaillierte, spezielle Verordnungen zu erlassen. Wir haben noch einige Jahre Zeit die Anfänge der bevorstehenden Revolution zu beobachten und wir sollten diese Zeit nutzen, um intelligente Entscheidungen zu treffen, statt später nur noch zu reagieren.

(Bill Gates. In: Der Spiegel 48/1995, S. 112 ff.)

M3 Medieneinsatz im Kinderzimmer

M4 Feinde abendländischer Kultur

Schließlich hält (der amerikanische Medienkritiker Neil) Postman von der schönen neuen Computerwelt etwa gleich wenig wie vom totalen Fernsehen. Wer ihm mit der jüngsten Verheißung des elektronischen Nirwanas, dem »Info-Highway« kommt, dem gibt er zur Antwort: Was zum Teufel sollen mir in Zukunft 500 abrufbare Fernsehprogramme bringen, wenn schon auf fünfzig Kanälen von heute kaum was Vernünftiges zu sehen ist! [...] Neben dem Kommerzfernsehen ist für Postman nun die global vernetzte Computerwelt als zweiter Feind der abendländischen Kultur hinzugekommen. [...] Nur eins werde zunehmen: die allgemeine Orientierungslosigkeit. Und die sinnliche Verarmung der weltweiten Online-Gemeinde, der dann Computer-Shopping, Computer-Studium, Computer-Erotik das volle Menschenleben ersetzen.

(Der Stern 31/1995, S. 124 f.)

1. Diskutiert die Frage: »Ist die Neue Informationsgesellschaft eine informierte Gesellschaft?«
2. Überlegt, welche Schritte Politikerinnen und Politiker tun müssten, um in einer von informationstechnischen Medien geprägten Gesellschaft allen Menschen gleiche Chancen einzuräumen.
3. Setzt euch damit auseinander, welche Zukunftschancen und welche Gefahren Bill Gates in der Neuen Informationsgesellschaft sieht.
4. Interpretiert die Karikaturen M1 und M3 unter dem Zukunftsaspekt.
5. Arbeitet die wesentlichen Unterschiede zwischen M2 und M4 heraus.

2 Kaiser und Untertanen – Die Gesellschaft des Kaiserreichs

M1 ■ **Wilhelm I. (1797–1888), deutscher Kaiser 1871–1888, und die Kaiserhymne nach 1871**

Heil dir im Siegerkranz
Herrscher des Vaterlands
Heil Kaiser dir.

Die Geschichte Deutschlands der vergangenen 125 Jahre ist immer wieder von Zusammenbrüchen und Neuanfängen geprägt: Aus vielen deutschen Kleinstaaten wurde 1871 ein einheitlicher Staat. An seiner Spitze stand ein Kaiser. Nach der Niederlage des Deutschen Reiches im Ersten Weltkrieg musste er 1918 abdanken. Eine demokratische Republik wurde gegründet. Nach nur 15 Jahren folgte der Weimarer Republik die *Diktatur** der Nationalsozialisten. Diese ging mit der Niederlage im Zweiten Weltkrieg 1945 unter. Fortan gab es zwei deutsche Staaten, die bis 1989 unabhängig voneinander existierten und 1990 zu einem Staat vereinigt wurden.

Typisch ist dabei fast immer, dass jeder Neuanfang in der Regel von zwei Tendenzen begleitet wird: Bruch und bewusste Abgrenzung gegenüber dem, was vorher war, aber auch Anknüpfung an alte Traditionen. Ein Widerspruch? Wie eine Zeit mit ihrer Vergangenheit umgeht, ist gut an ihren Denkmälern und Symbolen zu sehen. Nach dem Zweiten Weltkrieg beseitigten die Siegermächte nicht nur alle Hitler-Bilder, sondern ließen zum Teil auch Denkmäler aus früheren Zeiten, z. B. die Statuen Kaiser Wilhelms I., abmontieren und vergraben. 1990 gab es nach der Vereinigung der beiden deutschen Staaten Bestrebungen die jüngste Vergangenheit Ostdeutschlands vergessen zu machen, indem Straßen umbenannt und Denkmäler abmontiert wurden, die an die sozialistische DDR erinnerten. 1993 wurde in Koblenz ein Reiterstandbild des deutschen Kaisers wieder aufgebaut, das im Zweiten Weltkrieg zerstört worden war. »Zeichen geänderten Bewusstseins?«, fragte eine Zeitung.

M2 Die Tageszeitung/taz vom 5.11.1991: »In Berlin sollen heute die Abrissarbeiten der Lenin-Statue beginnen«

M3 Neue Rheinische Zeitung vom 3.9.1993: »Der Kaiser steht wieder am ›Deutschen Eck‹ in Koblenz«

In diesem Kapitel

- erfahrt ihr, wie und unter welchen Bedingungen das deutsche Kaiserreich 1871 bis 1918 die Einheit des deutschen Volkes verwirklichte;
- lernt ihr die innere Ordnung des kaiserlichen Obrigkeitsstaates und die Lebensbedingungen der Menschen in der damaligen Gesellschaft kennen;
- könnt ihr euch insbesondere mit der Stellung der Frau im Kaiserreich auseinander setzen;
- lernt ihr die Karikatur als Mittel der Kritik kennen und interpretieren;
- könnt ihr euch mit der Situation der Juden im Kaiserreich auseinander setzen;
- könnt ihr herausarbeiten, welche Traditionen im Kaiserreich wirksam waren, und überlegen, welche Auswirkungen die Traditionen auf die Menschen und auf das Fortwirken demokratischer Bestrebungen hatten;
- könnt ihr darüber diskutieren, wie ihr das Kaiserreich bewertet und welche Vorstellungen ihr von einem einigen Deutschland habt.

2.1 Wer gründete das Deutsche Reich?

Die Bilder Anton von Werners zur Gründung des Deutschen Kaiserreichs sind in die Geschichte eingegangen. Das Gemälde von 1885 zeigt die Ausrufung des preußischen Königs Wilhelm zum deutschen Kaiser im Spiegelsaal des französischen Schlosses Versailles am 18. Januar 1871. Obwohl der beauftragte Maler selbst dabei war und Skizzen anfertigte, entspricht das Bild nicht der Wirklichkeit. Denn das »große historische Ereignis«, wie der Maler in seinem Tagebuch schrieb, »ging in prunklosester Weise und außerordentlicher Kürze vor sich«. So hat Anton von Werner es auch auf einem ersten Gemälde von 1877 dargestellt. Das zweite Gemälde von 1885 sollte dagegen eine bestimmte Wirkung erzielen und die Erhabenheit des Augenblicks unterstreichen, so wie Kronprinz Friedrich Wilhelm sie beschrieben hat: »Ein donnerndes, sich mindestens sechsmal wiederholendes Hurra durchbebte den Raum, während die Fahnen und Standarten über dem Haupte des neuen Kaisers von Deutschland wehten und ›Heil dir im Siegerkranz‹ ertönte.«

Die Reichsgründung von 1871 stellte zwar die staatliche Einheit Deutschlands her, die große Teile des Volkes seit dem Beginn des Jahrhunderts gefordert hatten, die demokratischen Hoffnungen jedoch blieben unerfüllt.

Mit »Eisen und Blut«

Drei Kriege waren der deutschen Einigung vorausgegangen und hatten hohe Opfer gefordert. Zunächst besiegten 1864 Preußen und Österreich Dänemark. 1866 schlug Preußen Österreich. Mit dem Sieg im deutsch-französischen Krieg 1870/71 konnte sich das Königreich Preußen als stärkste militärische Macht unter den deutschen Staaten und als europäische Führungsmacht durchsetzen. Große Teile der deutschen Bevölkerung begrüßten die preußische Machtpolitik und der deutsche Sieg über Frankreich wurde als deutsche Heldentat gefeiert.

Scheitern demokratischer Hoffnungen

Das Deutsche Reich wurde kein Zusammenschluss von gleichen Bundesstaaten, sondern ein Nationalstaat unter Preußens Führung. Dies widersprach den Zielen der demokratischen Bewegung, die 1830 und 1848/49 für Freiheit und Demokratie als Grundlage der deutschen Einheit gekämpft hatte. Zwar wurde die Macht des Kaisers durch eine Verfassung und den Reichstag eingeschränkt, aber die Organe waren vom Wohlwollen des Kaisers abhängig. Als ersten Kanzler des neuen Reiches ernannte der Kaiser Otto von Bismarck. Dieser stammte aus dem preußischen Landadel und war ein Gegner demokratischer Gedanken. Typisch hierfür ist Bismarcks Äußerung: »Nicht durch Reden und Majoritätsbeschlüsse (Mehrheitsbeschlüsse) werden die Fragen der Zeit entschieden – das ist der Fehler von 1848 und 1849 gewesen –, sondern durch Eisen und Blut.«

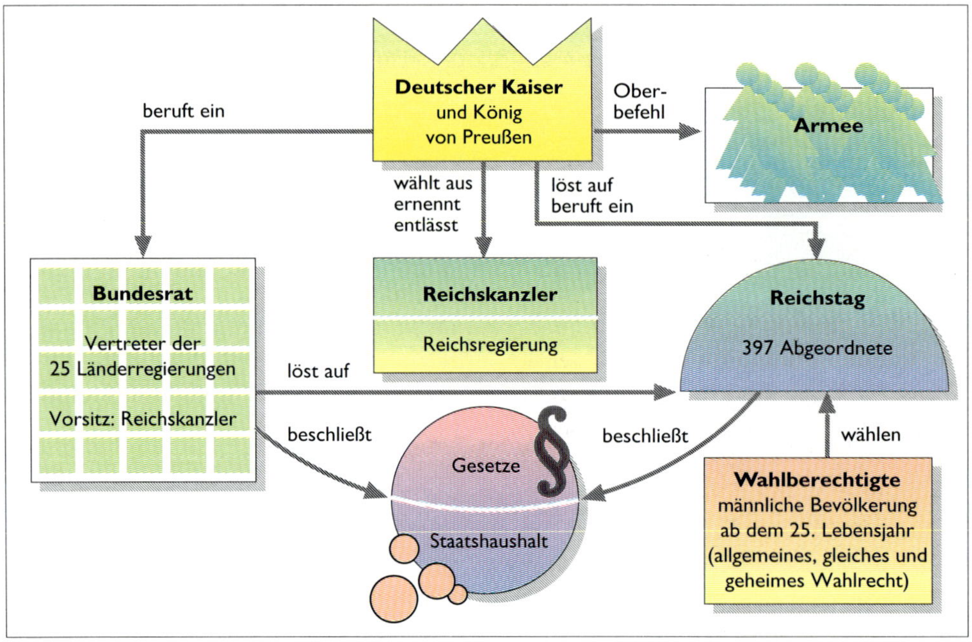

M1 Die Verfassung des Deutschen Reiches von 1871

M2 ■ Ausrufung des deutschen Kaisers im Spiegelsaal von Versailles (18. Januar 1871) – Gemälde von Anton v. Werner, 1885

M3 ■ Aus dem Tagebuch der Baronin Spitzemberg vom 3.3.1871

Vereint zu einem Reiche, dem größten, mächtigsten, gefürchtetsten in Europa, groß (nicht allein) durch seine physische Macht, größer noch durch seine Bildung und den Geist, der das Volk durchdringt! […] Glücklich sind wir, dass wir nicht nur den Stern deutscher Größe und Herrlichkeit aufgehen sahen, sondern dass wir noch jung genug sind, um uns unter seinen Strahlen zu wärmen, um die, so Gott will, recht reichen und segensreichen Früchte zu genießen, die aus dieser unter Blut und Tränen gesäten Saat hervorgehen.

(Größe und Herrlichkeit, Tränen und Blut. In: Helmut Böhme [Hg.], Reichsgründung. München 1967, S. 273.)

1 ■ Untersucht M2.
– Betrachtet die einzelnen Personen, ihre Kleidung und die Gegenstände, die sie tragen. Stellt fest, welche Gruppen sie vertreten.
– Welche gesellschaftlichen Gruppen sind nicht anwesend?
– Zeichnet den künstlerischen Aufbau des Bildes nach: Wer steht im Mittelpunkt? Worauf richten sich die Blicke?
– Fasst die Wirkung des Bildes zusammen.

2 ■ Sprecht darüber, wer das Kaiserreich gründete. Welche politischen Vorstellungen verbanden sich mit dem Kaiserreich und der deutschen Einheit? Beachtet dazu auch die Nationalhymne des Kaiserreichs auf dieser Seite.

3 ■ Erstelle ein Kurzreferat: Bismarcks Lebenslauf.

4 ■ Erklärt das Schaubild M1. Beurteilt die Stellung von Kaiser, Kanzler und Reichstag.

5 ■ Bearbeitet M3. Die Baronin beansprucht für alle zu sprechen. Zu welcher gesellschaftlichen Schicht gehört sie? Worauf gründet sich ihr Nationalstolz?

6 ■ Formuliert eine Stellungnahme zur Reichsgründung aus der Sicht einer Demokratin.

2.2 Ein Volk von Untertanen

Im Kaiserreich waren die Deutschen ein Volk von Untertanen, unbedeutende kleine Leute im Vergleich zu der Größe und Herrlichkeit ihres Kaisers. Zu ihm, ihrem obersten Herrn, schauten sie ehrfürchtig empor, wie er in seiner Kriegsuniform hoch oben auf dem Denkmal thronte. Unzählige Kaiser-Wilhelm-Denkmale wurden in allen Städten des Reiches nach 1871 errichtet. Diese sollten die Macht und Autorität des Kaisers demonstrieren. So sollten ihn seine Untertanen verehren.

Nicht nur als oberster Kriegsherr sollte der Kaiser Vorbild sein, sondern auch als Patriarch: als strenger, aber guter Vater in der Familie. Hier galt Unterordnung im Kleinen.

Reichskanzler, Militär, Beamte

Auch wenn der Kaiser oberster Kriegsherr war und im Mittelpunkt der Verehrung stand, so war doch Bismarcks Reichskanzlei die tatsächliche Machtzentrale. Bismarck übte massiven Druck auf die politischen Einrichtungen aus und baute den Kaiser als Kultfigur auf. Damit konnte er seine eigene Politik besser durchsetzen.

Zur kaiserlichen Macht gehörten außerdem das Militär und die Beamten. Das Militär wurde zur Schule der Nation. Die ganze Gesellschaft orientierte sich an soldatischen Idealen, besonders der Disziplin und dem Prinzip der Unterordnung. In Reih' und Glied stehen, dem schneidigen Offizier gehorchen, militärischer Drill, das alles wurde in der Öffentlichkeit bei Paraden vorgeführt und in der Presse abgebildet. Auch im Privatleben trug ein Soldat seine Uniform, sogar eine spezielle Ausgehuniform, die besonders beliebt war. Um Zucht und Ordnung im Alltag sicherzustellen, gab es im kaiserlichen Deutschland viele Polizeibeamte. Mit Pickelhaube und Schlagstock flößten sie entsprechend Angst ein. Selbst die vielen Beamten in den Amtsstuben wurden von den Untertanen ehrfürchtig betrachtet, selbst wenn sie nur eine ganz untergeordnete Stellung hatten.

Leutnant: niedrigster Offiziersrang im Heer; steht über den Soldaten und Unteroffizieren.

Husar: gehört zur leichten Kavallerie, der berittenen Truppe

Repetieren: reines Wiederholen, ohne nachzudenken

Paradieren: Aufstellen und Marschieren wie bei einer Parade

Examinieren: prüfen, abfragen

M1 ■ Wilhelm II., deutscher Kaiser von 1888–1918, und seine Familie

Untertan sein

Ein Untertan hatte zu gehorchen. Die Schikanen der Vorgesetzten wurden überwiegend passiv hingenommen und auf Ungerechtigkeiten reagierten die meisten mit Stillschweigen. Ein guter Untertan wich dem ➟ Leutnant auf dem Bürgersteig mit gezogenem Hut aus; er sah auch noch auf dem kleinsten Dorfpolizisten den Glanz des Kaisers liegen.

Untertan werden

Außer im Militär und in der Familie lernten die Menschen den Untertanengeist in der Schule. Sie war eine Drillanstalt, wo der Schulmeister mit dem Stock regierte, wo »➟ Repetieren, Kontrollieren, ➟ Paradieren und ➟ Examinieren« im Mittelpunkt standen. Die Schüler trugen eine einheitliche Schuluniform. Sie lernten Hass und Verachtung gegenüber dem, der unter einem steht, aber unbedingten Gehorsam gegenüber dem Vorgesetzten. Die Schule vermittelte die Unterwerfungsbereitschaft, die der Obrigkeitsstaat brauchte: für die Arbeit in der Fabrik und das Dienen im Militär.

M2 Ein Untertan

Diederich Hessling war ein weiches Kind, das am liebsten träumte, sich vor allem fürchtete und viel an den Ohren litt. […]

Nach so vielen furchtbaren Gewalten, denen man unterworfen war, nach den Märchenkröten, dem Vater, dem lieben Gott, […] nach dem Schornsteinfeger, der einen durch den ganzen Schlot schleifen konnte, bis man auch ein schwarzer Mann war, und dem Doktor, der einen im Hals pinseln durfte und schütteln, wenn man schrie – nach allen diesen Gewalten geriet nun Diederich unter eine noch furchtbarere, den Menschen auf einmal ganz verschlingende: die Schule. Diederich betrat sie heulend und auch die Antworten, die er wusste, konnte er nicht geben, weil er heulen musste. Allmählich lernte er den Drang zum Weinen gerade dann auszunützen, wenn er nicht gelernt hatte – denn alle Angst machte ihn nicht fleißiger […] und vermied so, bis die Lehrer sein System durchschaut hatten, manche üble Folgen. Dem Ersten, der es durchschaute, schenkte er seine ganze Achtung. […] Immer blieb er den scharfen Lehrern ergeben und willfährig. Den gutmütigen spielte er kleine, schwer nachweisbare Streiche. […] Denn Diederich war so beschaffen, dass die Zugehörigkeit zu […] diesem unerbittlichen menschenverachtenden […] Organismus, der das Gymnasium war, ihn beglückte, dass die Macht, die kalte Macht, an der er selbst, wenn auch nur leidend, teilhatte, sein Stolz war. Am Geburtstag des Ordinarius bekränzte man Katheder und Tafel. Diederich umwand sogar den Rohrstock.

(Heinrich Mann, Der Untertan. Berlin/Weimar 1967, S. 5 und S. 8f.)

M3 Husar mit Braut (Foto, 1912)

M4 Heiratsanzeige

Unsere am heutigen Tage vollzogene eheliche Verbindung beehren wir uns […] ergebenst anzuzeigen: Paul Lehnert, Kammergerichtsreferendar und Leutnant der Reserve des 2. Garderegiments […],

Katharine Lehnert, geb. Eichhorn

(Berliner [Kreuz-]Zeitung vom 26. Juli 1870.)

M5 Kaiser Wilhelm II. über die Aufgaben der Frauen (1910)

Die Hauptaufgabe der Frauen liegt nicht in dem Erreichen von vermeintlichen Rechten, in denen sie es den Männern gleichtun können, sondern in der stillen Arbeit im Hause und in der Familie. Sie sollen die junge Generation erziehen, vor allen Dingen zum Gehorsam und zum Respekt vor dem Alter.

(zitiert nach: Die Gleichheit. Zeitschrift für die Interessen der Arbeiterinnen vom 12.9.1910.)

Die deutschen Kaiser (1871–1918)

Wilhelm I. regierte von 1871 bis 1888. Ihm folgte für nur 99 Tage sein todkranker Sohn Friedrich III. Diesem folgte noch 1888 dessen Sohn Wilhelm II. Er musste nach der Niederlage Deutschlands im Ersten Weltkrieg 1918 abdanken. Nach ihm heißt die Epoche »Wilhelminisches Zeitalter« (1888–1914).

1 Erkundet Denkmäler aus der Kaiserzeit in eurer Gemeinde.

2 Stellt in einer kleinen Szene die Begegnung zwischen einem Leutnant und einer zivilen Person, z. B. einem Schuster, auf der Straße dar.

3 Benennt die Werte des Obrigkeitsstaates und die Merkmale des Untertanengeistes. Diskutiert, ob sie heute noch gültig sind.

4 Arbeitet aus M 1 auf S. 26/27 heraus, woher die Machtstellung des Kaisers kommt.

5 Prüft die Aussage: Die Autorität des Kaisers reichte bis ins Privatleben hinein. Betrachtet dafür M1, M3 und lest M4.

6 Beschreibt die Stellung der Frau und die gesellschaftliche Stellung des Mannes im Kaiserreich mithilfe von M3, M4 und M5 und bewertet sie.

7 Vergleicht die Aufgaben der Schule im Kaiserreich (Text und M2) mit der Schule von heute.

8 Untersucht die Gefühle und das Verhalten des Diederich Hessling. Wo zeigt sich seine Hörigkeit, wo der innere Widerstand des Untertanen?

9 Denkt darüber nach, welche Personen euch Angst einflößen und welche eure Vorbilder sind. Sprecht darüber.

Filme zum Thema:

1. Verfilmung des Romans von Heinrich Manns Roman »Der Untertan« (Regie: Wolfgang Staudte, 1951).
2. Verfilmung von Carl Zuckmayers Stück: »Der Hauptmann von Köpenick« (mit Heinz Rühmann).
3. Verfilmung des Romans von Heinrich Spoerls Roman »Der Maulkorb«.

M1 ■ »Das kindliche Vertrauen des Bürgers zur Obrigkeit« (Karikatur aus dem Simplicissimus)

2.3 Karikaturen

In einem autoritären Staat sind Meinungsäußerungen Andersdenkender in der Öffentlichkeit unerwünscht oder sogar unmöglich. Die Menschen suchen unter solchen Umständen Wege indirekt Kritik zum Ausdruck zu bringen. Eine solche Möglichkeit bietet die Karikatur. Dabei handelt es sich um einen gezeichneten Witz. Aktuelle Vorgänge werden verschlüsselt dargestellt, Personen verspottet und Missstände angeprangert.

Witzblätter im Kaiserreich

Die Verhältnisse im Kaiserreich brachten eine Flut politischer Witzblätter hervor. Einige wurden direkt von den Polizeibehörden beschlagnahmt, zum Beispiel, wenn eine Karikatur ein Mitglied des Kaiserhauses abbildete. Außerdem konnte der Kaiser, zum Beispiel »in Zeiten innerer Unruhe«, die Pressefreiheit einschränken. Dies war 1878–90 der Fall, als die Sozialdemokratische Partei verboten war. Eines der populärsten Witzblätter war der »Kladderadatsch«. Er existierte bereits seit der Revolution von 1848. 1884 erschien in Stuttgart, nach zwei Jahren Verbot, »Der wahre Jacob« neu, 1896 in München der »Simplicissimus«.

Am Beispiel der Karikatur »Das kindliche Vertrauen des Bürgers zur Obrigkeit« sollt ihr die Merkmale einer Karikatur kennen lernen.

1. Personen und Vorgänge werden verfremdet.

In unserem Fall handelt es sich um einen Polizisten, der einen Kinderwagen schiebt. Damit tut er etwas, was üblicherweise Mütter tun, Personen, die im Kaiserreich keinerlei Autorität besaßen, ganz im Gegensatz zur Polizei.

2. Karikaturen sind komisch.

Im Kinderwagen sitzt kein Kleinkind, sondern ein gut gekleideter und dickleibiger Mann, der Bier statt Milch aus der Flasche trinkt. Das wirkt komisch. Auch der Polizist wirkt komisch, indem er den Kinderwagen in einer unnatürlichen Haltung schiebt, steif aufgerichtet mit geschwollener Brust. Hinzu kommt, dass er große Flügel hat wie ein Engel. Dem damaligen Zeitungspublikum war sofort klar, worauf dieses Motiv anspielt. Damals hieß ein Polizist auch »Schutzmann«, d.h., er erscheint hier auf der Karikatur als Schutzengel!

3. Lachen löst Nachdenken aus.

Die Darstellung des Polizisten als Schutzengel löst Lachen oder zumindest Schmunzeln aus, aber oft bleibt bei Karikaturen das Lachen im Halse stecken. Dem Wohlstandsbürger wird der Spiegel vorgehalten: »So verhaltet ihr euch«, sagt der Karikaturist, wie unselbstständige Kleinkinder, die sich mit Konsum abfüttern lassen. Das Mutter-Kind-Verhältnis soll das Verhältnis der Bevölkerung zur Obrigkeit darstellen.

Die Unterordnung hat aber scheinbar auch eine positive Seite: Der Polizist geleitet den Mann sicher über eine tiefe Schlucht. Aber könnte der nicht auch auf eigenen Beinen darüber gehen?

4. Die Karikatur übt Kritik.

Diese Karikatur zielt auf das »kindliche Vertrauen des Bürgers zur Obrigkeit«, wie der Titel besagt. Der Untertan soll sich fragen, ob dieses Vertrauen gerechtfertigt ist oder vielleicht mehr Nach- als Vorteile bringt.

Karikatur als Quelle

Die Karikatur kritisiert also bestimmte Zeiterscheinungen wie hier den Untertanengeist und ergreift Partei wie hier für demokratische Verhältnisse. Für die Zeitgenossinnen und -genossen war das klar. Für uns ist das aus dem Abstand von etwa 100 Jahren nicht unbedingt verständlich. Bei vielen Karikaturen verstehen wir die Anspielungen nicht, weil wir die historischen Einzelheiten nicht kennen. Wenn wir die Karikatur als historische Quelle behandeln, brauchen wir konkrete Hintergrundinformationen und historische Kenntnisse.

M2 ■ **Lustiges Echo Nr. 36, Berlin 1894**

M3 ■ **Ulk Nr. 15 vom 15.9.1874**

1 ■ Untersucht die Karikatur M1 zunächst mit den euch bekannten Mitteln einer Bildbeschreibung und versucht eine Interpretation.

2 ■ Arbeitet weiter nach den Interpretationsschritten, die links genannt sind.

3 ■ Interpretiert die Karikaturen M2 und M3.

4 ■ Versucht selber eine Karikatur zu entwerfen oder schreibt auf, was in einer Karikatur enthalten sein müsste, die die entgegengesetzte politische Position ausdrückt.

5 ■ Wendet die Interpretationstechnik auf andere Karikaturen in diesem Buch an.

6 ■ Sammelt aktuelle Karikaturen aus Tageszeitungen und diskutiert sie.

Interpretation von Karikaturen

1. Beschreibt genau, was in der Karikatur zu sehen ist.
2. Welche Personen oder Gruppen sind gemeint? Erschließt das aus der Ähnlichkeit der dargestellten Personen und aus anderen zeichnerischen oder textlichen Informationen.
3. Klärt die dargestellte Situation. In welchen Teilen ist die Zeichnung eine Abbildung der damaligen Wirklichkeit, inwieweit ist sie verfremdet?
4. Erklärt die Bedeutung der dargestellten Einzelheiten und Symbole.
5. Bestimmt die politische Situation. Sie ergibt sich aus der dargestellten Szene, den Personen, dem Text (wenn er vorhanden ist) und dem Datum und Erscheinungsort der Karikatur. Besorgt euch u. U. die nötigen Informationen.
6. Formuliert die Aussage der Karikatur.
7. Was ist die Meinung und die Absicht des Zeichners oder der Zeichnerin? Versucht die politische Position des Zeichners/der Zeichnerin zu bestimmen.
8. Nehmt dazu Stellung und findet eine eigene Position.

2.4 Leseschnupperseiten: Effi Briest

Theodor Fontane, Effi Briest. In: Fontanes Werke in fünf Bänden. Berlin/Weimar (Aufbau Verlag) 1983, S. 243ff.

Theodor Fontane (1819 bis 1898) war erst Apotheker in Neuruppin, später Journalist und Theaterkritiker. 20 Jahre lang arbeitete er als Korrespondent für den preußischen Staat. Zwischen seinem 60. und 80. Lebensjahr schrieb er sechzehn Romane, die vorwiegend in der neuen Reichshauptstadt Berlin spielen und meist eine weibliche Hauptfigur haben. Fontanes Romane gelten als bedeutende Beispiele des Realismus und enthalten immer auch Gesellschaftskritik. Der Roman »Effi Briest« von 1895 geht auf eine reale Begebenheit zurück.

Die 17-jährige Effi wird von ihren Eltern aus Prestigegründen mit einem 20 Jahre älteren Landrat, dem Baron von Innstetten, verheiratet. Damit beginnt für Effi ein langweiliges Leben in der miefigen Kleinstadt Kessin. Ihr pflichtbewusster und ehrgeiziger Ehemann hat wenig Verständnis für die Erwartungen seiner lebenshungrigen jungen Frau. So lässt sie sich auf eine Liebschaft mit einem Major ein. Als der Baron schließlich ins Ministerium befördert wird, zieht die Familie nach Berlin um, Effi verbindet dies mit der Erwartung auf ein gesellschaftlich interessantes Leben. Jahre später, Effi ist zur Kur, verletzt sich ihre Tochter Annie. Bei der Suche nach einem Verband findet Innstetten im Nähtisch ein Päckchen Briefe, mit einem roten Faden zusammengebunden.

Es kam ihm doch so vor, als habe er die Schriftzüge schon irgendwo gesehen. Ob er nachsehen solle?

»Johanna, Sie können uns den Kaffee bringen.« […] Als er das sagte, wand er den roten Faden ab und ließ, während Johanna das Zimmer verließ, den ganzen Inhalt des Päckchens rasch durch die Finger gleiten. Nur zwei, drei Briefe waren adressiert: An Frau Landrat von Innstetten. Er erkannte jetzt die Handschrift; es war die des Majors. […] In seinem Kopf begann sich alles zu drehen. Er steckte das Paket zu sich und ging in sein Zimmer.

[…] Endlich erschien Innstetten wieder im Nebenzimmer und sagte: »Johanna, achten Sie auf Annie […]. Ich will eine Stunde gehen oder vielleicht zwei.« […]

»Hast du gesehen, Johanna, wie Papa aussah?« – »Ja, Annie. Er muss einen großen Ärger gehabt haben. Er war ganz blass.« […]

Es vergingen Stunden. Die Sonne war schon unter und nur ein roter Widerschein lag noch über den Dächern drüben, als Innstetten wieder zurückkam. Er gab Annie die Hand, fragte, wie es ihr gehe und ordnete dann an, dass ihm Johanna die Lampe in sein Zimmer bringe. […] Dann […] öffnete er, weil er es schwül fand, die Balkontür und nahm schließlich das Briefpaket wieder zur Hand […] und las mit lauter Stimme: »Fort, so schreibst du, Flucht. Unmöglich. Ich kann meine Frau nicht im Stich lassen, zu allem anderen auch noch in Not. Es geht nicht und wir müssen es leicht nehmen, sonst sind wir arm und verloren. Leichtsinn ist das Beste, was wir haben. Alles ist Schicksal. Es hat so sein sollen. Und möchtest du, dass es anders wäre, dass wir uns nie gesehen hätten?«

[…] Innstetten hatte die Briefe kaum wieder beiseite geschoben, als draußen die Klingel ging. Gleich danach meldete Johanna »Geheimrat Wüllersdorf«.

Wüllersdorf trat ein und sah auf den ersten Blick, dass etwas vorgefallen sein müsse. »Pardon, Wüllersdorf«, empfing ihn Innstetten, »dass ich Sie gebeten habe noch gleich heute bei mir vorzusprechen. […] Es ging aber nicht anders. Ich bitte Sie, machen Sie sich's bequem. […]« Wüllersdorf setzte sich. Innstetten ging wieder auf und ab und wäre bei der ihn verzehrenden Unruhe gern in Bewegung geblieben, sah aber, dass das nicht gehe. So setzte (er) sich Wüllersdorf gegenüber und versuchte ruhig zu sein. »Es ist«, begann er, »um zweier Dinge willen, dass ich Sie habe bitten lassen: Erst(ens), um eine Forderung zu überbringen, und zweitens, um hinterher, in der Sache selbst, mein Sekundant zu sein; das eine ist nicht angenehm und das andere noch weniger. Und nun Ihre Antwort.«

»Sie wissen, Innstetten, Sie haben über mich zu verfügen. Aber eh ich die Sache kenne, verzeihen Sie mir die naive Vorfrage: Muss es sein? Wir sind doch über die Jahre hinweg, Sie, um die Pistole in die Hand zu nehmen, und ich, um dabei mitzumachen. […]«

»Es handelt sich um einen Galan meiner Frau, der zugleich mein Freund war oder doch beinah. […] Lesen Sie.«

Wüllersdorf flog drüber hin. »Die sind an Ihre Frau gerichtet?« – »Ja, ich fand sie heut in ihrem Nähtisch.« – »Und wer hat sie geschrieben?« – »Major Crampas.« – »Also Dinge, die sich abgespielt, als Sie noch in Kessin waren?« Innstetten nickte. »Liegt also sechs Jahre zurück oder noch ein halb Jahr länger.« – »Ja.« […]

»Innstetten, Ihre Lage ist furchtbar und Ihr Lebensglück ist hin. Aber wenn Sie den Liebhaber totschießen, ist Ihr Lebensglück sozusagen doppelt hin und zu dem Schmerz über empfangenes Leid kommt noch der Schmerz über getanes Leid.

M1 Ein Duell

Alles dreht sich um die Frage, müssen Sie's durchaus tun? Fühlen Sie sich so verletzt, beleidigt, empört, dass einer weg-muss, er oder sie? Steht es so?« [...] Innstetten war aufgesprungen, trat ans Fenster und tippte voll nervöser Erregung auf die Scheiben. Dann wandte er sich rasch wieder, ging auf Wüllersdorf zu und sagte: »Nein, so steht es nicht.«

»Wie steht es dann?«

»[...] Ich bin ohne jedes Gefühl von Hass oder gar von Durst nach Rache. [...] Ich hätte nie geglaubt, dass die Zeit, rein die Zeit, so wirken könne. Und dann als zweites: Ich liebe meine Frau, ja, seltsam zu sagen, ich liebe sie noch und so furchtbar ich alles finde, was geschehen, ich bin so sehr im Bann ihrer Liebenswürdigkeit [...], dass ich mich, mir selber zum Trotz, in meinem letzten Herzenswinkel zum Verzeihen geneigt fühle.«

Wüllersdorf nickte. [...] »Aber wenn Sie so zu der Sache stehen und [...] wenn wir dann das andere hinzunehmen, dass alles weit, weit zurückliegt, wie ein Geschehnis auf einem andern Stern, ja, wenn es so liegt, Innstetten, so frage ich, wozu die ganze Geschichte?«

»Weil es trotzdem sein muss. Ich habe mir's hin und her überlegt. Man ist nicht bloß ein einzelner Mensch, man gehört einem Ganzen an und auf das Ganze haben wir beständig Rücksicht zu nehmen, wir sind durchaus abhängig von ihm. [...] Im Zusammenleben mit den Menschen hat sich ein Etwas ausgebildet, das nun mal da ist und nach dessen Paragraphen wir uns gewöhnt haben alles zu beurteilen, die andern und uns selbst. Und dagegen zu verstoßen geht nicht; die Gesellschaft verachtet uns und zuletzt tun wir es selbst und können es nicht aushalten und jagen uns die Kugel durch den Kopf. [...] Jenes, wenn Sie wollen, uns tyrannisierende Gesellschafts-Etwas, das fragt nicht nach Charme und nicht nach Liebe und nicht nach Verjährung. Ich habe keine Wahl. Ich muss.«

»Ich weiß doch nicht, Innstetten ...«

»[...] Ich ging zu Ihnen und schrieb Ihnen einen Zettel und damit war das Spiel aus meiner Hand. Von dem Augenblicke an hatte mein Unglück, und was schwerer wiegt, der Fleck auf meiner Ehre einen halben Mitwisser und nach den ersten Worten, die wir hier gewechselt, hat es einen ganzen. Und weil dieser Mitwisser da ist, kann ich nicht mehr zurück.«

[...] Wüllersdorf war aufgestanden. [...] »Ich quäle Sie nicht länger mit einem ›Muss es sein?‹.« Die Welt ist einmal, wie sie ist und die Dinge verlaufen nicht, wie wir wollen. Unser Ehrenkultus ist ein Götzendienst, aber wir müssen uns ihm unterwerfen [...]«. Innstetten nickte.

Sie blieben noch eine Viertelstunde miteinander und es wurde festgestellt, Wüllersdorf solle noch denselben Abend abreisen. Ein Nachtzug ging um zwölf. Dann trennten sie sich mit einem kurzen: »Auf Wiedersehen in Kessin.«

M1 ■ Titelblatt eines Kochbuchs, 1875

2.5 In Diensten bei »Frau Regierungsrat«

Die einfache Lebensweise der unteren Schichten stand im Kaiserreich im krassen Gegensatz zum Leben der wohlhabenden Leute. Der Lebensstil der Großbürger war luxuriös. Sie liebten es, teure und gewichtige Möbel in den Repräsentationsräumen ihrer Häuser zur Schau zu stellen, ständig neue Mode und kostbaren Schmuck zu zeigen, verfeinerte Umgangsformen, gehobene Gastlichkeit und Bildung zu pflegen. Auch die Familienmitglieder waren ein Mittel, um Anstand und Besitz zu demonstrieren. Bei Festen und Empfängen präsentierte sich die Familie als wohlhabend und ehrbar und warb damit für die Zuverlässigkeit des väterlichen Unternehmens. Ein weiteres Zeichen für die Standesgemäßheit war die angemessene Erziehung der Kinder. Söhne erhielten eine entsprechend aufwendige und kostspielige Ausbildung, Töchter hingegen bekamen in der Regel nur eine ausreichende Mitgift. Sie wurden nicht selten im Interesse des väterlichen Betriebs verheiratet, z.B. um finanzielle Engpässe auszugleichen oder günstige Geschäftsverbindungen zu knüpfen.

Die Ehefrauen standen einem großen Haushalt vor, organisierten die Hausarbeiten, beaufsichtigten mehrere Dienstboten und kümmerten sich um die standesgemäße Repräsentation und die Ausrichtung von Diners und Bällen. Nach außen hin musste dabei der Eindruck entstehen, dass die Frau Regierungsrat – so wurde sie nach dem Titel ihres Mannes genannt – nicht arbeitet. Es gehörte zum guten Ruf des Mannes, dass seine Frau »demonstrativen Müßiggang« betrieb. Diesen Lebensstil konnte sich nur das finanzkräftige Besitzbürgertum leisten. Er war aber auch das Ideal für andere Schichten wie etwa zum Beispiel das Bildungsbürgertum. Wenn das Geld nicht reichte, mussten die Frauen doppelt arbeiten, um den Schein eines bürgerlichen Lebensstandards aufrechtzuerhalten. Das hieß vor allem äußerste Sparsamkeit. Ein hoher persönlicher Zeitaufwand war erforderlich, um z.B. die Tischläufer selbst zu sticken und kunstvolle Schondeckchen herzustellen, die die verschlissenen Armlehnen der Sessel verdecken sollten.

Dienstboten

Zum guten Ruf des bürgerlichen Haushalts gehörten auch die Dienstboten. 1895 gab es im Deutschen Reich 1339316 Dienstboten. 97% davon waren Frauen. Vor allem unverheiratete Mädchen vom Lande gingen in den Städten als Dienstmädchen »in Stellung«.

Ihre Arbeits- und Lebensbedingungen waren in der Regel sehr schlecht. Sie mussten rund um die Uhr arbeiten, wohnten in winzigen Kammern oder Verschlägen und wurden gering bezahlt. Kranke Dienstboten verloren in der Regel nach 14 Tagen ihren Arbeitsplatz. Darüber hinaus zwang die Gesindeordnung von 1810 die Dienstmädchen sich völlig dem Willen der Herrschaften zu unterwerfen. Diese hatten auch das Recht der »Züchtigung«. »Widerspenstigkeit« konnte zur fristlosen Entlassung eines Dienstmädchens führen, genauso eine Schwangerschaft. Dabei waren gerade die Hausherren oder deren heranwachsende Söhne nicht selten die Väter dieser Kinder. Eines der wichtigsten Machtmittel der Herrschaften war das Gesindebuch, in dem diese Bemerkungen über das Verhalten der Dienstboten eintrugen. Eine schlechte Beurteilung brachte oft Probleme, besonders bei Stellenwechsel. Daher gingen auf unerklärliche Weise viele Gesindebücher »verloren«. Erst 1918 wurde die Gesindeordnung aufgehoben.

M2 ■ Aufruf im Kölner Wartesaal 3. Klasse (1905)

Dringende Warnung und wohl gemeinter Rat an allein reisende Mädchen [...]. Hütet euch bei der Ankunft am Bahnhofe sowie auch auf der Fahrt vor fremden Menschen, Männern oder Frauen, auch wenn sie noch so freundlich scheinen, die euch eine Dienststelle oder ein Nachtquartier besorgen wollen! Lasst euch nicht ins Gespräch mit solchen Leuten ein, auch wenn sie euch noch so Angenehmes sagen und versprechen! Denn ihr müsst wissen, dass es schlechte Menschen gibt, Männer sowohl als Frauen, die sich heimlich ein Geschäft daraus machen, junge unerfahrene Mädchen durch falsche Vorspiegelungen in verrufene Häuser zu verschleppen, wo sie dann gegen ihren Willen festgehalten werden und um Ehre und Freiheit gebracht werden.

(zitiert nach: Irene Franken, Köln, der Frauen-Stadtführer. Köln 1995, S. 9.)

M3 ■ Auszug aus der Preußischen Gesindeordnung von 1810

§ 73 Allen häuslichen Einrichtungen und Anordnungen der Herrschaft muss das Gesinde sich unterwerfen.

§ 74 Ohne Vorwissen und Genehmigung der Herrschaften darf es sich auch in eigenen Angelegenheiten vom Hause nicht entfernen.

§ 77 Reizt das Gesinde die Herrschaft durch ungebührliches Betragen zum Zorn und wird in Selbigem von ihr mit Scheltworten oder geringen Thätlichkeiten behandelt, so kann es dafür keine gerichtliche Genugthuung fordern.

§ 78 Auch solche Ausdrücke oder Handlungen, die zwischen anderen Personen als Zeichen der Geringschätzung anerkannt sind, begründen gegen die Herrschaft noch nicht die Vermutung, dass sie die Ehre des Gesindes dadurch habe kränken wollen.

M4 ■ Türschilder

M5 ■ Dienstmädchenversammlung

Adelheid Popp versuchte 1893 in Wien die Dienstmädchen zu organisieren.

Wir hatten in Stellen(büros), Parkanlagen und auf den Märkten die Einladungen verteilt, aber wir mussten damit rechnen, dass die einen vielleicht nicht kommen würden, weil sie kein Interesse für die Sache hatten, dass andere keinen Ausgang erhielten [...]. Aber wie frohlockten wir, als der Saal zum Erdrücken voll war. Da waren junge, kaum den Kinderschuhen entwachsene Mädchen sowie ältere Frauen, die stolz darauf waren, ihr ganzes Leben in einem Hause gedient zu haben. Nun standen sie vor dem Alter und damit vor der Sorge, was aus ihnen werde. [...] Anhand der Dienstbotenordnung wurde dargelegt, dass die Zustände, unter welchen die dienende Klasse lebt, unwürdig seien und dass die dienenden Mädchen selber daran gehen müssten, für ein besseres Gesetz einzutreten. Die Zurufe [...] zeigten, dass diese Sklavinnen des häuslichen Dienstes die gesprochenen Worte wohl verstanden und die Nutzanwendung zu ziehen wussten. Die Versammlung wurde aufgelöst.

(Adelheid Popp, Jugend einer Arbeiterin. Berlin 1977 (Nachdruck), S. 146 ff.)

1 ■ Beschreibt die Personen in M1 in ihren Rollen. Beachtet dabei auch die Kleidung und die Körperhaltung.

2 ■ Die Arbeit der Hausherrin sollte unsichtbar bleiben. Wie ist das heute? Diskutiert.

3 ■ Versetzt euch in die Lage einer Tochter aus bürgerlichem Milieu. Welchen Zwängen wäret ihr ausgesetzt?

4 ■ Übertragt die Paragraphen der Gesindeordnung in modernes Deutsch. Erkundigt euch, welche Arbeitsordnungen es heute gibt und vergleicht.

5 ■ Du bist Dienstbotin. Schreibe einen Brief nach Hause über deine Ankunft in der Stadt (M2) und deine Lage als Dienstmädchen (M2, M3 und M5).

6 ■ Teilt die Klasse in zwei Gruppen: Herrschaften und Dienstboten. Die Herrschaften formulieren ihre Erwartungen an die Dienstboten. Und diese tragen ihre Kritikpunkte an den Herrschaften zusammen. Führt anschließend mehrere Streitgespräche. Beachtet § 73 der Gesindeordnung.

7 ■ »Ich bin froh nicht in der Fabrik arbeiten zu müssen.« Führt ein Streitgespräch für und gegen den Dienstmädchenberuf.

8 ■ Erörtert die Möglichkeiten der Dienstmädchen sich zu wehren und sich für eine Verbesserung ihrer Lage einzusetzen (M5).

M1 ■ **Das »Fräulein vom Amt«**

2.6 Metropole Berlin

In den ersten Jahrzehnten des Kaiserreichs entwickelte sich die neue Hauptstadt Berlin in rasantem Tempo von einer überschaubaren preußischen Residenzstadt zu einer Weltstadt ganz anderen Charakters. »Ein Stück deutsches Amerika« oder »Spreechicago« sagten Kritiker dazu. Walther Rathenau schrieb: »Das Berlin der Kaiserzeit war eine Stadt, in der […] nahezu alles neu war. […] Es war eine Stadt des kaiserlichen Hofes und der proletarischen Massen, der Uniformen und Paraden und politischen Demonstrationen, des neuen Reichtums und der neuen Armut.«

Industrialisierung und Bevölkerungswachstum

Berlin erlebte einen enormen wirtschaftlichen Aufschwung: Fabriken, vor allem der Elektro- und Chemie-Industrie, siedelten sich am Stadtrand an. Die ärmeren Schichten folgten und wurden auf engem Raum in Mietskasernen untergebracht. Die Berliner Vorstädte wuchsen explosionsartig. Obwohl die Wohnungen für die mehrköpfigen Arbeiterfamilien hygienisch mangelhaft und äußerst klein waren, mussten diese aus finanzieller Not auch noch Schlafgänger und Untermieter aufnehmen. Wie keine andere Stadt zog Berlin Zuwandernde an, die sich in der Großstadt bessere Lebenschancen erhofften. Die Bevölkerung verdoppelte sich. Dabei war die Säuglingssterblichkeit in den Arbeitervierteln sehr hoch, z. B. in Wedding 34,6 %. In besseren Vierteln wie der Friedrichstadt lag sie bei 14,8 %.

Berlin – ein großer Bauplatz

Im Zentrum der Stadt ließen sich Banken, Versicherungen, Zeitungshäuser und Aktiengesellschaften mit ihren Büros nieder, Geschäftshäuser wurden gebaut. Die Firma Wertheim eröffnete 1892 in der Leipziger Straße das erste Warenhaus, d. h. ein Geschäftshaus, das auf vier Etagen vielerlei Waren anbot. Bauboom und Spekulationen standen auf der Tagesordnung. Neben zahlreichen Theatern und Museen boten Kinos, Vergnügungsparks, Sportanlagen und Tanzlokale Freizeitvergnügen für die breite Masse.

Neue Verkehrswege entstanden; Straßen wurden neu angelegt und das Straßenbahnnetz ausgebaut. Die Verkehrsmittel waren vielfältig: Seit 1865 hatte Berlin eine Pferdestraßenbahn. Pferdekutschen, Fahrräder und zunehmend auch Autos fuhren kreuz und quer durcheinander. Die Probleme des Berliner Straßenverkehrs entwickelten sich zu einem Dauerthema. Entscheidende Verbesserung brachte die Ringbahn, 1875, und die Stadtbahn 1882, eine S-Bahn-Linie von Ost nach West, die als Hochbahn über Viaduktbögen, Dämme und Brücken geführt wurde. Im ersten Jahr wurde sie von 3 1/2 Millionen Menschen genutzt. Die erste U-Bahn-Linie wurde 1902 in Betrieb genommen.

Frauenarbeitsmarkt Berlin

Das Bedürfnis emporzukommen, d. h. seinen Lebensstandard zu verbessern, prägte damals größte Teile der Berliner Gesellschaft. So versuchte etwa ein Arbeiterkind Angestellter zu werden. In den neuen Branchen entstanden vor allem Arbeitsplätze für Frauen, sei es als Verkäuferinnen in den großen Warenhäusern oder als Angestellte und Schreibmaschinenfräuleins in den zahlreichen Büros.

Außer Arbeitsplätzen hatte Berlin auch viele Bildungseinrichtungen für Arbeiterinnen und Arbeiter zu bieten, die überwiegend aus der Arbeiterbewegung hervorgegangen waren. Zum Teil hatten sich Frauen organisiert und private Handels- und Gewerbeschulen und Berufsverbände eingerichtet. Angesichts der vielen Chancen wanderten genauso viele Frauen wie Männer vom Land in die Stadt.

Insgesamt war die Erwerbstätigkeit von Frauen im Deutschen Reich 1875 dennoch längst nicht so hoch wie heute, nur 20 % der Frauen im erwerbsfähigen Alter waren außer Haus berufstätig. Dabei sind Heimarbeiterinnen nicht mitgezählt. Die Zahl der Dienstmädchen war höher als die der Fabrikarbeiterinnen. Sie arbeiteten häufig nur einige Jahre in einem fremden Haushalt, heirateten später oder wanderten in andere Berufe ab. Der Grund dafür war u. a., dass in den Fabriken weitaus höhere Löhne gezahlt wurden als im Haushalt.

M2 Bevölkerungswachstum Berlins

Einwohnerinnen/Einwohner (ohne Vorstädte):	
1825	222 000
1850	446 000
1871	826 000
1877	1 Mio.
1905	2 Mio.
Berliner Vorstädte	
1871	105 000
1910	1,7 Mio.
Groß-Berlin	
1930	4,3 Mio.
(Zum Vergleich 1871:	
London	3,2 Mio.
Paris	1,8 Mio.)

(A. Sutcliffe, Metropolis. London 1984, S. 7.)

Gewerbliche Niederlassungen	
1875	90 000
1925	300 000
Großbetriebe (ab 50 Arbeiter)	
1913	2000
1928	3300
Tageszeitungen	
1870	16
1914	90
1928	147
Theater	
1870–75	6
1914	59
Studentinnen und Studenten	
1871	2208
1913/14	9059

(seit 1908 waren in Preußen auch Frauen zum Studium zugelassen)

(Lothar Gall, Berlin als Zentrum des deutschen Nationalstaats. In: Wolfgang Ribbe u. a., Berlin im Europa der Neuzeit. Berlin 1990, S. 232.)

M3 Baronin von Spitzemberg notierte 1898 in ihrem Tagebuch:

Das Getriebe in den Hauptverkehrsstraßen wie Leipziger- und Friedrichstraße ist förmlich betäubend; die elektrischen Wagen und Trams bilden eine ununterbrochene Linie Wagen aller Art, Droschken, Drei- und Zweiräder zu Hunderten, fahren neben-, vor-, hinter- und oft aufeinander. Das Läuten aller dieser Vehikel, das Rasseln der Räder ist ohrzerreißend, der Übergang ein Kunststück für Großstädter, eine Pein für den Provinzler. Behauptete doch Frau von Beulwitz, sie hätten sich anfangs gerührt umarmt, wenn sie nach solchem Übergang des Potsdamer Platzes sich gesund auf der Insel wiederfanden.

(zitiert nach: Gerhard Brunn, Die Deutschen und ihre Hauptstadt. In: B.-M. Baumunk u. a. [Hg.], Hauptstadt. Bonn/Köln 1989, S. 22 f.)

M4 Potsdamer Platz, 1880

M5 Die Berliner Gesellschaft

Sie bestand nicht allein aus klassischen Untertanen. Die Großstädter entdeckten ihr eigenes Selbstbewusstsein, das sich je nach Interessenslage zur Obrigkeit durchaus unterschiedlich zu verhalten wusste. Das Selbstverständnis der Großstädter, die Atmosphäre der Weltstadt mit ihren Eigenheiten, ihrer Geschäftigkeit, ihrem Tempo, ihrer Kaltschnäuzigkeit und ihrem Witz spiegelte sich in der Vielfalt der Berliner Presse.

(Berlin um 1900, Ausstellungskatalog. Berlin 1984, S. 48 f.)

1 Stellt das Bevölkerungswachstum Berlins als Säulendiagramm dar. Informiert euch über die aktuellen Zahlen.

2 Schildert in einem Artikel für eure Tageszeitung eure Eindrücke von der explodierenden Großstadt Berlin um 1900 und bewertet sie.

3 Verteilt Referate über die Geschichte der verschiedenen Verkehrsmittel, der Straßenbeleuchtung, Telegrafie, Telefon und Schreibmaschine.

4 Informiert euch über die Geschichte eures Wohnorts von 1870 bis 1914.

5 Berlin – eine Chance für Frauen. Begründe diese Aussage so ausführlich wie möglich.

M1 ■ Postkarte von 1901

2.7 Gegen die »Reichsfeinde«

Kennzeichen des Kaiserreichs waren nicht nur Nationalismus und Obrigkeitsglaube, sondern auch politische Intoleranz und die Diskriminierung von Minderheiten

Nach der Reichsgründung kam es 1873 zu einer großen Wirtschaftskrise, dem »Gründerkrach«. Zahlreiche Unternehmen gingen dabei bankrott und viele Menschen wurden arbeitslos. Wie fast immer in Notzeiten suchten viele auch jetzt nach Schuldigen, die sie für die schlechte Lage verantwortlich machen konnten. Sie fanden sie in einer kleinen Gruppe wirtschaftlich erfolgreicher Juden. Wie kam es, dass es den Juden gut ging, während ein Großteil der Bevölkerung Not litt, fragten sich manche, die von der Krise betroffen waren. Doch die Juden, eine Minderheit von nur einem Prozent der Gesamtbevölkerung, waren für die Krise nicht verantwortlich. Dennoch wurden jahrhundertealte Vorurteile gegen die Juden wieder belebt – wieder wurden sie zu »Sündenböcken« gemacht.

Seit Ende der 1870er–Jahre wurden die Juden in Darstellungen und Karikaturen auf schlimmste Art und Weise verspottet und ausgegrenzt. Zeitschriften, Flugblätter und Postkarten karikierten die äußere Erscheinung »des Juden« und unterstellten den Juden negative Eigenschaften und antideutsche Absichten. An Vor- und Familiennamen wie Sarah, Isidor, Cohn oder Mosse waren jüdische Bürgerinnen und Bürger leicht zu erkennen. Einige Juden wollten deshalb ihre Namen ändern, um nicht diffamiert und gesellschaftlich benachteiligt zu werden.

Viele, die den Obrigkeitsstaat und das undemokratische System unterstützten, waren auch Antisemiten. Mehr und mehr wurde der *Antisemitismus** ein Erkennungszeichen der Kaisertreuen und Nationalisten. Die Sozialdemokraten lehnten den Antisemitismus ab, jedoch gab es auch in ihren Reihen Vorurteile gegen Juden.

Es bildeten sich politische Parteien, die den Antisemitismus zum politischen Programm erhoben. »Der Jude« war für sie der Hauptfeind des deutschen Volkes. Die Antisemiten wollten die jüdischen Mitbürger aus allen Bereichen des öffentlichen, gesellschaftlichen und wirtschaftlichen Lebens ausschließen, ihnen die Staatsbürgerschaft aberkennen, sie zu Ausländern machen.

Antisemitismus gab es nahezu überall: Viele Studentenverbände, Turnvereine, Berufs- und Interessenverbände nahmen antijüdische Bestimmungen in ihre Satzungen auf. Auch Kaiser Wilhelm II. gab den Juden für viele Missstände in Politik und Gesellschaft öffentlich die Schuld.

Der Antisemitismus in der Weimarer Republik

Nach dem Ersten Weltkrieg (1918) wurden die Juden für die Niederlage Deutschlands verantwortlich gemacht; dabei hatten viele deutsche Juden an der Front gekämpft.

Die antijüdische Stimmung richtete sich auch gegen das von bestimmten politischen Kräften bekämpfte demokratische System der Weimarer Republik. Jüdische Politikerinnen und Politiker wie z.B. Rosa Luxemburg wurden Zielscheibe und Opfer des Judenhasses jener Zeit. Auch Außenminister Walter Rathenau wurde ermordet, nachdem er 1922 ein Gesetz gegen rechtsradikale politische Gruppierungen erlassen hatte.

Der Antisemitismus war ein wesentlicher Bestandteil der rechten *Ideologie**, besonders der NSDAP (Nationalsozialistische Deutsche Arbeiterpartei). Ihr Vorsitzender Adolf Hitler hatte den Juden schon zu Beginn der 1920er-Jahre den Kampf im Parteiprogramm angesagt.

Mehr zum Thema Juden und Antisemitismus erfahrt ihr im IGL-Buch 2, Kapitel 4.5 (Juden - auch Menschen ohne Bürgerrecht), Kap. 5.5 (Die Juden in Europa) und in Kap. 5.6 (Gleichberechtigung oder Ausgrenzung).
Mehr zum Thema »Sündenböcke« erfahrt ihr im IGL-Buch 2, Kap. 9.4 (Dagegen muß man doch etwas tun!).

Mehr über das Schicksal der Juden im Nationalsozialismus erfahrt ihr im IGL-Buch 1, Kap. 12 (»Und sie werden nicht mehr frei...«) und in diesem Band, Kap. 10 (Deutschland im Nationalsozialismus).

M3 ■ Münchner Karikatur, um 1900

M2 ■ Ein Antisemit (1882)

Der Hofprediger Adolf Stoecker gründete 1878 die antisemitische »Christlich-Soziale Arbeiterpartei«. In einer Rede sagte er:

Hier (in Deutschland) gibt es [...] doppelt so viele jüdische Arbeitgeber als christliche, während die Arbeiter zuallermeist Christen sind. Auf dem geistigen Gebiete sind sie ebenso stark wie auf materiellem durch ihre Presse. Dieser Einfluss und dieses Übergewicht des Judentums können für unser deutsches Volksleben nimmermehr heilsam sein; wenn wir diese Fremdherrschaft abschaffen wollen, so soll uns niemand daran hindern. (Lebhafter Beifall.)

(Adolf Stoecker, Christlich-Sozial. Reden und Aufsätze. Bielefeld/Leipzig 1885, S. 210f.)

Der »Kulturkampf«

Mit 37% bildeten die Katholiken im Kaiserreich eine Minderheit gegenüber den Protestanten. Politisch organisierten sie sich in der Zentrumspartei. Bismarck sah in der Ausrichtung der Katholiken auf den Papst einen Widerspruch zum deutschen Nationalstaat. Als die Zentrumspartei immer mehr Wähler fand, erklärte die Regierung deren Anhänger öffentlich zu »Reichsfeinden«. Mit zahlreichen Gesetzen gegen die katholische Kirche versuchte Bismarck, Macht und Einfluss des Zentrums zu brechen. Erfolglos: 1878 brach er den »Kulturkampf« ab. Gegen den Einfluss der Kirche konnte er sich nicht durchsetzen.

M4 ■ »Es stinkt, es stinkt«

Ein jüdisches Mädchen und seine Freundin kommen in den 1870er-Jahren in eine christliche Strickschule (Vorschule). Sie berichten über den ersten Tag:

Vor Hebamme Borneller machten wir einen Knicks [....], denn sie war Respektsperson [...]. Aber wir fühlten uns unsicher unter ca. 50 Mädchen von 6-14 Jahren, die alle mit dem Strickzeug bewaffnet dasaßen. Kein Wort wurde gesprochen[...], nur die Stricknadeln hörte man. Nach und nach atmeten wir etwas freier in diesem großen Schulsaal, in dem nie ein jüdisches Mädchen zuvor gesessen hatte. Als wir uns ein wenig erholt hatten[...], da ertönte durch die Stille [...] eine sehr laute Stimme: »Borneller, es stinkt, es stinkt.« Borneller tat, als hörte sie nicht. Da schrie die ganze Mädchenschar zusammen: »Borneller, das ham die Judde getan, das ham die Judde getan«. – Weder wir noch sonst ein jüdisches Mädchen ging je wieder in die Strickschule.

(zitiert nach: Chaim Schatzker, Jüdische Jugend im zweiten Kaiserreich. Frankfurt/Main 1988, S.41.)

1 ■ Interpretiert die Karikatur M3. Wie ihr das macht, könnt ihr auf S.30/31 nachlesen. Wie unterscheidet sich die Karikatur von den Karikaturen der Methodenseite? Welches Bild vermittelt sie von Deutschland? Welche Vorurteile werden deutlich?

2 ■ Diskutiert: Antisemitismus in der Karikatur – das ist doch nur Spaß!?

3 ■ Erläutert, wie Stoecker (M2) seine Judenfeindschaft begründet.

4 ■ Eine Jude sieht beim Besuch eines guten Freundes zufällig die Postkarte M1. Vermute, was er empfinden wird und wie er auf die Postkarte reagiert.

5 ■ Versucht etwas über Juden und Jüdinnen in eurem Ort oder einem Ort in eurer Nähe zur Zeit des Kaiserreichs herauszufinden. Fragt in der Stadt- oder Gemeindebibliothek oder im Stadtarchiv nach.

6 ■ Gibt es heute in Deutschland Minderheiten, die ausgegrenzt werden? Nennt Beispiele.

2.8 Gegen die Obrigkeit

Die politischen Traditionen im Deutschen Reich waren nicht nur kaisertreu und ➠ konservativ. Berlin war auch eine Hochburg der ➠ Arbeiterbewegung und der Frauenbewegung.

Soziale Ungleichheit, Not, Unsicherheit, Abhängigkeit und fehlende politische Mitsprachemöglichkeit betrafen die Mehrheit der Bevölkerung; die Arbeiterklasse und insbesondere die Frauen.

Arbeitskämpfe und Politisierung

In der Arbeiterschaft setzte sich immer mehr die Erkenntnis durch, dass politische Veränderungen nötig sind. 1875 vereinigten sich die Arbeiterparteien zur Sozialdemokratischen Arbeiterpartei. Sie forderte u.a. den gesetzlichen Schutz der Lohnarbeiter gegen Ausbeutung und unmenschliche Arbeitsbedingungen, allgemeines, gleiches, unmittelbares Wahlrecht und die volle Gleichberechtigung der Frau. Als politisches Fernziel proklamierte die Partei die Befreiung der Arbeiterklasse durch Abschaffung des ➠ Privateigentums an den Produktionsmitteln und übernahm damit die Formulierung von ➠ Karl Marx. Hierdurch bezog die SPD (so hieß sie seit 1891) eine grundsätzliche Gegenposition zur bestehenden Gesellschaft. Von den Bismarckanhängern und Kaisertreuen wurde sie denn auch als »Umsturz-Partei« und »sozialdemokratische Gefahr« beschimpft und von der Polizei verfolgt. So bildeten die Sozialisten ein eigenes »Lager« mit Arbeiterbildungsvereinen und -büchereien, Sportklubs, Gesangsvereinen, Jugend- und Frauenvereinen und Zeitungen. Trotz ihres Verbots von 1878 bis 1890 errang die SPD 1890 die Mehrheit bei den Reichstagswahlen. Bis zum Ersten Weltkrieg konnte sie ihren Stimmenanteil weiter steigern.

Die Gesetze in zahlreichen deutschen Bundesstaaten verboten Frauen die Mitgliedschaft in Parteien und politischen Vereinen. Sie durften auch nicht an politischen Versammlungen teilnehmen. Dieses Verbot im Preußischen Vereinsgesetz aus dem Jahre 1850 war bis 1908 gültig.

Eine starke Emanzipationsbewegung im Kaiserreich war die Frauenbewegung, die die Gleichheit der Frau auf ihre Fahnen geschrieben hatte. Hierbei dachten die Frauenrechtlerinnen nicht nur an politische Gleichheit, vor allem an das Wahlrecht, sondern auch an soziale Gleichheit: gleiche Löhne, gleichen Zugang zu Berufen und Universitäten. Vor allem aber bezog sich die Forderung auf den privaten Bereich, insbesondere die Ehe. Frauen sollten endlich aus der Geschlechtsvormundschaft des Mannes entlassen werden.

Frauenlandsturm gegen das BGB

Da im neuen Deutschen Reich neue einheitliche Gesetze erarbeitet werden mussten, schaltete sich die Frauenbewegung in die Rechtskämpfe um das Bürgerliche Gesetzbuch (BGB) ein. Anlass war folgender Fall: Ein Ehemann hatte seiner Frau alle sechs Kinder weggenommen, um sie auf brutale Weise zur Scheidung zu zwingen. An diesem krassen Beispiel war den Frauen klar geworden, dass sie auch als Mütter ohne Rechte dastanden. Der »Allgemeine Deutsche Frauenverein« (ADF) veröffentlichte eine Übersicht über die geltenden Un-Rechte. Sie ergab: Alle Gesetze regelten die Unterwerfung der Ehefrau unter den Willen des Mannes. Er entschied in allen ehelichen Angelegenheiten und Erziehungsfragen. Er war ➠ Nutznießer oder sogar Eigentümer des Vermögens der Frau und ihres Arbeitslohnes. Sogar um einem Frauenverein rechtsgültig beitreten zu können, brauchte eine Frau die Genehmigung ihres Ehemannes. Das sollte sich aus Sicht der Frauen ändern. Aber der Entwurf des neuen Bürgerlichen Gesetzbuches von 1895 entsprach in keiner Weise ihren Erwartungen.

Da schlossen sich alle Richtungen der Frauenbewegung zusammen und beteiligten sich an Protestversammlungen, Massenkundgebungen und Unterschriftensammlungen. Doch alle Aktivitäten nutzten nichts: Bis auf eine winzige Änderung wurde das Familienrecht gegen die Stimmen der SPD im Reichstag verabschiedet und trat 1900 in Kraft. Die Gleichberechtigung der Frau in der Familie wurde erst 1977 gesetzlich festgeschrieben; die Änderung eines entsprechenden Namensrechts 1990. Für Frauenrechtlerinnen heute ist die *Gleichberechtigung** der Frau immer noch nicht erreicht.

Arbeiterbewegung: alle Gruppierungen der Arbeiterschaft, die sich organisierten und für ihre Interessen kämpften

Konservativ: politische Haltung, die sich gegen Neuerungen sperrt

Privateigentum an Produktionsmitteln: Karl Marx meinte damit, dass Grund und Boden, Maschinen und Fabriken Privatleuten gehören, die dadurch große Macht über die Arbeitenden haben. Marx forderte stattdessen, dass die Produktionsmittel Volkseigentum werden sollten.

Karl Marx (1818 bis 1883): Schriftsteller und Philosoph, beschrieb das kapitalistische Wirtschaftssystem des 19. Jh. kritisch und war ein Verfechter des Kommunismus, einer Gesellschaft ohne Privateigentum und Klassenunterschiede.

Nutznießer: ist jemand, der über etwas verfügt und Nutzen davon hat ohne Besitzer oder Eigentümer zu sein.

M1 ■ **Eine Arbeiterinnen-Versammlung, Berlin 1890**

M2 ■ Sozialdemokratische Frauenbewegung

1873 gründete sich der »Berliner Arbeiterfrauen- und Mädchenverein«. Er wurde von Pauline Staegemann (1838–1909) geleitet. Sie war als Dienstmädchen nach Berlin gekommen. Mit den Funktionaren der SPD hatte sie früh Kontakt. Nach dem Tod ihres Mannes finanzierte sie sich und ihre vier Kinder aus den Einkünften eines Gemüseladens. Dieser Laden entwickelte sich zum heimlichen Treffpunkt vieler Parteigenossen. Ziel des Arbeiterfrauen- und Mädchenvereins war es, »die Lage des weiblichen Geschlechts zu verbessern, [was] nur durch eine vollständige soziale Umwälzung der [...] Gesellschaft geschehen kann«. Von der Verfolgungswelle 1877 gegen die Sozialdemokraten waren vor allem die Frauenvereine betroffen. Die Polizei machte Hausdurchsuchungen bei den Vorsitzenden, acht von ihnen wurde der Prozess gemacht, »weil sie, statt sich nur um die Verbesserung der Lage weiblicher Arbeiterinnen zu kümmern, Politik getrieben [hatten]«.

(Ute Gerhard, Unerhört. Reinbek 1990, S. 120 f.)

1 ■ Gestaltet ein Informationsplakat über die Sozialdemokratie des 19. Jahrhunderts. Informiert euch über die heutigen Ziele der SPD und vergleicht.

2 ■ Beschäftigt euch mit M2. Wo zeigen sich Auswirkungen des Vereinsrechts?

3 ■ Stellt konkrete Forderungen für die Bereiche auf, in denen Frauen ihre Gleichberechtigung erreichen wollten. Diskutiert darüber.

4 ■ Bearbeitet M3 und übertragt die wichtigsten Paragraphen in Alltagssprache. Besorgt euch ein aktuelles BGB, und vergleicht die §§ 1354–1356.

5 ■ Schreibt Artikel für eine kaisertreue Zeitung, der die polizeilichen Maßnahmen gegen die Arbeiter- und Frauenbewegung rechtfertigt.

6 ■ Diskutiert, inwiefern die Forderungen von SPD und Frauenbewegung an die Grundlagen des Kaiserreiches rührten.

M3 ■ Bürgerliches Gesetzbuch vom 18. August 1896

Wir Wilhelm, von Gottes Gnaden Deutscher Kaiser, verordnen im Namen des Reiches, nach erfolgter Zustimmung des Bundesrathes und des Reichtages, was folgt:

[...] Viertes Buch. Familienrecht

[...] § 1353 Die Ehegatten sind einander zur ehelichen Lebensgemeinschaft verpflichtet.

§ 1354 Dem Manne steht die Entscheidung in allen das gemeinschaftliche eheliche Leben betreffenden Angelegenheiten zu; er bestimmt insbesondere Wohnort und Wohnung. [...]

§ 1355 Die Frau erhält den Familiennamen des Mannes.

§ 1356 Die Frau ist [...] berechtigt und verpflichtet, das gemeinschaftliche Hauswesen zu leiten. Zu Arbeiten im Hauswesen und Geschäfte des Mannes ist die Frau verpflichtet [...].

§ 1358 Hat sich die Frau einem Dritten gegenüber zu einer von ihr in Person zu bewirkenden Leistung verpflichtet, so kann der Mann das Rechtsverhältnis ohne Einhaltung einer Kündigungsfrist kündigen [...].

§ 1627 Der Vater hat kraft der elterlichen Gewalt das Recht und die Pflicht, für die Person und das Vermögen des Kindes zu sorgen.

§ 1631 Die Sorge für die Person des Kindes umfasst das Recht und die Pflicht, das Kind zu erziehen, zu beaufsichtigen und seinen Aufenthalt zu bestimmen. Der Vater kann kraft des Erziehungsrechts angemessene Zuchtmittel gegen das Kind anwenden [...].

§ 1684 Der Mutter steht die elterliche Gewalt zu: 1. wenn der Vater gestorben [...] ist [...].

§ 1707 Der Mutter steht nicht die elterliche Gewalt über das uneheliche Kind zu.

(Bürgerliches Gesetzbuch. Berlin 1898.)

2.9 »Mit Zuckerbrot und Peitsche«

Der Bismarcksche Staat reagierte auf die Aktivitäten der Arbeiter- und Frauenbewegung mit Repressionen: Hausdurchsuchungen, Versammlungsverboten und Verhaftungen. Sehr häufig war es der Vorwurf der Majestätsbeleidigung und Bismarckbeleidigung oder der »Schmähung der Staatseinrichtungen«, der Sozialdemokratinnen und -demokraten ins Gefängnis brachte. Mit diesen Maßnahmen konnte der Staat die unteren Bevölkerungsschichten aber nicht einschüchtern; sie schienen eher ihr Vertrauen in die SPD gestärkt zu haben. Bei den Reichstagswahlen von 1877 bekam sie mehr Stimmen als zuvor. Das kaiserliche Berlin war entsetzt. Da bot ein Attentat auf Kaiser Wilhelm den willkommenen Anlass, das »Gesetz gegen die gemeingefährlichen Bestrebungen der Sozialdemokratie« in den Reichstag einzubringen. Nach einem zweiten Attentat fand das »Sozialistengesetz« dort eine Mehrheit. Es verbot die Arbeit der Partei und galt bis 1890. Die Abgeordneten der SPD im Reichstag konnten aber weiterhin politisch tätig sein und errangen 1890 einen großen Wahlerfolg.

Arbeiterfrauen an den Herd

Auch die Frauenbewegung erlebte auf ihrem Höhepunkt einen Gegenschlag: eine üble Diffamierungskampagne gegen das weibliche Geschlecht. Einflussreiche Persönlichkeiten verkündeten: »Dass der Staat männlich ist, versteht sich von selbst« oder »Berufstätigkeit tötet das wahre Wesen der Frau« (Lorenz von Stein). Familie und Haushalt seien der Platz der Frau, nicht die Politik. An diesen Wertvorstellungen orientierten sich zunehmend auch Arbeiterfamilien. Koch- und Haushaltsbücher erlebten Riesenauflagen. Die Familie diente als Rückzugsgebiet, die Arbeit der Frau im Haus – in Krisenzeiten auch außerhalb – war das soziale Netz für Notfälle.

Die Peitsche, und jetzt das Zuckerbrot

Reichskanzler Bismarck versuchte durch die Einführung der Sozialversicherung die arbeitende Bevölkerung zu beschwichtigen und auf die Seite der Regierung zu ziehen. Dazu gehörten eine Krankenversicherung, Krankengeld, eine Unfallversicherung und die Zahlung einer niedrigen Rente bei Vollendung des 70. Lebensjahres. Den meisten Frauen kam diese Sozialgesetzgebung allerdings nicht zugute, weil die Leistungen an außerhäusliche Erwerbstätigkeit in der Industrie gebunden waren. Dennoch gelten die Sozialgesetze für die damalige Zeit als vorbildlich. Bismarck hat selbst zugegeben, dass sie nie zustande gekommen wären, wenn es keine Sozialistengesetze gegeben hätte.

M1 ■ Der Wintersturm beendet die Ära Bismarck. Die Namen auf den abgefallenen Ästen bezeichnen Fehlschläge von Bismarcks Politik. Karikatur aus dem »Wahren Jacob« von 1890

Die Ära Bismarck endete 1890: Der neue Kaiser Wilhelm II. entließ den Reichskanzler. Wilhelms II. selbstherrliches Auftreten gab der folgenden Zeit den Namen Wilhelminismus. Sie gipfelte im Ersten Weltkrieg. Aber führte der Wilheminismus nicht auch zum Nationalsozialismus oder auch zum Zweiten Weltkrieg? Einige Historikerinnen und Historiker verneinen einen solchen Zusammenhang. Andere meinen, dass Untertanengeist, blinder Gehorsam, Militarismus und Unterdrückung eine demokratische Entwicklung in Deutschland nach 1918 unterdrückten, ja unmöglich gemacht hätten. Die Siegermächte des Zweiten Weltkrieges sahen eine eindeutige Entwicklung von Friedrich II. über Bismarck und Wilhelm II. zu Hitler. Preußen wurde als Kern des aggressiven Militarismus ausgemacht. Es wurde 1947 aufgelöst.

M2 ■ »Vernichtungskrieg« gegen die SPD

Protokoll der Thronratssitzung vom 5.6.1878 nach dem Attentat auf Kaiser Wilhelm I.

Auf die Frage, »worin die allseitig anerkannte Gefahr zu erblicken sei«, antwortete der Innenminister: »Wie er diese Gefahr in der abnehmenden Achtung vor der Autorität finde; in der Familie; in der Gemeinde, im Staate, überall trete Opposition nicht als berechtigte Kritik, sondern als Auflehnung gegen menschliches und göttliches Gesetz unter Verhöhnung der Religion auf.« [...] Bismarck erklärte [...], es sei gegen die Sozialdemokratie [...] ein Vernichtungskrieg zu führen durch Gesetzesvorlagen, welche die sozialdemokratischen Vereine, Versammlungen, die Presse, die Freizügigkeit [...] träfen.

(zitiert nach: Michael Stürmer, Bismarck und die preußisch-deutsche Politik. München 1970, S.125f.)

M3 ■ Abiturrede der Schülerin Karin Storch 1967

Worin sieht die Schule ihre Aufgabe? Will sie den jungen Menschen zum Mitläufer erziehen? Zum Ja-Sager? Zum Streitvermeider um jeden Preis? Oder sieht sie ihre Aufgabe darin, in jungen Menschen staatsbürgerliches Bewusstsein zu wecken? Was heißt das, sich als Staatsbürger zu fühlen? Heißt das, als Untertan zu leben, kritiklos aus Prinzip oder aus Angst vor Gewalt jedem Gebot der Obrigkeit derer »da oben« folgend? Erziehen unsere Schulen zum Ungehorsam, regen sie Kritik an, formen sie die eigene Stellungnahme heraus, regen sie zum selbstständigen Denken an?
Sie tun es leider zu wenig.

(Christ und Welt vom 12.1.1968.)

M4 ■

M5 ■ Fernsehansprache des Bundespräsidenten Gustav Heinemann (SPD) am 17.1.1974

Unsere Geschichte ist in vieler Hinsicht anders verlaufen als die unserer Nachbarn. Man hat uns eine »verspätete« Nation genannt. Durften wir 1871 jubeln? Emanuel Geibel hat es [...] mit dem Vers getan [...] »sprang aus Bismarcks Haupt das Reich waffengerüstet hervor«. Bismarck als Schöpfer der Einheit mit Blut und Eisen – so wurde es gelehrt und in der Fülle der ihm gewidmeten Denkmäler [...] dargestellt. Wir müssen erkennen, dass dieses eine Vereinfachung ist [...], richtig und falsch zugleich. Bismarck erzwang 1871 den [...] fürstlichen Bundesstaat [...] das ist richtig. Aber Bismarck gehörte nicht in die schwarz-rot-goldne Ahnenreihe derer, die mit der Einheit des Volkes zugleich demokratische Freiheit wollten. Wer also die Linie von den Befreiungskriegen und der Wartburg über Hambach, Frankfurter Paulskirche und Rastatt als Endstation der Revolution von 1848/49 bis nach Sedan und Versailles zieht, verzerrt den Gang der Geschichte. Von Einheit und Recht und Freiheit [...] sang erst die Weimarer Republik. Im Kaiserreich bis 1918 sang man auch »Heil dir im Siegerkranz«. [...] Die Reichsgründung hatte die Verbindung von demokratischem und nationalem Wollen zerrissen. [...]

(Gustav Heinemann, Präsidiale Reden und Ansprachen. Frankfurt/M. 1975, S.143f.)

?

1 ■ Erklärt die Politik von »Zuckerbrot und Peitsche«. Hat Bismarck seine Ziele erreicht? Begründet.

2 ■ Spielt ein Streitgespräch für und wider das Sozialistengesetz mithilfe des Textes und M2.

3 ■ Informiert euch über die Sozialgesetzgebung von heute (Kap.9).

4 ■ Interpretiert die Karikatur (M1).

5 ■ Versuche eine schriftliche Gesamtcharakterisierung des Kaiserreiches mit seinen Widersprüchen. Siehst du Auswirkungen dieser Zeit bis heute? Beachte dabei M4.

6 ■ Bearbeitet M5 in folgenden Schritten:
a) Wie gliedert Gustav Heinemann die Geschichte? Auf welche Ereignisse beruft er sich dabei?
b) Wie beurteilt er die Reichsgründung?
c) Erklärt den letzten Satz mit eigenen Worten.

7 ■ Diskutiert die Abiturrede M3. Welche Ziele soll die Erziehung in der Schule eurer Meinung nach haben?

8 ■ Erkundet Straßennamen und Denkmäler in eurer Stadt, die aus der Kaiserzeit stammen. Seid ihr für Änderungen? Begründet.

3 Arbeitsmarkt Europa

Berlin
Der Reichstag

London
Tower Bridge

»Europa, ja das ist meine Heimat. Ich kann in fremde Länder reisen. […] Da fällt mir auch die EU ein. Und dass nicht alle Länder in der EU drin sind. Zollfreiheit ist in der EU. Die Länder sind ja offen […] Das hat auch Nachteile, ohne Grenzen und so. Grenzenlos, da wird sich der Schmuggel weiter ausbreiten können, Rauschgift, Heroin.«

Paris
Sacre Cœr

Rom
Spanische Treppe

Denkt man einmal nicht an Politik, ist Europa für euch sicher etwas ganz Selbstverständliches: die Sommerferien am Mittelmeer, die Klassenreise nach Prag oder Rom, das Essen beim Griechen oder Italiener. Spricht man hingegen von der Europäischen Union, sieht das schon ganz anders aus. Umfragen unter Jugendlichen wie unter Erwachsenen fördern Verunsicherungen und Ängste zutage. Wird jetzt alles von Brüssel vorbestimmt? Bringt der gemeinsame Markt in Europa nur Vorteile oder verlieren wir hier Arbeitsplätze? Ist vielleicht der Weg in die gemeinsame Währung eine zu unsichere Sache, von der man lieber die Hände lassen sollte? Verdrängen uns jetzt nicht Iren oder Polen mit ihren niedrigeren Lohnansprüchen aus unseren Arbeitsplätzen, wenn die Grenzen zwischen den Ländern völlig fallen?

»Für jedes Land ist das eine zwiespältige Entscheidung. Entweder EU mit allen Vor- und Nachteilen oder ganz souveräner Staat bleiben. Und das auch mit allen Vor- und Nachteilen.«

In diesem Kapitel soll Europa unter einem wirtschaftlichen Blickwinkel betrachtet werden.
Dabei erfahrt ihr,

- ▶ wie sich die Lebensverhältnisse der Menschen in Europa unterscheiden,
- ▶ was die europäische Entwicklung für die Arbeitsplätze bringt,
- ▶ ob Europa in Richtung Integration oder in Richtung verstärkte nationale Eigenständigkeit denkt und
- ▶ wie man für die Diskussion über Europa die Methode der Pro-und-contra-Diskussion nutzen kann.

Krakau
Marktplatz

Prag
Stadtansicht mit Hradschin

»Ich würde da erst einmal ganz Europa einschließen. Ich meine, die Länder, die selbstständig bleiben wollen, die sollen es bleiben. Aber ich würde nicht nur sagen ›nur Westeuropa‹, sondern ich würde dann auch noch Osteuropa stark mit hereinnehmen.«

M1 ■ Umfrage 1994

»Ich fühle mich in erster Linie …

als Deutscher	31 %
als Kölner, Magdeburger, Münchner etc.	16 %
als Europäer	14 %
als Weltbürger	13 %
als Hesse, Sachse, Bayer etc.	10 %
als Westdeutscher oder Ostdeutscher	6 %

(Der Spiegel 38/1994, S. 81.)

Athen
Akropolis

»Europa, das ist für mich verbunden mit Ausländerfeindlichkeit und Krieg im ehemaligen Jugoslawien. Denkt man an die EU, dann an den Streit über die Verträge von Maastricht und die Währung.«

M1 ■ Transportwesen in Griechenland ...

3.1 Leben und Arbeiten in Europa

Genka lebt in einem kleinen bulgarischen Dorf, Heike in einer hessischen Gemeinde und Agustinho 40 km nördlich von Lissabon. Alle drei bewohnen das »Europäische Haus«, obwohl ihre Lebens- und Arbeitssituationen wenig Gemeinsamkeiten haben. Die verschiedenen europäischen Länder unterscheiden sich hinsichtlich ihrer Wirtschaftsleistung, ihrer *Wirtschaftsstruktur** und hinsichtlich ihres Wohlstandes. Unterschiede gibt es aber auch in Bezug auf die soziale Absicherung der Menschen und ihre Mitbestimmungsrechte im Betrieb.

Struktur und Leistung der Wirtschaft

In Europa gibt es typische *Agrarländer** wie etwa Portugal, Irland und Griechenland sowie typische »Industrieländer« wie etwa Großbritannien, Frankreich oder die Bundesrepublik. Die Unterschiede zwischen der Leistungskraft der Wirtschaft dieser Länder sind erheblich. Dazu bestehen in fast allen europäischen Ländern auch noch regionale Entwicklungsunterschiede: Landwirtschaftlich geprägte Regionen wechseln mit hoch industrialisierten Gebieten. Die Unterschiede zwischen den europäischen Ländern bedingen erhebliche Unterschiede im allgemeinen Wohlstand. Das Pro-Kopf-Einkommen liegt in Luxemburg fast dreimal so hoch wie in Griechenland. Ähnlich sieht es bei den Durchschnittslöhnen in der Industrie aus.

Soziale Lage und Arbeitnehmerrechte

Die Unterschiede etwa bei der Fortzahlung des Lohnes im Krankheitsfall, der Höhe von Rentenansprüche oder bei Kostenerstattungen etwa bei notwendigen Heilbehandlungen oder Krankenhausaufenthalten sind in den einzelnen Ländern Europas beträchtlich. Auch die Maßnahmen zum Schutz von Leben und Gesundheit am Arbeitsplatz sind nicht vergleichbar. Auch ob etwa ein Betriebsrat bei Entlassungen oder der Festlegung von Arbeitszeiten mitbestimmen darf, ist in Europa sehr unterschiedlich geregelt. Noch nicht absehbar ist, in welche Richtung vermutliche Angleichungen erfolgen werden – nach »unten« oder nach »oben«?

Gewerkschaftliche Organisation

Die soziale Lage der Menschen und ihre Rechte im Arbeitsprozess werden davon mitbestimmt, wie stark die wichtigste »Schutzmacht der kleinen Leute«, die *Gewerkschaften**, in den einzelnen Ländern entwickelt sind. Gewerkschaften setzen sich für eine Verbesserung der Arbeitsbedingungen und für einen angemessenen Lohn ein. Sie kämpfen für Mitbestimmung im Betrieb und wehren sich gegen Entlassungen. Sie fordern eine Begrenzung der Arbeitszeit und angemessene Erholungszeiten. Ihr wichtigstes Kampfmittel ist der Streik. Die Durchsetzungskraft der Gewerkschaften ist davon abhängig, wie viel Arbeitnehmerinnen und Arbeitnehmer gewerkschaftlich organisiert sind. Und hier unterscheiden sich die europäischen Staaten wieder erheblich. Um für Europa einen gemeinsamen Standard von Arbeitnehmerrechten zu erreichen, wurde 1989 vom Europäischen Rat eine Gemeinschaftscharta der sozialen Grundrechte der Arbeitnehmer verabschiedet. Darin wird auch das Recht jugendlicher Arbeitnehmerinnen und Arbeitnehmer auf besonderen Schutz gefordert.

M4 ■ … und in Italien

M2 ■ Der Berufsalltag einer jungen Frau aus Fulda als Maler- und Lackierermeisterin:

Heike Stürz sollte nach dem Willen ihres Vaters […] eigentlich einen anderen Beruf ergreifen. Sie setzte sich jedoch durch und begann eine Ausbildung beim Fuldaer Maler- und Lackiererbetrieb Hermann Hohmann. Nach Fachoberschule sowie Techniker- und Meisterausbildung an der Ferdinand-Braun-Schule stieg Heike Stürz wieder in ihren alten Betrieb als eine von zwei Meistern in einem Unternehmen mit 70 Beschäftigten ein. Am Anfang konnte sie auf kleineren Baustellen etwas in ihre neue Führungsposition hineinschnuppern, heute ist sie für die komplette Baustellenabwicklung vom Angebot bis zur Abrechnung zuständig. Der Arbeitstag sei nun wesentlich stressiger. Ab und an gebe es auch schon mal schlaflose Nächte.

(Chr. Burkard, Nicht Muskelkraft, sondern Köpfchen ist gefragt. In: Jahrbuch 1993 des Landkreises Fulda, S. 45.)

M3 ■ Eine bulgarische Frau berichtet über den Alltag in ihrem Dorf:

Gartenarbeit und Feldarbeit ist vor allem Frauenarbeit. So schwer kann das nicht sein, die Großmütter brachten ja sogar ihre Kinder dort zur Welt! Die Früchte aus Garten und Feld gehören zur Familienernährung und alles, was mit Kochen zu tun hat, ist reine Frauenangelegenheit! In seiner heutigen Anwendung lautet das Gesetz so: Die Wochentage und die Feierabende haben die Frauen in den Frühlings-, Sommer- und Herbstmonaten zur Verfügung, um die Felder zu bestellen, den Garten zu pflegen, die Ernte ins Haus zu schaffen und die Winterverpflegung für die Familie vorzubereiten!

(Frauenalltag in einem bulgarischen Dorf. In: Europa, einig Vaterland. Köln 1993, S. 127.)

M5 ■ Über das Leben eines Arbeiters in Portugal

Mit 780 DM im Monat zählen die GM-Arbeiter zu den am besten bezahlten des Landes. […]

Agustinho Silva, Vater dreier Töchter zwischen 13 und 19 Jahren, hat einen erheblich längeren Arbeitstag als sein Freund in Düsseldorf. […] Der Neunstundentag ist von einer 45-minütigen Mittagspause unterbrochen. Nach fast zwölf Stunden, gegen 18.30 Uhr, kehrt Agustinho Silva nach Hause zurück. […] Seinen Lebensstil bezeichnet Agustinho Silva als »normalissimo«. Obgleich seine Frau als Kinderbetreuerin zusätzlich […] etwa 590 DM einnimmt, komme die Familie gerade so mit dem Geld aus. 16 000 Escudos (etwa ein Drittel) verschlingt allein die Abzahlung der Dreizimmerwohnung, die die Silvas vor acht Jahren erworben haben. Erst in 17 Jahren ist der Kredit getilgt. […] Schon zum Strandbesuch fehlt das Geld.

(Handelsblatt vom 28. 9. 1989.)

1 ■ Welche Informationen geben die beiden Bilder über die wirtschaftliche Situation in den betreffenden Ländern?

2 ■ Überlege, mithilfe welcher Merkmale die wirtschaftliche Situation eines Landes am besten beschrieben werden kann. Versuche es am Beispiel Deutschlands.

3 ■ Welche Probleme könnten Menschen in Deutschland, Frankreich oder Spanien Angst machen, wenn es zum politischen Zusammenschluss in Europa kommen sollte?

M1 ■ **Fertigung von Audi-Saugrohren in Ungarn**

3.2 »Die Jobs wandern aus«

»Das Institut der deutschen Wirtschaft beziffert die Abwanderung von Jobs zwischen 1990 und 1994 auf 194 000, davon allein 40 000 aus dem Bereich der Kfz-Zulieferer.« So heißt es in einer kurzen Zeitungsmeldung Ende 1995. Danach gehen Wirtschaftsfachleute davon aus, dass von den 1995 in der Automobilindustrie beschäftigten 650 000 Menschen in den nächsten Jahren noch ein weiterer großer Teil abgebaut wird. Neben der Automobilindustrie sind aber noch andere Industriebereiche betroffen. Insgesamt sind seit 1991 mehr als eine Million Arbeitsplätze verloren gegangen: im Maschinenbau, in der Elektroindustrie und in der chemischen Industrie, um nur die größten Bereiche zu nennen.

Zu hohe Löhne in der Bundesrepublik?

Die Löhne in der Bundesrepublik sind im Vergleich tatsächlich hoch, aber sind sie zu hoch? Hier gibt es zwei ganz unterschiedliche Ansichten. Der Arbeitslohn bestimmt zu einem Teil die Gesamtkosten des Produkts mit, das der Unternehmer verkaufen möchte. Je niedriger der Angebotspreis, desto besser die Verkaufschancen. Für Arbeitnehmerinnen und Arbeitnehmer aber ist der Lohn die zentrale Einnahmequelle, von deren Höhe der *Lebensstandard** abhängt. Lebensmittel oder die Miete für die Wohnung können nur bezahlt werden, wenn es in der »Lohntüte« stimmt. Aber auch das neue Auto, der Videorekorder oder die neue Sofagarnitur können nur angeschafft werden, wenn das Geld vorhanden ist. Und genau hier treffen sich die Interessen von Unternehmern und Beschäftigten wieder. So sehr der Unternehmer die Lohnkosten niedrig halten möchte, so sehr wünscht er sich die Arbeitnehmerinnen und Arbeitnehmer als Käuferinnen und Käufer auch seiner Produkte. Und da heißt es: Nur wer gut verdient, kann sich auch etwas leisten.

Sicherung des Industriestandorts Bundesrepublik

Wenn Produktionsstandorte z. B. ins osteuropäische Ausland verlegt werden, hat das für die Industrie der Bundesrepublik durchaus auch Vorteile: Die Kaufkraft dort wird gesteigert, Industrieprodukte aus der Bundesrepublik können besser verkauft werden. Wenn unproduktive Industriebereiche aus der Bundesrepublik verlagert werden, sind die hier verbleibenden Arbeitsplätze langfristig sicherer. Ein billiger Auspuff aus Ungarn macht z. B. einen VW konkurrenzfähiger gegenüber einem Honda.

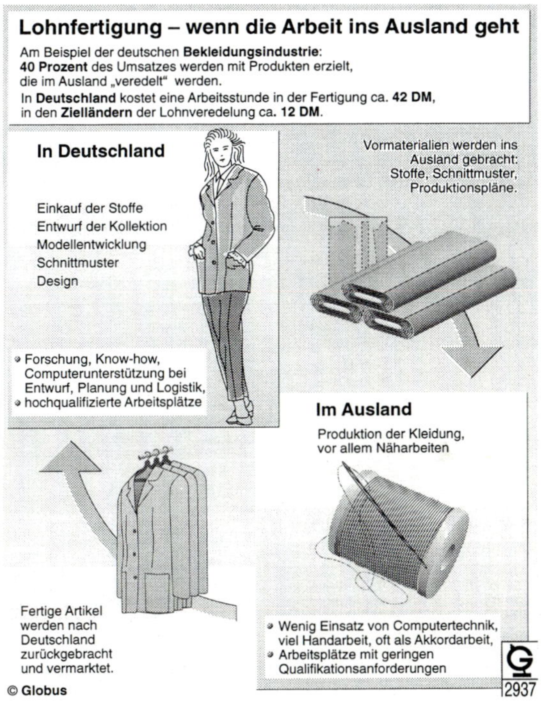

M2

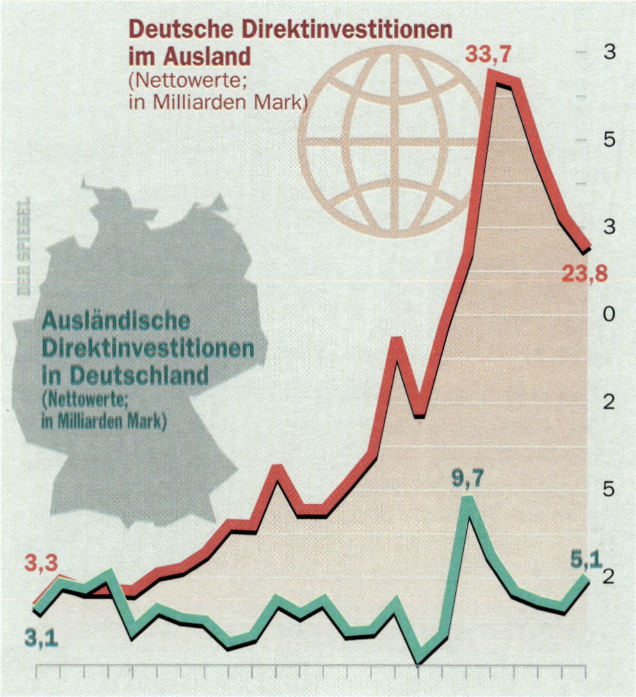

M5

M3 Vergleich der Lohnkosten Westeuropas mit denen Mittel- und Osteuropas

Angaben in Mark je Stunde

Industrienationen	Arbeitskosten in der verarbeitenden Industrie 1993/94	davon Lohnkosten
Westdeutschland	43,97	24,21
Japan	36,01	21,28
Frankreich	28,92	15,00
USA	27,97	19,56
Italien	27,21	13,54
Großbritannien	22,06	15,75
Spanien	20,25	11,04
Portugal	9,17	5,12
Länder Mittel- und Osteuropas		
Ungarn	4,54	2,27
Polen	3,45	1,89
Tschechien	3,01	1,80
Russland	0,92	0,54

M4 Über die Vorteile einer Investition in Ungarn berichtet der Innen- und Handelsminister Imre Duma:

Investoren zahlen bei uns [...] eine der niedrigsten (Steuer-)Raten der Welt. Wir zahlen ihm die Kosten für Straßen und Zufahrten zu den Fabriken. Wir sorgen auch dafür, dass das Lohnniveau für die nächsten zehn Jahre so niedrig bleibt. [...] Die politische Lage Ungarns ist stabil, die geographische Lage gut, die Lebensqualität ordentlich, die Gesetze klar. [...] Für die nächsten zehn Jahre garantieren wir unserem größten Investor großzügige Steuererleichterungen und die Vorteile einer Zollfreizone.

(Auto-Bild vom 7.10.1995, S. 40.)

1 Fasse zusammen: Warum verlagert Audi Teile seiner Produktion nach Ungarn (M1 und M4).

2 Stelle Vor- und Nachteile der Verlagerung von Produktionsbereichen ins Ausland dar.

3 Von welchen Faktoren außer der Lohnhöhe ist deiner Meinung nach noch die Auswahl eines Produktionsstandorts z. B. für Audi-Motoren abhängig? Kommt jedes »Billiglohnland« als Produktionsstandort infrage? Begründet.

4 Überlegt, wie die Verlagerung von Produktionsstandorten die Lohnforderungen in Tarifverhandlungen beeinflusst.

5 Führt ein Streitgespräch zwischen einem Unternehmer/Unternehmerin und einem Arbeitnehmer/Arbeitnehmerin in Deutschland über die Lohnhöhe.

M1 ■ Abriss von Chemieanlagen bei Halle

3.3 Recht auf Arbeit – Oder was heißt hier Entwicklung?

Um in Europa in ein Gebiet mit einem »Entwicklungsrückstand« zu gelangen, braucht man gar nicht weit zu reisen: Nach einem Beschluss des Europäischen Rates wurden 1992 alle fünf neuen Bundesländer als Regionen mit erheblichen Strukturproblemen gekennzeichnet. Hier liegt das *Bruttoinlandsprodukt** pro Einwohner unter 75 % des EU-Durchschnitts. Damit lassen sie sich mit dem durchschnittlichen wirtschaftlichen Entwicklungsstand von Portugal, Griechenland, Irland oder Süditalien vergleichen. Während eines Zeitraumes von fünf Jahren erhalten die neuen bundesrepublikanischen Länder ca. 27,5 Mrd. DM *Strukturhilfen** aus der EU-Kasse. Mit diesen Mitteln sollen vor allem neue Arbeitsplätze und Ausbildungseinrichtungen geschaffen werden.

Das Mansfelder Land – Armenhaus der Republik?

Wo früher 1800 Menschen Kupfererz aus dem Schiefer herausschmolzen, ragt nur noch ein kalter Schornstein empor. »Hier ist alles tot«, sagt ein alter Bergmann, »hier tut sich auch in 20 Jahren nichts.« Vor der Wende 1989 eine wichtige Bergbauregion, entwickelte sich das Mansfelder Land in den folgenden Jahren zu Sachsen-Anhalts »armem Hinterhof«. Zu Zeiten der DDR ein Gebiet mit Vollbeschäftigung wurde nach der Wende ein Bergwerk nach dem anderen stillgelegt, eine Hütte nach der anderen geschlossen. Kupferhütten wurden wegen fehlender *Rentabilität** dicht gemacht, Bleihütten wegen lebensgefährlicher Umweltbelastungen stillgelegt. Die offizielle Arbeitslosenrate steht Ende 1995 bei 17,6 %, tatsächlich sind aber viel mehr Menschen ohne Arbeit. Opfer sind in erster Linie die Frauen. Auch für Jugendliche gibt es oft weniger Arbeitsplätze.

Entwicklung heißt hier also: Umweltschäden beseitigen, neue konkurrenzfähige Dauerarbeitsplätze schaffen, den Menschen eine neue Zukunft geben.

M2 ■ Sachsen-Anhalts Wirtschaft

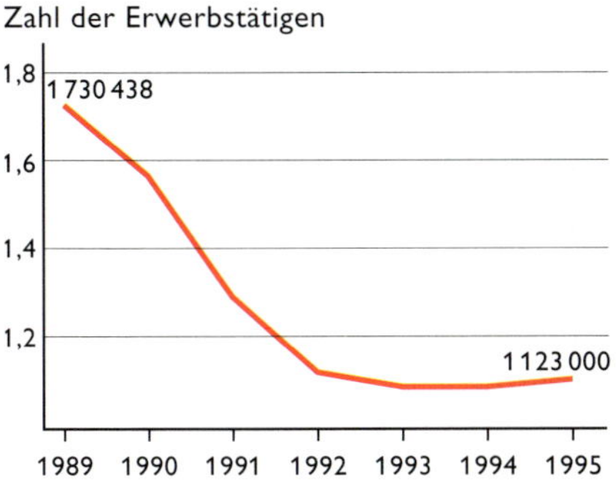

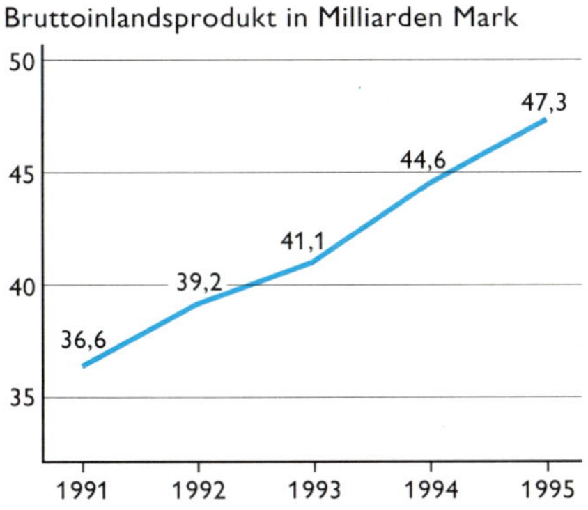

M3 ■ Frauenerwerbstätigkeit in der EU

Der letzte Jahresbericht der Kommission über die Beschäftigung in Europa weist den Frauenanteil an den Beschäftigten mit 39 % aus, obwohl ihr Anteil an der Bevölkerung der EG 51 % beträgt. [...] Die Arbeitslosenquote beträgt 11,1 % gegenüber 6,5 % bei den Männern. [...] 55 % der Langzeitarbeitslosen in der EG sind Frauen. Dazu kommt: Die Arbeitsstellen, die von Frauen besetzt werden, sind überwiegend am unteren Ende der Betriebshierarchie zu finden. In allen Mitgliedsstaaten sind die Teilzeitbeschäftigten fast ausschließlich Frauen (90 %). Auf dem »Markt« der Heimarbeit und der ungeschützten Arbeitsverhältnisse sind die Frauen mit einem Anteil von 95 % nahezu unter sich. Die Unterschiede in der Entlohnung zwischen Männern und Frauen betragen 20–30 % trotz einer Gesetzgebung, die in zunehmendem Maße auf die Gleichstellung von Männern und Frauen ausgerichtet ist.

(Zweiwochendienst 17/1993, S. 9.)

M4 ■ Regionen mit Entwicklungsrückstand in der Europäischen Union

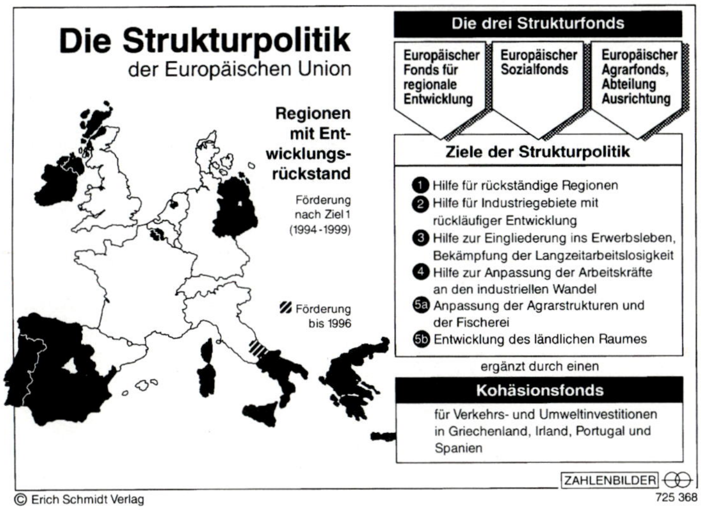

M5 ■ Arbeitsmarkt für Frauen im Osten katastrophal

Die Erwerbslosenquote von Frauen in den neuen Bundesländern ist mit 19,6 % fast doppelt so hoch wie die der Männer (11 %). [...] Die Chancen für einen Wiedereinstieg in den Beruf sind für die weiblichen Arbeitssuchenden im Vergleich zu den männlichen Bewerbern ebenso entschieden schlechter. Trotz höherer Berufsausbildungsquote werden sie [...] gerade im gewerblich-technischen Bereich selten eingestellt. Ein Angebot an Teilzeitstellen besteht kaum (52 000 Teilzeitstellensuchende und 3900 Teilzeitstellen).

(Zweiwochendienst 17/1993, S. 2.)

1 ■ Schildere die Situation eines/einer arbeitslosen Jugendlichen in Sachsen-Anhalt in einem Brief an einen Freund im Westen.

2 ■ Vergleicht die Situation in Sachsen-Anhalt vor und nach der »Wende«. Diskutiert die Frage »platt machen« oder weitermachen?

3 ■ Beschreibe die wirtschaftliche Situation in Sachsen-Anhalt.

4 ■ Informiere dich bei dem oder der für deine Region zuständigen Europaabgeordneten über die Verwendung von Europa-Geldern in deiner Region. Beurteile die Verwendung der Mittel. Worauf sollte deiner Meinung nach dabei geachtet werden?

5 ■ Findet Ursachen für die höhere Arbeitslosenquote von Frauen in der EU. Diskutiert in Gruppen Lösungsmöglichkeiten und stellt sie anschließend in der Klasse zur Diskussion.

6 ■ Informiere dich über die Länder aus M4. Wie sieht die Lage der Menschen dort aus?

7 ■ Analysiere die Grafiken M2. Wachsende Arbeitslosigkeit trotz Wirtschaftswachstum – ein Widerspruch?

M1 Karikatur zum »Europäischen Haus«

3.4 Die Grenzen der Freiheit

1993 wurden mit der Einführung des freien Personen-, Waren-, Dienstleistungs- und Kapitalverkehrs in Europa die Weichen gestellt. Es entstand der größte Arbeitsmarkt der Welt. Neue Arbeitsplätze wurden versprochen, Kosteneinsparungen im Verkehr zugesagt, eine Steigerung des *Investitionsvolumens** in Aussicht gestellt. Aber Europa endet nicht an den Grenzen der EU. Die Staaten Ost- und Südosteuropas blieben (zunächst) außen vor, obwohl ihre Wirtschaft eine Entwicklung dringend nötig hätte.

Wirtschaftsgrenzen nach Osten

Solange der *»Eiserne Vorhang«** bestand, wurde von westeuropäischen Politikerinnen und Politikern die Freiheit von Waren, Informationen und Menschen über die Grenzen hinweg verlangt. Heute besteht diese Freiheit. Allerdings begann mit dem Ende der Herrschaft der alten Sowjetunion für die osteuropäischen Staaten ein schwieriger Entwicklungsprozess. Zum einen musste der Übergang vom System der staatlich gelenkten Planwirtschaft zu einer marktwirtschaftlichen Ordnung geleistet werden. Zum anderen bot die neue nationale Eigenständigkeit die Chance zu neuen Bündnissen. Seit 1991 wurden zwischen den Staaten Polen, Tschechien, Slowakei, Ungarn und Rumänien und der Europäischen Union Kooperationsverträge geschlossen. Sinn dieser Verträge sollte es sein, zu Erleichterungen des zwischenstaatlichen Handels zu kommen, gemeinsame Investitionsprojekte zu verabreden und Forschungs- und Entwicklungsprojekte gemeinsam zu starten. Doch schon bald nach Inkrafttreten des Vertrages gab es die ersten Schwierigkeiten. Nachdem es ab 1992 keine Beschränkungen mehr für Stahlimporte aus einigen osteuropäischen Ländern gab, setzten plötzlich massenhafte Importe aus der damaligen Tschechoslowakei ein, die um fast ein Drittel billiger waren als bei der westeuropäischen Konkurrenz. Sofort beklagten sich die deutschen Stahlproduzenten bei der Bundesregierung. Über eine in den Verträgen enthaltene Schutzklausel wurde eine deutliche Importbeschränkung tschechischen Stahls durchgesetzt. Eine neue Grenze war errichtet worden.

Nicht nur gegen Waren- und Rohstoffimporte, auch gegen billige Arbeitskräfte errichten die Westeuropäer Grenzen. Zunehmend wird durch immer neue Gesetze versucht ein Eindringen billiger Arbeitskräfte zu erschweren.

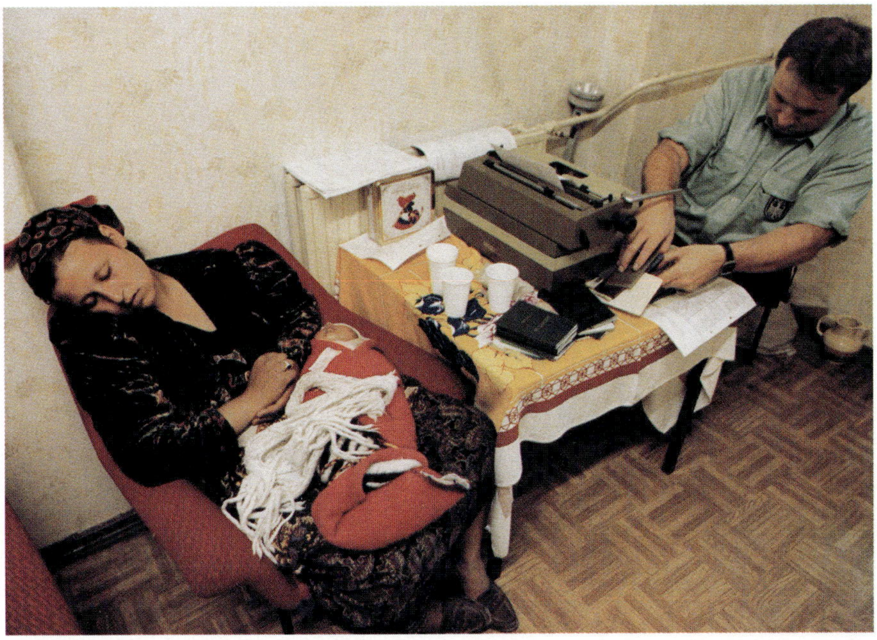

M2 ■ Aufgegriffene illegale Einwanderin in Deutschland

Einbürgerung
Bislang gibt es kein *Einwanderungsgesetz**. Einen Einbürgerungsanspruch besitzen (nur) junge Ausländerinnen und Ausländer (bis zum 23. Lebensjahr), wenn sie einen achtjährigen Aufenthalt und einen Schulbesuch von sechs Jahren nachweisen können (Gebühr: 100 DM). Für alle, die älter sind, gilt: Die Einbürgerung ist möglich nach einem 15-jährigen rechtmäßigen Aufenthalt und soweit die Sicherung des Lebensunterhalts garantiert ist (Ausnahme: Straffälligkeit). In allen Fällen fordert das Gesetz (von schwer wiegenden Ausnahmen abgesehen): Wer Deutscher werden will, muss seine bisherige Staatsbürgerschaft aufgeben.

M3 ■ In einem Leserbrief heißt es zur Abschiebepraxis von Frauen:

Leider werden durch das bestehende Ausländergesetz häufig Menschen getroffen, die man, würde man den Politikern Glauben schenken, gar nicht treffen will. Die wirklich Kriminellen werden immer einen Weg finden, um hier oder anderswo ihren dunklen Geschäften nachzugehen. Die Opfer sind aber in aller Regel Frauen, die häufig durch das bestehende Gesetz in Abhängigkeitsverhältnisse gepresst und bei Aufdeckung dann doppelt gestraft werden mit drohender Abschiebung. Die agierenden Agenturen, Heiratsinstitute zum Beispiel, die durch dieses Gesetz begünstigt werden, bleiben meist unbehelligt. Dieser Teufelskreis sollte endlich durchbrochen werden durch Veränderung beziehungsweise Abschaffung des bestehenden Ausländergesetzes.

(Der Spiegel 51/1995, S. 7.)

M4 ■ Über die Frage, ob sie für ein Einwanderungsgesetz sei, sagt die Ausländerbeauftragte der Bundesregierung, Cornelia Schmalz-Jacobsen im November 1991:

Bin ich. Ich wage die Voraussage: Wenn wir uns nicht dazu bequemen, wird es Europa tun. Unsere Bevölkerungszahl nimmt ab. Wir brauchen Menschen. Und es werden viele kommen, denn immer haben sich Ärmere in die wohlhabenden Länder aufgemacht. Bis jetzt ist das Asylrecht – außer dem Familiennachzug oder Neuanwerbungen – das einzige Nadelöhr, um in die Bundesrepublik zu gelangen. Das ist nicht gut. Es lässt sich doch denken, dass man hier einen gangbaren Weg findet. Dabei muss sichergestellt werden, dass nicht derjenige, der gestern im Asylverfahren abgelehnt worden ist, sich morgen als Einwanderer in die Schlange stellt.

(Politische Zeitung, Juli 1992, S. 10.)

1 ■ Klärt, was der Karikaturist mit M1 ausdrücken will. Entwerft in Gruppen weitere Karikaturen zu dem Begriff »Europäisches Haus«.

2 ■ Führt ein Streitgespräch zwischen einem deutschen und einem tschechischen Stahlarbeiter über den freien Stahlhandel.

3 ■ Schreibe auf, welche Gedanken der Frau in M 2 gerade durch den Kopf gehen könnten.

4 ■ Informiere dich bei der für deinen Wohn- oder Schulort zuständigen Ausländerbehörde, ob Benachteiligungen von eingewanderten Frauen bekannt sind und was dagegen unternommen wird.

5 ■ Entwerft in Gruppen Grundzüge eines Einwanderungsgesetzes. Fragt anschließend bei verschiedenen Parteien, welche Ideen sie für ein Einwanderungsgesetz haben.

M1

3.5 Deutschland in Europa: Die Ängste der Nachbarn

Ein Lehrer erzählt von einer Ferienreise 1992 auf die Isle of Man, einer Insel zwischen Irland und Großbritannien. »Wir wohnten in einer kleinen Pension am Rande von Douglas. Das Haus diente besonders älteren englischen Damen als Quartier für einen Sommerurlaub. Wir saßen beim Frühstück und Abendessen mitten unter ihnen und unsere deutsche Unterhaltung wurde mit distanzierten Blicken kommentiert. Nach einigen Tagen gab es einige lustige Wortwechsel, sodass sich die Stimmung entspannte. Am Tag der Abreise standen erstaunlicherweise alle Gäste im Flur, um uns zu verabschieden. Eine Dame zögerte etwas, sagte dann aber freundlich-bestimmt: »Sie sind die ersten Deutschen, denen ich die Hand gebe. Ich habe die Bombenangriffe auf meine Heimatstadt im Zweiten Weltkrieg erlebt, danach wollte ich mit Deutschen nie wieder etwas zu tun haben!«

Für viele Menschen in Europa gehört das Wissen um die schreckliche Zeit des Krieges zum Alltag. Die Erinnerung an den Krieg und das damit verbundene Sterben ist für sie ganz aktuell. Aus diesem Grund reagiert das europäische Ausland sehr sensibel, wenn es um Demonstrationen wirklicher oder vermeintlicher Stärke z. B. der deutschen Wirtschaft geht. Besonders wird dies an den Auseinandersetzungen um die für die Europäische Union geplante Währungsunion deutlich.

Angst vor einem »DM-Nationalismus?«

Auf der _Konferenz von Maastricht_* wurde 1992 beschlossen, bis zum Ende des Jahrhunderts in der EU eine gemeinsame Währung einzuführen. Nicht mehr DM, Franc oder Lire sollen das Wirtschaftsleben in den einzelnen Staaten bestimmen, sondern der »Euro« als neue Währung. Damit das neue Geld problemlos eingeführt werden kann, haben die Staaten in Maastricht strenge Forderungen an sich selbst gestellt: stabile Preise, Senkung der _Staatsverschuldung_*, Kontrolle der Zinsen und der _Währungsstabilität_*. Vollständig erfüllen zum gegenwärtigen Zeitpunkt (1997) nur sehr wenige Staaten diese Forderungen. Deutsche Politiker schauen zum Teil sehr genau auf die Einhaltung der Forderungen; schnell werden Staaten, die nicht alle Forderungen erfüllen, von deutschen Politikerinnen und Politiker ausgegrenzt und gemaßregelt. Im Ausland entsteht der Eindruck von Deutschland als einem Staat, der seine wirtschaftliche Vormachtstellung zu weit reichend ausnutzt. Was in Deutschland also als gerechtfertigter Schutz der wirtschaftlichen Interessen dargestellt werden kann, wird vom Ausland oft anders gesehen: Als Ausnutzung einer wirtschaftlichen Vormachtstellung. Ganz schnell können vermeintlich harmlose Aussagen von politisch Verantwortlichen alte Vorurteile und Feindbilder wieder beleben.

M2 ■ Der englische Politiker Michael Heseltine über eine gemeinsame europäische Außenpolitik:

Schauen Sie doch einmal, wie sich die Briten, die Franzosen, die Holländer und die Deutschen auf den Weltmärkten bekämpfen. Es ist unsinnig zu meinen, es gäbe eine gemeinsame Außenpolitik, in der die Interessen der europäischen Nationalstaaten aufgehen könnten. Daran kann nur glauben, wer Lippenbekenntnisse über die Betrachtung der Wirklichkeit stellt. […] Realität ist, dass weder die deutsche noch die französische, weder die spanische noch die italienische Regierung die Interessen ihrer Unternehmen für eine gemeinsame europäische Politik aufgeben würde. Ich kritisiere sie deshalb auch gar nicht, weil wir es auch nicht tun. Ich habe zu viel Respekt vor dem Wetteifer meiner europäischen Kollegen, um nicht zu wissen, dass sie einander draußen auf den Märkten wie Tiger bekämpfen. Sie tun es nicht für Europa, sondern für Frankreich, für Italien und für Deutschland. Jeder kämpft für sich, wir kämpfen für Großbritannien. Es bringt doch nichts, wenn Europa im Wolkenkuckucksheim lebt. Ein gemeinsames Hier, ein gemeinsames Da – im richtigen Leben verfolgt die Politik nationale Interessen.

(Der Spiegel 52/1995, S. 120.)

M4 ■ GEHÖRNT! Der britische Premierminister John Major

M3 ■ Deutschland und die Währungsunion

In den Auseinandersetzungen über die Währungsunion attackierte die spanische Zeitung »El Mundo« die Bundesrepublik Deutschland:

El Mundo zufolge hat Deutschland in allen wichtigen Entscheidungen den übrigen Partnern seinen Willen aufgezwungen. […] Auch in einer Karikatur […] wird der Bundeskanzler als böse Burgfee der vergitterten Festung Europas dargestellt, der mit einem großen Sack Eurogeld in der Hand grinsend auf die armen, halbnackten Bittsteller herabschaut. Kohl, schreibt »El Mundo«, habe alles auf dem Gipfel beherrscht. Die Währungsunion werde jetzt mit »preußischer Disziplin« durchgesetzt werden, und zwar nach den Worten von Kohls Vorgänger Bismarck »mit Blut und Feuer«.

(zitiert nach: Frankfurter Allgemeine Zeitung vom 19.12.1995.)

M5 ■ Der englische Bestsellerautor Frederick Forsyth über die europäische Integration:

Zweimal in diesem Jahrhundert hat Deutschland versucht Europa einen Superstaat aufzuzwingen und zweimal ist genug. […] Deutschland wird unweigerlich durch seine riesige Wirtschaft eine Vormachtstellung einnehmen. […] Ich glaube nicht, dass das deutsche Volk Lust zum Herrschen verspürt. Aber das politische Establishment und der Beamtenapparat schon. […] Die sagen, »wir haben einen Traum«: alle mit uns vereint in einem wunderbaren europäischen Superstaat. Nur zu euer aller Bestem. Ach wirklich? Das ist ja sehr nett. Aber wenn ihr so nett seid, warum straft ihr jeden Widerstand mit fast brutaler Verachtung?

(Focus 52/1995, S. 148.)

1 ■ Was drückt die Karikatur M1 aus? Nimm zu der Meinung des Karikaturisten Stellung.

2 ■ Überlege, was du der englischen Lady geantwortet hättest.

3 ■ Erkläre den Begriff »DM-Nationalismus«. Vergleiche diese Form des Nationalismus mit dem zu Beginn unseres Jahrhunderts.

4 ■ Fasse die Position des englischen Ministers Heseltine mit eigenen Worten zusammen. Schreibe eine Gegenrede.

5 ■ In M3 wird eine Karikatur beschrieben. Nimm dazu Stellung.

6 ■ Verfasse eine Gegenrede zu dem Interview mit Forsyth (M5).

M1

3.6 Europa einig Vaterland?

Als am 8. Mai 1945 in Europa die Waffen schwiegen und damit ein Krieg zu Ende ging, der unendliches Leid über die Welt, insbesondere aber über die europäischen Völker gebracht hatte, gab es sicher nur wenige Menschen, die sich Europa als ein »einiges Vaterland« vorstellen konnten. Zu tief waren die Gräben, die der deutsche Angriffskrieg gerissen hatte. Aber gerade die Fakten, die durch das Ende des Krieges geschaffen worden waren, bedingten eine Annäherung der westeuropäischen Staaten. Das Ende des Zweiten Weltkrieges hatte mit der Sowjetunion eine neue Weltmacht entstehen lassen. Es bildete sich eine »Welt der Blöcke«. Europa wurde ein zutiefst durch den *»Eisernen Vorhang«** geteilter Kontinent. Westliches Blockdenken führte bald dazu, dass aus ehemaligen Kriegsgegnern Bündnispartner wurden. Besonders die Entwicklung gutnachbarschaftlicher Beziehungen zwischen Deutschland und Frankreich wurde zum Motor einer beginnenden europäischen Einigung. Der französische Außenminister schlug vor die deutsche und französische Kohle- und Stahlproduktion unter eine gemeinsame Aufsicht zu stellen. Daraus entwickelte sich zusammen mit den Niederlanden, Belgien, Luxemburg und Italien 1951 die Europäische Gemeinschaft für Kohle und Stahl (Montanunion). Nach der beginnenden wirtschaftlichen Integration kam es zu wichtigen Schritten der politischen Zusammenarbeit: Im Rahmen der Gründung eines westlichen Verteidigungsbündnisses (NATO) wurde in der Bundesrepublik mit dem Aufbau der Bundeswehr begonnen.

Weiterentwicklung der Integration ...

Die mit der Montanunion geschaffenen Anfänge eines gemeinsamen Marktes wurden in den nächsten Jahren weiterentwickelt. Mit der »Europäischen Wirtschaftsgemeinschaft« (EWG) wurde 1957 eine Gemeinschaft gegründet, deren wichtigstes Ziel ein »engerer Zusammenschluss der europäischen Völker« und die Beseitigung der »Europa trennenden Schranken« war. Für zunächst sechs Staaten fielen damit die *Zollschranken**. Ein freier Kapitalverkehr wurde ermöglicht. Weitere Staaten schlossen sich in den nächsten Jahren dieser Gemeinschaft an. Allerdings entwickelten sich gerade aus der Beitrittsfrage Probleme zwischen den Staaten. Schwierigkeiten zwischen Frankreich und England führten dazu, dass England erst 1973 der EWG beitrat. Im Zuge der wirtschaftlichen Integration entwickelte sich die EWG zum drittgrößten Wirtschaftsraum der Welt.

... oder Aufrechterhaltung der nationalen Eigenarten?

Erhebliche wirtschaftliche Schwierigkeiten in fast allen Ländern der europäischen Gemeinschaft führten in den 80er-Jahren zu verstärkten Alleingängen der Partner. Die Sorge der Politiker um das Wohlergehen der Wirtschaft in ihrem Land rückte in den Vordergrund. Besonders deutlich wurde dies bei dem 1992 beschlossenen Ziel eine gemeinsame Währung einzuführen. Insbesondere die wirtschaftlich schwächeren Staaten wurden von der Sorge geplagt, dass die beabsichtigte weit reichende wirtschaftliche Integration nicht nur von Vorteil für sie sei.

Wachsende Arbeitslosenzahlen verstärkten den Druck auf die nationalen Regierungen sich besonders für ihre eigene Bevölkerung einzusetzen. Längst überwunden geglaubte Gräben zwischen den Staaten drohten erneut aufzureißen. Immer stärker wurde von vielen europäischen Partnern die Auffassung vertreten, dass es ein vereintes Europa nur geben könne, wenn die Nationalstaaten stark bleiben. Es scheint, als ob kein Staat wirklich bereit ist, ein wesentliches Stück der eigenen nationalen *Souveränität** an Europa abzugeben.

Die Menschen in Europa stehen also in den nächsten Jahren vor einer schweren Entscheidung: Soll die europäische Entwicklung in Richtung auf die »Vereinigten Staaten Europa« gehen, einen Bundesstaat Europa mit einer starken Zentralgewalt? Oder soll sich Europa lediglich als große Freihandelszone ohne ausgebildete politische Strukturen verstehen?

M2 Aus einer Informationsschrift zur Wahl des Europäischen Parlaments 1994

Viele Gründe sprechen für »Europa« […]
Frieden und Sicherheit:

Ganz allgemein: Friedenssicherung. Die Staaten der Europäischen Union haben früher viele Kriege gegeneinander geführt, nahezu jeder gegen jeden. Ein Krieg Preußens gegen Bayern ist seit der Gründung des Deutschen Reichs, ein Krieg Deutschlands gegen Frankreich oder England seit der Gründung der Europäischen Gemeinschaft undenkbar geworden. Einigung schafft Frieden. […]

Wirtschaft:

Ganz allgemein: Zollschranken störten nicht in einer Zeit, als Marktgebiete mit wenigen Hunderttausend Menschen noch ausreichend groß waren für alle erdenklichen Unternehmungen. Heute sind Märkte mit Hunderten von Millionen Menschen nötig, damit Produkte und Dienstleistungen preiswert angeboten, damit neue und zukunftssichere Produkte entwickelt werden können. Kein Staat Europas ist allein wettbewerbsfähig gegen die USA oder Japan. Und besonders für uns Deutsche: Deutschland ist ein Industrieland, das auf Export angewiesen ist. Seit unsere Waren zollfrei in fast alle Länder Europas gelangen, hat unser Export stark zugenommen. Das hat Hunderttausende von Arbeitsplätzen gesichert und viele neu geschaffen.

(Aktion Wählen gehen: Europa vor der Wahl 94. Köln 1994, S. 17.)

M3 Eine Frau aus Dänemark berichtet:

Ich selbst hatte viele Gründe mich an den Kampagnen gegen die Maastrichter Verträge zu beteiligen: Mein Interesse an einer demokratischen Vorgehensweise, Widerstand gegen die Konstruktion eines Superstaats, der abgeschlossen gegenüber der restlichen Welt ist, Widerstand gegen die Militarisierung der EG, Zurückweisung der Integration von so vielen verschiedenen Wirtschaften und Kulturen usw. Ich glaube nicht, dass es möglich ist, eine funktionstüchtige Demokratie mit einem Volk von 340 Millionen zu schaffen, die nicht dieselbe Sprache sprechen, keine gemeinsame politische Kultur oder Presse haben, kurz gesagt: keine gemeinsame Öffentlichkeit besitzen. […] Das Abgeben der Macht durch das dänische Parlament an Brüssel bedeutet schlicht und ergreifend weniger Einfluss für dänische Frauen. […]«

(D. Dahlerup, Die Frauen besiegten im dänischen Referendum die Maastrichter Verträge. In: Sozialwissenschaftliche Forschung und Praxis für Frauen e. V. [Hg.], Beiträge zur Feministischen Theorie und Praxis. Köln 1993, S. 29.)

M4 Zwei Meinungen zu Europa:

1996 stellte der englische Verteidigungsminister fest, dass der Nationalstaat immer noch eine große Rolle zu spielen hat, damit sich die Menschen mit Nationalstaaten identifizieren.

(Frankfurter Rundschau vom 9. 2. 1996.)

Demokratie kann unter der zentralen Herrschaft nicht gedeihen. Demokratie beginnt an der Basis, in der Gemeinde, der Region, dem überschaubaren Land. Minderheiten und Völker, die durch eigene Sprache, Kultur und Geschichte geprägt sind, müssen das Recht haben, ihre Interessen selbst zu artikulieren und in einem demokratischen Prozess durchzusetzen.

(Detlef Hensche, Neuer Nationalismus. In: Kontrapunkt, IG Medien, Nr. 14/1991, S. 5.)

Die Pro-und-contra-Diskussion

Eine Pro-und-contra-Diskussion bedeutet, eine Sache von verschiedenen Seiten zu beleuchten und möglichst viele Argumente dafür und dagegen zu sammeln. Diese Argumente werden in einer geordneten Diskussion jeweils von der anderen Seite geprüft. Am Anfang der Arbeit steht eine Problemfrage. Anschließend wird geklärt, welche Gruppe in der Klasse eher die Pro- (also die zustimmende) und welche Gruppe in der Klasse eher die Contra- (also die ablehnende) Meinung vertritt. In der Vorbereitung auf die Diskussion sammelt jetzt jede der beiden Gruppen Argumente für ihre Haltung und versucht die möglichen Argumente der Gegenseite vorzudenken und sich auf ihre Entkräftung vorzubereiten. Sie versucht ihre Argumentation möglichst durch Material zu stützen. Es muss also während der Vorbereitung auch recherchiert werden. Unter Umständen können die Gruppen auch Fachleute für bestimmte Fragen ernennen, bei diesem Thema etwa eine Fachfrau für die Frage nach der Arbeitslosigkeit in den europäischen Ländern oder die Gesetze, die zum Zuzug berechtigen. In der eigentlichen Pro-und-contra-Diskussion wird der Beginn ausgelost. Zunächst werden die Argumente der einen, dann die Argumente der anderen Gruppe vorgetragen. Anschließend kann offen unter der Führung einer gewählten Gesprächsleitung diskutiert werden. Alle Diskussionsteilnehmerinnen und -teilnehmer können beantragen, dass zu bestimmten Fragen noch einmal die Fachleute gehört werden. Zum Schluss kann das besprochene Problem in einer Abstimmung entschieden werden.

1. Welche Position zur europäischen Integration vertritt die Karikatur M1?
2. Sucht in diesem Kapitel nach möglichen Themen für eine Pro-und-contra-Diskussion.
3. Wählt ein Thema aus, bereitet eine Pro-und-contra-Diskussion vor und führt sie anschließend durch.

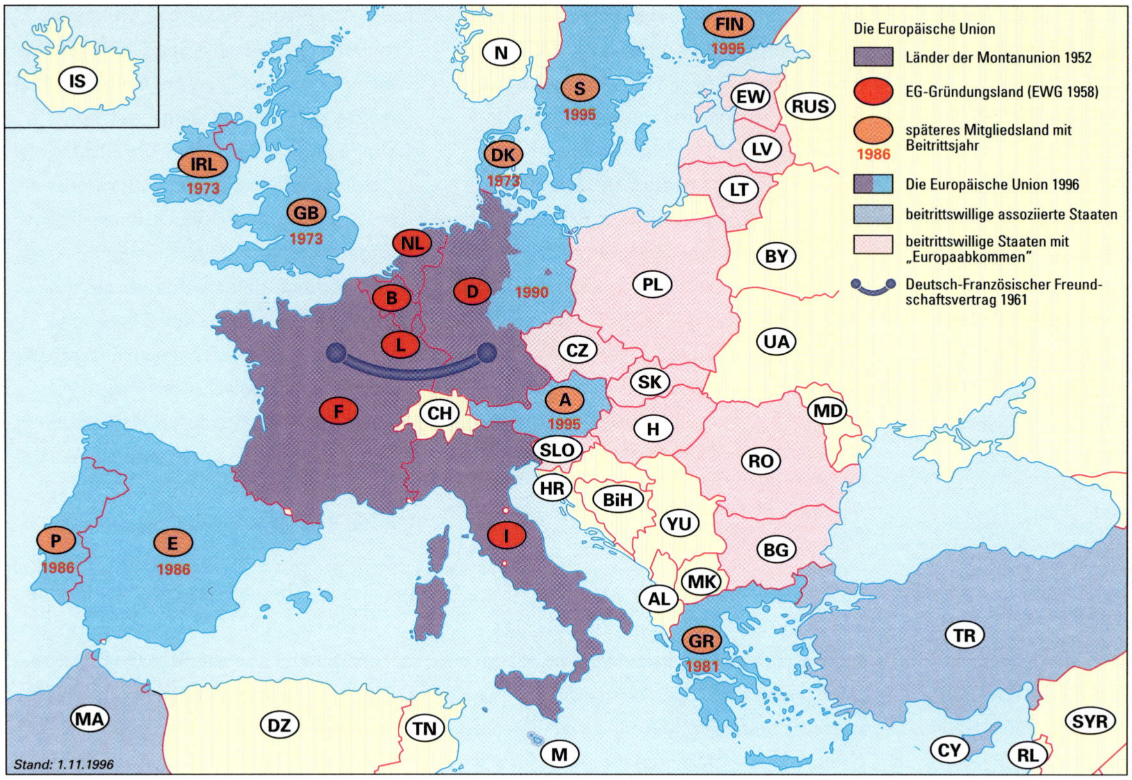

M1 Europäische Integration

3.7 Wer entscheidet in Europa?

Ein Parlament in Straßburg, regelmäßige Wahlen der Europaabgeordneten, eine europäische Kommission in Brüssel, ein europäischer Gerichtshof und ein Rechnungshof in Luxemburg und in absehbarer Zeit eine gemeinsame Währung: Es hat den Anschein, dass die Vereinigten Staaten von Europa bereits verwirklicht sind. Aber welche Rolle spielt Europa bei den Bürgerinnen und Bürgern der europäischen Einzelstaaten? Leiden die Wahlen zum europäischen Parlament nicht unter einer immer geringeren Wahlbeteiligung? Sind die Einrichtungen in Brüssel, Straßburg und Luxemburg Muster ohne Wert? Oder ist die europäische Integration schon viel weiter, als die Menschen der Einzelstaaten es wahrhaben wollen?

Die Organe der Europäischen Union

Alle 5 Jahre wählen die Bürgerinnen und Bürger der Einzelstaaten das Europäische Parlament. Wie in den nationalen Parlamenten sind die gewählten Abgeordneten nach Fraktionen getrennt, ein Präsidium leitet die Sitzungen, die für alle Abgeordneten in die neun Amtssprachen der EU übersetzt werden. In Ausschüssen wird die Sitzungsarbeit vorbereitet. Anders als die Abgeordneten der nationalen Parlamente dürfen die Europaabgeordneten über die europäische Gesetzgebung und den Haushalt der EU nur mitentscheiden. Maßgebend sind jedoch die Beschlüsse und Kompromisse der Vertreter der Einzelstaaten im Ministerrat. Allerdings hat in vielen Bereichen das Parlament dagegen ein Vetorecht.

Der Ministerrat setzt sich aus den Außen- oder Fachministerinnen und -minister der Einzelstaaten zusammen. Er ist der eigentliche Gesetzgeber der EU. Der Rat versucht die Interessen der Einzelstaaten zu einer gemeinsamen Politik der EU zu verbinden. Als Ergebnis stehen dann für alle europäischen Staaten verbindliche Rechtsakte, vergleichbar den Gesetzen in den Einzelstaaten. Die großen Fragen der Gemeinschaft, aber auch die vom Ministerrat nicht lösbaren Probleme werden vom Europäischen Rat angepackt, d.h. von den Regierungschefs der EU-Mitgliedsstaaten. Der Europäische Rat tagt mindestens zweimal im Jahr. Das, was dort und im Ministerrat beschlossen wird, muss von der Kommission in Brüssel umgesetzt werden. Für diese Beschlüsse werden Ausführungsbestimmungen erlassen, das Geld der EU wird dort verwaltet. Ob ein Einzelstaat sich auch an diese Bestimmungen hält, darüber wacht der Europäische Gerichtshof. Seine Entscheidungen sind verbindlich und unanfechtbar.

M2 ■ Bundeskanzler Adenauer vor dem Bundestag, 1951

Ich glaube, dass wohl zum ersten Mal in der Geschichte, sicher in der Geschichte der letzten Jahrhunderte, Länder freiwillig und ohne Zwang auf einen Teil ihrer Souveränität verzichten wollen, um die Souveränität einem supranationalen Gebilde zu übertragen. [...] Ich bin der festen Überzeugung, dass, wenn dieser Anfang gemacht ist, [...] man dann auch auf anderen Gebieten diesem Vorgang folgen wird und dass damit wirklich der Nationalismus, der Krebsschaden Europas, einen tödlichen Stoß bekommen wird.

(Verhandlungen des Deutschen Bundestages, Erste Wahlperiode Bd. 8, Bonn 1951, S. 850/51.)

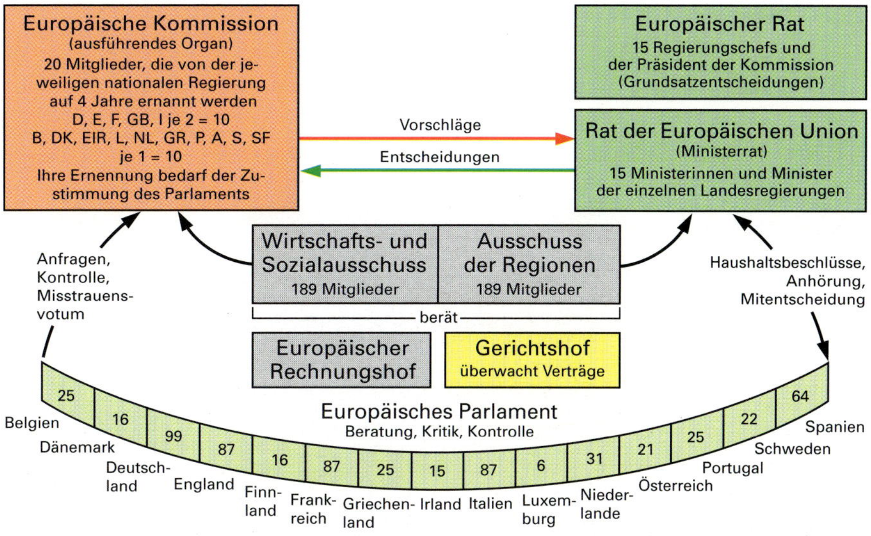

M4 ■ So funktioniert die Europäische Union

M3 ■ Der französische Staatspräsident de Gaulle, 1960

Welches sind die Realitäten Europas und die Eckpfeiler, auf denen man weiterbauen könnte? In Wirklichkeit sind es die Staaten. Staaten, die gewiss sehr verschieden sind, von denen jeder seine eigene Seele, seine Geschichte und seine Sprache, seine Missgeschicke, seinen Ruhm und seinen Ehrgeiz hat, doch es sind Staaten, die jeder für sich eine Einheit bilden mit dem Recht Gesetze zu verabschieden und mit dem Anspruch auf Gehorsam. Es ist eine Chimäre (Trugbild) zu glauben, dass die Völker etwas billigen, was außerhalb oder über dem Staat stehen würde.

(zitiert nach: H. Siegler [Hg.], Europäische politische Einigung, Bonn 1968, S. 96.)

M5 ■

1 ■ Vergleiche die Aussagen de Gaulles mit denen Adenauers. Wo gibt es Unterschiede? Nimm zu beiden Aussagen Stellung.

2 ■ Nimm Stellung zu M5.

3 ■ Sollte das Europaparlament gegenüber den Mitgliedsstaaten mehr Rechte bekommen? Begründe.

4 ■ Erkunde, wer aus deiner Region im Europaparlament tätig ist. Versuche, einen Gesprächstermin zu vereinbaren. Lege vorher mit der Klasse den Inhalt des Gesprächs fest.

5 ■ Erstelle einen Pressespiegel zu einem europäischen Problem, das du für bedeutsam hältst. Achte dabei darauf, dass du das Problem aus dem Blickwinkel verschiedener Mitgliedsstaaten der EU untersuchst.

6 ■ Beantworte die Kapitelüberschrift mithilfe des Autorentextes, des Schemas M4 und der Karikatur M5.

4 Unsere Zukunft: »Energiewende« oder ein Leben im »Treibhaus«?

M1 Gletscher auf dem Rückzug – Jahr für Jahr (Rocky Mountains, Kanada)

M3

FCKW lassen sich ersetzen

FCKW-freie Treibmittel im Kommen

Ausstieg aus FCKW

Das »Aus« für FCKW und Halone in Deutschland

Konzentration eines Ozonkillers nimmt ab

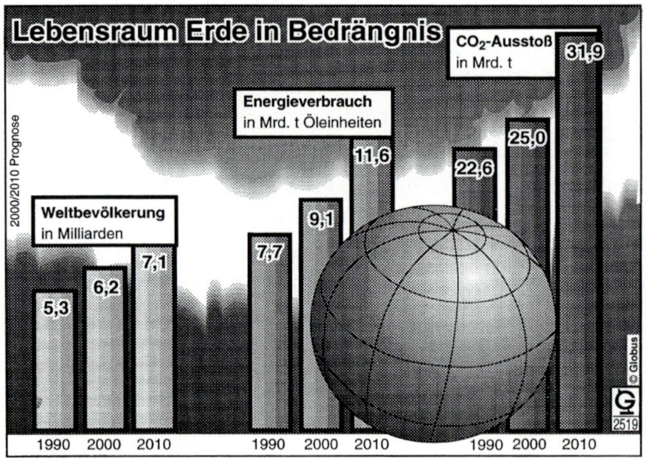

M4

M2 **Mensch und Umwelt**

Die Stadtwerke München belohnen ihre Kundschaft, die von einem Jahr zum nächsten ihren Stromverbrauch um 7,5 % senkt, mit einem um drei Pfennig/Kilowattstunde niedrigeren Stromtarif. 40 000 Münchner haben dies bereits geschafft und in den ersten beiden Jahren ihren Verbrauch um 15 % gesenkt.

»Ich habe bisher nach der Devise gelebt: Nach mir die Sintflut – und ich werde auch weiter so verfahren. Man lebt nur einmal, daher verzichte ich auf gar nichts. Ich bin jetzt 60 Jahre alt und lasse mir von keinem vorschreiben, wie ich zu leben habe.« (Leserbrief, Der Spiegel, 14/1995)

»Die Erwachsenen müssen bedenken, dass wir, die Kinder und Jugendlichen, in der Welt leben müssen, die sie uns hier überlassen. Ihnen ist das ja egal. Ihr Leben ist sowieso bald vorbei. Aber wir fangen gerade erst an zu leben. Es ist unsere Zukunft, mit der sie spielen.«
(Ilona, 13 Jahre)

Saarbrücken: 3 von 4 Schwimmbädern mit Sonnenenergie beheizt.
Rottweil: Bürger produzieren mit ihren Heizungen nebenbei Strom für 4000 Menschen.
Viernheim: Tempo 30 im ganzen Stadtgebiet, Fahrräder für die Verwaltung.

M5 ■ Sprit aus der Steckdose. Die Lösung? Nicht aus der Steckdose, aber vom eigenen Dach!

»*Ozonloch**« und »Treibhauseffekt« wirken weltweit. Niemand kann davor fliehen. Die jüngsten Erfolge im Kampf gegen das »Ozonloch« machen allerdings Mut.

Die Aufladung der *Atmosphäre** mit Treibhausgasen für die nächsten Jahrzehnte gilt als das bedrohlichste unter allen Umweltproblemen, die die Industriegesellschaft verursacht.

Entschlossenes Handeln ist geboten: technisch und politisch – lokal, regional, national und global. Nicht nur Staaten und Regierungen, Wirtschaft und Wissenschaft sind gefordert – alle müssen sich den Problemen stellen!

Der Energieverbrauch muss deutlich und rasch verringert werden, um die weitere Erwärmung der Atmosphäre zu verhindern.

In diesem Kapitel werdet ihr

- ▶ erfahren, wie der Treibhauseffekt entsteht und funktioniert, aber auch, welche Folgen er hat;
- ▶ kennen lernen, was unsere Lebensweise mit der Erwärmung der Atmosphäre zu tun hat;
- ▶ diskutieren, wie der Energieverbrauch eingeschränkt werden kann, wie weit wir dabei auf die Technik setzen können und wo es aber ohne politische Entscheidungen keine Lösung geben wird,
- ▶ erörtern, wie Entwicklungsländern geholfen werden kann, die ja für eine Verbesserung ihrer Lebensbedingungen ihren Energieverbrauch werden steigern müssen;
- ▶ untersuchen, wie in eurem Wohnort der Treibhauseffekt bekämpft wird;
- ▶ lernen, wie ihr eure Gedanken und Arbeitsergebnisse durch Schlagworte strukturieren und damit anderen helfen könnt.

Viernheim: Eine Stadt gegen den Treibhauseffekt:
Wer auf sein Auto verzichtet, seinen Stromverbrauch senkt oder andere dazu motiviert, erhält Marken für ein Sammelheft. Ist dieses voll, gibt es einen Baumsetzling, um vor der Stadt eine Allee entstehen zu lassen. Schülerinnen und Schüler der Humboldt-Gesamtschule haben Öko-AGs gebildet und zeigen, wie sich mit pfiffigen Ideen der Energieverbrauch senken lässt. Sie bauten z. B. Sonnenkollektoren und verminderten den schulischen Energieverbauch um 7 %.

M1

4.1 Der Treibhauseffekt: Bedrohung und Folgen

Die Gletscher der Hochgebirge und die Polkappen schmelzen. Der Meeresspiegel steigt und bedroht Flachländer von Holland über Dänemark bis Bangladesch sowie viele Inseln durch Überschwemmungen. Das ist messbar. Dennoch interessiert das Skibegeisterte zunächst einmal nicht. Sie denken verständlicherweise nur an ihr Urlaubsvergnügen.

Die Erwärmung der Erde gilt mittlerweile als Tatsache: Die Sommer werden heißer, die Winter milder. Es schneit kaum noch. Die sieben wärmsten Sommer seit Beginn der Temperaturaufzeichnungen im vergangenen Jahrhundert lagen zwischen 1980 und 1995, die wärmsten je gemessenen Wintermonate fielen in die Jahre 1992 und 1993.

Globale Wirkung – regional unterschiedliche Folgen

Von den 3,5 Mrd. Menschen, die durch Überschwemmungen gefährdet sind, leben 90 % in der Dritten Welt. Aber allein Industrieländer haben die Mittel sich vor Überschwemmungen zu schützen, indem sie Deiche bauen oder vorhandene erhöhen.

Die derzeitige jährliche Temperaturzunahme der Ozeane von 0,1 °C steigert die Verdunstung. Damit nimmt der Regen zu. Davon profitieren Mitteleuropa und die entsprechenden Regionen Nordamerikas. Hier wird es zu einer Erweiterung der Agrarflächen nach Norden hin kommen. In den wechselfeuchten Tropen und im Mittelmeerraum werden die Niederschläge hingegen spärlicher und noch unregelmäßiger als bisher fallen. In Spanien und Griechenland ist das bereits seit einigen Jahren beobachtbar. Die dort beheimateten Pflanzen, die sich in Jahrtausenden an die herrschenden Klimabedingungen angepasst haben, werden eine rasche Umstellung nicht leisten können.

Doch auch bei uns sind die Folgen schon spürbar – im Geldbeutel: Seit 1970 vervierfachten sich die Summen, die Versicherungen in Deutschland bei Überschwemmungskatastrophen an Flüssen zu zahlen hatten. Eine Ursache dafür: Winterniederschläge werden in den Bergen nicht mehr als Schnee gebunden, sondern fallen als Regen, der auf einmal abfließt. Der Schneemangel zieht die niedrig gelegenen Wintersportorte in Mitleidenschaft. Bleibt der Schnee aus, werden auch die Skifans wegbleiben.

Wissen, wovon die Rede ist

Grundlage allen Lebens ist die Sonne. Ihre Strahlen werden von der Erde in Richtung Weltall zurückgeworfen. Ein Teil wird aber von der Atmosphäre der Erde wie vom Glasdach eines Gewächshauses zurückgehalten und erwärmt die Erde. Ohne diesen Vorgang wäre die Temperatur auf der Erde um 32 °C niedriger, unser Planet wäre dann eine leblose Eiswüste wie z. B. der Mars. Diese lebenswichtige Erwärmung wird als natürlicher Treibhauseffekt bezeichnet.

Wenn heute in den Medien vom Treibhauseffekt berichtet wird, ist damit etwas anderes gemeint: die zusätzliche, von Menschen verursachte Erwärmung der Erdatmosphäre durch sogenannte *Spurengase**. Mit 50 % ist Kohlendioxid (CO_2) das wichtigste. Es entsteht bei der Verbrennung fossiler Brennstoffe, die sich in Jahrmillionen gebildet haben, wie Kohle, Erdöl und Erdgas. CO_2 hat sich in den letzten 200 Jahren infolge der Industrialisierung, des zunehmenden Energieverbrauchs im Haushalt und durch die Massenmotorisierung angereichert. Mit 19 % ist *Methan** an den Treibhausgasen beteiligt. Es bildet sich unter Luftabschluss in Reisfeldern, Rindermägen und auf Mülldeponien. Mit 17 % ist FCKW beteiligt, das in Kühl- und Klimaanlagen, bei Sprays und Schaumstoffen verwendet wird. Vom Rest ist Wasserdampf erwähnenswert (2 %), der z. T. auf menschliche Atmung zurückzuführen ist.

Mehr zum Thema Umwelt erfahrt ihr auch im IGL-Buch 2, Kap. 3 (Unberechenbare Natur!?).

M2 ■ **Das Treibhaus im Überblick**

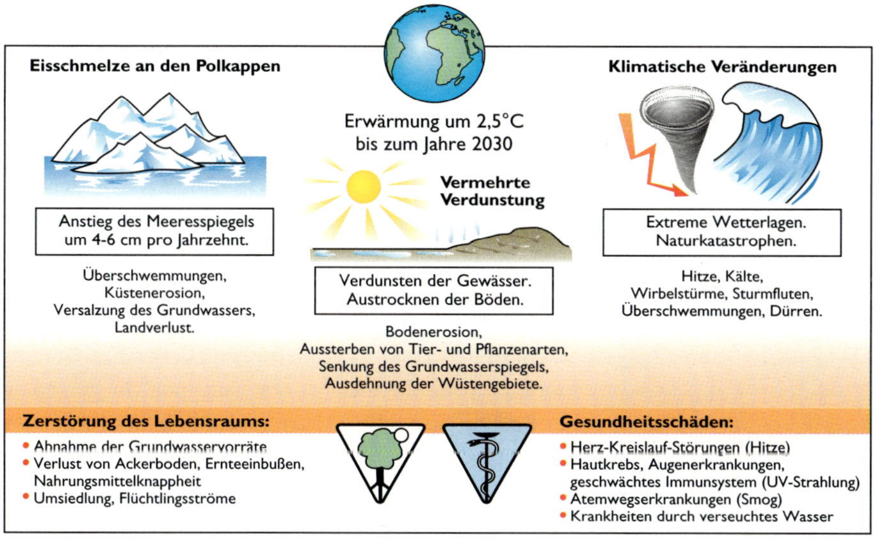

M3 ■ **Folgen des Treibhauseffektes**

1 ■ Erkläre mithilfe des Textes und M2–M4 die Entstehung, Wirkungsweise und die möglichen Folgen des Treibhauseffektes. Fertige dafür eine Tabelle an.

2 ■ Zeichnet gemeinsam eine möglichst große Weltkarte, die in der Klasse aufgehängt wird. Tragt dort an den entsprechenden Orten alles über den Treibhauseffekt ein, was ihr auf dieser Doppelseite an Informationen findet. Vervollständigt diese Karte im Laufe der nächsten Unterrichtsstunden.

3 ■ Verfasse, ausgehend von der Sprechblase der Karikatur M1, einen Dialog über die Folgen des Treibhauseffektes.

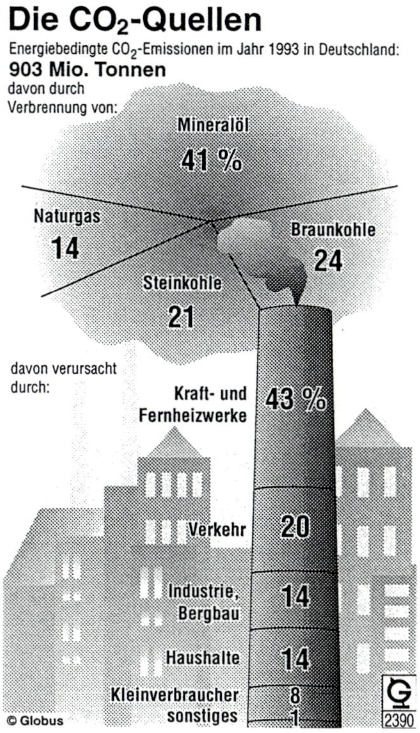

M4 ■ **CO_2-Quellen**

M5 ■ **Bedrohte Zukunft**

Wissenschaftler sagen für das nächste Jahrhundert einen etwa sechsmal rascheren Temperaturanstieg als bisher voraus. 2025 wird sich die Lufttemperatur durchschnittlich um 1 °C, 2100 um 3 °C erhöht haben – wenn nicht »auf die Bremse getreten« wird. In wenigen Jahrzehnten wird es dann auf der Erde wärmer sein als je zuvor während der letzten 1 Million Jahre. Höchste Zeit also zu »bremsen«. Es ist eine 60 %ige Verminderung der Treibhausgase, vor allem von CO_2 nötig, um das Klima im heutigen Zustand zu halten – nicht erst im Jahre 2025, sondern sofort. Aber nur die deutsche Bundesregierung hat sich bislang zu einer fühlbaren Verminderung der Treibhausgase verpflichtet – um 25 bis 30 % bis zum Jahre 2005.

(nach: A. Robinson, Earthshock: Climate, Complexity and the Forces of Nature. London 1993, S. 286.)

4.2 Was unser Wohnen und Arbeiten mit dem Treibhauseffekt zu tun hat

»So schön hätte ich es mir hier draußen gar nicht vorgestellt. Das große Haus, der Riesengarten! Aber sag mal, Lars, Bergheim ist doch ganz schön weit weg von Köln, da bist du doch ewig unterwegs« »Das hatte ich ursprünglich auch befürchtet. Aber sieh mal, Nico, Petra und du, ihr wohnt doch auch nicht gerade im Zentrum. Und wenn ihr vom Ortsrand Kölns zur Arbeit wollt, müsst ihr doch ständig über den verstopften ›Ring‹. Von hier aus bin ich aber auf der A4 im Nu in der Stadt. Und auf dem Rückweg kaufe ich gemütlich ein, denn unser Einkaufszentrum liegt auf der grünen Wiese, auf halbem Wege nach Bergheim.« »Aber Sonja ist doch total abgeschnitten, wenn du das Auto brauchst!« »Das Auto brauche ich schon, denn ich krieg ja übers Finanzamt die Kilometerpauschale. Wir haben das vorher genau ausgerechnet. Damit Sonja schnell ins Büro kommt, haben wir uns einen gebrauchten Kleinwagen zugelegt. Dann haben wir die Miete unserer teuren Kölner Wohnung mit der günstigen Miete unseres Hauses hier verglichen. Da kannst du dir ausrechnen, wann du den Zweitwagen für Sonja wieder raus hast.« »Nico, das hört sich doch alles ganz vernünftig an. Wir hatten uns doch schon mal in Merzenich umgeguckt, wo wir das Grundstück geerbt haben. Das sind zwar 30 Kilometer von Köln, aber über die Autobahn wären wir schnell in der Stadt. Einkäufe machen wir doch sowieso nur samstags und das meiste kriegst du auch in der Nähe. Vielleicht sollten wir doch bauen!« »Und wie willst du zu deiner Arbeit kommen? Bislang brauchten wir kein Auto. Die Bus- und Bahnverbindungen von Merzenich sind bestimmt nicht gerade berauschend. Und ein Wagen ist nicht mehr drin, wenn wir bauen.«

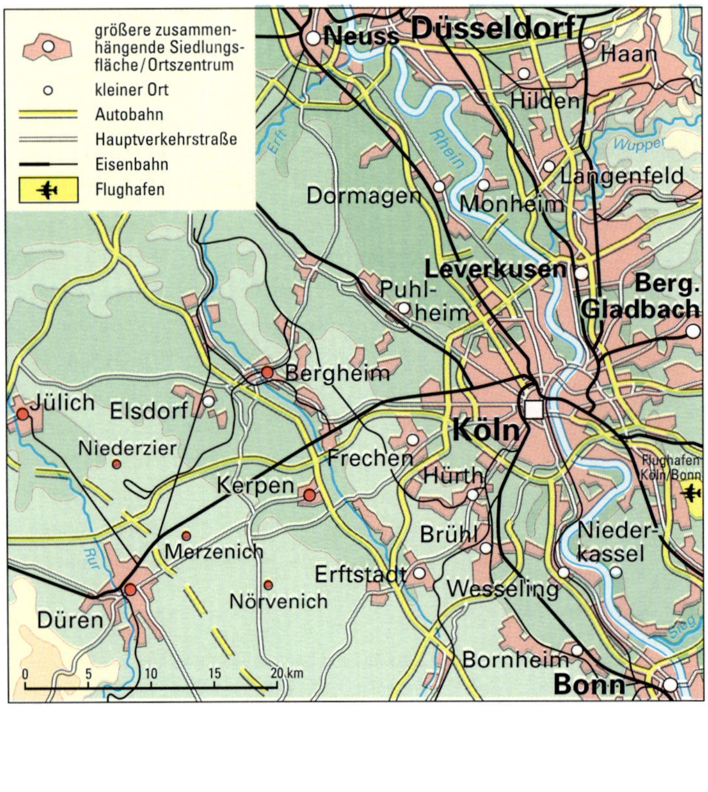

M1 Köln und sein Umland

Mobilität* über alles!

Zu Beginn der Industrialisierung sind viele Menschen vom Land in die Stadt gezogen – der Arbeit wegen. Landflucht heißt das. In den letzten Jahrzehnten hat sich dieser Prozess eher umgekehrt. Es gibt viele Menschen wie Petra und Nico oder Lars und Sonja, die wieder nach draußen ziehen.

Menschen müssen den Arbeitsplätzen folgen, nicht umgekehrt. Und alle Betriebe versuchen sich am jeweils günstigsten Standort niederzulassen. Das ist in der Regel die Stadt. Besonders solche Betriebe, die auf gute Erreichbarkeit durch viele Kundinnen und Kunden angewiesen sind, streben in den Kern der Stadt, wo die meisten Verkehrslinien zusammenlaufen. Dort ist das Platzangebot begrenzt. Die Flächennutzungskonkurrenz treibt die Bodenpreise hoch. Es setzen sich jene durch, die in der Lage sind die höchsten Mieten an die Eigentümer zu zahlen – etwa Kaufhäuser, Luxusgeschäfte, Banken, Versicherungen. Verdrängt werden hingegen jene, die nicht in der Lage sind die geforderten Bodenpreise oder Mieten zu zahlen. Sie werden an entferntere, billigere Standorte am Stadtrand oder ins Umland verdrängt. Voraussetzung der so entstandenen »funktionalen Entmischung« ist ein hohes Maß an Mobilität. So schuf der Bodenpreismechanismus die Nachfrage nach Straßenbahnen, U-Bahnen und Bussen. Wirklich durchsetzen konnte sich die funktional entmischte städtische Lebensweise aber erst mit der Verbreitung des Autos als Massenverkehrsmittel – verbunden mit einem immer dichter werdenen Netz immer breiterer und komfortablerer Straßen. Das entspricht genau den Bedürfnissen der Menschen, die möglichst rasch zu ihren Zielen kommen wollen.

M2 ■ Nahverkehr

Merzenich – Düren 7 km
Merzenich – Köln 47 km
kein Bundesbahnanschluss
Busverkehr:
Merzenich – Düren
ab 6.00 h – 14.00 h halbstdl.
ab 19.00 h stündl.
Fahrzeit ca. 15 Min.
Merzenich – Köln
ab 8.50 h – 19.00 h stdl. /1 1/2 stdl.
Fahrzeit ca. 1 1/2 Std.

(Fahrpläne der Rheinischen Verkehrs Gesellschaft und der Dürener Kreisbahn, 1996)

M3 ■ Köln – Merzenich

Einwohner und Bodenpreise
Einwohnerzahl der Stadt Köln
1976 0,9 Mio. E.
1986 0,9 Mio. E.
1996 1,1 Mio. E.
Bodenpreise in Stadtvierteln/Randgebiete (1996)
Köln – Weiden 540 – 590 DM/m²
Köln – Klettenberg 610 – 710 DM/m²
Einwohnerzahl der Gemeinde Merzenich
1976 6450 E.
1986 7835 E.
1996 8990 E.
Bodenpreise in Merzenich 150 DM/m²

(Angaben nach: Amt für Statistik, Köln; Liegenschaftsamt, Köln; Merzenich: Gemeindeverwaltung; Stand 1996)

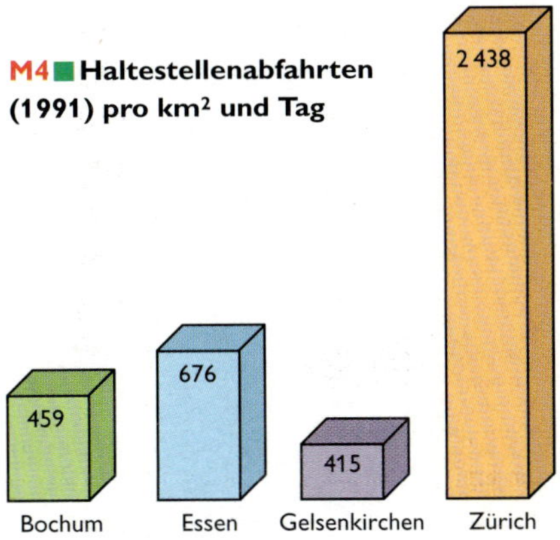

M4 ■ Haltestellenabfahrten (1991) pro km² und Tag

Zielorte	Aachen	Köln	Düren	Jülich	Niederzier	Nörvenich	Bergheim	Kerpen	übrige Gemeinden	insgesamt
Auspendler insgesamt	71	292	2123	46	48	40	41	83	493	3237
hauptsächlich benutzte Verkehrsmittel										
	–	–	7	–	–	–	–	–	1	8
	–	–	44	–	2	–	–	3	2	51
	–	1	56	1	4	–	–	4	10	76
	50	213	1264	41	42	39	41	74	420	2184

M5 ■ Auspendler aus Merzenich

M6 ■ Vorrang den »Öffis«

- In Zürich hat man komfortable und sehr schnelle Straßenbahnen und Busse auf eigener Spur geschaffen. Beim Heranfahren an eine Kreuzung schaltet »ihre« Ampel automatisch auf Grün. Die Züge fahren in kurzer Folge, niemand muss lange warten. Durch digitale Steuerung sind sie rascher als Pkws. Während im Ruhrgebiet 10 – 14 % aller Fahrten mit »Öffis« erfolgen, sind es in Zürich 40 %!
- In der Innenstadt von Essen gibt es 38 Parkplätze auf 100 Arbeitsplätze. In Zürich nur noch 15 auf 100.
- In Wien gibt es ein »Öko-Ticket«, das auf alle Familienmitglieder übertragbar ist. Es kostet pro Woche nicht mehr als der Spritverbrauch eines Autos, mit dem man täglich vom Stadtrand in die Innenstadt fährt.
- In Stockholm gibt es zwei Tarife für eine »Öffi«-Monatskarte. Wer mit dem Auto in die Innenstadt will, muss das teurere Ticket als Parkberechtigung kaufen. Beim Verzicht auf das Auto erhält man den billigeren Tarif.
- In manchen Städten werden in Neubauvierteln neben Wohnungen bewusst Büros, Arztpraxen, Handwerksbetriebe und Geschäfte aller Art errichtet, um Verkehr zu vermeiden. (Autorentext)

1 ■ Wohnen im »Grünen«, Arbeiten in der Stadt: mitschuldig am Treibhauseffekt? Diskutiert in Gruppen und vertretet euer Ergebnis im Plenum.

2 ■ (K)ein »Häuschen« in Merzenich. Mit oder ohne Auto? Welche Entscheidung sollten Petra und Nico treffen? Begründet.

3 ■ Untersuche in deinem Wohnort, welche Maßnahmen die Verwaltung ergriffen hat den Pendlerverkehr zu vermindern.

4 ■ Führt an Haltestellen eine Befragung durch nach Zielorten, Arbeits- und Wohnort, Motiv für die Fahrt und Gründen für die Wohnortwahl.

5 ■ Wie müsste die Raum- und Siedlungsstruktur verändert werden, um den verkehrsbedingten CO_2-Ausstoß zu senken? Entwickelt möglichst wirksame Vorschläge.

6 ■ Vergleiche die »Öffis« in Gelsenkirchen mit denen in Zürich und erkläre deren unterschiedlichen Erfolg (M4 und M6).

4.3 Was ein Erdbeerjoghurt mit dem Treibhauseffekt zu tun hat

»Ah, ist das ein toller Joghurt – Erdbeer, mit richtigen Früchten! Meine Lieblingssorte … 500 Gramm, schön viel. ›Mit Milch von ausgesuchten Tieren, ohne Konservierungsstoffe‹, steht auf dem Etikett. So richtig gesund. Und das Ganze im Glas, nicht diese elenden Plastikbecher. Alles Öko! Da habe ich doch neulich gelesen, dass so ein Glas dreißigmal benutzt wird. Da tut man doch richtig mal was für die Umwelt.«

Immer mehr Menschen denken so, wenn sie im Supermarkt einkaufen. Bei der Wahl zwischen Joghurt im Plastikbecher und dem (etwas teureren) Joghurt im Glas sind viele Menschen bereit ein paar Pfennig mehr zu zahlen, weil sie glauben, damit der Umwelt einen Dienst zu leisten.

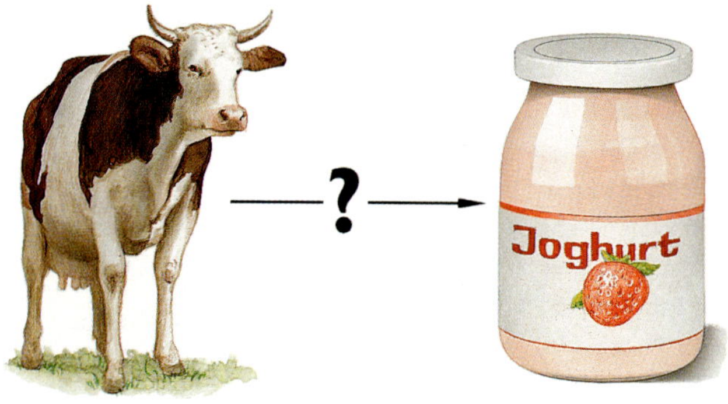

M1 ■ Wie weit ist es von der Milch zum Joghurt?

Die *Öko-Bilanz**

Unser ökologisches Bewusstsein ist durch den kritischen Blick auf das Produkt bestimmt – hier: durch Glas gegen Plastik, Naturprodukte wie Milch gegen Lebensmittel mit Konservierungsstoffen. Doch eigentlich müssten wir genauer hinsehen: Da ist z.B. das Etikett aus Papier, also letzten Endes aus Holz. Ein Baum hat »dran glauben« müssen. Dann ist Leim nötig, das Etikett aufzukleben. Dann stehen die Gläser in Paletten. Dann wird das Glas durch einen Metalldeckel verschraubt. Dann …

Der Joghurt wird in einer Großmolkerei in Stuttgart produziert. Leider stammen aber weder Deckel noch Etiketten, weder Leim noch Erdbeeren usw. aus Stuttgart. Die Erdbeeren kommen sogar aus Westpolen. Dabei gibt es doch im Bereich jeder Großstadt Erdbeerplantagen! Nur die Milch stammt aus der Umgebung der Molkerei und ist vielleicht 50 Kilometer unterwegs. Alle anderen Bestandteile werden über Hunderte von Kilometern transportiert.

Joghurtherstellung	Stuttgart
Milch	Umgebung
Erdbeeren	Westpolen
Fruchtzubereitung	Aachen
Bakterien	Niebüll
Zucker	Würzburg
Gläserherstellung	Neuburg
Sand für Glas	Frechen
Metalldeckel	Hannover
Metall für Deckel	Ruhrgebiet
Etiketten	Kulmbach
Etikettenleim	Düsseldorf
Pappe für Steigen	Varel
Leim für Steigen	Lüneburg
Verbraucher	Hannover

M2 ■ Wo die Bestandteile herkommen

Nicht nur Joghurt …

Eine bekannte Fastfood-Kette verwendet für ihre »Burger« Käse aus Holland, Tomaten und Käse aus Italien, Weizen aus den USA usw. Kiwis beziehen wir aus Neuseeland, Trauben aus Südafrika, Winteräpfel aus Chile, das meiste per Flugzeug. Ein Sechstel der deutschen Treibhausemissionen entsteht bei Produktion und Transport von Nahrungsmitteln. Begünstigt wird dies von den äußerst niedrigen Flugtransportkosten. Ein Liter Flugbenzin kostet, da steuerbefreit, nur 25 Pfennige. Flugzeuge sind extrem klimaschädigend: Bei einem Flug von Hamburg nach München entsteht pro Person genauso viel CO_2 wie durch ein Jahr Auto fahren!

M3 ■ Was so alles dazugehört

M4 ■ *Subventionierung**

Von ökologisch orientierten Fachleuten werden die Kosten für verkehrsbedingte Klimaveränderungen, für Umwelt- und Gesundheitsschäden je nach Berechnungsart auf 36 bis 200 Mrd. DM pro Jahr geschätzt. Auf den Liter Diesel umgelegt müsste dieser von 1,05 DM (1995) auf bis zu 5,37 DM erhöht werden. Der derzeitige Billigsprit stellt eine Subventionierung des Transportwesens auf Kosten der Natur dar und lässt weite Transporte von Billigangeboten wie z. B. von polnischen Erdbeeren zu. Mit einem 10-Tonnen-Lkw können 10 883 500-g-Joghurts transportiert werden. Je Glas bedeutet das 0,009 Liter Diesel bzw. 0,9 Pfennig. Bei Dieselpreisen, die die »ökologische Wahrheit« sagen würden, also die Umweltschadenskosten beinhalten, würde sich der Preis je Halbliterglas Joghurt von 2,50 DM auf bis zu 2,68 DM erhöhen.

M5 ■ Gute Ideen entwickeln …

- Man müsste die Joghurtherstellung einstellen. Dann würden viele Arbeitsplätze verloren gehen und es würde ein anderes, unter ähnlichen Bedingungen hergestelltes Produkt gekauft (also keine gute Idee).
- Es müssten möglichst viele Bestandteile wie Gläser, Deckel – normiert werden, dann würde …
- Der Dieselpreis müsste …, dann …
- Die Eisenbahnen müssten …, dann …
- Es müssten möglichst viele Bestandteile in der Region …, dann …
- Käuferinnen und Käufer müssten …
- Es müsste …, dann …

(M5 u. M6: S. Böge, Die Auswirkungen des Straßengüterverkehrs auf den Raum. Dortmund 1992, S. 17 ff. und S. 22 ff.)

M6 ■ Billiganbieter

1 kg Erdbeeren zu produzieren, kostet in Polen 30 Pfennig gegenüber 1,50 DM in Deutschland.

Der Stundenlohn eines polnischen Landarbeiters liegt bei ca. 2 DM gegenüber 12–15 DM in Deutschland (1995). In einem Großbetrieb in Hannover Deckel zu produzieren, ist preisgünstiger als in einem Kleinbetrieb bei Stuttgart.

(Autorentext)

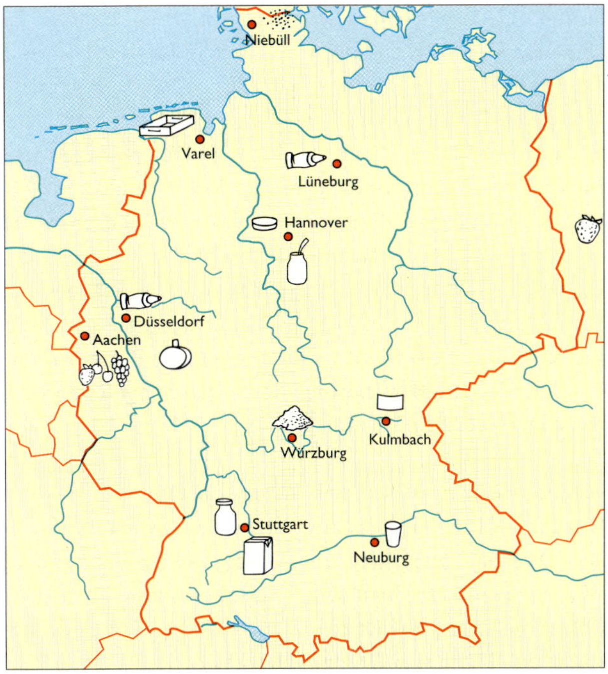

M7 ■ Transportwege: von der Milch zum Joghurt

1 ■ Fertigt eine Umrisskarte Deutschlands an und sucht mithilfe des Atlas die Herkunftsorte der Produktbestandteile des Joghurts. Errechnet dann die Transportentfernungen (Luftlinie).

2 ■ Überprüft anhand der »Gelben Seiten«, welche Joghurt-Teilprodukte in eurer Nähe herstellbar wären. Tragt das Ergebnis auf einer Regionalkarte ein und errechnet die Transportentfernung.

3 ■ Nehmt Kontakt zur nächstgelegenen Molkerei auf. Erfragt die Herkunft der von ihr verwendeten Joghurt-Teilprodukte. Fragt nach Änderungen bzw. nach Hindernissen für Umstellungen.

4 ■ Informiert Freundinnen und Freunde und Bekannte über das Problem. Testet die Bereitschaft einen höheren Preis für umweltverträglichen Joghurt zu zahlen. Wo liegt die »Schmerzgrenze« für ein 500-g-Glas?

5 ■ Nennt weitere Folgen der zunehmenden Lkw-Transporte – neben dem CO_2-Ausstoß.

6 ■ Erläutere, warum Betriebe immer mehr Teile von entfernt liegenden Zulieferfirmen beziehen statt sie in der Region zu kaufen.

7 ■ Ergänze die Sätze in M5.

8 ■ Beschreibe an einem Beispiel deiner Wahl den Begriff Öko-Bilanz.

4.4 Kohlekraftwerke – Spitzenreiter beim CO_2-Ausstoß

Im internationalen Maßstab ist Deutschland ein rohstoffarmes Land. Ein Rohstoff bildet aber eine Ausnahme: Kohle, Braunkohle am Rhein und in Sachsen, Steinkohle an Ruhr und Saar. Die Verbrennung von Kohle in Kraftwerken macht diese zum Hauptproduzenten von CO_2. Erdgas, das einen viel geringeren Kohlenstoffgehalt hat, gibt viel weniger CO_2 an die Atmosphäre ab. Den Kohleanteil an der Stromgewinnung zu vermindern wäre ein Beitrag zum Klimaschutz.

Aber Kohle gibt Hunderttausenden von Menschen Arbeit und Brot. Jede Zechenschließung bedeutet eine Tragödie für Tausende von Menschen. Seit 1989 sind allein in den neuen Bundesländern durch Stilllegung von Braunkohlegruben mehr als 100 000 Arbeitsplätze verloren gegangen. CO_2-Verminderung durch Stromeinsparung kann daher auch immer Arbeitsplatzverlust bedeuten.

»Ökodorf« Wardenburg will Strom sparen

Wardenburg in Niedersachsen hat einen »guten Ruf«. Teile der Ortschaft verfügen über Regenwasserauffanganlagen. Wer ein Haus errichten will, muss bestimmte Auflagen erfüllen, die dem Umweltschutz dienen. Die Gemeinde unterstützt den Kauf von Kompostiertonnen finanziell. Altgeräte werden von den Bürgern zum Recyclinghof gebracht. Dort werden sie zur Wiederverwendung ihrer Rohstoffe auseinander genommen, was zwölf schwer vermittelbaren Langzeitarbeitslosen Arbeit gibt. In einer hochmodernen Kläranlage wird das bei Fäulnisprozessen sich entwickelnde Methan aufgefangen und zur Stromerzeugung verwendet. Wardenburg als 15 000-Seelen-Gemeinde leistet sich überdies ein von einer Fachfrau geleitetes Umweltamt. Das ist einmalig in Deutschland.

Die Wardenburger Stadtverwaltung geht aber noch einen Schritt weiter: Sie plant die Energieversorgung zur Sache der Gemeinde zu machen. Bislang ist das Aufgabe einiger weniger großer Energieversorgungsunternehmen (EVU).

Zu viel und zu viel »falsche« Energie

Zur Sicherung der Energieversorgung in Deutschland wurden einige wenige EVUs mit der Elektrizitätsgewinnung betraut. Diese teilten die Bundesrepublik unter sich auf und bildeten regionale Monopole, zum Beispiel RWE (Rheinisch-Westfälische Elektrizitätswerke) im Westen oder Preußen-Elektra im Norden. EVUs sind, wie andere Unternehmen auch, gewinnorientiert und auf die Steigerung des Stromabsatzes bedacht. Mit den Städten und Gemeinden schlossen sie Versorgungsverträge von langjähriger Laufdauer ab. In Wardenburg läuft der Vertrag mit dem Tochterunternehmen der Preußen-Elektra, der EWE (Elektrizitätswerke Weser-Ems), 1997 aus. Dann möchte Wardenburg das Stromnetz von der EWE zurückkaufen und, unter Umgehung des Zwischenhändlers EWE, Strom zum Einkaufspreis von der Preußen-Elektra beziehen. Wardenburg möchte aber auch Strom selbst erzeugen mittels eines Kohle und CO_2-sparenden Verfahrens, der sogenannten »Kraft-Wärme-Kopplung«. In herkömmlichen Kraftwerken wird die in Kohle, Erdgas oder Öl enthaltene »Primärenergie« in Strom umgewandelt. Dabei wird die Primärenergie nur zu 30–40 % genutzt. Die übrige Energie entweicht als »Wärmeabfall« in die Luft und trägt zur Aufheizung der Atmosphäre bei. In Heiz-Kraftwerken kann nun die bei der Stromerzeugung entweichende Wärme zum Heizen genutzt werden: Es werden »zwei Fliegen mit einer Klappe« geschlagen. Heizwärme muss nicht extra erzeugt werden.

In Wardenburg ist geplant das Schwimmbad und die Schule durch dieses Verfahren mit Licht und Heizungswärme zugleich zu versorgen. Die EVUs nutzen dieses Verfahren bislang kaum. Die Preußen-Elektra hat die Kraft-Wärme-Kopplung lediglich bei 0,4 % ihrer Stromerzeugung eingesetzt.

M1 ■ Energieverbrauch, 1995

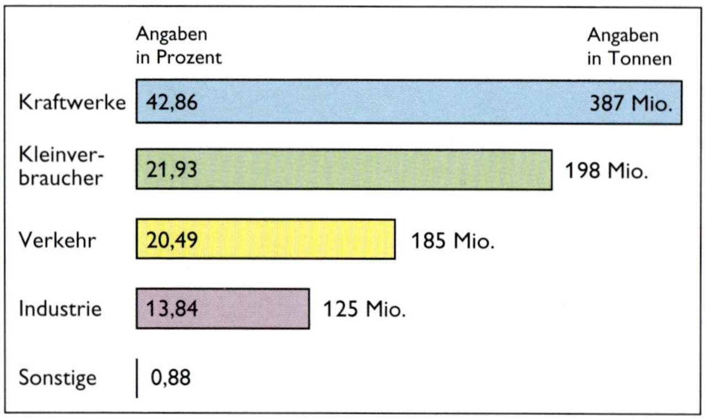

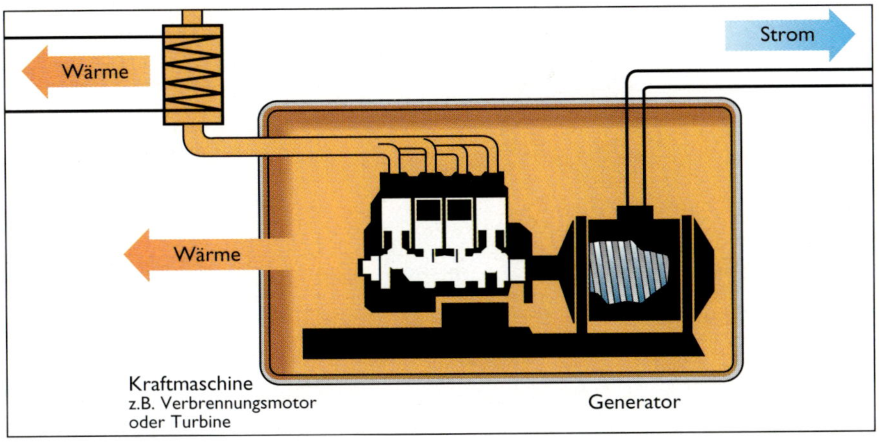

M2 ■ Wie funktioniert ein Kraftwerk?

M3 ■ Kraftwerke im Vergleich

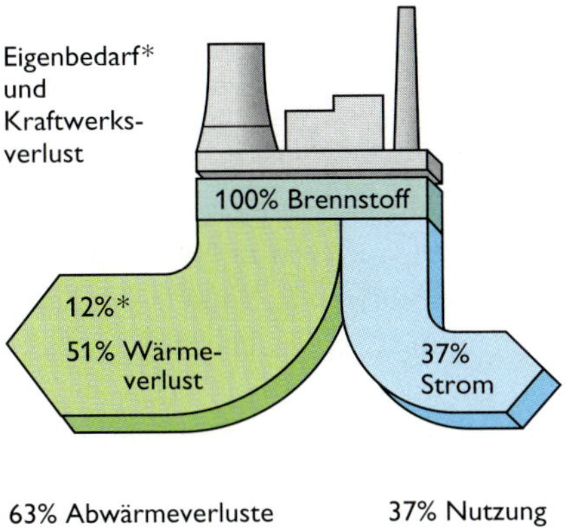

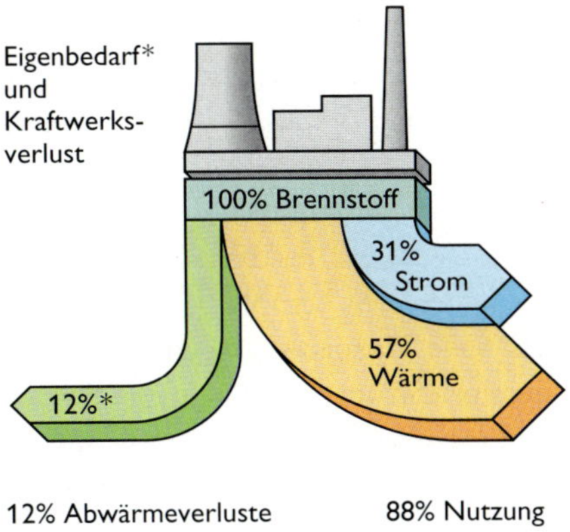

M4 ■ Wo wir noch sparen können

Technische Einsparmöglichkeiten in Deutschland bis 2005 (gegenüber 1987)

Insgesamt	35–45 %
Kraft-Wärme-Kopplung	10–15 %
Industrie, Kraftwerke	15–25 %
Busse, Lkw	15–25 %
Autos (Pkw)	50–60 %
Flugzeuge	50–60 %
Elektrogeräte	30–70 %
Neubauten	70–80 %
Altbauten	70–90 %

(Toblacher Gespräche 1991: Energie. Toblach 1991, S. 28.)

M5 ■ Autoreninterview mit der Leiterin des Umweltamtes Wardenburg (7.6.1995)

F.: Sie planen den Rückkauf des Elektrizitätsnetzes und den Direkteinkauf beim EVU. Verführt die Verbilligung des Stroms dann nicht zu dessen Mehrverbrauch?

A.: Es ist nicht geplant, den Strom billiger abzugeben. In einer ersten Phase brauchen wir das Geld zur Bezahlung des Stromnetzes, damit niemand mehr bezahlen muss. Dann wollen wir mit den Einsparungen sinnvolle Projekte finanzieren, die den Wardenburgern zugute kommen. Wir könnten z. B. allen Haushalten einen Strom-Sparbonus geben, die ihren Jahresverbrauch spürbar senken. Wir denken aber auch daran, ein Heiz-Kraftwerk in eigener Regie zu betreiben. Das bringt jährlich Ersparnisse von 100 000 DM. Davon könnten wir Häuslebauern Zuschüsse geben, wenn sie sich zu Niedrig-Energie-Häusern entschließen würden.

F.: Haben Sie genug Rückhalt für Ihre Politik in der Bevölkerung?

A.: Uns bläst der Wind immer stärker ins Gesicht. Die Opposition im Gemeinderat kann in der Regionalzeitung in Interviews und Stellungnahmen Behauptungen verbreiten, die in der Bevölkerung Ängste vor Mehrkosten auslösen.

F.: Könnten Sie nicht mit den Schulen zusammenarbeiten? In einer Projektwoche könnte doch …

1 ■ Erkläre das Prinzip der Kraft-Wärme-Kopplung.

2 ■ Erkläre das geringe Interesse der Preußen-Elektra an Heiz-Kraftwerken.

3 ■ Auf welche Weise könnte es in Wardenburg zu CO_2-Minderungen kommen?

4 ■ Besucht eure Stadtwerke und lasst euch über konkrete Einsparmöglichkeiten informieren.

5 ■ Überlegt zu M4 konkrete Einsparmöglichkeiten, die zur Verminderung des CO_2-Ausstoßes beitragen. Stellt diese in einer Collage aus Bildern, Zeichnungen und Schlagworten dar.

6 ■ Was könnt ihr tun, um das Vorhaben der Gemeinde Wardenburg zu unterstützen? Überlegt euch Vorschläge, arbeitet in Gruppen ein Projektwochenprogramm aus.

7 ■ Führt eine Pro-und-contra-Diskussion: Mehr oder weniger Kohle als Primärenergie?

M1

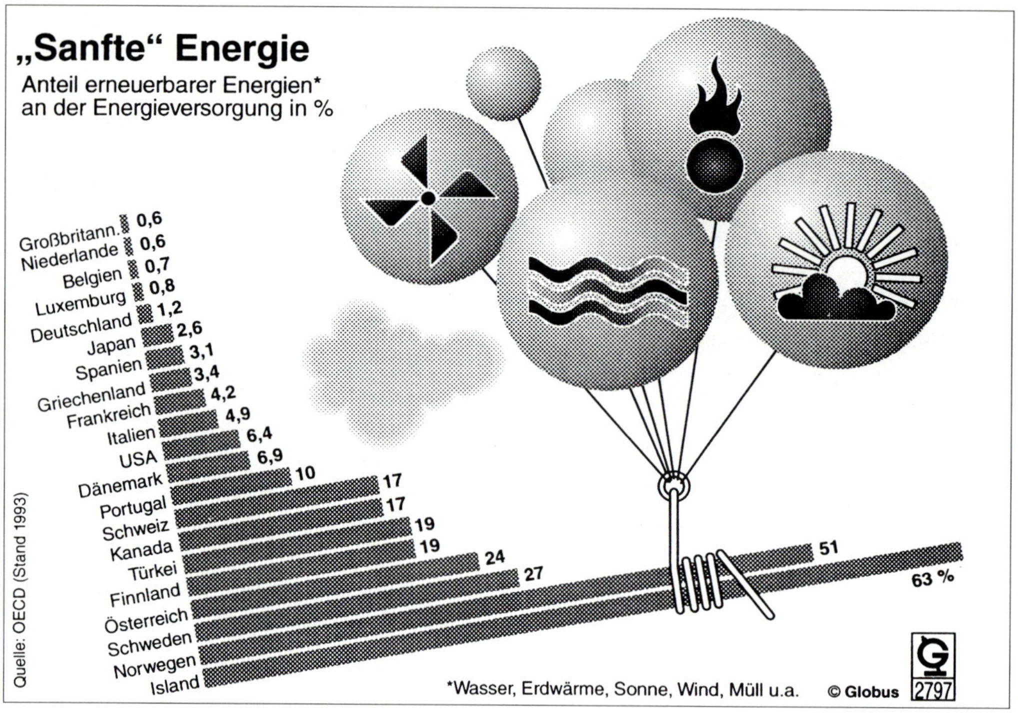

4.5 Zukunftsenergie ohne CO_2?

Wind- und Sonnenenergie wird in vielen Statistiken nicht einmal ausgewiesen; sie fallen unter »Sonstige«. Im internationalen Vergleich rangiert Deutschland bei den »sanften« Energien unter »ferner liefen«.

Ganz anders die Kernenergie. Sie produziert im Vergleich dazu die zehnfache Menge Strom. International belegt Deutschland einen Mittelplatz. Spitzenreiter ist Frankreich mit 70 % seines Stroms aus Kernenergie. Zahlen können richtig sein, aber dennoch täuschen. Es lässt sich auch eine andere Rechnung aufmachen: Seit 1980 sind die Kosten für die Herstellung von Windenergieanlagen dank verstärkter Nachfrage auf ein Zehntel gesunken. In Deutschland hat sich die Menge des durch Wind produzierten Stroms seit 1991 von Jahr zu Jahr verdoppelt. Und für die USA haben »Windenergiefans« errechnet, dass der gesamte Strombedarf von 4 Millionen Windanlagen gedeckt werden könnte. Allerdings würden dafür 10 % des amerikanischen Staatsgebietes benötigt.

Hat die Kernenergie ihre Zukunft bereits hinter sich?

Tschnernobyl in der Ukraine hat es gezeigt: Kernenergie ist bis heute nicht beherrschbar. Mindestens 10 % der ehemaligen Sowjetunion gelten heute als unbewohnbar. Nirgendwo auf der Welt ist die Entsorgungsfrage gelöst. Der radioaktive Müll vermehrt sich von Jahr zu Jahr. Die Errichtung von Endlagern, in der Diskussion ist seit Jahren Gorleben in Niedersachsen, scheitert am Widerstand der Bevölkerung. Unfälle mit katastrophalen Folgen, verursacht durch menschliches oder technisches Versagen, sind auch in Deutschland nicht auszuschließen. Die Kosten eines GAUs (größten anzunehmenden Unfalls) werden, je nach Siedlungsdichte des betroffenen Gebietes, auf 50–100 Billionen DM geschätzt – von den Menschenopfern ganz zu schweigen.

Windenergie im Aufwind?

Die Energieversorgungsunternehmen setzen auf Kernenergie, da sie viele Milliarden DM investiert haben. Wind und Sonne gelten ihnen als lediglich ergänzende Energien. Bis 1991 war Windenergie nur für solche Betreiber rentabel, die den Windstrom selbst verbrauchten. Denn der ins Netz eingespeiste Stromüberschuss wurde sehr schlecht bezahlt. 1991 wendete sich das Blatt: Durch das neue Einspeisungsgesetz erhielten die Betreiber für überschüssigen Strom nun 18 Pf/kWh. Da die Elektrizitätswerke Weser-Ems eine kWh von der Preußen-Elektra für zehn Pfennig beziehen, müssen sie die Differenz von acht Pfennig zulegen. Die guten Gewinnmöglichkeiten bei der Windenergie führten seit 1992 zur jährlichen Verdoppelung der in Norddeutschland installierten Windanlagen.

M2 ■ Windzonen

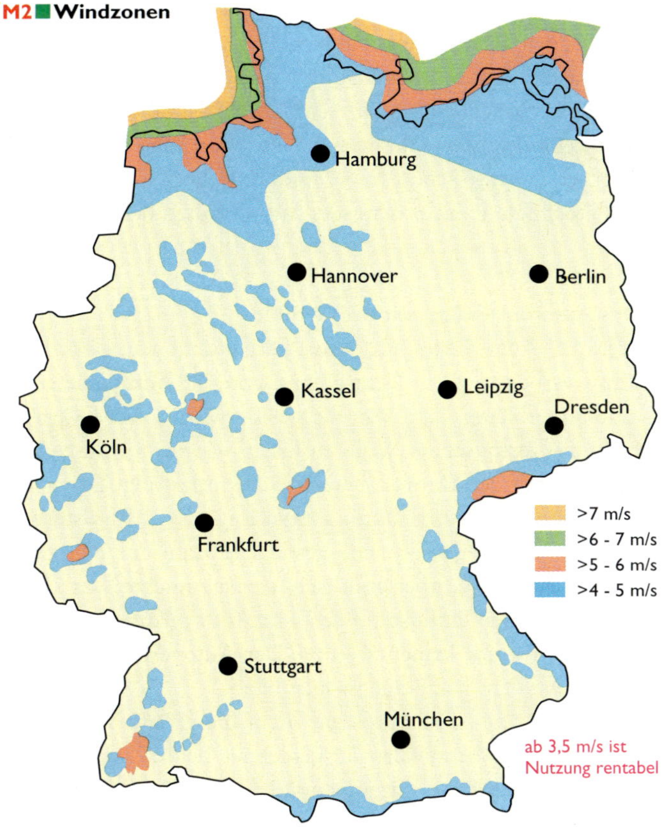

M5 ■ Windmüller = Landschaftskiller

Die EVUs haben neuerdings unverhofft Verbündete bekommen, die gegen die Windkraftanlagen zu Felde ziehen, ausgerechnet von Naturschützern, die sich in einem »Bundesverband zur Erhaltung der Landschaft« zusammengeschlossen haben. Sie klagen, dass durch die »Verspargelung«, die Häufung der »Wind-Monster« großflächig ganze Landschaften verschandelt und zerstört würden. Sie sehen in der Windenergie zudem kein Mittel einen wirklichen Beitrag zur CO_2-Reduktion zu leisten: So seien z. B. 16 Windanlagen nötig, um den Strombedarf einer ICE-Lok zu decken und es müssten fast 27 000 Windräder errichtet werden, um nur ein einziges Kraftwerk zu ersetzen. Und dafür schöne Landschaften zerstören?

(nach: Der Spiegel 41/1995, S. 194 ff.)

M3 ■ Günstiger Atomstrom?

Atomstrom ist 30 % billiger als Energie aus Kohle und mehr als die Hälfte billiger als Windenergie. Das ist die Folge einer konsequenten Forschungsförderung durch 36,9 Mrd. DM gegenüber nur 0,8 Mrd. DM für Einspartechniken und »sanfte Energien«. Um aber den weltweiten CO_2 Ausstoß auch nur um 1 % zu senken, müssten 285 Mrd. DM für 57 Atomkraftwerke aufgebracht werden. Ein Problem, das derzeit schon nicht lösbar ist, würde dabei aber noch verstärkt: Wohin mit dem vielen Atommüll?

(Autorentext)

M4 ■ Preisgunst der Windenergie

Die Windenergie stellt die ideale Ergänzung für uns Landwirte dar, da die Einkommen sinken. Windenergieanlagen sind uns wie auf den Leib geschnitten, da wir durch den Hof auch ohne Eigenkapital für die Banken kreditwürdig sind. Wir gehen kein finanzielles Risiko ein und haben auch kein Absatzrisiko. Die bisherige 500-kW-Anlage weicht jetzt der leistungsstarkeren 600-kW-Anlage. Die deckt den Strombedarf von 400 Familien. Mit der 600-kW-Anlage werden weite Bereiche des Binnenlandes für die Windenergie interessant. Nach sechs Jahren haben sich die Anlagen amortisiert. Dann werfen sie jährlich mehr als 100 000 DM Reingewinn ab. Meinen beiden Kindern böte der Hof keine Zukunft. Mit den beiden 500-kW-Anlagen auf dem Hof und der geplanten 600-kW-Anlage, mit der ich mich am Windpark Greetsiel beteilige, biete ich ihnen jedoch eine gute Zukunft. Ohne diese würden sie mit Sicherheit in die Stadt abwandern.

(Interview mit H. Hübener, Greetsiel, 9. 6. 1995.)

1 ■ »Wer Nein zum Treibhauseffekt sagt, sollte Ja zur Kernenergie sagen.« Nimm Stellung zu diesem Slogan von EVUs.

2 ■ Erkläre den Widerstand der EVUs gegenüber Windenergie.

3 ■ Stelle mithilfe von Atlas und M2 günstige Standorte für Windenergie-Anlagen fest.

4 ■ Fertigt in Gruppen wahlweise Flugblätter für oder gegen die Windenergie an und diskutiert diese im Plenum.

5 ■ Erarbeitet in Gruppen einen euch sinnvoll erscheinenden »Energiemix«. Berücksichtigt dabei nicht nur die ökologischen, sondern auch die Arbeitsplatzrisiken.

4.6 Das Auto – Vom Hätschelkind zum Prügelknaben

M1

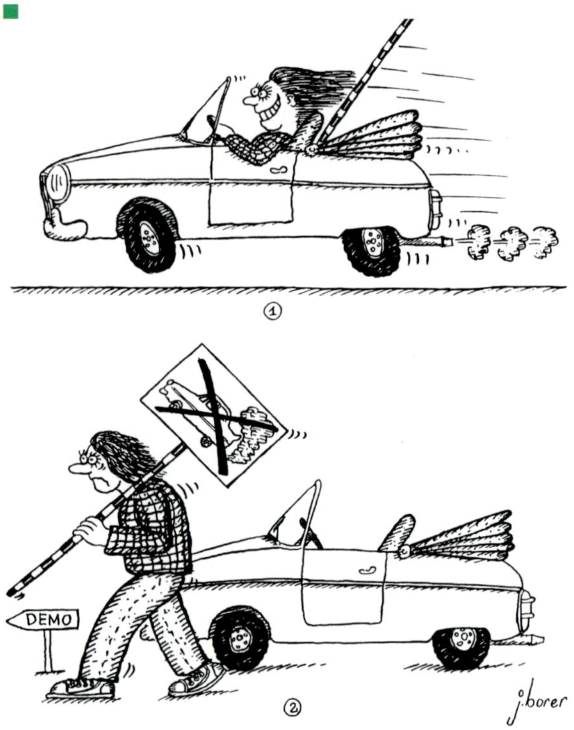

»Zum Abitur, 1962, bekam ich den Führerschein als Belohnung. Habe sofort gejobt und mir eine ›Klapperkiste‹ gekauft, einen Käfer-Cabrio, für 800 DM. Bin wie befreit durch die Gegend gerast, fühlte mich erst mit Auto anerkannt und richtig erwachsen. Ökologische Bedenken, die hatte damals niemand. Heute steht ein ›richtiger‹ Wagen vor der Haustür – selbstverständlich. Die mit Fahrrädern vollgestopfte Garage erscheint mir manchmal wie ein Alibi. Natürlich fahre ich nicht mit dem Auto zum Brötchen holen; und wo ich arbeite, würde ich schief angeguckt, käme ich nicht per Fahrrad. Trotzdem. Häufig nehme ich mit schlechtem Gewissen doch das Auto, wo es auch mit dem Rad ginge, und ärgere mich über meine Bequemlichkeit, mehr aber noch über meine Inkonsequenz«.

Doch heute ist einiges anders als um 1960: Viel mehr Menschen als damals wohnen im Umkreis großer Städte. Alle Regierungen haben den gestiegenen Mobilitätsbedarf mit dem Ausbau von Straßen beantwortet. Viele Bahn- und Buslinien sind jedoch als unrentabel aufgegeben worden. Erwachsenen wie Jugendlichen bleibt häufig keine andere Wahl als das eigene Auto, wollen sie zur Arbeit, zur Diskothek, zu Freunden gelangen. Gewohnheit macht aber bequem. Bezahlt man für ein Auto schon Steuer und Versicherung, soll sich das auch rechnen. Je mehr man sein Auto benutzt, desto rentabler ist es.

Das Auto im Widerstreit der Gefühle

Wer das Auto verteufelt, muss berücksichtigen, dass jeder fünfte Arbeitsplatz in Deutschland von der Auto(zulieferer)-industrie abhängig ist. Von ihr wird erwartet, das CO_2-Problem auf technischem Wege zu lösen, wie beim Katalysator. Der brachte der Umwelt bereits eine Entlastung: Die Stickoxide, mitverantwortlich für sauren Regen und Waldsterben, wurden stark reduziert. Die gestiegene Zahl der Fahrzeuge machte die Erfolge aber praktisch wieder zunichte. Der »Kat« hat auch keinen Einfluss auf den vom Auto verursachten CO_2-Ausstoß. Es gibt keinen Zweifel: Der Autoverkehr muss gebremst werden. Die Frage ist nur: wie?

Andererseits sind Autos gar nicht die größte Verschmutzungsquelle. Warum also ausgerechnet beim Pkw mit dem Einsparen beginnen, argumentieren Autofans. Umweltbewusstsein sowie die Leistungsfähigkeit der Technik sicherten die Zukunft eher als ein erzwungener Autoverzicht und die Bevormundung der Menschen.

Weniger Autos – weniger Lebensqualität?

Die Masse der Deutschen will von Verzicht und Einschränkungen nichts wissen. Dabei geht es aber gar nicht um Verzicht, sondern um Gewinn. Die Politik des ständigen Wirtschaftswachstums hat den Menschen in den letzten 20 Jahren trotz steigender Einkommen nicht mehr, sondern weniger Lebensqualität gebracht, wie im Alltag zu beobachten ist: Um Lärm und Beton zu entkommen, fahren viele immer öfter immer weiter fort und erhöhen mit ihrer Suche nach der Natur die Nachfrage nach weiteren Straßen und Parkplätzen. Immer mehr Geld wird für immer größere Autos ausgegeben, um immer länger im Stau zu stehen oder vergeblich nach einem Parkplatz zu suchen. Allen Menschen zugute kommende Veränderungen tun Not: Statistisch sind zwei Drittel aller zurückgelegten Wege kürzer als 5 km, der Freizeit- und Urlaubsverkehr übersteigt 50 % aller Personenkilometer, dabei sitzen nur 1,5 Personen im Auto. Sicherlich gibt es nicht nur einen Weg aus dem Verkehrsdilemma. Aber vielleicht gibt es viele Mosaiksteinchen, die zusammen viel »bringen«.

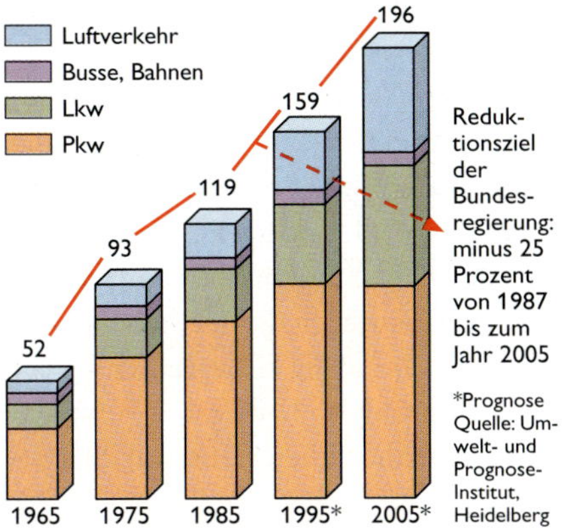

M2 ■ Das Reduktionsziel ist noch in weiter Ferne

M3 ■ Das Auto – ein falsches Sparobjekt?

In der Industrie wurde der Energieverbrauch in den letzten 20 Jahren durch Effizienzsteigerungen bereits um 25 % vermindert. Hingegen stieg er im Verkehr um 75 % an. Moderne Kühlschränke verbrauchen nunmehr ein Fünftel Energie, gemessen an 1960. Demgegenüber stieg der Spritverbrauch der immer schnelleren, schwereren und PS-stärkeren Autos zwischen 1960 und 1994 von neun auf zehn Liter pro 100 km.

(Enquetekommission des Bundestages: Schutz der Erdatmosphäre. Bonn 1995, S. 142.)

M4 ■ Öko-Sprit

Sprit aus Kohlendioxid! Ein Luftabsorber fängt CO_2 ein; mit Soda und Wasserstoff (den man über Solarenergie gewinnen kann) reagiert CO_2 zu Methanol, ein perfektes CO_2-Recycling! Voraussetzung: Förderung der Solarenergie. Sie ist unabdingbar, weil bei Einsatz fossiler Energie mehr CO_2 erzeugt als eingespart würde. »Sprit aus der Luft« hat aber bei großindustrieller Herstellung Kosten von 1,90 DM/Liter gegenüber 33 Pfennig bei Benzin. Um Benzin zu ersetzen, müsste auf die Besteuerung des »Sprits aus der Luft« verzichtet werden – wie beim Flugbenzin.

(nach: Frankfurter Rundschau vom 9.5.1995.)

M5 ■ Das Niedrig-Verbrauch-Auto

- »Öko-Auto«, Swatch-Mobil, 3-Liter-Auto, 5-Liter-Auto. Nicht mehr als 15 000–20 000 DM sollen sie kosten. Die Konstruktionszeichnungen liegen in den Schubladen der Konzerne, auf den Markt sollen die Autos bei entsprechender Nachfrage kommen.
- Die Bereitschaft zum Kauf der alles andere als prestigeträchtigen »Kleinen« scheint aber gering zu sein. Vom im Verbrauch musterhaften Golf-Ecomatic sollten jährlich 10 000 Stück produziert werden, jedoch wurden im ersten Jahr gerade 3000 Stück verkauft. Kommentar von VW: »Der Kunde verhält sich nicht so umweltbedacht, wie überall behauptet wird.«

(nach: Frankfurter Rundschau vom 11.3.1995.)

M6 ■ Die Preise sollen die »ökologische Wahrheit« sprechen

- Soll Sprit der durch ihn verursachten Schadenshöhe entsprechen, müsste er etwa 5 DM/Liter kosten.
- Soll dann künftig nur noch der wohlhabende Porsche-Fahrer über die dann wieder freie Autobahn brettern dürfen?
- Würden nur 10 % der jährlichen Pkw-Fahrten auf die Bahn verlagert, müsste diese ihre Kapazität um 70 % aufstocken. Ein utopisches Vorhaben.
- Die Massenmotorisierung beruht auf immer billiger werdendem Benzin. Für 1 Liter Benzin muss ein Facharbeiter heute nur noch einen Bruchteil der Zeit arbeiten, die vor 30 Jahren nötig war.

(nach: Der Spiegel 4/1994, S. 118 ff.)

M7 ■ Kleines Verkehrs-Abc

Busspur / Car-Sharing / Fahrgemeinschaften / Fahrradstation / Ökobonus / Park & Ride / Radwege / Rail & Ride / Tempolimit / Vorrang Bus und Bahn / …

M8 ■ Aus: Auto-Bild 22/1995

Was macht ein Bürgermeister, der in die Stadt-Geschichten eingehen will? Er setzt sich ein (Schilder-) Denkmal. So wie Hans Wirnsdorfer, der ganz Ketsch zur Tempo-30-Zone erklärt hat.

„Hier ist Tempo 30 überflüssig. Wir haben eine Ortsumgehung, wozu also den innerörtlichen Verkehr so behindern?"

1 ■ Sprecht mit Freundinnen, Freunden und Bekannten, wie sie angesichts des Treibhausrisikos mit dem »Widerspruch Auto« umgehen. Schreibt zu M1 eine persönliche Stellungnahme.

2 ■ Warum muss/sollte besonders der Autoverkehr eingeschränkt werden?

3 ■ Ist zu erwarten, dass das CO_2-Problem durch den technischen Fortschritt gelöst werden wird? Begründe anhand von Beispielen.

4 ■ Entwerft ein Kommunalwahlplakat zu »Tempo 30«.

5 ■ Was müsste getan werden, um »Spar-Autos« zum Durchbruch zu verhelfen?

6 ■ »Öko-Sprit« ist chancenlos. Schreibe Argumente dagegen auf.

7 ■ Diskutiert M6 in Gruppen. Legt eigene Lösungsvorschläge vor.

8 ■ Erläutert die Vorschläge in M7 und sucht nach Ergänzungen.

4.7 Gefährdet uns die Dritte Welt?

»Kinder und noch einmal Kinder. Neun von zehn werden in der Dritten Welt geboren. Die wollen Essen, das zubereitet werden muss, brauchen Strom, Benzin. Das kann ja nicht gut gehen!« Hand aufs Herz. Fürchten nicht die meisten von uns die umweltbelastende Wirkung so vieler Menschen? Hat sich im Norden doch inzwischen herumgesprochen: Ein Lebensstil, eine Entwicklung wie in den *Industrieländern**, würde die Erde nicht verkraften. Müssen dann »die anderen« nicht zurückstecken?

CO_2-Belastung durch den Norden

Bereits um 1970 stellte der Bevölkerungswissenschaftler Paul Ehrlich fest: Menschen im Norden belasten die Erde durch ihre Lebensweise fünfzigmal so stark wie Menschen in der Dritten Welt. Rechnet man bis zum Beginn der Industrialisierung zurück, ist der Norden weit gehend allein für die Erwärmung der *Atmosphäre** verantwortlich. Bildhaft gesprochen: Das (Umwelt-)Konto des Nordens ist bereits leer. Wollen wir weiterhin etwas abheben, müssen wir Schulden machen. Dafür nimmt jede Bank Zinsen. Bescheidener leben müssten demnach nicht »die anderen«, sondern die Menschen im Norden.

M1

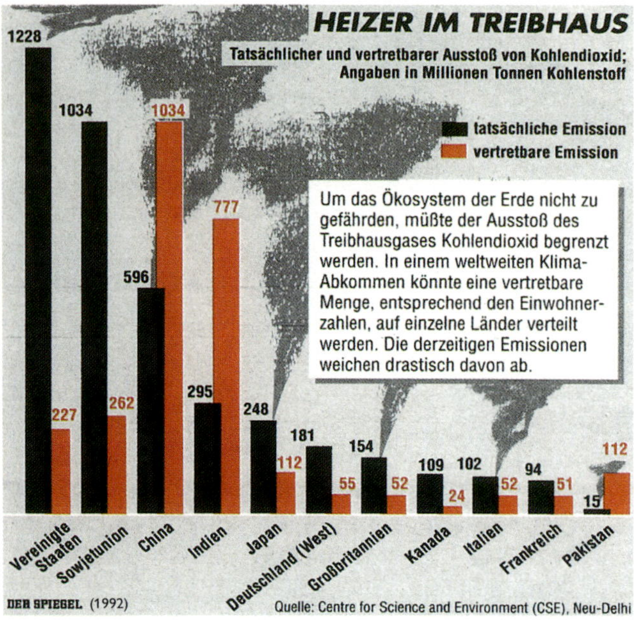

Zerstörerische Aufholentwicklung im Süden

Westeuropa und Nordamerika belasten die Atmosphäre am stärksten, und zwar durch ihre Konsumansprüche. Russland und Osteuropa sind »Weltmeister« der Umweltzerstörung durch eine Industrialisierung mit veralteter Technik. Die ostasiatischen *Schwellenländer**, vor allem Hongkong, Singapur, Südkorea, Taiwan und China, haben ihre rasche Entwicklung ohne Rücksicht auf die Umwelt betrieben. Betrachtet man nur das letzte Jahrzehnt, entsteht eine völlig neue Rangliste der CO_2-Produzenten: 1. Polen, 2. China, 3. Ungarn, 7. Indien. Spitzenreiter USA und Deutschland fallen dann auf Platz 9 und 12 zurück.

Schon vor dem Jahre 2010 werden die im schnellen Aufholprozess befindlichen ostasiatischen Schwellenländer, die Altindustrieländer bei CO_2 überholt haben. China steht an der Schwelle zur Massenmotorisierung. »Großer Erfolg für Mercedes auf dem Zukunftsmarkt China«, bejubelte Daimler-Chef Jürgen Schrempp den Abschluss eines Großauftrages für seine Firma.

Wer viel verbraucht (hat), muss viel einsparen

Im Interesse des gemeinsamen Überlebens müssen alle sparen – lautet eine nahe liegende Forderung. Genau dieses Modell bezeichnen Politikerinnen und Politiker des Südens als *Öko-Kolonialismus**: »Wir lassen uns unsere Entwicklung von euch nicht verbieten. Jetzt wo wir endlich in Fahrt gekommen sind, lassen wir uns von euch nichts vorschreiben, was nur der Bewahrung eures industriellen Vorsprungs dienen soll.«

Daraus folgt:

- Der Norden kann den Süden nicht an seiner Entwicklung hindern. Er kann nur durch Übereinkommen und das Angebot moderner Umwelttechnik die Umweltbelastung zu begrenzen versuchen.
- Der Norden hat eine Vorbildrolle für den Süden. Statt zu zeigen, wie die Erde in wenigen Jahrzehnten ruiniert werden kann, sollte er jetzt vormachen, wie man ohne Energievergeudung und Klimagefährdung gut leben kann.
- »Der Norden muss zusammen mit dem Süden einen Konsens über eine weltweit gerechtere Verteilung knapper Umweltgüter finden. Dazu gehört auch die Atmosphäre. Wir sind dabei heute mit neuen Wahrheiten konfrontiert. Diese sagen über uns: sparen. Die Wahrheit über die Natur: uns begrenzen. Die Wahrheit über unser Verhältnis zur Dritten Welt: abgeben.«

Unsere Aufgabe scheint klar: sparen, uns begrenzen, abgeben. Schön und gut – aber wie?

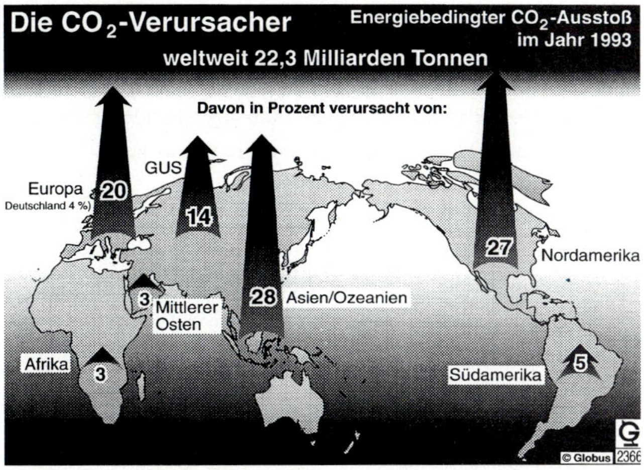

M2

M3 »*Joint Implementation« – Gemeinsame Durchführung**

– Ein bestechender Gedanke: Der technologisch führende Norden finanziert im Süden oder im Osten Projekte gegen CO_2, zum Beispiel neue Kraftwerke. Der Grund: In China oder Russland verfeuern Kraftwerke doppelt so viel Kohle/kWh wie in Deutschland. Es wird jeweils dort investiert, wo es am billigsten und wo der Effekt zugleich am höchsten ist. In den Industrieländern ließe sich für das gleiche Geld viel weniger CO_2 einsparen. Der Staat kann solchen Unternehmen Zuschüsse oder Steuererleichterungen gewähren. Außerdem steigert das den Export.

– Aus Sicht der »Dritten Welt« drücken sich die Industrieländer davor, neue Strukturen bei sich aufzubauen. Ja, sie exportieren das Auslaufmodell, das den Treibhauseffekt hervorgerufen hat, indem ihnen eine veraltete Technologie beschert wird, nicht aber z. B. die teurere, aber zukunftsträchtige Solartechnologie. Außerdem nehmen ihnen die Industrieländer die billigen Reduktionsmöglichkeiten weg. Wenn sie selbst sich einmal einzuschränken haben, sind die kostengünstigen Möglichkeiten bereits ausgeschöpft.

(nach: Nord-Süd-Aktuell 1/1995, S. 130.)

M4 Die Verschmutzungsbörse

Seit 1994 sind in Los Angeles Schadstoffemissionen zur Handelsware geworden. Sie können wie Kaffee oder Kakao an der Börse gehandelt werden. Die Spielregeln sind einfach: Es werden Obergrenzen für Luftschadstoffe gesetzt, die Jahr um Jahr um eine bestimmte Rate, etwa 5–8 %, gesenkt werden. Umweltorientierte, innovative Unternehmen verkaufen ihre Anteile, weil sie leicht unter der Obergrenze bleiben. Luftverschmutzer haben dadurch Zeit, neue Techniken einzuführen, weil die an der Börse gehandelten Verschmutzungsrechte anfangs noch billig sind. Je stärker die Obergrenzen absinken, desto seltener werden »freie« Verschmutzungsanteile an der Börse angeboten. Um so mehr steigen diese im Preis. Dadurch wächst der Druck auf die »Schmutzfinken«, in emissionssenkende Technologien zu investieren oder aber ihren Betrieb schließen zu müssen. Nach dem ersten Jahr stieg der Handelswert von 1 t Stickoxid von 300 auf 577 US-Dollar. Im Jahre 1999 wird 1 t aber vermutlich 11 000 US-Dollar kosten. Die Umweltschutzbehörde von Los Angeles rechnet bis dahin mit einer 75%igen Absenkung des Schadstoffes.

(nach: Frankfurter Rundschau vom 5. 1. 1994.)

M5 Lebensstil (1992)

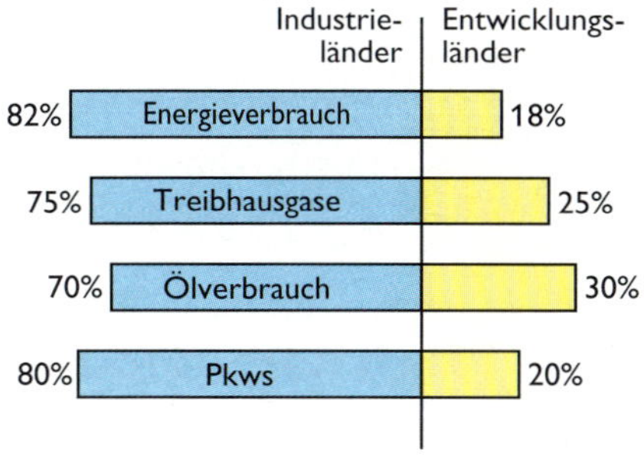

M6 Slogans

»Erst Entwicklung, dann Umweltschutz«
?

»Erst Umweltschutz, dann Entwicklung«
?

1 Finde anhand von Beispielen aus dem Alltagsleben Belege für die Behauptung P. Ehrlichs.
2 Interpretiere die Grafik M2.
3 Nimm Stellung zum Ausspruch des Daimler-Chefs Schrempp.
4 Diskutiert in Gruppen »Joint Implementation« (M3) und formuliert eine gemeinsame Empfehlung.
5 Übertragt das Modell der »Verschmutzungsbörse« (M4) von Los Angeles auf die internationale CO_2-Problematik.
6 Nimm Stellung zu M5.
7 Wem würdest du welchen Slogan zuordnen (M6)? Formuliert in Gruppen einen eigenen Slogan und begründet diesen.
8 Formuliert für eine internationale Klimakonferenz ein gerechtes und praktikables Programm zur CO_2-Reduktion unter Wahrung der Belange des Südens.

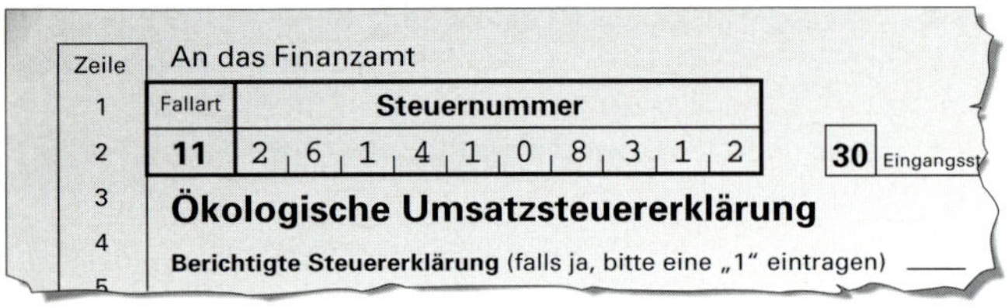

Zeile	An das Finanzamt		
1	Fallart	Steuernummer	
2	11	2 6 1 4 1 0 8 3 1 2	30 Eingangsst
3	Ökologische Umsatzsteuererklärung		
4	Berichtigte Steuererklärung (falls ja, bitte eine „1" eintragen) ____		
5			

M1

4.8 Nach der »ökologischen Steuerreform« – Deutschland im Jahre 2020

Auf dem Hof der Familie Fischer ist heute Festtag. Die Jahressteuerabrechnung ist gekommen. Früher ein Anlass für Ängste vor Steuernachzahlungen wissen Fischers, dass sie Geld bekommen, z. B. für die Installation einer Energie sparenden, computergesteuerten Fütterungsanlage z. B. 8000 Mark. »Energie fressende« Betriebe werden hingegen bestraft. Diese »Strafsteuern« werden an Energie sparende Betriebe in Form von Zuschüssen auf die Sozialabgaben ihrer Mitarbeiterinnen und Mitarbeiter weitergereicht. Das machte Arbeit billiger. So konnten Fischers einen Facharbeiter einstellen und Frau Fischer kann wieder ihrem erlernten Beruf nachgehen.

M2 Neue Berufschancen

Ökologisches Handeln hat sich bezahlt gemacht

Auch in ihrem Privathaushalt macht sich das ökologische Wirtschaften bezahlt: Für das Jahresticket mit dem Nahverkehrs-Verbundsystem für die ganze Familie, gekoppelt an den Verzicht auf einen Zweitwagen, erhalten sie einen Bonus von 1600 DM, das entspricht 20 % der Kaufsumme. Beim Bau ihres Hauses hatten sie sich für ein Niedrig-Energie-Haus entschieden. Daher konnte auf eine Heizung verzichtet werden. Entsprechend hoch war der Bonus des Finanzamtes.

2020: Die Vernunft hat gesiegt

Fischers sind längst von der Massentierhaltung zur artgerechten Schweinezucht zurückgekehrt. Auf Dauer untragbare Strafabgaben wegen der Grundwasser gefährdenden Gülle und deren Ammoniumausdünstung drohten den Betrieb in die Verlustzone zu bringen. Die gerade vorher installierte 2000-kW-Windanlage, mit der der Schweinestall beheizt werden sollte, war dennoch keine Fehlinvestition. Fischers konnten, abgesehen vom Bedarf ihres Elektroautos, ihren Windstrom ins Netz einspeisen. Die Gemeinde hatte inzwischen die Stromversorgung übernommen und den Strompreis seit 1998 kontinuierlich erhöht. Privathaushalte und Betriebe bekamen den Minderverbrauch als Bonus vergütet. Die Gemeinde konnte außerdem den Betreibern von Windenergieanlagen 0,50 DM/kWh zahlen. Bundesweit war dank entschlossener Energiepolitik die Treibhausgefahr vermindert worden. Das mutige Beispiel war um 2010 auf die EU ausgedehnt worden. So konnte das CO_2-Reduktionsziel von 70 % gegenüber 1995 bereits im Jahre 2018 erreicht werden.

Umweltbewusstsein führte zu Wandel in der Wirtschaft

Ein Segen nur, dass die Menschen endlich begriffen hatten, dass ihre Lebensqualität nicht von der PS-Zahl ihres Autos und vom Besitz der immer neuesten Konsumgüter abhing. Darüber lacht man heute nur noch mitleidig. Die Konsumgüternachfrage richtete sich, z. B. bei Autos oder Waschmaschinen, zunehmend auf langlebige Produkte. Die Firmen mussten sich von jährlich neuen Modellen auf Wartung und Reparatur sowie auf Vermietung statt Verkauf umstellen. Denn die ökologische Steuerreform garantierte Steuernachlässe nach der Betriebsdauer eines Gerätes. Das Umdenken war für viele Firmen allerdings schwer. Sie fürchteten bei einem »nationalen Alleingang« Mehrbelastungen und forderten eine EU-weite Steuerreform. Der Mut zum Alleinanfang machte sich bezahlt. Heute hat Deutschland bei vielen Umwelttechnologien die »Nase vorn«. Allerdings konnte die Abwanderung der Solartechnologie in den Jahren 1994/95 nach Japan und in die USA nicht mehr rückgängig gemacht werden. Damals hatte die Politik noch auf das falsche Pferd gesetzt, den Atomstrom. Aus heutiger Sicht sind so manche Auseinandersetzungen der 90er-Jahre – so seufzt Herr Fischer – kaum mehr zu begreifen.

M3 Der Streit der 90er-Jahre

– Abgesehen von gering verdienenden Menschen zahlt jede Person, die ein Einkommen bezieht, Steuern: Umsatzsteuer für einen Betrieb, als Person Lohn- oder Einkommensteuer. Dazu kommen, sowohl für Unternehmen wie für Arbeitende, Lohnnebenkosten, z. B. Beiträge für die Sozialversicherung und Pflegeversicherung sowie der Solidarzuschlag für den »Aufbau Ost«. Das erhöht für Betriebe die Kosten der Arbeit, mindert für Arbeitende das Einkommen. Eine Energie- oder Öko-Steuer sollte den Umweltverbrauch verteuern und damit bremsen. Das würde entscheidend zur Klima-Stabilisierung beitragen. Diese Steueridee löste Ängste vor zusätzlicher Steuerbelastung aus. Dem wurde aber von allen Parteien widersprochen. Belastungen durch die Öko-Steuer sollten durch Abzüge bei anderen Steuern ausgeglichen werden. Uneinig waren sich die Parteien über die Verwendung der Öko-Steuereinnahmen:

– Ökonomisch orientierte Politikerinnen und Politiker, das war damals die Mehrheit der CDU, FDP und SPD, wollten den Energieverbrauch nur gering besteuern, um Wirtschaft und Menschen nicht zu überfordern. Die ohnehin geringen Energiesteuern sollten voll an die Wirtschaft weitergegeben werden, um eine Senkung der Lohnnebenkosten und damit eine Verbilligung der Arbeit zu erreichen. Es bestand große Angst, durch Öko-Steuern die Konkurrenzfähigkeit zu verlieren. Daher wurde eine EU-weite Verbindlichkeit eines Öko-Steuersystems zur Voraussetzung gemacht.

– Ökologisch orientiert waren eine Minderheit in der SPD und die »Grünen«. Sie forderten eine »schmerzhaftere« Besteuerung, besonders der »Energiefresser«, als Zwang zu Sparverhalten, Vermeidung sowie als Anreiz zum Einsatz Energie sparender Technologien. Entsprechende Bemühungen sollten finanziell belohnt werden. Auch traten sie für jährliche Benzinpreisanhebungen von 0,50 DM/Liter bis zu einer Höhe von 5 DM ein. Energiesteuereinnahmen sollten nur teilweise zur Verbilligung der Lohnnebenkosten rückerstattet werden. Wichtiger erschien es, Klimaschutzinvestitionen und erneuerbare Energien zu fördern. Neben einer »Energiewende« sollte auch endlich eine »Verkehrswende« eingeleitet werden. Ziel: den stetig steigenden Autoverkehr zu bremsen. Er förderte damals den CO_2-Anstieg am stärksten.

(nach: Frankfurter Rundschau vom 6. 6. 1995, Fortsetzungsreihe zur ökologischen Steuerreform.)

M4 ... die wollen uns doch wieder ...

M5 Vorreiter Dänemark

Die Besteuerung des CO_2-Ausstoßes wurde erstmals 1993 in Skandinavien, vor allem in Dänemark, eingeführt. Ausgerechnet in diesen kleinen Ländern ließ sich die Politik nicht von den Warnungen der Wirtschaft vor dem »nationalen Alleingang« abschrecken. Anfangs wurden nur Privathaushalte sowie »starke« Betriebe mit der Öko-Steuer belegt. Andere Betriebe wurden in flexibler Weise erst nach und nach und in Stufen in das Energie-Steuersystem einbezogen. Bereits 1995 waren in Dänemark fühlbare CO_2-Verminderungen feststellbar.

(nach: Frankfurter Rundschau vom 27. 6. 1995.)

M6 Öko-Steuer?

»Nie!« – »Aber natürlich!«

– zieht den Unternehmen Geld aus der Tasche, das sie für den Umweltschutz brauchen.
– die deutsche Wirtschaft hat auch ohne Steuerzwang Umweltschutz betrieben.
– umweltfreundlich arbeitende Firmen werden belohnt.
– Öko-Steuern fördern zukunftsfähige Technologieentwicklungen. Wer mitmacht, hat bald im Konkurrenzkampf die »Nase vorn«.

(Autorentext)

1. Vergleiche die Situation von 2020 mit der Diskussion der 90er-Jahre:
   – Was alles hat 2020 zu CO_2-Einsparungen geführt?
   Welche Vorteile haben Fischers durch die ökologische Steuerreform?
   – Welche Konsequenzen hat das neue Recht für die Wirtschaft?
2. Ergänze die Pro-und-contra-Argumente (M6).
3. Welche Befürchtungen der 90er-Jahre haben sich als unnötig erwiesen?
4. Interpretiert M4 und tragt dazu einen klärenden Dialog vor.
5. Entwerft in Gruppen eigene Vorschläge für eine ökologische Steuerreform.

4.9 Klimaschutz in einer Stadt – Das Beispiel Hannover

Auch wenn Energiesteuer und ökologische Steuerreform in Deutschland noch Zukunftsmusik sind, ist es erstaunlich, wie viele Menschen und Institutionen sich Gedanken zum Klimaschutz machen – mehr noch: nicht nur darüber nachdenken, sondern auch planen und konkret umsetzen.

Für lokales Handeln gibt es sehr gute Gründe:

– Viele Möglichkeiten der CO_2-Reduktion können von der Bevölkerung bzw. von den Gemeinde- und Stadtverwaltungen umgesetzt werden.

– Wenn gesetzliche Vorgaben der »großen Politik« in Bonn und Brüssel fehlen, wird das Handeln auf lokaler Ebene umso bedeutsamer: Die Errichtung von Heiz-Kraftwerken in Tausenden von Gemeinden kann den gleichen Kohlendioxid-Einspareffekt haben wie fehlende gesetzliche Bestimmungen zur Wärmedämmung von Häusern.

M1 ■ Klimaschutz in Hannover

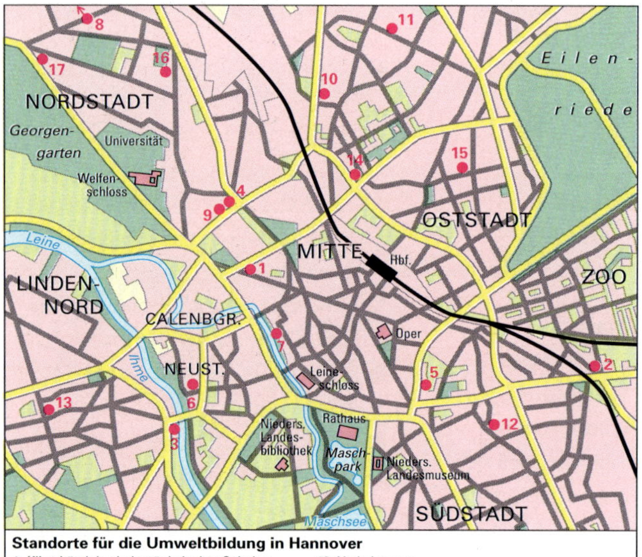

Standorte für die Umweltbildung in Hannover

1 Klimabündnis niedersächsischer Schulen
2 Umweltamt
3 Stadtwerke
4 AK Umweltverträgliches Handeln
5 Großraumverband
6 Hannoversche Stromversorgungs AG (HASTRA)
7 Hannoversche Verkehrsbetriebe AG (ÜSTRA)
8 Schulbiologiezentrum
9 Umweltzentrum
10 Verkehrsamt
11 Bundesverband Umwelt- und Naturschutz Deutschlands (BUND)
12 Jugend- Aktion- Natur- u. Umweltschutz (JANUN)
13 Bürgerinitiative Umweltschutz (BIU)
14 VCD-Verkehrsclub der BRD
15 ADFC-Allgemeiner Deutscher Fahrradclub
16 Recyclinghof
17 Naturschutzbund

0 1 km

Umweltschutz-Erkundungen

Ihr könnt euch paarweise oder in Gruppen darüber informieren, wer am Klimaschutz arbeitet. Das Beispiel Hannovers soll euch anregen darüber nachzudenken, wo Planungen, Konzepte, Maßnahmen in Erfahrung zu bringen sind (M1).

Was ihr in eurer Kommune/Region herausfinden könnt:

Am »richtigen« Ort angekommen müsst ihr genaue Fragen vorbereitet haben, um nicht von zu vielen Informationen und Materialien verwirrt zu werden. Die folgende Auflistung soll euch helfen eigene und weitere Fragen zu finden.

Was wird im Verkehrssektor getan?
Förderung des ÖPNV – Reduzierung des Autopendlerverkehrs – autofreie Innenstadt – Geschwindigkeitsbegrenzung – Radwege
Was wird zur Stromeinsparung unternommen?
Bessere Energieausnutzung – Heizkraftwerke – Stromsparaktionen – Strom sparende Geräte – Sparlampen
Was geschieht zur Wärmedämmung?
Gebäudedämmung – Niedrig-Energie-Häuser
Was wird zur Veränderung der Siedlungsstruktur getan?
Fördermaßnahmen – Anreize
Wird Energiesparen in Schulen gefördert?
Anreize – Bonussystem
Gibt es Fortschritte zur Einführung alternativer Energie?

1 ■ Nicht alles, was Hannover an Erkundungsmöglichkeiten bietet, findet ihr möglicherweise bei euch. Erkundigt euch nach vergleichbaren Einrichtungen.

2 ■ Tragt durch farbige Punkte oder mit Stecknadeln lohnende Anlaufpunkte für die Informationsbeschaffung auf einem Plan eurer Stadt ein.

3 ■ Entwerft einen Fragebogen und teilt die Anlaufstationen untereinander auf. Vereinbart danach mit der entsprechenden Institution telefonisch einen Termin.

4 ■ Bereitet nach dem Besuch eure Informationen gemäß der Mind-Mapping-Methode auf.

Die Mind-Mapping-Methode

Eine übersichtliche und gut durchdachte Darstellung von Problemen, Ideen oder Ergebnissen wird heute in der Arbeitswelt immer bedeutsamer. Dazu gehört auch das Mind-Mapping (zu deutsch etwa: eine Idee entwickeln und darstellen).

Dafür benötigt ihr ein möglichst großes Plakat/Tapetenbahnen, notfalls eine Overhead-Folie. Begonnen wird im Zentrum. In einen Kreis wird die Fragestellung/Zentralidee/Problematik eingetragen. Von dort gehen Linien aus, auf denen in Druckschrift Schlüsselworte/Begriffe notiert werden. Je übergreifender und wichtiger sie sind, desto näher zur Mitte stehen sie. Untergeordnete Punkte werden auf Verzweigungslinien notiert, die von den Hauptlinien abgehen (wie bei einem Zweig, der sich immer mehr verästelt). Mit einem solchen »Zweig« deutet ihr eure Idee/Gedankengänge bereits an.

Bei der Vorstellung »hangelt« ihr euch den »Zweig« entlang bis in dessen letzte Verästelungen. Ihr erläutert mündlich, möglichst unterstützt durch Materialien wie Flugblatt, Prospekt, Foto, Zeichnung jeden Punkt. Damit hat eure Mind-Map die Aufgabe einer Gedankenstütze, eines »erlaubten Spickzettels«, mit dessen Hilfe ihr die »Kunst der freien Rede« erlernen könnt.

Ihr könnt in folgenden Schritten vorgehen: 1. Klarheit über die vorzustellenden Fragestellungen und deren Reihenfolge gewinnen. 2. Absprache, wer die Darstellung welches »Zweiges« übernimmt. 3. Klärung der Anordnung der Schlagworte vom Zentrum bis in die Verästelungen. 4. Entsprechendes Ausfüllen des Plakates am Tisch. Das ganze Blatt nutzen und möglichst groß schreiben! 5. Überlegen, mit welchen optischen Hilfen (Zeichnungen, Bilder u.a.) der Vortrag unterstützt werden kann.

Zu den Konsequenzen eurer Ergebnisse

Wenn ihr etwas tun wollt, habt ihr am meisten Einflussmöglichkeiten in eurer Schule.

Das hannoversche Beispiel könnte euch vielleicht leiten.

M2

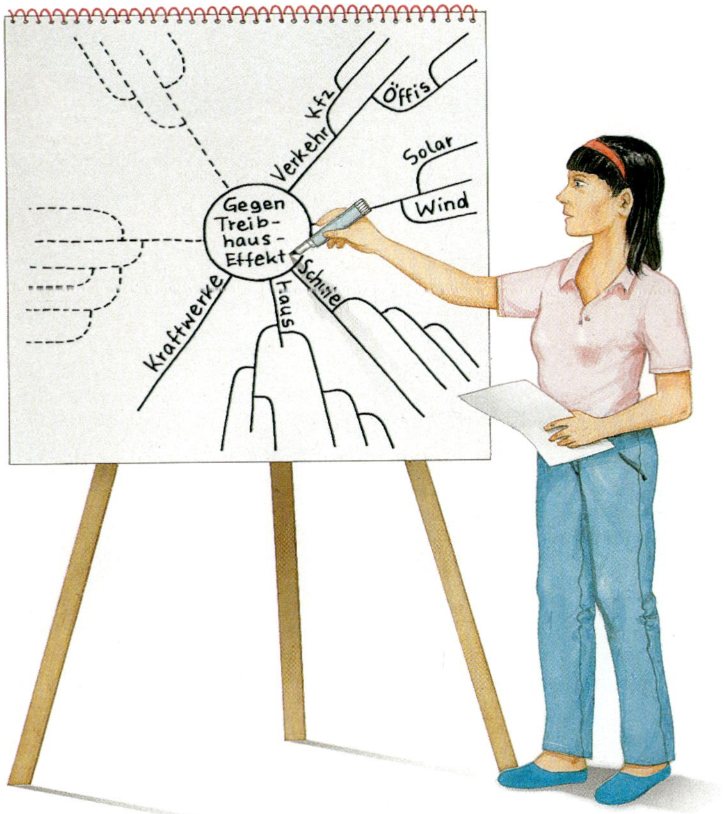

M3 Weniger Energieverbrauch: Für Schulen lohnt sich das Sparen

Hannovers Schulen sollen Energie sparen und dafür finanziell belohnt werden. Ein schulinternes Energiemanagement mit Lehrerinnen und Lehrern, Schülerinnen und Schülern soll ausarbeiten, auf welche Weise an der eigenen Schule am günstigsten Heizung und Strom zu sparen sind. Das gesparte Geld kommt den Schulen unmittelbar zugute. Jede Lehrstätte erhält 30 % des Betrages zur freien Verfügung. Weitere 40 % der eingesparten Energiekosten fließen in einen Topf, aus dem kleinere Investitionen an hannoverschen Schulen bezahlt werden.

(Hannoversche Allgemeine Zeitung vom 13. 6. 1995.)

5 Algerien – Erbe der Kolonialzeit?

M1

Frauen in Algerien

Wenn schon sterben, dann ohne Schleier
Algerien am Vorabend der Wahl: Zwischen den Fronten des Bürgerkriegs stehen die Frauen. Sie wollen nicht entmündigt werden, weder von den Fundamentalisten noch von der Regierung.

(Focus 46/1995.)

M4

M2

M3

Frankreich

Heiliger Krieg in der Metro
Sieben Tote, 84 Verletzte und eine heiße Spur:
Der Terror algerischer Islamisten erreicht Paris

(Focus 31/1995.)

M5 **Algerien und Frankreich im Vergleich**

Eroberung Algeriens durch die Franzosen *1830-1857*

Schlag mit dem Fliegenwedel *30. 4. 1827*

Algerien wird unabhängig: Militär regiert das Land *3. 7. 1962*

Unabhängigkeitskrieg mit über 1 Mio. Toten *1954-1962*

Erdöl als Haupteinnahmequelle *1970-1985*

Neues Mehrparteienwahlrecht: Erstarken fundamentalistischer Parteien *1989*

Ölpreisverfall und zunehmende Staatsverschuldung *1985-1996*

Sieg der FIS bei Kommunal- und Parlamentswahlen *1990/1991*

Machtübernahme durch das Militär *1992*

Annulierung der Wahlen und Verbot der FIS *1991*

Bewaffnete Auseinandersetzungen zwischen staatlichen und fundamentalistischen Kräften; Attentate in Algerien und im Ausland (über 50.000 Opfer) *1991-1996*

Wahlsieg General Zerouals mit 61,3 % *1995*

1950 — 2000

1800 | 1900 | (heute) 2000

Zeitungsschlagzeilen wie links sind leider keine Seltenheit mehr. Was steckt dahinter? Wieso verüben algerische Islamisten Terroranschläge in Frankreich und gegen die eigene Bevölkerung? Was hat ein europäisches Land wie Frankreich mit Algerien zu tun? Warum tobt im Vorfeld demokratischer Wahlen ein Bürgerkrieg mit Tausenden von Toten?

Dieses Kapitel zeigt Hintergründe auf, die es euch ermöglichen, selbst Antworten auf diese Fragen zu finden. Algerien wurde ausgewählt, weil es zu den Ländern gehört, die sich nach über 30 Jahren Unabhängigkeit und trotz guter Voraussetzungen (Bodenschätze, Bodennutzung, Infrastruktur, Kultur) bis heute nicht zu einem stabilen, seine Bevölkerung ausreichend versorgenden Staat entwickelt haben. Die Frage, warum Algerien bis heute seine Identität nicht finden konnte und der Traum vieler Algerier und vor allem Algerierinnen von einem besseren Leben immer noch nicht in Erfüllung gegangen ist, lässt sich nach einem Blick in die Geschichte beantworten.

M6

Darum erfahrt ihr in diesem Kapitel,

- warum europäische Staaten wie Frankreich sich im 19. Jahrhundert Kolonien wie das nordafrikanische Algerien aneigneten, mit welchen Mitteln sie das taten und welche Folgen das für die Menschen hatte;
- welche Auswirkungen die koloniale Vergangenheit und die von der algerischen Staatsführung seit der Unabhängigkeit betriebene Politik bis heute haben, z. B. auch im Hinblick auf das Erstarken des islamischen Fundamentalismus.

Diese Auftaktseite stimmt euch außerdem mit einem kleinen Experiment auf die Methodenseite ein, die euch das Foto als Dokumentationsmittel vorstellt.

Betrachtet vor der Bearbeitung des Themas im Unterricht zunächst alle Fotos in diesem Kapitel, dann erfindet Bildunterschriften.

Warum ihr diesen Arbeitsauftrag vor Bearbeitung dieses Themas erledigen sollt, erfahrt ihr auf der Methodenseite am Ende des Kapitels.

Lasst euch also überraschen!

M7

M1 ■ **Afrika um 1914: Kolonialbesitz europäischer Staaten**

5.1 Europa greift nach Afrika

Bereits seit dem 15. Jh. waren die führenden europäischen Staaten auf der Suche nach Ländern auf anderen Kontinenten, in denen sie große Reichtümer zu finden hofften. Sie machten die angeblich von ihnen entdeckten Länder mit Gewalt zu ihren *Kolonien**. Im 19. Jh. strebten dann einige europäische Staaten danach, ein Weltreich (lat. imperium) zu errichten.

Ursachen des europäischen Imperialismus

Ursachen für den ➟ *Imperialismus** waren Macht- und Wirtschaftsinteressen einzelner Staaten. Die in dieser Zeit einsetzende Industrialisierung gab den europäischen Staaten die technischen Möglichkeiten und finanziellen Mittel sich in der Welt nach billigen Rohstoffen und neuen Absatzmärkten für die steigende Produktion umzusehen. Die eigene Bevölkerung wuchs nämlich ständig und die verarmte Industriearbeiterschaft forderte bessere Lebensbedingungen.

Afrika rückte erst Ende des 19. Jh. ins Zentrum imperialer Interessen, als das *Osmanische Reich** im islamischen Norden Afrikas an Einfluss verlor. Europäische Forscher fanden auf ihren Reisen entlang der großen Flüsse fruchtbare Landschaften und Bodenschätze (u. a. Gold und Diamanten). Ein Wettlauf um afrikanische Kolonien begann, an dessen Ende die europäischen Industriestaaten Afrika unter sich aufteilten.

Ziele des europäischen Imperialismus

Zur Unterstützung ihrer Politik verbreiteten die europäischen Regierungen die *Ideologie**, dass ihre Kultur anderen Kulturen hinsichtlich Staatsaufbau, Religion, Bildung und technischem Fortschritt überlegen wäre. Nationalistisches Denken und rassistische Gefühle führten zu einem Überlegenheitsgefühl, das die Inbesitznahme fremder Länder und damit den Kolonialismus zu rechtfertigen schienen. Die technische und militärische Überlegenheit wurde als Beweis für die »Pflicht« der Europäer angeführt, über andere bestimmen und die europäische Lebensart überall verbreiten zu dürfen. Durch außenpolitische Erfolge wie die Eroberung von Kolonien erhofften sich einige Regierungen auch eine Ablenkung von ihren innenpolitischen Problemen.

Nach den Entdeckern, Forschern und Soldaten kamen Händler und Teile der verarmten europäischen Bevölkerung als Siedlerinnen und Siedler in die Kolonien, um ihr Glück zu versuchen. Die jeweilige Regierung versprach ihnen für ihr Engagement in den Kolonien Schutz, politische Unterstützung und hohe Gewinne. Billige Rohstoffe und Arbeitskräfte, neue Absatzmärkte und die Hoffnung auf Macht und Einfluss machten die Kolonien daher für viele interessant.

Neben Großbritannien wurde Frankreich im Laufe des 19. Jh. zur zweitgrößten Kolonialmacht in Afrika. Großbritannien hatte das Ziel ein durchgehendes Kolonialreich von Ägypten bis Südafrika zu errichten. Frankreich hingegen wollte den eigenen Machtbereich »vor der eigenen Haustür« im Mittelmeer ausdehnen und absichern gegen die kolonialen Bestrebungen neu entstandener Nationalstaaten wie z. B. Deutschland oder Italien.

Imperialismus: Weltpolitisches Bestreben von Staaten, ihre Herrschaft mit militärischen, politischen und/oder wirtschaftlichen Mitteln auf möglichst große Gebiete auszudehnen. Die Zeit von 1870–1914 bezeichnet man wegen des Großmachtstrebens einiger europäischer Staaten, den USA, Japans und Russlands, auch als Zeitalter des Imperialismus.

M2 ■ Europäische Kolonialreiche 1937

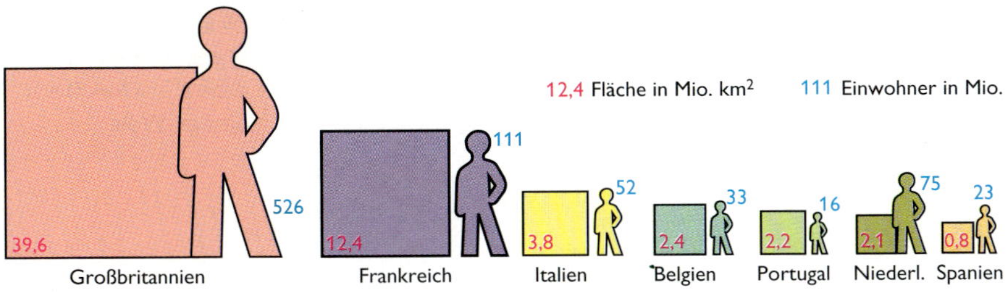

M7 ■ Projektvorschlag

Stellt für die Kolonialmacht Frankreich und ihre afrikanischen Kolonien mithilfe von Atlas, Reisekatalogen, Presseartikeln usw. eine Infoecke zusammen. Entwerft Informationsplakate, ordnet sie einer Weltkarte zu und ergänzt sie im Verlauf des Unterrichts durch aktuelle Meldungen.

M3 ■ Afrikaner aus europäischer Sicht

Es ist schwer, die Anteilnahme des Negers an einer Sache lange lebendig zu erhalten, seine Denkkraft ist rasch ermüdet. In selbstständigem produktivem Denken ist der Neger bisher unfruchtbar gewesen. […] Er ist niemals erfolgreich gewesen in Unternehmungen, die Planung auf lange Sicht und durchdachtes Handeln notwendig machen. Afrika als Erdteil der schwarzen Rasse hat ohne weiße Führung keine Zukunft. […] Die Erziehung der schwarzen Rasse […] ist daher fraglos eine Pflicht des weißen Mannes.

(P. Rohrbach, Afrika. Berlin 1943, S. 9 f.)

M4 ■ Über das Recht der Eingeborenen

Ein Recht der Eingeborenen, welches um den Preis verwirklicht werden könnte, dass die Entwicklung der weißen Rasse darüber an irgendeinem Punkte verkümmern müsste, existiert nicht. Die Idee, dass die Bantus, die Sudanneger und die Hottentotten in Afrika ein Recht darauf hätten, nach ihrer Façon (Art und Weise) zu leben und zu sterben, selbst wenn darüber unzählige Existenzen bei den Kulturvölkern Europas in einem proletarischen Kümmerdasein stecken bleiben, […] diese Idee ist absurd!

(P. Rohrbach, Grundsätze für die Rassen- und Missionsfragen. Berlin 1909, S. 13.)

M5 ■ Kilwa, eine Stadt in Ostafrika im 14. Jh., aus der Sicht eines marokkanischen Gelehrten

Kilwa ist eine der schönsten und bestgebauten Städte der Welt. Alles an ihr wirkt elegant. Unter allen Völkern verabscheuen die Neger die Ungerechtigkeit am stärksten. Wer sich ihr schuldig macht, findet niemals Gnade beim Sultan. Im ganzen Land herrscht völlige Sicherheit. Der Reisende braucht dort Räuber und Diebe ebenso wenig zu fürchten wie Stadtbewohner.

M6 ■ Kilwa, wie es sich den Europäern um 1500 darstellte

Als die Portugiesen im Jahre 1500 in den Hafen von Kilwa einliefen, bewunderten sie die prächtigen Häuser aus Korallenstein, von denen viele drei bis vier Stockwerke hoch waren. Die Portugiesen staunten auch über die Bevölkerung: In diesem Lande gibt es reiche Kaufleute, bemerkte ein anonymer Schreiber und es gibt viel Gold und Silber, Bernstein, Moschus und Perlen. Die Einwohner tragen Kleidung aus feiner Baumwolle und Seide und viel Schmuck und sie haben eine schwarze Haut.

(M5 u. M6: B. Davidson, Afrika. Stämme, Staaten, Königreiche. Reinbek 1972, S. 83 und S. 96.)

1 ■ Erstellt mithilfe von Atlaskarten eine Tabelle des europäischen Kolonialbesitzes. Was machte den Kolonialbesitz in Afrika für europäische Staaten so attraktiv?

2 ■ Erläutere die europäischen Machtverhältnisse im 19. Jh. anhand von M2. Was hat sich im Vergleich zum 15. Jh. geändert? Welche Gründe hat das? Seht im Geschichtsatlas nach.

3 ■ Was erfährst du aus M3 – M6 über Afrika und die dort lebenden Menschen? Vergleiche die dort beschriebenen beiden Menschenbilder, dann bilde dir selbst ein Urteil.

4 ■ Aus wessen Sicht sind die Texte M3 – M6 geschrieben? Führt aus der Sicht dieser Personen eine Diskussion darüber, ob Afrika rückständig war und daher von den europäischen Kolonialmächten »zivilisiert« werden musste.

5 ■ Was verstehen wir als Europäerinnen und Europäer unter Kultur und Zivilisation? Wie sah es in Afrika mit Kultur und Zivilisation aus? Was machte die europäische »Kultur« angeblich überlegen? Nehmt zu diesem Sendungsbewusstsein Stellung.

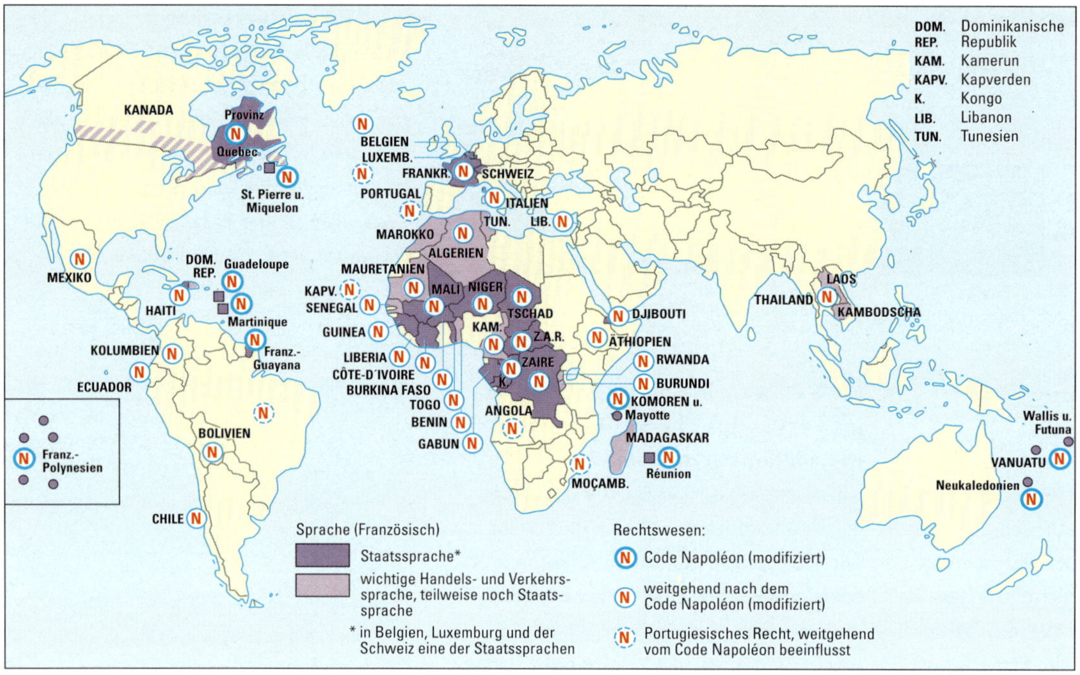

M1 ■ Überbleibsel aus der Kolonialzeit: Französische Sprache und französisches Recht in der Welt

5.2 Frankreich ist überall, auch in Algerien

Bereits im Zuge der Islamisierung Nordafrikas im 8. Jh. wanderten viele Araber in das Gebiet des heutigen Algerien ein und drängten die *Berber** in die Gebirgsregionen des Atlas und der Kabylei ab. Im 16. Jh. wurde Algerien dann Provinz des Osmanischen Reiches. Der Islam bildete für das arabisch-berberische 3-Millionen-Volk weiter die einende Klammer. Algerien wurde nun, stellvertretend für den türkischen Sultan, durch einen *Dey** regiert.

Als Frankreich 1827 eine 1792 gekaufte algerische Weizenlieferung noch nicht bezahlt hatte und der französische Konsul dem Dey Hussein erneut eine ablehnende Antwort gab, schlug dieser ihn mit einem Fliegenwedel (M2). Dies war der Anlass für eine dreijährige Blockade Algiers durch die französische Flotte. Eigentliche Ursachen für das Eingreifen zu diesem Zeitpunkt waren aber Träume von Reichtum, Ruhm, Macht und Ablenkung von innenpolitischen Schwierigkeiten. Der Konkurrent England hielt wegen interner Probleme still, die türkische Regierung war machtlos. Als Frankreich 1830 begann, Algerien zu erobern, stießen die Franzosen besonders im Landesinneren auf erbitterte Gegenwehr. Abd-el-Kader, ein junger, frommer *Kabyle**, wurde zur Symbolfigur des algerischen Widerstandes. Es dauerte 27 verlustreiche Jahre, bis die Franzosen die fruchtbaren Küstengebiete Algeriens erobert hatten. Erst 1911 konnten sie die *Tuareg** unterwerfen, die die für Frankreich zunächst uninteressanten Wüstengebiete bewohnten. Aufstände gegen die französische Herrschaft setzten sich aber bis zur Erlangung der Unabhängigkeit 1962 fort.

Was es bedeutete, eine französische Kolonie zu sein

»Assimilation« war für Kolonialmächte wie Frankreich ein Schlüsselwort ihrer Kolonialpolitik. Die Bevölkerung der Kolonien sollte die eigene Identität aufgeben und mit der französischen »Zivilisation« durchdrungen werden.

Um dieses Ziel zu erreichen, bevorzugte Frankreich eine direkte Verwaltung durch französische Beamte. Alle, vom Minister bis zum Postbeamten, sollten die angeblich zurückgebliebenen Eingeborenen allmählich zu einer höheren, nämlich französischen Lebensform erziehen. Dazu wurden das Rechts- (*Code Napoléon**) und das Schulwesen nach französischem Vorbild umgewandelt. Französisch wurde Staatssprache.

Einige Kolonien (wie Algerien) wurden wegen des hohen Anteils eingewanderter französischer Siedlerinnen und Siedler in den Status eines Départements erhoben, das als Landesteil Frankreichs dem französischen Innenministerium unterstand.

M2 ■ Zeitgenössische Darstellung: »Der Schlag mit dem Fliegenwedel« am 29. April 1827

M3 ■ Grundzüge des französischen Kolonialismus aus der Sicht des Publizisten Peter Coulmas:

Franzose sein, heißt Mensch sein. Die französische Nationalität ist ein Bildungsprodukt, darum keine angeborene, sondern eine erwerbbare Qualität. Franzose ist, wer französisch spricht, französisch denkt, französisch fühlt. Das aber hängt weder von seinem Geburtsort noch von seiner Hautfarbe, noch von der Staatsangehörigkeit seiner Eltern ab. Man ist Franzose durch Bekenntnis. [...] Die Franzosen verlangten aber, dass [...] Algerien-Araber ihre Natur wandelten und *Français à part entière* (ganz und gar Franzosen) würden.

(Peter Coulmas, Der Fluch der Freiheit. Oldenburg/Hamburg 1963, S. 70 ff.)

M4 ■ Interview mit Jules Roy (geb. 1907 in Algerien)

Ich habe Algerien [...] 1932 verlassen. [...] Die Kolonisation war etwas Unerträgliches geworden, so sehr war die Verachtung (der Araber) die allgemeine und unbewusste Regel bei diesen kleinen Weißen geworden. In Algerien hat man nie die Prinzipien der Republik angewandt. »Freiheit, Gleichheit, Brüderlichkeit« – das betraf nur die Europäer. Algerien war in den Händen weniger Mächtiger. Im Priesterseminar von Algier, in dem ich acht Jahre verbracht habe, bekämpfte man den Islam in einer generellen Art und Weise, das Thema Eingeborene war aus der Ausbildung verbannt. Etwa so, als ob es in Algerien keine Araber gäbe. [...] Die Dinge waren wie sie waren, die Europäer hatten die Macht und überließen den Arabern, die man würdig gefunden hatte, sie zu bedienen, einige Brocken von Verantwortung.

M5 ■ Der französische Generalgouverneur General Bugeaud über die Kolonialverwaltung an den französischen Kriegsminister (2.5.1847):

Sie fallen über deren (der Araber) Ländereien her, zum Teil dabei vorgebend – mit dem Abschaum der Nationen Europas – ihnen die Zivilisation zu bringen. [...] Sie engen jeden Tag die Araber auf ihrem Boden ein und verursachen dadurch in ihren Gewohnheiten, in ihrem Befinden die grausamste aller Revolutionen. Sie veranlassen sie Steuern zu zahlen, die sie nach ihren Gesetzen nur für religiöse Zwecke zahlen müssen. Sie unterwerfen sie kontinuierlichen Frondiensten, sei es, um ihre Militärs und Garnisonen zu versorgen, sei es, um die Äcker ihrer seltsamen Zivilisatoren zu pflügen. Sie veranlassen sie mit uns in den Krieg zu ziehen, um ihre Brüder zu bekämpfen. Schließlich verletzen Sie (Kriegsminister) durch all diese Punkte ihre Sitten, ihre Interessen und ihre Religion.

(M4 u. M5: Charles-André Julien, Histoire de l'Algérie contemporaine, Tome I. Paris 1964, S. 222 f. Übersetzt von Sylvie Fontaine-Stelling. Zitiert nach: Geschichte lernen 31/1993, S. 44.)

1 ■ Welches Ereignis ist in M2 dargestellt? Stellt es als Standbild dar, dann spielt die Situation nach.

2 ■ Führt ein Gespräch aus der Sicht von algerischen Männern und Frauen, die sich über den Wechsel von der osmanischen zur französischen Herrschaft unterhalten.

3 ■ In den Texten M3 – M5 stehen sich verschiedene Standpunkte gegenüber. Führt ein Streitgespräch zwischen französischen Siedlerinnen und Siedlern und der Kolonialverwaltung. Wie stand es mit den Interessen der arabischen Bevölkerung Algeriens?

4 ■ Nehmt zu Anspruch und Wirklichkeit des französischen Kolonialismus Stellung. Vergleicht M3 und M4 mit M5.

5 ■ Die Kinder einer algerischen Bauernfamilie möchten Franzosen werden. Klärt in einem Pro-und-contra-Gespräch, welche Folgen diese Entscheidung für die weiblichen und männlichen Familienmitglieder gehabt hätte.

6 ■ Welche Spuren hat der französische Kolonialismus hinterlassen? (M1) Was bedeutet das für die ehemaligen Kolonien?

7 ■ Informiere dich in der Schul- oder Stadtbibliothek über den »Code Napoléon«.

M1 ■ Algerien 1951

5.3 Algerier – Franzosen II. Klasse

Nach und nach wurde der Großteil der arabischen Bevölkerung von den französischen Siedlerinnen und Siedlern aus den fruchtbaren Küstenebenen in das im 19. Jh. noch bewaldete Atlasgebirge vertrieben. Selbst Ödland, das als Weideland für nomadisierende Herden diente, wurde mit der Begründung konfisziert, dass es nicht bearbeitet würde. Bis 1954 war ein Viertel des nutzbaren Bodens in französischen Besitz übergegangen.

Aus algerischen Kleinbauern werden Lohnarbeiter

Auf wenig produktive Böden abgedrängt und ohne Zugang zu Krediten, waren die Bäuerinnen und Bauern gezwungen, den Wald abzuholzen, um ihre viel zu kleinen Parzellen zu vergrößern. Trotzdem reichten die Erträge oft nicht, um die Familie zu ernähren. Viele Menschen mussten darum schlecht entlohnte Arbeit bei französischen Siedlern annehmen oder als Migrantinnen und Migranten nach Frankreich gehen. Die verarmte ländliche Bevölkerung bildete später die Basis für die Widerstandsbewegung gegen die französische Kolonialmacht.

Aus französischen Siedlern werden Großgrundbesitzer

Die meisten französischen Siedlerinnen und Siedler waren aus dem Süden Frankreichs nach Algerien gekommen. Ursache dafür war das Elend in der französischen Landwirtschaft, das durch eine Reblausplage in Weinanbaugebieten hervorgerufen worden war. Wollten französische Bürgerinnen und Bürger Land in Algerien bekommen, mussten sie dem französischen Kriegsministerium ein Papier mit Angaben über ihre finanzielle Situation und ihre »Moral« vorlegen. Wurde der Antrag genehmigt, so war die Überfahrt nach Algerien frei. Die Kolonisten erhielten ein Stück Land von vier bis zwölf Hektar und meist auch noch das Baumaterial für ein Haus, Geräte, Saatgut und Leihochsen. Umfangreiche Kredite ermöglichten vielen dieser Siedlerinnen und Siedler den Ankauf verschuldeter Kleinbetriebe und machten sie zu Großgrundbesitzern, die sich auf die für sie profitabelsten Produkte spezialisierten: Südfrüchte und Wein für den Export ins Mutterland Frankreich. Nachdem Nordalgerien bis 1870 unter dem Druck der Kolonisten in drei Départements (Verwaltungsbezirke) aufgeteilt und direkt der Regierung in Paris unterstellt worden war, konnten die Kolonisten die gleichen Preise für ihre Produkte beanspruchen wie die Bäuerinnen und Bauern in Frankreich. So entwickelte sich in Algerien eine exportgerichtete Monokultur in der Landwirtschaft.

Wie die französische Staatsbürgerschaft zu erlangen war

Frankreich wollte in Algerien ein zahlenmäßiges Übergewicht der Bevölkerung erlangen. Das Gesetz vom 26. 6. 1889 sprach allen männlichen, in Algerien geborenen Nicht-Moslems die französische Staatsbürgerschaft zu. Bereits 1865 waren die Algerier durch einen Senatsbeschluss »Franzosen II. Klasse« geworden. Sie unterstanden weiter den einheimischen Gesetzen (z. B. bezüglich Ehe-, Scheidungs- und Erbrecht), konnten aber zum Militärdienst zugelassen werden und niedere Verwaltungsstellen bekleiden. Wollten Algerier die volle französische Staatsbürgerschaft erlangen, mussten sie diesen Sonderstatus aufgeben. Dies kam einem Glaubenswechsel gleich.

M2 ■ Algerien um 1960

»Code de l'indigénat« (»Eingeborenengesetz«)

Das 1881 erlassene »Eingeborenengesetz« legte als polizeiliches Sondergesetz unter anderem fest:

- die Sippenhaftung,
- die Notwendigkeit einer Reiseerlaubnis für jeden Ortswechsel,
- die Genehmigung jeder öffentlichen Feier, auch von Familienfesten,
- das Verbot Frankreich oder die Regierung öffentlich zu kritisieren,
- die Verpflichtung zu öffentlichen Arbeiten für jeden Moslem, wenn es der Staat für notwendig hielt,
- die Möglichkeit der Ausweisung aus Algerien,
- die Vollstreckung der Zuchthausstrafen außerhalb Algeriens.

M3 ■ Klage eines Kabylen (nach der Niederschlagung des Aufstandes in der Kabylei, 1871)

Nach vier Monaten erlosch das Feuer, die festesten Knoten lösten sich und jeder lernte die Schande kennen. Die Steuer stürzte sich wiederholte Male auf uns. […] Die Leute haben ihre Obstbäume verkauft und selbst ihre Kleider, es ist für sie eine schreckliche Zeit. Der fruchtbare Boden wurde zu einem schändlich geringen Preis verkauft. Sein Eigentümer wird ihn nicht wieder sehen! Er besitzt nicht einmal mehr ein Schaf, er ist Not leidend und leidet Hunger! Das ist der Wille Gottes, lasst uns uns fügen.

(Charles-André Julien, Histoire de l'Algérie contemporaine Tome I, Paris 1964, S. 499 f. Übersetzt von Sylvie Fontaine-Stelling. Zitiert nach: Geschichte lernen 31/1993, S. 44.)

M4 ■ Bevölkerung in Algerien nach ethnischer Zusammensetzung

	Araber/Berber*	Franzosen/Europäer
1960	9 602 315	1 059 581
	(90,1 %)	(9,9 %)
1983	16 946 000	830 000
	(99,6 %)	(0,4 %)

*Der Anteil der Berber betrug 1983 ca. 17 % der Gesamtbevölkerung.

(Kader Ammour u.a., La Voie Algérienne. Paris 1974, S. 92. Statistisches Bundesamt, Länderbericht Algerien 1994; Wiesbaden 1994.)

M5 ■ Landverteilung in Mio. ha (1961)

Französischer Besitz	12,30 Mio. ha
Algerischer Besitz	8,45 Mio. ha

(Tami Tidafi, L'Agriculture Algérienne et ses Perspectives de Développement. Paris 1969, S. 40.)

M6 ■ Analphabeten in Algerien

	1971	1990
Gesamtzahl	73,6 %	42,6 %
– Männer	58,2 %	30,2 %
– Frauen	87,4 %	54,5 %

(Statistisches Bundesamt, Länderbericht Algerien 1994; Wiesbaden 1994.)

Schulwesen während der Kolonialzeit

1830 wurden die islamischen Koranschulen zerstört, die vorher Kindern aller sozialen Schichten ermöglicht hatten durch die Koranlektüre arabisch lesen und schreiben zu lernen. 1938 wurde das Arabische zur Fremdsprache erklärt. Die unter französischer Kolonialmacht geborenen Generationen waren überwiegend Analphabeten, obwohl seit 1886 den Moslems die gleiche Primarschulausbildung zugebilligt wurde wie den Franzosen. Dieses Gesetz wurde aber in der Praxis (z. B. durch Sperrung von Geldern für die Errichtung von Schulen) unterlaufen. Anfang der 60er-Jahre besuchten nur etwa 800 000 Algerierinnen und Algerier eine Schule. 1994 waren es immerhin 6 Millionen, von denen 17 % das Abitur erreichten. Dem steht aber immer noch eine Analphabetenrate von über 80 % für die Altersgruppe der über 45-jährigen gegenüber.

1 ■ Welche Folgen hatte das »Eingeborenengesetz« für die algerischen Menschen? Versetzt euch dazu in ihre Lage.

2 ■ Nehmt zu M3 Stellung. Wie empfand der Kabyle die französische Kolonialzeit? Welche Schlussfolgerung zieht er für sich daraus?

3 ■ Verfasse aus der Sicht eines moslemischen Arabers einen Beschwerdebrief an die algerische Regierung. Verdeutliche dabei, wie sich die Kolonialgesetzgebung auf das Familienleben auswirkte.

4 ■ Welche Formalitäten mussten erledigt werden, wenn eine arabische Familie z. B. eine Hochzeit organisieren wollte?

5 ■ Erstelle Diagramme zu M4–M6. Vergleiche die Bevölkerungsanteile von einheimischen Algeriern und Franzosen. Bewerte vor diesem Hintergrund das Zahlenmaterial.

6 ■ Bewerte die Entwicklung des Bildungssystems in Algerien.

7 ■ Beschreibe, welche Folgen eine Analphabetenrate wie die von Algerien für die betroffenen Menschen und für die Entwicklung des Landes hat.

M1 ■ Algerien 1954

M2 ■ Algerien 1962

5.4 Ein Volk erwacht

Eine nationale Bewegung zur Befreiung Algeriens vom Kolonialismus entstand zunächst in Frankreich. Das stetige Wirtschaftswachstum in Frankreich und die kolonial verursachte katastrophale Wirtschaftslage in Algerien veranlassten viele Algerierinnen und Algerier zur Emigration nach Frankreich.

Nach 1914 arbeitete zeitweise jeder dritte moslemische Algerier in Frankreich oder leistete dort den Wehrdienst ab. Von dort aus setzten sich nun algerische Intellektuelle und Arbeiter, konfrontiert mit neuen politischen Ideologien (z. B. Kommunismus), für die Rechte der Algerier ein. Während einige lediglich um Reformen (z. B. Akzeptanz des Islam als Religion) kämpften, dabei die Bindung an Frankreich aber beibehalten wollten, forderte der Algerier Messali Hadj 1928 offen ein unabhängiges Algerien. Dieser Widerstand gegen französische Ausbeutung berief sich auf den Islam und war so ein wirksames Mittel zur Mobilisierung der algerischen Massen. Viele hatten nämlich insgeheim auf die Ankunft eines Gottgesandten gehofft, der in einem »Heiligen Krieg« (Dschihad) die christliche Kolonialherrschaft beenden würde. Die zwischen den Weltkriegen entstandene Vereinigung von »Ulemas« (islamischen Rechtsgelehrten) um Scheich Ben Badis forderte teilweise sehr militant die Rückkehr zu den islamischen Traditionen und die Befreiung des moslemischen Volkes. Sie kann als Vorläufer des heutigen algerischen Fundamentalismus angesehen werden.

Gewalt erzeugt wieder Gewalt

Seit 1937 wurde in Algerien um die Unabhängigkeit gekämpft, zunächst mit politischen Mitteln, später mit Gewalt. Trotz gegensätzlicher Ideologien schlossen sich die verschiedensten Gruppierungen zur Nationalen Befreiungsfront *FLN (Front de Libération Nationale)** zusammen.

Mit dem Ende des Zweiten Weltkrieges 1945 wuchs die Hoffnung auf Unabhängigkeit, zumal 200 000 nordafrikanische Soldaten an der Seite der Alliierten Frankreich vom Nationalsozialismus befreit hatten. Auf entsprechende Forderungen reagierte Frankreich unter dem Druck der Algerienfranzosen mit Verhaftungswellen, Parteiverboten, Folterungen, Hinrichtungen, blutiger Niederschlagung von Aufständen, Errichtung von verminten Grenzbefestigungen und offenem Krieg.

Die FLN antwortete darauf mit Generalstreiks, Sabotageakten auf Landwirtschaftsbetriebe, ab 1954 mit Terroranschlägen auf Einzelpersonen oder Treffpunkte von Franzosen in Algerien und Frankreich. In der Kolonialverwaltung arbeitende gebildete Algerierinnen aus angesehenen Familien kämpften Seite an Seite mit armen, ungebildeten Freiheitskämpfern (»Fedayin«), die bereit waren für die Unabhängigkeit ihr Leben zu opfern. 1959 wurde ein »Generalstab« gegründet, der die Aktivitäten der von Ägypten mit Waffen unterstützten Freiheitsarmee koordinierte. Am 3. Juli 1962 wurde Algerien nach einem blutigen, verlustreichen Freiheitskampf (1,5 Mio. Tote, 2 Mio. aus ihren Dörfern abgewanderte Bauern) unabhängig, nachdem Frankreich die Aufrechterhaltung des Kolonialapparates zu teuer geworden war.

M3 ■ Das politische Programm des »Etoile Nord-Africaine« (Stern von Nordafrika) des Messali Hadj, 28.5.1933

I. Teil

1) Sofortige Abschaffung des hassenswerten »Code de l'indigénat« (Eingeborenengesetz) und aller Ausnahmeregelungen.
2) Amnestie für alle die, die für Verstöße gegen dieses Gesetz oder aus politischen Gründen verhaftet wurden, unter besonderer Überwachung stehen oder ausgewiesen wurden.
3) Absolute Reisefreiheit für Frankreich und das Ausland.
4) Pressefreiheit, Vereinigungsfreiheit, Versammlungsfreiheit; (volle) politische und gewerkschaftliche Rechte. [...]
7) Für alle Algerier Zugang zu allen öffentlichen Funktionen ohne Unterschied. [...]
8) Obligatorischer Unterricht in arabischer Sprache. Zugang zum Unterricht auf allen Stufen. Eröffnung neuer arabischer Schulen. Alle offiziellen Verlautbarungen müssen gleichzeitig in arabischer und französischer Sprache veröffentlicht werden. [...]

II. Teil

1) Völlige Unabhängigkeit Algeriens.
2) Völliger Rückzug der Besatzungstruppen.
3) Aufstellung einer nationalen Armee; Schaffung einer nationalrevolutionären Regierung.

a) Eine nach allgemeinem Wahlrecht gewählte konstituierende Versammlung.
b) Allgemeines Wahlrecht und Wählbarkeit für alle Versammlungen für alle Bewohner Algeriens.
c) Die arabische Sprache soll die offizielle Sprache werden.
d) Die Rückgabe der Banken, Bergwerke, Eisenbahnen, Häfen und öffentlichen Dienste, die vom Eroberer beschlagnahmt wurden, in das völlige Eigentum des algerischen Staates.
e) Die Beschlagnahmung des Großgrundbesitzes derjenigen, die mit den Eroberern zusammengearbeitet haben. [...] Erhalt des mittleren und kleinen Grundbesitzes. Rückgabe aller Ländereien und Wälder an den algerischen Staat, die vom französischen Staat in Besitz genommen worden sind.
f) Auf allen Schulstufen unentgeltlicher Unterricht, obligatorisch in arabischer Sprache.

M4 ■ Die »deutliche Erklärung« (déclaration nette) von Ben Badis, April 1936

Wir behaupten sodann, dass diese algerische, moslemische Nation nicht Frankreich ist. Sie will nicht Frankreich werden und selbst, wenn sie es wünschte, könnte sie es nicht. Im Gegenteil, sie ist eine Nation, die durch ihre Sprache, durch ihre Sitten, durch ihre ethnischen Ursprünge und durch ihre Religion von Frankreich völlig verschieden ist. Sie will gar keine Assimilation.

(M3 u. M4: L'Histoire Nr. 140/1991, S. 89. Übersetzung von Sylvie Fontaine-Stelling. Zitiert nach: Geschichte lernen 3/1993, S. 45.)

M5 ■ Tödliche Gewalt unter Freunden

Frantz Fanon (F), FLN-Mitglied und von 1953–1956 Chefarzt einer psychiatrischen Klinik in Algerien, in einem Gespräch mit zwei algerischen Jungen X und J (Alter: 13 bzw. 14 Jahre), die ihren europäischen Freund ermordet haben:

X: »Er war unser guter Kamerad. Er ging nicht mehr in die Schule, denn er wollte Maurer werden wie sein Vater. Eines Tages haben wir beschlossen ihn zu töten, weil die Europäer alle Araber töten wollen. Wir können ja noch nicht die Großen töten, aber da er in unserem Alter war, ging es.« [...]

F: »Aber warum gerade ihn?«

X: »Weil er mit uns spielte. Ein anderer wäre nicht mit uns dort raufgegangen.« [...]

J: »Zwei meiner Verwandten sind an diesem Tag getötet worden. Zu Hause hieß es, dass die Franzosen geschworen haben uns alle, einen nach dem anderen, zu töten. Hat man einen einzigen Franzosen für alle diese Algerier, die getötet worden sind, verhaftet?«

F: »Ich weiß es nicht.«

J: »Eben. Niemand ist verhaftet worden. Ich wollte in den Dschebel hinaufgehen, aber ich bin noch zu klein. Also habe ich mit X. beschlossen einen Europäer zu töten.« [...]

F: »Aber du bist noch ein Kind und das sind die Angelegenheiten der Erwachsenen.«

J: »Aber sie töten auch Kinder ...«

(Frantz Fanon, Die Verdammten dieser Erde. Frankfurt/M. 1966, S. 208 f.)

1 ■ Was sagen M3 und M4 über die Rechte der moslemischen algerischen Bevölkerung aus? Stellt eine »Verbotsliste« für moslemische Algerier auf.

2 ■ Nehmt zu den in M3 und M4 enthaltenen politischen Forderungen Stellung.

3 ■ Kann die Berberminderheit die Programme uneingeschränkt unterstützen? Begründe mithilfe von M3 und M4.

4 ■ Beschreibe, wie sich Kolonialzeit und Befreiungskampf auf Jugendliche in Algerien auswirkten (M5 und Leseschnupperseiten).

5 ■ Führt ein Streitgespräch zum Thema »Gewalt als Mittel zur Erlangung der Freiheit eines Volkes?«.

M1 ■ Algerien 1963

5.5 Aufbruchstimmung

Die algerische Bevölkerung erhoffte sich von der Unabhängigkeit mehr Rechte und wirtschaftlichen Wohlstand. 800 000 Franzosen (Siedlerinnen und Siedler, Facharbeiter aus Industriebetrieben und 82 % der Beamten) hatten 1962 fluchtartig das Land verlassen. Sie ließen etwa 1000 Farmen mit insgesamt 1 Million Hektar des fruchtbarsten Bodens und 700 Industriebetriebe mit meist zerstörten Maschinen zurück.

Spontan übernahmen die in diesen Betrieben arbeitenden Algerier die Leitung der Unternehmen, um ihren eigenen Lebensunterhalt zu sichern. Wichtige Entscheidungen wurden fortan in einem Arbeiterrat getroffen, dem Männer und Frauen unterschiedlichen Alters angehörten. Diese Art der Entscheidungsfindung hatte sich bereits in anderen Bereichen während des Unabhängigkeitskampfes bewährt und das traditionelle System des Ältestenrates abgelöst. In den Betrieben wurden die kompetentesten und dienstältesten Arbeiter demokratisch in die Betriebsleitung gewählt, um anfallende Probleme zu lösen. In Arbeiterversammlungen mussten sie ihre Entscheidungen begründen und bestätigen lassen. Gewinne wurden untereinander aufgeteilt. Große Probleme machten die Reparatur defekter Maschinen und der Verkauf der früher meist für Frankreich bestimmten Waren. Trotzdem gelang es den Arbeiterinnen und Arbeitern, die Wirtschaft ohne staatliche Zentralgewalt am Leben zu halten.

Als die algerische Regierung 1963 diese Selbstverwaltung scheinbar legalisierte, bedeutete das in Wirklichkeit Verstaatlichung, denn der Staat setzte von nun an den Direktor ein. Verschiedene Behörden, besetzt mit ehemaligen algerischen Kolonialbeamten oder verdienten, aber inkompetenten FLN-Mitgliedern, kontrollierten auf verschiedenen Ebenen Betriebsführung, Produktion, Verkauf und Finanzierung. Gleichzeitig setzte die Regierung auf Industrialisierung (v. a. Schwerindustrie), um Algerien wirtschaftlich voranzubringen. Verstaatlichungen (z. B. 51% der französischen Erdölgesellschaften 1971) sollten auch hier wichtige Einnahmequellen in die Hand des Staates bringen und gleichzeitig zentrale Lenkung der wichtigsten Wirtschaftsbereiche ermöglichen.

Geburt eines neuen Staates

Die Hoffnungen auf mehr Mitbestimmung wurden von Anfang an enttäuscht. Bereits vor dem Waffenstillstand am 19. 3. 1962 hatte innerhalb der Befreiungsbewegung FLN, in der sich während des Unabhängigkeitskampfes verschiedene politische Strömungen zusammengeschlossen hatten, ein blutiger Machtkampf begonnen. Unterschiedliche Vorstellungen über die politische Struktur Algeriens und egoistische Machtinteressen brachten durch Intrigen, Korruption, Erpressung und brutale Gewalt bis heute immer neue Führungspersönlichkeiten an die Staatsspitze. Schließlich setzte sich die Armee, der militärische Arm der FLN, durch. Sie stellt seither den Staatspräsidenten und kontrolliert die Regierung aus dem Hintergrund.

Dank der Einnahmen aus den Erdölexporten verbesserte sich die Lage der Menschen zunächst in einigen Bereichen, z. B. medizinische Versorgung, Bildungswesen. Eine neue Verfassung (1976), die auch Frauen volle Rechte zusicherte, weckte bei vielen Hoffnungen auf ein besseres Leben.

M2 ■ Algerien 1977

M3 ■ Produktionszahlen Algeriens

(in 1000 t, bei Wein in 1000 hl)

	1960	1963	1975	1993
Getreide	2366	2305	1425	1000
Eisenerz	3444	——	3200	2311
Erdöl	8600	——	47700	56300
Zement	1062	——	954	6950
Stahl	——	9,48	190	925
Dünger	——	——	267	108
Wein	15900	12575	9200	500

(Statistisches Bundesamt, Länderkurzberichte 1969–1994.)

M4 ■ Importe aus Frankreich im Jahre 1961(in Prozent)

80 % aller algerischen Importe kamen 1961 aus Frankreich. Hauptimportgüter waren:

	1960	1962	1963
Nahrungsmittel	20,9	29,6	22,3
Maschinen/Autos	22,9	15,8	21,7

M5 ■ Exporte nach Frankreich 1961 (in Prozent)

80 % aller algerischen Exporte gingen 1961 nach Frankreich.

	1960	1962	1963
Nahrungsmittel	66,0	51,7	38,0
davon:			
– Getreide	1,9	0,3	0,9
– Wein	46,1	35,5	20,0
– Früchte + Gemüse	14,7	13,2	14,4
Fossile Brennstoffe: (z.B. Erdöl)	27,4	40,0	53,6
Andere Produkte	6,6	5,4	5,6

(M4 u. M5: Arslan Humbaraci, Algeria: The Revolution That Failed. New York 1966, S. 280 ff.)

M6 ■ Aufbau des Selbstverwaltungsmodells von 1963

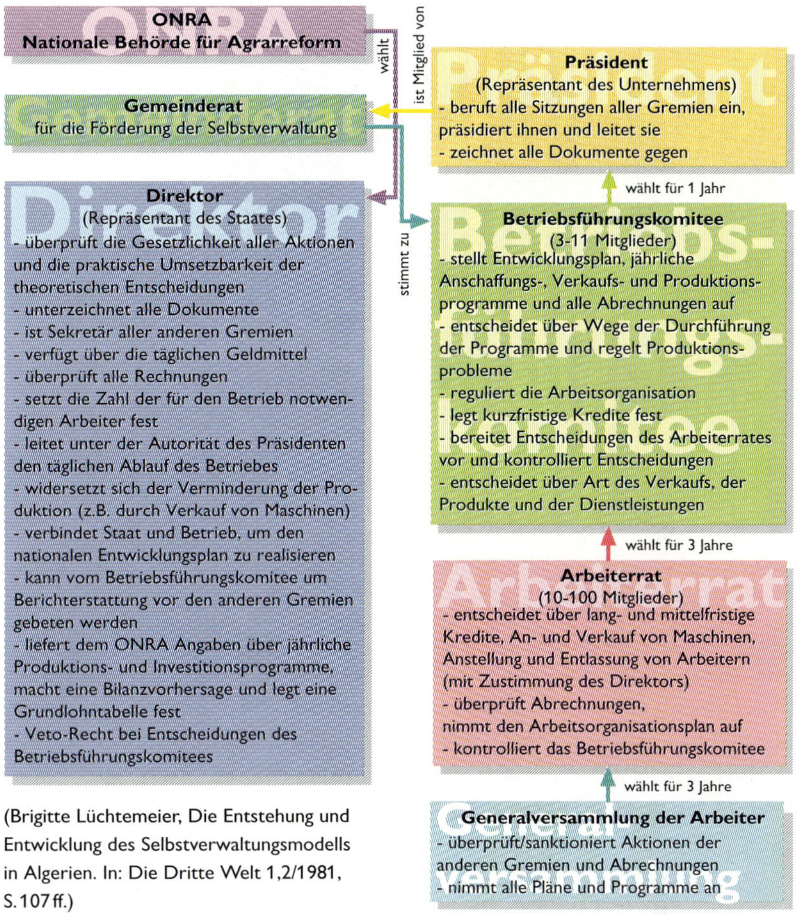

(Brigitte Lüchtemeier, Die Entstehung und Entwicklung des Selbstverwaltungsmodells in Algerien. In: Die Dritte Welt 1,2/1981, S. 107 ff.)

1 ■ Stellt in einer Tabelle Probleme und Möglichkeiten zusammen, die Algerien nach Erlangung der Unabhängigkeit hatte (M3–M5). Wie hättet ihr auf dieser Basis den neuen Staat Algerien aufgebaut? Erstellt ein Regierungsprogramm.

2 ■ Wie wurden 1962 Entscheidungen in selbstbestimmten Betrieben getroffen, wie verlief der Entscheidungsprozess ab 1963 (M6)? Erkläre dies an den Beispielen Kauf neuer Maschinen, Aufteilung der Gewinne, Anbau anderer Produkte usw. Welche Wirkung hatten die Veränderungen wohl auf die Menschen in den Betrieben?

3 ■ »Die Legalisierung der Selbstverwaltung beendete die demokratischen Tendenzen in den Betrieben und brachte sie unter staatliche Kontrolle.« Überprüft diese Behauptung anhand von M6.

4 ■ Welche Folgen hatte die Verstaatlichung der Wirtschaft 1963 (M3)? Erkläre.

5 ■ Zeichnet Diagramme zu M3–M5. Dann beurteilt die wirtschaftlichen Kontakte zu Frankreich seit 1962.

M1 ■ Algerien 1963

5.6 Verpasste Chancen

Nach dem Abzug der Franzosen ging trotz der Aufbruchstimmung die Produktivität stark zurück, z. B. in Industrie und Handel auf 10–20 % der Kapazitäten. Ursachen dafür waren fehlende qualifizierte Fachkräfte und der Rückgang kaufkräftiger Nachfrage nach den Produkten. Hinzu kamen ein extremer Anstieg der Beschäftigten aus sozialen Gründen sowie eine unqualifizierte staatliche Verwaltung, die sich aus den bürokratischen Strukturen der Kolonialzeit entwickelte; ehemalige untere Verwaltungsangestellte stiegen nun als »Fachleute« in die Verwaltungsspitze auf, die sie sich mit Kriegsveteranen und FLN-Funktionären teilten. Diese Bürokratie sollte eigentlich die Weichen für die Zukunft stellen, hemmte aber den Fortschritt noch zusätzlich und musste aus den Erträgen bezahlt werden.

Fehlentwicklungen in der Landwirtschaft

Auf den seit 1963 unter Selbstverwaltung gestellten ehemaligen europäischen Gütern wurden neben Kriegsveteranen und zurückgekehrten Flüchtlingen viele Freunde von Verwaltungsführungskräften untergebracht, denen man »einen Gefallen tun wollte«. Zusätzlich blühte die Korruption. Folge davon war ein Heer unqualifizierter Arbeitskräfte, auch in Führungspositionen, das die Produktivität weiter verringerte und auch das Einkommen der Masse der Arbeitenden immer weiter senkte. Bürokratische Reglementierungen hemmten jede Eigeninitiative. Durch ein dichtes Geflecht von staatlichen Unternehmen war es praktisch unmöglich, ein Problem schnell und unbürokratisch zu lösen. Fiel z. B. eine Maschine aus, so konnte sie nur mit Zustimmung der übergeordneten Behörde von der zuständigen staatlichen Genossenschaft repariert werden. Diese musste ihrerseits die notwendigen Ersatzteile von einer weiteren Genossenschaft besorgen, nachdem die entsprechende Behörde zugestimmt hatte. Funktionierte ein Glied in der Kette nicht, so funktionierte alles nicht mehr. Nach dem gleichen Prinzip war auch der Verkauf der Produkte organisiert. Gleichzeitig behielt man die auf Export nach Frankreich orientierte Monokultur (vor allem Wein und Südfrüchte) bei, weil dieser Sektor große Absatzchancen hatte. Außerdem bot er dreimal so vielen Arbeitskräften Platz wie eine auf Selbstversorgung gerichtete Erweiterung des Getreideanbaus. Dafür mussten aber die knappen Devisen für Getreideimporte ausgegeben werden. Hohe Nahrungsmittelpreise schwächten jedoch die Kaufkraft der schlechter Verdienenden und ließen sie als Konsumenten für Industriegüter ausfallen.

Auch die Bauerfamilien, die ihren eigenen Hof bewirtschafteten, blieben arm, weil sie zu kleine Flächen mit veralteter Technik und ohne Zugang zu staatlichen Ressourcen bearbeiteten. Die Folge davon war das Abwandern besonders der jüngeren Generation in die Städte ohne dort aber eine Perspektive zu haben.

Fehlentwicklungen in der Industrie

Der Export von Erdöl, Erdgas, Eisen und Kohle bot Algerien gute Entwicklungschancen. Die Deviseneinnahmen wurden nach dem Vorbild westlicher Industrienationen zum Aufbau einer Grundindustrie, vor allem der Schwer- und Chemieindustrie, benutzt. Diese Produkte waren jedoch auf dem Weltmarkt wegen großer Konkurrenz und zu hoher Produktionskosten kaum zu verkaufen. In der Hoffnung auf einen ständig hohen Ölpreis hatte sich Algerien derart hoch im Ausland verschuldet, dass allein die Zinsen 80 % der Exporteinnahmen aufzehren. Auf dem »Industriefriedhof Algerien« sollen nach Expertenmeinungen 100 Milliarden US-Dollar begraben sein. Einen Binnenmarkt für die algerischen Industrieprodukte gibt es nicht. Der vernachlässigten und unproduktiven Landwirtschaft fehlt das Geld, um entsprechende Industriegüter abzunehmen. Der teure Import von Maschinen, Konsumgütern usw. wird weiter gegenüber eigener Herstellung bevorzugt, wobei nur privilegierte städtische Schichten als Käuferinnen und Käufer in Betracht kommen. Anstatt die ineffektive Wirtschaftsstruktur zu reformieren wurden Öleinnahmen bis 1985 nur dazu genutzt, um die Löcher in den Kassen der Staatsbetriebe behelfsmäßig zu stopfen.

Algerien heute				
Fläche	2 381 741 km^2			
Einwohner/innen	ca. 28 Mio.			
Bevölkerungsdichte	11,8 Einw./km^2			
Bevölkerungswachstum (1985–93)	2,6 % pro Jahr			
Bevölkerung	1966	1994		
Insgesamt	11,82 Mio.	27,81 Mio.		
– davon Frauen	6,01 Mio.	13,94 Mio.		
Stadtbevölkerung	1960	1990		
	3,31 Mio.	12,91 Mio.		
	32,5 %	51,7 %		
	1966	1990	1994	
Erwerbspersonen insgesamt	2,57 Mio.	5,86 Mio.	6,46 Mio.	
– davon Frauen	0,11 Mio.	0,58	o. Ang.	
Analphabetenrate (1990)	58 %			
Geschäftssprachen	Arabisch/Französisch			
Hauptstadt	Algier (3 Mio. Einw.)			
Kfz-Bestand (1990)	ca. 48 je 1000 Einw.			
Anteil des Bruttoinlandsprodukts (1993):				
Landwirtschaft	12,8 %			
Kohlenwasserstoffe	22,6 %			
Industrie	10,5 %			
Bauwirtschaft	14,4 %			
Sonstige	39,7 %			
Wirtschaftswachstum:	1973–80	1994 (1990)		
– Landwirtschaft:	+ 8,4 %	– 4,0 %		
– Industrie:	+ 3,9 %	– 3,2 %		
– Verarbeitende Industrie	+10,5 %	(– 23,0 %)		
– Dienstleistungen	+ 5,9 %	(– 3,9 %)		
Jährliche Ölexporterlöse:	1974/78	1980/85	1986/89	1990/92
(in Mrd. US-$)	5,4	12–14	5–6	7,5–7
Inflationsrate (Preise):	1991: 10,1 %	1994: 38,7%		
Wohnungsbau (in Tausend):	1980/1984 (512)	1985/1987 (179)		
Haushalt (Ansatz 1995):				
– Einnahmen	587 Mrd. DA			
– Ausgaben	735 Mrd. DA			
Mindestlohn (1994)	4000 DA/Monat			

(1 Algerischer Dinar DA = 0,04 DM = 0,02 US-$)

(Alle Zahlenangaben: Statistisches Bundesamt, Länderbericht Algerien 1994, Wiesbaden 1994, und Bundesstelle für Außenhandelsinformation, Köln, Mai 1995)

M2 Einkommensverteilung

1980 50 % der Bevölkerung erhalten 32 % des Nationaleinkommens
1990 50 % der Bevölkerung erhalten 22 % des Nationaleinkommens
5 % der Bevölkerung erhalten 45 % des Nationaleinkommens

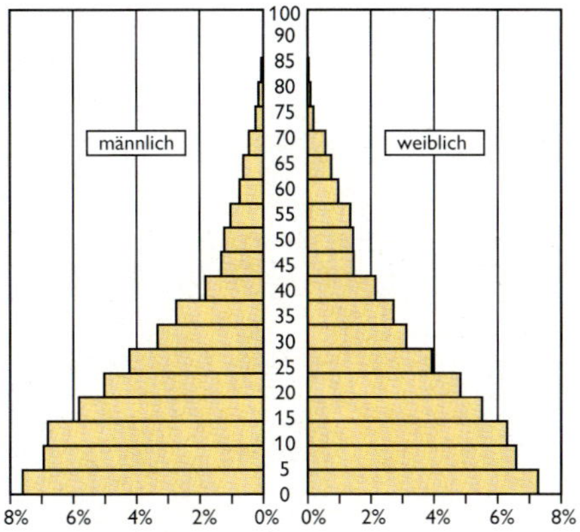

M3 Altersaufbau der Bevölkerung Algeriens 1994 (in %)

M4 Entwicklung der Beschäftigten (in %)

	1961	1993
Landwirtschaft	61,0	21
Produzierendes Gewerbe	14,5	26
Verkehr/Nachr.	2,3	6
Handel	19,9	16
Verwaltung	o. Ang.	30

(Fischer Weltalmanach 1994. Statistisches Bundesamt, Länderbericht Algerien 1994. Wiesbaden 1994.)

1 Stellt die Hauptprobleme Algeriens nach Erreichen der Unabhängigkeit mithilfe einer Kartenabfrage zusammen.

2 Was hätte die Regierung bei Erreichen der Unabhängigkeit besser machen können?

3 Beurteilt mithilfe des Zahlenmaterials die algerische Wirtschaftslage, auch aus der Sicht der Frauen. Besorgt Vergleichsdaten über Deutschland.

4 Bewertet die Bedeutung von Industrie, Landwirtschaft und Erdölproduktion für die algerische Wirtschaft.

5 Welche Maßnahmen wären nötig, um Algeriens Wirtschaftsstruktur heute zu verbessern?

M1 ■ Algier 1991

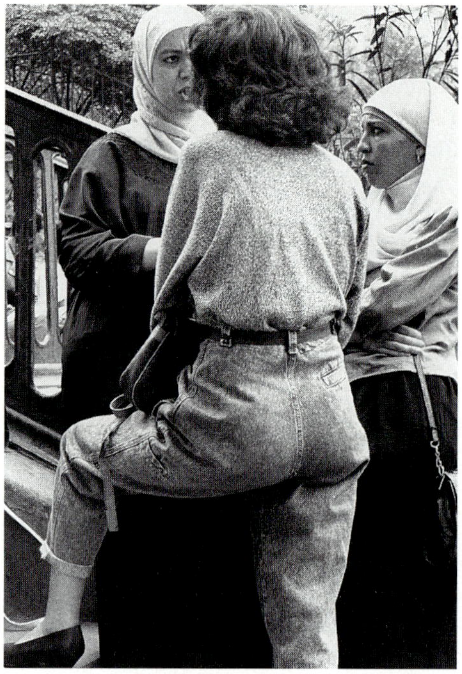

M2 ■ Algier 1992

5.7 Wohin führt Algeriens Weg?

Langjährige Misswirtschaft und nach 1985 sinkende Erdölpreise führten über wachsende Auslandsschulden zum Staatsbankrott. Privatisierungsversuche scheiterten, weil sie – behindert von der Bürokratie – Mitglieder der Oberschicht bzw. FLN begünstigten und Einkommensungleichheiten verschärften. Ohne Subventionen verdoppelten sich von 1987 bis 1992 die Nahrungsmittelpreise. In den Großstädten entstanden, beschleunigt durch das Bevölkerungswachstum, slumartige Wohnviertel, geprägt von Massenarbeitslosigkeit und Hass auf die reiche Elite des Landes und die autoritäre Regierung. Der Widerspruch zwischen den Idealen des Freiheitskampfes und der Wirklichkeit machte Gewalt, auch in Form von Gesetzen, zur einzigen Herrschaftslegitimation der FLN.

Die Islamische Heilsfront FIS wird zum Machtfaktor

In einer Zeit der Perspektivlosigkeit wurde der Moscheebesuch für viele jugendliche Arbeitslose zur Freizeitbeschäftigung. Unterstützt von moralisch als integer geltenden islamischen Geistlichen erfolgte eine Rückbesinnung auf traditionelle islamische Werte. So wuchs eine islamische Bewegung heran, die in 10 000 Moscheen das Freitagsgebet nutzte, um den Verfall durch westliche Werte sowie Missstände anzuprangern. Sie forderte die Rückkehr zu strengen islamischen Gesetzen und rief zu Protestkundgebungen auf, die zu blutigen Auseinandersetzungen mit der Polizei eskalierten.

Zur einflussreichsten islamischen Bewegung entwickelte sich die Islamische Heilsfront FIS (Front Islamique du Salut), die auch vor Gewalt nicht zurückschreckt. Die FIS verspricht den Armen Wohnung und Arbeit. Sie löst dieses Versprechen mit Unterstützung feudaler Familien und Hilfe aus anderen islamischen Ländern auch z. T. ein. Sie fordert dafür einen streng nach dem Koran geführten Gottesstaat, damit u. a. auch die Unterordnung der Frau. Widerstand gegen die FIS-Forderung nach Rückkehr der Frau aus Studium und Berufstätigkeit an ihren Platz in der Familie leisten viele Intellektuelle und Frauenbewegungen, die mehr Rechte für die Frau fordern. Emanzipierte, unverschleierte Frauen werden dafür inzwischen am Arbeitsplatz, in Nachbarschaft und Familie immer mehr unter Druck gesetzt sich aus dem öffentlichen Leben zurückziehen, die islamische Kleiderordnung und damit auch den *Fundamentalismus** zu akzeptieren.

Demokratisierungsversuche und ihre Folgen

Islamische Unruhen einerseits, Demonstrationen für mehr Rechte andererseits brachten 1991 die ersten freien Parlamentswahlen hervor, die aber wegen des Sieges der FIS von der Staatsführung annulliert wurden. Nach dem Ausschluss von der Wahl 1995 rief die FIS zum Wahlboykott auf. Blutige Gewaltakte von FIS-Anhängern und von der Armee (Bilanz bis 1995: 50 000 Tote) konnten aber die hohe Wahlbeteiligung von 74,9 % nicht verhindern. Der zuvor von der Armee eingesetzte Staatspräsident gewann die Wahl mit 61,3 %. Die Ermordung politischer Gegner, von Journalisten und Ausländern wird auch nach der Wahl fortgesetzt und sogar ins Ausland getragen (z. B. Bombenanschläge in Paris).

M3 Kritik der Islamischen Heilsfront FIS (Front Islamique du Salut)

Issam A. Sharif, ein ehemaliger Lektor an der Universität Algier, nennt in Anlehnung an ein FIS-Communiqué die Punkte, welche die FIS an der algerischen Staatsführung kritisiert.

1. Die Gegner der Religion im Regierungsapparat seien Agenten, welche zur Realisierung der Pläne des Kolonialismus beitragen. Unter diesen Umständen breiteten sich unmoralische Aktivitäten aus und das Verantwortungsgefühl auf allen Ebenen der Administration (Verwaltung) gehe verloren.
2. Frauen und dubiose Elemente würden in Justiz und Polizei aufgenommen.
3. Die vom Kolonialismus bewirkte Verdrängung der Gebote Allahs werde weitergetrieben.
4. Die Bürger würden an der Ausübung ihrer Freiheit gehindert, indem man sie des Rechtes auf Sicherheit ihrer Person, ihres Eigentums, ihrer Religion und ihrer Würde beraube.
5. Die wirtschaftliche Entwicklung müsse eine islamische, gerechte Ausrichtung erhalten, indem illegale Handelstransaktionen verboten werden und jeder Bürger ermutigt wird sich durch legale Mittel wie Landwirtschaft, Handel und Industrie Zugang zum nationalen Reichtum zu verschaffen.
6. Mit der Weiterführung der französischen Familienpolitik, welche auf den Verfall der Familie und der Sitten hinauslaufe, werde die islamische Familie von der Scharia (islamische Gesetze) entfernt.
7. Die aufgezwungene Vermischung der Geschlechter in den schulischen, administrativen und wirtschaftlichen Institutionen beeinträchtige die schulischen, kulturellen, sozialen und wirtschaftlichen Leistungen in Besorgnis erregendem Ausmaß, ein Indiz für den Verfall von Moral und Zivilisation.
8. Die Korruption und die unmoralischen Praktiken im Ausbildungsbereich, von der Schule über die Universitäten bis zu den Behörden, seien Ausdruck einer schweren bürokratischen und moralischen Krankheit, die von der Gesellschaft zu bekämpfen sei.
9. Mit einem verfälschten »Kultur«-Konzept, das sich auf lächerliche und unverschämte Veranstaltungen beschränke, werde das Ausbildungssystem sabotiert. Dieses zeige sich überhaupt unfähig jene Potentiale, Talente und Fähigkeiten zu entwickeln, die das Land aus der kulturellen Unterwerfung befreien könnten.
10. Verschärft würden diese Mängel durch die Ablehnung der islamischen Ausbildung und ein damit seiner islamischen Fundamente entleertes Kulturkonzept.

(Issam A. Sharif, Algerien – vom Populismus zum Islam. Wien 1992, S.137 f.)

M4 Gesetze gegen Frauen

Khalida Messaoudi, von der FIS mit einem Todesurteil bedachte Feministin und Demokratin, äußert sich zum 1984 erlassenen Familiengesetz:

In diesem Gesetz existieren die algerischen Frauen nur mehr als »Tochter von«, »Mutter von«, »Ehefrau von«. Sie sind keine vollgültigen Individuen mehr. In fünf Punkten – Bildung, Arbeit, Ehe, Scheidung, Erbe – macht dieser Text ewige Minderjährige aus ihnen, die von der Vormundschaft ihres Vaters, eines Bruders oder nahen Verwandten in die des Ehemannes übergehen.

Über das Recht auf Schulbildung und auf Arbeit schweigt sich das Gesetz aus. Die einzige den Frauen zugewiesene Rolle ist die der Gebärerin, damit der Name des Mannes fortbestehe, und der Hüterin seines und des Wohlbefindens ihrer Angehörigen. Die Frauen sind faktisch in einer Situation, die sie zwingt ständig alle ihre anderen Rechte auszuhandeln. Zum Beispiel kann ein Mann, der nicht mehr will, dass seine Frau arbeitet, sie dazu zwingen, weil sie ihm Gehorsam schuldet. Und die Ehe können sie [...] nie von sich aus schließen. [...]. Die Scheidung kann zwar in beiderseitigem Einvernehmen vereinbart werden [...], aber beim Mann genügt die bloße Willensbekundung. [...] Die Auswirkungen der Scheidung sind für die Frauen und Kinder dramatisch. Die Mutter bekommt automatisch das Sorgerecht, aber nicht die Vormundschaft über ihre Kinder: Die Unterschrift des Vaters ist [...] absolut für alles nötig, von der Anmeldung in der Schule oder im Schwimmbad bis zur Erlaubnis das Land zu verlassen. Die Wohnung wird ihr faktisch immer verweigert. [...] Der Mann hat ein Anrecht auf den doppelten Erbteil der Frau. [...] Siehst du, welche Wahl den Frauen in Algerien zwischen dem Schandgesetz (Familiengesetz) und der fundamentalistischen Barbarei bleibt?

(Khalida Messaoudi, Worte sind meine einzige Waffe. München 1995, S. 82 ff.)

1. Nehmt aus der Sicht von Frauen und Männern (z. B. auch Berbern) zum FIS-Programm (M3) Stellung.
2. Vergleicht Rechte und Zukunftsperspektiven algerischer und deutscher Frauen. Beantwortet die von Khalida Messaoudi gestellte Frage (M4). Was können die Algerierinnen tun?
3. Welche Maßnahmen wären nötig, um Algerien in eine demokratische Zukunft zu führen?
4. Beantwortet die Frage aus der Kapitelüberschrift: »Algerien – Erbe der Kolonialzeit?«

M1 ■ **Algerien 1954**

M2 ■ **Algier 1992**

5.8 Fotos als Dokumentationsmittel?

Ein Dokumentarfoto ist selten ein zufälliger Schnappschuss, sondern oft Ergebnis systematischer Planung, wobei Auswahl von Motiv bzw. Blickwinkel und eine geschickte Bildgestaltung darüber entscheiden, welche Informationen und Stimmungen weitergegeben werden. Obwohl Fotografien die Wirklichkeit dokumentieren, ist ein Dokumentarfoto nicht so objektiv, wie es scheint. Welche Informationen ein Foto liefert und welche Empfindungen es auslöst, hängt u. a. von den Absichten und dem Können des Fotografen, Verwertungsinteressen und technischen Möglichkeiten, Vorwissen und Erwartungen der Betrachtenden ab. Fotos wie M1 und M2 werden unterschiedlich wahrgenommen, obwohl beide Bilder scheinbar eine ähnliche Situation zeigen. Erst genaueres Hinsehen und Zusatzinformationen helfen bei der Interpretation.

Einige Tipps zur Bildgestaltung

- *Quer- und Längsformate:* Querformat bei Betonung der Waagerechten, der Breite (Landschaften); Längsformat bei Betonung der Senkrechten, der Größe (Türme, Personen).
- *Perspektivänderung:* Vogelperspektive: Eindruck von Überblick; Froschperspektive: Eindruck von Größe.
- *Harmonische Bildgestaltung durch die »2/3-Regel«:* Angenommene Bildeinteilung in drei senkrechte und drei waagerechte Streifen. Wichtige Bildelemente werden an Schnittstellen dieser Linien oder auf ihnen platziert (Horizont).
- *Wirkung von Linien im Bild* (z. B. Schatten):
  Senkrechte Linien wirken kraftvoll; waagerechte und krumme Linien erzeugen Ruhe und Harmonie; vom Betrachter wegstrebende Linien erzeugen Tiefe und Entfernung; Diagonalen erzeugen den Eindruck von Bewegung; krumme Linien lenken den Blick auf bestimmte Punkte.
- *Erzeugung von Tiefe:* durch ein Objekt im Vordergrund; durch verschieden weit vom Betrachter entfernte Personen; durch vorn breite, nach hinten schmalere Bildelemente.

Fotointerpretation

Die Fotos M1 und M2 zeigen Soldaten vor einem Gebäude (Information). Ob sie Schutz oder eine Bedrohung darstellen, empfindet jeder anders (Stimmung). In M1 wirkt die Stimmung durch den im Vordergrund stehenden Soldaten und durch den das halbe Bild einnehmenden Stacheldraht bedrohlich.

In M2 sorgt der im Vordergrund rechts stehende Soldat für eine bedrohliche Stimmung, die durch die wehrhaft dargestellte Moschee noch verstärkt wird, zumal im Vergleich zu den winzig wirkenden Soldaten. Dieser Eindruck wird noch dadurch gesteigert, dass die Moschee nicht vollständig abgebildet ist, sondern wegen ihrer Größe nicht ins Bild zu passen scheint und in die Nähe des Betrachters rückt. Das Gebäude der Moschee erscheint durch die Teleobjektiveinstellung und mit seinen Treppen unübersichtlich. Erst bei genauem Hinsehen entdeckt man einen dritten Soldaten auf dem Dach der Moschee. Erst Hintergrundinformationen bringen hier endgültige Klarheit:

M1 zeigt eine »Kirche hinter Stacheldraht – Symbol der ›christlichen‹ Mission französischer Kolonialsoldateska in Algerien« (Originalbildunterschrift) während des algerischen Unabhängigkeitskampfes. Ein französischer Soldat schützt somit eine christliche Kirche vor Sabotageakten algerischer Untergrundkämpfer, vor deren Bedrohung er durch Stacheldraht geschützt ist – versteckter Hinweis auf die abbröckelnde Macht der französischen Kolonialherren?

Das von Michael von Graffenried 1992 aufgenommene Foto M2 trägt die Bildunterschrift »Am Freitag jeweils ist die Lage um die Moschee aufs Äußerste angespannt«. Somit verhindern hier algerische Soldaten an einer Moschee gewalttätige Demonstrationen fundamentalistischer Moslems.

Die Bildgestaltung unterstreicht die Bedeutung der beiden Gruppierungen, die in Algerien um die Macht kämpfen: algerische Fundamentalisten, symbolisiert durch die riesige Moschee und das allgegenwärtige Militär auf dem Dach der Moschee.

»Journalist«

Fotografinnen und Fotografen werden häufig am Aufnehmen dokumentarischer Fotos gehindert. Nach Aussagen der Organisation »Reporter ohne Grenzen« waren im Februar 1996 weltweit 112 Journalisten inhaftiert. 1995 wurden weltweit mindestens 50 Journalistinnen und Journalisten (davon allein 22 in Algerien) wegen ihrer Überzeugung oder in Ausübung ihres Berufes meist von politischen und religiösen Extremisten ermordet. Bei einem Bombenanschlag auf das »Haus der Presse« in Algier im Februar 1996 wurden weitere 20 Menschen getötet.

M3 ■ Artikel 5 des Grundgesetzes:

(1) Jeder hat das Recht, seine Meinung in Wort, Schrift und Bild frei zu äußern und zu verbreiten und sich aus allgemein zugänglichen Quellen ungehindert zu unterrichten. Die Pressefreiheit und die Freiheit der Berichterstattung durch Rundfunk und Film werden gewährleistet. Eine Zensur findet nicht statt.

(2) Diese Rechte finden ihre Schranken in den Vorschriften der allgemeinen Gesetze, den gesetzlichen Bestimmungen zum Schutze der Jugend und in dem Recht der persönlichen Ehre.

1 ■ Überprüfe die von dir zu Beginn der Unterrichtsreihe notierten Bildunterschriften, nachdem du besser über Algerien informiert bist. Vergleiche mit den Originalbildunterschriften (S. 337).

2 ■ Was will der Fotograf den Betrachtenden mit seinen Bildern vermitteln? Wie erreicht er das? Wende dazu die Tipps zur Bildgestaltung an.

3 ■ »Das Auge der Kamera lügt nicht.« Nehmt zu dieser Aussage Stellung.

4 ■ Erstellt eine Bilderserie mit Bildunterschriften für eine Zeitleiste über Algerien. Ihr könnt Zeitungsfotos verwenden, eigene Motive zeichnen oder nachgestellt fotografieren.

5 ■ Eine Fotocollage soll die Lage im heutigen Algerien dokumentieren. Was sollte zu sehen sein? Welche Fotos in diesem Kapitel kommen infrage? Löst die Aufgabe in Jungen- bzw. Mädchengruppen, dann vergleicht.

6 ■ Sammle interessante Zeitungsfotos. Was macht sie für dich interessant? Was erfährst du durch sie?

7 ■ Warum werden Journalistinnen und Journalisten an der Ausübung ihres Berufs gehindert? Wie steht es mit der Pressefreiheit in Deutschland (M3)? Stellt diese Fragen in einer örtlichen Zeitungsredaktion. Informiert euch über die Berufe des Pressefotografen und der Journalistin.

8 ■ Nehmt zu M3 und zum Infokasten Stellung.

5.9 Leseschnupperseiten: Ein algerischer Sommer

Jean-Paul Nozière, Ein algerischer Sommer. Wuppertal (Galileo, Peter Hammer Verlag) 1993, S. 73 ff.

Der französische Autor Jean-Paul Noizière beschreibt aus der Sicht des 15-jährigen algerischen Jungen Salim das Leben während des Unabhängigkeitskampfes von 1958–1962. Salim lebt mit seiner Familie auf dem Gut des Algerienfranzosen Edmond Barine, ist mit dessen gleichaltrigem Sohn befreundet und besucht mit ihm das Gymnasium, das er aber nun auf Wunsch des Kolonialherrn verlassen soll. Salims Vater ist Gutsverwalter, Mutter und Schwestern helfen im Haushalt der Familie Barine. Mehr und mehr geraten Salim und Paul im Sommer 1958 in den Sog des Unabhängigkeitskrieges und müssen schließlich beide Stellung beziehen. Salim schließt sich der algerischen Widerstandsbewegung an, Paul tritt in die Fußstapfen seines Vaters. Mit der Eskalation der Gewalt zerbricht die Freundschaft.

Der folgende Auszug beschreibt ein Gespräch zwischen Salim und dem ebenfalls auf dem Hof arbeitenden Mechaniker Lakdar. Salim kommt nur widerwillig zu diesem Gespräch, da Lakdar ihm unsympathisch ist – im Gegensatz zum freundlichen Michel, der sich gerade mit anderen französischen Soldaten auf dem Hof befindet, um ihn vor Sabotageakten der algerischen Widerstandsbewegung zu schützen.

M1 ■ Algerien um 1950

Kurz vor Ausgangssperre gab ich vor, mit Michel reden zu wollen, und schlüpfte in Lakdars Behausung. Seine Baracke, die letzte in der Reihe von den sechsen, die den Arbeiterflügel bildeten, war am weitesten von der rosa Villa entfernt. Die Türe aus Massivholz öffnete sich in einen düsteren und schmutzigen Raum. Er hatte sich mit der Hitze des ganzen Tages aufgeladen und war brütend heiß. Ich hatte nicht angeklopft und überraschte Lakdar, wie er sich über ein Buch beugte, dessen Umschlag er eilig verbarg. Unser Mechaniker konnte also lesen? Plötzlich ahnte ich, dass der Mann, der hier im Schneidersitz auf dem nackten Boden saß, nicht der Lakdar war, dem ich im Hof tagtäglich begegnete.

Mach die Türe ganz zu, sagte er auf Arabisch, und setz dich neben mich. Die Wände sind dünn, wir müssen flüstern. Diese beinahe freundschaftliche Verschworenheit brachte mich aus der Fassung. Ich konnte den hochmütigen Kutscher nicht vergessen, der mich zur Schule fuhr. Gleichzeitig packte mich die Aufregung, dieses seltsame Rendezvous war eine Form der Rebellion und nach all diesen Jahren der Gleichgültigkeit hoffte ich auf ein interessantes Gespräch. Das Licht der Sturmlampe zeichnete einen Kreis auf den nackten Fußboden, die Schatten huschten über die Wände. Wie konnte Lakdar in dieser überhitzten Luft schlafen, in der es noch dazu nach dem Schweiß der in einer Ecke aufgehäuften Schaffelle stank?

– Glaubst du ehrlich, dass Algerien eines Tages unabhängig sein wird? fragte er mich mit gezielter Aggressivität.

Mein fester Vorsatz mich nicht beeindrucken zu lassen war auf einen Schlag verschwunden.

– Wie soll ich das wissen? Ich denke nicht über diese Dinge nach.

– Und doch hast du »diese Dinge« der alten Barine gegenüber vertreten.

– Ich habe mich ereifert ... Seit einiger Zeit rege ich mich leicht auf wegen ... Ich weiß nicht, warum.

– Du weißt es schon. Wegen des Gymnasiums ergänzte Lakdar meinen Satz.

– Warum auch nicht? Es ist eine Ungerechtigkeit, dass ich nicht weiter zur Schule gehen soll!

Ich hatte heftig und laut gesprochen und Lakdar runzelte die Stirne und deutete auf die Trennwand.

– Eine Ungerechtigkeit unter so vielen, du hast recht; aber unser Tag wird kommen.

Ich hielt den Atem an. Das Gespräch nahm eine gefährliche Wendung.

– Weißt du, warum du hier bist?, fuhr Lakdar fort.

– Nein ... vielleicht hat die alte Madame Barine ...

Mit einer Handbewegung wischte er dieses Thema vom Tisch.

– Ach, die Alte … Ich beobachte dich seit langem, ich beobachte vor allem deine Revolte, die so schnell fortschreitet wie ein Pferd im Galopp.

Er schwieg und blickte auf seine kräftigen Hände, die in der Vertiefung seiner Gandoura (Kleidungsstück) lagen.

– Bald werden wir aufhören, die Mieter unseres Landes zu sein, und wir werden die Franzosen vertreiben. Im Guten oder mit Gewalt.

Lakdars Gesicht drückte eine solche Härte aus, dass ich das bisschen Sicherheit verlor, das mir geblieben war.

– Aber Paul? Monsieur Edmond?

Lakdar richtete sich auf, getrieben von einer dumpfen Gewalt, und mit drei Schritten hatte er den Raum durchquert. Seine Worte überstürzten sich, er sprach abwechselnd arabisch und französisch.

– Du magst Monsieur Barine, ich weiß schon; doch hier kannst du das Ergebnis von einem Leben in seinen Diensten bewundern!

Lakdars kreisförmige Handbewegung umfasste die ärmliche Hütte und endete auf seiner Brust.

– Die Franzosen von Barines Schlag sind außerordentlich gefährlich. Ihre scheinbare … Menschlichkeit fördert die Vorstellung die Kolonialherrschaft sei akzeptabel. Die Menschlichkeit! Wir fordern keine Menschlichkeit, sondern Gerechtigkeit!

Er ereiferte sich und ging um mich herum, als wäre ich ein Möbelstück.

– Seit dreißig Jahren arbeite ich auf dem Hof. Niemand hat daran gedacht, mir das Lesen beizubringen. Nur etwas zu essen und ein Dach über dem Kopf, wie ein Tier.

Lakdar lachte auf.

– Ich habe nicht das Glück gehabt wie du. Wieso, glaubst du, tut Barine so viel dafür, dass du zur Schule gehen kannst?

Er packte mich am Arm und schüttelte mich wie einen störrischen Esel.

– Wieso denkst du nie darüber nach?

– Ich weiß, warum. Jetzt weiß ich warum, aber es ist mir egal.

– Ja, sagte er und nickte mehrmals, von den Monsieur Barines haben wir das Schlimmste zu befürchten, sie sind unsere größten Feinde.

Bei dieser Anklage fühlte ich mich unwohl. Ich zeigte auf das Buch am Boden.

– Warum verheimlichst du, dass du lesen kannst?

Er hob den Band auf, benetzte seinen Zeigefinger und blätterte Seite für Seite um.

– Ich habe es aus Pauls Schultasche geklaut. Hör dir das an, es lohnt sich: Aber … was … für … alle … Übel … dieser … Welt … gilt, … stimmt … auch … für … die … Pest.

Mit dem Finger deutete er auf die Worte, in seinem Mund wurden sie zerrissen. Sein ganzes Wesen bestand aus nichts anderem als lesen, und sein Verlangen war so groß, dass er nur einen unverständlichen Brei hervorbrachte.

Die Worte haben keinen Sinn murmelte er mit tonloser Stimme. Keinen Sinn. Ich bin dreiundfünfzig Jahre alt.

Lakdar drehte sich zur Seite und ich sah, dass sein Nacken zitterte. Er schlug das Buch zu und warf es weit von sich.

– Auf einer dieser Seiten steht, dass man »Verrückt, blind oder feige sein muss, wenn man sich mit der Pest abfindet«. Solche Sätze sind es, die wir nicht lesen sollen. Salim, weißt du wirklich nicht, warum du hier bist?

– Nein.

– Ich bin Mitglied der A.L.N. (Armee der nationalen Befreiung). Die Katiba, die die Hautes Plaines unter ihrer Kontrolle hat, braucht Späher, die sie über die Truppenbewegungen informieren. Du bist klein gewachsen, noch ein Kind, auf das keiner achtet. Ab August wirst du in den Feldern arbeiten, dort sind die Späher von Nutzen. In gewisser Weise bitte ich dich, Djoundi (Widerstandskämpfer) zu werden. Aber du kannst den Raum verlassen und Monsieur Barine verständigen. Wenn du das tun willst, dann vergiss beim Rausgehen nicht das Buch: Es reicht als Beweis aus. […]

Ich hatte ja gesagt, ohne nachzudenken. Als wäre es ein Spiel. Um mich an der alten Madame Barine zu rächen? An Pauls Gleichgültigkeit? Meiner verpatzten Ausbildung? Aus Mitleid mit Lakdar? Ich hatte ja gesagt, das war alles.

M2 ■ Algerien um 1960

6 »Böse sind immer die anderen« – Europa vom Schlachtfeld zur Nachbarschaft

Das Bild auf dieser Seite ist fast 300 Jahre alt. Altertümlich gekleideten Männern werden zum Teil recht drastisch klingende Eigenschaften zugeordnet: »Arglistig« sei der Franzose, »allergrausamst« der Ungar, »noch verräterischer« als der Muskawiter (Moskauer) seien der Türke oder Grieche. Die Polen vertreiben sich danach die Zeit mit »zanken«, die Franzosen »lieben den Krieg«. Wissenschaftliche Untersuchungen sprechen hier eine andere Sprache. Sie weisen nach, dass immer noch viele Menschen in ähnlicher Weise verallgemeinernde Äußerungen vornehmen, wenn sie an andere Völker, Staaten oder Volksgruppen denken. Solche *»nationalen Stereotype«* * haben als *Feindbilder* * in Vergangenheit und Gegenwart immer wieder zu unheilvollen Vorgängen geführt: zu Krieg, Vernichtung und Vertreibung von Menschen. Dies gilt in besonderer Weise für die europäische Geschichte.

In diesem Kapitel erfährst du,

- ▶ wie in der Zeit um 1900 das Bild vom »bösen Nachbarn« in Europa dazu beitrug, dass der Erste Weltkrieg ausbrechen konnte;
- ▶ wie das Nicht-nachgeben-Können zu einer immer stärkeren Eskalation von Konflikten führte;
- ▶ wie Krieg durch den »Mythos vom Helden« scheinbar einen Sinn bekam; in diesem Zusammenhang lernt ihr,
- ▶ wie man Denkmäler als historische Quelle nutzen kann;
- ▶ welche Versuche in Europa unternommen wurden, um zu einem dauerhaften Frieden zu kommen.

M1 ■ »Kurze Beschreibung der in Europa befindlichen Völckern und ihren Aigenschaften«
(Völkertafel aus der Steiermark, frühes 18. Jh., Öl auf Leinwand)

Teutscher.	Engerländer.	Schwöth.	Poläck.	Unger.	Muskawith.	Tirk oder Griech.
Offenherzig.	Wohl Gestalt,	Starck und Groß	Bäurisch,	Untreu,	boßhafft,	Wie das Aprilwetter,
Ganz Gut,	Lieb-reich,	Grausam.	Kochwilder,	Aller Graussambst	Gut Ungerisch.	Ein Lung Teufel,
Witzig,	Ammuthig.	Hartnäkig,	Gering Achtent,	Noch weniger,	Gar Nichts,	Oben Auß,
Uber Allmit	Weiblich.	Unerkendlich	Mittlmässig.	Bluthbegirig,	Unentlich Grob.	Zärt-lich.
In Weltlichen Rechte	Welt Weis,	In Freuen Künsten,	In Underschidlichen sprachen	In Lateinischer sprach	In Krichischer sprache	Ein falscher Politicus.
Macht alles Nach	auf Französische art	Von Löder,	Lang Röckig,	Viel Färbig,	Mit bölltzen,	Auf Weiber Art,
Verschwenderisch	Unruhig,	Uber Glauberisch	Praller,	Verräther,	Gar Verrätherisch	noch Verrätherischer.
Den Trunck.	Die Wohllust	Köstliche speisen	Den Adl,	Die Aufruhe,	Den Brügl.	Selbsteigne Lieb
An Podogrä,	An Der schwindsucht	An Der Wassersucht	An Den durchbruch	An der freis,	An Keichen.	An Schwachheit
Gut,	Fruchtbaar.	Bergig.	Waldich,	Und golt Reich. Frucht	Voller Eiß,	Ein Liebreiches.
Unüberwindlich	Ein See Held,	Unverzagt.	Un Gestimt,	Aufrieririsch,	Mühsamb,	Gar faul.
Noch Andächtiger	Veränderlich Wie der Mond,	Eifrig in Glauben	Glaubt Allerley	Unmüessig,	Ein Abtriniger,	Fleißig ein solchen
Einen Kaiser.	bald den bald jene,	Freue Herrschaft	Einen Erwelden,	Einen Unbeliebigen	Einen Freiwilligen	Ein Thiran.
An Getraid,	An fich Weid,	An Ärtz Kruben	An Bölltzwerch,	In Allen.	An Immen,	An zart Und weichen sachen
Mit Trincken,	Mit Arbeiten	Mit Essen.	Mitt zancken,	Mit Miessig gehen	Mit schlaffen,	Mit Kränkeln,
Einen Löben,	Einen Pferd,	Einen Ochsen,	Einen Bern	Einen Wolffen	Ein Esel,	Einer Katz,
In Wein,	In Wasser,	Auf der Erd	Im stall,	beym säwel,	In schnee.	In betrug.

M1 ■ Gruß von der Kaiser-Parade (1909)

6.1 Der »böse Nachbar«

Als das Deutsche Reich nach dem gewonnenen Krieg gegen Frankreich von 1871 in Versailles ausgerufen wurde, erfüllte sich für viele Deutsche der Wunsch nach nationaler Einheit. Dieser Krieg schuf aber keinen dauerhaften Frieden zwischen den beiden europäischen Kernstaaten. Vielmehr blieb das höchst störanfällige Spannungsverhältnis zwischen den europäischen Großmächten bestehen. Wie konnte auch ein Frieden entstehen, wenn Frankreich das Elsass und Teile Lothringens gegen den Willen der dort lebenden Bevölkerung an Deutschland abgeben musste? Wenn Frankreich sich als nationales Ziel die Rückgewinnung dieser Gebiete vorgenommen hatte?

Nationalismus nach 1871

In den Siegestaumel und die Begeisterung der Deutschen über die erreichte nationale Einheit mischte sich nationalistische Überheblichkeit. Neben dem Großmachtstreben und einer aggressiven Aufrüstungspolitik aller europäischen Mächte wurde diese Haltung zum Mitauslöser des Ersten Weltkrieges. Kennzeichnend für den deutschen Nationalismus war die Wendung gegen die Nachbarn, insbesondere zunächst Frankreich, dann auch England. Die Franzosen wurden zum »Erbfeind«, England zu »unserem ewigen Feind in der ganzen Welt«. Dieser Nationalismus wurde zur gesellschaftlichen Normalität. Er verwirklichte sich in Gesang- und Kriegervereinen, Turn- und Schützenvereinen, fand sich in Lehrplänen, Kanzelreden und Schulaufsätzen. Sichtbaren Ausdruck fand der Nationalismus auch in einer Vielzahl von Nationaldenkmälern wie etwa der Germania auf dem Niederwald, dem Hermannsdenkmal im Teutoburger Wald oder dem Kaiser-Wilhelm-Denkmal an der Porta Westfalica. Diese Denkmäler sollten den wehrhaften Charakter des jungen deutschen Nationalstaates betonen. Deutlich wird aber auch eine dumpfe Sorge vor äußerer Bedrohung: Die Grundlage des deutschen Nationalismus war ein tief sitzendes Gefühl der Angst.

Der »böse Nachbar«

Eine Übersteigerung des Nationalgefühls gab es in allen europäischen Großmächten. Nährboden dieses Nationalismus waren wechselseitig aufgebaute *Feindbilder**. Erst die »bösen anderen« machten es möglich, die Aufrüstung der Gesellschaft damit als eine zutiefst gerechtfertigte Maßnahme darzustellen: Wenn jeden Augenblick die »bösen« Nachbarn über den eigenen Staat herfallen können, scheint Aufrüstung besonders gerechtfertigt.

M3 Karikatur aus der Zeitschrift »Kladderadatsch« von 1869, auf der sich Bismarck und Napoleon III. gegenseitig malen.

M2 Siegesfeiern

Anlässlich der Kapitulation der französischen Hauptarmee und der Gefangennahme Kaiser Napoleons III. bei Sedan am 2. 9. 1870 fanden jährlich in Deutschland Gedenk- und Siegesfeiern statt. In seiner Rede zur Sedansfeier am 2. 9. 1914 sagte der Gymnasialdirektor Dr. Evers unter anderem:

Wer die große Zeit von 1870 durchlebt hat, dem glüht noch heute das Herz von dem heiligen Zorne, der ganz Deutschland entflammte, als er von der Infamie hörte, mit der Frankreich unseren ehrwürdigen König Wilhelm I., der seinen Lebensabend in Frieden zu durchleben hoffte, behandelte. Wie jauchzten alle auf, als Bismarck, unser unvergesslicher Bismarck, […] der frechen Anmaßung Frankreichs entgegentrat! Ein Schrei der Entrüstung ging durch ganz Deutschland, eine alle Deutschen durchglühende Begeisterung die Schmach zu rächen. Jubelnd strömte alles zu den Waffen, Jung und Alt – ein heroischer Zug alter Germanenkampflust ließ die Herzen aller höher schlagen! Das von einem Roon (preußischer Kriegsminister) in Gemeinschaft mit seinem König stark geschmiedete Schwert entfuhr blitzend der Scheide und, von dem Genie eines Moltkes (preußischer Generalstabschef) geführt, zog die »Wacht am Rhein« zum Rhein – übern Rhein – nach Frankreich hinein. […] Groß war jene Zeit, aber wir Alten, die wir sie mittätig, mitkämpfend haben durchleben dürfen, wir bekennen es mit jubelndem Herzen: Diese Zeit ist noch größer als sie!

(zitiert nach: Wilhelm Stöckle [Hg.], Das deutsche Kaiserreich. Ansichtskarten und Texte aus der Wilhelminischen Zeit 1888–1918. Stuttgart 1985, S. 51.)

M4 Das Bild Frankreichs

In einem Buch, das Lehrer 1907 zur Unterrichtsvorbereitung nutzten, heißt es über den Unterricht zum Thema »Frankreich«:

Wir lernen heute das Land der Franzosen kennen. Die Kinder weisen aufgrund des Geschichtsunterrichts nach, wie seit Jahrhunderten die Franzosen feindlichen Sinnes gewesen sind, und nehmen da besonders Bezug auf Ludwig XIV. (Verwüstung der Pfalz, Raub Straßburgs!), auf Napoleon I. (Zertrümmerung des Deutschen Reichs, Preußens Demütigung) und auf Napoleon III. (Krieg 1870/71).

(zitiert nach: H. Rust/K. Filipp, Saubere Russen? In: Geographie heute 7/1981, S. 18.)

1. Informiere dich aus Büchern deiner Schul- oder Stadtbibliothek über den Krieg von 1870/71 und seine Vorgeschichte. Was war das Ergebnis des Krieges für Frankreich? Welche politische Veränderungen ergaben sich nach dem Krieg für Deutschland?
2. Informiere dich dort auch über die wechselvolle Geschichte Elsass-Lothringens. Stelle das Ergebnis in einer Kartenfolge dar.
3. Definiere den Begriff Nationalismus.
4. Erkläre die Bedeutung der Karikatur M3.
5. Verfasse eine Antwort auf die Rede M2. Trage sie der Klasse vor.
6. Welches Bild von Frankreich sollten die Schülerinnen und Schüler beim Lesen ihres Geschichtsbuches 1907 entwickeln?
7. Prüfe durch eine Umfrage, ob noch heute Feindbilder gegenüber unseren Nachbarstaaten existieren.

M1 ■ Europäische Friedenspalme, Karikatur 1897

6.2 Rüstungswettlauf in Europa

Nach dem Krieg von 1870/71 war die deutsche Außenpolitik zunächst von dem Bemühen bestimmt gewesen, einen Beitrag zum Kräftegleichgewicht in Europa zu leisten. Bismarck wollte in Europa eine Situation schaffen, »in welcher alle Mächte außer Frankreich unser bedürfen und von Koalitionen gegen uns durch ihre Beziehungen zueinander nach Möglichkeit abgehalten werden« (Bismarck 1877). Fünf europäische Großmächte gab es zu dieser Zeit: England, Frankreich, Österreich-Ungarn, Russland und Deutschland. Für die deutsche Politik waren zwei Punkte maßgebend: Die Gegnerschaft zum Nachbar Frankreich und die Angst, in einer großen europäischen Auseinandersetzung überlegene Bündnisse gegen sich zu haben. In der Folge wurden von Bismarck Bündnisse mit Russland und Österreich-Ungarn abgeschlossen. Gegenüber England wurde ein freundschaftlicher Kurs eingeschlagen. Die Entlassung Bismarcks 1890 gab Wilhelm II. die Möglichkeit, die Außenpolitik nach seinen Vorstellungen zu ändern.

*Rüstungswettlauf** in Europa

»Weltpolitik als Aufgabe, Weltmacht als Ziel, Flotte als Instrument«. Mit diesen Worten charakterisierte Wilhelm II. seine außenpolitischen Vorstellungen. Nicht mehr Gleichgewicht, sondern Überlegenheit hieß das Ziel. Eine riesige Schlachtschiff-Flotte hielt Wilhem II. für das wichtigste Mittel, um diese ehrgeizigen Ziele zu erreichen. Ab 1898 wurde der Bau von immer mehr und immer größeren Kriegsschiffen durchgesetzt. In den letzten Jahren vor Kriegsbeginn flossen dann fast 60 % der deutschen Rüstungsausgaben in den Flottenbau. Mit der Aufrüstung besonders der Marine nahm Wilhelm II. bewusst einen Konfrontationskurs mit England in Kauf. An freundschaftliche Beziehungen war nun nicht mehr zu denken.

Möglichkeiten der Annäherung wurden nicht genutzt. Schließlich kam es Anfang des Jahrhunderts zu der lange Jahre von Deutschland befürchteten Annäherung zwischen Frankreich und England: 1904 wurde die »Entente Cordiale« geschlossen.

Auch gegenüber Russland setzte Deutschland auf eine Politik der Stärke. Die Nichterneuerung des sogenannten »Rückversicherungsvertrages« mit Russland führte zu einer völlig veränderten außenpolitischen Lage: Zunächst einigten sich Russland und England über ihre Interessen in Asien, dazu trat eine Allianz mit Frankreich. Das Deutsche Reich hatte seine Position überschätzt. Eine »Einkreisung« Deutschlands war die politische Konsequenz. Bismarcks Vorstellungen eines europäischen Gleichgewichts waren zerschlagen. Dass es schließlich einige Jahre später zum Ersten Weltkrieg kam, war kaum verwunderlich. Das sich gegenseitig hochschaukelnde europäische Wettrüsten, die aggressive deutsche Außenpolitik und ein nationalistisches Gefühl deutscher Stärke und Unbezwingbarkeit fanden einen Kriegsanlass: Der Wunsch der Balkanvölker nach nationalstaatlicher Einigung wurde zum Zankapfel zwischen den europäischen Großmächten. Die Ermordung des österreichischen Thronfolgers Erzherzog Franz-Ferdinand und seiner Frau durch einen serbischen Nationalisten führte dazu, dass die Bündnisverpflichtungen wirksam wurden. Der Balkan bildete den Anlass zum großen europäischen Krieg, der mit dem Kriegseintritt der USA 1917 zum Weltkrieg wurde.

Friedenspolitische Ansätze

Dem setzten europäische *Pazifistinnen** und *Pazifisten** wie Berta v. Suttner oder Alfred Hermann Fried ein anderes Bild von Konfliktlösungen gegenüber. Ihrer Meinung nach sollten nicht mehr Drohung oder militärische Aktion das Miteinander der Völker in Europa bestimmen. Vielmehr sollten die Staaten versuchen durch Verhandlungen den Frieden sicherer zu machen. Sie stritten deshalb für Abrüstung und gegen den Wahn der Menschen, dass Aufrüstung die Sicherheit der Staaten erhöhen könne.

M2 ■ Wilhelm II., der letzte deutsche Kaiser
(Gemälde von Max Koner, 1890)

M3 ■ Wilhelm II. über die Außenpolitik des Reiches am 3. Juli 1900:

Der Ozean ist unentbehrlich für Deutschlands Größe. Aber der Ozean beweist auch, dass auf ihm in der Ferne, jenseits von ihm, ohne Deutschland und ohne den Deutschen Kaiser, keine große Entscheidung mehr fallen darf. Ich bin nicht der Meinung, dass unser deutsches Volk vor dreißig Jahren unter Führung seiner Fürsten gesiegt und geblutet hat, um sich bei großen auswärtigen Entscheidungen beiseite schieben zu lassen. Geschähe das, so wäre es ein für allemal mit der Weltmachtstellung des deutschen Volkes vorbei und ich bin nicht gewillt, es dazu kommen zu lassen. Hierfür die geeigneten und, wenn es sein muss, auch die schärfsten Mittel anzuwenden, ist meine Pflicht.

(zitiert nach: E. Johann [Hg.], Reden des Kaisers. Ansprachen, Predigten und Trinksprüche Wilhelms II. München 1966, S. 89.)

M4 ■ In einem Vortrag sagte die Friedensnobelpreisträgerin Berta v. Suttner 1909:

Welches sind die Faktoren, die die Rüstungsschraube in Bewegung setzen? Sind es die Völker, die danach verlangen? Mitnichten! Der Anstoß, die Forderung kommt immer aus dem Kriegsministerium mit der bekannten Begründung, dass andere Kriegsministerien vorangegangen sind, und der zweiten Begründung, dass man von Gefahr und Feinden umgeben ist. Das schafft eine Atmosphäre der Angst, aus der heraus die Bewilligung erwachsen soll. Und wer ist tätig, diese Angst zu verbreiten? Wieder die militärischen Kreise. Die haben immer einen »unvermeidlichen« Krieg auf Lager, besonders einen solchen, »der im nächsten Frühjahr losgehen wird«. Kriegsparteien gibt es in jedem Lande; was diese äußern, wird von den Kriegsparteien der anderen Länder als die Willensmeinung der ganzen betreffenden Nation ausgegeben. Und die gegenseitigen Furcht- und Hassgefühle treiben die gemeinsame Schraube.

(G. Brinker-Gabler, Frauen gegen den Krieg. Frankfurt/M. 1980, S. 83 f.)

M5 ■ Im deutschen Reichstag fanden am 12. Juni 1900 Diskussionen über die deutsche Flottenpolitik statt

Abg. Sattler (Nationalliberale Partei):

Ich behaupte sogar [...], dass ein großer Teil der Ausgaben, welche für die Schaffung der Flotte gemacht werden, in die Taschen der deutschen Arbeiter fließen wird in Gestalt von guten Löhnen und dass der ganze deutsche Arbeiterstand auf das Lebhafteste daran interessiert ist, dass unser Außenhandel, unsere ganze wirtschaftliche Entwicklung nicht stillsteht, sondern weiter vorwärtsgeht, wozu die Schaffung der Flotte dienen soll.

Abg. Liebknecht (Sozialdemokratische Partei)

Es ist keine Flottenbegeisterung, es ist ein Flottenschwindel [...]. Die Flottenbegeisterung ist nicht von unten heraufgekommen. [Es ist klar, welche] Ziele die Flottenvorlage hat: die Stärkung des Militarismus und des Kapitalismus. [...] 5000 Millionen werfen wir ins Wasser für die Flotte, nach diesem Gespenst der Weltmachtspolitik und der Weltherrschaft, aber für das Elend vor unseren Türen haben wir kein Geld.«

(zitiert nach: A. Kuhn [Hg.], Deutsche Parlamentsdebatten, Bd. 1: 1871 – 1918. Frankfurt/Main 1970, S. 186 ff.)

?

1 ■ Stellt das Bild von Wilhelm II. als Standbild nach. Interpretiert das Bild und bringt es zum Sprechen.

2 ■ Deute die Karikatur M1 vor dem Hintergrund des Textes M4.

3 ■ Wechselseitige Aufrüstung vor dem Hintergrund des Gefühls von Angst und Bedrohung. Suche Beispiele aus der Gegenwart und informiere dich über die Hintergründe aktueller Aufrüstungstendenzen.

4 ■ Fasse M3 mit eigenen Worten zusammen. Welche Konsequenzen könnten sich aus den Überlegungen Wilhelms II. ergeben? Nimm dazu schriftlich Stellung.

5 ■ Führt ein Streitgespräch zwischen Berta v. Suttner und Wilhelm II. über die Flottenpolitik.

M1 ■ Kriegerdenkmal Ronnenberg bei Hannover

6.3 Symbole statt Sinn: Kriegerdenkmäler

Im Sommer 1914 begann ein Krieg, mit dem aufgrund seines Ausmaßes und Schreckens ein neues Kapitel in der Geschichte aufgeschlagen wurde. Alle europäischen Großmächte waren hochgerüstet und kriegsbereit. Der Krieg war lange Jahre vor Beginn in den Köpfen der meisten Menschen als Möglichkeit verankert und in den Köpfen der Kriegsstrategen schon vor Beginn immer wieder aufs Neue gewonnen worden. Der Beginn einer der »Urkatastrophen« unseres Jahrhunderts wurde von vielen Deutschen begeistert bejubelt: Viele Bilder zeigen lachende Soldaten, die unter Beifall der Bevölkerung in die Schlacht ziehen. Krieg galt als Mittel der Politik, aber auch als Entfaltungsmöglichkeit der »edelsten Tugenden des Menschen« (Helmuth v. Moltke). Mit Menschen waren natürlich hier Männer gemeint; verherrlicht wurde das männliche Soldatentum.

Fantasie und Realität

Doch die Wirklichkeit stellte sich anders dar. Vor dem Hintergrund überschäumender Freude, nationaler Überheblichkeit und dem Bewusstsein der eigenen Unschlagbarkeit entwickelte sich ein Kriegsalltag, der Schrecken, Sinnlosigkeit und Brutalität – insbesondere der Kämpfe an der Westfront – mit sich brachte. Die grausamste Kriegserfahrung bestand in massenhaftem Tod und Sterben. Dies war der deutlichste Gegenpol zu der Verherrlichung des Krieges.

Symbole statt Sinn

Die Sinnlosigkeit des Krieges wurde nahe der französischen Festung Verdun auf die Spitze getrieben. Für jeweils nur wenige Meter Geländegewinn töteten sich gegenseitig mehrere hunderttausend Soldaten. Die Gefallenen wurden zu Symbolgestalten verklärt. Ihrem Tod wurde nachträglich ein tieferer Sinn unterlegt: Er wurde als »Opfer« auf dem »Altar des Vaterlands« gedeutet, wurde zum »Heldentod für das Vaterland«, wie es in den Todesanzeigen dann hieß. Noch heute sind Kriegerdenkmäler aus der Zeit nach dem Ersten Weltkrieg steinerne Zeugen des Versuchs einem zutiefst sinnlosen Ereignis, dem Krieg, nachträglich einen höheren Sinn zu geben. In dem weltberühmten Roman »Im Westen nichts Neues« setzte der deutsche Schriftsteller Erich Maria Remarque der Sinnlosigkeit des Krieges ein literarisches Denkmal.

M2 ■ Denkmäler zur Erinnerung an den Krieg gibt es nicht nur in Deutschland. Das hier abgebildete steht in der französischen Stadt Arcachon. Die Inschrift heißt »ARCACHON / A SES ENFANTS / 1914–1918« (»Arcachon / Für seine Kinder / 1914 – 1918«)

M3 ■ Eines der wenigen Bilder, die die Realität des Krieges in brutaler Deutlichkeit zeigen: töten oder getötet werden. Im Schützengraben liegen deutsche Soldaten, die Angreifer sind französische Soldaten.

M4 ■ Inschrift auf einer Grabplatte in Ilten bei Hannover:

Den Söhnen unserer Gemeinde
im Kampf gegen eine Welt von Feinden
besiegelten sie ihre Treue mit dem Tode.
Treu gedenkt ihrer die Heimat,
in goldenen Lettern bewahrt
ihre Namen die Kirche.

Inschrift auf einem Denkmal in Katensen bei Hannover:

Den Gefallenen zum Gädächtnis
den kommenden Geschlechtern
zur Nacheiferung.
Es starben den Heldentod für ihr Vaterland (folgt Erwähnung der Namen)
Mit deutschem Mute, deutscher Tapferkeit und deutscher Treue haben sie ausgehalten bis zum letzten Atemzuge.

(zitiert nach: Gerhard Schneider, Kriegerdenkmäler als Geschichtsquellen. In: Hans-Jürgen Pandel/Gerhard Schneider [Hg.], Medien im Geschichtsunterricht. Düsseldorf 1985, S. 301.)

Kriegerdenkmäler als Geschichtsquellen

Eure historische Spurensuche sollte zunächst mit einer möglichst umfassenden Materialbeschaffung beginnen. Dazu könnt ihr eure Arbeit auf vier Gruppen aufteilen:

Gruppe 1 versucht über das Kulturamt der Stadt, vielleicht auch über die Bauämter im Kreis oder in der Gemeinde, die Standorte möglichst vieler Kriegerdenkmäler herauszufinden. Anschließend besichtigt die Gruppe die Denkmäler, kennzeichnet ihre Standorte auf einer Karte, fotografiert sie, zeichnet wichtige Teile des Denkmals und schreibt die Inschrift ab.

Gruppe 2 besucht das örtliche Gemeinde- oder Stadtarchiv und versucht möglichst viel über die Denkmäler in Erfahrung zu bringen: Planungs- und Baugeschichte, Finanzierung, Diskussion unterschiedlicher Entwürfe, Einweihungsveranstaltung.

Gruppe 3 informiert sich darüber, welche Bedeutung die Denkmäler heute noch haben: Erwähnung in der Lokalpresse, Veranstaltungen zum Volkstrauertag, Restaurierungen bzw. die Debatten darüber im Parlament.

Gruppe 4 befragt Menschen, die in der Nähe des Denkmals wohnen, zu: eigener Teilnahme an Veranstaltungen am Denkmal, persönlichem Bezug zum Denkmal, eigenen Erinnerungen am Kriegsgeschehen, Ideen für ein anderes Denkmal.

Bei der Auswertung solltet ihr darüber nachdenken, welche Funktion das Denkmal zur Zeit seiner Errichtung gehabt hat: Sollte es Krieg einen Sinn geben? Sollte es Helden »produzieren«? Wie wird es damals auf die Menschen gewirkt haben, die im Krieg ganz andere Erfahrungen gemacht hatten? Welche Bedeutung hat das Denkmal in unserer Zeit? Wie ist eure eigene Meinung dazu? Wie sollte man eurer Meinung nach heute mit dem Denkmal umgehen?

In Gruppen könnt ihr abschließend eigene Entwürfe für ein Denkmal entwerfen, das an Krieg erinnern soll. Außerdem könnt ihr probieren Denkmalinschriften umzuformulieren.

1 ■ Beurteilt die Aussage von Moltke, wonach Krieg die »edelsten Tugenden des Menschen« entfalten lässt.

2 ■ Diskutiert in Gruppen über die Frage, ob es sich bei der »Entfaltung im Krieg« um etwas typisch Männliches handelt.

3 ■ Informiere dich in der Schul- oder Stadtbibliothek über die Kämpfe bei Verdun.

4 ■ Nimm Stellung zu den Inschriften (M4).

M1 ■ **Diese Postkarte wurde am 8.3.1915 verschickt.**

6.4 »Im Felde unbesiegt ...«?

Der siegessicher 1914 begonnene Krieg endete im November 1918 mit einer bitteren Niederlage. Am 11. November unterzeichneten die deutschen Unterhändler den ihnen vorgelegten Waffenstillstandsvertrag, der allen Illusionen ein schnelles Ende bereitete. Deutschland musste die besetzten Gebiete sowie das linke Rheinufer räumen, die Armee sollte weit reichend entwaffnet werden, die Hochseeflotte wurde unter die Kontrolle der Sieger gestellt. Noch bis weit in das Jahr 1918 hatte die offizielle Kriegspropaganda noch ganz anders geklungen und viele Deutsche wollten ihr glauben: Dass durch immer neue Offensiven der Armee sich die Lage militärisch für Deutschland doch noch zum Guten wenden könne. Erst Ende September 1918 musste die Armeeführung die Unabwendbarkeit der Niederlage eingestehen; die *alliierten** Gegner sollten um Frieden und Waffenstillstand gebeten werden. Dies stellte sich für die deutsche Öffentlichkeit als ein Schock dar: Mit einem Schlag war die optimistische Erwartung auf einen nahen Sieg zusammengebrochen.

Leugnung der Niederlage

Viele Deutsche konnten sich nicht mit der veränderten Lage abfinden: Wie auf der Postkarte (M1) hatten sie sich das Ende des Krieges erträumt. Dass jetzt alles ganz anders gekommen war, konnten sie nur schwer ertragen. Dazu kam, dass nicht allein eine Niederlage in einer kriegerischen Auseinandersetzung zu verkraften war. Mit dem Ende des Ersten Weltkrieges war auch eine ganze Epoche, das Kaiserreich, zu Ende gegangen. Der Kaiser, viel umjubelter Kriegsherr, hatte sich ins Ausland abgesetzt; eine Revolution, ausgehend von Marinesoldaten, beendete im November 1918 den Krieg. Unruhen, Not und Hunger sowie völlig unklare Lebensperspektiven für die massenhaft zurückkehrenden Soldaten bestimmten die unmittelbare Nachkriegszeit. Dazu kamen größte Unsicherheiten hinsichtlich der Forderungen, die die Sieger gegenüber Deutschland stellen würden.

In dieser Situation war eine realistische Verarbeitung der Niederlage sowie die Erkenntnis der deutschen Mitverantwortung für den Kriegsbeginn sehr erschwert. »Im Felde« sei das deutsche Heer letztlich unbesiegt geblieben, hieß es bald darauf in Deutschland. Friedens- und verständigungsbereite Politiker hätten Deutschlands Niederlage erst herbeigeführt. Der Friedensvertrag von Versailles wurde von den allermeisten Deutschen als »Diktatfrieden« bezeichnet und abgelehnt. Er brachte große Gebietsverluste für das Reich, weit gehende *Entmilitarisierung** sowie außerordentlich hohe Geldforderungen zur Wiedergutmachung der entstandenen Kriegsschäden *(Reparationen*)*. Neue Feindbilder, insbesondere von Frankreich, entstanden. An eine friedliche europäische Entwicklung war unter diesen Bedingungen nur schwer zu denken.

M2 ■ **Unter der Überschrift »Deutschlands Verstümmelung« wurden Schülerinnen und Schüler 1928 über die Ergebnisse des Versailler Vertrages informiert.**

M3 ■ Der Reichstagsabgeordnete E. Bassermann über den Krieg (1915)

Gewaltig, wie der Krieg ist, ungeheuer, wie die Blutopfer sind, die gebracht werden müssen, so reich müssen auch die Früchte sein, die uns diese blutige Saat bringt. Von einer Politik, die an eine Wiederherstellung des Zustandes vor dem Krieg denkt, kann nicht die Rede sein. So gewaltige Erschütterungen, wie sie heute die europäische Welt durchlebt, müssen entsprechende Umwälzungen bringen. Der Sieger, der in Millionen seiner besten Söhne sein Leben einsetzt für das Vaterland, will aus dem Kriege ein größeres und stärkeres Reich heimbringen, die Sicherung der Zukunft gegen neuen frevelhaften Krieg. Man möge sich in die Seele unserer Feinde versetzen, man möge sich erinnern an das, was uns angekündigt worden war; was würde aus Deutschland geworden sein, wenn es dem feindlichen Ansturm gelungen wäre, uns niederzuwerfen?

(zitiert nach: Wilhelm Stöckle [Hg.], Das deutsche Kaiserreich. Ansichtskarten und Texte aus der wilhelminischen Zeit 1888–1918. Stuttgart 1985, S. 52.)

M4 ■ In einem Abituraufsatz von 1939 heißt es über den Versailler Vertrag:

Am 18. Januar 1919: Wieder steht das deutsche Volk im Spiegelsaal zu Versailles. Aber auch Vertreter der ganzen Welt sind hier zusammengekommen, um über Deutschland zu richten. Hass glüht aus ihren Gesichtern. […] Die Freiheit und Ehre einer kraftvollen Nation, ihr kühnes Leben und kraftvolles Wirken soll für immer aus der Welt verschwinden. In Schmach und Schande, Knechtung und Versklavung soll ein ganzes Volk dahinsiechen. […] Das Wort Versailles senkt einen abgrundtiefen Hass in die Seele deutscher Menschen, in ihnen wächst der Wille zum Widerstand gegen Versailles. Sie wollen das deutsche Volk von dieser Fessel befreien, allen voran der Gefreite des Weltkrieges, Adolf Hitler.

(zitiert nach: Wolfram Lietz, Reifeprüfung. In: Geschichte lernen 24/1991, S. 34.)

1 ■ Erkläre: Warum war das Jahr 1918 für die deutsche Geschichte ein besonders tiefer Einschnitt?

2 ■ Überlege, warum es für viele Deutsche schwer war, die Niederlage zu akzeptieren. Lies dazu auch M3.

3 ■ Informiere dich noch einmal in Kapitel 2 über das Kaiserreich, welche Bedeutung der Kaiser für viele Deutsche hatte. Denke vor diesem Hintergrund darüber nach, was das Ende der Monarchie für die meisten Deutschen bedeutete.

4 ■ Vergleiche M1 und M2. An welchen Stellen kann man bei M3 sehen, dass Deutschland eine Niederlage niemals akzeptieren würde?

5 ■ Stelle zusammen, welche Gebiete Deutschland (und nicht Österreich) infolge des Versailler Vertrages abtreten musste.

6 ■ Schreibe aus heutiger Sicht einen Kommentar zu dem Abituraufsatz M4.

M1 ■ **Deutsche Propagandamarke am Ende des Ersten Weltkrieges**

6.5 Vom Schlachtfeld zur Nachbarschaft – Der Völkerbund

Der als Diktat empfundene Vertrag von Versailles, die bedrückenden Lasten der *Reparationen** und große Gebietsverluste waren nicht geeignet in Deutschland eine Stimmung des Ausgleichs und friedlichen Miteinanders in Europa zu fördern. Im Versailler Vertrag (Artikel 231) hieß es dazu, dass »Deutschland und seine Verbündeten als Urheber (des Krieges) für alle Schäden und Verluste verantwortlich« seien, die deren Kriegsgegner erlitten hätten. Alle politischen Kräfte in Deutschland setzten sich in der Folgezeit das Ziel, die als entwürdigend empfundenen Bestimmungen des Versailler Vertrages aufzuheben.

Der Völkerbund: die Idee

Auf Grundlage eines Vorschlages des amerikanischen Präsidenten Wilson wurde 1920 eine neue Einrichtung ins Leben gerufen, durch die in Zukunft der Frieden zwischen den Völkern in Europa und der Welt gesichert werden sollte: der Völkerbund. Damit wurde zum ersten Mal in der Geschichte der Versuch gemacht alle Staaten Europas, aber auch der ganzen anderen Welt, in ein System gemeinsamer Sicherheit einzubinden. Allerdings wurden die besiegten Staaten und insbesondere Deutschland zunächst nicht aufgenommen. Auch die Vereinigten Staaten, obgleich von ihnen der Vorschlag kam, traten nicht bei. Trotzdem konnten Politiker wie der französische Außenminister Aristide Briand und der deutsche Außenminister Gustav Stresemann in den 20er-Jahren im Rahmen einer europäischen *Verständigungspolitik** Fortschritte für Frieden und Sicherheit in Europa erreichen. Die wichtigsten europäischen Staaten verpflichteten sich 1925 in den Verträgen von Locarno ihre Grenzen als unverletzlich anzuerkennen und zukünftig alle Streitigkeiten friedlich zu regeln. Auf dieser Grundlage wurde Deutschland 1926 in den Völkerbund aufgenommen.

... und die Wirklichkeit

Aber in Deutschland fand die Politik der Verständigung mit den europäischen Nachbarn keinen großen Widerhall. Wie in den anderen Staaten Europas war die Fähigkeit zum Kompromiss, zum friedlichen Miteinander wenig ausgeprägt. Insbesondere die Rechtsparteien in Deutschland hetzten gegen den Gedanken der Verständigung mit den europäischen Nachbarn. Zudem war der Europagedanke in der Bevölkerung nur sehr schwach verwurzelt. Zwar gab es auf politischer Ebene erfreuliche Fortschritte: 1928 wurde im Rahmen des Briand-Kellog-Paktes (benannt nach dem französischen und dem amerikanischen Außenminister) von 54 Staaten, unter anderem Frankreich, Deutschland, Großbritannien und den USA, der Krieg als Werkzeug der internationalen Politik geächtet. 1930 regte der französische Außenminister die Bildung einer »Europäischen Föderalen Union« an, auf deren Grundlage alle europäischen Staaten, ausgenommen der sowjetische und türkische, eine »Europäische Konferenz« bilden sollten. Ziele dieser Union sollten die weitere Sicherung des Friedens in Europa sowie die langfristige Schaffung eines gemeinsamen Marktes sein.

Gegen diese Zeichen für eine positive Entwicklung stand ein Anwachsen des Nationalismus in ganz Europa. Insbesondere den Deutschen galt der Völkerbund eher als Instrument der Einschränkung oder Behinderung nationaler Interessen. Rechtsparteien, insbesondere die Partei Hitlers, verunglimpften die Verständigungspolitik. Die Suche nach dem Kompromiss galt als Schwäche; nur eine Abwendung von der Verständigungspolitik konnte dieser Meinung nach Deutschland wieder zu alter Stärke und Macht führen. Viele Deutsche folgten diesen Gedanken. Als Deutschland nach der Machtübernahme Hitlers Ende 1933 aus dem Völkerbund austrat, stimmten in einer darüber durchgeführten Volksabstimmung 95 % dafür. Die europäische Verständigungspolitik hatte ein Ende gefunden.

M2 ■ Deutschlands Aufnahme in den Völkerbund

Der Chefdolmetscher der deutschen Reichsregierung, Paul Schmidt, berichtet in seinen Erinnerungen über die Aufnahme Deutschlands in den Völkerbund. Stresemann sagte dabei in seiner ersten Rede vor diesem Gremium:

Es kann nicht der Sinn einer göttlichen Weltordnung sein, dass die Menschen ihre nationalen Höchstleistungen gegeneinander kehren und damit die allgemeine Kulturentwicklung immer wieder zurückwerfen. […] Deutschland wünscht mit allen Nationen, die im Rate des Völkerbundes vertreten sind, auf der Grundlage gegenseitigen Vertrauens zusammenzuarbeiten.

Ihm antwortete Aristide Briand:

Was bedeutet nun dieser heutige Tag für Deutschland und für Frankreich? Es ist jetzt Schluss mit jener langen Reihe schmerzlicher und blutiger Auseinandersetzungen, die die Seiten unserer Geschichte beflecken, es ist Schluss mit dem Krieg zwischen uns, Schluss mit den langen Trauerschleiern, keine Kriege, keine brutalen Gewaltlösungen soll es von jetzt ab mehr geben. Ich weiß, dass Meinungsverschiedenheiten zwischen unseren Ländern auch heute noch bestehen, aber in Zukunft werden wir sie genauso wie die Einzelpersonen vor dem Richterstuhl in Ordnung bringen. Deshalb sage ich: Fort mit den Gewehren […]! Freie Bahn für die Versöhnung, die Schiedsgerichtsbarkeit und den Frieden.

(Paul Schmidt, Statist auf diplomatischer Bühne. Bonn 1949, S. 116 ff.)

M3 ■ Aus der Satzung des Völkerbundes

Art. 8: Nationale Abrüstung bis zu einem Minimum, das mit der nationalen Sicherheit und internationalen Aufgaben vereinbar ist.

Art. 12: Ein Streit zwischen Mitgliedern, der den Frieden gefährdet, ist einem Schiedsgericht vorzulegen.

Art. 13: Die Mitglieder haben die dort getroffenen Entscheidungen anzuerkennen und zu verwirklichen.

Art. 16: Ein Mitglied, das einen Krieg beginnt, befindet sich automatisch im Krieg mit allen Mitgliedsstaaten des Völkerbundes. Neben der Ausübung moralischen Drucks sollen die Mitglieder die Handels- und Wirtschaftsbeziehungen mit dem Angreifer abbrechen. Sie verpflichten sich ihren Staatsangehörigen alle Beziehungen zu den Staatsangehörigen des vertragsbrüchigen Staates zu untersagen und alle finanziellen, Handels- und persönlichen Verbindungen zwischen den Staatsangehörigen dieses Staates und jenes anderen Staates […] abzuschneiden.«

(Europäisches Geschichtsbuch. Stuttgart 1992, S. 330.)

M4 ■ Karikaturen von Arpad Schmidhammer über Anspruch und Wirklichkeit des Völkerbundes.

1 ■ Welche Auswirkungen kann die Propagandamarke (M1) haben? Entwirf eine Marke, die für den Gedanken der Verständigung wirbt.

2 ■ Nenne die Ziele des Völkerbundes. Wie sollten sie durchgesetzt werden?

3 ■ Beurteile, ob die Mittel des Völkerbundes ausreichten um Kriege zu verhindern?

4 ■ Informiere dich über die Ziele der Vereinten Nationen (UNO). Wo gibt es Unterschiede, wo Gemeinsamkeiten zum Völkerbund?

5 ■ Was will der Karikaturist mit seiner Zeichnung über den Völkerbund ausdrücken (M4)? Gehe in eine Bibliothek und suche dort aktuelle Karikaturen über die UNO. Vergleiche.

M1 ■ Bundeskanzler Brandts Kniefall vor dem Mahnmahl im Warschauer Ghetto, 1970

6.6 Versöhnung mit den Nachbarn

Wohl an keinem anderen Land lassen sich die Auswirkungen der europäischen Unfriedlichkeit so eindringlich zeigen wie an dem Schicksal unseres Nachbarn im Osten: Polen. Während des ganzen 19. Jh. war Polen als selbstständiger Staat verschwunden. Aufgeteilt zwischen den Großmächten Preußen, Russland und Österreich, verlor Polen 1795 seine staatliche Unabhängigkeit. Erst durch den Versailler Vertrag wurde Polen 1919 wieder selbstständig.

1939 wurde Polen als erster Staat von Hitler-Deutschland überfallen, nachdem sich vorher Deutschland und die Sowjetunion über die Abgrenzung ihrer Interessen in Polen geeinigt hatten. Polen wurde damit praktisch ein weiteres Mal geteilt. Es begann für das polnische Volk ein grausamer Leidensweg. Fast 6 Millionen Polen, unter ihnen fast alle polnischen Juden fielen Unterdrückung, Vernichtung, Vertreibung oder Kriegsgeschehen zum Opfer.

Aus Gegnern werden Nachbarn

Nach dem Zweiten Weltkrieg sollte Polen nach dem Willen der *Alliierten** wieder seine Eigenstaatlichkeit erhalten. Durch die Beschlüsse der *Potsdamer Konferenz** wurde Polen allerdings »nach Westen verschoben«. Für Millionen Deutsche begann jetzt die Ausweisung. Erst Jahrzehnte nach Kriegsende gelang es Polen und Deutschen, sich über die alten Gräben der Feindschaft hinweg die Hände zu reichen. Eine neue »Ostpolitik« unter dem damaligen Bundeskanzler Willy Brandt machte dafür den Weg frei. 1970 wurde zwischen der Bundesrepublik und Polen ein Vertrag geschlossen, der das Verhältnis der beiden Staaten zueinander »normalisieren« sollte. Dazu gehörte als wichtigstes Element, dass insbesondere die polnische Westgrenze von Deutschland als unverletzlich anerkannt wurde. Diese Entscheidung war in der Bundesrepublik sehr umstritten, da damit auch alte Ansprüche auf ehemalig deutsche Gebiete aufgegeben wurden. Trotzdem legte der Vertrag von Warschau eine gute Grundlage für die Verständigung der Völker. Inzwischen gibt es zahlreiche Kontakte zwischen Polen und Deutschen. Jugendgruppen und Schulklassen besuchen sich gegenseitig. Das Verhältnis zwischen Polen und Deutschen im Rahmen eines friedlichen Europas beginnt sich zu normalisieren.

Die deutsch-französische Freundschaft

Die »Erbfeindschaft« zwischen Frankreich und Deutschland hatte jahrhundertelang immer wieder zu Hass und blutigen Auseinandersetzungen geführt. Zwar waren nach dem Ersten Weltkrieg verantwortliche Politiker bemüht das Verhältnis zwischen Deutschland und Frankreich zu verbessern. Ein wieder erstarkter deutscher Nationalismus machte alle diese Pläne zunichte. Erst die Zeit nach dem Zweiten Weltkrieg brachte eine grundsätzliche Änderung. Deutschland hatte den Krieg verloren und wurde von den Siegermächten besetzt. Zu dieser Zeit war an eine eigenständige Außenpolitik Deutschlands nicht zu denken. Auch die 1949 gegründete Bundesrepublik durfte zunächst keine selbstständige Außenpolitik betreiben. Schritt für Schritt bemühte sich der erste deutsche Bundeskanzler, Konrad Adenauer, die Handlungsfähigkeit der Bundesrepublik zu erweitern. Vor dem Hintergrund des sich zuspitzenden *Ost-West-Konfliktes** stand die Einbindung der Bundesrepublik in den Westen im Mittelpunkt. Zentrale Bedeutung hatte dabei für ihn die Versöhnung mit Frankreich. Ein wichtiger Anstoß zur Überwindung des deutsch-französischen Gegensatzes kam von dem französischen Außenminister Robert Schumann. Er sah eine Möglichkeit zur Überwindung des Gegensatzes zwischen Deutschland und Frankreich in der Förderung der wirtschaftlichen Zusammenarbeit. Schumann schuf damit eine wichtige Grundlage für die europäische Einigung. Der Wunsch nach Aussöhnung wurde durch eine enge Freundschaft zwischen dem französischen Staatspräsidenten Charles de Gaulle und Adenauer bekräftigt. Höhepunkt dieses Bemühens war der Abschluss eines Vertrags über die deutsch-französische Zusammenarbeit 1963, ein Freundschaftsvertrag, der neben der politischen Verständigung insbesondere Begegnungen zwischen den Jugendlichen beider Länder fördert.

M2 ■ Auszug aus dem geheimen Zusatzprotokoll zum Nichtangriffspakt zwischen dem Deutschen Reich und der Sowjetunion von 1939

Für den Fall einer [...] Umgestaltung der zum polnischen Staate gehörenden Gebiete werden die Interessensphären Deutschlands und der UdSSR ungefähr durch die Linie der Flüsse Narew, Weichsel und San abgegrenzt.

(zitiert nach: Europa-Archiv 2/1947, S. 1043 f.)

M3 ■ Auszug aus dem Potsdamer Abkommen von 1945

Vom 17. 6.–2. 8. 1945 tagten in Potsdam die Siegermächte des 2. Weltkrieges. Dabei beschlossen die USA, die UdSSR und Großbritannien:

Die Häupter der drei Regierungen bekräftigen ihre Auffassung, dass die endgültige Festlegung der Westgrenze Polens bis zu der Friedenskonferenz zurückgestellt werden soll.

Die Häupter der drei Regierungen (der USA, Sowjetunion und Großbritannien) stimmen darin überein, dass bis zur endgültigen Festlegung der Westgrenze Polens, die früher deutschen Gebiete östlich der Linie, die von der Ostsee unmittelbar westlich von Swinemünde und von dort die Oder entlang bis zur Einmündung der westlichen Neiße und die westliche Neiße entlang bis zur tschechoslowakischen Grenze verläuft, einschließlich des Teils Ostpreußens, der nicht unter die Verwaltung der Union der Sozialistischen Sowjetrepubliken gestellt wird, und einschließlich des Gebietes der früheren Freien Stadt Danzig, unter die Verwaltung des polnischen Staates kommen und in dieser Hinsicht nicht als Teil der sowjetischen Besatzungszone in Deutschland betrachtet werden sollen.

(Zur Deutschlandpolitik der Anti-Hitler-Koalition, Dokumentation. Berlin 1968, S. 90.)

M4 ■ Konrad Adenauer und Charles de Gaulle, 1963

M5 ■ Aus dem Vertrag über die »Grundlagen der Normalisierung der gegenseitigen Beziehungen« zwischen Deutschland und Polen:

Art. 1

1. Die Bundesrepublik Deutschland und die Volksrepublik Polen stellen übereinstimmend fest, dass die bestehende Grenzlinie, deren Verlauf im Kapitel IX der Beschlüsse der Potsdamer Konferenz vom 2. August 1945 [...] festgelegt worden ist, die westliche Staatsgrenze der Volksrepublik Polen bildet.

2. Sie bekräftigen die Unverletzlichkeit ihrer bestehenden Grenzen jetzt und in der Zukunft und verpflichten sich gegenseitig zur uneingeschränkten Achtung ihrer territorialen Integrität [Unverletzlichkeit des Gebietes].

3. Sie erklären, dass sie gegeneinander keinerlei Gebietsansprüche haben und solche auch in Zukunft nicht erheben werden.

(Presse und Informationsamt der Bundesregierung. Der Vertrag zwischen der Bundesrepublik Deutschland und der Volksrepublik Polen. Bonn 1970, S. 7 f.)

M6 ■ Der französische Außenminister Robert Schumann, 1950

Die Vereinigung der europäischen Nationen erfordert, dass der jahrhundertealte Gegensatz zwischen Frankreich und Deutschland ausgelöscht wird. Das begonnene Werk muss in erster Linie Deutschland und Frankreich erfassen. [...] Die französische Regierung schlägt vor die Gesamtheit der französisch-deutschen Kohle- und Stahlproduktion unter eine gemeinsame oberste Aufsichtsbehörde zu stellen. [...] Die Solidarität der Produktion, die so geschaffen wird, wird bekunden, dass jeder Krieg zwischen Frankreich und Deutschland nicht nur undenkbar, sondern materiell unmöglich ist.«

(zitiert nach: J. Schwarz [Hg.], Der Aufbau Europas. Bonn 1980, S. 108.)

1 ■ Verschaffe dir mithilfe einer Atlaskarte einen Überblick, welche Gebiete das Potsdamer Abkommen anspricht.

2 ■ Informiere dich über die wechselvolle Geschichte Polens (zum Beispiel im IGL-Buch 2, Kap. 18). Halte die Veränderungen der staatlichen Grenzen Polens in einer Kartenfolge fest.

3 ■ Erkläre, warum der »Warschauer Vertrag« in Deutschland umstritten war.

4 ■ Erläutere die Motive der deutschen und der französischen Seite für die Zusammenarbeit. Gibt es Unterschiede? Begründe.

5 ■ Sammle Informationen über das heutige Polen. Gestalte zusammen mit einer Gruppe eine kleine Ausstellung.

6 ■ Erkundet, ob euer Wohnort oder ein Ort in eurer Nähe mit einer französischen oder einer polnischen Stadt eine Partnerschaft eingegangen ist. Wie pflegen die Städte die Partnerschaft?

6.7 Kontakte: Ein Weg zum friedlichen Miteinander

Die erste Hälfte des 20. Jh. stand Europa im Zeichen von Krieg und unversöhnlichem Gegeneinander. Zeiten der Versöhnungsbereitschaft waren selten; praktische Versuche, wie etwa mit dem Völkerbund, zu einem friedlichen Ausgleich zu kommen, scheiterten an nationalistischem Wahn. Erst das schreckliche Ende des Zweiten Weltkrieges schien den Menschen in Europa klargemacht zu haben, dass nur ein gemeinsamer europäischer Weg eine Zukunft in Sicherheit und Freiheit möglich machte. Erschwert wurde dieser Weg durch den »Kalten Krieg« und die Spaltung der Welt und insbesondere Europas in zwei Lager. Der *Ost-West-Konflikt* sollte das friedliche Miteinander der Völker ein weiteres Mal erschweren.

Schritte zur europäischen Integration

Schon wenige Jahre nach Ende des Zweiten Weltkrieges begann eine politische Annäherung der Länder Westeuropas, die ihren ersten Höhepunkt 1948 mit der Gründung des Europarates fand. In diesem Bund schlossen sich zunächst zehn europäische Länder zusammen. Hauptziele waren die Verteidigung der parlamentarischen Demokratie und der Schutz der Menschenrechte. Nur wer sich zu diesen Zielen bekannte, konnte und kann Mitglied des *Europäischen Rates** werden. Verstößt ein Staat gegen die Menschenrechte, kann der *Europäische Gerichtshof** angerufen werden.

Öffnung nach Osten

Mit dem Fall des »*Eisernen Vorhangs*«* seit Ende der 80er-Jahre haben sich die Voraussetzungen für eine friedliche Entwicklung in Europa deutlich verändert. Möglichkeiten für Kontakte zwischen Jugendlichen haben sich vervielfacht. Viele Schulen pflegen Partnerschaften mit Schulen in anderen europäischen Ländern. Besonders wichtig und interessant sind dabei Kontakte zu den Ländern, die bis zum Ende der 80er-Jahre hinter dem »Eisernen Vorhang« lagen. Gerade hier wird es darauf ankommen, dass durch persönliche Begegnungen alte *Feindbilder** abgebaut werden.

M1

Mutter Europa und ihre Kinder

Projektvorschlag: Kontakte zu Schulklassen in Europa

Zu lange haben sich die europäischen Völker in Schützengräben gegenübergestanden; heute gilt es, jede Chance für Verständigung zu nutzen. Am besten wäre es natürlich, wenn eure ganze Klasse einen Schüleraustausch mit einer Klasse in einem anderen europäischen Land machen würde. Leider ist das nicht immer möglich. Aber es gibt für eine Klasse noch viele andere Möglichkeiten. Zunächst braucht man dafür natürlich Adressen von anderen Klassen. Dabei hilft euch sicher eure Lehrerin. Falls ihr es selbst probieren wollt: Das Kultusministerium eures Bundeslandes ist der geeignete Ansprechpartner. (Adresse und Telefonnummer erfahrt ihr über die Schulleitung.) Was kann man jetzt tun?

M2 ■ Eurogames in Wittmund/Niedersachsen. Im Mai 1994 fand ein Fest für 2000 Schülerinnen und Schülern aus sechs Ländern statt.

1. Brieffreundschaften schließen

Wichtig ist der erste Kontakt. Dazu müsst ihr euch überlegen, wie ihr euch als Klasse/Gruppe vorstellen wollt. Was sollen die anderen über euch und eure Situation erfahren? Aber auch: Was interessiert euch bei den anderen? Um euch vorzustellen, könnt ihr auch mit dem Medium »Foto« arbeiten.

2. Hörkassetten austauschen

Lebendiger als ein Brief kann eine von Einzelnen oder der ganzen Klasse gestaltete Hörkassette sein. Dazu solltet ihr zunächst Vorschläge sammeln, wie ihr euch über dieses Medium präsentieren wollt. Sinnvoll ist sicher ein grobes Drehbuch. Denkt auch daran, dass ihr eure Lieblingsmusik vorstellen solltet. Interessanter übrigens wirkt der Hörbrief, wenn die Einzelbeiträge nicht vorgelesen, sondern »frei« gestaltet werden.

3. Videokassetten austauschen

Sind die technischen Möglichkeiten vorhanden, bietet sich die Kontaktaufnahme über eine Videoaufnahme an. Ihr könnt damit eure Schule vorstellen, euch selber, euren Heimat- oder Schulort, aber auch Einzelne bei ihren Hobbys. Die Möglichkeiten sind fast unbegrenzt. Denkt aber daran, euch über das gebräuchlichste jeweilige Videosystem des Landes zu informieren. Sonst klappt die Sache nicht.

4. Faxen

In vielen Schulen gibt es Fax-Geräte. Dieses Gerät ermöglicht schnelle und direkte Kontaktaufnahme mit einer ausländischen Klasse (sofern die Kontaktschule ebenfalls über ein Fax-Gerät verfügt). Informiert euch bei der Schulleitung über die Möglichkeiten, die es in eurer Schule gibt.

5. Internet nutzen

Die modernste Möglichkeit der Kontaktaufnahme ist sicher die Nutzung elektronischer Datenbahnen wie etwa des Internets. Vielleicht sind ja in eurer Klasse Computerfachleute, die euch weiterhelfen können. Im Übrigen gibt es bei der Telekom Informationsmaterial, möglicherweise auch bei den regionalen Bildstellen.

6. Päckchen packen

Eine interessante Idee besteht darin, dass eine Klasse sich überlegt, einer Partnerschaftsklasse ein Päckchen zu schicken. Darin befinden sich Dinge aus dem Alltag, die für das Leben der Jugendlichen typisch sind. Möglich ist es, diese Päckchen bestimmten Themen zuzuordnen wie Weihnachten, Freizeit oder Disko.

1 ■ Erkunde, ob es Schulen in der näheren Umgebung gibt, die Kontakte mit Schulen in anderen europäischen Ländern haben.

2 ■ Ordne den Kindern in der Karikatur ihrer Herkunftsländer zu. Was will der Karikaturist mit der Zeichnung ausdrücken?

3 ■ Informiert euch beim Kultusministerium über Möglichkeiten, an Adressen von Klassen in europäischen Nachbarländern heranzukommen.

7 Was hilft der Dritten Welt?

Zeitungsmeldungen der letzten Jahre:

»**Ein verlorenes Jahrzehnt.** – Entwicklung in der Dritten Welt nicht vorangekommen!« (8. 10. 1990)

»**Arme werden immer ärmer.** Kluft zwischen reichen und armen Nationen der Welt wird immer größer. In den vergangenen 30 Jahren hat sich der Einkommensunterschied zwischen den reichsten und ärmsten Ländern verdoppelt. Die reichsten Nationen haben heute ein 150-mal höheres Einkommen als die ärmsten Länder.« (28. 4. 1992)

»**Asien bleibt das größte Armenhaus der Erde.** Asien beherbergt etwa 50 % der Armen der Welt, obgleich die Länder Asiens mit jährlich 7 % weltweit die höchsten Wirtschaftswachstumsraten erzielten!« (Juli 1992)

»**Warnung vor Konsum:** Der Konsum der 1,2 Milliarden Menschen des Nordens entspricht dem von 24 Milliarden Menschen in den Entwicklungsländern.« (19. 1. 1994)

M2 ■ Nigeria 1974: Erdölboom

- Hilft Rohstoffreichtum?
- Hilft das Wissen der Industrieländer?
- Hilft Geld?

M3 ■ Nigeria 1994: Arbeitslose Jugendliche (Lagos)

M1 ■

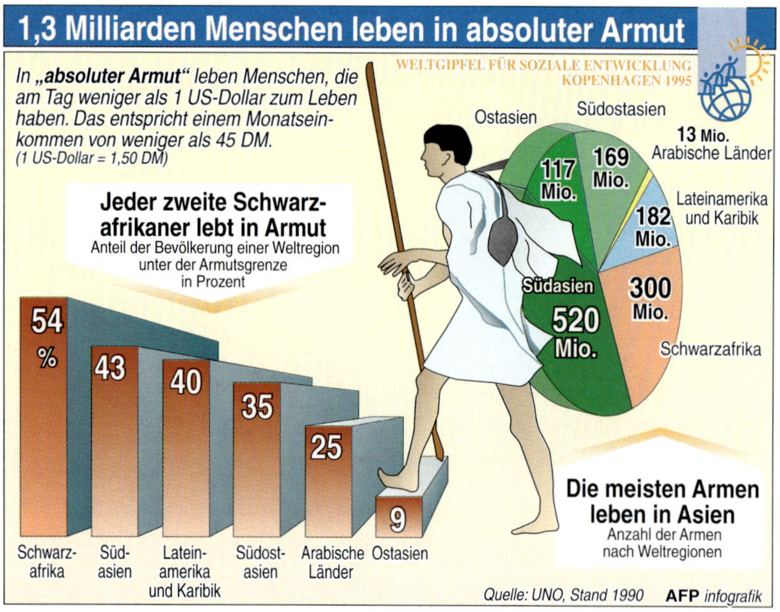

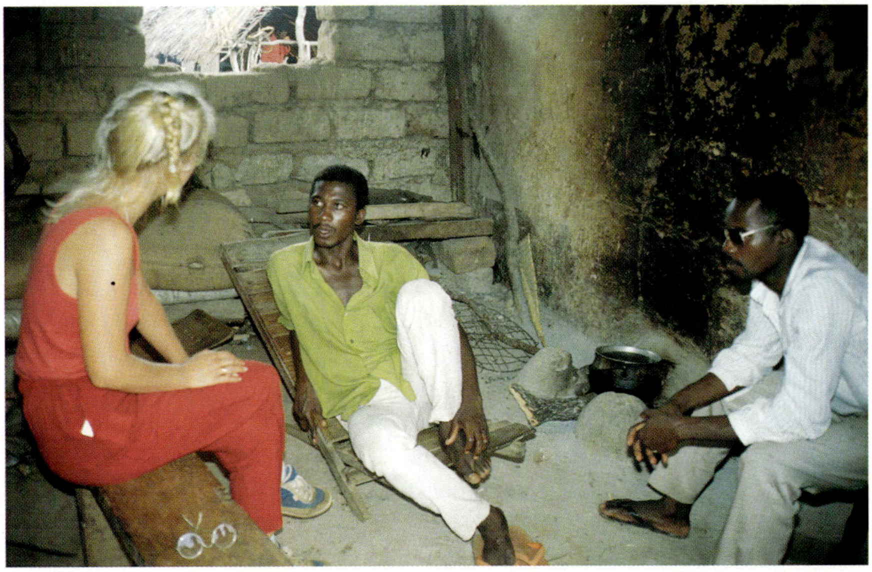

M4 ■ **Deutsche Agraringenieurin bei der Beratung von Bauern in Ghana.**

In diesem Kapitel sollt ihr euch

- ▶ mit einigen zentralen Entwicklungsproblemen auseinander setzen, z. B. mit der Verschuldung armer Länder bei den Reichen, mit ungleicher Besitzverteilung und bedrückender Jugendarbeitslosigkeit.
- ▶ mit Lösungsversuchen vertraut machen: mit Entwicklungshilfe durch die Industrieländer und mit den eigenen Anstrengungen der Betroffenen, etwa einer Landreform oder gemeinsamen Initiativen vor allem von Frauen, in selbst organisierten Gruppen ihre Not zu bekämpfen.
- ▶ Eure Erkenntnisse könnt ihr über eigene Recherchen erweitern und dann in einem interessanten Referat zur Diskussion stellen.

M5 ■ **Frauenförderung durch zinslose Kleinkredite.**

7.1 Wohlstand auf Pump?

Familie Otto hat sich schon immer ein eigenes Haus gewünscht. Als einfache Arbeitnehmer verdienen sie zu wenig sich ihren Traum zu erfüllen. Da springt ihnen die Bausparkasse mit einem verlockenden Finanzierungsangebot bei. Bedenken wischen die Banker rasch vom Tisch. Sparsam bei den Nebenkosten, würden sie ihre Belastung durch den Wegfall der Miete aufbringen können.

1979–1981 verdoppeln sich, von niemandem vorhergesehen, die Erdölpreise. Die Heizkosten steigen drastisch. Dem ➠ *»Ölpreisschock«** folgte eine ➠ *Rezession** der Wirtschaft. Otto muss kurzarbeiten. 1981 läuft der günstige Kreditvertrag aus. Der neue Vertrag sieht 12 % Zinsen vor. Die monatliche Rate steigt von 660 DM auf 1080 DM. Otto erhält nur noch 1430 DM Kurzarbeitergeld im Monat. Anfang 1982 verliert Frau Otto ihre Arbeit. Nun nehmen die Ottos einen Kredit bei einem zwielichtigen Vermittler auf, um ihre monatlichen Raten für das Haus weiter bezahlen zu können. Zinssatz: 18 %.

M1 ■ Aber gut anlegen – und nicht verjubeln!

Ölpreisschock: Massive Erhöhung des Rohölpreises durch die nahöstlichen Erdölproduzenten 1973 und 1981.

Rezession: Verminderung der wirtschaftlichen Wachstumsgeschwindigkeit.

Petro-Dollar: Begriff für die Einnahmen der Erdöl exportierenden Länder in US-Dollar.

Entwicklung durch Verschuldung?

Wie die Ottos, so werden auch die Länder der Dritten Welt Opfer der Ölpreiserhöhung, soweit sie Öl importieren. Die Öl exportierenden Länder haben hingegen ganz andere Probleme. Es fließen weitaus mehr Dollarmilliarden in ihre Kassen, als sie ausgeben können. Daher suchen sie profitable Anlagemöglichkeiten in aller Welt. Sie kaufen Aktien bekannter deutscher Autokonzerne und sie investieren in aufstrebenden Ländern der Dritten Welt – z. B. in Brasilien oder Mexiko.

Diese als wohlhabend angesehenen Entwicklungsländer lassen sich von Fachleuten aus den Industrieländern beraten, wie sie die ihnen angebotenen ➠ Petro-Dollar am günstigsten anlegen können. Diese raten ihnen zu riesigen Straßenbau-, Staudamm- oder Industrieprojekten. Das schaffe Arbeitsplätze und günstige Voraussetzungen für die Exportwirtschaft. Die Kredite sollen dann später aus den Exportgewinnen zurückgezahlt werden, ganz einfach sei das.

Ursache der Verschuldung

Es scheint sich bei den Krediten lediglich um ein Rechenexempel zu handeln. Doch die Wirklichkeit hat mit den Berechnungen der Experten aus den Industrieländern oft nicht viel zu tun: In einer Wirtschaftskrise sinkt die Nachfrage nach Rohstoffen. Verfolgen dann noch viele Länder die gleiche Exportstrategie, sind die Exporte kaum mehr absetzbar. Durch das Überangebot sinken die Preise. Steigen dann auch noch die Zinsen, wie in den 80er-Jahren geschehen, stehen wachsende Zahlungsverpflichtungen sinkenden Exporteinnahmen gegenüber. Dann müssen neue Kredite zu hohen Zinsen aufgenommen werden, um die alten zu bezahlen. Nicht genug damit: Der Aufbau der geplanten Projekte ist von Importen an Materialien, Maschinen und Ausrüstungen aus den Industrieländern abhängig. Dort wird dann die Konjunktur angeregt, dorthin fließt ein Teil der Kreditsumme, ohne dass im Entwicklungsland auch nur ein einziger US-Dollar für die Rückzahlung erwirtschaftet worden wäre. Die geliehenen Milliarden wie die wachsenden Schulden ziehen ganz unterschiedliche Folgen für die Menschen nach sich.

M2 ■ Ohne Worte ...

M3 ■ Das Beispiel Brasiliens

Elf Großprojekte »pharaonischen Ausmaßes« wurden in den 70er-Jahren auf den Weg gebracht, finanziert durch Auslandskredite. Ein besonderer Anreiz für Investoren: In Brasilien gab es keine Streiks, keine Lohnerhöhungen, keine freien Wahlen.

Carajas als Beispiel: 18 Mrd. t Eisen, 40 Mrd. t Bauxit, 60 Mrd. t Mangan sollten durch Investitionen von 30 Mrd. $ erschlossen werden. Durchführende waren amerikanische, deutsche und japanische Konzerne, die durch Subventionen, Steuerbefreiung und Gewinnexport geködert wurden. Ziel: die Exporte zu steigern und den Ausbau der eigenen Industrie für Exporte voranzutreiben.

(nach: Nord-Süd Aktuell 4/1994, S. 596.)

M4 ■ Die Verschuldung Brasiliens

1973	6 Milliarden $
1980	46 Milliarden $
1985	90 Milliarden $
1995	105 Milliarden $

(Nord-Süd Aktuell 4/1994, S. 596.)

M5 ■ Brasilien: Erwartung und Ergebnis

Die Erdölimporte haben sich enorm verteuert. Die Weltwirtschaftskrise ließ die Rohstoffnachfrage schrumpfen. In Brasilien hat das »Wachstum auf Pump« zu einer extrem ungleichen Einkommensverteilung geführt. Nur wenige Brasilianer haben Anteil am Konsum. Zur äußeren kommt so die innere Absatzkrise. Der Schuldendienst »frisst« bis zu 63 % der Eporteinnahmen.

15 % gelten als verträglich. Neue, teure Kredite müssen zur Begleichung der Kreditzinsen aufgenommen werden.

(Autorentext)

M6 ■ Wer die Verschuldung ausbadet

Ich könnte viele Beispiele nennen. Das Gemeinsame: Es handelt sich jeweils um eine Bankrotterklärung des Staates und die Menschen werden mit ihren Problemen allein gelassen. Das Beispiel Schule: Es gibt zu wenige. Mütter warten zur Anmeldung drei Tage und Nächte, um einen Platz für ihr Kind zu bekommen. Wer Pech hat, dem bleibt nur die teure Privatschule. Lehrer verdienen 50 DM/Monat. Sie arbeiten dann an drei Schulen in drei Schichten, etwa 60 Stunden/Woche. Es gibt kein Unterrichtsmaterial. Lehrer stellen es selbst her und lassen sich Fotokopien für das 10fache der Kosten von den Eltern bezahlen, Blätter für Tests und Prüfungen kosten das 20fache. Ganze Klassen fallen durch Tests durch und erhalten die letzte Chance einer Wiederholung. Dann kosten die kopierten Blätter aber das 100fache.

Ein anderes Beispiel: Durch Mechanisierung der Landwirtschaft werden Männer arbeitslos, gehen in die Großstädte auf Arbeitssuche. Frauen müssen allein mit sich und den Kindern zurechtkommen. Männer kehren nicht zurück, lassen sich verleugnen. Die Familie zerbricht. Dann landen auch die Frauen in den Slums der Städte, versuchen sich als Dienstmädchen bei den Reichen zu verdingen. Die Kinder werden 10–12 Stunden eingesperrt. Später versuchen sie durch Müllsammeln, Betteln, Stehlen durchzukommen. Sie trennen sich von der Mutter, schließen sich einer Straßengang an. Kriminalität und Drogen sind die Folge.

(Autoreninterview mit Pastor D. Össelmann, Belem/Brasilien, 1995.)

M7 ■ Schulden, Kredite und Zukunft

Die Meinung von zwei Experten: Im Prinzip sind die gesamten Schulden längst abbezahlt. Was sie in die Höhe getrieben hat, sind die gestiegenen Zinsen und der Verfall der Rohstoffpreise. Beides liegt nicht in der Verantwortung der Entwicklungsländer.

(Klaus Meschkat, Soziologe, Lateinamerikaexperte, 1995.)

Es könnte sein, dass günstige Kleinkredite an Kleinunternehmer, insbesondere an Frauen, das wirksamste Mittel zur Verminderung der Armut sind, weil sie Wirtschaftswachstum auf breiter Ebene bewirken.

(Nancy Berry, Vorsitzende von »Womens« World Banking, 1995.)

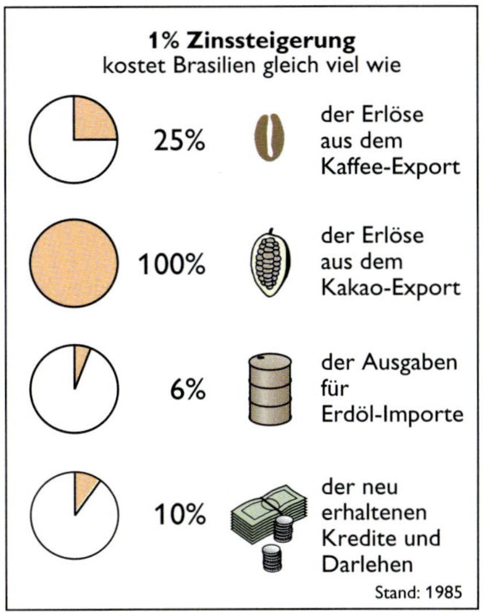

M8 ■

1 ■ Der Weg in die Verschuldung: Ziehe Parallelen zwischen Familie Otto und der Dritten Welt.

2 ■ Nimm schriftlich wahlweise zu M1 oder M2 Stellung. Entwickle einen Dialog.

3 ■ Die Folgen einer wirtschaftlichen Entwicklung durch Kredite sind für Brasilien negativ. Wer hat trotzdem profitiert?

4 ■ Schuldenerlass allein reicht nicht. Überlegt in Gruppen weiterführende Problemlösungsvorschläge (M7).

7.2 Die Landwirtschaft Lateinamerikas: Entwicklung ohne Landbesitzreform?

Don Miguel, Nachfahre spanischer Einwanderer, Großgrundbesitzer in Peru: Hacienderos wie ihm gehören 93 % des Bodens, obgleich sie nur 10 % der Landwirte ausmachen. Sie verfügen über Kapital, könnten mit moderner Technik wirtschaften und die Bevölkerung mit Nahrungmitteln versorgen. Sie lassen aber weit über 90 % ihrer Ländereien brach liegen und den Rest für den lohnenderen Export bearbeiten – mithilfe abhängiger, unterbezahlter Landloser und Pächterinnen und Pächter. Das genügt eine aufwändige Lebensweise in den Städten zu finanzieren.

Asuncion, Indio: Er ist Kleinbauer, Campesino in Nicaragua. 2 % der reichsten Familien hatten sich die Hälfte des Landes angeeignet. Campesinos (Bäuerinnen und Bauern) wie Asuncion, zusammen machen sie 70 % aller in der Landwirtschaft Arbeitenden aus, verfügen aber nur über wenige Prozent des Bodens. Den Lebensunterhalt der Familie muss Asuncions Frau Gabriela durch schlecht bezahlte Lohnarbeit auf einer Baumwoll- oder Kaffeeplantage »ihres« Hacienderos sichern. Die Arbeit reicht aber nur für drei bis vier Monate. Zur eigenen Sicherheit konzentrieren sie sich auf den Anbau von Nahrungsmitteln. *Investitionen** sind nicht möglich. Ihr kleines Stück Land bebauen sie sehr sorgfältig. So ist der Ertrag vergleichsweise 50 % höher als auf einer Hacienda.

Bodenbesitzreformen – eine Notwendigkeit?!

Ob Peru, Nicaragua oder El Salvador, ob Brasilien oder Argentinien, die Landverteilung in Lateinamerika ist extrem ungleich. 1,7 % aller Betriebe Lateinamerikas nehmen 72 % der landwirtschaftlichen Nutzfläche in Anspruch. Die Masse der ländlichen Bevölkerung ist als Kleinbauern oder gar als landlose Pächter von den Hacienderos abhängig.

Eine durch Verarmung und starkes Bevölkerungswachstum rasch wachsende Masse verzweifelter Menschen könnte die kleine Minderheit der reichen Grundbesitzer aber bedrohen – durch Aufruhr und Bürgerkrieg. So ist es in Nicaragua und El Salvador tatsächlich geschehen. Das durch eine Landreform zu verhindern, müsste im Interesse des Staates liegen. Doch die Regierungen sind nur selten Vorreiter von Landbesitzreformen gewesen. Diese wurden verhindert oder sind gescheitert. Dies hat viele Gründe:

- Die Großgrundbesitzer haben nicht nur wirtschaftlich das »Sagen«, sie geben auch politisch den »Ton« an.
- Sie sind die Einzigen, die mit moderner Technologie wirtschaften und die Konkurrenzfähigkeit auf dem Weltmarkt sichern können.
- Durch ihre Konzentration auf den Export erwirtschaften sie dringend notwendige Devisen.
- Im »Hinterhof der USA« stützt die amerikanische Supermacht die bestehenden Verhältnisse. Die USA haben ein starkes Interesse an einem ungestörten inneramerikanischen Handelsaustausch.
- Dagegen stagniert der kleinbäuerliche Sektor; es müssen teure Nahrungsmittel importiert werden.

Landbesitzreform: Das Fallbeispiel Nicaragua

Im Juli 1979 siegte die linksorientierte Guerillabewegung der *Sandinisten** über die Familiendiktatur der Somozas. Von den damals 2,8 Millionen Menschen in Nicaragua (1994: 3,8 Mio) lebten 40 % von der Landwirtschaft. Extreme soziale Ungleichheit und zunehmende Verarmung der Campesinos und Landlosen bildeten den sozialen Hintergrund des Bürgerkrieges. Eine kleine Schicht Reicher um Präsident Somoza hatte den Exportanbau von Kaffee, Zuckerrohr und Baumwolle ständig ausgeweitet und damit die Lebensgrundlage weiter Teile der Landbevölkerung zerstört.

Im Gegensatz zu den meisten anderen Staaten Lateinamerikas verfügte Nicaragua 1979 über eine Regierung, die es mit einer Landbesitzreform ernst meinte, waren doch vor allem Kleinbauern Anhänger der Sandinisten. Indianische und oppositionelle Bewegungen waren allerdings von vornherein von der Landreform ausgenommen. Eine solche Reform, verbunden mit Agrarberatung, Erwachsenenbildungsprogrammen und einem Kreditsystem für Campesinos, wurde nach 1980 auf den Weg gebracht. Mit Rücksicht auf die Notwendigkeit Devisen zu erwirtschaften, blieb der Großgrundbesitz unangetastet, abgesehen von dem der Familie Somoza und ihren engsten Anhängern. Dieser, etwa 20 % der landwirtschaftlichen Nutzfläche Nicaraguas, wurde an Landlose verteilt, die zugleich zur Bildung von *Kooperativen** (Genossenschaften) ermutigt wurden. Zudem wurden die Pachtpreise herabgesetzt. Zur Ankurbelung der Nahrungsproduktion erhielten die Campesinos künstlich erhöhte, vom Staat subventionierte Preise. Doch die Lebensmittelkosten in den Städten sollten sich durch einen höheren Lebensstandard der Campesinos nicht erhöhen. Problematisch von Anfang an: Nicaragua befand sich in ständiger Abwehr einer Gegenguerilla, der »Contras«, die dank massiver Unterstützung durch die USA schließlich die Oberhand gewann.

M1 ■ Besitzverhältnisse in Nicaragua unter Somoza

	absolut	in %
Großgrundbesitzer (über 380 ha)	1 100	0,4
Mittelbauern	38 700	8,9
Klein-/Kleinstbauern	219 400	51,0
Pächter/Landarbeiter	170 300	39,7

M2 ■ Landwirtschaftliche Nutzfläche in % vor/nach der Reform

Besitztyp/-größe	1978	1986
Privatbesitz	100	61
über 350 ha	36	11
140–350 ha	16	13
35–140 ha	30	30
1–35 ha	18	7
Genossenschaften	0	20
Staatsbetriebe	0	19

M3 ■ Landvergabe

Typ	Fläche (1000 ha)	Familien
Genossenschaften	471,8	33 000
Privatbauern	44,8	2 105
Legalisierung von besetztem Land	927,3	30 750

M4 ■ Produktionsentwicklung im Agrarsektor (Erntemengen in 1000 t)

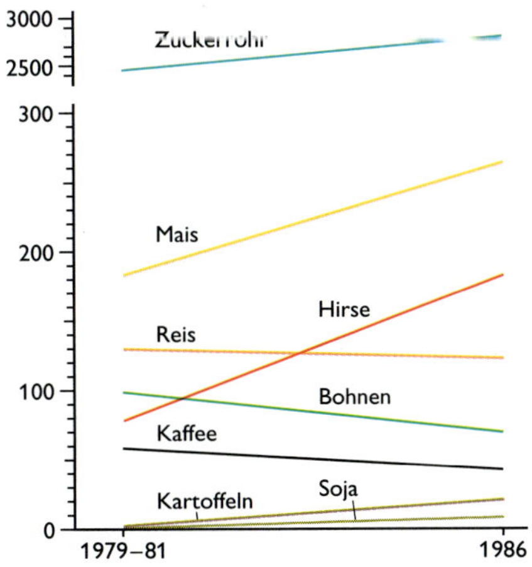

(M1–M5: V. Wünderich, Agrarreformen in Nicaragua. In: W. Fraedrich/ B. Raster, Dritte Welt. München 1989, S. 136 ff.)

M5 ■ Jährlicher Pro-Kopf-Konsum von Nahrungmitteln in Pound (453 g)

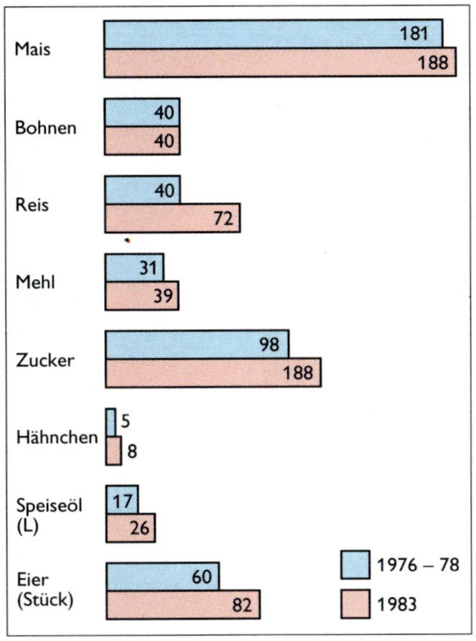

M6 ■ Was uns die Reform brachte

Die neu gegründete Kooperative liegt auf der ehemaligen Psazora-Farm. Von ihren 10 000 ha lag bis auf 35 ha alles brach. Wir bekamen jetzt Land von demselben Kerl, der uns von unserem Land vertrieben hatte. Ich ziehe die Kooperative dem Privatbesitz vor. Man ist viel stärker motiviert, wenn man mit anderen zusammenarbeitet. Was wir hier geschaffen haben, hätten wir einzeln nie zustande bekommen. Aber es gibt noch andere Vorteile. Sollte ich krank werden, können die anderen für mich mitarbeiten und wir haben keinen Verlust bei der Ernte. Außerdem verfügt sie über mehr Mittel, bekommt höhere Kredite und darüber eine bessere Technologie. Außerdem ist es für die Regierung sinnvoller, beratende Fachleute zu einer Gruppe zu schicken als zu einem Einzelnen. Drückt sich einer vor der Arbeit, gibt es natürlich Spannungen. Aber wir reden über solche Sachen und versuchen die in den Griff zu bekommen.

(Der Kleinbauer Asuncion. In: J. Collins, Die Freiheit hat viele Stimmen. Eine Reise durch das neue Nicaragua. Bielefeld 1984, S. 110)

M7 ■ Zehn Jahre später …

Die von den Sandinisten hofierten modernen Farmer haben die Landreform sabotiert. Die dadurch verursachten Einbußen kosteten den Staat die Mittel, mit denen die Kleinbauern subventioniert werden sollten. Die Preispolitik führte so in den Staatsbankrott. Gescheitert ist auch der Genossenschaftsgedanke. Zwar haben die Bauern Land bekommen, doch sie fürchteten, es durch Kollektivierung wieder zu verlieren, war die Reform doch bürokratisch von »oben« verordnet. Bei zukünftigen Reformen muss der Wunsch der Bauern nach sicherem Besitz von Land ernster genommen werden. Sie müssen in die Reform mitbestimmend einbezogen werden. Als dauerhafter Erfolg hat sich aber die Organisation der Bauern zu einer politischen Kraft erwiesen. Dem ist zu danken, dass die organisierten Bauern nach dem Sieg der »Contras« das meiste ihnen zugesprochene Land in Verhandlungen behaupten konnten.

(Autoreninterview mit V. Wünderich vom 25. Juli 1995.)

1 ■ Versuche die Ursachen für das Scheitern von Landbesitzreformen in Lateinamerika zu erklären.

2 ■ Bildet Arbeitsgruppen und versetzt euch in die Rolle der Staatsführung Nicaraguas nach der Revolution. Entwerft ein erfolgversprechendes Agrarreformmodell.

3 ■ Schreibe einen Zeitungsartikel aus der Perspektive von 1986: »Reformen in Nicaragua« (M2–M6).

4 ■ Verfasst aus der Perspektive von 1995 ein Thesenpapier: »Die erfolgreiche Agrarreform wartet noch auf ihre Verwirklichung«.

7.3 Öko-Farming – Ein Weg zur Rettung der Lebensgrundlagen?

M1 ■ Öko-Farming auf einer Versuchsfarm, links: Erbsen/Bohnen – rechts: Teakholz

»Wir haben Bäume gefällt, um Land zu gewinnen und Häuser zu bauen. Wir wussten wohl, dass es einmal zu Ende gehen würde, aber wir hatten keine andere Wahl.« – »Unsere Eltern ernährten sich von der Erde und nährten die Erde. Jetzt haben wir sie zerstört, weil wir unsere Kraft brauchten Geld zu verdienen. Für den Erhalt des Landes hätte uns niemand bezahlt.« – »Du weißt, wir brauchen viele Kinder. Die wollen früh heiraten und verlangen, dass wir den Boden unter ihnen aufteilen. Boden in Dorfnähe ist knapp geworden. Wir roden jetzt die Hänge. Aber der Regen zerstört sie. Wir wissen nicht mehr, was wir tun sollen.« – »Eure Berater haben uns beigebracht, wie man mehr erntet, durch verbessertes Saatgut, Dünger und Pestizide und Traktoren. Sie haben uns aber nicht gesagt, dass unser Land dabei Schaden nehmen und dass alles von Jahr zu Jahr teurer würde. Jetzt können wir uns all das nicht mehr leisten, doch niemand hilft uns weiter!«

Diese Stimmen von Bäuerinnen und Bauern aus der Dritten Welt machen deutlich: Die Sicherung der Lebensgrundlagen verlangt mehr als nur den Schutz des Bodens. Das Hauptproblem ist die Armut, der Mangel an Geld. Darunter leiden Ernährung und Gesundheit, mit Folgen für die Arbeitsfähigkeit. Jugendlichen fehlt eine Perspektive. Sie wandern ab. Die daheim gebliebenen Älteren können dann ihr Land nicht so pflegen, dass es dauerhaft nutzbar bleibt.

Die Zauberformel »Öko-Farming«

Seit einigen Jahren erproben Fachleute mit Bäuerinnen und Bauern den ökologischen Anbau bzw. das Öko-Farming. Es werden nicht mehr, wie in den vergangenen Jahrzehnten, große Hoffnungen in die »grüne Revolution« gesetzt. Diese forderte von den Bauern viel Kapital für Dünger, Pestizide, Bewässerung und Maschinen.

Grundgedanke des Öko-Farming ist die Landnutzung in einem möglichst naturnahen Kreislaufsystem. Statt Geld und moderner Technologie sollen die Erfahrungen und Fähigkeiten der Menschen genutzt und erweitert werden sowie auf die Möglichkeiten der Natur zurückgegriffen werden:

- Bodenschutz: Anlage von Terrassen, Schutz der Terrassenränder durch Hecken aus Bohnen und Erbsen sowie Obstbäumen. Ausbreiten der Äste der Hecken auf dem Feld mindert Abspülung durch Regen. Bepflanzen der Felder mit »Mischkulturen« (verschiedene Pflanzen, die nacheinander geerntet werden, vermindern die Erosion).
- Verbesserung der Bodenfruchtbarkeit: Düngen mit Blättern der Hecken (stickstoffreich) und mit Ochsenmist. Gleichmäßigere Ausnutzung der Bodenmineralien bei Mischkulturen anstelle Monokultur.
- Verbesserung der Ernährung: Zusatznahrung durch Bohnen- und Erbsenernte (proteinreich) sowie durch Baumobst (vitaminreich).
- Arbeitsersparnis: Feldarbeit mit Ochsenpflug statt Hacke.
- Steigerung des Einkommens: Kostenersparnis durch eigenen Dünger, durch eigenes Brennholz (Äste der Bäume), Erlös aus dem Verkauf von Bohnen, Erbsen, Obst.

Öko-Farming: Theorie und Wirklichkeit

In der Theorie und auch auf Versuchsfarmen erweist sich Öko-Farming als ein hervorragendes System. In der bäuerlichen Alltagspraxis können jedoch Probleme auftauchen:

- Zwei Ochsen und das notwendige Gerät kosten ca. 1200 DM. Bei großer Armut der Menschen ist es schwierig, das Geld aufzubringen. Kredite, also Verschuldung, lohnen nicht, wenn die Bäuerinnen und Bauern Knollenfrüchte (Maniok, Yams) anbauen, weil hier alle Arbeit mit der Hacke verrichtet werden muss. Bei schweren Böden erweisen sich die schlecht genährten Ochsen als zu schwach.
- Ställe für die Ochsen zu bauen, kann sehr viel Holz beanspruchen, das nicht vorhanden oder sehr teuer ist. Ohne Stallhaltung kann kein Mist gesammelt werden.
- Die Ochsen zu ernähren setzt den Anbau von Futtergras voraus. Bei Landmangel bedeutet das den Verzicht auf ausreichenden Nahrungsanbau.
- Der Arbeitsaufwand für die Umstellung auf Öko-Farming ist am Anfang sehr hoch. Die Wirkung von Hecken und Obstbäumen stellt sich erst nach Jahren ein.

M2 ■ Hangrodung

M3 ■ Feld am Hang: »oben ohne«

M4 ■

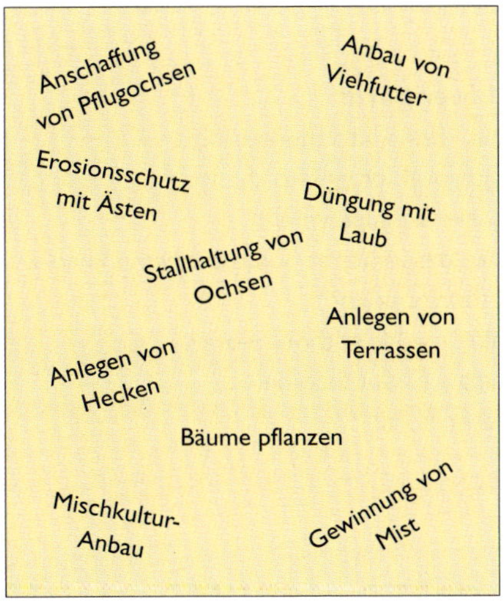

M5 ■

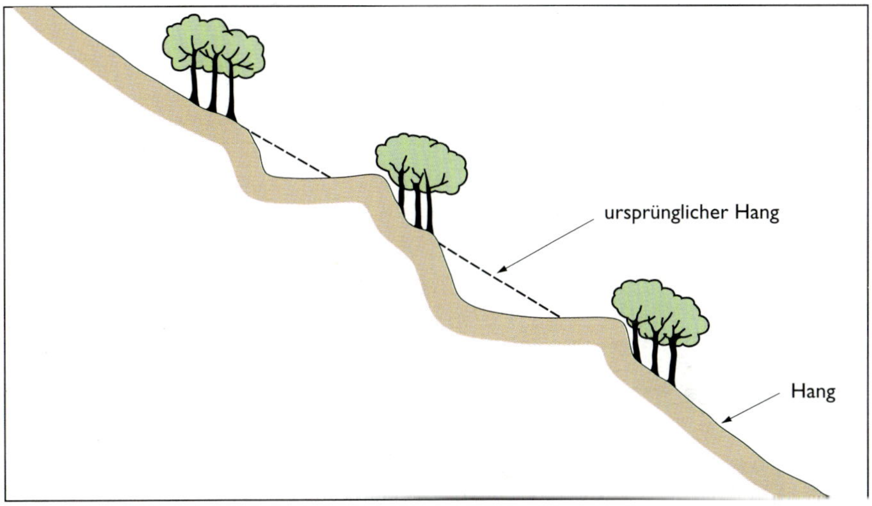

1 ■ Stellt in Gruppen mithilfe des Textes und der Abbildungen eine Liste der Probleme der Bäuerinnen und Bauern auf. Formuliert anschließend zu jedem Problem Lösungsvorschläge.

2 ■ Fertigt Karteikarten an und beschriftet sie mit den Maßnahmen des Öko-Farming (M4). Ordnet die Kärtchen zu einem euch sinnvoll erscheinenden System. Klebt sie dann auf einen Karton und verbindet – entsprechend euren Zielvorstellungen von Aufgabe 1 – die Einzelelemente mit Pfeilen. Benutzt der Übersichtlichkeit wegen für jedes Ziel eine andere Farbe.

3 ■ Übertragt das Schema des Hanges auf ein Plakat und entwickelt einen Vorschlag für eine ökologische Hangnutzung.

4 ■ Untersucht in Gruppen die Wirkungen je eines möglichen Problems, das den ökologischen Landbau beeinträchtigen könnte. Entwerft einen Lösungsvorschlag.

7.4 Eine Zukunft ohne Arbeit?

M1 ■ Zeichnung eines Jungen

M3 ■ Gedichte Jugendlicher (Auszüge)

In Zimbabwe we are destitutes

In Zimbabwe we are destitutes.
We are assured of unemployment.
Our country honours adults and condems youth.
In Zimbabwe we are destitutes.
How many could create jobs?
All are seeking for employment.
Some who have relatives in high positions – they get a job.
Some pay bribes and get a job.
Women give themselves to get a job.
As youth you are destitutes.

Why was I ever born?

What evil did I bring into the world?
What evil did youth bring into the world
that we deserve unemployment?
The youth are desperate at home everyone knows.
Where can the youth go?
What meaning has life without work?
What meaning without income?
Why was I ever born?

M2 ■ Zeichnungen eines Mädchens

»Du musst dich nur anstrengen, dann wirst du auch was!« – »Wer Arbeit sucht, findet auch welche«. Solche Sprüche kämen bei Jugendlichen in Zimbabwe nicht an. Jährlich drängen bei einer Bevölkerung von 11 Mio. 300 000 Jugendliche auf den Arbeitsmarkt. Aber 90 % finden trotz großer Anstrengungen und z. T. hervorragender Zeugnisse keine Ausbildungs- oder Arbeitsstelle. Die Familien haben jahrelang große finanzielle Opfer auf sich genommen, um das Schulgeld aufzubringen. Arbeitslosigkeit empfinden Jugendliche als Schande und Versagen. Aus Scham kehren viele ihren Familien den Rücken. Hat diese Jugend eine Zukunft?

M4 ■ Arbeitsplätze in der Landwirtschaft?

In Zimbabwe gilt noch heute die kolonialzeitliche Landverteilung. 800 000 kleinbäuerlichen Familien steht etwa die gleiche Fläche zu wie 4200 weißen Großfarmern. Zudem müssen sie mit minderwertigen, schlecht beregneten Böden vorlieb nehmen. Die weißen Farmer produzieren aber die Masse der Exportprodukte. Ihnen dankt das Land daher den Löwenanteil seiner Devisen.

Bei einer gemäßigten Landumverteilung, die den Export nicht gefährden würde, wäre infolge hohen Bevölkerungswachstums bereits nach wenigen Jahren der gleiche Dichtezustand wie heute wieder erreicht.

M5 ■ Industrielle Arbeitsplätze?

Die bisherige Konzentration der Finanzmittel auf Bergbau und Industrie hat die Massenarbeitslosigkeit nicht verhindert. Der Weltmarkt braucht unsere Produkte immer weniger. Investitionen sind nicht mit neuen Arbeitsplätzen, sondern mit Rationalisierungen verbunden, sonst würden wir unsere internationale Konkurrenzfähigkeit verlieren.

Unsere Bemühungen müssen sich darauf richten, die Fertigkeiten der jungen Menschen zu verbessern. Qualifizierung liefert den Schlüssel zur Lösung unserer Probleme. Gut ausgebildete, selbstbewusste, aus ihrer Passivität erlöste junge Menschen wollen wir ermuntern, Kleinunternehmer zu werden. Dafür gibt es viele gute Gründe.

(Alle Materialien dieser Doppelseite stellen Selbstzeugnisse von 7000 zimbabwischen Jugendlichen dar, die von der Leiterin der Abteilung »Schaffung von Arbeitsplätzen« im Innenministerium Zimbabwes, Kathy Bond-Stewart, und ihren Mitarbeiterinnen gesammelt wurden; Kathy Bond-Stewart Existenzsicherung und dauerhafte Entwicklung in Zimbabwe. In: Praxis Geographie 11/1994, S. 14–18.)

M6 ■ Kleinunternehmer werden!

Weltweite Studien haben bewiesen, dass Kleinunternehmertum die zukünftig wichtigste Quelle neuer Jobs ist. Ein neuer Arbeitsplatz dort kostet nur ein Viertel von dem in Großunternehmen.

Als Kleinunternehmerin bin ich mein eigener Boß und kann mir die Zeit frei einteilen. So kann ich Geschäfts- und Privatleben bestens miteinander vereinbaren. Außerdem bin ich unabhängig von meiner Familie und den Männern.

Was Unternehmertum ist

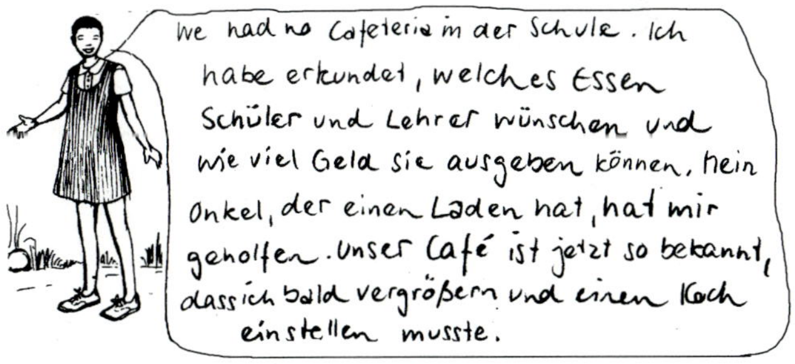

Die Vorteile des Kleinunternehmertums

1. Eine lokale Nachfrage kann befriedigt werden. 2. Man kann sich rasch auf neue Bedürfnisse einstellen. 3. Lokal verfügbare Ressourcen können genutzt werden. 4. Es kann sich über das ganze Land ausbreiten. 5. Die Verbindungen zwischen verschiedenen Wirtschaftszweigen können verbessert werden.
6. Knappe Ressourcen wie Kapital und Management werden effizienter genutzt und kontrolliert. 7. Man kann Leute seines Vertrauens einstellen. 8. Durch persönliche Bekanntschaft ist man vertrauenswürdiger bei Zulieferern, Kunden, Banken. 9. Frauen haben die gleichen Chancen wie Männer.

Was kein Unternehmertum ist

1 ■ Was wollen Zeichner und Zeichnerinnen mit M1 und M2 ausdrücken? Erfinde dazu eine kleine Geschichte »Aus dem Alltag zimbabwischer Jugendlicher«.

2 ■ Zimbabwe: Vergleiche die Lage der Jungen mit der der Mädchen.

3 ■ In welchem der drei Bereiche – Landwirtschaft, Industrie, Kleinunternehmertum – würdet ihr vorrangig Arbeit schaffen? Begründet.

4 ■ Entwerft in Gruppen nach dem Vorbild der Schulcafeteria je ein Beispiel einer Unternehmensgründung. Stellt dabei die Vorteile heraus (M6).

7.5 Welche Entwicklungshilfe ist hilfreich?

M1 ■ Entwicklungshilfe – deutsche Karikatur

»Papa, Charly hat gesagt, sein Vater hat gesagt, Entwicklungshilfe sei Blödsinn, die in den Entwicklungsländern könnten mit unserem guten Geld doch nicht umgehen!«

»Charlies Papa hat da nicht ganz Recht, glaube ich. Natürlich gibt es das, dass da irgendwelche Oberkopfeten die Knete einfach einstecken. Das kann man aber nicht den Leuten dort so pauschal ankreiden. Auch bei uns verdienen manche Leute nicht schlecht an der Entwicklungshilfe. Die heimsen nämlich dicke Aufträge ein, die es sonst gar nicht gäbe.«

»Papa, Charlies Papa hat aber gesagt, Entwicklungsprojekte würden voll in die Hosen gehen, weil da nur so unsinnig teure Projekte wie Asphaltstraßen für viele Millionen Mark gemacht würden und da hätten die einfachen Leute gar nichts von.«

»Natürlich gibt es solche Projekte. Das können sogar richtige Prestigeprojekte sein, wo sich Politiker ein Denkmal setzen wollen. Das findest du auch in Deutschland in fast jeder Stadt. Denk mal an die neue Oper. Aber solche Projekte sind doch nicht alles! Inzwischen gibt es immer mehr Kleinprojekte. Die richten sich auf kleine Dörfer, auf ein kleines Tal. Da hilft man wirklich den kleinen Leuten, das kannst du mir glauben!«

»Papa, Charlies Papa hat aber auch gesagt, dass so Projekte, die bei uns die Regierung oder ein Ministerium sich ausgucken, nicht hinhauen, weil da mit den falschen Leuten verhandelt würde, mit Regierungsleuten in der Hauptstadt. Die haben doch keine Ahnung, was die kleinen Leute in der Provinz brauchen und wollen.«

»Entschuldige, aber Charlies Papa scheint nicht zu wissen, dass heutzutage unheimlich viele Projekte, eben diese Kleinprojekte, von NROs, pardon: von *Nicht-Regierungs-Organisationen** durchgeführt werden, von »Misereor«, von »Brot für die Welt«, von der »Welthungerhilfe« und so. Die schicken da schon die richtigen Leute los: Entwicklungshelfer, die einerseits Ahnung von ihrem Fach haben und die zum anderen noch richtige Idealisten sind. Die passen schon auf, dass die Hilfe bei den richtigen Leuten ankommt.«

»So, dann meinst du, man brauche nur mit der richtigen Organisation idealistische Fachleute an den richtigen Ort zu schicken und alles laufe wie geschmiert? Dann dürfte ja überhaupt nichts mehr in die Hosen gehen. Dann frage ich mich, warum so viele Leute bei uns immer noch so skeptisch sind.«

»Small is beautiful«?

Entwicklungshilfe ist in der Bevölkerung, aber auch unter Fachleuten umstritten. In einer umfangreichen Untersuchung wurden kürzlich 230 Projekte aus allen Dritte-Welt-Kontinenten auf ihren Nutzen für die Menschen untersucht, an die sie sich richteten. Etwa die Hälfte wurde als Fehlschlag bewertet. Dies waren vorwiegend große und teure Projekte. Bei kleinen und billigen Projekten stiegen die Erfolgsaussichten. Große Projekte wurden in der Regel von staatlichen Stellen durchgeführt, bescheidene Projekte hingegen von hoch engagierten Nicht-Regierungs-Organisationen wie »Misereor«, von »Brot für die Welt«, von der »Welthungerhilfe«. Aber auch NROs sind keine Garantie für einen Projekterfolg, obgleich sie mehr Möglichkeiten haben an den Bedürfnissen der Betroffenen anzusetzen. Ihre Fehler sind oft nur bei längerer Beobachtung zu erkennen.

Mehr über die Dritte Welt und die Entwicklungshilfe erfahrt ihr im IGL-Buch 2, Kap. 6 (Dritte und Erste Welt).

Zwei Briefe zu einem Entwicklungsprojekt

M2 ... aus der Sicht des deutschen Experten – Herrn M.

Ich bin noch nicht lange hier, aber ich habe schon einen Partner, Herrn O., den ich ausbilden möchte. Es ist ja sehr wichtig, dass Einheimische lernen, solche Programme selbst auszuarbeiten. O. brachte als Diplom-Landwirt immerhin gute Voraussetzungen mit und machte wirklich einen engagierten Eindruck. »Wart mal ab, wie lange das hält«, warnten Kollegen, die schon länger in Ruanda sind.

Tatsächlich gingen die Schwierigkeiten schon bei der ersten Maßnahme los, bei der Einführung der Stallhaltung von Rindern. Bisher lässt man die Tiere eben einfach weiden. O. sagt dazu: »Tiere hüten ist hier Kinderarbeit. Das ist für die Bauern viel günstiger als die Versorgung im Stall.« »Aber Monsieur O.«, sagte ich, »so kann es doch nicht bleiben. Die Kinder gehören doch in die Schule! Dieses System hat keine Zukunft«. Doch O. beharrte darauf, ich solle diesen Programmteil verschieben. Nun, das kommt natürlich überhaupt nicht infrage. Mit der Stallhaltung steht und fällt die Konzeption. Zum anderen ist es ja eigentlich auch gar kein Problem: Die Tiere können mit dem Gras der Erosionsschutzstreifen gefüttert werden, die ja ohnehin regelmäßig geschnitten werden müssen. Aber O. will das einfach nicht sehen, im Gegenteil: »Wir werden die Bauern für das Grasschneiden bezahlen müssen, sonst machen die das nicht.« Bezahlen hieße doch jede Eigenanstrengung der Leute im Keim zu ersticken! Und wenn die Bauern mit dem Gras ihre Tiere füttern, deren Mist sie als Dünger benutzen und deren Milch sie verkaufen können, ist ja ein Gewinn vorhanden! Aber wie soll ich den Bauern diesen komplexen Planungszusammenhang vermitteln, wenn ihn nicht einmal die eigenen Mitarbeiter mittragen?

M3 ... und aus der Sicht des Monsieur O.

Als ich nach meinem Landwirtschaftsstudium in Frankreich von diesem Projekt hörte, war ich begeistert. Ich glaubte meine Fähigkeiten dort gut einsetzen zu können. Leider haben sich meine Hoffnungen bislang kaum erfüllt. Obwohl mein deutscher Partner, Herr M., offensichtlich von tropischer Landwirtschaft nicht mehr versteht als ich, versucht er seine Vorstellungen einfach durchzusetzen statt sie zu diskutieren. Dann reagiert er beleidigt.

Nur ein Beispiel: Als Erstes will er die Stalltierhaltung von Rindern einführen. Das hat theoretisch sicher Vorteile, ist hier aber sehr schwierig. Die Bauern lassen ihr Vieh von den Kindern hüten. Die Rinder zu versorgen ist traditionell Jungenarbeit. Dazu kommt, dass der Stallbau zu teuer ist und den Bauern viel Arbeit bereitet. Die Bauern sind nicht sicher, ob sich das auszahlt. M. meint, die Bauern sollten die Tiere mit Erosionsschutzgras füttern, schneiden müssten sie es ja ohnehin. Im Prinzip ist das ja richtig. Ich habe diese Modelle ja auch im Studium kennen gelernt. Aber erzählen Sie hier mal den Bauern, dass sie als Menschen für Tiere arbeiten sollen, unvorstellbar! »Wenn ihr wollt, dass wir das Gras (für eure Pläne) schneiden, müsst ihr uns dafür bezahlen«, sagen die Bauern.

Ein anderes Beispiel: Die Ställe, die M. zur Demonstration hat bauen lassen, sind die reinsten Villen im Vergleich zu den Hütten der Bauern. »So wohnt der Präfekt, aber doch keine Kühe«, sagen sie. Unsinnige Pläne muss man eben ändern.

Ich denke, das Grundproblem ist, dass M. unsere Traditionen nicht schätzt, deshalb denkt er auch, man könne sie mal schnell verändern. Man muss aber sehr langfristig an die Sache herangehen. Zunächst einmal ist es wichtig, guten Kontakt herzustellen. Dann kann man langsam mit einer Maßnahme beginnen, die die Bauern nicht vor den Kopf stößt, sondern für sie einsichtig ist und unmittelbar rentabel. M. hat an solchen Gesprächen offensichtlich überhaupt kein Interesse. In Deutschland ist so etwas wohl nicht so wichtig. Aber es geht M. wohl nur darum, seine Ansichten durchzusetzen. Manchmal frage ich mich schon, was die Deutschen hier für Leute herschicken. Wahrscheinlich die, die bei ihnen nicht unterkommen.

(M2 u. M3: Chr. Harth, Existenzsicherung und dauerhafte Entwicklung in Ruanda. In: Praxis Geographie 11/1994, S. 41.)

M4 Entwicklungshilfe – Karikatur aus der Dritten Welt

1. Verteilt die »Papa-Charly«-Argumente auf Gruppen und stellt sie vor.
2. Führt in eurem Wohn- oder Schulort anhand eines Fragebogens eine Umfrage zur Entwicklungshilfe durch. Wertet diesen aus. Unterscheidet dabei zwischen den Meinungen Erwachsener und Jugendlicher.
3. Sucht nach Erklärungen für die unterschiedlichen Erfolge von staatlichen und NRO-Projekten.
4. Diskutiert in Gruppen M2 und M3. Haltet das Ergebnis schriftlich fest.
5. Führt »Papa ... hat gesagt« fort.
6. Nimm wahlweise zur Karikatur M1 oder M4 Stellung, indem du einen kurzen Dialog erfindest.
7. Besorge dir in Dritte-Welt-Läden, Kirchen oder einer Bibliothek Material über Entwicklungsprojekte. Berichtet über ein solches Projekt und dessen Ziele. Versucht eine begründete Bewertung. Verfasse dazu ein kurzes Referat. (Wie du das machen kannst und worauf es ankommt, erfährst du auf der Seite 130.)

7.6 Problemlösung durch Selbsthilfe?

»Männer tragen oft nichts zum Haushalt bei. Wenn sie zur Wanderarbeit weggehen, nehmen sie Lebensmittel von größerem Wert mit als das bisschen Geld, das sie wieder mitbringen. Wehrt sich die Frau, wird sie geschlagen. Da haben wir immer lieber geschwiegen. Das ist jetzt anders. Wir fingen an einen Damm völlig aus eigenen Mitteln, ohne jede Hilfe von außen zu bauen. Jede hat ein bisschen Geld beigesteuert, sodass wir uns einen Bulldozer mieten konnten. Das gab uns Mut und Vertrauen. Neben dem Gemüse, das wir jetzt ernten, sparen wir viele Kilometer lange Fußmärsche zum Wasserholen.« Dies berichteten Frauen einer Naam-Gruppe in Burkina Faso.

Initiative aus eigener Kraft

Naam ist nur eine, allerdings die größte und bekannteste von ca. 30 000 Selbsthilfegruppen im Sahel; aus Kenia sind 24 000 Frauengruppen bekannt. Sie knüpfen oft an traditionelle Jugendgruppen an, die für alle Altersgruppen geöffnet werden: M'botay im Senegal, Ton in Mali, Nimbe in Zimbabwe, Mywthya in Kenia usw. Sie legten stets Gemeinschaftsfelder an, deren Ertrag auf Festen konsumiert wurde. Die Feste hielten die Menschen zusammen, stärkten ihren Gemeinschaftssinn. Der äußert sich z. B. in Alltagsweisheiten wie: »Ein Finger allein kann keinen Stein aufheben« (Senegal) – »Täten sich alle Ameisen zusammen, könnten sie einen Elefanten wegtragen« (Burkina Faso). – »Viele kleine Rinnsale füllen den Sambesi« (Zimbabwe).

Einheimische Frauen oder Männer versuchten der traditionellen Gruppenbewegung einen neuen Inhalt zu geben: Den Anteil für Feste begrenzen, mit dem Übrigen aber eigene Entwicklungsvorhaben zu finanzieren, etwa gemeinsame Kleinunternehmen zur Seifen- oder Garnherstellung, eine Töpferei oder die Herstellung von Sandalen. Vor allem Frauen verdienen jetzt dabei das Geld, welches sie zuvor für diese Waren ausgeben mussten. Obgleich die traditionellen Alters- und Geschlechtergruppen auf fest verankerter Gruppensolidarität beruhten, war es nicht einfach, sie mit neuem Inhalt zu füllen. In der Kolonialzeit waren die Menschen über die Gemeinschaftsarbeit ausgebeutet worden. Die Erträge wurden als Steuer eingezogen. Danach füllten diese die Taschen der Politiker.

M1 ■ Ton-Gruppe in Mali bei der Ernte eines Gemeinschaftsfeldes

Entwicklungsprojekt ist nicht Entwicklungsprojekt

Herkömmliche Entwicklungshilfeprojekte kommen von außen, werden von Institutionen aus den Industrieländern angeregt. »Initiativen aus eigener Kraft« kommen von innen, werden von Frauen und Männern vor Ort ins Leben gerufen. Die Betroffenen entscheiden selbst darüber, welchen Weg, zu welchem Ziel sie gehen wollen. Die Menschen bestimmen selbst, was sie unter »Entwicklung« verstehen. Ihr Verständnis ist meist umfassender als das sogenannter Expertinnen und Experten aus den Industrieländern. Es umfasst ihren ganzen Alltag, es geht dabei nicht nur um ein wirtschaftliches »Aufholen« nach dem Muster der Industrieländer. Aber auch hier stellt sich die Frage, wie dieser Prozess von außen unterstützt werden kann.

M2 ■ Staudamm einer Frauen-Initiative in Burkina Faso

M3 ■ Traditionelles Fest in Ghana: Erntedank

M4 ■ Zwei Initiativen

Die Fulbe sind das bekannteste Tierzüchtervolk Westafrikas. Sie gelten als absolute Fachleute für die Tierhaltung. Im Norden Burkina Fasos haben sie die Rinderhaltung aufgegeben, um gegenüber den häufigen Dürren weniger anfällig zu sein. Sie konzentrieren sich seither auf Ziegen und Schafe. Dennoch standen sie in Dürrejahren dem Preisverfall für ihre Tiere hilflos gegenüber, bis – ja bis bei einem Besuch der Hauptstadt ein junger Fulbe zwei Beobachtungen machte und diese zu einer Idee verband:

1. Am Ende des moslemischen Fastenmonats Ramadan war die Nachfrage nach Hammelfleisch größer als das Angebot.

2. Die Bauern im feuchteren Süden verkauften geschälten Maniok. Die Schalen wurden, da als wertlos betrachtet, weggeworfen. Der junge Hirte brachte einen Sack mit und stellte die Eignung der Schalen als Schaffutter fest. Gemeinsam entwickelten die Hirten eine Idee: Könnte man nicht in großem Maßstab Maniokabfälle in den Norden schaffen, damit die Schafe mästen und diese dann zum Ramadan in die Hauptstadt schaffen? Nur, wie das Futter konservieren? Wie den Schafverkauf organisieren? Hier half Walter, ein erfahrener Entwicklungshelfer der Welthungerhilfe weiter.

São Paulo, zweitgrößte Stadt Brasiliens, Stadtteil Jardim Floresta. Ein illegal errichteter Slum, eine Favela mit 330 Hütten und 2000 Einwohnern: Frauen auf dem Lande, auf sich gestellt nicht in der Lage ihre Kinder durchzubringen, waren ihren Männern nach São Paulo in die Favela gefolgt. Arbeit, natürlich schlecht entlohnt, konnten sie nur in den Wohnvierteln der Mittel- und Oberschicht finden. Da bei den geringen Verdiensten Männer und Frauen arbeiten müssen, mussten die Kinder in der Hütte eingeschlossen werden, 10–12 Stunden, Tag für Tag. In ihrer Not taten sich mehrere Frauen zusammen und bildeten eine Mutirao, eine Freiwilligengruppe. Sie beschlossen, abends aus einfachsten Mitteln einen Kinderhort zu bauen. 1992 ging es los. Viele packten mit an. Öffentliche Zuschüsse erhielt die Gruppe nicht, da sie illegal siedelte. Das Kinderhilfswerk »Terre des hommes«, eine NRO, gab aber das Nötigste, denn ganz ohne Geld ließ sich der Hort nicht verwirklichen. Heute werden hier 75 Kinder zwischen drei und neun Jahren betreut und verpflegt. Da alle Familien zusammenlegten, konnten drei Kindergärtnerinnen ausgebildet und beschäftigt werden. Aber die Probleme sind damit noch nicht gelöst. Allmählich werden die Kinder älter ...

(Autorentext)

1 ■ Von außen kommende Entwicklungsprojekte oder »Projekte aus eigener Kraft« – Welche Art von Projekten würdet ihr eher unterstützen? Begründet euren Standpunkt.

2 ■ Finde Gründe heraus, warum besonders Frauen zur Eigeninitiative motiviert sind.

3 ■ Überlegt in Gruppen, wie die beiden Eigeninitiativen fortgesetzt und unterstützt werden könnten. Bezieht in eure Überlegungen mit ein, dass das Projekt den Charakter einer »Entwicklung ohne Bevormundung« nicht verlieren darf.

7.7 Entwicklungshilfe allein genügt nicht

»Wir glaubten, Zehntausende von kleinen Projekten würden einen großen Wandel bewirken. Damit ist nichts. Wir haben uns getäuscht. Wir müssen in erster Linie vor unserer eigenen Tür kehren. Wir müssen die Politik unserer eigenen Länder, die den Süden viel zu schwer belastet, ändern.« – so urteilt ein Berater vieler Hilfswerke. Denn welchen Sinn hat es zum Beispiel, wenn die Rinderzucht in einem Lande gefördert wird, wenn dann aber Fleisch aus der Überproduktion der EU mit Steuergeldern so stark verbilligt wird, dass der Preis einheimischen Fleisches unterboten wird? Da stimmt etwas nicht mit der Exportpolitik des Nordens.

M1

Nicht viel anders sieht es mit der Importpolitik aus. An den Börsen im Norden werden die Preise für Rohstoffe festgesetzt. Sie sinken seit Jahren, Folge des Überangebots. Jede/r Bundesbürger/in sparte auf diese Weise 1993 260 DM, davon allein beim Kaffee 48 DM. Nicaragua z. B., das auf den Export von Kaffee angewiesen ist, gingen 67 Mio. DM verloren. Betroffen sind aber auch Fertigwaren aus Entwicklungsländern. *Importbeschränkungen** und hohe Zölle halten sie von den Märkten des Nordens fern, um die eigene Industrie vor der Konkurrenz zu schützen. Die jährlichen Verluste, die die Dritte Welt bei den Industrieländern in Kauf nehmen muss, werden auf 50 Mrd. DM geschätzt.

Die Folgen: Beispiel Textilien

Beim Kauf von Textilien werden die Folgen besonders deutlich. Die Preise von T-Shirts unter fünf oder zehn Mark sind nur erklärlich bei Löhnen unterhalb eines lebenswürdigen Lohnniveaus. Frauen und Kinder arbeiten in vielen Entwicklungsländern 12 bis 14 Stunden/Tag für unsere Konsumbedürfnisse, für einen Lohn von 1 bis 2 DM – rechtlos und ohne jegliche soziale Sicherheit.

Vor der eigenen Tür kehren

Diese Wohlstandsgewinne des Nordens sind von den Menschen des Südens erarbeitet worden. Sie müssen deshalb den Menschen in den armen Ländern des Südens wieder zugute kommen. An Schlagworten für eine entsprechende Politik mangelt es nicht: »Fairer Handel« (Trans-Fair) z. B. oder »Faire Löhne«. Nur: was ist fair? Wie wird Fairness durchgesetzt? Denn der Handel beruht auf den Prinzipen »Marktwirtschaft« und »freier Welthandel«. Die Gegenmodelle hingegen setzen auf Gerechtigkeit.

M2 »Aktionspreis-T-Shirts«

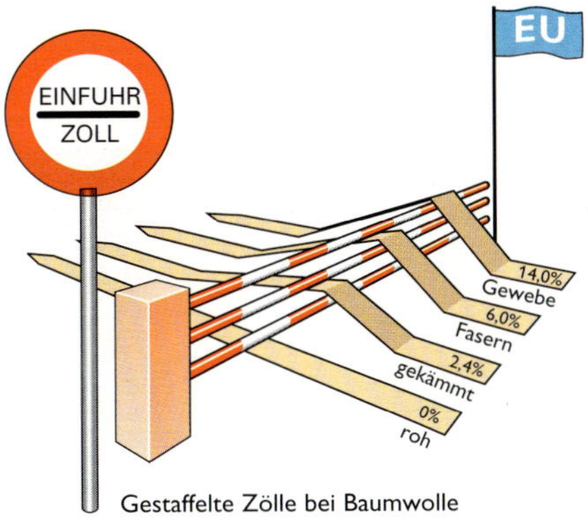

Gestaffelte Zölle bei Baumwolle

M3

M4 Welthandel anders

- Für Exporte aus Industrieländern fertigt eine neutrale Schiedsstelle »Sozialverträglichkeitsgutachten« an, um zu sichern, dass Exporte keinen Schaden im Entwicklungsland anrichten. Exporte werden von deren Anerkennung abhängig gemacht.
- Für Importe aus Entwicklungsländern wird auf Antrag das »Trans-Fair-Siegel« vergeben. Dafür zahlen Käuferinnen und Käufer einen Aufpreis, der den Produzenten und Produzentinnen zugute kommt. Um einen zu starken Preisanstieg zu vermeiden wird der Zwischenhandel ausgeschaltet. Die Dritte-Welt-Partner-Organisation verpflichtet sich zur Einhaltung gemeinsam vereinbarter sozialer und ökologischer Standards.
- Preise für Dritte-Welt-Produkte steigen im Einklang mit den Exportpreissteigerungen in den Industrieländern. Dies gilt für ein international vereinbartes Kontingent, da eine generelle Gültigkeit dieses Grundsatzes zur Überproduktion führen würde. Die Dritte-Welt-Seite verpflichtet sich zur Einhaltung von Arbeitsschutzbestimmungen, vor allem zum Schutz von Frauen und Kindern.

(nach: epd-Dritte Welt. Informationen 11/1995)

Ein Referat erarbeiten

Ihr habt euch jetzt viele Stunden lang damit auseinander gesetzt, was der Dritten Welt helfen könnte.

Ihr könnt das Thema noch vertiefen oder aber euch mit weiteren, euch wichtig erscheinenden Aspekten des Verhältnisses von »Erster« zur »Dritten Welt« beschäftigen und eure Erkenntnisse zu einem Referat verarbeiten.

Dazu recherchiert in einer Bibliothek oder in einem Weltladen/Eine-Welt-Laden/Dritte-Welt-Laden. Ihr könnt dort auch die Adressen von Hilfswerken wie »Misereor«, »Brot für die Welt« oder »Welthungerhilfe« erfragen. Wertet das Informationsmaterial, das ihr zusammenbekommen habt, aus.

Die ausgewerteten Informationsmaterialien könnt ihr zu einem Referat verarbeiten und vorlesen, besser noch: Mithilfe eines Stichwortzettels in freier Rede vortragen. Letzteres ist schwieriger, hat aber einen großen Vorteil: Referate haben häufig einen schlechten Ruf, weil sie nicht selten ziemlich langweilig sind. Kaum jemand hört über längere Zeit konzentriert zu. Das zeigt aber nur: Ein Referat interessant aufzubauen und so frei zu halten, dass es »ankommt«, ist nicht einfach. Meldet ihr euch zu zweit für ein Referat, könnt ihr das Thema gemeinsam erarbeiten, euch die verschiedenen Aspekte aber für ein Referat und ein Korreferat aufteilen.

1. Ihr solltet darauf bestehen, ein zündendes Thema zu bearbeiten und nicht ein uninteressantes. Den Mitschülerinnen und -schülern sollte die Bedeutung der Fragestellung begründet werden. Wenn ihnen klar ist, worum es geht, erleichtert das die Einordnung und sichert euch eher deren Aufmerksamkeit.
2. Das Thema muss übersichtlich gegliedert werden. Es ist hilfreich, die Gliederung als ein »Hand-out« zu verteilen oder sie auf einer Folie während des Vortrages präsent zu halten. Es ist dann stets klar, von welchem Punkt des Referates gerade die Rede ist.
3. Lange Sätze, unverständliche Begriffe, vor allem aber eine schnelle und monotone Sprechweise ermüden die Zuhörerinnen und Zuhörer. Vorheriges Üben »vor dem Spiegel« verschafft Sicherheit. Hilfreich für das Publikum sind Pausen, Hervorhebung des Wichtigen durch Betonung sowie Visualisierung von schwer Verständlichem: Grafiken oder Statistiken werden durch Folien verständlicher und besser lesbar. Auch Dias oder eine Karte erleichtern oft das Verstehen.

Als Referatsthemen bieten sich die Fragestellungen der einzelnen Doppelseiten an, z. B. »Jugendarbeitslosigkeit in der Dritten Welt« oder »Das Verschuldungsproblem und seine Lösung« oder Selbsthilfe in Frauenprojekten. Aber auch themenübergreifende Fragestellungen bieten Herausforderungen für euch, z. B.: »Keine Entwicklungsshilfe?« – »Keine Entwicklung ohne die richtige Politik!« – »Selbstentwicklung und die Rolle des Nordens«. Vielleicht habt ihr aber auch eine eigene Idee.

1 Nimm Stellung zum Vorschlag in M2: Mehr zahlen. Aber wer macht mit?

2 Entwerft in Gruppen anhand der Beispiele Textilimport und Rindfleischexport einen eigenen Vorschlag für fairen Welthandel.

8 Die Weimarer Republik – Versuch einer Demokratie

M1 ■ 9. November 1918, zwei Uhr mittags: Scheidemann ruft vom Berliner Reichstagsgebäude eine demokratische Republik aus.

M2 ■ 9. November 1918, vier Uhr nachmittags: Liebknecht ruft vom Balkon des Berliner Schlosses eine deutsche Räterepublik aus.

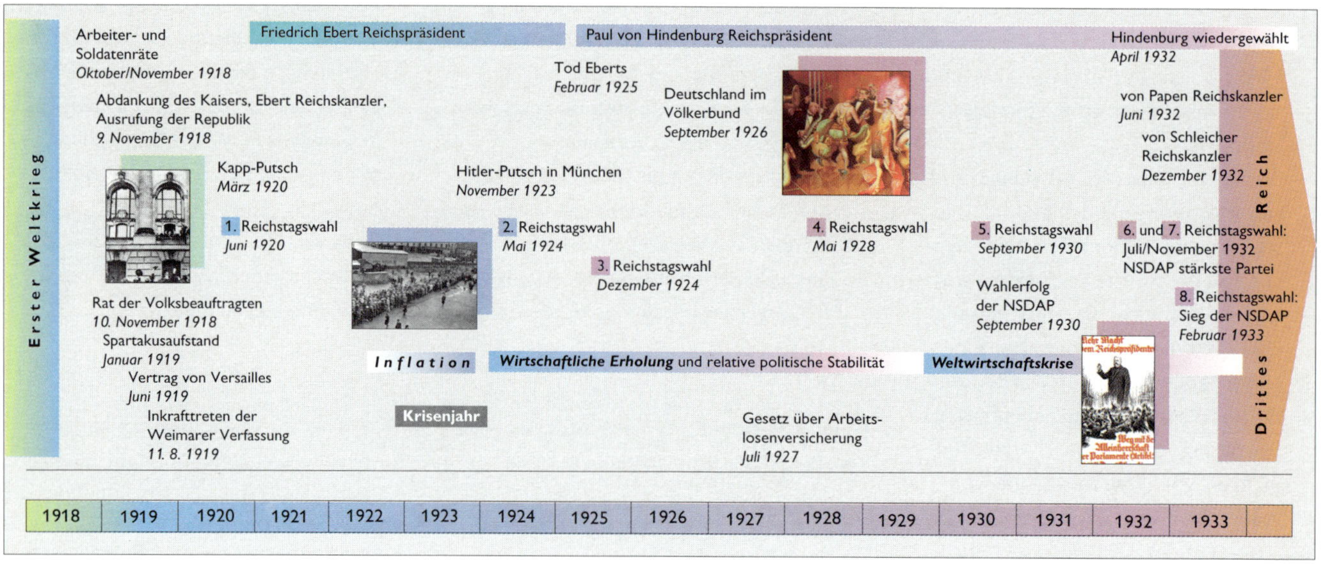

M3 Die Sozialpolitikerin und Reichstagsabgeordnete Marie Juchacz bei einer Rede auf dem Kurfürstendamm in Berlin, 1919

Der 9. November 1918 war ein bedeutsamer Tag in der Geschichte Deutschlands.

In Berlin trat gegen 14.00 Uhr Philipp Scheidemann – SPD-Mitglied und Staatssekretär in der Regierung – auf den Balkon des Reichstagsgebäudes und verkündete vor der dort versammelten Menschenmenge die »Deutsche Republik«.

Zwei Stunden später trat, nicht weit davon entfernt, Karl Liebknecht – Mitbegründer des Spartakusbundes und der späteren KPD – auf den Balkon des Berliner Schlosses. Auch vor dem Schloss hatten sich viele Menschen versammelt. Liebknecht proklamierte die »Sozialistische Republik«.

Diese Ereignisse waren für den Beginn der Weimarer Republik entscheidend.

Der Erste Weltkrieg hatte im Oktober 1918 mit einer Niederlage Deutschlands geendet. Das deutsche Kaiserreich zerfiel und in der demokratischen Tradition der Verfassung von 1848/49 entstand zum ersten Male in Deutschland ein demokratischer Staat. Er wurde durch eine Verfassung der Nationalversammlung in Weimar begründet. Deshalb sprechen wir von der Weimarer Republik. Nur 14 Jahre sollte sie Bestand haben. Schon Anfang der 30er-Jahre wurde sie zerstört. 1933 folgte die nationalsozialistische Diktatur.

In diesem Kapitel wollen wir anders vorgehen, als ihr das gewohnt seid. Wir wollen mit euch nicht die historischen Ereignisse der Weimarer Republik von 1918 bis 1933 erarbeiten, sondern schlagen euch vor nur zwei Ereignisse zu untersuchen. Wir haben uns dafür entschieden, weil wir der Meinung sind, dass die Beantwortung einer zentralen Frage für euch wie für alle Menschen in der Bundesrepublik bedeutsam ist: Wie konnte es geschehen, dass eine demokratische Republik in einer Diktatur endete?

Um diese Frage beantworten zu können, sollt ihr euch intensiv beschäftigen mit der Ausrufung der Weimarer Republik am 9. November 1918 und dem Rücktritt der letzten parlamentarischen Regierung der Weimarer Republik am 27. März 1930. Denn beide Ereignisse stellen entscheidende Weichen für das Scheitern der Republik.

Wir schlagen euch die Methode der Fallstudie vor. Denn die Fallstudie ermöglicht eine Auseinandersetzung mit den handelnden Menschen vor dem Hintergrund einer konkreten historischen Situation.

Auf den Doppelseiten 1 bis 4 führen wir euch durch die erste Fallstudie, die Ereignisse vom 9. November 1918. Die zweite Fallstudie zu dem Ereignis vom 27. März 1930 sollt ihr dann mithilfe der Doppelseiten 5 bis 9 selbstständig durchführen.

In diesem Kapitel erarbeitet ihr,

- wie die Weimarer Republik in Deutschland entstand,
- welche Ereignisse ihre Entstehung begünstigten und welche eher hinderlich waren,
- welche Menschen und Gruppen sie unterstützten und welche sie bekämpften,
- wie und warum es dazu kam, dass die Weimarer Demokratie zerstört werden konnte,
- wie eine historische Fallstudie durchgeführt wird.

M1 ■ Die Mitglieder des »Rates der Volksbeauftragten« auf einer zeitgenössischen Postkarte. In der Mitte die Ausrufung der Republik durch Philipp Scheidemann

8.1 Die Geburtsstunde der Weimarer Republik – Die Ereignisse 1918

Die Fallstudie stellt Fragen an die Ereignisse am 9. November 1918, die wir auf dieser und auf den nachfolgenden Doppelseiten beantworten wollen. Wir begrenzen uns auf wenige (Schlüssel-)Fragen, damit ihr euch bei der Untersuchung nicht verzettelt (siehe Fallstudie auf der rechten Seite).

In einem ersten Schritt soll beantwortet werden: Was ereignete sich an jenem Tag in Berlin? Wir recherchieren das konkrete historische Ereignis.

Ausrufung der Weimarer Republik

Er war ein trüber Herbsttag, der 9. November 1918. Vormittags füllte eine unübersehbare Menschenmenge das Zentrum der Hauptstadt des Deutschen Kaiserreiches, Berlin. Versammlungen wurden abgehalten. Reden wurden vor der erregten Menschenmenge gehalten. Rote Fahnen wurden geschwenkt, Schaufenster eingeworfen, Läden geplündert und hin und wieder fielen Schüsse. Die Menschen forderten Frieden und die Abdankung des Kaisers. Gerüchte wurden bekannt, nach denen die Matrosen in Kiel meuterten und auf den Schiffen und in den Kasernen Soldatenräte die Befehlsgewalt übernommen hätten.

Zwischen dem Schloss und dem Reichstagsgebäude bewegte sich die Berliner Bevölkerung in Massenumzügen hin und her. Sie versuchte in Erfahrung zu bringen, was als Nächstes geschah. Alle spürten, dass in diesem fünften Kriegswinter, in diesen grauen Novembertagen eine weit reichende politische Veränderung stattfinden würde.

Gegen 12.00 Uhr verkündete der Reichskanzler Prinz Max von Baden seinen Rücktritt als Regierungschef und die Abdankung des Kaisers. Gleichzeitig ernannte er Friedrich Ebert, den Vorsitzenden der Sozialdemokratischen Partei Deutschlands (SPD), zum Reichskanzler einer neuen Regierung. Damit kam zum ersten Mal in der deutschen Geschichte ein Regierungschef aus dem Parlament (Reichstag). Dem Vorsitzenden der SPD wurde diese Aufgabe übertragen, weil die SPD die stärkste Partei im Reichstag war und als Oppositionspartei des Kaiserreichs einen demokratischen Neubeginn glaubhaft vertreten konnte.

Um 14.00 Uhr trat Philipp Scheidemann (SPD) auf den Balkon des Reichstagsgebäudes und verkündete die »Deutsche Republik«.

Zwei Stunden später trat Karl Liebknecht (Spartakusbund) auf den Balkon des Berliner Schlosses vor die Bevölkerung und proklamierte die »Sozialistische Republik«.

Jetzt wissen wir, was passiert ist. Beim Durchlesen tauchen Fragen auf, z. B.: Warum musste der Kaiser Wilhelm II. abdanken? Wie kam es zu den Unruhen in der Bevölkerung – nicht nur in Berlin? Ihr wisst, dass die Weimarer Republik zweimal ausgerufen wurde, aber ihr wisst noch nicht, warum. Diese Fragen sollen auf der folgenden Doppelseite beantwortet werden.

M2 ■ Auszug aus der Rede Philipp Scheidemanns vom 9.11.1918

Arbeiter und Soldaten!

Das deutsche Volk hat auf der ganzen Linie gesiegt. [...] Der Militarismus ist erledigt! Die Hohenzollern haben abgedankt! Es lebe die Deutsche Republik! Der Abgeordnete Ebert ist zum Reichskanzler ausgerufen worden. [...] Jetzt besteht unsere Aufgabe darin, diesen glänzenden Sieg, diesen vollen Sieg des deutschen Volkes nicht beschmutzen zu lassen und deshalb bitte ich Sie, sorgen Sie dafür, dass keine Störung der Sicherheit eintrete! Wir müssen stolz sein können in alle Zukunft auf diesen Tag! Ruhe, Ordnung und Sicherheit, das ist das, was wir jetzt brauchen!

(E. Drahn/E. Friedegg [Hg.], Deutscher Revolutionsalmanach für das Jahr 1919 über die Ereignisse des Jahres 1918. Hamburg/Berlin 1919, S. 72.)

M3 ■ Auszug aus der Rede Karl Liebknechts vom 9.11.1918

Der Tag der Revolution ist gekommen. Wir haben den Frieden erzwungen. [...]

Parteigenossen, ich proklamiere die freie sozialistische Republik Deutschland, die alle Stämme umfassen soll, in der es keine Knechte mehr geben wird, in der jeder ehrliche Arbeiter den ehrlichen Lohn seiner Arbeit finden wird. Die Herrschaft des Kapitalismus, der Europa in ein Leichenfeld verwandelt hat, ist gebrochen. [...] Wir müssen alle Kräfte anspannen, um die Regierung der Arbeiter und Soldaten aufzubauen und eine neue staatliche Ordnung des Proletariats zu schaffen, eine Ordnung des Friedens, des Glücks und der Freiheit.

(Vossische Zeitung vom 10. November 1918.)

M4 ■ Extraausgabe des »Vorwärts« vom 9. November 1918

8. Extraausgabe. Sonnabend, den 9. November 1918.

Vorwärts

Berliner Volksblatt.

Zentralorgan der sozialdemokratischen Partei Deutschlands.

Arbeiter, Soldaten, Mitbürger!

Der freie Volksstaat ist da!

Kaiser und Kronprinz haben abgedankt!

Fritz Ebert, der Vorsitzende der sozialdemokratischen Partei, ist Reichskanzler geworden und bildet im Reiche und in Preußen eine neue Regierung aus Männern, die das Vertrauen des werktätigen Volkes in Stadt und Land, der Arbeiter und Soldaten haben. **Damit ist die öffentliche Gewalt in die Hände des Volkes übergegangen. Eine verfassunggebende Nationalversammlung tritt schnellstens zusammen.**

Arbeiter, Soldaten, Bürger! Der Sieg des Volkes ist errungen, er darf nicht durch Unbesonnenheiten entehrt und gefährdet werden. Wirtschaftsleben und Verkehr müssen unbedingt aufrecht erhalten werden, damit die Volksregierung unter allen Umständen gesichert wird.

Folgt allen Weisungen der neuen Volksregierung und ihren Beauftragten. Sie handelt im engsten Einvernehmen mit den Arbeitern und Soldaten.

Hoch die deutsche Republik!

Der Vorstand der Sozialdemokratie Deutschlands.

Der Arbeiter- und Soldatenrat.

1 ■ Legt eine Wandzeitung an, auf der ihr in der ersten Spalte die Fragen notiert, die ihr im Laufe der Fallstudie beantworten wollt.

2 ■ Informiert euch anhand des Textes und der Materialien über die Situation im November 1918. Was erwartete die deutsche Bevölkerung? Erläutert die Zielsetzungen der Politiker (M2–M4)?

3 ■ Vergleicht die Redeauszüge bezüglich der Absicht und Argumentation der Redner (M2 und M3).

Fallstudie

Eine Fallstudie ist eine Untersuchungsmethode, die dann angewandt wird, wenn ein konkretes historisches Ereignis im Vordergrund der historischen Untersuchung steht, weil es von besonderer zentraler Bedeutung für das Verständnis der Zeit ist. In der Hauptsache befasst sich die Analyse mit dem konkreten Handeln von Menschen in einer konkreten historischen Situation, das aus unterschiedlichen Perspektiven betrachtet wird. Die Erarbeitung des konkreten Falles vermittelt Erkenntnisse über die Interessen der betroffenen Menschen, über Macht und diejenigen, die sie ausüben, sowie über Menschen, Ideen und die Versuche diese in die Tat umzusetzen. Der konkrete Fall wird in den historischen Zusammenhang gestellt, seine Vorgeschichte und seine Auswirkungen werden untersucht. Der historische Fall liefert damit exemplarisch Erkenntnisse über die historische Epoche, in der er stattfindet. Diese Erkenntnisse werfen Fragen auf, die sich oftmals in die gegenwärtige aktuelle Situation übertragen lassen. Die Fallstudie wird in drei Abschnitte unterteilt:

1. Recherche des konkreten Ereignisses
   Wir fragen: Was geschah wann und wo? Wer war beteiligt?
2. Analysen von Anlass und Ursachen
   Wir fragen: Was war die Vorgeschichte des konkreten Ereignisses? Welche Motive und Interessen veranlassten die betroffenen Menschen und Gruppen, so zu handeln? Welche Ideen und Ideale wollten die Menschen realisieren? Welche Macht wurde angewandt? Welche rechtlichen Möglichkeiten bestimmten das Handeln der Menschen? Welchen Einfluss konnten einzelne Menschen ausüben?
3. Historische Bewertung
   Wir fragen: Welche Konsequenzen ergeben sich aus dem Ereignis? Gab es Alternativen im Denken und Handeln der Menschen?

8.2 Die Novemberrevolution 1918 – Analyse der Interessen

Der zweite Schritt in unserer Fallstudie dient der Analyse der historischen Hintergründe, die das konkrete historische Ereignis begründen. Ihr fragt euch: Wie kam es dazu, dass der Kaiser abdanken musste und die Weimarer Republik zweimal mit unterschiedlichen Absichten ausgerufen wurde?

Opposition gegen den Krieg und den Kaiser

Die Kriegsbegeisterung von 1914 war verschwunden. Es wuchs die Empörung in der Bevölkerung über diejenigen, die im Interesse von Großmachtstreben und wirtschaftlichem Gewinn eine gigantische militärische Maschinerie in Gang gesetzt hatten, die das Leben, die Gesundheit und die Menschenwürde zerstörte.

Im Reichstag wuchs die Opposition gegen den Kaiser und die Militärs. Eine Gruppe in der Sozialdemokratischen Partei Deutschlands (SPD) um Rosa Luxemburg und Karl Liebknecht hatte sich von Anfang an gegen den Krieg gewandt. Ab 1917 trennte sie sich von der SPD. Sie nannte sich die »Unabhängige sozialdemokratische Partei Deutschlands« (USPD) und verstärkte ihre Opposition gegen den Kaiser und den Krieg. Sie trat für eine revolutionäre Umgestaltung der politischen und gesellschaftliche Verhältnisse ein. Eine sozialistische Rätedemokratie war ihr Ziel. Die radikalen Verfechter der Revolution in der USPD nannten sich »Spartakusbund«.

M1 ■ **Einzug der revolutionären Matrosen in Berlin am 9.11.1918**

Ausbruch der Revolution

Als Ende Oktober die Flotte in Kiel zu einer letzten aussichtslosen Schlacht gegen die überlegenen englischen Seestreitkräfte auslaufen sollte, meuterten die Matrosen am 4. November. Das war das Signal zum Ausbruch der Revolution. Auf den Kriegsschiffen und in den Kasernen wurden Soldatenräte gebildet. In den Städten und Industriegebieten, auf den Werften, in Munitionsfabriken, im Bergbau entstand eine Streik- und Protestbewegung. Um den Streik zu organisieren und sich vor den Angriffen der Polizei und des Militärs zu schützen, bildeten sie Arbeiterräte in jedem Betrieb und in jeder Stadt, die sich mit den Soldatenräten zusammenschlossen.

Die Menschen forderten das sofortige Ende des Krieges und die Einführung politischer Grundrechte (Koalitions-, Streik-, Vereins-, Versammlungs- und Pressefreiheit). Die Forderung nach dem allgemeinen Wahlrecht, das auch den Frauen das Recht zur Wahl zugestehen sollte, gab der Frauenbewegung neuen Auftrieb. Die Frauen engagierten sich in der Protestbewegung.

Der Krieg musste beendet werden und der Kaiser dankte ab. Die Regierungsverantwortung wurde in die Hände der SPD gelegt. Diese Ereignisse waren die unmittelbaren Konsequenzen aus der Novemberrevolution.

Weimarer Republik vor der Entscheidung

Mit der Ausrufung der Republik am 9. November 1918 verband Philipp Scheidemann die Hoffnung, die Revolution rasch beenden zu können, damit die neue Regierung die drängenden Versorgungsprobleme und den demokratischen Neubeginn in Ruhe und Ordnung bewältigen könne. Im Verständnis der SPD waren die Ziele der Revolution erreicht: Der Krieg war beendet und die Kaiserherrschaft beseitigt. Eine parlamentarische Demokratie sollte durch eine Nationalversammlung eingeführt werden.

Karl Liebknecht fordert demgegenüber die Bevölkerung zur Weiterführung der Revolution auf. Für den Spartakusbund war das Ziel der Revolution, die sozialistische Gesellschaft, so lange nicht erreicht, bis die Arbeiter- und Soldatenräte die politische und wirtschaftliche Macht erobert hatten. Auf der Macht der Räte sollte eine sozialistische Rätedemokratie errichtet werden.

M2 ■ Revolutionäre Arbeiter vor der Garde-Ulanen-Kaserne am 9.11.1918

M3 ■ Ein Brief eines Matrosen an seinen Vater vom 12.11.1918

Also es sind große Dinge passiert bei der Kaiserlichen Marine. Sämtliche Linienschiffe und Panzerkreuzer meutern [...] An höherer Stelle sagte man sich, ehe wir die Flotte ausliefern, setzen wir alles auf eine Karte [...] Und wie auch der Kommandant S. M. S. »Thüringen« sagte: »Wir verfeuern unsere letzten 2000 Schuss und wollen mit wehender Flagge untergehen.« Darauf haben sie [die Matrosen] zu ihm gesagt, er solle allein losfahren, und nun ging der Krach los. [...] Die Marine macht nicht mehr mit – wenn nur die Armee und das Volk bald folgen. [...] Totschießen lassen wir uns nicht mehr die letzten Tage.

(Bergische Arbeiterstimme vom 12.11.1918.)

M4 ■ Ein sozialdemokratischer Redakteur berichtet über die Ereignisse vom 4. und 5.11.1918

Der Soldatenrat hatte [...] die Forderungen der Matrosen in 14 Punkten zusammengefasst. [...]

»1. Freilassung sämtlicher Inhaftierten und politischen Gefangenen.
2. Vollständige Rede- und Pressefreiheit.
3. Aufhebung der Briefzensur.
6. Die Ausfahrt der Flotte hat unter allen Umständen zu unterbleiben. [...]
8. Es gibt außer Dienst keine Vorgesetzten mehr. [...]
10. Offiziere, die sich mit den Maßnahmen des jetzt bestehenden Soldatenrates einverstanden erklären, begrüßen wir in unserer Mitte. Alles Übrige hat ohne Anspruch auf Versorgung den Dienst zu quittieren. [...]
12. Sämtliche in Zukunft zu treffenden Maßnahmen sind nur mit Zustimmung des Soldatenrates zu treffen.

Der Soldatenrat.«

Die Arbeiterschaft erklärte sich bereit diese Forderungen restlos zu unterstützen.

[...] Die ganze Erhebung war aus dem Hass gegen die bevorrechtigte Offizierskaste geboren. [...]

Wo Widerstand versucht wurde, wurde er gewaltsam gebrochen.

(B. Rausch, Am Springquell der Revolution. Die Kieler Matrosenerhebung. Kiel 1918, S. 12 ff.)

M5 ■ Anita Augspurg wirbt für die Räte

Anita Augspurg war Vertreterin der Frauenbewegung und sie engagierte sich in Bayern für die Rätebewegung. In ihren Lebenserinnerungen schreibt sie:

Mit Rucksäcken beladen, die das erforderliche Propagandamaterial [...] enthielten, durchwanderten Frauen die Gegend von Dorf zu Dorf. [...] Männer- wie Frauenversammlungen waren überfüllt. [...] Die Frauen zeigten großes Interesse, richteten sachliche Fragen an die Rednerinnen über Ehe- und Erziehungsrechte der Frauen sowie ihre ökonomische Stellung im neuen Staat. Bei einigen Bäuerinnen zeigte sich das Interesse so lebendig, dass sie sich den Rednerinnen anschlossen, mit ihnen durch hohen Schnee ins nächste Dorf stapften. Sie verteilten [...] die Flugblätter.

(A. Kuhn [Hg.], Chronik der Frauen. Dortmund 1990, S. 430.)

?

1 ■ Beurteilt das Verhalten der Kieler Marineleitung angesichts der Situation am Ende des Ersten Weltkrieges (M3). Was veranlasste die Matrosen zur Meuterei?

2 ■ Untersucht das revolutionäre Programm der Kieler Matrosen (M4). Wogegen wendeten sie sich, wofür setzten sie sich ein?

3 ■ Analysiert die Rolle der Arbeiter- und Soldatenräte. Beachtet dabei auch die Rolle der Frauen (M5).

4 ■ Setzt euch mit dem Problem der Befehlsverweigerung von Soldaten/Matrosen im Krieg und im Frieden auseinander. Vielleicht könnt ihr dazu einen Jugendoffizier der Bunderwehr befragen.

M1 ■ Verrat an der Revolution? »Prost Noske! Die junge Revolution ist tot!« (Zeichnung von George Grosz, 1919)

8.3 Die Gründung der Weimarer Republik – Analyse der Machtverhältnisse

Im dritten Schritt unserer Fallstudie wenden wir uns der Frage der Macht zu. Wer hat sich durchsetzen können und warum? Gab es Alternativen zu der Lösung, die durchgesetzt werden konnte?

Am 10. November trat die neue Regierung, der »Rat der Volksbeauftragten«, zusammen. Sie bestand aus je drei Vertretern der SPD und der USPD. Als Erstes wurde beschlossen, eine Nationalversammlung einzuberufen. Diese sollte aus allgemeinen Wahlen hervorgehen. Das Wahlrecht sollte auch für die Frauen gelten. Noch am gleichen Tag erkannten die Arbeiter- und Soldatenräte den Rat der Volksbeauftragten als neue Regierung an.

Die Regierung sah sich 1918 fast unüberwindlichen Schwierigkeiten gegenüber: Waffenstillstand und Demobilmachung, Umstellung und Ankurbelung der industriellen und landwirtschaftlichen Produktion, Versorgung der Bevölkerung mit Arbeit, Lebensmitteln und Brennstoffen – das waren die akuten Probleme. Die Arbeiter- und Soldatenräte forderten mehr Einfluss, die Vergesellschaftung der Schwerindustrie und der adeligen Ländereien.

Bündnisse gegen die Revolution

In der neuen Regierung gab die Sozialdemokratische Partei Deutschlands (SPD) den Ton an. Ihr Vorsitzender, Friedrich Ebert, war kein Anhänger der Revolution. Er trat ein für »Ruhe und Ordnung« im Staat. Dafür suchte sich Ebert Verbündete. Er fand sie in der ehemals kaiserlichen Armee. So schloss Ebert eine Vereinbarung mit General Groener, dem neuen Führer der Obersten Heeresleitung (OHL). Ebert versprach, die Armee des Kaiserreiches zu erhalten und Groener sicherte der Regierung Ebert dafür die Unterstützung der Armee bei der Niederschlagung der Revolution zu.

Weitere Verbündete Eberts waren die kaiserlichen Staatsbeamten, die er zur Aufrechterhaltung von Ruhe und Ordnung in ihren Ämtern behielt.

Niederschlagung der Revolution

Auf dem 1. Reichsrätekongress im Dezember 1918 beschlossen die Vertreter der Arbeiter- und Soldatenräte, allgemeine Wahlen zu einer verfassungsgebenden Nationalversammlung für den 19. Januar 1919 anzusetzen. Damit entschied sich der Kongress für eine parlamentarische Demokratie und gegen eine sozialistische Rätedemokratie. Die revolutionären Gruppen waren mit dieser Entscheidung nicht einverstanden und verlegten ihren Kampf auf die Straße. Am 31. Dezember 1918 gründeten sie unter Führung des Spartakusbundes die Kommunistische Partei Deutschlands (KPD).

Nach ihrem Erfolg auf dem Reichsrätekongress begann die sozialdemokratische Regierung die Macht der Räte einzuschränken und forderte sie auf, die besetzten Kasernen und Fabriken freizugeben. Dagegen protestierten die Anhänger der Revolution. In Berlin entwickelte sich die Auseinandersetzung im Januar 1919 zum Bürgerkrieg. Mit Unterstützung ehemals kaisertreuer Armeeeinheiten, die der neue Reichswehrminister Gustav Noske befehligte, wurde der Aufstand niedergeschlagen. Rosa Luxemburg und Karl Liebknecht, Gründer und führende Persönlichkeiten der KPD, wurden von Freikorps-Angehörigen erschossen. Die Anhänger der sozialistischen Rätedemokratie, die durch die KPD vertreten wurden, sahen dadurch die Revolution vereitelt. SPD und breite Bevölkerungskreise wollten die Revolution beenden, da sie die parlamentarisch-demokratische Ordnung gefährdete.

Merkmal	Parlamentarische Demokratie	Rätedemokratie
Wer trifft die politischen Entscheidungen?	Die Wahlbürgerinnen und -bürger übertragen ihre Macht durch Wahlen für eine Wahlperiode an Abgeordnete, die von den Parteien zur Wahl gestellt werden und durch die Wahl in ein Parlament entsandt werden. Die politischen Entscheidungen werden im Parlament getroffen.	Die Menschen treffen politische Entscheidungen in Räteversammlungen selbst (z. B. im Betrieb, in Wohneinheiten) und wählen Delegierte in übergeordnete Räte.
Wer kontrolliert die politische Macht?	Die politische Macht wird kontrolliert durch die Gewaltenteilung, durch die Opposition im Parlament, durch die freien Medien und durch die in einem festgelegten Zeitintervall stattfindenden Wahlen. Das Volk übt nach der Wahl keine direkte Kontrolle aus. Die Abgeordneten im Parlament entscheiden nach ihrem Gewissen frei (freies Mandat).	Das Volk kontrolliert sich in den Räten selbst. Es herrscht keine Gewaltenteilung. Die Delegierten werden unmittelbar zur Rechenschaft vor dem entsendenden Rat verpflichtet und durch jederzeit mögliche Abwahl kontrolliert. Die Delegierten müssen die Beschlüsse des entsendenden Rates vertreten (imperatives Mandat).
Wie können die unterschiedlichen Meinungen in der Bevölkerung politisch wirksam werden?	Verschiedene Interessengruppen und Parteien greifen unterschiedliche Meinungen auf, die über das Parlament in den Prozess der staatlichen Willensbildung einfließen und über die im Parlament durch Mehrheitsentscheidung bei Minderheitenschutz entschieden wird.	Die verschiedenen Meinungen werden in die Räte eingebracht. Es herrscht eine permanente öffentliche Diskussion unter gleichgestellten Menschen. Die Abstimmung entscheidet über die Durchsetzungsfähigkeit einer Meinung. Diese wird durch die Delegierten in den nächsthöheren Rat transportiert.

M2 ■ Vergleich der Grundprinzipien der parlamentarischen Demokratie mit der Rätedemokratie

M3 ■ Brief von Hugo Haase an seinen Sohn, 26.11.1918

Die harten Waffenstillstandsbedingungen, die Notwendigkeit der überstürzten Demobilisierung, das Detail der Ernährungspolitik erheischten mehr als sonst die Aufrechterhaltung des eingearbeiteten Verwaltungsapparats. Die alten Beamten, die sich mit der Revolution abgefunden haben, […] Ich würde allein mit meinen Freunden die Regierung ergriffen haben, wenn nicht die Soldaten fast einmütig darauf bestanden, dass wir mit Ebert die Gewalt teilen sollten, und wenn nicht ohne Ebert ein erheblicher Teil der bürgerlichen Fachmänner Sabotage treiben würde. So müssen wir manches in Kauf nehmen, was uns gegen den Strich geht. Der revolutionäre Elan wird stark gedämpft.

(E. Haase [Hg.], Hugo Haase. Sein Leben und Wirken. Berlin 1929, S. 173.)

M4 ■ Plakat der SPD 1919

M5 ■ Clara Zetkin und Rosa Luxemburg

1 ■ Findet heraus, welche Personen und Gruppen in den Wintermonaten 1918/19 eine Rolle spielen. Von welchen Motiven wird ihr Handeln beeinflusst?

2 ■ Erarbeitet die Bedingungen, unter denen der Rat der Volksbeauftragten die Arbeit als neue Regierung aufnehmen musste (M3).

3 ■ Interpretiert die Karikatur von George Grosz (M1).

4 ■ Vergleicht die Demokratiemodelle (M2). Diskutiert Vor- und Nachteile.

5 ■ Diskutiert die Frage, ob das blutige Ende der Revolution durch den Wunsch nach einer parlamentarischen Demokratie zu rechtfertigen ist.

8.4 War 1918 ein Neuanfang? – Historische Bewertung

Der vierte und letzte Schritt unserer ersten Fallstudie dient der Bewertung dieses konkreten historischen Ereignisses. Wir fragen: Welche Konsequenzen ergaben sich aus den Ereignissen, die von der zweimaligen Ausrufung der Republik am 9. November 1918 ausgingen? Was bedeuteten sie für die neu gegründete Weimarer Republik?

M1 ■ **SPD-Wahlplakat von 1919**

Die Dolchstoßlegende

Schon wenige Wochen nach der Niederlage Deutschlands im Ersten Weltkrieg konnte man in Zeitungen lesen, das deutsche Heer sei nicht durch Truppen der Siegermächte besiegt worden, sondern hinterrücks, mit einem »Dolchstoß«, zu Fall gebracht worden. Diese Legende wurde sogar von Feldmarschall von Hindenburg, dem Führer der Obersten Heeresleitung (OHL), in der Öffentlichkeit vertreten. Daher glaubten viele daran. Nach den Gründen des deutschen Zusammenbruchs befragt, äußerte er: Es habe eine heimliche und planmäßige Zersetzung von Heer und Flotte gegeben, die ein geschlossenes und einheitliches Zusammenwirken von Heer und Heimat unmöglich gemacht habe. Daran sei Deutschland zerbrochen. Wer den Dolch gegen die deutschen Soldaten geführt habe, daran ließen die Militärs keinen Zweifel. Die Novemberrevolution wurde verantwortlich gemacht für die Niederlage.

Übernahme der Verantwortung

Die Militärs wollten sich die Niederlage nicht eingestehen. Sie fanden jedoch eine demokratische Regierung, die ihnen den Umgang mit der Niederlage abnahm, indem sie anstelle der Militärs den Friedensvertrag von Versailles unterzeichnete, der Deutschland und seinen Verbündeten die alleinige Kriegsschuld aufbürdete. Dieser Vertrag wurde von vielen als nationale Schmach empfunden und belastete diejenigen schwer, die im Interesse der demokratischen Zukunft Deutschlands diesen Vertrag mit ihrer Unterschrift akzeptierten. Fortan waren nicht die Militärs, sondern die demokratischen Politiker verantwortlich für die Folgen der Niederlage.

Widerstand gegen die Weimarer Republik

Nur wenige Parteien unterstützten die Weimarer Republik: die SPD, die Deutsche Demokratische Partei (DDP) des radikalliberalen Bürgertums und das Zentrum, eine katholisch-konfessionelle Partei. Diese drei Parteien bildeten die »Weimarer Koalition«; sie war in acht von 16 Regierungen in der Zeit von 1919 bis 1930 vertreten.

Auf der politischen Rechten wie auf der äußersten Linken verstärkte sich der grundsätzliche Widerstand gegen die parlamentarisch-demokratische Staatsform der Weimarer Republik: Die KPD als Vertreterin der kommunistisch orientierten Arbeiterschaft auf der Linken, die für eine sozialistische Rätedemokratie kämpfte, und die Deutschnationale Volkspartei (DNVP), die Partei der monarchistisch, nationalistisch gesinnten Bevölkerungskreise, auf der Rechten, die eine Rückkehr zu einem autoritären Regime ähnlich dem Kaiserreich anstrebte. Unter diesen Umständen war die Weimarer Republik von Anfang an gefährdet.

Aufbruch in der Weimarer Republik

Die Weimarer Demokratie galt für viele aber auch als Aufbruch. Das politische Leben war vom Geist des kaiserlichen Obrigkeitsstaats befreit, auch wenn viele Menschen dies noch nicht begreifen wollten oder konnten. Die politischen Grundrechte und das allgemeine Wahlrecht erweckte bei vielen Menschen mehr Interesse für das politische Geschehen.

M2 ■ Aufruf des Rates der Volksbeauftragen vom 12.11.1918

An das deutsche Volk!

Die aus der Revolution hervorgegangene Regierung [...] verkündet [...] Folgendes:

1. Der Belagerungszustand wird aufgehoben.
2. Das Vereins- und Versammlungsrecht unterliegt keiner Beschränkung, auch nicht für Beamte und Staatsarbeiter.
3. Eine Zensur findet nicht statt.
4. Meinungsäußerung in Wort und Schrift ist frei.
5. Die Freiheit der Religionsausübung wird gewährleistet.
6. Für alle politischen Straftaten wird Amnestie gewährt. [...]
9. Die bei Beginn des Krieges aufgehobenen Arbeiterschutzbestimmungen werden hiermit wieder in Kraft gesetzt.

Spätestens am 1. Januar 1919 wird der achtstündige Maximalarbeitstag in Kraft treten. Die Regierung wird alles tun, um für ausreichende Arbeitsgelegenheit zu sorgen. Eine Verordnung über die Unterstützung von Erwerbslosen ist fertig gestellt. [...] Die Wohnungsnot wird durch Bereitstellung von Wohnungen bekämpft werden. Auf die Sicherung einer geregelten Volksernährung wird hingearbeitet werden. Die Regierung wird die geordnete Produktion aufrechterhalten, das Eigentum gegen Eingriffe privater sowie die Freiheit und Sicherheit der Person schützen.

Alle Wahlen zu öffentlichen Körperschaften sind fortan nach dem gleichen, geheimen, direkten, allgemeinen Wahlrecht aufgrund des proportionalen Wahlsystems für alle mindestens 20 Jahre alten männlichen und weiblichen Personen zu vollziehen.

Ebert, Haase, Scheidemann, Landsberg, Dittmann, Barth.

(Reichsgesetzblatt 1918, S. 1303 f.)

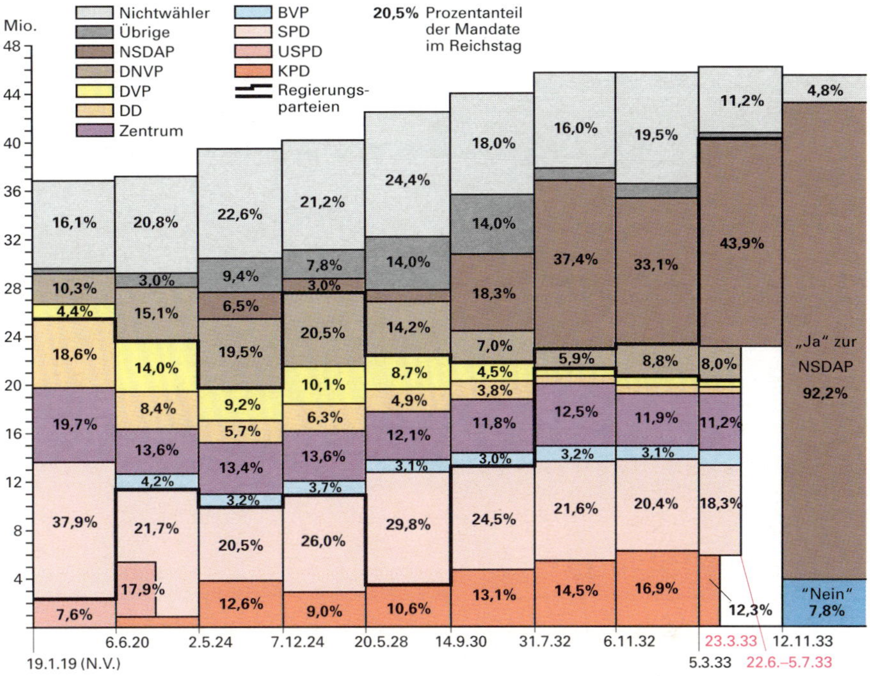

M3 ■ Ergebnisse der Wahlen zur Nationalversammlung 1919–1933

M4 ■ SPD-Plakat von 1920

1 ■ Erarbeitet aus dem Aufruf (M2) die Vorstellungen der Regierung vom Sozialismus.

2 ■ Wertet die Ergebnisse der Wahlen zur Nationalversammlung aus (M3). Welche Rückschlüsse auf die politische Situation lassen sie zu?

3 ■ Tragt in eure Wandzeitung die Ergebnisse der Fallstudie so ein, dass ihr für jeden Schritt eine Spalte anlegt. Sind die Fragen jetzt alle beantwortet? Prüft dies anhand einer »Checkliste« nach.

4 ■ Beurteilt die Chancen und Risiken, die in der Gründung der Weimarer Republik lagen. War die Weimarer Republik ein Neuanfang?

5 ■ Welche Rolle hat die Bevölkerung bei der Gründung der Weimarer Republik gespielt?

M1 ■ Arbeitslose in Hannover vor dem Arbeitsamt 1932

8.5 Der Rücktritt der Großen Koalition

Mit dieser Doppelseite beginnt die zweite Fallstudie. Diesmal sollt ihr selbstständig die Untersuchung durchführen. Schlagt noch einmal auf der ersten Doppelseite nach, was wir über die Methode der Fallstudie dort geschrieben haben, und schaut euch noch einmal eure Wandzeitung an, auf der ihr die Schritte und die Ergebnisse festgehalten habt.

Ihr beginnt wieder mit dem konkreten Ereignis, das wir euch auf dieser Seite vorstellen.

Die SPD war seit der Gründung der Weimarer Republik so bedeutsam, dass selbst Regierungen, an denen sie nicht beteiligt war, ohne ihre parlamentarische Unterstützung auf Dauer nicht bestehen konnten. Die Reichstagswahlen vom 20. Mai 1928 brachten der SPD rund 30 % der Wählerstimmen ein, damit war sie Gewinnerin der Wahl. Demgegenüber verloren die nationalistischen und konservativen Gegner der Weimarer Republik. Auch die bürgerlichen Parteien mussten sogar zum Teil erhebliche Verluste hinnehmen. Im Bewusstsein ihrer Führungsposition regte die SPD die Bildung einer »Großen Koalition« mit dem Zentrum, der Bayerischen Volkspartei (BVP), einer Schwesterpartei des Zentrums in Bayern, und der Partei der Industrieunternehmerschaft der Deutschen Volkspartei (DVP) an. Reichskanzler wurde Hermann Müller (SPD). Diese Regierung repräsentierte fast 60 % der Wählerstimmen.

Bruch der Großen Koalition

Spannungen zwischen den so unterschiedlichen Koalitionspartnern blieben nicht aus. Streitigkeiten entstanden vor allem zwischen dem Gewerkschaftsflügel der SPD und der Unternehmerpartei DVP in Fragen der Wirtschafts- und Sozialpolitik. Der Anlass für den Bruch der Koalition schien unbedeutend. Seit 1929 stieg die Zahl der Arbeitslosen drastisch an. Infolgedessen reichten die Beiträge zur Arbeitslosenversicherung nicht mehr aus, um die Masse der Arbeitslosen zu unterstützen. Das Defizit in der Kasse stieg, eine Neuregelung der Finanzen war unumgänglich geworden. Die SPD schlug eine Erhöhung der Beiträge zur Arbeitslosenversicherung von 3,5 % auf 4 % vor, die zur Hälfte von den Unternehmern und den Erwerbstätigen gezahlt wurden. Das lehnte die DVP ab. Stattdessen schlug sie vor die Mehrausgaben durch staatliche Kredite zu finanzieren, und wenn das nicht ausreichen sollte die Arbeitslosenunterstützung zu reduzieren. Damit war der Gewerkschaftsflügel in der SPD nicht einverstanden. Eine Einigung war nicht möglich, da die Minister von SPD und DVP zur Unterstützung ihrer Forderungen mit ihrem Ausscheiden aus der Regierung drohten. Daraufhin beschloss das Kabinett am 27. März 1930 seinen Rücktritt.

Welche Fragen stellt ihr zum Verständnis des Ereignisses? Was wollt ihr untersuchen?

M2 ■ Aus einem Aufruf des SPD-Vorstandes vom 28.3.1930

Die Reichsregierung Hermann Müller ist am 27. März 1930 zurückgetreten. Der Kampf um die Arbeitslosenversicherung, seit Jahren das Ziel der stärksten Angriffe der gesamten Reaktion, hat zur offenen Krise geführt.

Sicherung der Unterstützung für die Riesenarmee unverschuldet arbeitslos Gewordener ist und bleibt das Ziel der Sozialdemokratie, Abbau der Leistungen ist das Ziel der Deutschen Volkspartei. Dieser Grundsatz führte zum Bruch. [...]

Den Kampf, den die Sozialdemokratie in der Regierung geführt hat, wird sie außerhalb der Regierung fortsetzen.

Wir gehen ungewissen Ereignissen entgegen. Schwerste Konflikte drohen.

Festes Zusammenstehen der werktätigen Massen zur Verteidigung und zum Angriff ist notwendiger denn je. Seid wachsam und bereit! Stärkt die Reihen der Sozialdemokratischen Partei und der freien Gewerkschaften!

Der Vorstand der Sozialdemokratischen Partei Deutschlands.

(Friedrich Stampfer, Jahrbuch der deutschen Sozialdemokratie für das Jahr 1930, S. 277.)

M4 ■ Arbeitsuchende 1931

M3 ■ Aus einer Denkschrift des Reichsverbandes der Deutschen Industrie 1929

Die deutsche Wirtschaft steht am Scheideweg. Wenn es nicht gelingt, das Steuer umzulegen und unserer Wirtschafts-, Finanz- und Sozialpolitik eine entscheidende Wendung zu geben, dann ist der Niedergang der deutschen Wirtschaft besiegelt. [...]

Den hohen Anforderungen, die die neuen Verhältnisse an den Unternehmer und an die gesamte Wirtschaft gestellt haben, kann die Industrie nur gerecht werden, wenn sie von unproduktiven Ausgaben entlastet, der Zinssatz gesenkt und eine angemessene Rente des in den Unternehmen arbeitenden Eigenkapitals ermöglicht wird. [...] Ausgangspunkt für alle Maßnahmen [...] ist [...] die Förderung der Kapitalbildung. [...]

1. [...] Ausgaben und Leistungen (der Sozialversicherungsgesetze) müssen im Gegensatz zum jetzigen Zustand den Grenzen wirtschaftlicher Tragfähigkeit angepasst werden. [...]

2. Ziel der Reform (der Arbeitslosenversicherung) muss sein den Haushalt der Reichsanstalt (für die Arbeitslosenversicherung) durch weitere Ersparnisse ohne Erhöhung der Beiträge und ohne Inanspruchnahme öffentlicher Mittel in ein dauerhaftes Gleichgewicht zu bringen. [...]

Wesentliche Senkung der öffentlichen Ausgaben und Steuern.

(Aufstieg oder Niedergang? Deutsche Wirtschafts- und Finanzreform 1929. Eine Denkschrift des Reichsverbandes der deutschen Industrie, Berlin 1929, S. 7 ff.).

?

1 ■ Legt eine Wandzeitung an, auf der ihr ähnlich wie bei der ersten Fallstudie eure Ergebnisse der einzelnen Untersuchungsschritte zusammenfasst.

2 ■ Bearbeitet die beiden Quellenauszüge (M2 und M3) und vergleicht sie. Welche Bedeutung messen die SPD und die Unternehmer der Situation im Winter 1929/30 zu? Welche Ziele und welche Methoden haben die beiden Kontrahenten?

3 ■ Stellt euch vor, ihr stündet mehrere Stunden in der langen Schlange der Arbeitslosen vor dem Arbeitsamt (M1). Worüber würdet ihr euch unterhalten? Was würdet ihr von der Regierung erwarten? Schreibt und spielt einen Dialog.

4 ■ Betrachtet M 4. Was sagt euch das Foto über die Situation der Frauen in der wirtschaftlichen Krise?

M1 ■ Karikatur von Georges Grosz 1924

8.6 Die Krise der Wirtschaft

Bei dem Konflikt im März 1930 ging es um mehr als nur um die Erhöhung der Beiträge zur Arbeitslosenversicherung um ein halbes Prozent. Es ging um den Machtkampf zwischen der Unternehmerschaft und der Arbeiterschaft. Die Unternehmer forderten eine Senkung der Löhne, die Verlängerung der Arbeitszeit und die steuerliche Entlastung für ihre Unternehmen. Dagegen wehrten sich die Gewerkschaften. Deshalb sollte ihre Macht gebrochen werden. Gemeinsam mit den national-konservativen Kreisen aus Politik und Militär wollten die Unternehmer zurück zu einem autoritären Staat ohne Einfluss von Parteien, Parlamenten und Gewerkschaften. Dabei stand ihnen die SPD im Wege. Für sie und die Gewerkschaften ging es um die Existenzsicherung der vielen Millionen Menschen, die von der Wirtschaftskrise betroffen waren. Außerdem ging es der Partei um die Verteidigung der sozialpolitischen Errungenschaften der Novemberrevolution. Deshalb zeigten sich DVP und SPD in der Krise im März 1930 zu keinem Kompromiss bereit.

Die »Goldenen Zwanziger«

Das Jahrzehnt nach dem Ersten Weltkrieg erlebte einen heftigen Wirtschaftsaufschwung. Besonders der große Bedarf an Konsumgütern heizte den Kreislauf von Nachfrage und vermehrtem Warenangebot an. Die Wirtschaft blühte auf und der Einzelne profitierte durch steigende Einkommen und Vermögen. Verstärkt stiegen nun auch Frauen ins Berufsleben ein. Obwohl sie wesentlich weniger verdienten als Männer in vergleichbaren Berufen, wurden sie dadurch selbstbewusster. Das Bild der Frau veränderte sich.

Der soziale Fortschritt brachte für viele Aufstiegschancen. Individuelle Freiheit und neue Lebensformen entwickelten sich. So kam es auch zu einer Phase kultureller Blüte und Vielfalt. Besonders die bildenden Künste, die Literatur und Philosophie waren davon betroffen. Theater und Kino, Tanz- und Musikveranstaltungen zogen viele Menschen an und prägten so das Bild der »Goldenen Zwanziger«.

Die Weltwirtschaftskrise

Die Kredite aus den USA und internationale Finanzspekulationen verführten Staat und Wirtschaft zu gewagten Investitionen. Als am 24. Oktober 1929 in New York die Aktienkurse rapide sanken und infolgedessen die Börse geschlossen werden musste (»Schwarzer Freitag«), wurde die amerikanische Staatsbank zahlungsunfähig. Daraufhin zog sie alle Kredite aus Europa zurück und forderte die sofortige Bezahlung ausländischer Schulden. So riss der Börsenzusammenbruch die USA und Europa in eine Finanzkrise (»Weltwirtschaftskrise«).

Unter den europäischen Staaten, die bei den Amerikanern verschuldet waren, wurde Deutschland am stärksten betroffen. Die sofortige Rückzahlung der eigentlich langfristig angelegten Kredite führte zum Zusammenbruch des deutschen Bankwesens. Firmen machten Konkurs und die Arbeitslosenzahlen stiegen schnell an. Zahllose mittlere und kleinere Unternehmen, Geschäfte, bäuerliche und handwerkliche Betriebe wurden zahlungsunfähig. Dauerarbeitslosigkeit ohne Zukunftsperspektive und das Absinken aus der scheinbar gesicherten Position eines Selbstständigen oder Angestellten in die Armut trieben die Menschen in die Arme der radikalen Parteien, die ihnen Hilfe versprachen. Ihren Höhepunkt erreichte die Wirtschaftskrise in Deutschland im Winter 1931/32. Die Arbeitslosenzahl stieg auf über sechs Millionen.

Die Wirtschaftskrise führte zur Verschärfung der Arbeitskämpfe. Die Gewerkschaften verloren zunehmend an Macht, da die Regierung die Unternehmer mit ihrer Politik einseitig begünstigte.

M2 ■ »Großstadt« von Otto Dix

M3 ■ Ein amerikanischer Journalist berichtet über die Lage der Arbeitslosen in Berlin 1932

Nach den Angaben des Arbeitsamtes in Neukölln beträgt der Reichsdurchschnitt der Unterstützung, die ein beschäftigungsloser Arbeiter mit Frau und Kind bezieht, 51 Mark im Monat. Gemäß den Berechnungen dieser offiziellen Stelle kommen Miete, Beleuchtung, Beheizung und unvermeidliche Nebenausgaben auf ein unerbittliches Minimum von 32,50 Mark im Monat. Für die Ernährung dreier Menschen bleiben also 18,50 Mark im Monat übrig. [...]

Nach einer Statistik des Arbeitsamtes kann der Berliner Unterstützungsempfänger 45 Pfund Brot für 6 Mark kaufen; einen Zentner Kartoffeln für 2,50 Mark; 9 Pfund Margarine für 3 Mark; 15 Liter Milch für 4,50 Mark; 20 Pfund Kohl für 2 Mark; 10 Heringe, Salz und Zucker für 1 Mark – und damit wären seine 18,50 Mark und aufgebraucht. [...]

Im Jahr 1927 betrug die deutsche Arbeitslosenunterstützung ungefähr 80 Mark im Monat. [...]

(H. R. Knickerbocker, Deutschland so oder so? Berlin 1932, S. 14 ff.)

M4 ■ Arbeitslosigkeit von Frauen

Mit Einsetzen der Weltwirtschaftskrise waren vor allem verheiratete Frauen von Entlassungen betroffen. Dabei lag die Arbeitslosenquote 1921 unter der der Männer, was jedoch [...] vor allem an der Art der Arbeitsmarktstatistiken lag. Ein Problem der Angaben ist, dass Frauen sich häufiger gar nicht arbeitslos meldeten oder bei statistische Erhebungen als Beruf »Hausfrau« angaben. [...]. Abgesehen von der allgemein niedrigeren Erwerbslosenunterstützung für Frauen erhielten vor allem Ehefrauen nach der Einführung der Bedürftigkeitsprüfung gar keine Unterstützung mehr und verschwanden somit gänzlich vom statistisch erfassten Arbeitsmarkt.

(Britta Lohschelder, Die Knäbin mit dem Doktortitel. Pfaffenweiler 1994, S. 58.)

M5 ■ Arbeitslosigkeit und Konkurse 1929–1933

	Arbeitslosigkeit (Jahresdurchschnitt)	Konkurse (absolut)
1929	1 898 604	13 180
1930	3 075 580	15 486
1931	4 519 704	19 254
1932	5 577 942	14 138
1933	4 804 428	7 954

?

1 ■ Beschreibt die Szenen in M1 und M2.

2 ■ Stellt die Zahlenwerte der Tabelle M5 in einer Grafik dar.

3 ■ Berechnet aus den Angaben aus M3 die Tagesration einer Person. Wie wirkte sich diese Ernährungssituation auf die Gesundheit der Menschen aus?

4 ■ Erkläre, warum die Statistiken die Frauenarbeitslosigkeit nur unvollständig erfassten (M4). Gilt das auch heute noch? Fragt in einem Arbeitsamt nach.

5 ■ Überlegt, welche Maßnahmen eine Regierung in einer Wirtschaftskrise durchführen sollte, um den Menschen und der Wirtschaft zu helfen.

M1 ■ **Plakat der DNVP zur Reichstagswahl 1932**

8.7 Der Angriff auf die Demokratie

Mit einer drastischen Sparpolitik glaubte die Regierung von Reichskanzler Brüning ab 1930, die Wirtschaftskrise meistern zu können. Staatliche Ausgaben wie z. B. die Löhne und Gehälter der Arbeiter, Angestellten und Beamten des öffentlichen Dienstes sowie die Sozialausgaben für Arbeitslose und Sozialhilfeempfänger wurden gesenkt. Diese Sparmaßnahmen reduzierten die Kaufkraft der Bevölkerung und das Auftragsvolumen des Staates gegenüber den Unternehmen. Infolgedessen stiegen die Arbeitslosigkeit und die Betriebsschließungen weiter an. Die Wirtschaftskrise verschärfte sich.

Notstandsregierung

Im Juli 1930 versagte die SPD im Reichstag einem Gesetz ihre Zustimmung, das zur Sanierung des Staatshaushalts weitere Kürzungen der Ausgaben vorsah. Daraufhin erließ der Reichspräsident nach Artikel 48 der Weimarer Verfassung das Gesetz als Notverordnung. Als der Reichstag die Aufhebung dieser Notverordnung beschloss, löste der Reichspräsident der Reichstag nach Artikel 25 der Weimarer Verfassung auf. Neuwahlen wurden für September 1930 ausgeschrieben.

Einflussreiche Persönlichkeiten, Unternehmer, Großagrarier, Offiziere und Generäle wollten mit Unterstützung des Reichspräsidenten Hindenburg eine Regierung mit diktatorischen Vollmachten und die Abschaffung der Parlamente.

Sieg der Nationalsozialisten

Die Parteien führten einen erbitterten Wahlkampf um die Gunst der Wählerinnen und Wähler. Die radikalen Parteien nutzten die Wirtschaftskrise zu Angriffen gegen die Weimarer Republik. Das Ergebnis der Reichstagswahl vom 14. September 1930 war katastrophal: Während die SPD geringe Verluste erlitt, gewann die NSDAP 16 % dazu und wurde hinter der SPD zweitstärkste Fraktion im neuen Reichstag. Diesen starken Zuwachs verdankten die Nationalsozialisten vor allem dem Umstand, dass es ihnen gelungen war, in breitem Umfang Wählerinnen und Wähler aus unterschiedlichen sozialen Klassen und Schichten sowie verschiedener politischer Herkunft für sich zu gewinnen. Viele Stimmen kamen auch aus der eigentlich SPD-nahen Arbeiterschaft.

Waren die Parteien im Reichstag seit dem Rücktritt der Großen Koalition nicht mehr bereit eine regierungsfähige Mehrheit auf dem Boden der Weimarer Republik zu bilden, so waren sie jetzt nach diesem Wahlergebnis dazu nicht mehr in der Lage. Es gab im neuen Reichstag keine regierungsfähige Mehrheit mehr für die Weimarer Republik.

Tolerierungspolitik der SPD

Deshalb entschloss sich die SPD, das Präsidialkabinett Brünings zu tolerieren, um die drohende Diktatur der Nationalsozialisten zu verhindern. Obwohl die Regierung Brüning das Parlament auch nach der Wahl nicht an der Gesetzgebung beteiligte und stattdessen mit Notverordnungen regierte, beteiligte sich die SPD nicht an den zahlreichen Versuchen zum Sturz der Regierung nach Artikel 54 der Weimarer Verfassung.

M2 ■ Artikel 54 der Weimarer Verfassung [Entzug des Vertrauens]

Der Reichskanzler und die Reichsminister bedürfen zu ihrer Amtsführung des Vertrauens des Reichstages. Jeder von ihnen muss zurücktreten, wenn ihm der Reichstag durch ausdrücklichen Beschluss sein Vertrauen entzieht.

M3 ■ Artikel 48 der Weimarer Verfassung [Maßnahmen bei Störung von Sicherheit und Ordnung]

Der Reichspräsident kann, wenn im Deutschen Reich die öffentliche Sicherheit und Ordnung erheblich gestört oder gefährdet wird, die zur Wiederherstellung der öffentlichen Sicherheit und Ordnung nötigen Maßnahmen treffen [...] Zu diesem Zweck darf er vorübergehend die [...] Grundrechte ganz oder zum Teil außer Kraft setzen. [...] Die Maßnahmen sind auf Verlangen des Reichstages außer Kraft zu setzen.

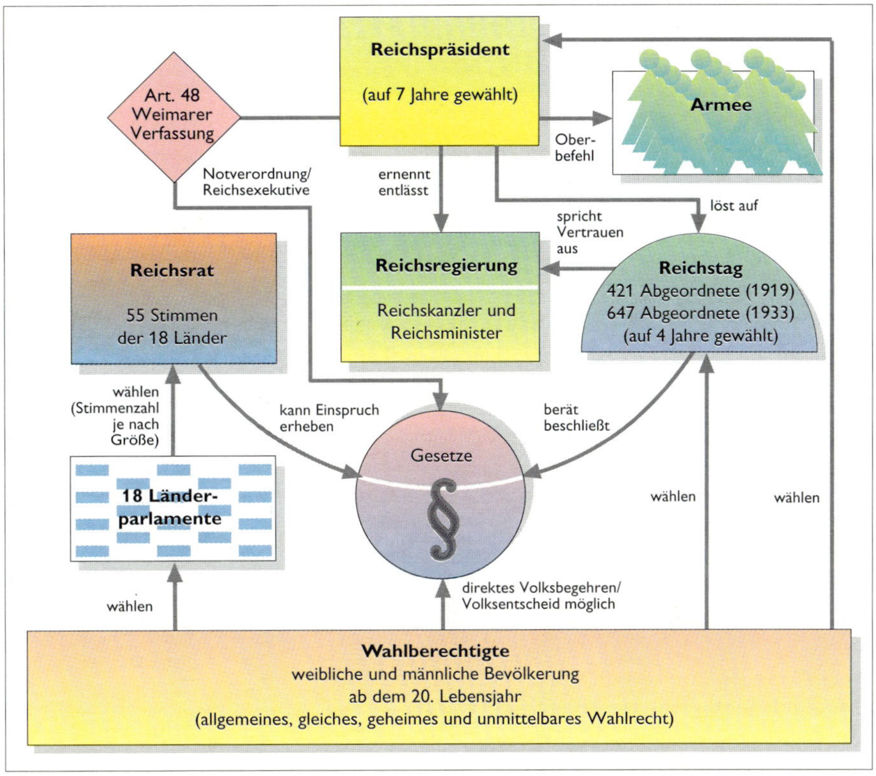

M6 ■ Weimarer Verfassung von 1919

M4 ■ Rede des Abg. Keil (SPD) vor dem Reichstag gegen die Aufhebung der Notverordnung, 15.7.1930

Der Artikel 48 ist nach seiner Entstehungsgeschichte, seinem Sinn und Wortlaut kein Instrument zur Rettung einer Regierung, die sich verrechnet hat. Artikel 48 kann unmöglich Anwendung finden zur Durchsetzung von Gesetzen, die der Reichstag nicht genehmigen will. Eine solche Anwendung wäre ein Missbrauch des Artikels 48 und dieser Missbrauch würde heißen: die Verfassung außer Kraft setzen.

(W. Keil, Erlebnisse eines Sozialdemokraten. Stuttgart 1948, Band 2, S. 390.)

M7 ■ Regierungserklärung des Reichskanzlers Heinrich Brüning vom 1.4.1930

Das neue Reichskabinett ist entsprechend dem mir vom Herrn Reichspräsidenten erteilten Auftrag an keine Koalition gebunden. [...] Es wird der letzte Versuch sein, die Lösung mit diesem Reichstage durchzuführen. (Hört! Hört! bei den Kommunisten.) [...] Die Reichsregierung fühlt sich stark genug mit den Mitteln, welche das Grundgesetz unserer staatlichen Ordnung, die Weimarer Verfassung, der deutschen Republik zur Verfügung stellt, allen gefahrvollen Bedrohungen entgegenzuwirken. (Lebhafte Rufe: Bravo! in der Mitte. – Zurufe von den Kommunisten: Artikel 48!)

(Verhandlungen des Reichstags, Bd. 427, S. 4728 f.)

M5 ■ Entmachtung des Parlaments 1930–32

	1930	1931	1932
vom Reichstag beschlossene Gesetze	98	34	5
präsidiale Notverordnungen	5	44	60
Sitzungstage des Reichstags	84	41	13

(H. Möller, Weimar. Die unvollendete Demokratie. München 1985, S. 192.)

1 ■ Wertet das Wahlplakat der DNVP aus (M1 in Verbindung mit M2).

2 ■ Erklärt die Weimarer Verfassung (M6). Beurteilt die Aufteilung der Macht zwischen dem Reichspräsidenten, dem Reichstag und dem Volk.

3 ■ Erörtert die Anwendung des Artikels 48 der Weimarer Verfassung (M3 in Verbindung mit M4 und M5).

4 ■ Diskutiert die Behauptung, mit dem Jahr 1930 beginne der Zerfall der Weimarer Republik.

8.8 Das Ende der Weimarer Republik

Am 30. Januar 1933 wurde der Führer der Nationalsozialistischen Arbeiterpartei Deutschlands (NSDAP), Adolf Hitler, zum Reichskanzler ernannt. Dies bedeutete das Ende der Weimarer Republik. Der Prozess der Auflösung begann bereits mit dem Rücktritt der letzten parlamentarischen Regierung am 28. März 1930. Denn danach gab es keine parlamentarische Regierung mehr, sondern nur noch Regierungen, die mit Unterstützung des Reichspräsidenten auf der Grundlage des Artikels 48 der Verfassung regierten. Diese werden deshalb Präsidialkabinette genannt.

M1 ■ »Das tote Parlament«, Fotomontage von John Heartfield von 1930/31.

Die Staatskrise

Der Regierung von Heinrich Brüning gelang es nicht, die immer größer werdenden wirtschaftlichen Schwierigkeiten durch ihre Sparpolitik zu überwinden. Der Reichstag war weit gehend ausgeschaltet. KPD, NSDAP und DNVP waren erklärte Gegner der Weimarer Republik. Die bürgerlichen Parteien und die SPD konnten sich nicht mehr auf eine gemeinsame Politik zur Verteidigung der Weimarer Republik einigen. Das Bürgertum wandte sich von der Weimarer Republik ab und der rechtsradikalen NSDAP zu. Die in der Verfassung von Weimar verankerte präsidiale Macht schaltete die parlamentarisch-demokratische Regierungsweise aus.

Außerhalb des Parlamentes standen sich die Anhänger der verschiedenen Parteien in offener Feindschaft gegenüber. Die Gegner der Weimarer Republik bildeten Kampfverbände, die sich auf der Straße bekämpften. Die Radikalisierung und Militarisierung des politischen Alltags, denen die politisch Verantwortlichen machtlos gegenüberstanden, prägten das Bild der Endphase der Republik. Aus der Wirtschaftskrise entwickelte sich ab 1930 eine Staatskrise.

Adolf Hitler – die Hoffnung?

Auf dem Hintergrund der desolaten wirtschaftlichen und politischen Situation war es Adolf Hitler mit der NSDAP gelungen, zur eigentlichen Schlüsselfigur der deutschen Politik zu werden. Hitler hatte es verstanden, sich als Führer der national Enttäuschten und wirtschaftlich Geschädigten aufzubauen. Er schaffte es geschickt, an die unterschwelligen Ängste und Hoffnungen des Volkes zu appellieren. Er vermittelte den Eindruck es allen Recht machen zu können. Mit seiner gegen das »Weltjudentum« und die Kommunisten gerichteten Propaganda nutzte er das in der Weimarer Republik vorhandene antidemokratische und antisemitische Bewusstsein in Teilen der Bevölkerung. Damit schuf er *Feindbilder** und knüpfte erfolgreich an das nationalistische und obrigkeitsstaatliche Denken des Kaiserreichs an. Die raffinierte Propaganda hatte ihre Wirkung beim Bürgertum nicht verfehlt. Im Sog der Erfolge der Nationalsozialisten glitten die Rechtskonservativen immer mehr ins nationalsozialistische Fahrwasser. Entscheidend für den Erfolg der NSDAP war auch die politische und finanzielle Unterstützung durch Industrielle und Bankiers. Gemeinsam mit der DNVP und militanten Gegnern der Republik betrieben die Nationalsozialisten, unterstützt durch führende Persönlichkeiten aus der Wirtschaft, die Ernennung Hitlers zum Reichskanzler durch den Reichspräsidenten Paul von Hindenburg und damit den Übergang von der Weimarer Republik zur *Diktatur**.

M2 ■ Hagen Schulze, Historiker: Weimar hatte immer eine Chance

Woran ist also Weimar gescheitert? [...] Die wichtigsten Gründe liegen auf dem Feld der Mentalität, der Einstellungen und des Denkens. In der Mitte des Ursachenbündels finden sich eine Bevölkerungsmehrheit, die das politische System von Weimar auf die Dauer nicht zu akzeptieren bereit war, sowie Parteien und Verbände, die sich den Anforderungen des Parlamentarismus nicht gewachsen zeigten. [...] Bevölkerung, Gruppen, Parteien und einzelne Verantwortliche haben das Experiment Weimar scheitern lassen, weil sie falsch dachten und deshalb falsch handelten.

(Hagen Schulze, Weimar. Deutschland 1917–1933. Berlin 1982, S. 425.)

M5 ■ »Sie tragen die Buchstaben der Firma – aber wer trägt den Geist?« Karikatur von Th. Th. Heine

M3 ■ Karl Dietrich Bracher, Historiker und Politologe: Kapitulation des Parlamentarismus

Demgegenüber bleibt nachdrücklich zu betonen, dass die parlamentarische Alternative zum Präsidialexperiment seit Ende 1929 gar nicht mehr ernsthaft geprüft worden ist. Die Kabinette wurden von jetzt an ohne Parteienverhandlungen [...] bewusst als überparlamentarische Hindenburg-Regierungen ins Leben gehoben. Parlament und Parteien waren dadurch jener Verpflichtung zur konstruktiven Zusammenarbeit, jenes Zwangs zum Kompromiss und zur Bildung arbeitsfähiger Mehrheiten enthoben. [...] Der bequeme Ausweg des Präsidialregimes lähmte ihre Aktivitäten und ihr Verantwortungsbewusstsein. [...]

(zitiert nach: Gotthard. Jasper [Hg.], Von Weimar zu Hitler. 1930–1933. Köln/Berlin 1968, S. 60 ff.)

M4 ■ Reinhard Kühnl, Politologe: Unterdrückung der Arbeiterklasse

Die Hoffnung der Führung in SPD und Gewerkschaften, die großen sozialen Probleme seien in Zusammenarbeit mit den etablierten Mächten zu lösen und der Sozialismus könne [...] gleichsam durch Parlamentsbeschluss herbeigeführt werden, erwies sich rasch als Illusion. Mit der militärischen Niederwerfung der Rätebewegung und des sozialistischen Flügels der Arbeiterbewegung hatte die sozialdemokratische Regierung die sozialen Kräfte, die den Sozialismus hätten erkämpfen können, und die eigene Basis zerschlagen, der sie im November ihre Entstehung verdankte.

(Reinhard Kühnl, Die Weimarer Republik. Errichtung, Machtstruktur und Zerstörung einer Demokratie. Reinbek 1985, S. 142 ff.)

M6 ■ Ute Frevert, Historikerin, beurteilt die Weimarer Republik aus Frauensicht:

Die Modernität der Weimarer Republik bewies sich vor allem darin, dass [...] die persönliche Unabhängigkeit für Frauen [...] zu einer akzeptierten Selbstverständlichkeit geworden war. Eine grundlegende Infragestellung tradierter Geschlechterstereotypen war damit jedoch nicht verbunden. Sobald Frauen heirateten, sahen sie sich mit einem wenig variablen Rollenbild konfrontiert, das Erwerbstätigkeit nur als Notbehelf gestattete.

(Ute Frevert, Frauengeschichte. Frankfurt/Main 1986, S. 180.)

1 ■ Erarbeitet die Aussage der Fotomontage von John Heartfield (M1). Was ist mit der Anspielung auf das Jahr 1848 gemeint?

2 ■ Beschreibt die Personen in M5. Für welche Gruppen stehen sie? Wie ist ihr Verhältnis zu Weimarer Republik? Interpretiert die Karikatur.

3 ■ Erarbeitet die Gründe, die Fachleute zum Scheitern der Weimarer Republik anführen (M2–M4). Vergleicht die Argumente.

4 ■ Welche Rolle spielte die Frau in der Weimarer Republik (M6)?

5 ■ Wertet die Ergebnisse der beiden Fallstudien aus. Führt ein Tribunal durch. Wer verteidigt die Weimarer Republik, wer wird der Zerstörung angeklagt?

9 Neue Armut

Jeder ist seines Glückes Schmied
(Sprichwort)

Ob in Hamburg, München oder Frankfurt, in den großen Einkaufspassagen sitzen sie: In zerlumpten Kleidern, ungepflegt, die Männer unrasiert, manchmal eine Bierflasche in der Hand, oft einen Hut und ein Schild vor sich, Aufschrift »Bin mittellos – bitte um eine kleine Spende« oder so ähnlich. Alle schauen hin, einige empört, einige betreten, mancher legt ein paar Geldstücke in das Behältnis, andere können den Anblick nicht ertragen, haben vielleicht ein schlechtes Gewissen und versuchen krampfhaft über diese Menschen hinwegzusehen.

Deutschland, eines der reichsten Industrieländer, hat ein Armutsproblem – trotz des Wohlstands und Luxus der Mehrheit. Die Armut ist nicht immer so deutlich zu erkennen, wie beschrieben. 10 % der Deutschen gelten als arm. Doch die wenigsten erkennt man, anders als die bettelnden Menschen in den Einkaufsstraßen. Nur: Wo sind sie, die Armen? Was unterscheidet Arme von Nicht-Armen? Betroffen können anscheinend viele von uns sein – Armut versteckt sich, sie gilt als selbstverschuldet, als Makel.

Viele geben es nicht zu, verheimlichen ihre soziale Lage aus Angst abgelehnt oder diskriminiert zu werden und versuchen mit knappen Mitteln über die Runden zu kommen – bis zur nächsten Mieterhöhung, der nächsten Kostensteigerung. In Zeitungen und Zeitschriften wird das Thema nicht mehr ausgespart: Kinder, die arm sind, Arbeitslose, allein erziehende Mütter, um nur einige Beispiele zu nennen.

Wer hinter die Kulissen sieht, wird erkennen müssen, dass die neue Armut inzwischen ein »normaler« Bestandteil unseres Lebens geworden ist. »Alte Armut« hat es immer schon gegeben, doch was ist »neue Armut«? Unter dem Eindruck einer krisenhaften Zuspitzung der wirtschaftlichen Situation in der Bundesrepublik sind immer mehr Menschen von dem Risiko betroffen arm zu werden und in existentielle Schwierigkeiten zu geraten.

Wie soll man nun mit dem Armutsproblem umgehen? Es ignorieren? Warten, bis eine Besserung der Lage eintritt? Oder Maßnahmen ergreifen, um diesen Menschen zu helfen?

Eure Armut kotzt mich an (Autoaufkleber)

M1 Jahreswechsel 1995

Pressestimmen:

Das süße Leben der Sozial-Schmarotzer

Abschied vom Sozialstaat

Wirtschaft: Sozialsystem umbauen

Gewerkschaftschef warnt vor Angriff auf Sozialstaat

Schärfere Töne im Streit um Sozialabbau

Konflikt um Sozialstaat verschärft sich

Teure Kleider – Kunst für exklusive Kunden

Ab dreißigtausend Dollar aufwärts kosten handgearbeitete Kleider [...] aus Seidensatin und Tüll. Calliano will damit eine von weltweit 200 Frauen ködern, die sich diesen Luxus noch leisten können.

(Der Stern 6/96)

M2 Jahreswechsel 1995

In diesem Kapitel könnt ihr erfahren,

- wie sich Armut genauer bestimmen lässt;
- welche Menschen von Armut besonders bedroht sind;
- wie sie auf ihre schwierige soziale Situation reagieren;
- welche Maßnahmen zu ihrer Unterstützung ergriffen werden;
- wie es dazu kommt, dass immer mehr Menschen von Armut bedroht sind;
- wie Menschen in anderen Ländern der »Ersten Welt« verarmen;
- wie sich ein Sachverhalt erschließt, wenn man mit den Augen der anderen sehen lernt.

M1 ■ ... die im Dunkeln sieht man nicht

9.1 Neue Armut – Was ist das?

Armut ist ein alltäglicher Zustand und Bestandteil unserer Gesellschaft in Gegenwart und Vergangenheit. Betroffen sind Randgruppen wie Obdachlose, Nichtsesshafte, Landfahrende, Kranke, Alte, Behinderte, aber auch Ungelernte, Schulabbrecher, Kinderreiche oder Sozialhilfeempfängerinnen und Sozialhilfeempfänger.

Armut und »neue Armut« – was ist das?

Eine inhaltliche Festlegung des Begriffes Armut ist außerordentlich schwer, eine allgemein gültige Definition gibt es nicht. Abhängig ist die Füllung des Begriffes von bestimmten weltanschaulichen oder interessebestimmten Positionen. Nach allgemeinem Verständnis bedeutet Armut, dass Einzelne oder Gruppen nicht genügend Mittel zur Verfügung haben, um ihre Existenz zu sichern. Häufig wird der Bezug von Sozialhilfe als Indikator für Einkommensarmut herangezogen. Oder als arm gilt, wer über weniger als 50 % des Durchschnittseinkommens verfügt, derzeit sind das etwa 1700 DM für einen Vier-Personen-Haushalt.

»Neue Armut«

Neu an den gegenwärtigen Erscheinungsformen der Armut ist das Abgleiten in Armut durch zunehmende Arbeitslosigkeit und deren Dauer. Ob mittlere bis gehobene Angestellte, solide Aufsteiger, zuverlässige Sachbearbeiterinnen und Sachbearbeiter, der Kreis möglicher Betroffener hat sich ausgeweitet bis hinein in den Mittelstand. Ausbildung und Qualifikation stellen also keinen Schutz mehr gegen Verarmung dar.

Daneben gibt es ein erhöhtes Verarmungsrisiko bei den Beschäftigten in unteren Einkommensgruppen. Aufgrund von Veränderungen, denen die Familie ausgesetzt ist, leiden besonders kinderreiche Familien, allein erziehende Frauen und Männer, Kinder und Jugendliche armer Eltern unter dieser »neuen Armut«. Weitere von Armut betroffene Gruppen sind *Aussiedlerinnen und Aussiedler**, Ausländerinnen und Ausländer sowie Menschen, die unter dem knappen Angebot an preiswerten Wohnungen leiden. Neu ist, dass Armut für viele nur ein vorübergehender Abschnitt ist, eine Lebensphase, die kürzer oder länger sein kann. Neu ist auch die Bedeutung der Stadt als Ort und Ursache zunehmender Verarmung.

Je nachdem, wie Armut definert wird, lässt sich ein größerer oder kleinerer Teil der Bevölkerung als arm bezeichnen. Einige Wissenschaftlerinnen und Wissenschaftler sprechen von einer »Zwei-Drittel-Gesellschaft« und meinen damit, dass etwa ein Drittel der Bevölkerung unter Armut leidet, andere wiederum gehen »nur« von etwa 10 % der Bevölkerung aus und begrenzen dies im Wesentlichen auf die Empfängerinnen und Empfänger von Sozialhilfe.

Sozialhilfeempfängerinnen und Sozialhilfeempfänger 1993 nach Geschlecht und Alter
Alter von … bis unter … Jahren (in 1000)

Geschlecht	unter 7	7–11	11–15	15–18	18–21	21–25	25–50	50–60	60–65	65–70	70–75	75 und mehr	insgesamt
weiblich	348	159	137	87	96	174	861	161	77	75	79	419	2672
männlich	381	178	149	96	102	181	871	169	64	46	29	78	2345
zusammen	729	338	286	184	198	355	1732	330	141	121	108	497	5017

(Statistisches Jahrbuch 1995, S. 474.)

M2 Sozialhilfeempfänger in Deutschland

M3 Wann ist ein Mensch arm?

Existenzgefährdende, materielle Armut ist in unserem ausgebauten Sozialstaat nicht das Problem. Davor steht nicht zuletzt die Sozialhilfe. Armut ist jedoch dort zu beklagen, wo es dem einzelnen Menschen nicht gelingt die staatlichen Leistungen als Chance zur Selbsthilfe zu begreifen und zu nutzen.

Klaus Murmann, BdA Präsident

Für mich ist einer arm, wenn er anfängt, auf die Straße zu gehen. Wenn er kein Dach überm Kopf hat und im Müll wühlen muss. Wenn er in U-Bahnschächten sitzt und betteln muss. Wenn er nicht weiß, wohin er soll. Und wenn er trinkt.

Markus Ilignow, 13 Jahre, Schüler.

Arm ist derjenige, der nichts im Kopf hat, der von aller Welt verlassen ist. Arm ist man, wenn man sich einsam und missverstanden fühlt und mit keinem Menschen reden kann.

Angelika Dienert, 48 Jahre, Psychotherapeutin.

Zu den Ärmsten in unserem Sozialstaat gehören die Langzeitarbeitslosen. Obwohl meist erst um die 50 – ein Alter, in dem Politiker und Manager gerade Karriere machen –, verliert ein seit langer Zeit Arbeitsloser seine Lebensperspektiven: Er hat Zeit, aber viel zu wenig Geld, um wirklich zu leben.

Klaus Zwickel, IG-Metall Vorsitzender
(Die Tageszeitung/taz vom 8. 8. 1995.)

M4 Aspekte des Lebensstandards

Spitzenreiter in einer deutschen Umfrage (Ost und West) über Aspekte des Lebensstandards waren: keine feuchten Wände, WC in der Wohnung, Bad in der Wohnung, Gas, Wasser, Strom, ausreichende Heizung. Schlusslichter der genannten Umfrage »Alltag in Deutschland« waren: Garten, Balkon, Terrasse, gute Wohngegend, abends ausgehen, neue Möbel, neue Kleidung kaufen.

(Die Wochenpost vom 14. 12. 1995.)

M5 Immer mehr Menschen sind auf Sozialhilfe angewiesen

Immer mehr Bundesbürger sind auf Sozialhilfe angewiesen, um ihren Lebensunterhalt bestreiten zu können. Wie das Statistische Bundesamt gestern in Wiesbaden mitteilte, erhielten am Jahresende 1993 in Deutschland knapp 2,5 Millionen Personen in fast 1,3 Millionen Haushalten »laufende Hilfe zum Lebensunterhalt außerhalb von Einrichtungen«, die sogenannte Sozialhilfe im engeren Sinne. Gegenüber dem Vorjahr hat sich die Zahl damit um 4,8 % erhöht.

Im alten Bundesgebiet stieg die Zahl sogar um 5,5 % auf rund 2,2 Millionen. Die Zuwachsrate ist auf die Erhöhung der Zahl der deutschen Empfänger um 8,7 % auf knapp 1,5 Millionen zurückzuführen.

In den neuen Ländern und Berlin-Ost bekamen Ende 1993 rund 287 900 Menschen Sozialhilfe. Dies war ein Rückgang um 0,5 % im Vergleich zu 1992. Im alten Bundesgebiet war für 34,8 % der Haushalte die Arbeitslosigkeit der Grund für die Abhängigkeit von Sozialhilfe, in den neuen Ländern lag diese Quote bei 62,8 %.

(Anzeiger für Harlingerland vom 7. 6. 1995.)

1 Interpretiere die Karikatur.
2 Erstellt einen Pressespiegel zur Armutssituation in der Bundesrepublik Deutschland.
3 Diskutiert darüber, wo nach eurer Meinung die Armutsgrenze beginnt.
4 Untersucht die Materialien. Welches Bild von Armut zeigen sie? Setzt eure Auffassung in eine Collage zum Thema »Neue Armut« um.
5 Führt eine Umfrage über die Armutssituation in eurer Stadt oder Gemeinde durch. Ihr könnt z. B. danach fragen, was sich eure Mitmenschen unter Armut vorstellen, inwieweit sie sich selbst als arm einschätzen.
6 Wer Sozialhilfe bezog, bekam 1994 in Westdeutschland rund 2300 DM pro Haushalt (vier Personen) im Monat. Stellt einen Warenkorb für eine dreiköpfige Familie mit allen zum Leben nötigen Gütern und Dienstleistungen für eine Woche zusammen. Denkt daran, vorher die Kosten für Miete und Energie abzuziehen.

9.2 Mit den Augen der anderen sehen

Soziale Perspektivübernahme

»Was du nicht willst, das man dir tut, das füg auch keinem anderen zu!« Dieses Sprichwort kennt ihr sicherlich alle und mit ihm lässt sich knapp umreißen, was mit sozialer Perspektivübernahme gemeint ist.

Wenn ihr selber für euch Gerechtigkeit und Solidarität verlangt sowie die Beachtung eurer Menschenwürde, so fällt es euch vielleicht leichter, auch den Anspruch eines anderen auf Menschenwürde zu erkennen und zu akzeptieren, indem ihr euch in einen anderen Menschen hineinversetzt.

Politik begegnet euch dadurch nicht als etwas, was »die in Bonn« entschieden haben, sondern sie wird ganz konkret erfahrbar in ihrer Wirkung auf einzelne Menschen.

Aus dem bisherigen Unterricht wisst ihr sicherlich schon, wie ihr mit »Fällen« umgehen müsst. Dabei handelt es sich aber immer um eine »Außenperspektive«, die euch unter Umständen die Möglichkeit verstellt hinter dem »Fall« noch den Menschen und sein Lebensschicksal zu erkennen.

Wenn ihr euch das vorliegende Beispiel anseht, könnt ihr einen kleinen Einblick in das Leben der Familie Hornitschek gewinnen. Um das zu tun, könnte eine erste Frage lauten:

- Was denken und fühlen die einzelnen Mitglieder der Familie Hornitschek in bestimmten Situationen?

Weitergehende Fragen könnten sein:

- Lässt sich aus den vorhandenen Informationen eine Erklärung ihrer Situation anführen?
- Wie sieht der Alltag der Familie Hornitschek aus?
- Könnte ich auf Dauer einen solchen Alltag bewältigen?
- Wie wirkt sich die Geldknappheit bei den Hornitscheks aus? Könnte ich mit dem Geld auskommen?

Ihr findet sicherlich weitere Fragen in dieser Art. Wichtig dabei ist auf der einen Seite Vermutungen darüber anzustellen, wie die Betroffenen in bestimmten Situationen denken, fühlen und handeln, und auf der anderen Seite zu fragen, wie würde ich mich dabei fühlen?

In einem weiteren Schritt kommt es auf die Beurteilung der vorhandenen Situation an:

- Würde ich anstelle von Roland und Rosemarie Hornitschek das Leben akzeptabel finden?
- Was würde ich an ihrer Stelle anders machen?
- Welche Forderungen würde ich formulieren?
- Wem gegenüber könnte ich meine Forderungen zum Ausdruck bringen?
- Was würde diese Person über meine Forderungen denken?

Schließlich kommt es darauf an, die Ebene des konkreten Falles zu verlassen mit der Frage:

- Inwiefern ist der Fall Hornitschek verallgemeinerbar?
- Welche Informationen brauche ich, um das beurteilen zu können?

M1 Familie Hornitschek

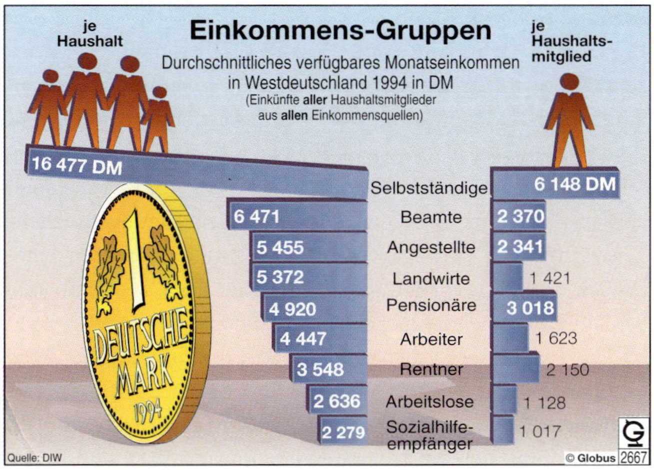

M2 ■ **Einkommensgruppen**

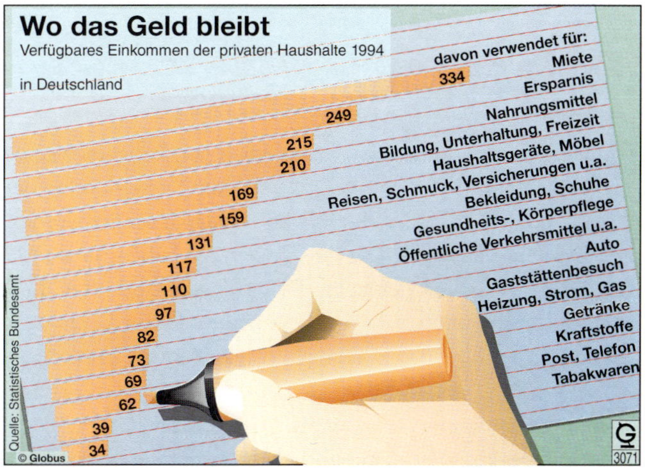

M4 ■ **Einkommensverwendung**

M3 ■ Ein Fallbeispiel

Roland Hornitschek, 37, hat es erlebt. Er ist Kfz-Mechaniker von Beruf, verdient knapp 2500 Mark netto. Er war geschieden, als er seine Frau Roswitha kennen lernte. Auch sie hatte schon eine Ehe hinter sich. Er zog zu ihr und den beiden Söhnen. Als noch ein drittes Kind auf die Welt kam, brauchten sie mehr Platz.

Drei Jahre Wartezeit hieß es, als sich Roland Hornitschek um eine Sozialwohnung bemühte. Schließlich fand er eine Mietwohnung auf dem freien Markt: schön, licht, geräumig – und teuer. Er hatte gedacht, sie würden es irgendwie schaffen, (die) Miete [...] aufzubringen. Doch sie hatten sich verkalkuliert. Schlüpften kurzfristig bei Verwandten unter. Doch das ging nicht lange gut. Nach einem heftigen Streit standen sie auf der Straße. Eine Nacht campierten sie zu fünft im Auto, dann machten sie sich auf den Weg zum Sozialamt. [...]

Roswitha Hornitscheks erster Impuls war: weglaufen. Die Leute mit den müden, grauen Gesichtern, der Geruch nach feuchten, schmutzigen Klamotten, die überquellenden Aschenbecher. Vier Stunden mussten sie warten, denn an den Sprechtagen werden in den Sozialämtern zuerst die berücksichtigt, die im Terminkalender der Sachbearbeiter vorgemerkt sind. Am Abend zogen die Hornitscheks in ihre neue Unterkunft: zwei Zimmer in einem billigen Hotel – 33 Quadratmeter für zwei Erwachsene, den damals 14-jährigen Andreas, den zwölfjährigen Stefan und den zweijährigen Michael.

Mehr als 2000 Personen sind in Frankfurt in Hotels und Pensionen untergebracht, darunter etwa 700 Kinder. In der Regel handelt es sich um Familien oder allein erziehende Mütter. Männer ohne Anhang werden an Notunterkünfte oder Wohnheime verwiesen. Die Kommune zahlt für die Hotelunterbringung pro Tag und Person zwischen 35 und 40 Mark. Wenn ein Familienmitglied Einkommen hat, muss ein Eigenanteil geleistet werden. Die Hornitscheks zahlten pro Monat 720 Mark für ihre Enge.

»Ich weiß jetzt, wie das ist, wenn man verrückt wird«, sagt Roswitha Hornitschek. »Ich hatte nur noch Kopfschmerzen. Mich hat alles wahnsinnig gemacht, das fahle Licht im Aufzug, der Gestank in den Fluren, die Schreierei hinter den Türen. Die Kinder wurden schlecht in der Schule. Und wenn ich aufs Amt rannte wegen einer Wohnung, dann hieß es: »Haben Sie doch Geduld, Sie müssen warten, Sie haben ja noch Glück, dass Ihre Ehe so gut ist.« Acht Monate lebten sie im Hotel. Wie leicht hätte damals noch mehr aus den Fugen geraten können. Wenn ihr Mann seine Arbeit verloren hätte. Wenn er – wie so viele in dieser Situation – angefangen hätte zu trinken. Wenn sie krank geworden wäre. Warum wir?, fragte sie sich. Wir haben doch nichts Schlimmes getan. [...]

Heute leben die Hornitscheks in einer 107-Quadratmeter-Wohnung, die von der Evangelischen Wohnraumhilfe gemietet wurde. Jeden Monat legt die Familie dem Sozialamt die Verdienstbescheinigung von Roland Hornitschek vor. Dann wird ausgerechnet, wie viel sie selber zahlen können und wie viel die Behörde drauflegt. Meist sind es etwa 1000 Mark. Den Lebensunterhalt bestreitet die Familie selbst. »Wir liegen an der Grenze«, sagt Roswitha Hornitschek. Sobald der Kleine alt genug ist für den Kindergarten, will sie mitverdienen.

(Der Stern 51/1994, S. 76ff.)

9.3 Armut in der Stadt

Armut ist in den Augen vieler eine Folge persönlichen Versagens und persönlicher Schuld. Ob es sich um Verschuldung bei Banken handelt oder um persönliche Tiefschläge, eher werden die betroffenen Menschen als die schwierigen Lebensumstände dafür verantwortlich gemacht. Die wenigsten erhalten Beistand und Hilfe und häufig ist der soziale Abstieg kaum aufzuhalten, der schließlich in Obdachlosigkeit enden kann.

Wohnungskündigung als erster Schritt ins Abseits

Das Elend beginnt oft mit der höflichen Mitteilung des Vermieters: »Sehr geehrte Frau Waldmann, ich bedaure Ihnen mitteilen zu müssen, dass ich Ihre Wohnung zum Quartalsende wegen Eigenbedarf kündigen muss. Mit freundlichem Gruß.« Nach dem ersten Schreck beginnt Frau Waldmann mit der Wohnungssuche für sich und ihre Familie. Sie muss bald erkennen, dass neue Wohnungen nur schwer und oft zu erheblich teureren Mieten zu finden sind. Doch nicht nur die Kündigung treibt Menschen wie die Familie Waldmann auf die Straße, sondern auch die Entwicklung der Wohnungskosten. Diese stiegen in den vergangenen Jahren wegen ständiger Mieterhöhungen deutlich an.

Armut in der Stadt

Über die Stadt als Ort zunehmender Verarmung gibt es bislang wenig Erkenntnisse und Datenmaterial. Besonders in Großstädten zeigen sich aber Phänomene, die der neuen Armut zugerechnet werden müssen. Hierbei sind nicht alle Teile einer Großstadt gleichermaßen von Armut betroffen. Arme Personen und Familien konzentrieren sich besonders auf die Stadtviertel, in denen es billigen Wohnraum gibt, also Wohnungen mit einfacher Ausstattung oder vernachlässigte Altbauten. Bei fehlender Unterstützung und Förderung des sozialen Wohnungsbaus wird aber selbst dieser Wohnraum knapp, sodass der scharfe Konkurrenzkampf die Schwächsten und Ärmsten ohne Chance lässt. Nicht zufällig fehlt es auch in solchen Stadtvierteln häufig an Sozialeinrichtungen wie Spielplätzen, Jugendzentren, Schwimmbädern und anderen Freizeiteinrichtungen, deren Bau und Unterhalt teuer ist, sodass bei den Betroffenen, hauptsächlich bei den Jugendlichen, das Gefühl entsteht in dieser Gesellschaft nichts zu zählen und hier keine Heimat zu haben. Die Nachfrage nach billigem Wohnraum wird verstärkt durch Flüchtlinge, Aus- und Übersiedler, geburtenstarke Jahrgänge und den Trend zu Ein-Personen-Haushalten.

Armut durch Wohlstand

Ein weiterer Grund für Armut liegt im Wachstum und der Konzentration von Arbeitsplätzen besonders in Ballungsgebieten. Städte und Regionen konkurrieren dabei um Unternehmen und Beschäftigungsverhältnisse und versuchen die regionale Wirtschaftsstruktur zu modernisieren und Anreize für Investitionen zu geben. Hieraus ergeben sich neue Beschäftigungsmöglichkeiten in Dienstleistungsbereichen wie z. B. Banken, Versicherungen und Sicherheitsdiensten, die eine neue, wohlhabende Schicht von Arbeitnehmern hervorbringen.

Um für Besserverdienende die Attraktivität der Stadt zu erhöhen und sie an die Stadt zu binden, ergreifen Stadtverwaltungen spezielle Maßnahmen der Imageverbesserung. In der Annahme sich am Gemeinwohl zu orientieren und in der Hoffnung auf zusätzliche Arbeitsplätze werden beträchtliche Geldmittel für die Entwicklung von Innenstadtbereichen verwendet. Dadurch werden ehemals preiswerte innerstädtische Wohnungen zu teuer und nicht so zahlungskräftige Mieter aus diesem Bereich vertrieben. Resultat dieser Entwicklung sind Ghettos in den städtischen Randbezirken, die zahlenmäßig schon Großstadtcharakter haben. Außerdem bindet diese Ausgabenpolitik Gelder, die z. B. für soziale Einrichtungen in den Randbezirken nicht mehr zur Verfügung stehen.

M1 **Einkommensentwicklung in den fünf ärmsten und den fünf reichsten Stadtteilen Hamburgs**

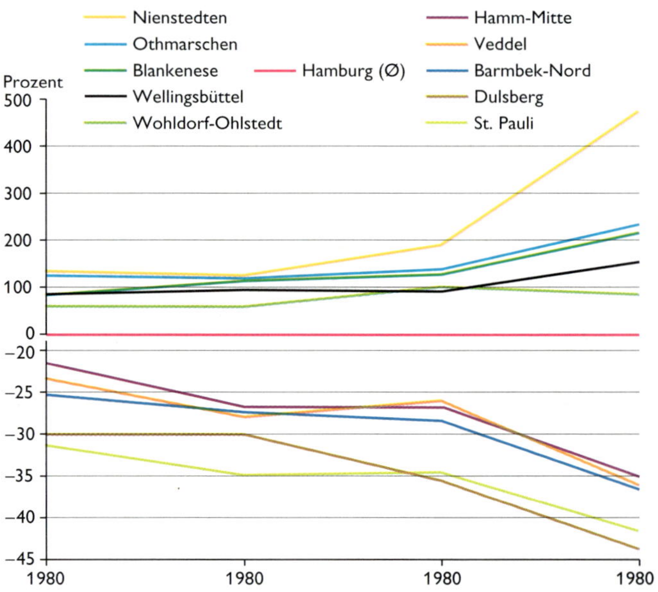

M2 ■ Entwicklung der Mieten in Hamburg 1989–1993

Neuvermietungen – Nettokaltmiete bei ca. 70 m² Wohnfläche – Durchschnittswerte (in DM/qm)

Jahr	Altbau bis 1948		Neubau ab 1949		Neubau Erstbezug	
	Wohnwert		Wohnwert		Wohnwert	
	mittel	gut	mittel	gut	mittel	gut
1989	8,50	11,00	10,00	12,50	12,00	15,00
1993	13,50	16,50	15,25	18,50	20,00	23,00

(nach: R. Mutschler, Wohnungsnot und Armut. In: Bieback u. a. (Hg.) Neue Armut. Frankfurt 1995, S. 238.)

M3 ■ Einkommensentwicklung in Hamburg 1980–1989

	1980	1983	1986	1989
	Anteile in Prozent			
unter DM 16 000	24,7	24,1	24,9	22,0
DM 16 000 bis unter DM 25 000	13,6	12,0	11,4	10,3
Durchschnittseinkommen (DM)	39 469	42 240	45 548	56 075
DM 75 000 bis unter DM 100 000	6,9	10,1	11,9	8,3
DM 100 000 und mehr				7,9

1 ■ Erläutert den Zusammenhang zwischen Wohnungsangebot und Armut.

2 ■ Setzt die Daten der Materialien miteinander in Beziehung und formuliert dazu Thesen zur Verteilung von Armut in Hamburg.

3 ■ Lassen sich diese Ergebnisse auf deinen Wohnort bzw. die nächstgelegene größere Stadt beziehen? Begründet.

4 ■ Arbeitet in Gruppen: Wie könnte ein Programm für von Verarmung bedrohte Menschen aussehen? Berücksichtigt dabei, dass die Kassen der meisten Großstädte und Gemeinden nahezu leer sind.

M4 ■ Relatives durchschnittliches versteuertes Einkommen nach Hamburger Stadtteilen 1980

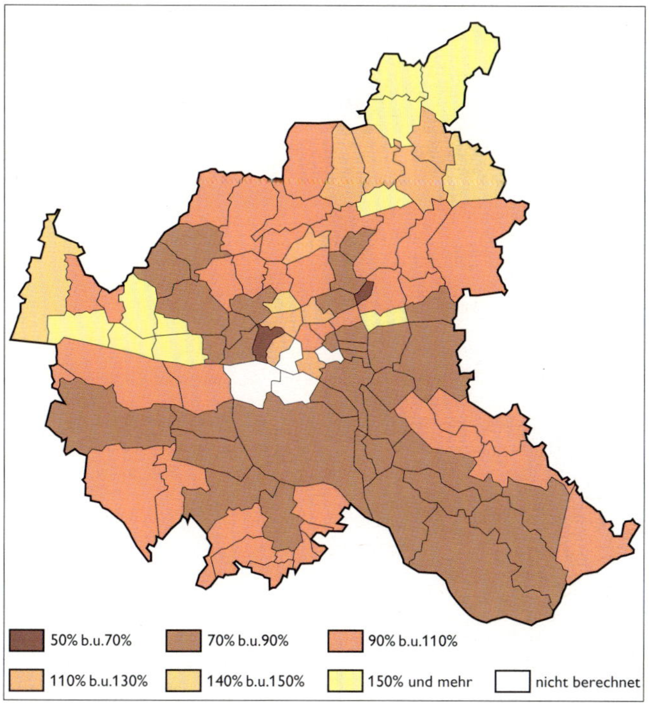

M5 ■ Relatives durchschnittliches versteuertes Einkommen nach Hamburger Stadtteilen 1989

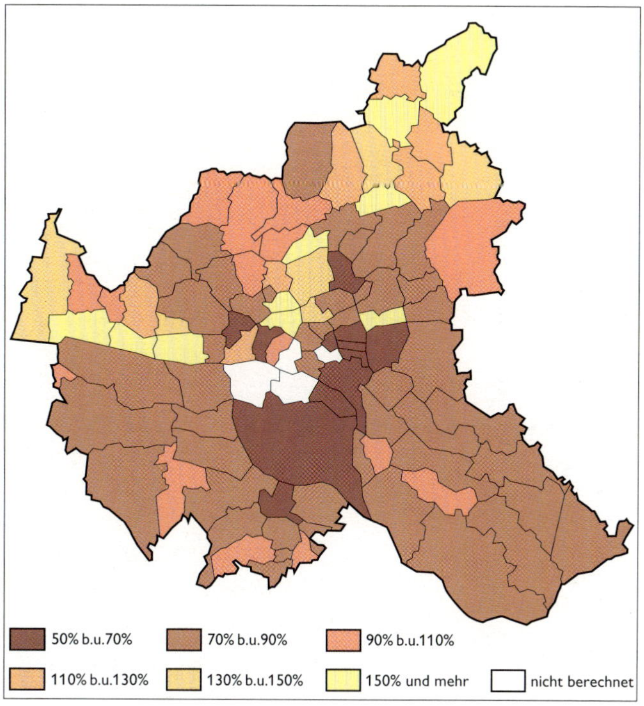

9.4 Armut – Sind Kinder die Verlierer?

»Wer hier mit billigen Schuhen von Aldi ankommt, wird gnadenlos verspottet. Dann lieber Markenklamotten und gegen Monatsende eine Woche lang Nudeln mit Ketschup.« So sieht der Rektor einer Hamburger Schule die Auswirkungen von Armut. Pfarrer S. verweist auf einige Problemblocks in seiner Gemeinde, in denen Familien dicht gedrängt in zu kleinen Wohnungen leben, die mit Geldproblemen, Arbeitslosigkeit, Alkohol oder zerrütteten Familienverhältnissen zu kämpfen hätten. Hans M., Hilfsarbeiter, versucht sich wieder einmal selbstständig zu machen, zweimal ist er damit schon gescheitert. Zwischendurch bezieht er Sozialhilfe. Dass seine Kinder unter den bescheidenen Lebensverhältnissen leiden könnten, kann er sich nicht vorstellen. Spielzeug haben sie genug – von der Verwandtschaft. Gemeinsame Unternehmungen scheitern eher an der fehlenden Zeit als am Geld.

Armut wirkt sich in allen Lebenslagen aus: Weder beim Konsum, beim Urlaub, nicht einmal bei Kleinigkeiten, die den Alltag angenehmer machen, wie bei Leckereien oder gesünderen Lebensmitteln, wird der Standard besser verdienender Nachbarn erreicht. Das hat seine Wirkung auf die Beziehungen zwischen den Familienmitgliedern, zu Freundinnen und Freunden, vor allem aber auf Selbstbewusstsein und Selbstwertgefühl.

In einer Welt, in der das Geld eine wichtige Rolle spielt, treffen Entbehrungen vor allem die Kinder und Jugendlichen. Einerseits ist es Kindern in der Bundesrepublik Deutschland noch nie so gut gegangen wie heute. Andererseits lebt jedes achte Kind in Westdeutschland und jedes fünfte Kind in Ostdeutschland in Armut. Ob und wie Kinder unter Armut zu leiden haben, hängt dabei wesentlich von der Bereitschaft ihrer Eltern zum Verzicht zugunsten der Kinder ab. Verständnisvolle und solidarische Reaktionen der Umwelt können ebenfalls schwierige Zeiten überbrücken helfen. Diskriminierende Diskussionen in der Öffentlichkeit über »Sozialschmarotzer« sind dagegen eher belastend für die Situation der Betroffenen.

Eine besonders Besorgnis erregende Situation ergibt sich für die Kinder von *Aussiedlerinnen und Aussiedlern** und Migrantinnen und Migranten. 1992 haben über 1,7 Millionen ausländische Kinder und Jugendliche unter 20 Jahren in der Bundesrepublik gelebt. Häufig haben diese Kinder ihre Heimat nicht freiwillig verlassen und müssen nun von ihrer übrigen Familie und ihren Freunden getrennt leben. Unsicherheit, Identitätsverlust, unzureichende Wohnverhältnisse und eingeschränkte Aussichten auf die Zukunft prägen ihr Leben.

M1 ■ Leben auf kleinstem Raum

M2 ■ Kinder- und Jugendkriminalität

Die Kriminalität in Deutschland ist im vergangenen Jahr gestiegen – dramatisch war der Zuwachs im Bereich der Kinder- und Jugendkriminalität. [...] Die Zahl der Straftaten ganz junger Menschen schnellte in einigen Ländern um zweistellige Raten in die Höhe. [...]. In Nordrhein-Westfalen wurden 1995 fast 25 000 Kinder insbesondere wegen Diebstahls- und Straßenraubdelikten verdächtigt.

(Anzeiger für Harlingerland vom 5.3.1996.)

M5 ■ Junge Mütter im Sonnenland in Hamburg

M3 ■ Wer mehr Geld hat, lebt gesünder und länger

»Armut ist die zentrale Krankheitswurzel unserer Gesellschaft«, sagte Huber (Präsident der Berliner Ärztekammer) am Freitag in Berlin, wo Ärzte, Sozialarbeiter und Krankenpfleger zwei Tage lang über den Zusammenhang von Armut und Gesundheit diskutieren.

Wer arm ist, stirbt früher – das belegt eine Studie der Bundesversicherungsanstalt für Angestellte (BfA). Wer wenig verdiene, leide wesentlich öfter an Herz-Kreislauf-, Magenkrankheiten und Bandscheibenschäden. Nach einer Studie von 1989 haben Kinder aus der »unteren sozialen Schicht« doppelt so oft Karies wie Mittelschicht-Kinder.

(Frankfurter Rundschau vom 9.12.1995.)

M4 ■ Armut und Kinderfrust

Kinder, das wissen wir inzwischen aus zahlreichen empirischen Erhebungen, leiden unter Arbeitslosigkeit und unter Verarmung in gleicher Weise wie die davon betroffenen Eltern selbst. Konzentrationsschwäche, Depressionen, Schulversagen, Auffälligkeiten im Sozialverhalten und vieles andere mehr beeinträchtigen ihren weiteren Entwicklungsprozess. Junge Menschen [...] lernen nicht die positiven Aspekte von Erwerbsarbeit kennen, etwa Selbstverantwortung und Selbstversorgung, die Einordnung in ein Sozialgefüge und die Einbindung in soziale Kommunikationsstrukturen. [...] Insbesondere bei nicht wenigen jungen Menschen wächst der Frust, aus ihrer »No-Winner-Situation« heraus keine Chance zu haben, ihren Anteil am Reichtum dieser Gesellschaft zumindest auf legalem Wege erhalten oder gewinnen zu können. Sie neiden anderen das, was diese bekommen, sie verteufeln sozial noch Schwächere, ja, sie werden tätlich, mit zum Teil tödlichem Ausgang. Hoyerswerda, Solingen, Mölln oder Magdeburg zeigen das rapide wachsende Gewaltpotential in unserer Gesellschaft.

(Aktualitätendienst 1995, S. 14 ff.)

M6 ■ Muttersein als Ausweg aus der Armut?

Eine 14-Jährige ist die jüngste Mutter des Sonnenlandes (eine Siedlung in Hamburg-Billstedt). Eine 16-Jährige, die sich mit einem Jungen einließ, von dem sie nicht einmal den Namen weiß, ist hin und wieder mit ihren Eltern unterwegs, um den Vater doch noch zu finden. Bisher vergebens. Die Generationenfolge vollzieht sich im Sonnenland doppelt so schnell wie im Mittelstand. Viele Mädchen lassen sich schwängern, um den elenden häuslichen Verhältnissen zu entkommen. Fast immer geraten sie dabei vom Regen in die Traufe. Manche leben schon in der zweiten oder dritten Generation von Sozialhilfe und zeugen nur deshalb Kinder, um mehr »Stütze« zu bekommen. Andere werden einfach deshalb schwanger, weil, wenn sie sich verweigern, »gibt's was aufs Maul«.

(Der Stern 11/1995, S. 28.)

1 ■ Erläutert die sozialen, seelischen und gesundheitlichen Auswirkungen von Armut.

2 ■ Beschreibt den möglichen Lebenslauf eines Kindes aus armen Verhältnissen und klärt die Auswirkungen von Armut auf sein späteres Leben.

3 ■ Überlegt euch unterschiedliche Reaktionen von Kindern und Jugendlichen aus armen Familien auf das Konsumverhalten ihrer Mitschülerinnen und Mitschüler.

4 ■ In einem Leserbrief in einer Zeitung schimpft ein Mann auf die Sozial-Schmarotzer und die Faulheit von Sozialhilfeempfängern, die sich auf Kosten der Allgemeinheit ein feines Leben machen. Verfasst eine Erwiderung.

5 ■ Unterscheide Auswirkungen von Armut auf den Einzelnen und auf die Gesellschaft.

9.5 Wichtigste Ursache der neuen Armut: Arbeitslosigkeit

Volker B. ist arbeitslos. Seine Firma hat ihn entlassen, weil sein Arbeitsplatz durch den Einsatz neuer Maschinen überflüssig geworden ist. Anlass der Modernisierung war der rückläufige Absatz in den letzten Monaten. Die Firma befürchtete, nicht mehr konkurrenzfähig zu sein. Zum Glück bekommt Volker B. Arbeitslosengeld. Wenn seine Frau und Kinder einkaufen gehen, denkt er: »Hoffentlich geben sie nicht zu viel Geld aus.« Er selbst hat gerade über 60 Mark fürs Tanken bezahlen müssen, im Portemonee bleiben mal eben 30 Mark und ein paar Münzen übrig. Der Hundertmark-Schein ist weg, den er so lange wie möglich »ganz« halten wollte. Seine Frau klagt nicht, geht sparsam mit Geld um. Er merkt nur an ihrer sorgenvollen Miene, wenn sie einkaufen geht, dass es knapp wird. Irgendwann werden sie das Auto verkaufen müssen – aber diesen Zeitpunkt will er bis zuletzt hinauszögern. Nachts plagt ihn die Angst vor der Zukunft.

Anfang Februar 1996: Die Arbeitslosigkeit erreicht in Deutschland einen Nachkriegsrekord. So wie Volker B. haben über 4 Millionen Menschen offiziell keinen Job. Zusätzlich wird die *verdeckte Arbeitslosigkeit** auf fast 2,5 Millionen geschätzt. Ursachen der Arbeitslosigkeit ist weniger die konjunkturelle Entwicklung als die Strukturprobleme der Wirtschaft. Für die Arbeitslosen bedeutet das neben psychischen und sozialen Problemen erst einmal massive finanzielle Schwierigkeiten durch die Minderung des monatlichen Einkommens. Das Arbeitslosengeld bzw. die Arbeitslosenhilfe machen nur einen Teil des früheren Einkommens aus.

Da ein neuer Arbeitsplatz angesichts der geringen Zahl offener Stellen kaum zu finden ist, drohen Langzeitarbeitslosigkeit und ein sozialer Abstieg in die Sozialhilfe. Die Langzeitarbeitslosen, Menschen, die mehr als ein Jahr ohne bezahlte Beschäftigung sind, stellen eine besondere Problemgruppe unter den Arbeitslosen dar. Es handelt sich hierbei um Menschen, deren Alter oder Berufsqualifikation einen Wiedereintritt in das Arbeitsleben verhindern. Leidtragende sind neben den arbeitslosen Männern und Frauen natürlich auch deren Familienangehörige. Somit sind Arbeitslosigkeit und Sozialhilfebedürftigkeit der Eltern wesentliche Ursachen auch der Armut von Kindern.

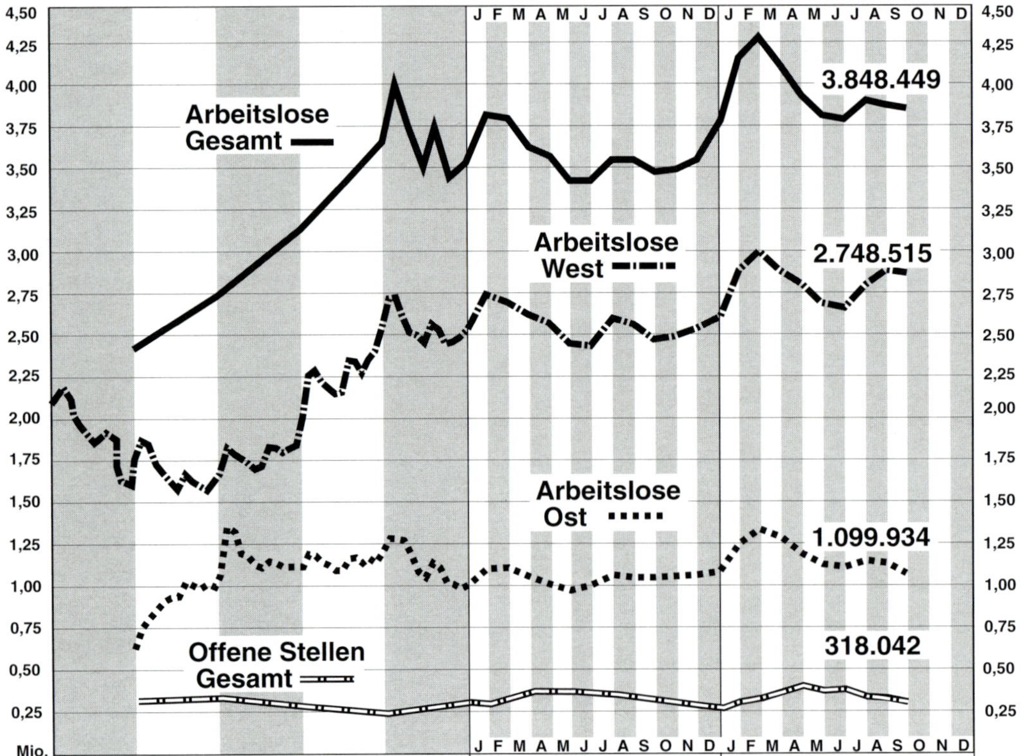

M1 **Zahlen zur Situation auf dem Arbeitsmarkt, 1996**

M2 Grundbedürfnisse

Volker B. verdiente vor seiner Arbeitslosigkeit netto ca. 4800 DM. Davon gaben er und seine Frau für ihre 4-köpfige Familie aus:

Miete, Heizung, Strom, Gas	917 DM
Nahrungmittel, Getränke	638 DM
Bildung, Unterhaltung, Freizeit	475 DM
Haushaltsgeräte, Möbel	379 DM
Auto, Kraftstoffe	360 DM
Bekleidung, Schuhe	298 DM
Gesundheit, Körperpflege	264 DM
Öff. Verkehrsmittel	250 DM
Gaststättenbesuch	187 DM
Post, Telefon	86 DM
Tabakwaren	77 DM

(Zahlen nach: Fischer Weltalmanach 1996. Frankfurt/M. 1995, S. 241 ff., und eigene Berechnungen.)

M3 Gründe für die Sozialhilfe

Von je 100 Haushalten, die laufende Hilfe zum Lebensunterhalt empfangen, erhalten diese überwiegend aus folgenden Gründen (Angaben für Westdeutschland):

	1991	1993	1995
Arbeitslosigkeit	29	30	34,8
Zu geringe Rente	12	10	12,7
Tod oder Ausfall des Ernährers	10	10	12,8
Zu geringes Einkommen	6	7	7,9
Krankheit	6	5	6,8
Sonstige Gründe	37	38	25,1

M4 Formen und Ursachen der Arbeitslosigkeit

Die gebräuchlichste und am meisten verbreitete Unterscheidung von Formen der Arbeitslosigkeit trennt […] strukturelle und konjunkturelle Arbeitslosigkeit voneinander; hinzu kommen […] saisonale und nichtregistrierte. […]

Konjunkturelle Arbeitslosigkeit wird diejenige Arbeitslosigkeit genannt, die auf konjunkturelle Schwankungen der Wirtschaftstätigkeit zurückzuführen ist. Am Gipfelpunkt eines wirtschaftlichen Aufschwungs müsste die konjunkturelle Arbeitslosigkeit nach dieser Definition verschwunden sein, […] im Abschwung zunehmen, mit der Rezession weiter ansteigen und in der »Talsohle« eines konjunkturellen Abschwungs ihren höchsten Stand erreicht haben, dagegen mit wieder einsetzendem Aufschwung abnehmen usw. Sie wird deshalb als abhängig vom Umfang der allgemeinen Nachfrage und damit der Kapazitätsauslastung der Unternehmen interpretiert.

Das Konzept der strukturellen Arbeitslosigkeit ist besonders schillernd und vieldeutig. […] Wir halten folgende Gesichtspunkte für wesentlich: […]

Strukturelle Arbeitslosigkeit als ein Ergebnis des Auseinanderklaffens und Nichtzueinanderpassens von Angebot und Nachfrage, […] als ein Ergebnis des wirtschaftlichen Strukturwandels, […] als ein Ergebnis des technischen Fortschritts, des technologischen Wandels […] in dem Ausmaß, wie das Wachstum der Arbeitsproduktivität das Wirtschaftswachstum übertrifft.

(Wolfgang Brandes/Peter Weise, Arbeitsmarkt und Arbeitslosigkeit. Würzburg 1980, S. 79 ff.)

Arbeitslosengeld

Arbeitslosengeld erhält, wer in den letzten drei Jahren mindestens 360 Tage beitragspflichtig gearbeitet hat. Die Dauer des Bezugs beträgt zwölf Monate, maximal 2,5 Jahre. Wer mindestens zwei Jahre beitragspflichtig gearbeitet hat, kann Arbeitslosengeld für ein Jahr beziehen. Erwerbslose mit Kind erhalten bis zu 67 % des Nettolohns, den sie während der letzten sechs Monate durchschnittlich bezogen haben. Erwerbslose ohne Kind erhalten nur bis zu 60 % des Nettolohnes.

Arbeitslosenhilfe

Arbeitslosenhilfe erhält, wer mindestens zwölf Monate Arbeitslosengeld bezogen oder mindestens 150 Tage beitragspflichtig gearbeitet hat und bedürftig ist. Einkommen und Vermögen des Ehepartners werden dabei berücksichtigt. Die Zahlungsdauer ist unbefristet.
Erwerbslose mit Kind erhalten bis zu 57 % und Berechtigte ohne Kind bekommen bis zu 53 % des letzten durchschnittlichen Nettolohnes.

1. Beschreibt die Entwicklung auf dem Arbeitsmarkt (M1).
2. Welche der verschiedenen Formen der Arbeitslosigkeit haltet ihr für schwerwiegender (M4)?
3. Erläutert die Auswirkungen von Arbeitslosigkeit.
4. Nach dem Eintritt der Arbeitslosigkeit erhält Volker B. 67 % seines Nettogehaltes. Bei welchen Ausgaben könnte gespart werden?
5. Überlegt, welche Personengruppe unter den Arbeitslosen besonders geringe Chancen hat wieder einen Dauerarbeitsplatz zu finden.
6. Welche Personengruppen erhalten kein Arbeitslosengeld oder -hilfe?
7. Angesichts leerer Kassen aufgrund der Massenarbeitslosigkeit und Klagen von Unternehmern über zu hohe Lohnnebenkosten wird über Kürzungen nachgedacht. Wie beurteilt ihr solche Überlegungen? Entwickelt Sparalternativen.

9.6 Armut und die Würde des Menschen

Georg Weerth: Das Hungerlied

Verehrter Herr und König
Weißt du die schlimme Geschicht?
Am Montag aßen wir wenig,
Und am Dienstag aßen wir nicht.

Und am Mittwoch mussten wir darben,
Und am Donnerstag litten wir Not;
Und ach, am Freitag starben
Wir fast den Hungertod

Drum lass am Samstag backen
Das Brot, fein säuberlich –
Sonst werden wir sonntags packen
Und fressen, o König, dich!

Während die Hilfe für soziale Notlagen in früheren Jahrhunderten im wesentlichen Aufgabe kirchlicher Spitäler, städtischer Armenhäuser und privater Stiftungen vermögender Bürgerinnen und Bürger war, übernahm der Staat im Zuge der Industrialisierung und der dadurch entstehenden sozialen Frage die Aufgabe der Fürsorge bei Arbeitslosigkeit, Krankheit, Unfall und Alter. Dies geschah nicht freiwillig, sondern aufgrund der massiven Forderungen der unzufriedenen Arbeiterschaft. Schrittweise wurde eine Sozialversicherung aufgebaut. Um weitere inhaltliche Ausgestaltung und Finanzierung gab es – wie heute – Auseinandersetzungen zwischen verschiedenen Interessengruppen sowie dem Staat.

Zwei Weltkriege, *Inflationen** und Wirtschaftskrisen stürzten weite Bevölkerungskreise ins soziale Elend und ließen die Vorstellung eines Sozialstaates reifen, der schließlich im Grundgesetz der Bundesrepublik Deutschland verankert wurde.

Damit die im Grundgesetz festgelegten Freiheitsrechte und individuellen Garantien überhaupt in Anspruch genommen werden können, bedarf es voller Kassen. Der Staat hat festgelegt, dass Arbeitnehmer und Arbeitgeber regelmäßig Abgaben in die entsprechenden Kassen zu leisten haben. Das schmerzt besonders die Arbeitgeber, da deren Gewinne geschmälert und ihre Konkurrenzfähigkeit gegenüber Ländern mit geringerer oder gar fehlender sozialer Verpflichtung gefährdet wird.

Neben dieser gesetzlichen Sozialversicherung werden weitergehende besondere Leistungen aus staatlichen Mitteln finanziert, wie z. B. das Kindergeld, die Jugendhilfe, die Ausbildungsförderung, das Wohngeld und die Sozialhilfe. Sie dienen der Chancengleichheit und dem sozialen Ausgleich zwischen Starken und Schwachen in unserer Gesellschaft.

Ergänzt werden die staatlichen Maßnahmen durch karitative Aktionen, z. B. die Weihnachtsaktion der Frankfurter Rundschau (»Altenhilfe«), Lebensmittelsammlungen (z. B. Stormarner Tisch) u. a.

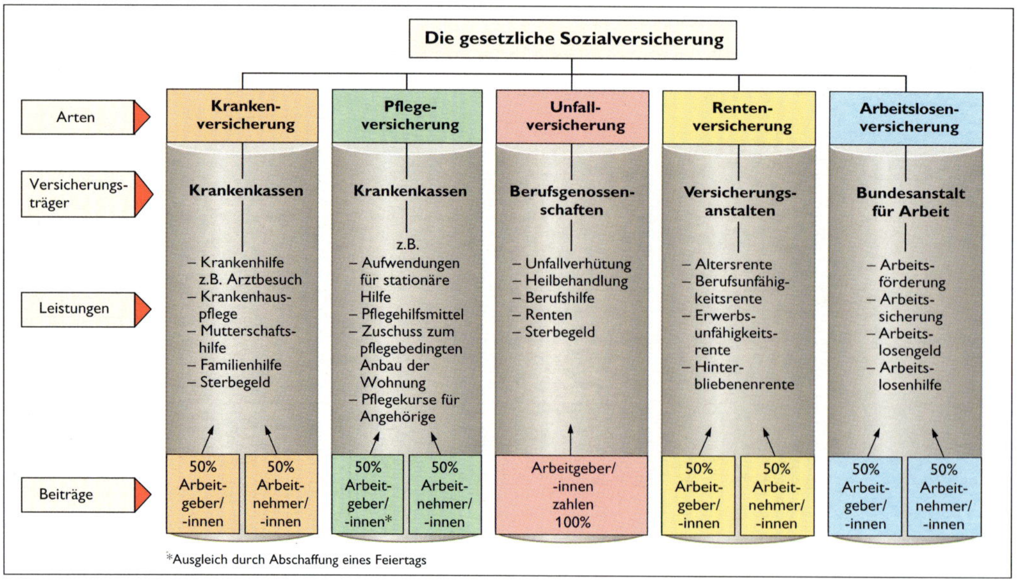

M1 Die fünf Säulen der Sozialversicherung

M2 ■ Bismarck über die Sozialgesetzgebung im 19. Jh.

Der dritte Zweig der Reformen [...] liegt in der direkten Fürsorge für die Arbeiter. Die Frage von Arbeitszeit und Lohnhöhe ist durch staatliche Einwirkung [...] außerordentlich schwierig zu lösen, durch irgendeine Gesetzgebung [...] läuft man Gefahr in die persönliche Freiheit, seine Dienste zu verwerten, sehr erheblich und unnütz einzugreifen. Denn wenn man die Milch gebende Kuh oder die Eier legende Henne mit einem Male schlachtet, so geht damit die Industrie ein [...], weil sie die ihr aufzulegende Last der kurzen Arbeit für hohe Löhne nicht tragen kann. Dann leidet darunter der Arbeiter ebenso wie der Unternehmer. [...]

Für den Arbeiter ist da immer eine Tatsache, dass der Armut und der Armenpflege in einer großen Stadt zu verfallen gleichbedeutend ist mit Elend und diese Unsicherheit macht ihn feindlich und misstrauisch gegen die Gesellschaft. Das ist menschlich nicht unnatürlich und solange der Staat ihm da nicht entgegenkommt oder solange er zu dem Entgegenkommen des Staates kein Vertrauen hat, da wird er, wo er es finden mag, immer wieder zu dem sozialistischen Wunderdoktor laufen und ohne großes Nachdenken sich von ihm Dinge versprechen lassen, die nicht gehalten werden. Deshalb glaube ich, dass die Unfallversicherung, mit der wir vorgehen [...], doch mildernd auf die Besorgnis und auf die Verstimmung der arbeitenden Klassen wirken wird.

(Otto von Bismarck, Gesammelte Werke, Ausgabe Friedrichsruh, Band 1, Reden. Berlin 1924, S. 319 f.)

M3 ■ Lösungsvorschläge

Um die finanziellen Schwierigkeiten der Betroffenen zu erleichtern, müsste es steuerliche Entlastungen im unteren Einkommensbereich sowie Erhöhungen der staatlichen Sozialleistungen geben. Arbeitslosigkeit und Unterbeschäftigung müssten abgebaut werden. Maßnahmen zur Sicherung der finanziellen Unabhängigkeit allein erziehender Mütter wären notwendig, z. B. der Abbau von zu geringer Entlohnung für frauentypische Berufe oder Erleichterungen bei der Vereinbarkeit von Kinderbetreuung und Erwerbstätigkeit. Für die betroffenen Familien müssten die Hilfsangebote in Bezug auf die finanzielle Beratung und psychosoziale Unterstützung verbessert werden. Außerfamiliäre Alternativen für Kinder und Jugendliche müssten geschaffen werden: Fluchtorte, um wenigstens kurzfristig der bedrückenden Familiensituation entfliehen zu können, um lernen oder produktiven Tätigkeiten nachgehen zu können. Gerade hier machen sich die Einsparungen auf kommunaler Ebene fatal bemerkbar. Die Liste der Vorschläge kann fortgesetzt werden.

(Autorentext)

1 ■ Welche Motive zur Einführung von Sozialgesetzen nennt Bismarck in seiner Rede (M2)? Setzt das Gedicht von Georg Weerth dazu in Beziehung.

2 ■ Sucht im Infokasten die Textstellen, aus denen sich ein Anspruch auf Sozialhilfe ableiten lässt.

3 ■ Erkundigt euch im Sozialamt über Höhe und Art der Zahlungen an Bedürftige. Ermöglicht die Sozialhilfe eurer Meinung nach »ein Leben in Würde«?

4 ■ Ist der Sozialstaat zu teuer? Veranstaltet eine Pro- und contra-Diskussion dazu oder fragt Fachleute. Bezieht die Vorschläge in M3 darin ein.

5 ■ Arbeitslosigkeit ohne Sozialstaat: Wie könnten Menschen in der Krise überleben? Diskutiert über die Frage.

Bundessozialhilfegesetz

§1 Inhalt und Aufgabe der Sozialhilfe

(1) Die Sozialhilfe umfasst Hilfe zum Lebensunterhalt und Hilfe in besonderen Lebenslagen.

(2) Aufgabe der Sozialhilfe ist es, dem Empfänger der Hilfe die Führung eines Lebens zu ermöglichen, das der Würde des Menschen entspricht. Die Hilfe soll ihn so weit wie möglich befähigen unabhängig von ihr zu leben; hierbei muss er nach seinen Kräften mitwirken. [...]

§4 Anspruch auf Sozialhilfe

(1) Auf Sozialhilfe besteht ein Anspruch, soweit dieses Gesetz bestimmt, dass Hilfe zu gewähren ist.

§11 Personenkreis

(1) Hilfe zum Lebensunterhalt ist dem zu gewähren, der seinen notwendigen Lebensunterhalt nicht oder nicht ausreichend aus eigenen Kräften und Mitteln, vor allem aus seinem Einkommen und Vermögen, beschaffen kann. Bei nicht getrennt lebenden Ehegatten sind das Einkommen und Vermögen beider Ehegatten zu berücksichtigen; soweit minderjährige unverheiratete Kinder, die dem Haushalt der Eltern oder eines Elternteils angehören, den notwendigen Lebensunterhalt aus ihrem Einkommen und Vermögen nicht beschaffen können, sind auch das Einkommen und das Vermögen der Eltern oder des Elternteils zu berücksichtigen.

M1 ■ Zerstörung vor Vollendung?

9.7 Umbau, Neubau oder Abbau des Sozialstaates?

Die Bundesrepublik Deutschland ist ein *Sozialstaat**. Bleibt sie es auch? Die Veränderung des Sozialstaates steht auf der politischen Tagesordnung unter unterschiedlichen Etiketten.

Die Entwicklung der letzten 20 Jahre zeigt, dass sich der Kreis der Empfängerinnen und Empfänger staatlicher Leistungen ständig erweitert hat, die aufzuwendenden Geldmittel immer mehr geworden sind, die sozialen Leistungen für den Einzelnen aber immer mehr eingeschränkt wurden. Dies steht im Zusammenhang mit der wirtschaftlichen Krise der Bundesrepublik Mitte der 90er-Jahre, den politischen Veränderungen und finanziellen Belastungen durch die Deutsche Einheit sowie dem weltweiten Strukturwandel.

Aufgrund der wirtschaftlichen Lage der Bundesrepublik mit einem Rückgang des Wirtschaftswachstums und einer Massenarbeitslosigkeit von fast 4,5 Millionen Arbeitslosen entwickelte sich in der Bundesrepublik eine kontroverse Diskussion über die Zukunft des Sozialstaates.

Auf der einen Seite sprechen sich vor allem Vertreterinnen und Vertreter der von der CDU/CSU und FDP geführten Bundesregierung für eine Stärkung der Leistungsfähigkeit der deutschen Wirtschaft und ihrer Wettbewerbsfähigkeit auf den internationalen Märkten aus und für mögliche finanzielle Entlastungen der Unternehmen vor allem durch eine Verringerung der Lohnnebenkosten, d.h. Senkung der Sozialversicherungsbeiträge. Weitergehende Vorschläge sprechen sogar von den Grenzen der Finanzierbarkeit unseres Sozialsystems und damit von einem notwendigen Abbau sozialpolitischer Errungenschaften. Ende April 1996 verabschiedeten CDU/CSU und FDP ein Sparprogramm, das u.a. Einsparungen bei Lohnfortzahlung, Renten, Kindergeld und Arbeitslosengeld vorsieht und massive Protestreaktionen der Gewerkschaften hervorrief.

Opposition, Kirchen und Gewerkschaften befürchten dagegen die zunehmende Verelendung von Menschen am Rande der Gesellschaft und forderten Entlastungen und Unterstützung gerade der sozial Schwachen in unserer Gesellschaft. Nur von ihnen seien Wachstumsimpulse infolge der Stärkung ihrer Kaufkraft zu erwarten. Im November 1995 schlugen die Gewerkschaften ein »Bündnis für Arbeit« vor, um gemeinsam mit Unternehmern und Regierung Vorschläge zur Beseitigung der Massenarbeitslosigkeit zu erarbeiten. Dabei machten sie bemerkenswerte Zugeständnisse an die Unternehmerseite. Knapp fünf Monate später wurde das Scheitern des Bündnisses verkündet.

In der Konzentration der Diskussion auf die Grenzen bzw. den Abbau des Sozialstaates zeigt sich eine völlige Verkennung der tatsächlichen sozialen Verhältnisse in der Bundesrepublik Deutschland und ihrer sozialstaatlichen Grundlagen. Die Gefahr einer Spaltung der Gesellschaft ist vorhanden, die Lehren der Weimarer Republik werden von Kritikern dieser Entwicklung immer wieder angemahnt.

»Geld ist genug da!«

So lautet der provozierende Titel eines Buches aus dem Jahre 1995 mit dem Untertitel: »Reichtum im armen Deutschland«. Sein Autor verweist u.a. darauf, dass die Bundesrepublik Deutschland eines der reichsten Länder dieser Erde ist, dass die Gewinne führender deutscher Firmen Milliardenhöhe erreichen und dass die privaten Geldvermögen sich in den vergangenen zwei Jahrzehnten nahezu versechsfacht haben auf die Summe von 4,3 Billionen (4 300 000 000 000) Mark. Sollten die benötigten Geldmittel aus einer Umverteilung zwischen Arm und Reich geschaffen werden?

M2 ■ Geld ist genug da!

Reden wir davon, wie insbesondere konservative Regierungen die Reichen immer noch reicher machen, indem sie den abhängigen Beschäftigten in die Tasche greifen und auf Kosten der Armen an sozialen Leistungen sparen. […] Seit ihrem Amtsantritt hat auch die Regierung Kohl ihre Politik unter der verschleiernden Parole, Leistung muss sich wieder lohnen, entsprechend ausgerichtet. Mithilfe von Sozialabbau, Subventions- und Steuerpolitik wurden bereits zig Milliarden in die Taschen der Wohlhabenden und Reichen umgeschichtet. So sorgte die Regierung dafür, dass die Kluft zwischen Löhnen und Unternehmergewinnen wächst.

[…] Reden wir davon, dass in der Bundesrepublik Deutschland nur etwa 55 % der Einkommen aus Unternehmertätigkeit und Vermögen als zu versteuerndes Einkommen in den Statistiken der Finanzämter auftauchen, […] dass aber die zu versteuernden Einkommen der abhängigen Beschäftigten zu 90 % vom Fiskus erfasst werden. […] Reden wir davon, dass die oberen 10 % der Steuerzahler […] nur 60 % ihrer Einkommen beim Finanzamt offen legen. […] Reden wir davon, dass Großbetriebe im Schnitt nur alle 4,1 Jahre, Mittelbetriebe nur alle 9,7 Jahre und Kleinbetriebe sogar nur alle 32 Jahre mit einer Steuerprüfung rechnen müssen.

(»Hamburger Ermutigung«. In: Geld ist genug da, hg. von Herbert Schni und Eckart Spoo. Heilbronn 1996.)

M3 ■ Das soziale Netz

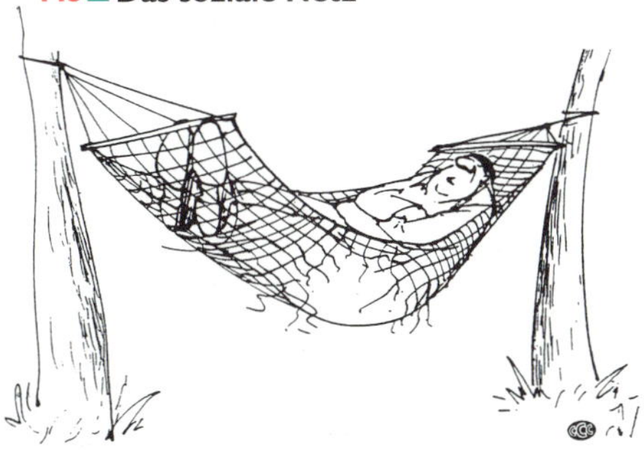

M4 ■ Was kann man tun?

Die zunehmende Armut kann nur durch den Aufbau einer sozialen Grundsicherung gelindert werden. Seit längerem fordern Sozialwissenschaftler den Einbau einer sozialen Grundsicherung in die Sozialversicherungen. Dadurch wollen sie verhindern, dass Menschen in die Sozialhilfe absinken, weil sie – zum Beispiel – zu lange arbeitslos sind oder eine zu geringe Rente erhalten. Für solche Fälle sieht das Konzept ein Grundeinkommen vor, das deutlich über dem Sozialhilfesatz liegt. […] Über die Finanzierung […] gibt es verschiedene Vorstellungen. So bietet sich zum Beispiel die Einführung eines dritten Mehrwertsteuersatzes auf Luxusprodukte (zum Beispiel für Autos ab 30 000 DM) an. […] Dieser Finanzierungsvorschlag hat den Vorteil, dass er ein Stück Reichtum zur Linderung der Armut umverteilt, ohne dass die (reichen) Konsumenten vor dieser Steuer ins Ausland fliehen könnten – wie dies zum Beispiel bei einer höheren Vermögensbesteuerung zu befürchten wäre.

Da die Wirtschaft immer mehr Waren und Dienstleistungen mit immer weniger Menschen herstellt, muss das bestehende System der sozialen Sicherheit wenigstens teilweise auf eine neue Grundlage gestellt werden – denn es finanziert sich in erster Linie durch Beiträge auf die Arbeitseinkommen der Beschäftigten. Als Alternative bietet sich ein Finanzierungsmodell an, das die Arbeitgeberbeiträge zur Sozialversicherung künftig […] an die gesamten Einkünfte der Unternehmen koppelt. […]

Angesichts solcher Konzepte entlarvt sich das ständige Gerede vom drohenden Untergang der deutschen Wirtschaft und vom bevorstehenden Zusammenbruch des Sozialsystems als billiger Versuch wirtschaftlich mächtiger Gruppen und ihrer Ideologen, die soziale Demokratie durch eine Ellenbogen-Gesellschaft zu ersetzen und dabei die eigenen Vorteile zu mehren.

(Publik-Forum Nr. 2 vom 26.1.1996, S. 7 f.)

M5 ■ »Der Sozialstaat wird uns erdrücken«

Klaus Murmann, Präsident der Bundesvereinigung der Deutschen Arbeitgeberverbände (BDA), will die Renten kürzen (von maximal 71 % auf 65 % des Lohns); wer krank wird, soll in den ersten zwei Wochen 20 % weniger Lohn bekommen und 10 % der Arztrechnung selbst bezahlen.

(Der Stern 44/1994, S. 248.)

M6 ■ Klaus Murmann

1 ■ Interpretiert die Karikaturen (M1 und M3).
2 ■ Stellt aus den Materialien dieser Doppelseite Argumente für und gegen einen Abbau des Sozialstaates zusammen.
3 ■ Diskutiert den Vorschlag M4.
4 ■ Entwerft eine Erwiderung zu M5.
5 ■ Entwerft eigene Vorstellungen, wie es mit dem Sozialstaat weitergehen soll.

M1 Armut in Japan

9.8 Neue Armut in anderen Industriestaaten

Die neue Armut ist nicht nur ein deutsches Problem. Andere führende Industriestaaten wie die USA, Japan, Großbritannien oder Frankreich haben mit wachsenden Armutsproblemen zu kämpfen. Und die dort angewandten Mittel nehmen das vorweg, was auch in Deutschland die Probleme lösen soll.

Als Ronald Reagan 1981 Präsident der USA wurde, brachte er für die damaligen Wirtschaftsprobleme wie stagnierendes Wirtschaftswachstum, hohe Inflationsrate und hohe Zinsen ein Programm mit, das auf die Selbstheilungskräfte der kapitalistischen Marktwirtschaft setzte. Er versprach den Unternehmen steuerliche Entlastungen, um sie zu Investitionen zu animieren, die dann neue Arbeitsplätze bringen sollten. Diese Entlastungen sollten durch Kürzungen bei den Sozialleistungen finanziert werden. Kritische Stimmen behaupten jedoch, dass aus einem »Krieg gegen die Armut«, wie ihn ein Vorgänger Reagans führen wollte, ein »Krieg gegen die Armen« wurde.

Die wirtschaftlichen Erfolge schienen Reagan zunächst einmal Recht zu geben: Über siebzehn Millionen neue Arbeitsplätze, die geringste Arbeitslosenrate seit Jahren, ein Wirtschaftswachstum von 3,3 %, eine stark verringerte Inflationsrate und eine Halbierung der Zinsen. Auf der anderen Seite lag der Beschäftigungserfolg im Wesentlichen daran, dass der gesetzliche Mindestlohn stagnierte und nicht einmal der Inflationsrate angepasst wurde. Die Masse der neuen Jobs lag im unteren Lohnbereich, was wiederum zur Folge hatte, dass viele Menschen in den USA einen zweiten oder dritten Job ausüben mussten, um die Kosten für die Lebenshaltung bezahlen zu können. Einen Teil der Kürzungen musste die Reagan-Regierung schließlich wieder zurücknehmen. Die »Reaganomics« entwickelten große Anziehungskraft besonders auf konservative Regierungen, z. B. die damalige britische Regierung unter Führung der Premierministerin Margaret Thatcher und die deutsche unter Kanzler Helmut Kohl. Sie wurden seitdem bestimmend für die wirtschaftspolitischen Überlegungen. Bekämpft wurden sie hingegen von Gewerkschaften der Sozialdemokratie. Ihrer Meinung nach verteilt diese Politik die Lasten ungleich und gibt keine Garantie für den erhofften wirtschaftlichen Aufschwung sowie die daran geknüpften positiven Erwartungen, den Abbau der Arbeitslosigkeit.

Auch die britische Regierung verkündet inzwischen Erfolge bei der Bekämpfung der Arbeitslosigkeit, obwohl die Zahl der Arbeitsplätze statistisch gar nicht genau erfasst wird.

Zweifellos zählt Großbritannien inzwischen zu den attraktivsten Wirtschaftsstandorten Europas. Dieser Erfolg wird jedoch dadurch erkauft, dass die Löhne britischer Arbeitnehmerinnen und Arbeitnehmer niedriger als die ihrer Kollegen auf dem Festland sind, dass sie weniger Urlaub haben, keinen Mindestlohn kennen, länger arbeiten müssen und die Rechte der Gewerkschaften per Gesetz beschnitten wurden.

In Frankreich reißt die wirtschaftliche Krise seit Mitte der 90er-Jahre gewaltige Löcher in die Sozialkassen. Die konservative Regierung unter Chirac versucht mit Leistungskürzungen den Sozialstaat zu entlasten und die Schulden des Staates zu reduzieren. Infolge dieser Maßnahmen kam es Ende 1995 zu schweren Massenprotesten, die das öffentliche Leben weit gehend lahm legten und die Regierung zu Gesprächen zwangen.

M2 ■ Verhungern soll keiner

Alle Industrieländer sorgen für die Armen. Explodierende Kosten erfordern Kürzungen. Völlig ungewohnt ist das Phänomen Armut im Vollbeschäftigungsland Japan. Mittlerweile leben 900 000 Menschen von der staatlichen Mindestsicherung. Jede Ausgabe wie z. B. Kleidung, Möbel, Pillen, Schulgeld – müssen sie extra schriftlich beantragen.

Unsanft erwacht sind die Einwohner im Wohlfahrtsparadies Schweden. Jeder zehnte Haushalt erhält Sozialhilfe. 700 Mark bekommt ein Alleinstehender monatlich. Um Missbrauch zu verhindern, zahlen die örtlichen Sozialämter alle Gelder zentral aus.

Tiefes Misstrauen gegenüber den Armen prägt die republikanische Mehrheit im US-Kongress. Mit einer Sozialhilfereform wollen sie 70 Milliarden Dollar sparen. Fürsorgeempfänger sollen nach zwei Jahren einen Job finden müssen. Nach fünf Jahren Hilfebezug soll es in Zukunft gar nichts mehr geben.

Energisch gegen den Sozialmissbrauch wettert Englands Premier John Major. Dabei hat seine Vorgängerin Margaret Thatcher die staatlichen Wohltaten bereits stark gekürzt. 467 Mark erhält ein bedürftiger Brite im Monat, dazu kommt höchstens noch ein Zuschuss für die Wohnung. Mehr nicht.

Alle Industriestaaten diskutieren derzeit radikale Einschnitte in die Mindestsicherung. Grundidee ist bei den meisten eine Art »Bürgergeld«. Dabei zahlt der Staat jedem Einwohner das Existenzminimum aus Steuermitteln. Sozialhilfe, Miethilfen und sonstige Extras werden ersatzlos gestrichen.

(Focus 43/1995, S. 286.)

M3 ■ Armut in England

Jeffrey, 46, gehört zu den Zehntausenden von Obdachlosen in London, die im Freien überleben. Sein derzeitiges Domizil ist ein Hauseingang an der Geschäftsstraße Strand, nahe dem Regierungsviertel. Ein sorgsam gefalteter Pappkarton soll gegen die Winterkälte schützen.

Jeffrey hatte sich 1981, befeuert von Thatchers Credo des »freien Unternehmergeistes«, mit einer Computerfirma selbstständig gemacht. Anfangs lief der Laden prächtig, doch dann kam die Rezession. Erst blieben die Kunden weg. Dann drängte die Bank auf Rückzahlung der happigen Kredite; 1989 folgte die Pleite.

Bis auf den letzten Penny gepfändet, ohne Aussicht auf staatliche Unterstützung für eine Unterkunft oder gar einen guten Job, landete der gescheiterte Unternehmer auf der Straße.

Wut auf die mittlerweile von der Queen zur Baronin geadelte Eiserne Lady? Nein, sagt Jeffrey, es hätte »ja auch gut gehen können«. Wenigstens bei ihr selbst habe der Thatcherismus ja geklappt: »Zuerst machte sie uns arm und jetzt verdient sie Millionen.«

(Der Spiegel 4/1996, S. 86.)

M4 ■ Armut in den USA

Jeden Freitag, wenn die Schecks der Sozialfürsorge im Ghetto eintreffen, haben die Drogendealer, die Schnapsläden und die Chirurgen Hochkonjunktur – vor allem im King/Drew, dem Krankenhaus, das so viele Opfer von Schusswunden versorgt wie kein anderes auf der Welt, Kriegsgebiete ausgenommen.

[…] Nur 3 % der Patienten sind Weiße, jeder Vierte der Eingelieferten lebt von der Sozialfürsorge.

Das Durchschnittsalter der eingelieferten Traumapatienten ist in der letzten Zeit auf 18 Jahre gesunken. […] Die jungen Schwarzen begehen »kollektiven Selbstmord«. Die Schwarzen haben in Vierteln wie South Central jede Hoffnung verloren – Geld verdienen nur die Dealer, Teenager zeugen und gebären Kinder, die in den Straßen aufwachsen und die Gesetze der Straße verinnerlichen. Zwölfjährige verdienen als Boten oder Warnposten der Dealer 1000 bis 2000 Dollar wöchentlich; ihre Mütter, mit sieben oder acht Kindern auf Sozialfürsorge angewiesen, nehmen das Geld ohne lange zu fragen – bis eines Tages die Polizei vor der Tür steht und ihnen mitteilt, dass der Sohn im Killer-King liegt. […] Ein amerikanisches Drama zeichnet sich ab: Die Republikaner in Washington wollen den Wohlfahrtsstaat, der in Wahrheit keiner ist, drastisch zurückschneiden; betroffen sind die Armen und jene Institutionen Amerikas, die sich ihrer annehmen sollen, etwa die Krankenhäuser in den Ghettos. […]

In den Großstädten des Landes sind die öffentlichen Krankenhäuser vom Kollaps bedroht. Die Gewalt ist in vielen Kommunen kaum noch einzudämmen.

(Der Spiegel 40/1995, S. 184 ff.)

1 ■ Beschreibt den Weg Jeffreys in die Obdachlosigkeit. Wer ist für seinen sozialen Abstieg verantwortlich?

2 ■ Mit welchen Mitteln versuchen die Regierungen der genannten Industriestaaten ihre wirtschaftlichen Probleme zu bewältigen?

3 ■ Nennt Folgen für die Bevölkerung. Bewertet die Reaktionen der Bevölkerung in Frankreich.

4 ■ Vergleicht die im Ausland getroffenen Maßnahmen mit denen in Deutschland.

5 ■ Inwiefern sind die wirtschaftlichen und sozialen Probleme der Industriestaaten von jedem Staat alleine zu bewältigen? Ihr könntet z. B. in einer internationalen Konferenz Vorschläge zur Lösung der sozialen und wirtschaftlichen Probleme entwerfen.

10 Deutschland im Nationalsozialismus

M1 ■ Fackelzug in Berlin am 30. Januar 1933

Hitler Reichskanzler
30. 1. 1933

Reichstagsbrand
Februar 1933

Ermächtigungsgesetz
23. 3. 1933

Boykott jüdischer Geschäfte
ab April 1933

Deutschland verlässt den Völkerbund
Oktober 1933

Allgem. Wehrpflicht
ab März 1935

Nürnberger Gesetze
September 1935

Olympiade in Berlin
August 1936

Annexion Österreichs
11. 3. 1938

»Reichskristallnacht«
9./10. 11. 1938

Hitler-Stalin-Pakt
August 1939

Dt. Überfall auf Polen - Beginn des 2. Weltkriegs
1. 9. 1939

Ermordung der Juden

Besetzung von
Dänemark, Norwegen
April 1940
Benelux-Staaten
Mai 1940
Frankreich
Juni 1940
Jugosl., Griechenl.
April 1941

Überfall auf die Sowjetunion
Juni 1941

Einführung des Judensterns im Dt. Reich
September 1941

Kriegserklärung an die USA
Dezember 1941

Wannsee-Konferenz
Januar 1942

Proklamation des »totalen Krieges«
Januar/Februar 1943

Luftkrieg über Deutschland

Alliierte Landung in der Normandie
Juni 1944

Attentat auf Hitler
20. Juli 1944

Selbstmord Hitlers
April 1945

Bedingungslose Kapitulation
8. Mai 1945

Atombombenabwürfe auf Hiroshima und Nagasaki
August 1945

1933	1934	1935	1936	1937	1938	1939	1940	1941	1942	1943	1944	1945	1946

M2 Die Jauchekolonne. Ölbild des ehemaligen KZ-Häftlings Adolf Bender (Esterwegen und Börgermoor) aus dem Jahr 1953.

M3 Junge Rechtsradikale mit dem »Hitler-Gruß«

M4 Kerzen zur »Erinnerung«, gestellt in hebräischer Schrift, entzündeten jugendliche Gäste aus Eilat beim Besuch an der Gedenkstätte im ehemaligen Gefangenen- und Konzentrationslager Bergen-Belsen.

In diesem Kapitel erfahrt ihr,

- wie eine Kleinstadt nationalsozialistisch wurde,
- wie sich das Leben der Menschen in der *Diktatur** veränderte,
- wie die jüdische Bevölkerung ausgegrenzt, entrechtet, verfolgt und schließlich ermordet wurde,
- wie es den Sinti und Roma in der Zeit des Nationalsozialismus erging,
- was die Nationalsozialisten dachten,
- wie sie versuchten, die Wirtschaft für ihre Ziele einzuspannen und wie sie die Menschen für sich einnahmen,
- wie die Menschen im Krieg lebten und arbeiteten,
- wie Menschen erfolgreich Widerstand leisteten,
- warum es wichtig ist, sich immer wieder zu erinnern, was damals geschah,
- wie ihr im Archiv der Geschichte eures Wohnortes auf die Spur kommen könnt.

M1 ■ Rathaus in Bünde

10.1 Eine Stadt wird braun

Bünde, eine westfälische Kleinstadt, im Frühjahr 1933: 6752 Menschen leben hier. Bei der Reichstagswahl am 5. März erreichte die NSDAP 53 % der Stimmen. Bei der eine Woche später stattfindenden Kommunalwahl errangen die Nationalsozialisten 10 von 18 Sitzen, die absolute Mehrheit. Daraufhin hissten sie am 7. März auf dem Bünder Rathaus die Hakenkreuzfahne. Sie wollten ihren Sieg weithin sichtbar dokumentieren.

Die örtliche Zeitung jubelte. Der Bürgermeister lehnte zunächst die Fahnenhissung ab, da das Rathaus eine unparteiische Einrichtung sei. Schließlich jedoch duldete er die Aktion. Dennoch griffen die Nationalsozialisten ihn heftig an. Ihr Ziel war ihn aus seinem Amt zu entfernen, was ihnen jedoch erst 1937 gelang.

Die Macht wird gefestigt

Zunächst konzentrierten sie sich darauf, die sozialdemokratischen Stadtverordneten aus der Arbeit in der Stadtverordnetenversammlung auszuschalten. Im April 1933 setzten die nationalsozialistischen Stadtverordneten wie in anderen Städten auch Umbenennungen von Straßen durch. Neben einer »Adolf-Hitler-Straße«, einer »Hitler-Brücke« und einem »Adolf-Hitler-Volkspark« gab es nun u. a. eine »Hermann-Göring-Straße«.

Am 20. April 1933, dem Geburtstag Adolf Hitlers, fand im »Stadtgarten« von Bünde eine Feierstunde statt.

Der 1. Mai 1933

Viele Jahrzehnte hatten die Arbeiter gefordert den 1. Mai zu ihrem »Tag der Arbeit« zu erklären. Immer hatte die Obrigkeit abgelehnt. Nun erklärten die Nationalsozialisten diesen Tag zum Feiertag, allerdings hieß er nun »Tag der nationalen Arbeit«.

Mehrere Tage vor diesem Tag berichtete die Zeitung über die geplante Veranstaltung. Ein Gottesdienst, eine Kundgebung mit Posaunenchören, dazu »Betriebsappelle« mit Hissung der Hakenkreuzfahne in den größeren Firmen sollten für die Einstimmung sorgen. Am Nachmittag fand dann ein Festzug statt. Musikkapellen begleiteten den Zug. Am 2. Mai wurden wie überall in Deutschland die Büros der Gewerkschaften besetzt und ihr Vermögen beschlagnahmt. Damit waren die Vertretungen der Arbeitnehmerschaft beseitigt.

Im Juli folgte die Aberkennung der Mandate der sozialdemokratischen Stadtverordneten. Den Elternbeiräten, die der SPD angehörten, wurde die Tätigkeit verboten. Die verschiedenen Vereine erhielten im Sinne der Nationalsozialisten »zuverlässige« Vorsitzende. Damit war die Phase der *Machtergreifung** vor Ort abgeschlossen.

M2 ■ Widerstandslose Gegenrevolution!

Wie unter dieser Parole allüberall in diesen Tagen die alten ruhmreichen schwarz-weiß-roten Reichsfahnen und diejenigen der nationalsozialistischen Freiheitsbewegung auf öffentlichen Gebäuden gehisst werden, so geschah es auch in Bünde, auf dessen Kommunal- und Staatsbauten sich vor 14 Jahren die rote Fahne der Novemberrevolte breit gemacht hatte.

(Bünder Generalanzeiger vom 9.3.1933.)

M3 ■ Gegen den Bürgermeister

Wir begrüßen es, dass der Herr Bürgermeister [...] so eindeutig gegen die NSDAP Stellung genommen hat. Wir haben jetzt volle Klarheit darüber, dass wir in dem Herrn Bürgermeister nunmehr noch den Vorkämpfer des gestorbenen Liberalismus zu sehen und zu bekämpfen haben. [...] Der Herr Bürgermeister operiert immer mit dem Begriff »Partei«. Er hat nicht begriffen, dass die NSDAP nicht eine »Partei« im Sinne des Liberalismus ist, sondern eine Volksbewegung darstellt, etwas durchaus Neuartiges, eine revolutionäre Umgestaltung des deutschen Denkens und Handelns bedeutet. [...] Er hat nicht verstanden, dass diese Bewegung durch das Ergebnis des vorigen Sonntags Volk geworden ist, und dass diese »Partei« damit das heilige Recht und die verdammte Pflicht hat, am Tage des herrlichsten Sieges, den sie bisher errungen, auch auf sämtlichen Gebäuden des Staates, der ja nur die äußere Form des Volkes darstellt, das Symbol des neuen Volkes flatternd hochsteigen zu lassen. [...] Das Rathaus ist noch viel zu rot. Von jetzt ab soll unsere nationalsozialistische Weltanschauung und klare charaktervolle Haltung auch auf dem Bünder Rathaus maßgebend sein.

(Bünder Generalanzeiger vom 11.3.1933.)

M4 ■ Aufruf zur Feier anlässlich des Geburtstages von Adolf Hitler

Deutsche Frauen und Männer!
wir feiern **den Geburtstag** unseres Führers und Reichskanzlers

Adolf Hitler

am 20. April 1933 abends 8 Uhr **im Stadtgarten** mit Ansprachen und Marschmusik und bitten um zahlreiche Beteiligung.

Unkostenbeitrag 20 Pfg.

Nationalsozialistische Deutsche Arbeiterpartei
Ortsgruppe Bünde
Stahlhelm Bund der Frontsoldaten
Ortsgruppe Bünde

M5 ■ Aus der Rede zum 1. Mai 1933

Mit einem Federstrich macht Adolf Hitler zum Gesetz, was niemand für möglich gehalten hat. Der 1. Mai ein Feiertag, der Tag der deutschen Arbeit. Deshalb marschieren heute im ganzen deutschen Vaterlande die Arbeitskameraden der Faust und der Stirn Schulter an Schulter, befreit von der politischen Macht des Marxismus und des Kapitalismus. Die Befreiungsstunde für uns alle ist da. Das Tor zum Vaterland ist weit geöffnet und am Eingang steht einer, der um sein Volk gerungen und gelitten hat, der wie kein anderer mit uns allen fühlt: Unser Führer Adolf Hitler.

(Bünder Generalanzeiger vom 2.5.1933.)

1 ■ Stellt zusammen, welche Veränderungen in Bünde 1933 erfolgten. Diskutiert und beurteilt sie.

2 ■ Arbeitet heraus, was die Nationalsozialisten in Bünde dem Bürgermeister vorwerfen (M3). Hätte er sich eurer Meinung nach anders verhalten sollen?

3 ■ Schreibt eine Erwiderung auf M3.

4 ■ Überlegt, welche Absichten die Nationalsozialisten vermutlich hatten, als sie den 1. Mai zum Feiertag erklärten (M5).

5 ■ Zwei Arbeiter diskutieren über den neuen Feiertag. Der eine ist Sozialdemokrat, der andere neigt den Nationalsozialisten zu.

M6 ■ Kopf des Programms der Feier am 1. Mai 1933

Tages-Programm vom 1.5.1933

Tag der nationalen Arbeit.

M1 ■ In einer deutschen Stadt 1936

10.2 Leben unter dem Hakenkreuz

Nach dem 30. Januar 1933, dem Tag der Regierungsübernahme durch Hitler und die Nationalsozialisten, änderte sich allmählich das gesamte öffentliche Leben in Deutschland. Auch das Privatleben war auf einmal anders.

Die Errichtung der *Diktatur**

Am 27. Februar 1933 brannte in Berlin das Reichstagsgebäude. Die Nationalsozialisten nahmen den Brand zum Anlass etwa 40 000 Personen zu verhaften. Bereits einen Tag nach dem Brand erließen sie die sogenannte Reichstagsbrandverordnung, mit der die Grundrechte außer Kraft gesetzt wurden. Nun konnte jeder ohne richterliche Verfügung inhaftiert und beliebig lange festgehalten werden.

Als Nächstes sollte der Reichstag sein Recht Gesetze zu erlassen, auf die Regierung übertragen. Um die notwendige Mehrheit im Reichstag für dieses »Ermächtigungsgesetz« zu erhalten, wurden die kommunistischen Abgeordneten verhaftet, die anderen durch Versprechungen gewonnen. Nur die SPD stimmte gegen das Gesetz; dennoch wurde es mit großer Mehrheit angenommen.

Damit hatten die Nationalsozialisten freie Hand ihre Herrschaft auf alle Lebensbereiche auszudehnen, ➠Gleichschaltung wurde das genannt.

Die Länder wurden abgeschafft, die politischen Parteien lösten sich selbst auf oder wurden verboten. Aus Schulen, Hochschulen und Verwaltungen wurden missliebige Beamte entlassen. Presse, Rundfunk und Film wurden von den Nationalsozialisten kontrolliert und gelenkt. Vereine und Verbände wurden entweder nationalsozialistisch oder verboten.

Privatleben in der Diktatur

Um ihre Herrschaft zu sichern, mussten die Nationalsozialisten auch das Denken und Fühlen der Menschen beherrschen, beeinflussen. Dazu errichteten sie ein eigenes Ministerium für ➠Propaganda, das darauf achtete, dass die Menschen nur noch das erfuhren, sahen oder hörten, was den Nationalsozialisten passte. Außerdem sollte jeder und jede in irgendeiner nationalsozialistischen Organisation Mitglied sein. Die Nationalsozialisten waren allgegenwärtig: im Betrieb, in der Schule, sogar zu Hause. Hier gab es sogenannte »Blockwarte«. Überall gab es Spitzel, keiner traute mehr dem anderen.

Neben Einschüchterung und Terror waren es Feste und Feiern, die die Menschen für die Nationalsozialisten einnehmen sollten. Sie sollten sich als eine große Gemeinschaft, eine »Volksgemeinschaft«, fühlen. Hierzu gehörte der Gemeinschaftsempfang von Hitler-Reden ebenso wie der »Eintopfsonntag«. Das Leben sollte aufhören privat zu sein, um die Menschen besser kontrollieren und beeinflussen zu können.

Gleichschaltung: verharmlosende Bezeichnung der von den Nationalsozialisten 1933 durchgesetzten Aufgabe der Selbstständigkeit bzw. Unabhängigkeit der Länder und Gemeinden, der Verbände und Vereine, der Presse und des Rundfunks. Sie waren nun alle nationalsozialistischen Grundsätzen verpflichtet.

Propaganda: gezielte politische Beeinflussung. Die Nationalsozialisten nutzten dazu vor allem die Presse, den Rundfunk und groß organisierte Massenveranstaltungen.

M2 ■ NS-Plakat

M4 ■ NS-Plakat

M3 ■ Eintopfsonntag

Am nächsten Sonntag, dem Deutschen Erntedanktage, wird bekanntlich zum ersten Male das Eintopfgericht auf den Tisch kommen. […] Das ist Sozialismus der Tat, der das Versprechen des Führers, dass in diesem Winter kein deutscher Volksgenosse hungern und frieren soll, einlösen helfen wird. Es ist ohne weiteres einleuchtend, dass bei ehrlichem Wollen – und daran ist kein Zweifel erlaubt – durch diese Maßnahme ein ganz erheblicher Betrag aufgebracht werden wird. […]

Es ist nun vielfach die Frage aufgetaucht, wie sich die Haushaltungen am nächsten Sonntag verhalten sollen. Hier ist die Antwort: Die Hausfrau wird es so einrichten, dass der Herstellungspreis für das Mahl für jedes Familienmitglied 50 Pfennige nicht übersteigt. […] Die Hausfrau wird sich dann ein Zettelchen und einen Bleistift zur Hand nehmen und sich fein ausrechnen, wie viel das Sonntagsmahl gekostet haben würde, wenn sie es, nun sagen wir einmal, wie am vorhergehenden Sonntag zubereitet hätte. Den eingesparten Betrag wird sie sich beiseite legen.

[…] Schon von 8 Uhr früh werden am Sonntag mit Ausweisen versehene Beauftragte des Winterhilfswerkes höflich an der Wohnungstür läuten, um ihn abzuholen und dem Winterhilfswerk zuzuführen.

(Göttinger Tageblatt vom 29.9.1933.)

M5 ■ NSDAP-Mitglieder

Stand: 1. Januar 1935

Berufsgruppe	Bevölkerung %	NSDAP %
Arbeiter	46,3	5,1
Angestellte	12,5	12,0
Lehrer	0,9	29,4
Beamte (ohne Lehrer)	3,7	18,7
Selbstständige	9,8	14,9
Bauern	6,6	12,0
Sonstige	20,2	1,2

(Heinz Bergschicker, Deutsche Chronik. Alltag im Faschismus 1933–1945. Berlin 1983, S. 52.)

M6 ■ »Göttingen hört den Führer«

Dann erhoben die Glocken von den Türmen der Stadt ihre eherne Stimme und die Menschen stürmten zu den Lautsprechern: Des Volkes Führer begann zu 60 Millionen zu sprechen. In den Betrieben, bei den Behörden, in den Schulen, in allen Haushaltungen lauschte die Göttinger Bevölkerung der Mahnung des Führers an die Arbeiter der Stirn und der Faust. Die Stadt lag in dieser Stunde wie ausgestorben. Erst um 2 Uhr begann sich das Leben wieder zu regen. Der ganze Rest des Tages stand unter dem Eindruck dieser einzigartigen Kundgebung.

(Göttinger Tageblatt vom 11./12.11.1933.)

1 ■ Erkläre, was unter »Gleichschaltung« zu verstehen ist.

2 ■ Wertet M5 aus. Welche Berufsgruppe(n) war(en) besonders in der NSDAP vertreten? Stellt Vermutungen über die Gründe an.

3 ■ Beschreibt, was euch am privaten Leben in der nationalsozialistischen Diktatur besonders auffällt.

4 ■ »Eintopfsonntag«: Überlegt, welche Absichten die Nationalsozialisten mit seiner Durchführung verbanden.

5 ■ Erklärt den Unterschied zwischen Information und Propaganda. Wozu gehört der gemeinsame Rundfunkempfang, von dem M6 berichtet? Begründet.

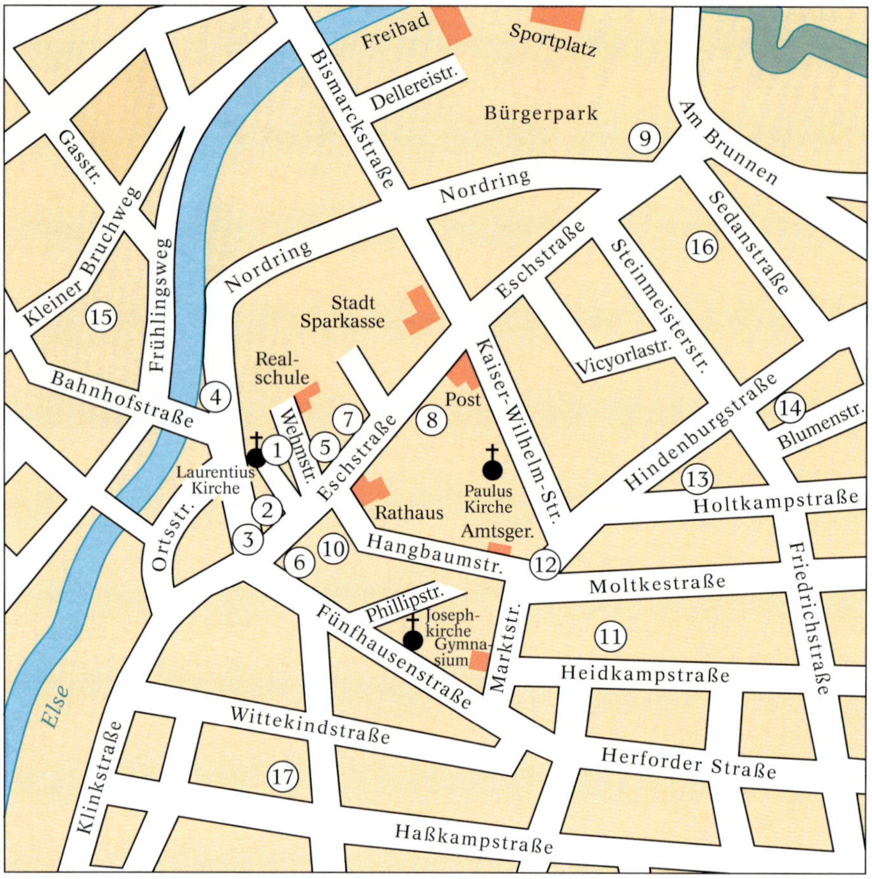

M1 ■ Wohn- und Geschäftssitze der jüdischen Bevölkerung im Zentrum von Bünde, um 1933

1 Theodora Löwenstein; 2 Zahnarzt Ernst Friedlich; 3 Schlachterei Rosenberg; 4 Kaufmann Rudolf Hamlet (Textilgeschäft Meyer & Cie.); 5 Anna Hoffbauer; 6 Kaufmann Louis Joel; 7 Julius Rosenwald; 8 Rudolf Blumenau; 9 Kaufhaus Spanier; 10 Selma Gottschalk; 11 Kaufmann Egon Richard Weiß; 12 Fabrikant Carl Levison; 13 Fabrikant Gustav Spanier; 14 Pension Ruben; 15 Fabrikant Theodor Rosenbaum; 16 Fabrikant Simon Rosenwald; 17 Kaufmann Hugo Meyer

10.3 »Juden sind in dieser Stadt unerwünscht!«

In Bünde lebten Anfang 1933 66 Juden. Ihre Wohn- und Geschäftssitze lagen im Zentrum der Stadt. Viele betrieben ein eigenes Geschäft, einige waren als Unternehmer in der traditionellen Bünder Zigarrenherstellung tätig.

Bereits einige Tage früher als im übrigen Deutschland organisierte die SA dort einen *Boykott** jüdischer Geschäfte. Eine Gruppe von SA-Leuten marschierte durch den Ort und zwang die jüdischen Geschäftsinhaber ihre Läden zu schließen. In die Schaufenster wurden Plakate mit der Aufschrift »Unsere Antwort auf die jüdische Welthetze: Geschlossen. NSDAP« gestellt. Schon in den Jahren vor 1933 waren die Bünder Nationalsozialisten mit antijüdischen Anzeigen in der Zeitung und mit Veranstaltungen an die Öffentlichkeit getreten. Nun verstärkten sie die antisemitische Propaganda. Im August 1935 z.B. veranstalteten sie eine große Kundgebung auf dem Marktplatz: »Gegen Judenknechte und Volksverräter«.

Ausgrenzung und Entrechtung

Nach den Nürnberger Rassegesetzen vom 15. September 1935, die u.a. Ehen zwischen nicht-jüdischen und jüdischen Personen verboten, verstärkte sich auch in Bünde die Diffamierung und Ausgrenzung der jüdischen Bevölkerung. Von dem Gesetz, das deutschen Staatsangehörigen unter 45 Jahren die Tätigkeit in jüdischen Haushalten verbot, waren in Bünde mehrere Hausangestellte betroffen. Gesuche um Ausnahmen wurden abgelehnt.

Seit Herbst 1937 verstärkte sich, wie überall in Deutschland, der Druck noch einmal. Nun ging es darum, die Juden aus dem Wirtschaftsleben zu verdrängen. »Arisierung« wurde das genannt. Weit unter Wert mussten die Juden ihre Geschäfte oder Fabriken verkaufen, nach Abzug der verschiedenen Steuern und Abgaben blieb ihnen kaum etwas übrig.

M2 Aufruf der Bünder NSDAP-Ortsgruppe im Bünder Generalanzeiger, 4.12.1931

Unsere Mitglieder

und Gesinnungsfreunde kaufen ihre Christgeschenke nur in christlichen Geschäften.

NSDAP.
Ortsgruppe Bünde i. W.

M5 Boykott in Bünde

Vor den jüdischen Geschäften sind SA-Posten aufgestellt, die mit Plakaten und mündlicher Aufklärung das Publikum an dem Betreten der Geschäfte zu hindern trachten. Vereinzelt hatten die Geschäfte zunächst nicht geöffnet, zogen später jedoch die Rollläden auf. Die Aktion verläuft in vollkommener Ruhe und Disziplin. Zwischenfälle haben sich bisher noch nicht ereignet.

(Bünder Generalanzeiger vom 30.3.1933.)

M6 Aus dem Interview mit Lotte Daltrop, Bielefeld, am 18.12.1986

Lotte Daltrop, geb. 1900, eine in Bielefeld lebende Verwandte der Bünder Familien Levison und Blumenau.

Frage: Und haben Levisons erzählt über die Stimmung, die ihnen entgegengebracht wurde?
Frau Daltrop: Na ja, das war ganz klar, viele Leute mieden sie, die früher fast per du waren, und besonders gegenüber den Levisons war eine Gaststätte, die war von einem Herrn P. betrieben. Ich erinnere mich, jeden Abend, wenn mein Vater da war, ging der auch mit zum Stammtisch, da saßen die ganzen Bürger und als es nun soweit war, dass überall stand »Juden sind hier unerwünscht!«, da hat der P. dasselbe getan, hat an seine Haustür genagelt »Juden sind hier unerwünscht!«, und die Familie wurde nicht mehr gegrüßt, sondern nur noch bespitzelt. Also ein jahrelanger Brauch war wie abgeschnitten. Es waren überhaupt nur noch wenige Leute, die zu Levisons kamen.

(Norbert Sahrhage, »Juden sind in dieser Stadt unerwünscht!«. Bielefeld 1988, S. 140.)

M3 Altersstruktur der Mitglieder der Bünder Synagogengemeinde, 1933 und 1939

	1933		1939	
Altersgruppe	absolut	%	absolut	%
0–10 Jahre	5	7,6	1	3,6
11–20 Jahre	3	4,5	3	10,7
21–30 Jahre	10	15,1	2	7,1
31–40 Jahre	13	19,7	3	10,7
41–50 Jahre	6	9,1	4	14,3
51–60 Jahre	11	16,7	5	17,9
61–70 Jahre	11	16,7	7	25,0
über 70 Jahre	7	10,6	3	10,7
insgesamt	66	100,0	28	100,0

(Norbert Sahrhage, »Juden sind in dieser Stadt unerwünscht!«. Bielefeld 1988, S. 19.)

M4 Antrag der NSDAP-Ortsgruppe Bünde an den Bürgermeister, 22.8.1935

1. Anbringung von Schildern an allen Eingängen der Stadt mit der Aufschrift: »Juden sind in dieser Stadt unerwünscht!«
[...]
4. Ein weiterer Zuzug von Juden nach der Stadt Bünde wird nicht gestattet.
5. Wohlfahrtsempfänger der Stadt Bünde dürfen nicht in jüdischen Geschäften kaufen.

(Stadtarchiv Bünde, Juden-Angelegenheiten, 1945–1956; zitiert nach: Norbert Sahrhage, Bünde zwischen »Machtergreifung« und Entnazifizierung. Bielefeld 1990, S. 213.)

1933
Die nationalsozialistische Herrschaft beginnt. In Deutschland leben ungefähr 500 000 jüdische Menschen.
April 1933
Boykott jüdischer Geschäfte. Jüdische Lehrer und Lehrerinnen, Richter und andere im Staatsdienst werden entlassen. Der Besuch von weiterführenden Schulen und Hochschulen wird für Juden eingeschränkt.
15. September 1935
»Nürnberger Gesetze«: Eheschließungen zwischen Juden und Nichtjuden werden verboten; Hausgehilfinnen unter 45 Jahren dürfen in jüdischen Haushalten nicht mehr beschäftigt werden.

1 Stellt zusammen, welchen Demütigungen und Verfolgungen die jüdische Bevölkerung in Bünde nach 1933 ausgesetzt war.
2 Schreibe einen Bericht aus der Sicht von Betroffenen über den Boykott jüdischer Geschäfte Ende März/Anfang April 1933. Du kannst auch einen Brief an Bekannte im Ausland schreiben.
3 Eine Besuchergruppe möchte einen »Erinnerungsweg« durch Bünde zu den früheren Stätten jüdischen Lebens gehen. Erarbeitet einen Rundgang.

M1 ■ **Kaufhaus und Gastwirtschaft Spanier, Eschstraße 55 (heutiger Goetheplatz), in den 30er-Jahren**

10.4 Wie es weiterging

Im Dezember 1937 kam es in Bünde zu gewaltsamen Aktionen gegen die Kunden jüdischer Geschäfte. Den Brüdern Spanier, die weder ihr Geschäft noch ihre Gastwirtschaft aufgeben wollten, wurde in der Nacht zum 4.12.1937 das Glastransparent über der Eingangstür zertrümmert. Zwei Wochen später wurden die Schaufensterscheiben mit antisemitischen Parolen und Beschimpfungen beschmiert.

Der Novemberpogrom

Nachdem der 17-jährige Herschel Grynszpan, ein deutsch-polnischer Jude, in Paris den deutschen Botschaftsangehörigen vom Rath erschossen hatte, wurden überall in Deutschland in der Nacht vom 9. auf den 10. November 1938 jüdische Geschäfte zerschlagen, geplündert, Synagogen angezündet und Juden misshandelt, verhaftet und in Konzentrationslager gebracht.

Diesmal kam Bünde einen Tag später: Am 10. November morgens wurden die ersten Juden verhaftet, später am Tag die Synagoge verwüstet. Die Inneneinrichtung wurde auf den Marktplatz geschafft, zerschlagen und verbrannt. Dazu hielt der Landrat eine Rede. Am Nachmittag wurden die Schaufensterscheiben des Kaufhauses Spanier eingeschlagen. In der Nacht zum 11. November dort ein Brand gelegt, der alles vernichtete. Auch der jüdische Friedhof wurde in dieser Nacht verwüstet.

Spurensuche im Archiv

Wollt ihr herausfinden, wie sich ein bestimmtes Ereignis in eurem Wohn- oder Schulort abgespielt oder was sich zu einer bestimmten Zeit dort ereignet hat, könnt ihr außer in der Bibliothek im Stadtarchiv oder einem anderen Archiv in eurer Nähe nach Material suchen.

Archive sind Orte, an denen vor allem Texte aufbewahrt werden. Das können amtliche Dokumente, Briefe, Zeitungsartikel, aber auch ganze Zeitungen oder sogar Fotos sein.

Es gibt öffentliche Archive, z. B. Stadtarchive, Staatsarchive oder das Bundesarchiv in Koblenz, und private, wie Schul-, Firmen- oder Familienarchive. Außerdem gibt es spezielle Archive etwa für Fotos, Filme, Noten oder Schallplatten.

1. Wollt ihr in einem Archiv auf Spurensuche gehen, müsst ihr zunächst festlegen, zu welcher Fragestellung ihr Material suchen wollt.
2. Dann müsst ihr feststellen, welche Archive es im Ort oder in der näheren Umgebung gibt und was dort archiviert wird. Nur so könnt ihr entscheiden, ob ihr dort etwas zu eurer Fragestellung finden könnt.
3. Sind diese Fragen geklärt, solltet ihr telefonisch Kontakt mit dem Archiv aufnehmen und feststellen,
   - wann das Archiv geöffnet hat,
   - wer euch beraten kann,
   - wie viele Arbeitsplätze zur Verfügung stehen,
   - ob es möglich ist, vor Beginn der Arbeit eine Archivbesichtigung durchzuführen.

4. Am Beginn der Arbeit im Archiv steht das Findbuch. Darin sind alle Akten und Materialien des Archivs mit einer Signatur (Aktennummer) verzeichnet.
5. Wollt ihr eine Akte einsehen, müsst ihr einen Bestellzettel ausfüllen. Neben eurem Namen muss dort die Signatur aus dem Findbuch notiert werden. Anders als in einer Bibliothek können Akten aus einem Archiv nicht mit nach Hause genommen werden. Sie müssen im Archiv eingesehen und gelesen werden. Es ist sehr wichtig, sorgsam mit der Akte, auch Archivale genannt, umzugehen. Sie ist einmalig und kann z. B. bei Verlust nicht wieder beschafft werden.
6. Habt ihr Material gefunden, müsst ihr die entsprechenden Stellen sorgfältig herausschreiben (exzerpieren) oder zusammenfassen. Vergesst nicht, die Quellenangabe bzw. die Signatur zu notieren. Wichtig ist auch, wer das Material verfasst hat und an wen es gerichtet ist. Ist der Text eine oder mehrere Seiten lang, solltet ihr fragen, ob es eine Möglichkeit zum Kopieren gibt. Notiert dann auf jeder Kopie die Signatur der Akte, aus der sie stammt.
7. Habt ihr genug Material gefunden, geht es an die Auswertung. Gebt zunächst einen Überblick über das Material. Konzentriert euch auf das Wesentliche und bleibt nicht an Nebensächlichkeiten hängen. Versucht vom Einzelfall auf das Allgemeine zu schließen, soweit das möglich ist. Schließlich solltet ihr das lokale Ereignis mit dem größeren Geschehen vergleichen, um Ähnlichkeiten wie Besonderheiten zu erkennen.

M2 ■ Feuer

Heute Nacht erklang um 2 Uhr die Feuersirene. In dem verlassenen Geschäftshaus und Gastwirtschaft Spanier an der unteren Eschstraße war in dem Fachwerkanbau ein Brand ausgebrochen, der sich bei der wenig massiven Bauweise so rasend ausbreitete, dass die schnell herbeigeeilte Feuerwehr nichts mehr ausrichten konnte. Einige Posten des Warenlagers konnten ins Freie gebracht werden. Der Anbau brach völlig zusammen – das Vorderhaus ist innen ausgebrannt, der Dachstuhl ist zerstört.

Es wird Brandstiftung vermutet: Auf Anordnung des Landrats wird eine strenge Untersuchung durch den Bürgermeister in dieser Richtung bereits durchgeführt.

(Bünder Generalanzeiger/Bünder Zeitung vom 11.11.1938.)

9./10. November 1938
*Pogrom** gegen die jüdische Bevölkerung (»Reichskristallnacht«): Schaufensterscheiben werden eingeschlagen, die Synagogen in Brand gesteckt; mehr als 20 000 Juden werden verhaftet und in Konzentrationslager gebracht. Jüdische Schülerinnen und Schüler dürfen nur noch jüdische Schulen besuchen.

1 ■ Schreibt einen Zeitungsartikel: Bünde im November 1938.
2 ■ Schildert aus der Sicht der Gebrüder Spanier, was geschehen ist.
3 ■ Beurteilt die Argumentation des Bürgermeisters in seinem Brief an die Gestapo (M3).
4 ■ Stellt fest, welches Archiv etwas über euren Schul- oder Wohnort aufbewahrt. Lasst euch beraten, was es dort für euch zu erforschen gibt.

M3 ■ Der Bürgermeister berichtet am 23. 12. 1937 der Gestapo in Bielefeld über den Brand:

Die Aussagen von Juden im Allgemeinen und die der Juden Spanier im Besonderen werden hier grundsätzlich nicht ohne weiteres als reine Wahrheit hingenommen. Wie der Geheimen Staatspolizei bekannt sein dürfte, besteht seit langem der Verdacht, dass in der Gastwirtschaft Spanier von ehemaligen Kommunisten und Reichsbannerleuten staatsfeindliche Politik betrieben wird. Es wäre daher m. E. durchaus verständlich, wenn sich anständig empfindende Nationalsozialisten gegen den Geschäftsbetrieb der Gebrüder Spanier empörten. Ich glaube jedoch nicht, dass eine Terrorisierung vor dem Judengeschäft Spanier vorgekommen ist, zumal auch ein Polizeibeamter am Sonntagnachmittag auf seinem Rundgang dort nichts Auffälliges festgestellt hat.

Falls der Zahnarzt Kampsmeyer den Kriegsbeschädigten Spanier beleidigt haben sollte, so wäre Spanier deswegen auf den Privatklageweg zu verweisen. In dem Verhalten der Parteigenossen Kampsmeyer und Hesse kann ich keine Terrorisierung erblicken.

Wenn der Vertreter Hans Mentges tatsächlich gegen Kunden der Gebrüder Spanier tätlich vorgegangen sein sollte, so mögen die Betroffenen Strafantrag wegen tätlicher Beleidigung oder Körperverletzung stellen. Jedenfalls halte ich es nicht für nötig, Mentges wegen Terrorisierung verantwortlich vernehmen zu lassen, solange sich die Gebrüder Spanier weigern durch Angabe von arischen Zeugen zu beweisen, dass ihre Behauptungen auf Wahrheit beruhen.

(Staatsarchiv Detmold, M I P, Nr. 670.)

M1 ■ **Propagandaplakat der NSDAP**

10.5 Die nationalsozialistische Weltanschauung

1924 hatte Hitler in seinem Buch »Mein Kampf« seine Weltsicht dargelegt. Sie war geprägt von Vorurteilen und Halbwahrheiten, von übersteigertem Nationalismus und Feindbildern voller Hass. Hitler war gegen freiheitliche Ideen, wie sie der Liberalismus vertrat, gegen ein demokratisches, parlamentarisches System, z. B. die Weimarer Republik, gegen Kommunismus und gegen alles, was ihm jüdisch zu sein schien.

Das Buch wurde zur Grundlage der nationalsozialistischen Weltanschauung (*Ideologie**).

Rassenlehre

Wichtigstes Element der nationalsozialistischen Weltanschauung war die Rassenlehre. Danach waren die Menschen nicht gleich. Ihr Wert war abhängig von ihrem Blut und ihrer ➠ »Rasse«. Je nach ihrer »Rassezugehörigkeit« wurden sie in »höherwertig« oder »minderwertig« oder »wertlos« eingestuft. Die höchste Rasse bildeten danach die Deutschen, die nun »Arier« genannt wurden, die niedrigste die Juden, dazwischen standen die slawischen Völker. Aus diesem gefährlichen Unsinn leiteten die Nationalsozialisten ihren Anspruch auf Gebiete im Osten Europas (➠ Lebensraum) ebenso ab wie die Verfolgung und Ermordung der Juden.

➠ Antisemitismus

Als ihre größten Feinde sahen die Nationalsozialisten die Juden an. Diese waren angeblich verantwortlich für alles Böse und Schlechte in der Welt, für den Parlamentarismus ebenso wie für den Kommunismus.

➠ Volksgemeinschaft

Die Deutschen, in den Vorstellungen der Nationalsozialisten die germanische Rasse, blond und blauäugig, bildeten die »Volksgemeinschaft«, die von einem »Führer«, Adolf Hitler, geführt werden sollte. Ihm sollten sie bedingungslos folgen. Nur so seien die Deutschen in der Lage sich erfolgreich in der Welt zu behaupten, den »Kampf ums Dasein« zu bestehen.

Das Wesen der Frau

Die Frauen sollten nach nationalsozialistischer Vorstellung heiraten, viele Kinder gebären und ein gemütliches Heim führen. Außerhäusliche Arbeit galt als wesensfremd. Unverheiratete Frauen sollten vor allem in pflegerischen Berufen, die als besonders weiblich galten, arbeiten.

Rasse/Rassismus: Pseudo-wissenschaftliche Unterscheidung der Menschen nach biologischen Merkmalen, z. B. Hautfarbe, von denen auf bestimmte Eigenschaften geschlossen und der Wert der Menschen bestimmt wird.

Lebensraum: Politisches Schlagwort, wonach angeblich das Gebiet Deutschlands zu klein für die Zahl seiner Einwohner sei. Es diente den Nationalsozialisten dazu, ihre Forderung nach Expansion Richtung Osten zu begründen.

Antisemitismus: Ablehnung und Bekämpfung der Juden aus sogenannten rassischen, aus religiösen oder wirtschaftlichen Gründen.

Volksgemeinschaft: Vorstellung der Nationalsozialisten, wonach sich die Gesellschaft durch die Zugehörigkeit zu einem Volk bzw. Rasse bestimmt und in der alle die gleichen Interessen haben. Dies diente zur Ausgrenzung und Verfolgung von politischen Gegnern und Minderheiten.

M2 ■ »und sie werden nicht mehr frei«

Aus einer Rede Hitlers 1938

Diese Jugend, die lernt ja nichts anderes als deutsch denken, deutsch handeln, und wenn nun dieser Knabe, dieses Mädchen mit ihren zehn Jahren in unsere Organisation hineinkommen und dort nun so oft zum ersten Mal frische Luft bekommen und fühlen, dann kommen sie vier Jahre später vom Jungvolk in die Hitlerjugend und dort behalten wir sie wieder vier Jahre und dann geben wir sie erst recht nicht zurück [...] und so weiter und sie werden nicht mehr frei ihr ganzes Leben und sie sind glücklich dabei.

(Tondokument Nr. C 1326 des Deutschen Rundfunkarchivs, Frankfurt/M.)

M3 ■ Rasse und Lebensraum

Aus Hitlers »Mein Kampf«, 1924 erstmals erschienen

Die Außenpolitik des Völkischen Staates hat die Existenz der durch den Staat zusammengefassten Rasse auf diesem Planeten sicherzustellen, indem sie zwischen der Zahl und dem Wachstum einerseits und der Größe und Güte des Grund und Bodens andererseits ein gesundes, lebensfähiges, natürliches Verhältnis schafft. [...] Wenn ein Volk [...] seine Ernährung [...] gesichert hat, so ist [...] auch noch die Sicherstellung des vorhandenen Bodens selbst zu bedenken. Sie liegt in der allgemeinen machtpolitischen Stärke des Staates, die wieder nicht wenig durch militärgeographische Gesichtspunkte bestimmt wird.

(Adolf Hitler, Mein Kampf. München 1940, S. 728.)

M4 ■ Hitlerbild. Dieses Bild hing in Klassenzimmern, Amtsräumen, Geschäften und auch Wohnzimmern.

M5 ■ An diesem Glauben gibt es keine Kritik

Rudolf Heß, Hitlers Stellvertreter, 1934 im Kölner Rundfunk:

Mit Stolz sehen wir: Einer bleibt von aller Kritik ausgeschlossen, das ist der Führer. Das kommt daher, dass jeder fühlt und weiß: Er hatte immer Recht und er wird immer Recht haben. In der kritiklosen Treue, in der Hingabe an den Führer, die nach dem Warum im Einzelfall nicht fragt, in der stillschweigenden Ausführung seiner Befehle liegt unser aller Nationalsozialismus verankert. Wir glauben daran, dass der Führer einer höheren Berufung zur Gestaltung deutschen Schicksals folgt. An diesem Glauben gibt es keine Kritik.

(Dokumente der deutschen Politik, Bd. 2. Berlin 1936, S. 10.)

M6 ■ Du bist nichts

Aus einer Rede Hitlers 1933

Es ist notwendig, dass der Einzelne sich langsam zur Erkenntnis durchringt, dass sein eigenes Ich unbedeutend ist, gemessen am Sein des ganzen Volkes.

(Manfred Lautemann, Wolfgang Schlenke, Geschichte in Quellen, Bd. 6. München 1970, S. 294.)

M7 ■ Die Aufgabe der Frau

Den ersten, besten und ihr gemäßesten Platz hat die Frau in der Familie und die wunderbarste Aufgabe, die sie erfüllen kann, ist die, ihrem Land und Volk Kinder zu schenken. [...] Wenn die Familie die Kraftquelle des Volkes darstellt, dann ist die Frau ihr Kern und ihr bewegendes Zentrum. Im Dienst des Volksganzen kann die Frau am ehesten in der Ehe, in der Familie und in der Mutterschaft sich ihrer hohen Sendung bewusst werden.

(Joseph Goebbels, Rede zur Eröffnung der Ausstellung »Die Frau«, 1933; zitiert nach: Norbert Westenrieder, »Deutsche Frauen und Mädchen!«. Bindlach 1990, S. 30.)

1 ■ Erarbeite aus den Materialien Stichworte, mit deren Hilfe du einen Kurzvortrag halten kannst: »Was die Nationalsozialisten dachten«.

2 ■ Versucht eine Beurteilung der nationalsozialistischen Weltanschauung.

3 ■ Diskutiert M7. Formuliert anschließend einen eigenen Text: »Die Aufgaben der Frau im Nationalsozialismus«.

10.6 Von der »Gleichschaltung« zur Betreuung

Bereits im Februar 1933 hatte Adolf Hitler ein umfassendes Motorisierungsprogramm angekündigt. Daher war es nicht verwunderlich, dass der Idee eines preisgünstigen Autos für alle sofort zugestimmt wurde. Schon ein Jahr später konnte Ferdinand Porsche einen solchen Kleinwagen vorstellen. Nur eine einzige Konstruktionvorgabe war ihm von Hitler gemacht worden: 100 Kilometer pro Stunde sollte das Auto schnell sein. Jede deutsche Familie sollte in wöchentlichen Raten zu fünf Reichsmark dieses Auto ansparen können. Weil die deutsche Autoindustrie nicht mitmachen wollte, stampfte die Deutsche Arbeitsfront 1938 bei Wolfsburg ein Autowerk aus dem Boden. Von dem geplanten Auto für alle wurden nur wenige Prototypen gebaut. Erst nach dem Ende des Zweiten Weltkrieges begann der Siegeszug des Volkswagens.

M1 »Soldaten der Faust und der Stirn« – Plakat der DAF

Die Deutsche Arbeitsfront

Die DAF war von den Nationalsozialisten an die Stelle der freien *Gewerkschaften** gesetzt worden. Diese waren am 2. Mai 1933 in einer lange vorbereiteten Aktion zerschlagen worden. Im Gegensatz zu den Gewerkschaften war die DAF jedoch keine Arbeiterschutzorganisation, sondern ein Zusammenschluss von Arbeitern, Angestellten, Handwerkern, Gewerbetreibenden und Unternehmern. Sie beschränkte sich auf Betreuungs- und Erziehungsaufgaben. Die von der Reichsregierung ernannten »Treuhänder der Arbeit« setzten schon seit dem Sommer 1933 für alle verbindliche Lohntarife sowie die Arbeits- und Urlaubszeiten fest. Zwar war die Mitgliedschaft in der DAF freiwillig, aber der Einzelne konnte sich kaum entziehen, wenn er seinen Arbeitsplatz nicht gefährden wollte. So kam es, dass die DAF mit über 20 Millionen Mitgliedern die größte Massenorganisation der Nationalsozialisten war.

Anfänge des Massentourismus

Um ihrer erzieherisch-politischen Aufgabe besser gerecht werden zu können, gründete die DAF am 27. 11. 1933 ihre eigene Freizeitorganisation, die »KdF« (Kraft durch Freude). Das Angebot der KdF war für die Menschen verlockend: Theater- und Filmvorführungen, Ausstellungen, Sport- und Tanzveranstaltungen, Weiterbildungskurse, vor allem aber die konkurrenzlos billigen Reiseveranstaltungen. Bis 1939 hatten etwa 7,3 Millionen Menschen an den Fahrten der KdF teilgenommen. Hier liegen die Anfänge des modernen Massentourismus. Die KdF-Organisation war bald ein entscheidender Wirtschaftsfaktor, denn die Touristenströme wurden ganz bewusst auch in bisherige wirtschaftliche Notstandsgebiete geleitet. Das geräuschvolle Eindringen der KdF-Reisenden in die traditionellen stillen Kurorte war nicht überall gern gesehen. So versuchten Cafés und Restaurants ihre bürgerlichen Stammgäste zu beruhigen, indem sie Schilder aufstellten, dass bei ihnen keine KdF-Gruppen verkehrten.

Die Reisenden wollten ihrem Alltag entfliehen und waren politisch völlig desinteressiert, wie die oft als Hilfsreiseleiter nur mühsam getarnten Gestapo-Spitzel beklagten. Dennoch leistete die KdF einen erheblichen Beitrag zur Stabilisierung des Systems, denn allein die Möglichkeit einer Fernreise war für die meisten Menschen damals eine völlig neue Perspektive, die sie gefühlsmäßig enger an das NS-Regime band.

M2 ■ Hitlers Ansprache zur Grundsteinlegung des Volkswagenwerkes am 26. Mai 1938

Der Kraftwagen muss also aufhören, ein Instrument einiger Zehntausender, selbst Hunderttausender vom Glück besonders bevorzugter Menschen zu sein. Er muss werden zu einem Volksverkehrsmittel, [...] deshalb habe ich mich schon vor der Machtübernahme entschlossen, dass im Augenblick, in dem uns die Macht zufallen würde, sofort mit den Vorarbeiten für die Produktion eines Wagens begonnen wird, der in seiner Preislage geeignet ist ein wirkliches Verkehrsmittel breitester Massen zu werden. Damit wird dann auch noch etwas erreicht, nämlich der Kraftwagen hört auf ein Klassen trennendes Instrument zu sein – er wird ein allgemeines Volksverkehrsinstrument. Es war aber noch ein weiterer Grund [...]. Wenn unser ganzes deutsches Volk arbeitet, so will es dafür auch einen Lohn und es will einen Lohn in einer Mark ausbezahlt erhalten, für die der Einzelne sich etwas kaufen kann.

(Stadtarchiv Wolfsburg, Tonbandaufnahme der Grundsteinlegung in der Stadt des KdF-Wagens vom 26. 5. 1938.)

1 ■ Ermittle aus dem Text M2, was Hitler mit dem Bau des KdF-Wagens beabsichtigte.
2 ■ Überprüft anhand von M5, ob es sich tatsächlich um einen »Wagen für alle« handelte.
3 ■ Fasse die Aussagen aus M4 zusammen und versuche sie zu erklären.
4 ■ Schreibt oder spielt eine Szene, in der eine KdF-Reisegruppe in ein mit anderen Gästen besetztes Café eines angesehenen Kurortes kommt.
5 ■ Überlegt, warum sich die Nationalsozialisten so sehr für die Arbeiterschaft einsetzten.

M3 ■ »Dein Kdf-Wagen«

M4 ■ Sparmarkenverkauf von 1938 bis 1942 in Reichsmark (RM)

	zu RM 5,–	zu RM 4,–	insgesamt	Rückzahlungen	insgesamt
1938	21 916 175,–	281 080,–	22 197 255,–	3 225,–	22 194 030,–
1939	109 691 115,–	4 539 184,–	114 230 299,–	198 735,–	114 031 564,–
1940	34 798 765,–	185 980,–	34 984 745,–	674 507,–	34 310 238,–
1941	33 656 045,–	80,–	33 656 125,–	945 535,–	32 710 590,–
1942	32 736 712,–	–,–	32 736 712,–	999 153,–	31 737 599,–

(Bundesarchiv Koblenz, Aktenbestand Volkswagensparprozess, B 133, Vorl. 14, Abschrift Ko/43080.)

M5 ■ Berufsgliederung der KdF-Wagen-Sparer von 1942

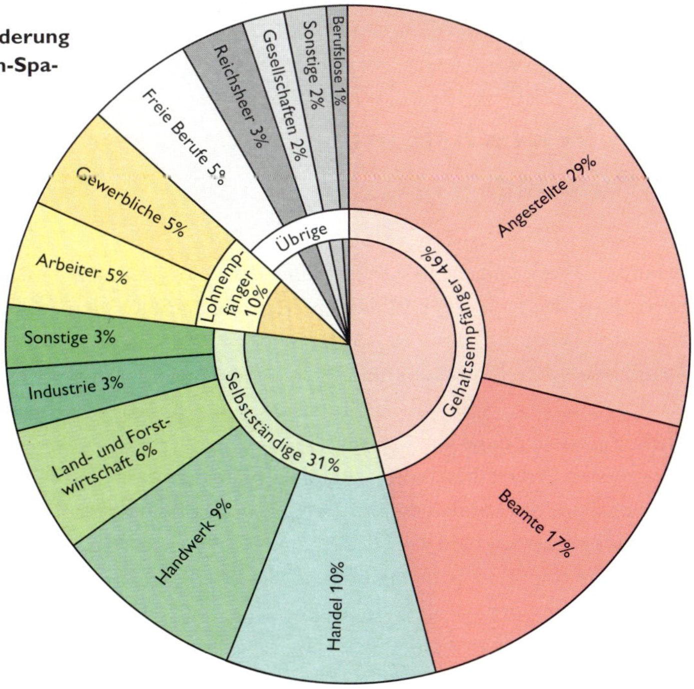

M1 ■ »Fertig«

10.7 Wirtschaft im Dienst der Rüstung

Im Januar 1933 gab es in Deutschland über 6 Millionen Erwerbslose. Mehr als 20 Millionen Menschen (36 % der Gesamtbevölkerung) lebten von öffentlicher Unterstützung, die weit unter dem Existenzminimum lag. Hitler wusste, dass das Ansehen der Nationalsozialisten davon abhing, wie schnell es gelänge, diese Zahl zu senken.

Die ersten Arbeitsbeschaffungsmaßnahmen betrafen den Wohnungsbau, die Landwirtschaft, Eisenbahn, Post und den Autobahnbau. Schon bald aber flossen immer mehr Gelder in Projekte, die unmittelbar der Wiederaufrüstung dienten. Die Arbeitslosigkeit wurde in vier Jahren fast vollständig beseitigt. Die Wirkung, die dieser Erfolg für die Stabilität der nationalsozialistischen Herrschaft hatte, war enorm.

Rohstoffengpässe

Die große Steigerung der Rüstungsproduktion setzte eine erhöhte Einfuhr von Rohstoffen wie Eisenerz, Rohöl und Kautschuk voraus, die Deutschland auf dem Weltmarkt mit Devisen bezahlen musste. Bald zeigte sich, dass dieser Rohstoffbedarf nicht gedeckt werden konnte. Der deutsche Staat sollte sich selbst versorgen ohne auf ausländische Märkte angewiesen zu sein (*Autarkie**).

Die Partei ergreift die Initiative

Hitler beauftragte am 18. Oktober 1936 den preußischen Ministerpräsidenten und Oberbefehlshaber der Luftwaffe Hermann Göring die Ersatzstoffproduktion im Reich zu organisieren und schuf eigens dafür neben dem Wirtschaftsministerium eine neue Behörde. Dass Göring von Wirtschaft gar nichts verstand, war für die Sache eher günstig, denn wirtschaftlich ließ sich die Ersatzstoffproduktion nicht rechtfertigen, wohl aber militärisch. Als sich die deutsche Hüttenindustrie weigerte die schlechten Erze im Salzgitterraum abzubauen, gründeten die Nationalsozialisten den staatlichen Konzern »Reichswerke Hermann Göring«. Im Bereich der Chemie wurden bereits bekannte, aber bisher zu teure technische Verfahren, um aus Kohle Benzin, Industriefette und einen Kautschukersatz (Buna) herzustellen, eingesetzt. Trotz aller Anstrengungen mussten bei Kriegsbeginn immer noch 50 % des Mineralölbedarfs und 95 % des Kautschukbedarfs importiert werden. Bei Eisenerz brachte erst die Annexion Österreichs an das Reich 1938 eine wirtschaftliche Entspannung. Um den Rohstoffbedarf jedoch langfristig zu sichern, sah sich Deutschland auf weitere Eroberungen angewiesen.

Kanonen und Vierfruchtmarmelade

Während die Rüstungsindustrie angekurbelt wurde, stand die Konsumgüterindustrie im Schatten der Entwicklung. Erfolgten 1933 noch 44,5 % aller Investitionen in der Konsumgüterindustrie, waren es 1939 nur noch 18,9 %. Weil die Rüstungsindustrie vergleichsweise hohe Löhne zahlte, wanderten viele Arbeitskräfte aus der Landwirtschaft und Konsumgüterindustrie in die Rüstungsfirmen.

Es gelang dem Regime, die Nachfrage der Bevölkerung auf Güter umzulenken, die reichlich vorhanden waren. Der Fleischverbrauch von 1938 blieb noch unter dem Niveau von 1929, während sich der Absatz von Marmelade verdreifachte. Aßen die westeuropäischen Nachbarn Fleisch, Weißbrot, Zucker und Eier, in Deutschland kamen vor allem Kohl, Roggenbrot, Kartoffeln und Vierfruchtmarmelade auf den Tisch.

M2 ■ Propagandaplakat für die Sammlung und Verwertung von Altstoffen

M3 ■ Aus Hitlers Denkschrift zum Vierjahresplan, August 1936

Die wirtschaftliche Lage Deutschlands ist aber, in kürzesten Umrissen gekennzeichnet, folgende: Wir sind überbevölkert und können uns auf der eigenen Grundlage nicht ernähren. […] Die endgültige Lösung liegt in einer Erweiterung des Lebensraumes bzw. der Rohstoff- und Ernährungsbasis unseres Volkes. Es ist die Aufgabe der politischen Führung, diese Frage dereinst zu lösen. […] Die vorübergehende Entlastung kann nur im Rahmen unserer heutigen Wirtschaft gefunden werden. […] Es gibt nur ein Interesse und das ist das Interesse der Nation und eine einzige Auffassung, das ist die, dass Deutschland politisch und wirtschaftlich in die Lage der Selbsterhaltung gebracht werden muss. Zu diesem Zwecke sind auf all den Gebieten, auf denen eine eigene Befriedigung durch deutsche Produktion zu erreichen ist, Devisen einzusparen, um sie jenen Erfordernissen zuzulenken, die unter allen Umständen ihre Deckung nur durch Import erfahren können. […] In diesem Sinne ist die deutsche Brennstofferzeugung nunmehr im schnellsten Tempo vorwärts zu treiben […], die Massenfabrikation von synthetischem Gummi zu organisieren und sicherzustellen […], die deutsche Eisenproduktion auf das Außerordentlichste zu steigern. […] Das Wirtschaftsministerium hat nur die nationalwirtschaftlichen Aufgaben zu stellen und die Privatwirtschaft hat sie zu erfüllen. Wenn aber die Privatwirtschaft glaubt, dazu nicht fähig zu sein, dann wird der nationalsozialistische Staat aus sich heraus diese Aufgabe zu lösen wissen. […] Man hat nun Zeit genug gehabt in vier Jahren festzustellen, was wir nicht können. Es ist jetzt notwendig auszuführen, das, was wir können. Ich stelle damit folgende Aufgabe: I. Die deutsche Armee muss in vier Jahren einsatzfähig sein. II. Die deutsche Wirtschaft muss in vier Jahren kriegsfähig sein.

(Wilhelm Treue, Hitlers Denkschrift zum Vierjahresplan 1936. In: Vieteljahrshefte für Zeitgeschichte 3/1955, S. 184 ff.)

M4 ■ Der Arbeiter Fritz Pflug in der Braunschweiger Tageszeitung vom 30. 1. 1940

Am 31. März 1939 brachen wir von Plauen aus auf. In Leipzig trafen wir noch einige hundert andere Arbeitskameraden aus allen Teilen unseres Vaterlandes, die ebenfalls als Ziel ihrer Reise Watenstedt [bei Salzgitter] hatten. Nach stundenlanger Fahrt kamen wir in Braunschweig, der alten Stadt Heinrichs des Löwen an, um die letzte Strecke bis Immendorf zu fahren. Von dort aus stiegen wir in Omnibusse und kamen so gegen 23 Uhr im Lager 11 an. Hier wurden wir erst einmal den verschiedenen Baufirmen zugeteilt. […] Aus allen Schichten des Volkes, vom Kaufmann, der nie eine Schaufel in der Hand gehabt hat, bis zum Musiker und Dichter. Es ist ein Bild organisatorischer Kraft und Größe, das sich da einem zeigt. Acht bis fünfzehn Mann liegen in einer Stube, die der Bestandteil einer Wohnbaracke ist. Eine Anzahl von Baracken bilden ein Lager. Es gibt Wohnlager mit einer Belegschaftsstärke von 3000 Mann und noch mehr. Jedem Lager, das eine in sich abgeschlossene Verwaltung mit Küche, Kantine und Magazin hat, steht ein Lagermeister vor, dessen Tätigkeit viel Energie und gleichzeitig Fingerspitzengefühl erfordert. Der wöchentliche Preis für das Lagerleben beträgt für Reichsdeutsche bei voller Verpflegung 7 RM. […] Da in den Wohnlagern keine Frauen sind, übernehmen die Männer die Reinigung der Stuben. Das Leben in der Gemeinschaft ist kameradschaftlich und heiter. Miesmacher werden nicht geduldet. […] Sehr schön fanden wir, dass KdF sich durch Kino und andere Unterhaltung einschaltete. An sich habe ich nie Langeweile empfunden.

1 ■ Heute wird auch wieder zum Sammeln von Rohstoffen aufgerufen. Welche Ziele standen damals und welche Ziele stehen heute hinter den Sammelaufrufen?

2 ■ Ermittelt die Gründe, warum Hitler in die Wirtschaftspolitik eingriff (M3).

3 ■ An welchen Textstellen wird deutlich, dass es sich bei M4 um einen Propagandatext handelt?

4 ■ Informiert euch, wie aus Kohle Benzin gewonnen werden kann.

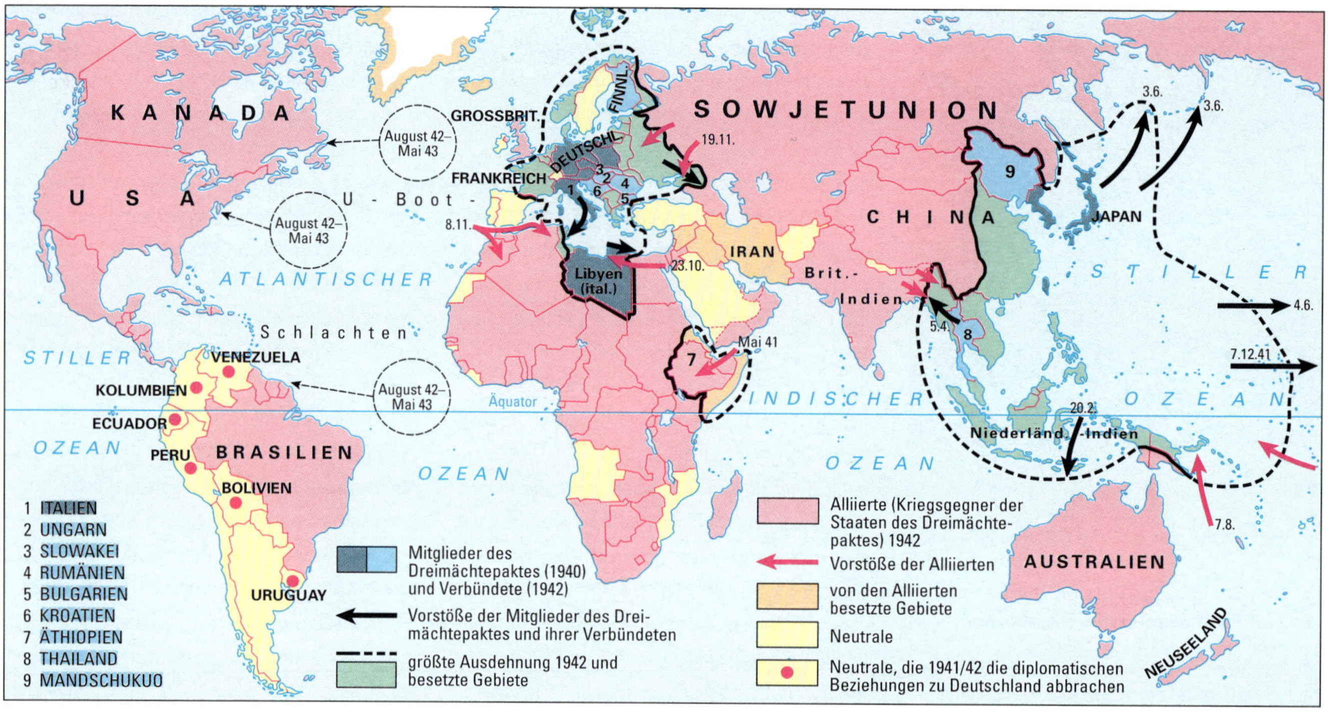

M1 ■ Der Zweite Weltkrieg

10.8 Deutschland entfacht den Weltbrand

Am 1. September 1939 überfielen deutsche Truppen Polen. England und Frankreich, die für Polen eine Garantieerklärung abgegeben hatten, erklärten daraufhin Deutschland den Krieg.

Der Krieg im Westen

Um die Erzlieferungen aus Skandinavien zu sichern, überfielen deutsche Truppen Dänemark und Norwegen. Wenig später begann der Westfeldzug gegen Holland, Belgien und Frankreich. Nach der Kapitulation Frankreichs wurde ein Teil besetzt und ein Teil unter ein deutschfreundliches Regime gestellt. Mittlerweile war Italien auf deutscher Seite in den Krieg eingetreten. Die Deutschen besetzten nun Jugoslawien und Griechenland einschließlich der Insel Kreta.

Der pazifische Kriegsschauplatz

In Ostasien wollte Japan, das mit Deutschland verbündet war, die Vormacht werden. Als es mit den USA unter anderem wegen Rohstofflieferungen zu keiner Verständigung kam, versenkten am 7. 12. 1941 japanische Flugzeuge einen Großteil der vor Pearl Harbor (Hawaii) ankernden amerikanischen Flotte.

Das Blatt wendet sich

Am 21. Juni 1941 überschritten 3 Millionen deutsche, österreichische, italienische, rumänische, slowakische und finnische Soldaten die Grenzen der Sowjetunion. Nach anfangs großen Geländegewinnen kam der Angriff im Winter 1941 ins Stocken. Seit 1943 zeigte sich die Übermacht der *Alliierten** immer deutlicher, die deutschen Truppen mussten überall zurückweichen, Bombenangriffe britischer und amerikanischer Verbände legten eine deutsche Großstadt nach der anderen in Schutt und Asche. Als Propagandaminister Goebbels den »totalen Krieg« ausrief, sollte noch einmal so etwas wie eine verschworene und willensstarke Volksgemeinschaft beschworen werden.

Das Ende

Am 6. 6. 1944 landeten Amerikaner, Briten und andere verbündete Truppen in der Normandie. Der Zusammenbruch Deutschlands war danach nur noch eine Frage der Zeit. Am 8. Mai 1945 kapitulierte Deutschland. Der Krieg im Pazifischen Raum trat ebenfalls in seine Endphase. Am 6. und 8. August 1945 warfen die Amerikaner mit verheerenden Folgen Atombomben auf Hiroshima und Nagasaki. Die Kapitulation Japans am 2. 9. 1945 beendete den Zweiten Weltkrieg.

M2 ■ **Siegesparade deutscher Soldaten, 1940**

M4 ■ **Gefangene deutsche Soldaten, 1945**

M3 ■ **Rede des ehemaligen Bundespräsidenten Richard von Weizsäcker**

Die meisten Deutschen hatten geglaubt für die gute Sache des eigenen Landes zu kämpfen und zu leiden. Und nun sollte sich herausstellen: Das alles war nicht nur vergeblich und sinnlos, sondern es hatte den unmenschlichen Zielen einer verbrecherischen Führung gedient. [...] Der 8. Mai war ein Tag der Befreiung. Er hat uns alle befreit von dem menschenverachtenden System der nationalsozialistischen Gewaltherrschaft.

Niemand wird um dieser Befreiung willen vergessen, welche schweren Leiden für viele Menschen mit dem 8. Mai erst begannen. [...] Aber wir dürfen nicht im Ende des Krieges die Ursache für Flucht, Vertreibung und Unfreiheit sehen. Sie liegt vielmehr in seinem Anfang und im Beginn jener Gewaltherrschaft, die zum Kriege führte. Wir dürfen den 8. Mai 1945 nicht vom 30. Januar 1933 trennen.

[...] Wir haben allen Grund den 8. Mai 1945 als das Ende eines Irrweges deutscher Geschichte zu erkennen, das den Keim der Hoffnung auf eine bessere Zukunft barg. [...] Wir lernen aus unserer eigenen Geschichte, wozu der Mensch fähig ist. Deshalb dürfen wir uns nicht einbilden, wir seien nun als Menschen anders und besser geworden. Es gibt keine endgültig errungene moralische Vollkommenheit – für niemanden und kein Land! Wir haben als Menschen gelernt, wir bleiben als Menschen gefährdet. Aber wir haben die Kraft Gefährdungen immer von neuem zu überwinden.

(Richard von Weizsäcker, Zum 40. Jahrestag der Beendigung des Krieges in Europa und der nationalsozialistischen Gewaltherrschaft, Bonn 1985, S. 1 f.)

?

1 ■ Lege eine Übersicht an, welche Länder 1942 vom nationalsozialistischen Deutschland, welche von Japan besetzt waren (M1).

2 ■ Welche Staaten gehören zur Gruppe der Alliierten?

3 ■ Erkläre den Wechsel zwischen den Fotos M2 und M4, indem du eine Liste zusammenträgst, die alle wichtigen Ereignisse zwischen 1940 und 1945 beinhaltet.

4 ■ Diskutiert, ausgehend von M4, worin die Bedeutung des 8. Mai 1945 liegt.

M1 ■ **Plakat aus dem Jahre 1944. Es stellt die Rüstungsarbeiterin gleichrangig neben die Krankenschwester und Bäuerin, neben die vormals als besonders »frauengemäß« geltenden Berufe.**

10.9 Frauen im Krieg

Die tägliche Versorgung

Gleich zu Beginn des Krieges waren die meisten Lebensmittel rationiert und Lebensmittelkarten ausgegeben worden. Doch die Zuteilungen an die Geschäfte reichten oft nicht, alle Menschen mit dem Nötigsten zu versorgen. Im Laufe des Krieges wurde es dann fast unmöglich, genügend Lebensmittel für das tägliche Leben zu bekommen. Stundenlanges – oft vergebliches – Anstehen, Fahrten aufs Land, um etwas zu »organisieren«, all dies hatten die Frauen zu bewältigen. Sie trugen die Hauptlast der unzureichenden Versorgung, mussten versuchen aus dem Wenigen, was es gab, schmackhafte Mahlzeiten zu bereiten.

Berufstätigkeit

Schon immer bestand ein Widerspruch zwischen den von den Nationalsozialisten propagierten Vorstellungen über das Wesen der Frau und der Wirklichkeit. Nur die Frauen aus wohlhabenderen Familien konnten es sich leisten, ausschließlich zu Hause für die Kinder und den Ehemann da zu sein. War eine Frau unverheiratet oder stammte sie aus ärmeren Schichten, musste sie einer Erwerbsarbeit nachgehen. Dann sollte sie vor allem einen »frauengemäßen« Beruf ausüben: z. B. Kindergärtnerin oder Krankenschwester. Gewerbliche Arbeit in einer Fabrik sollte die Ausnahme sein.

Studentinnen

1933 war die Zahl der Studentinnen an den Universitäten begrenzt worden. Ihr Anteil durfte nicht mehr als 10 % der Studierenden betragen. Dies war im Krieg, da die meisten jungen Männer Soldaten waren, nicht mehr zu halten. Sonst wäre es zu einem empfindlichen Mangel in wichtigen Berufen gekommen. Deshalb wurden verstärkt Abiturientinnen zum Studium zugelassen. Schließlich waren mehr als die Hälfte aller Studierenden weiblich. Dies sollte jedoch nur vorübergehend gelten.

Zwangsarbeiterinnen

Mit fortschreitendem Krieg wurde der wachsende Arbeitskräftebedarf immer stärker durch Kriegsgefangene, *KZ**-Häftlinge und ausländische Zwangsarbeiterinnen und Zwangsarbeiter gedeckt. Über 7 Millionen Menschen aus den von Deutschland besetzten Gebieten wurden nach Deutschland verschleppt, um dort zur Arbeit gezwungen zu werden. Ungefähr 30 % der aus Westeuropa Verschleppten waren Frauen, ihr Anteil unter den aus Osteuropa Verschleppten, vor allem aus Polen und der Sowjetunion, betrug ungefähr 50 %.

Sie lebten und arbeiteten unter unvorstellbaren Bedingungen. Nur wenn sie in der Landwirtschaft beschäftigt waren, ging es ihnen geringfügig besser. Die meisten arbeiteten jedoch in der Rüstungsindustrie und lebten in Lagern. Sie verdienten sehr wenig, mussten hohe Steuern zahlen, ihre Bewegungsfreiheit war eingeschränkt. Kontakte mit der deutschen Bevölkerung waren verboten.

M2 ■ Frauen in Rüstungsbetrieben

Frauen bei MAN Augsburg

	gesamt	Frauen
1939	7032	586
1940	7427	741
1941	7326	779
1942	6696	940
1943	7204	1140
1944	7025	1204
1945	7030	1252

(Hakenkreuz und Zirbelnuss, Augsburg im Dritten Reich, hg. von Karl Filser und Hans Thieme. Augsburg 1983, S. 59.)

M3 ■ Monatsrationen für einen »Normalverbraucher«

	1939	1942
Brot	9600 g	8000 g
Fleisch	2400 g	1200 g
Fett	1400 g	825 g

(»Unter der Wolke des Todes leben ...« Hannover im Zweiten Weltkrieg. Hamburg 1983, S. 35 und S. 55.)

M4 ■ Schlange stehen

Eine Frau aus Bremen schreibt in einem Brief im Juni 1942

Unser Gemüse-Einkauf überschritt heute an Ausdauer alles bisher Erlebte. Um 8 Uhr zog Amanda los zu Saupe, um 9 Uhr ging ich hin, um sie abzulösen, da stand sie noch in der Höhe von Hachmann in der Schlange! Um 1/2 11 Uhr kam Amanda wieder und um 1/2 12 kehrte sie glücklich mit ihrer Beute heim, die nur aus Salat, Rhabarber und Radieschen bestand, das Gemüse war bereits ausverkauft. [...] Viele Frauen sind weinend nach Hause gezogen, weil sie nach vierstündigem Anstehen überhaupt nichts mehr bekamen. Was wollen die Leute noch auf den Tisch bringen?

(Das andere Gesicht des Krieges. Deutsche Feldpostbriefe 1939–1945, hg. von Ortwin Buchbender und Reinhold Sterz. München 1983, S. 11.)

M5 ■ Ein russisches Mädchen arbeitet in der deutschen Rüstungsindustrie. Die Nationalsozialisten nannten diese Zwangsarbeiterinnen auch »Ostarbeiterin«. Ein Aufnäher an ihrer Schürze macht dies deutlich.

M6 ■ Himmler in seiner Geheimrede vor SS-Führern am 4. Oktober 1943

Ob bei dem Bau eines Panzergrabens 10 000 russische Weiber an Entkräftung umfallen oder nicht, interessiert mich nur so weit, als der Panzergraben für Deutschland fertig wird. Wir werden niemals roh und herzlos sein, wo es nicht sein muss; das ist klar. Wir Deutschen, die wir als Einzige auf der Welt eine anständige Einstellung zum Tier haben, werden auch zu diesen Menschentieren eine anständige Einstellung einnehmen, aber es ist ein Verbrechen gegen unser eigenes Blut uns um sie Sorgen zu machen.

(zitiert nach: Norbert Westenrieder, »Deutsche Frauen und Mädchen!« Bindlach 1990, S. 107.)

M7 ■ Zuchthaus

Private Kontakte zu Kriegsgefangenen oder Zwangsarbeitern waren verboten.

Kiel. Die ganze Schwere des Gesetzes traf eine Frau aus Burg auf Fehmarn, die vom Sondergericht verdientermaßen zu vier Jahren Zuchthaus verurteilt wurde. Die Frau hatte sich trotz der durch Presse und Rundfunk immer wieder geübten Aufklärung und trotz abschreckender Gerichtsurteile mit einem Polen eingelassen und dabei ganz und gar vergessen, dass ein derartig würdeloses Benehmen einer Frau des deutschen Volkes auf keinen Fall geduldet werden kann.

(Bayerische Ostmark vom 24./25.12.1941.)

1 ■ Charakterisiert die Versorgungslage im Krieg (M3, M4).

2 ■ Lest noch einmal auf den Seiten 176 und 177 nach, welche Vorstellungen die Nationalsozialisten über das »Wesen der Frau« hatten. Vergleicht mit der Wirklichkeit im Krieg.

3 ■ »Ost«- oder »Fremdarbeiter« wurden die ausländischen Arbeitskräfte in Deutschland damals genannt. Beschreibe ihre Lage aus der Sicht des Mädchens in M5.

4 ■ Setzt euch mit M6 auseinander. Formuliert eure Beurteilung der Rede.

5 ■ Stellt fest, ob es auch bei euch im Ort oder in der näheren Umgebung ausländische Zwangsarbeitskräfte gegeben hat. Ihr könnt dazu ältere Einwohnerinnen oder Einwohner befragen, in alten Zeitungen nachforschen oder im örtlichen Archiv nachfragen.

M1 ■ Das System der Konzentrations- und Vernichtungslager

10.10 Der Weg in die Vernichtung

Die Lage für die Juden verschlimmerte sich im Krieg noch einmal. Juden durften bald nur noch in bestimmten Häusern wohnen und nur noch zu ganz bestimmten Stunden in bestimmten Geschäften einkaufen. Sie durften keine Radioapparate mehr besitzen. Auch Haustiere durften sie nicht mehr halten. Bald war ihnen fast alles verboten. Ab September 1941 mussten alle jüdischen Menschen ab dem sechsten Lebensjahr auf ihrer Kleidung einen »Judenstern« tragen.

Die Ermordung der europäischen Juden

1939 überfielen deutsche Truppen Polen. Nachdem sie das Land erobert hatten, wurde auch die jüdische Bevölkerung Polens verfolgt. In jedem Land, das die Deutschen im Laufe des Krieges eroberten und besetzten, wurde die jüdische Bevölkerung gepeinigt und verfolgt. 1942 schließlich errichteten die Nationalsozialisten in den besetzten polnischen Gebieten riesige *Konzentrations- und Vernichtungslager**. Auschwitz, Sobibor, Belzec, Majdanek, Treblinka, das sind die größten.

Nach und nach wurden alle Juden aus Deutschland und aus den von Deutschland besetzten Gebieten in diese Lager deportiert. Dort wurden sie ermordet, viele sofort, andere nach Monaten oder Jahren schwerer, qualvoller Arbeit in Steinbrüchen, beim Straßenbau oder in Fabriken. Auch Kinder, oft gerade erst zehn Jahre alt, mussten diese schwere Arbeit leisten.

Zu essen gab es in den Lagern wenig, die sanitären Verhältnisse waren katastrophal. Die Menschen lebten in großen Baracken eng zusammengepfercht, schliefen auf Holzpritschen mit dünnen Strohsäcken.

Skrupellose Ärzte nahmen Versuche an den eingesperrten Menschen vor. Viele starben daran, andere litten den Rest ihres Lebens an den Folgen.

In vielen Orten im besetzten Polen musste die jüdische Bevölkerung zunächst in besonderen, fest umgrenzten Wohngebieten leben, abgetrennt von der übrigen Bevölkerung. Solch ein abgegrenztes Wohnviertel wird seit dem Mittelalter »Ghetto« genannt. Von überall her wurde die jüdische Bevölkerung nun in diese Ghettos »umgesiedelt«. Dadurch wurde ein späterer Abtransport in die Vernichtungslager erleichtert.

Nur wenige Menschen haben die Verfolgungen und die schwere Arbeit, haben Krankheiten und Hunger überlebt.

M2 ■ Aus dem »Wannsee-Protokoll«

Am 20. Januar 1942 trafen sich in Berlin, Am Großen Wannsee 56–58, hohe Regierungsvertreter, um über die sogenannte »Endlösung der Judenfrage« zu sprechen.

[Es] sollen im Zuge der Endlösung die Juden in geeigneter Weise im Osten zum Arbeitseinsatz kommen. In großen Arbeitskolonnen, unter Trennung der Geschlechter, werden die arbeitsfähigen Juden Straßen bauend in diese Gebiete geführt, wobei zweifellos ein Großteil durch natürliche Verminderung ausfallen wird.

Der allfällig verbleibende Restbestand wird, da es sich bei diesen zweifellos um den widerstandsfähigsten Teil handelt, entsprechend behandelt werden müssen, da dieser, eine natürliche Auslese darstellend, bei Freilassung als Keimzelle eines neuen jüdischen Aufbaues anzusprechen ist.

Im Zuge der praktischen Durchführung der Endlösung wird Europa von Westen nach Osten durchkämmt.

(zitiert nach: Leon Poliakov, Joseph Wulf, Das Dritte Reich und die Juden. Berlin 1955, S. 199 ff.)

M4 ■ Major Rösler, ein Augenzeuge, berichtet am 3.1.1942:

Rösler berichtet von einem Erlebnis Ende 1941 in Schitomir in der Ukraine. Er hörte in nicht allzu weiter Entfernung in regelmäßigen Abständen Gewehrsalven.

Wir bekamen bald den Eindruck, dass sich hier ein grausames Schauspiel abspielen müsse, denn nach einiger Zeit sahen wir zahlreiche Soldaten und Zivilisten einem vor uns liegenden Bahndamm zuströmen, hinter dem, wie man uns meldete, laufend Erschießungen vorgenommen wurden. […] Hinter dem aufgeschütteten Wall stand ein Kommando Polizei, das von einem Polizeioffizier befehligt wurde. Die Uniformen dieses Kommandos wiesen Blutspuren auf. In weitem Umkreis ringsherum standen unzählige Soldaten […], teilweise in Badehosen, als Zuschauer, ebenso zahlreiche Zivilisten mit Frauen und Kindern.

(Ernst Klee, Willi Dreßen, Volker Rieß, »Schöne Zeiten«. Judenmord aus der Sicht der Täter und Gaffer. Frankfurt/M. 1988, S. 114 f.)

1939
Juden müssen zu ihrem Vornamen zusätzlich den Namen »Sara« bzw. »Israel« fuhren.
September 1941
Alle jüdischen Menschen über sechs Jahre müssen auf ihrer Kleidung einen »Judenstern« tragen.
1941–1945
Verschleppung (Deportation) der Juden in Konzentrations- und Vernichtungslager. Etwa sechs Millionen werden dort ermordet.

M5 ■ Rudolf Höß, Lagerkommandant von Auschwitz, beschrieb 1946 in polnischer Haft die Ermordung der Juden:

Nach der Entkleidung gingen die Juden in die Gaskammer, die, mit Brausen und Wasserleitungsröhren versehen, völlig den Eindruck eines Baderaumes machte. Zuerst kamen die Frauen mit den Kindern hinein, hernach die Männer. […] Die Tür wurde nun schnell zugeschraubt und das Gas […] in die Einwurfluken durch die Decke der Gaskammer in einen Luftschacht bis zum Boden geworfen. Dies bewirkte die sofortige Entwicklung des Gases. Durch das Beobachtungsloch in der Tür konnte man sehen, dass die dem Einwurfschacht am nächsten Stehenden sofort tot umfielen. Man kann sagen, dass ungefähr ein Drittel sofort tot war. Die anderen fingen an zu taumeln, zu schreien und nach Luft zu ringen. Das Schreien ging aber bald in ein Röcheln über […]. Nach spätestens 20 Minuten regte sich keiner mehr.

(Rudolf Höß, Kommandant in Auschwitz. München 1963, S. 107 f.)

M3 ■ Amsterdam, Sommer 1943, jüdische Menschen auf dem Weg ins Lager

M6 ■ Schuhe der Opfer in Auschwitz

M1 ■ **Birkenau, 3. August 1944, gemalt 1989.**
Karl Stojka, der Maler der Bilder dieser Seiten, war als Kind in Auschwitz-Birkenau und anderen Konzentrationslagern inhaftiert.

10.11 »Ich wusste, es wird schlimm …«

Der 3. August 1944 wird in der Geschichte der Sinti und Roma für immer unvergessen bleiben. In der Nacht vom 2. zum 3. August wird das sogenannte »Zigeunerlager« in Auschwitz-Birkenau von SS-Männern umstellt. Mit Lastwagen werden die fast 3000 dort inhaftierten Frauen, Männer und Kinder zu den Gaskammern gebracht und dort ermordet. Am Tag zuvor, am 2. August 1944, waren 1408 als arbeitsfähig ausgesuchte Sinti und Roma in das KZ Buchenwald abtransportiert worden. Der Liquidierung des »Zigeunerlagers« war ein langer Leidensweg der Diskriminierung und Verfolgung vorausgegangen.

Aus Indien eingewandert

Die Sinti und Roma, früher auch »Zigeuner« genannt, waren vermutlich im 15. Jahrhundert von Indien nach Europa eingewandert. Ihre dunkle Hautfarbe und ihre nomadisierende Lebensweise gab ihnen in den Augen der einheimischen Bevölkerung etwas Geheimnisvolles und Bedrohliches.

Fast überall wurden sie misstrauisch beobachtet, unterlagen Einschränkungen, wurden vielfach vertrieben und verfolgt.

Die Verfolgung nach 1933

Aufgrund des »Erbgesundheitsgesetzes« konnten die Sinti und Roma, von den Nationalsozialisten als »fremdrassisch« angesehen, sterilisiert werden, was später auch in die Tat umgesetzt wurde. 1935, mit den »Nürnberger Gesetzen«, wurden Eheschließungen auch zwischen Sinti und Nicht-Sinti verboten. 1936 wurde das »Rassenhygieneinstitut« in Berlin errichtet, das sogenannte »Rassegutachten« erstellte. Auf Berufsverbote folgten ab Sommer 1938 verstärkte Deportationen männlicher »Zigeuner« in die KZs Dachau und Buchenwald. Am 17. Oktober 1939 erging Himmlers »Festschreibungserlass«, der KZ-ähnliche »Zigeunerlager« vorsah. In vielen Städten waren solche Lager schon vorher errichtet worden. Ab 1940 wurden alle Sinti und Roma aus Deutschland und den besetzten Gebieten deportiert. Von den etwa 40 000 deutschen und österreichischen Sinti und Roma wurden mehr als 25 000 ermordet. Insgesamt wird die Zahl der Opfer auf etwa 500 000 geschätzt.

M2 ■ Aus einem Kommentar zu den »Nürnberger Gesetzen«, 1935

Artfremden Blutes sind in Europa regelmäßig nur Juden und Zigeuner.

(zitiert nach: Romani Rose [Hg.], Der nationalsozialistische Völkermord an den Sinti und Roma. Heidelberg 1995, S. 27.)

M3 ■ Aus der Zeitschrift des Deutschen Ärztebundes, 1938

Ratten, Wanzen und Flöhe sind auch Naturerscheinungen, ebenso wie die Juden und Zigeuner. Alles Leben ist Kampf. Wir müssen deshalb alle diese Schädlinge biologisch allmählich ausmerzen und das heißt heute, die Lebensbedingungen durch Sicherheitsverwahrung und Sterilisationsgesetze so grundlegend ändern, dass alle diese Feinde unseres Volkes langsam aber sicher zur Ausmerze gelangen.

(zitiert nach: Romani Rose [Hg.], Der nationalsozialistische Völkermord an den Sinti und Roma. Heidelberg 1995, S. 42.)

M4 ■ Franz Rosenbach war als Jugendlicher im »Zigeunerlager« Auschwitz-Birkenau inhaftiert:

Im März 1943 wurde ich direkt von meinem Arbeitsplatz bei der Bahn von der Gestapo abgeholt und zusammen mit meiner Mutter, meinem Onkel und dessen Kindern in das sogenannte »Zigeunerlager« Auschwitz-Birkenau deportiert. Ich war damals 15 Jahre alt. Meine drei größeren Schwestern und mein Vater waren bereits zuvor dorthin verschleppt worden. Von meinen Schwestern musste ich in Auschwitz erfahren, dass mein Vater zwei Tage vor unserer Ankunft von der SS erschlagen worden war.

Das sogenannte »Zigeunerlager« lag unmittelbar neben dem Abschnitt, wo die Juden untergebracht waren; getrennt waren wir durch einen elektrisch geladenen Stacheldrahtzaun. In unserer Baracke waren 500 bis 600 Menschen zusammengepfercht, dicht gedrängt lagen wir in den Buchsen. Die Nässe und die Kälte waren kaum auszuhalten. Bald nach der Ankunft wurde ich eingeteilt zur Zwangsarbeit im Kommando Kanalbau in Birkenau, das nur aus Sinti und Roma bestand. Es gab keine Schuhe, keine Strümpfe, bei Sturm und Regen mussten wir ununterbrochen Lehm schaufeln. Mit großen Stöcken wurden die abgemagerten Häftlinge bis zur völligen Erschöpfung angetrieben; jeden Abend mussten wir Tote heimtragen.

(zitiert nach: Romani Rose [Hg.], Der nationalsozialistische Völkermord an den Sinti und Roma. Heidelberg 1995, S. 140.)

M5 ■ Essensrationen

Erwachsene haben einmal Kaffee morgens gekriegt, mittags gab es die Wassersuppe mit Steckrüben drin und abends gab es ein Viertel Brot und so viel [eine kleine Menge] Margarine. Schluss. Das war alles, das war die Tagesration.

Eine Schöpfkelle voll, da war vielleicht ein Löffel Steckrübe drin, oder zwei. Und drei Kartoffeln hast du gekriegt. Hast du Pech gehabt, da waren zwei faul und eine konntest [du nur] essen! Ein Brot mit zwölf Mann, so ein Kommissbrot und manchmal hat sogar noch der … Blockälteste [hier] noch eine Scheibe abgeschnitten und da noch abgeschnitten, … dann hast du noch weniger gehabt, war die Portion noch kleiner!

(»Es war unmenschenmöglich«. Sinti aus Niedersachsen erzählen. Hannover 1995, S. 36 und S. 48.)

1 ■ Stellt in einer Wandzeitung die Verfolgung der Sinti und Roma während der nationalsozialistischen Herrschaft dar.

2 ■ Schreibt eine Erwiderung an den Verfasser des Textes M3.

3 ■ Informiere dich über die Situation der Sinti und Roma heute. In Bibliotheken findest du dazu Material.

M6 ■ Halbe Menschen – halbe Gesichter, gemalt 1989.

M1 ■ **Frauenprotest 1943, Denkmal von Ingeborg Hunzinger zur Erinnerung an den Widerstand in der Rosenstraße in Berlin**

10.12 »Gebt uns unsere Männer wieder!«

Berlin, Anfang März 1943: In der Rosenstraße, im Zentrum des Bezirks Mitte, vor dem Haus Nr. 2–4, protestierten viele hundert, vielleicht sogar tausend Menschen mehrere Tage und Nächte gegen die Inhaftierung und drohende Deportation ihrer jüdischen Ehepartner, Kinder und anderen Angehörigen. Es waren vor allem Frauen, die mutig und unerschrocken gegen das Unrecht auftraten und sich auch von gegen sie aufgebauten Maschinengewehren nicht abschrecken ließen.

»Gebt uns unsere Männer wieder!«, riefen sie immer wieder laut und vernehmlich. Was war geschehen? In den letzten Februartagen hatte die *Gestapo** jeweils in den Abend- und Nachtstunden direkt aus den Betrieben, wo sie zur Zwangsarbeit verpflichtet waren, in sogenannter »privilegierter Mischehe« lebende Juden und Jüdinnen verhaftet. Sie waren bisher verschont geblieben, da sie in einer nichtjüdischen Ehe lebten.

Was niemand zu hoffen gewagt hatte, geschah: Nach einer Woche wurden die Inhaftierten freigelassen.

Widerstand gab es von Anfang an

Gleich mit Beginn ihrer Herrschaft Ende Januar 1933 gingen die Nationalsozialisten hart gegen Kritiker und Gegner vor. Sie überwachten und verfolgten sie und sperrten sie ein.

Das erste *Konzentrationslager (KZ)** wurde bereits im März 1933 in Dachau bei München errichtet. 5000 Menschen konnten darin untergebracht werden. Andere KZs folgten: Oranienburg bei Berlin, Buchenwald bei Weimar, Esterwegen bei Papenburg im Emsland.

Inhaftiert wurden zunächst vor allem Sozialdemokraten, Kommunisten und Gewerkschafter. Es gab zahlreiche Widerstandsgruppen in Deutschland und später in den von Deutschland besetzten Gebieten. Jugendliche, studentische Gruppen, Arbeiter, Frauen, kirchliche Gruppen, Offiziere und viele andere fanden sich zum *Widerstand** zusammen.

Es gab viele verschiedene Formen des Widerstandes: Hilfe für Verfolgte und deren Angehörige, Herstellen und Vertreiben von Flugblättern, Hilfe bei der Flucht, langsames oder schlechtes Arbeiten im Betrieb (Sabotage). Vor allem während des Krieges wurde viel Sabotage betrieben. Die Männer und Frauen hofften, damit den Krieg verkürzen zu können.

Am 20. Juli 1944 versuchte eine Gruppe von Offizieren, Hitler durch ein Attentat zu töten. Das Attentat misslang. Die Männer, die an dem Plan beteiligt waren, wurden umgebracht.

M2 ■ Ernst Gross (1905–1984) erinnert sich:

Am 28. Februar 1943 war eine ganz große Razzia. Sie machten das immer so, dass sie die Leute nachts direkt aus den Betrieben holten. Dieses Mal ließen sie die »Mischehen« nicht frei, sondern nahmen uns alle mit und brachten uns in das Lager Große Hamburger Straße. Dort wurden wir »Mischehen« zunächst in ein Zimmer in der oberen Etage gebracht, das waren etwa hundert Mann und nachher wurden wir in das Lager Rosenstraße gebracht. Dort waren wir eine Woche und niemand wusste, was mit uns werden würde. Sie wollten uns offenbar auch abtransportieren. Aber damals haben die Frauen gemeutert. [...] Da haben die christlichen Frauen tagelang vor dem Gebäude der Rosenstraße Skandal gemacht und schließlich haben sie es erreicht und sie haben uns wieder freigegeben.

(Annegret Ehmann u. a., Juden in Berlin 1671–1945. Berlin 1989, S. 310.)

M3 ■ Aus Joseph Goebbels' Tagebuch, 6. März 1943:

Gerade in diesem Augenblick hält der SD [Sicherheitsdienst] es für günstig, in der Judenevakuierung fortzufahren. Es haben sich da leider etwas unliebsame Szenen vor einem jüdischen Altersheim abgespielt, wo die Bevölkerung sich in großer Menge ansammelte und zum Teil sogar für die Juden etwas Partei ergriff. Ich gebe dem SD Auftrag die Judenevakuierung nicht ausgerechnet in einer so kritischen Zeit fortzusetzen. Wir wollen uns das lieber noch einige Wochen aufsparen; dann können wir es umso gründlicher durchführen.

(zitiert nach: Nathan Stoltzfus, »Jemand war für mich da«. In: Die Zeit vom 21. 7. 1989.)

M4 ■ Martin Niemöller

Als die Nazis die Kommunisten holten,
habe ich geschwiegen;
ich war ja kein Kommunist.
Als sie die Sozialdemokraten einsperrten,
habe ich geschwiegen;
ich war ja kein Sozialdemokrat.
Als sie die Gewerkschaftler holten,
habe ich nicht protestiert;
ich war ja kein Gewerkschaftler.
Als sie mich holten,
gab es keinen mehr, der protestierte.

(Martin Niemöller, 19. April 1976, Ostermontag in Kaiserslautern-Siegelbach.)

M5 ■ Anzeige aus der Frankfurter Rundschau vom 20. Juli 1994

Anzeige

Wir gedenken mit Ehrfurcht und Hochachtung der Frauen und Männer, die im Widerstand gegen den Terror der Nationalsozialisten ihr Leben eingesetzt und verloren haben:

Christen und Juden,
Sozialdemokraten u. Kommunisten

Antje Arnold-Hahn, Manfred Hahn

M6 ■ 18. Oktober 1995

Der Berliner Bausenator Wolfgang Nagel in seiner Rede anlässlich der Übergabe des Denkmals zur Erinnerung an den »Frauenprotest 1943«:

Hier in Deutschland tun wir uns immer noch schwer. Sicher, es ist nicht leicht, eine Geschichte als eigene zu akzeptieren, die in unserem Jahrhundert geprägt ist von den Gräueltaten einer Schreckensherrschaft, die die ganze Welt zu bedrohen schien. Denkmäler sind keine Pflaster auf den Narben der Geschichte, sie sind Zeichen, zum einen Zeichen zur Erinnerung an das konkrete, beeindruckende und doch auch immer beschämende Ereignis. Zum anderen Mahnzeichen, die uns und unsere Nachgeborenen noch eine lange Zeit mahnen sollen den Anfängen zu wehren.

Möge uns die eindrucksvolle Plastik der Bildhauerin Ingeborg Hunzinger die Tat der couragierten Frauen und Männer immer wieder ins Gedächtnis rufen.

Möge ihr verzweifelter Mut uns immer wieder zur Zivilcourage mahnen, auch und gerade in diesen Tagen, zu jeder Form von Ausländerhass und Fremdenfeindlichkeit »NEIN« zu sagen.

(Landespressedienst Berlin, 18.10.1995, S. 6.)

1 ■ Versucht euch in die Situation der protestierenden Frauen in der Rosenstraße zu versetzen. Sprecht über ihre Beweggründe, ihren Mut und ihre Ängste.

2 ■ Die Nationalsozialisten gaben nach und ließen die Inhaftierten frei. Stellt Vermutungen darüber an, was sie dazu bewogen haben mag.

3 ■ Der Protest der Frauen in der Rosenstraße ist nach dem Krieg lange vergessen gewesen. Denkt darüber nach, warum.

4 ■ 1995 wurde in der Rosenstraße ein Denkmal zur Erinnerung an den Frauenprotest aufgestellt (M1, M6). Was bedeutet eine solche Erinnerung heute?

5 ■ Stellt aus dem Text zusammen, welche verschiedenen Formen von Widerstand es damals gab.

6 ■ In einem Projekt könnt ihr den Widerstand in Deutschland damals genauer untersuchen. Vielleicht könnt ihr auch etwas über euren Wohn- oder Schulort herausfinden. Das Ergebnis könnte eine Ausstellung in der Schule sein.

10.13 Überleben heißt Erinnern

Überall in Deutschland und in den ehemals von Deutschland besetzten Gebieten finden sich Gebäude, Straßen und Plätze, die an die nationalsozialistische Vergangenheit erinnern. Oft sind es nur Spuren, die zu finden sind und nachgezeichnet werden müssen, will man an das in der NS-Zeit Geschehene erinnern.

Es gibt Orte der Opfer und Orte der Täter. Diese sind oft zugleich auch Orte der Opfer. So erinnert ein Folterkeller der SA zuerst an die Opfer, die hier inhaftiert, gequält und gefoltert wurden. Er rückt aber auch die in das Bewusstsein, die diese Taten begangen haben, die gefoltert und gequält haben.

M1 ■ Zum Gedenken an die von den Nazis ermordeten Juden: das neue Mahnmal in Hannovers Innenstadt

Auschwitz mahnt die Menschheit

So überschrieb eine Zeitung einen Bericht zum 50. Jahrestag der Befreiung dieses Konzentrationslagers. Es darf darum niemals vergessen werden. Nur durch Erinnern kann nämlich Vergangenes gegenwärtig werden, kann erreicht werden, dass etwas bleibt. Denn was 1933–1945 geschehen ist, ist ein wichtiger Teil der Geschichte Deutschlands und der Deutschen, auch wenn die Erinnerung daran schmerzt.

Fünfzig Jahre nach Ende des Zweiten Weltkrieges ist absehbar, wann es keine Menschen mehr gibt, die noch aus eigenem Erleben über die Geschehnisse berichten können. Umso wichtiger sind all die Erinnerungsorte, die an die Vergangenheit erinnern und zugleich Mahnung für heute sind.

Auch das Erinnern hat eine Geschichte

Bis heute ist das Erinnern an die Zeit des Nationalsozialismus ein schwieriges Thema in Deutschland. Nach der Befreiung der *Konzentrationslager** und dem Ende des Zweiten Weltkrieges vergingen mehr als zehn Jahre, bis das Thema allmählich in das Bewusstsein der Menschen in Deutschland kam. Zunächst waren es ausschließlich ehemalige Häftlinge, die ein würdiges Gedenken forderten. Die deutsche Gesellschaft, in der damals noch viele Täter lebten, hatte damit erhebliche Probleme. Die »zweite Geschichte« der Lager nach 1945 gibt darüber Auskunft.

Erst eine spätere Generation, die Generation der Enkel, die nicht mehr unmittelbar beteiligt war, konnte mit wirklicher Erinnerung beginnen. Doch Streit um die angemessene Form eines solchen Erinnerns gibt es bis heute. Dies wird spätestens an den jährlich wiederkehrenden Gedenktagen deutlich. Darf der kommunistischen Widerstandskämpfer ebenso gedacht werden wie der anderen, etwa der Männer des 20. Juli 1944? Oder muss unbedingt eine Jugendbegegnungsstätte in unmittelbarer Nähe des ehemaligen Konzentrationslagers Dachau gebaut werden? Das Stadtparlament von Dachau z. B. wehrt sich vehement dagegen. Die Liste lässt sich beliebig fortsetzen.

Nun gibt es in Deutschland wie in Israel einen *Holocaust**-Gedenktag. Eine solche Forderung gab es seit langem. 1996, mehr als 50 Jahre nach dem Ende der nationalsozialistischen Herrschaft, proklamierte Bundespräsident Herzog diesen Gedenktag: der 27. Januar, der Tag der Befreiung des Konzentrationslagers Auschwitz.

M2 ■ In der Mitte Hannovers

Hannover hat seit Sonntag ein Denkmal, wie es bisher in keiner anderen deutschen Stadt steht. An der Georgstraße, der Haupteinkaufsstraße der niedersächsischen Landeshauptstadt, [...] sind 1882 Namen in Stein gemeißelt: die Namen der hannoverschen Opfer des Holocaust. [...]

Ministerpräsident Gerhard Schröder [...]: »Weil man sie aus der Mitte herausgerissen hat, wollen wir sie in unsere Mitte zurückholen.« [...]

Der jetzt 85-jährige Bernhard Herzberg, aus England nach Hannover gekommen, bestätigte: »Die Leute hatten keine Zivilcourage.« Aber schon als die deutschen Kommunisten abgeholt wurden, habe kaum jemand geholfen, gab Herzberg zu bedenken und in die Erinnerung an die vergasten Juden bezog er die von der SS in Auschwitz vergasten gefangenen sowjetischen Soldaten, die Zigeuner und die geistig Behinderten ein.

(Frankfurter Rundschau vom 11.10.1994.)

M3 ■ Aus einer Rede zum 9. November:

Bundestagspräsidentin Rita Süßmuth (CDU) [...] sagte, die Verbrechen der Nationalsozialisten blieben ein Teil deutscher Geschichte, der nicht geleugnet werden könne. [...] Verbrechen und Unrecht müssten immer wieder beim Namen genannt werden, damit sie sich nicht wiederholten. Sie beklagte, dass es in manchen Teilen Deutschlands in diesem Jahr mehr Anschläge auf jüdische Friedhöfe gegeben habe als in der gesamten Zeit der Weimarer Republik.

(Frankfurter Rundschau vom 10.11.1994.)

M5 ■ Streit um Gedenkstätte

Franz Ludwig Graf Stauffenberg, Sohn des im Hof des Oberkommandos der Wehrmacht erschossenen Hitler-Attentäters, kämpft vehement dagegen, dass in eben diesem Gebäude – dort ist jetzt die Gedenkstätte Deutscher Widerstand – nicht nur erinnert wird an seinen Vater, sondern auch an jenen General von Seydlitz und seine Aktivitäten gegen Hitler. Seydlitz war 1943 bis 1945 Präsident des »Bundes Deutscher Offiziere« (BDO) und Vizepräsident des »Nationalkomitees Freies Deutschland« (NKFD), die aus sowjetischer Gefangenschaft heraus die deutschen Soldaten zu Desertion und Kapitulation aufriefen, um den Krieg zu beenden.

BDO und NKFD »als Organisationen der sowjetischen Führung« dürfen nicht in Zusammenhang gestellt werden mit dem Widerstand etwa des 20. Juli, argumentiert Stauffenberg.

(Rainer Lingenthal, Der geteilte Widerstand. In: Wochenpost extra vom 7. Juli 1994.)

M6 ■ Eine Spur der Schande

Die Verwüstung des jüdischen Friedhofs am grünen Rand der hessischen [...] Stadt ist kein Einzelfall. Der Landesverband der jüdischen Gemeinden registrierte allein für Hessen in der Zeit von 1980 bis Mitte dieses Jahres 118 Schändungen, 1982 und 1983 war es mit 15 beziehungsweise 18 besonders schlimm. Erheblich größer ist die Zahl der »antisemitischen Angriffe in der BRD«, die das Frankfurter Archiv für Sozialpolitik notiert.

(Frankfurter Rundschau vom 9.11.1994.)

50. Jahrestag des Juli-Attentats auf Hitler — SZ vom 3. Juni 1994

Parteienstreit um Gedenkfeier

M4 ■

M7 ■ Der niedersächsische Kultusminister Wernstedt in einer Rede zum 20. Juli 1944:

Man kann daher nach meiner Meinung nur dann redlich, und zwar wissenschaftlich wie politisch, mit dem deutschen Widerstand umgehen, wenn wir ihn in der ganzen Breite zur Kenntnis nehmen. [...] Die Vergeblichkeit aller innerdeutschen Widerstandsarbeit macht deutlich, dass das Fundament demokratischer Stabilität während einer Demokratie gelegt werden muss. Das Vorbild todesmutiger Opferbereitschaft kann kein Erziehungsziel sein, sondern die Verhinderung von Zuständen, in denen nur Opfermut das Anlitz des Menschen retten kann.

(50 Jahre 20. Juli 1944, hg. vom Niedersächsischen Kultusministerium. Hannover 1994, S. 2.)

1 ■ Stellt aus den Materialien dieser Seite zusammen, was dort für die Notwendigkeit des Erinnerns vorgebracht wird.

2 ■ Auschwitz verfällt. Zu seiner Erhaltung sind 50 Millionen DM nötig. Wer sollte eurer Meinung nach die Verantwortung für die Erhaltung tragen: die Bundesrepublik Deutschland, Polen oder Israel?

3 ■ Sprecht über M5. Schreibt eine Erwiderung an Graf Stauffenberg, den Sohn des Hitler-Attentäters vom 20. Juli 1944. Überlegt auch, wie ihr argumentieren würdet, wenn ihr Angehörige der Stauffenberg-Familie in der dritten oder vierten Generation wärt.

4 ■ Erkundet, ob es in eurer Umgebung Gedenkorte, z. B. einen Gedenkstein, gibt, der an die Verbrechen der Nationalsozialisten erinnert. Hat es darum auch Streit gegeben? Zieht die örtliche Zeitung zurate oder erkundigt euch im Stadtarchiv.

10.14 Leseschnupperseiten: Der Schlund

Gudrun Pausewang, Der Schlund. Ravensburg (Ravensburg Otto Maier) 1993, S. 98–103.

Deutschland Ende der 90er-Jahre: Der Staat ist pleite, die Wirtschaft ist bankrott. Das Heer der Arbeitslosen wächst von Tag zu Tag, an den Grenzen warten Hunderttausende hungernder Asylsuchender. Viele Menschen setzen in dieser Situation auf eine einfache Lösung: einen Mann, der die Probleme »in den Griff« bekommen und die Deutschen aus der Krise führen soll, einen neuen Diktator.

Gesa ist 17 Jahre alt, als er an die Macht kommt. Sie ist die Tochter eines Journalisten, der für liberale und sozialdemokratische Blätter schreibt, und einer Buchhändlerin. Sie hat drei Geschwister: Jirgalem, den älteren Bruder, der, aus Äthiopien stammend, von ihren Eltern adoptiert wurde. Ulf, den ein Jahr jüngeren Bruder, und Ulrike, die kleine Schwester, zärtlich Rike genannt. Sie ist behindert. Schnell erfährt Gesa, was es bedeutet, in einer Diktatur zu leben. Gewalt und Terror greifen um sich und machen auch vor ihrer Familie nicht Halt.

Kurz nach Gesas und Jirgalems Geburtstag fand die Wahl statt. Als die Wahllokale schlossen und die ersten Ergebnisse durchgegeben wurden, waren die Straßen wie leer gefegt.

Die DVB gewann die absolute Mehrheit. Schlott hatte sein Ziel erreicht. Aus allen Fernsehkanälen, allen Rundfunksendern dröhnte seine »Rede an Deutschland«, schallte sein sattes Siegerlachen.

Vati telefonierte wie verrückt herum, Mutti weinte, Jirgalem lag auf seinem Bett und starrte an die Zimmerdecke. Als Gesa mit ihm reden wollte, sagte er nur: »Der Schlund.«

Ulf aber trieb es auf die Straße.

»Was ist denn los?«, fragte Rike ängstlich und lief hinter Gesa her. Die nahm das Mensch-ärgere-dich-nicht-Spiel aus dem Regal und spielte mit Rike. Aber ihre Hände zitterten und sie spielte so unaufmerksam, dass Rike ein paar Mal sagen musste: »Pass doch auf.«

Gesa erwartete am nächsten Morgen, dass Kröger im Gesellschaftsunterricht etwas zu der neuen politischen Lage sagen würde. Aber er behandelte ein ganz anderes Thema. Seine Bewegungen waren fahrig und nervös und oft verlor er den Faden. Nach der Stunde lief ihm Gesa nach und fragte ihn im Treppenhaus: »Warum haben Sie nichts dazu gesagt?«

Er wusste sofort, was sie meinte. »Weil ich drei kleine Kinder habe«, antwortete er.

Sie war enttäuscht. Er hatte immer Zivilcourage als wichtigste Eigenschaft eines Staatsbürgers bezeichnet. Jetzt fehlte sie ihm selbst. Aber er war wenigstens ehrlich.

Dass er Grund zur Angst hatte, zeigte sich bald. Denn nur kurz nachdem Schlott die Regierungsgeschäfte übernommen hatte, überstürzten sich die Ereignisse. Schlott erklärte den Ausnahmezustand: Ein Komplott der Oppositionsparteien gegen ihn und seine DVB sei rechtzeitig aufgedeckt worden, seine Ermordung geplante Sache gewesen.

Aus Tagesschau- und Heute-Nachrichten, aus Gesprächen, die Gesa überall, auch zu Hause, hörte, aus Radiodurchsagen und Fernsehreportagen begriff sie nach und nach das Wesentliche der neuen Lage: Schlott hatte die Verfassung der Bundesrepublik außer Kraft gesetzt. Damit galten auch die Grundrechte nicht mehr. Er hielt sich nicht mehr an die demokratischen Spielregeln. Außerdem kündigte er »das föderalistische Prinzip« der Bundesrepublik auf. Künftig werde Deutschland zentralistisch regiert werden!

Gesa verstand: Es würde bald, wahrscheinlich sehr bald, kein Land Hessen, kein Land Rheinland-Pfalz, kein einziges der sechzehn Länder mehr geben. Wohl würden sie noch auf der Landkarte sein. Aber ohne politische Rechte und kulturelle Selbstbestimmung. Schlott würde alles selber entscheiden, alle Zügel in der Hand halten. Um sich herum würde er nur Leute dulden, die bedingungslos ausführten, was er befahl. Minister wie Marionetten, Generäle wie Hampelmänner.

Schlott ließ die führenden Politiker der Oppositionsparteien verhaften. Gesa kannte sie alle aus dem Fernsehen. Nur wenige von ihnen hatten versucht zu fliehen – in Unterschätzung der Gefahr, in der sie sich befanden. Eine Abgeordnete vom Bündnis 90/Die Grünen kam zu Tode, weil sie sich der Verhaftung widersetzt hatte. Alle Parteien außer der DVB waren verboten worden. Schlotts »Schwarze Garde«, plötzlich ins Riesenhafte gewachsen, stürmte die Parteizentralen und verwüstete sie. Auch hier in Kassel. Gesa ging zum CDU-Haus, sah die eingeschlagenen Scheiben mit eigenen Augen und warf einen Blick durch ein Parteifenster. Alle Möbel waren umgeworfen, Türen eingetreten, Deckenlampen zerschlagen und alles war übersät mit Akten und Handzetteln. Sogar draußen auf der Straße, im ganzen Umkreis des Hauses, wirbelten CDU-Papiere durch die Luft.

Schlott ging es – das war Gesa jetzt klar – um nichts als die Macht. Er verbot alle Gewerkschaften, alle Jugendorganisationen außer der seiner DVB, hatte die Bundeswehr, die jetzt

»Staatswehr« hieß, seinem persönlichen Kommando unterstellt, den Verfassungsschutz in einen »Systemschutz« umbenannt. Er kündigte die »Säuberung« von Beamtenschaft und Polizei an. Das hieß, auch Schlott-feindliche Lehrer würden gehen müssen! »Säuberung« – das war ein Wort, das in diesen Tagen in den Nachrichten immer wieder fiel. Säuberung der Büchereien, der Museen, der Ämter, der Medien. Säuberung der Gehirne.

»Zum Schutz Deutschlands«, wie Schlott das nannte, griff er in die Presse- und Versammlungsfreiheit ein. Demonstrationen und Protestversammlungen waren strengstens verboten. Schlott respektierte auch nicht das Post- und Fernsprechgeheimnis und keine Wohnung war vor einer Durchsuchung sicher.

Gesa konnte es noch nicht fassen: War das wirklich hier in der Bundesrepublik geschehen? Bisher hatte sie sich so was immer nur in fernen, exotischen Ländern wie Haiti oder in den Staaten Afrikas vorstellen können. Gewiss, Diktatoren hatte es auch in Deutschland, Italien und Spanien gegeben. Aber das war schon so lange her. Zwei Generationen!

Es gab Unruhen. In einigen Städten weigerte sich die Polizei Demonstranten, die zu Tausenden auf die Straße gelaufen waren, auseinander zu treiben. Aber in den meisten Orten handelte sie weisungsgetreu.

Der Presse war nun verboten, Kritik an Regierungsmaßnahmen zu äußern. Schlagzeilen wie DEUTSCHLAND, JETZT WIRST DU GESÄUBERT! oder JETZT GEHT'S WIEDER AUFWÄRTS! beherrschten die Zeitungskioske. Auf Vatis Zeitung stand, weithin sichtbar: SCHLUSS MIT DEM PARTEIENFILZ! und am nächsten Tag: ZÜGIG IN EINE POSITIVE ZUKUNFT!

Diese Zeitung hatte also auch gekuscht.

Vati wurde zum 1. Dezember gekündigt. »Du bist zu bekannt«, hatte es geheißen. »Die wären imstande unser Blatt zu verbieten, wenn wir darauf bestünden, dich zu behalten. Sobald der Spuk vorbei ist, stellen wir dich natürlich wieder ein.«

Aber er konnte nicht einmal bis zum 1. Dezember in der Redaktion bleiben. Eines Nachmittags kam er heimgestürzt. Mutti war nicht zu Hause. Gesa und Rike waren allein. Gesa sah, dass er ganz blass war.

»Sie wollten mich holen«, berichtete er hastig. »Verhaften. Zum Glück war ich gerade unterwegs. Ich muss hier weg!«

In fliegender Eile zog er sich um und stopfte seinen Toilettenbeutel, einen Schlafanzug und ein Handtuch in sein Aktenköfferchen. Dann hastete er zum Schreibtisch und packte ein paar Akten und Manuskripte ein.

»Wohin wirst du gehen?«, fragte Gesa gepresst.

»Ins Ausland. Wenn ich überhaupt so weit komme. Ich will versuchen euch so schnell wie möglich Nachricht zu geben.«

Gesa rannte in die Küche, packte rasch noch ein paar frische Brötchen und ein Stück Hartkäse ein und reichte Vati die Tüte.

»Hallo, Vati«, rief Rike aus ihrem Zimmer. »Ich hab' was gemalt. Willst du's sehen?«

»Wenn ich wiederkomme, Rike«, rief er zurück. »Weißt du, ich muss schnell noch mal weg ...« Er flüsterte Gesa zu: »Sag Mutti, ich versuch' nach Prag zu kommen. Und sie soll tapfer sein. Sag ihr –«

Ihm brach die Stimme. Er drückte Gesa an sich, küsste sie hastig auf die Stirn und flüsterte: »Steht Mutti bei, ja? Du und Jirgalem und Ulf –«

»Willst du Jirgalem nicht mitnehmen?«, fragte sie plötzlich.

»Er ist doch hier auch verloren. Und mit dir zusammen –«

»Mir bleibt keine Zeit mehr«, sagte Vati heiser. »Die können jeden Augenblick hier sein –«

»Und wenn du dich erst mal bei Opi Jupp versteckst? Dann könnte Jirgalem dort hinkommen und in der Nacht verschwindet ihr gemeinsam!«

»Halt mich nicht auf, Gesa«, keuchte Vati, Angst im Blick.

»Bei meinem Vater würden sie mich am ehesten vermuten, wenn sie mich hier nicht finden.«

Und schon sauste er die Treppe hinunter, der große, breitschultrige Mann mit dem vollen, dunkelblonden Haar, das an den Schläfen schon ergraut war. Ihr Vater. Seine Schritte verhallten.

Langsam kehrte Gesa in die Wohnung zurück. Sie ließ sich in der Küche auf einen Stuhl fallen und brach in Tränen aus. Als es schellte, hatte sie sich wieder soweit unter Kontrolle, dass sie den beiden Männern die Tür öffnen, erstaunt tun und ihnen ruhig Auskunft geben konnte: Nein, ihr Vater sei nicht zu Hause. Ja, er sei an diesem Nachmittag kurz daheim gewesen. Wann das gewesen sei, wisse sie nicht mehr genau. Aber es sei mindestens schon zwei Stunden her.

Sie folgte ihnen, als sie durch die Wohnung schritten, alle Zimmertüren öffneten und in alle Schränke schauten. Sie hielt den Atem an, als sie Rike fragten, wann sie und wo sie ihren Vater zuletzt gesehen habe. Aber Rike war so erschrocken, dass sie kein Wort herausbrachte und nur stotterte. Da winkte der eine der beiden Männer ab und sagte zu dem anderen. »Aus der kriegst du nichts raus. Du siehst doch, was da los ist.«

11 Frauen der Welt

M1 ■ **Frauendemonstration am 8. März, dem internationalen Frauentag**

M2 ■ **Frauenprojekt in Mali**

Bis heute werden Frauen in Politik, Wirtschaft und Gesellschaft benachteiligt, obwohl sie gesetzlich in den meisten Ländern der Erde den Männern gleichgestellt sind. Die Diskriminierung von Frauen ist von Land zu Land sehr unterschiedlich. Sie hat ihren Ursprung in Geschichte, Tradition, Religion, Kultur, Bildung und wirtschaftlicher Entwicklung des jeweiligen Landes.

In einigen Ländern konnten Frauen Führungspositionen erreichen. Ihre Anzahl war und ist bis heute sehr gering. Nach wie vor liegt die wirtschaftliche und politische Macht in den Händen von Männern.

Frauen – Hoffnungsträgerinnen einer besseren Welt?

Die großen Probleme der Menschheit wie Arbeitslosigkeit, soziale Ungerechtigkeit, Umweltverschmutzung und Klimaveränderungen spitzen sich immer mehr zu. Angesichts solch drängender Probleme melden sich zunehmend Frauen zu Wort, die den Männern die wichtigen Zukunftsentscheidungen nicht mehr allein überlassen wollen. Sie fordern für sich politische Mitbestimmung und Beteiligung an einer technologischen Weiterentwicklung im Dienste des Menschen und im Einklang mit der Natur.

M3 ■ Strohträgerin in Indien

M4 ■ Einkaufen und Verkaufen – Frauensache?

Dieses Kapitel bietet dir die Möglichkeit,

- dich mit den Ursachen von Ungleichheiten zwischen Männern und Frauen zu beschäftigen,
- dich über verschiedene Formen von Gewalt gegen Frauen und Mädchen zu informieren und Strategien zur Selbstverteidigung kennen zu lernen,
- dich kritisch mit der Bevölkerungspolitik Chinas auseinander zu setzen,
- das überlieferte Rollenverständnis infrage zu stellen und über Möglichkeiten einer echten Gleichberechtigung von Frau und Mann in allen Lebensbereichen nachzudenken,
- über Konzepte von Frauen für eine bessere Zukunft zu diskutieren und
- das Interview als Methode kennen zu lernen, mit der du Einstellungen und Trends in der Bevölkerung ermitteln kannst.

M1 ■ Frauen und Männer in Afrika

11.1 Diskriminierung von Frauen – Ursachen und Möglichkeiten der Überwindung

Männer und Frauen sind in der Bundesrepublik rechtlich gleichgestellt. Das schützt Frauen und Mädchen aber nicht vor sozialer Benachteiligung, wirtschaftlichen Ungerechtigkeiten und alltäglicher Zurücksetzung. Schon von klein auf werden Jungen und Mädchen unterschiedlich behandelt, wenn zum Beispiel Mädchen früher nach Hause kommen müssen als Jungen, nicht allein in Urlaub fahren dürfen oder sich auch kein Geld durch Austragen von Zeitungen oder ähnliches hinzuverdienen dürfen. Frauen arbeiten durchschnittlich 69 Stunden pro Woche, Männer dagegen nur 61,5. Von der Frauenarbeit ist mehr als ein Drittel unbezahlte Haushaltsarbeit, an der sich Männer kaum beteiligen. Wenn Männer im Haushalt mitarbeiten, überlassen sie den Frauen gern das Saubermachen und Bügeln und polieren lieber das Auto. All das geschieht trotz gesetzlicher Gleichberechtigung.

Frauendiskriminierung in der Dritten Welt

In Ländern der Dritten Welt unterliegen Frauen nur selten rechtlichem Schutz. Sie sind von morgens bis abends in die Arbeit eingespannt und traditionell für Ernährung und Gesundheit der Familie zuständig. Männer sind verantwortlich für deren Schutz, für die körperlich schwere Arbeit auf den Feldern sowie für Bekleidung. Männer waren stets nur wochenweise stark beschäftigt, z. B. durch das Roden eines Feldes, durch Jäten oder während der Ernte.

In der Kolonialzeit und erst recht danach wurde die Landwirtschaft modernisiert. Arbeitssparende Geräte, Dünger und Pestizide verringerten die Arbeitszeit der Männer. Die äußere Sicherheit wurde zur Aufgabe des Staates. Männer, deren frei verfügbare Zeit sich so erhöhte, erhielten durch Anbau von Exportkulturen oder durch Wanderarbeit Möglichkeiten zum Geldverdienen.

Die Arbeit der Frauen wurde nicht modernisiert. Ganz im Gegenteil. Durch den höheren Flächenverbrauch durch Exportkulturen verlängerten sich die Wege der Frauen zum Brennholzsammeln. Das war ja Teil der Frauenarbeit. Durch die Abdrängung der Nahrungskulturen auf schlechtere Böden verringerten sich oft deren Ernten. Hunger stellte sich ein. Nahrungszukauf ist Frauensache. Männer sind nicht verpflichtet ihren Frauen mit Geld auszuhelfen. Der Arbeitsalltag hat sich so zwar geändert, das Wertesystem wurde aber beibehalten. Auch die Entwicklungshilfe rührt hieran nicht. Sie bemüht sich nur vermehrt um sogenannte »einkommenschaffende« Angebote für Frauen.

Frauenforscherinnen fordern, dass geschlechtsspezifische Arbeitsteilung und die Machtverhältnisse zugunsten von Frauen verändert werden müssen.

M2 ■ Mutter und Tochter bei der Essenzubereitung in einem afrikanischen Dorf

M3 ■ Eine Geschichte aus Bangladesch

Ein Mann ging mit einem Korb voller Kürbisse zum Markt, um sie dort zu verkaufen. Auf dem Weg fragte ihn jemand: »Wessen Früchte verkaufst du da?« »Meine natürlich«, antwortete der Bauer. »Wer hat sie ausgesät?« »Meine Frau.« »Wer hat sie gegossen und das Unkraut gejätet?« »Sie, wer sonst?« »Und wer hat die Früchte geerntet?« »Nun, sie macht all diese Arbeiten!« »Ja, warum sind dies dann aber deine Kürbisse?« »Nun, sie ist meine Frau!«

(Arbeit ist Frauensache. terre des hommes [Hg.], Osnabrück 1987, S. 4.)

Bildkartei

Eine Bildkartei besteht normalerweise aus einer Zusammenstellung von Großfotos, die als Legekarten, als Stand- oder Wendeposter oder als Faltkartei angefertigt werden können. Eine Bildkartei ist eine gezielte und geplante Bildersammlung, die sich an einem bestimmten Thema orientiert, hier am Thema »Frauen der Welt«. Zu diesem Thema können Bilder frei oder nach vorher festgelegten Unterthemen gesammelt werden. Die Unterthemen können sich streng nach den Doppelseiten in diesem Buch richten, sie können aber auch andere Aspekte mit einbeziehen. Zusätzlich können die Bilder noch durch Textinformationen unterstützt werden. Die Bildkarteien können in Einzel-, Partner- oder Gruppenarbeit erstellt werden.

Erstellt nun eine Bildkartei zum Thema »Frauen der Welt«. Sammelt weitere Bilder zu den einzelnen Doppelseiten und ergänzt die Bildaussagen durch kurze erläuternde Texte. Am Ende des Kapitels werden die einzelnen Bildkarteien vorgestellt. Über die Art der Vorstellung müsst ihr euch vorher verständigen. Dabei kommt es darauf an, ob ihr allein, zu zweit oder in Gruppen gearbeitet habt. Ihr könnt auch eine Bildkartei zum Thema »Männer der Welt« erstellen.

Was ist Diskriminierung?

Diskriminierung bedeutet, Personen oder Gruppen aufgrund ihrer Nationalität, Rassenzugehörigkeit oder Geschlechtszugehörigkeit abzuwerten und ihnen damit Chancen und Rechte zu nehmen. Das geschieht durch Vorurteile, abwertende Behandlung im Alltag oder auch Maßnahmen, die gegen das gesetzliche Gebot der Gleichbehandlung verstoßen. Frauendiskriminierung betrifft eine Mehrheit. Viele diskriminierende Verhaltensweisen gehören schon zum Alltag. Soziale Diskriminierung zeigt sich z. B. in Witzen, in der Sprache, in der Lohnungleichheit oder in der Gewalt gegen Frauen. Obwohl Frauen und Männer rechtlich gleichgestellt sind, werden Frauen in der Arbeitswelt immer noch benachteiligt. Dies hängt vor allem damit zusammen, dass Frauen trotz Erwerbsarbeit für Hausarbeit und Kindererziehung zuständig bleiben und dass diese Aufgabenbereiche eine geringe gesellschaftliche Wertschätzung erfahren.

M4 ■ Konzepte zur Überwindung der Benachteiligung von Frauen:

Frauenförderung durch Projekte

- Einkommen schaffende Maßnahmen, um Frauen zu helfen ihren Verpflichtungen besser nachkommen zu können (Ernährung, Gesundheit usw.),
- Mobilisierung der ungenutzten Ressourcen von Frauen als menschliches Kapital,
- Erhöhung der Projektmittel zugunsten von Frauen,
- Berücksichtigung von Fraueninteressen.

Empowerment- und Gender-Ansatz

- Empowerment: Beteiligung an politischen Entscheidungen, um Frauen Zugang zu Land, Krediten und Arbeit zu verschaffen,
- Gender: Bewusstes, geschlechterdifferenzierendes Wahrnehmen von Sozial- und Wirtschaftsfragen, wo Frauen betroffen sind,
- Quotenregelung: zahlenmäßig gleiche Vertretung von Männern und Frauen in Wirtschaft und Politik,
- Umschichtung von Mitteln für Männer auf Frauen.

1 ■ Sucht Beispiele für die ungleiche Behandlung von Mädchen und Jungen, Frauen und Männern in der Bundesrepublik.

2 ■ Vergleicht die geschlechtsspezifische Arbeitsteilung hier und in der Dritten Welt und nehmt Stellung dazu (M1–M3).

3 ■ Verfasst einen kurzen Zeitungsartikel zu Ursachen und Hintergründen der Ungleichheiten zwischen Mann und Frau in der Dritten Welt (M1–M3).

4 ■ Setzt euch mit M4 auseinander und diskutiert über die Frage: Ist Frauenförderung ein Trostpflaster oder ein Weg zur Gleichberechtigung?

5 ■ Überlegt, warum Frauen zur Zielgruppe von Entwicklungshilfe wurden.

6 ■ Entwerft eine möglichst konkrete Situation aus dem Alltag in der Dritten Welt, die den Gender- und Empowerment-Ansatz umsetzt.

11.2 Die Frau als Ware – Frauenhandel und Prostitutionstourismus

M1 ■ Thailändische Frauen gegen den Sextourismus

Frauenhandel bedeutet die Anwerbung von Ausländerinnen zum Zwecke ihrer Ausbeutung. Frauen aus Brasilien, von den Philippinen oder aus der *GUS**, aus Polen und Ungarn, die sich und ihre Familien nicht mehr ernähren können, werden von Schlepperorganisationen angeworben mit dem Versprechen, in Deutschland einen Ehemann oder Arbeit zu bekommen. Kaum sind sie hier, werden ihnen die Pässe abgenommen und sie müssen als Tänzerin, Prostituierte, Hausangestellte, Putzfrau oder Kindermädchen arbeiten. Da sie sich meist illegal in Deutschland aufhalten, genießen sie keinen rechtlichen Schutz.

Prostitutionstourismus und seine Ursachen

Wie der Frauenhandel, so hat auch der Prostitutionstourismus in den letzten Jahrzehnten laufend zugenommen. Männer aus *Industrieländern** verbringen ihren Urlaub in Ländern wie Thailand oder auf den Philippinen. Dort sind viele Mädchen und Frauen für wenig Geld »zu haben«. In einigen Ländern wie Costa Rica herrschen umgekehrte Verhältnisse. Dorthin reisen vereinsamte europäische Frauen, um für ein paar Wochen die Illusion einer Partnerschaft zu erleben. Eine steigende »Nachfrage« und die Ausbreitung von Aids bewirken, dass nicht nur Frauen, sondern immer mehr Mädchen und Jungen zu Prostituierten werden. Viele Sextouristen glauben nämlich, dass das Risiko, sich mit Aids oder anderen Krankheiten anzustecken, bei Kindern nicht so hoch sei. Daher werden die Kinder, die zur Prostitution kommen, immer jünger.

Frauenhandel und Prostitutionstourismus sind mit dem Wohlstandsgefälle zwischen den Industrie- und den Entwicklungsländern kontinuierlich gewachsen. Seit dem Zusammenbruch des Kommunismus und dem damit verbundenen Wegfall der sozialen Sicherungssysteme haben sich beide Erscheinungen auch auf Osteuropa und die ehemalige Sowjetunion ausgebreitet. Diese Armutserscheinungen spiegeln auch einen weltweiten Wertewandel wider, bei dem Geld und Konsum stärker sind als die gewachsenen Traditionen der betroffenen Gesellschaften. Hier waren die Frauen zwar noch nicht gleichberechtigt, sie wurden jedoch in ihrer Würde geachtet.

Gegen die Degradierung der Frau zur Handelsware und ihre Entwürdigung durch Sextourismus und Frauenhandel gibt es kaum eine Möglichkeit, auf gesetzlichem Wege vorzugehen. In den betroffenen Ländern wird nur in extremen Fällen von Kindesmissbrauch gegen die Prostitution eingeschritten. Eine der Hauptursachen für diese Entwicklung, der Tourismus, wird jedoch weiterhin gefördert, vor allem dort, wo diese Länder keine Chance haben sich auf dem Weltmarkt mit Rohstoff- oder Warenexporten dringend benötigte Devisen zu verdienen.

M2 ■ Anzeige der deutschen Kampagne gegen Kinderprostitution im Sextourismus

»Ich wende mich entschieden gegen die Prostitution von Kindern und sehe mit Sorge, dass sie immer mehr zunimmt. Der sexuelle Missbrauch von Kindern durch Touristen in Asien, Südamerika, Afrika und anderen Teilen der Welt muss beendet werden.«

Thailand – ein Land zwischen Tradition und Moderne

Noch ist das südostasiatische Land überwiegend ein Agrarstaat. Zwei Drittel der Bevölkerung arbeiten in der Landwirtschaft. Mit Wachstumsraten von 8 bis 10 % entwickelt sich dieses Land jedoch mit Riesenschritten zu einem modernen Industriestaat.

Zwischen den einzelnen Regionen des Landes und den großen Städten ist die Einkommensverteilung sehr unterschiedlich. Viele Bauernfamilien können ihren Lebensunterhalt durch die Landwirtschaft allein nicht mehr sichern. Junge Männer und Frauen im Alter von 10 bis 30 wandern deshalb in die großen Städte ab in der Hoffnung dort Arbeit zu finden. Sie werden als ungelernte, billige Arbeitskräfte eingestellt. Die Landflucht nimmt beständig zu. In manchen Gebieten im Nordosten Thailands verlässt etwa die Hälfte der Familienangehörigen für immer oder vorübergehend das Dorf. Die Armut der Landbevölkerung macht es Schleppern und Werbern leicht, Eltern durch Versprechungen dazu zu bringen, ihre Kinder in die Sklaverei zu verkaufen. Die Kinder müssen dann für ihre Käufer arbeiten, in Fabriken oder in der Prostitution.

M3 ■ Der deutsche Mann aus der Sicht junger Thai-Frauen:

Er ist zärtlich, er ist arbeitsam, strebsam, besorgt um seine Familie und er hat Geld.

Deutsche Männer über ihre Traum-Partnerin aus Asien:

Exotisch, attraktiv, jung, schlank, vollbusig, gesund und nicht zu klein; anpassungsfähig, unterwürfig.

(Ekkehart Launer, Frauenhandel. Göttingen 1991, S. 69f. u. S. 87.)

M4 ■ Haft für deutschen Sextouristen

Gericht in Bangkok verhängt 43 Jahre Freiheitsentzug

Ein Deutscher aus Brandenburg ist wegen sexuellen Missbrauchs von Kindern in Bangkok zu 43 Jahren Gefängnis verurteilt worden. Der 38-jährige Mann war vor über einem Jahr mit vier thailändischen Jungen im Alter von 8 bis 13 Jahren im Bett seines Appartments in Thonburi bei Bangkok gefasst worden. Es ist die mit Abstand höchste Strafe gegen einen ausländischen Kinderschänder, die bislang in Thailand verhängt wurde. […]

Nach Auskunft von Anti-Prostitutions-Gruppen gibt es in Thailand »mindestens 100 000 Kinderprostituierte unter 17 Jahren. Bislang lag der Strafrahmen für Ausländer, die Kinder zur Prostitution zwangen, zwischen einigen Monaten bis zu drei Jahren – wenn sie überhaupt verurteilt wurden.«

(Frankfurter Rundschau vom 15.3.1996.)

Seit der Änderung des Strafrechtsparagraphen 5 im September 1993 (»Auslandstaaten gegen inländische Rechtsguter«) können deutsche Sextouristen, die im Ausland Minderjährige missbrauchen, in Deutschland strafrechtlich verfolgt werden.

(Die Zeit vom 21.9.1995.)

M5 ■ »Ich bin verkauft worden«

Die Annonce einer deutschen Heiratsagentur in Bangkok erschien mir verlockend. Ein kostenloser Deutschland-Aufenthalt, Sprachkurse und eventuell eine Ehe – das waren Aussichten. Ich überlegte nicht lange, ich nahm das Angebot an, nicht ahnend, was auf mich zukommen würde.

Am Tag nach meiner Ankunft wurde ich an Max S. übergeben. Er sagte nichts von Heirat. Ich sollte putzen und in der Wohnung bleiben, bis er abends nach Hause kommt. Als etwas zu Bruch ging, wurde ich mit einem Gürtel geschlagen und beschimpft. Max verlangte auch sexuelle Dienste von mir. […] Ich hatte ja überhaupt keine Erfahrung. In Bangkok habe ich als Arbeiterin in einer Seidenweberei gearbeitet. Von meinem Arbeitslohn, etwa 250 DM im Monat, habe ich meine Eltern und vier Geschwister unterstützt.

(Launer, a.a.O., S. 7ff.)

1 ■ Überlegt, was junge Thai-Frauen veranlasst nach Deutschland zu kommen (M3, M5).

2 ■ Vermutet, warum deutsche Männer sich eine Partnerin aus einem Dritte-Welt-Land wünschen.

3 ■ Sammelt Argumente, warum Frauenhandel und Prostitutionstourismus die Menschenrechte missachten und als unmoralisch zu bewerten sind.

4 ■ Verfasst Flugblätter gegen Frauenhandel und Prostitutionstourismus.

5 ■ Immer mehr Reiseveranstalter haben sich verpflichtet auf Werbung für Sexreisen in Dritte-Welt-Länder zu verzichten. Untersucht Reiseprospekte, ob das stimmt.

6 ■ Nach deutschem Recht sind Menschenhandel und sexueller Missbrauch Minderjähriger verboten. Außerdem heißt es in Artikel 1 des Grundgesetztes: »Die Würde des Menschen ist unantastbar. Sie zu achten und zu schützen ist Verpflichtung aller staatlichen Gewalt.« Schreibt einen Protestbrief an die Bundesregierung mit der Aufforderung sich dafür einzusetzen, dass die Gesetze zum Schutz der betroffenen Mädchen und Frauen angewendet werden (M4).

M1 ■ Selbstbehauptungskurs für Mädchen an der Hermann-Ehlers-Gesamtschule in Kamen

11.3 Gewalt gegen Frauen – Frauen wehren sich

Frauen werden als das »schwächere« Geschlecht häufiger als Männer Opfer physischer und psychischer Gewalt. Gewalt gegen Frauen, aber auch auch gegen Mädchen und Jungen, kann sich in unterschiedlichen, mehr oder weniger offenen und brutalen Formen zeigen.

Formen von Gewalt

Beispiele alltäglicher Gewalt spielen sich täglich in vielen Familien ab. Der alkoholisierte Familienvater, der die Frau schlägt und die Kinder schikaniert. Die Mutter, die ständig nörgelt, weil das Zimmer nicht aufgeräumt ist. Machtausübung und Streit um das Wirtschaftsgeld. Der Partner, der die Kontrolle über den Kontakt zu anderen Menschen ausübt. Das Elternpaar, das seine Kinder in die Wohnung einsperrt. Psychoterror mit Vorwürfen der Minderwertigkeit und Bedeutungslosigkeit des Anderen.

Körperliche Gewalt sind Angriffe auf Leib und Leben und geschieht oft scheinbar grundlos oder aus nichtigen Anlässen. Von sexueller Gewalt wird nicht erst bei einer Vergewaltigung, also bei einer Nötigung zum Geschlechtsverkehr, oder zu unerwünschten sexuellen Praktiken gesprochen. Auch sexuelle Belästigungen müssen dazu gezählt werden. Etwa 3 % der weiblichen Bevölkerung zwischen 20 und 59 Jahren wurden im Zeitraum von 1987 bis 1991 Opfer sexueller Gewalt durch nahe stehende Personen. Etwa der Hälfte der Frauen wurde von ihren Ehemännern sexuelle Gewalt angetan.

Ursachen der Gewalt

Menschen verschiedenen Alters und Geschlechts leben oft auf engem Raum zusammen. Meist ruht ganze Verantwortung für eine Familie auf zwei Personen. Bei Alleinerziehenden sind es häufig die Frauen.

Die Ursachen für die Gewalt sind vielfältig. Nur wenige können hier genannt werden. Es ist möglich, dass sich Männer, die von Arbeitslosigkeit betroffen sind, die Ärger am Arbeitsplatz haben oder auch unter Alltagsstress leiden, ihren Frust und Ärger durch Gewaltanwendung gegen Schwächere oder Wehrlose abreagieren. Sie sind mit ihrer Situation überfordert und können Krisensituationen oft nicht friedlich lösen.

Viele Frauen bleiben jahrelang in solchen Gewaltbeziehungen. In vielen Fällen sind die Frauen und ihre Familie finanziell vom Partner abhängig und können sich keine eigene Existenz aufbauen. Häufig kommt es auch vor, dass sie nicht genug Selbstbewusstsein und Kraft haben sich aus der Partnerschaft zu lösen. Diese finanzielle oder auch seelische Notlage führt dazu, dass viele Frauen immer wieder bereit sind zu verzeihen, wenn der Partner Reue zeigt – bis zum nächsten Gewaltausbruch.

Maßnahmen gegen die Gewalt

Da die Gewalt gegen Frauen in den letzten Jahren deutlich zugenommen hat, wurden zum Schutz der Opfer Gesetzesänderungen vorgenommen. Eine Frau hat jetzt juristisch gesehen die Möglichkeit ihren Ehemann wegen Vergewaltigung anzuzeigen. Es ist vorgesehen, dass Täter nun auch zu psychotherapeutischen Maßnahmen verpflichtet werden können. Frauenhäuser in vielen größeren Städten bieten bedrängten Frauen Schutz. Daneben existieren eine Reihe von Beratungsstellen und Selbsthilfegruppen mit dem Ziel, Kontakte zu erfahrenen Ärztinnen und Rechtsanwältinnen herzustellen, die die Frauen auf Verletzungen hin untersuchen und rechtlich beraten.

Sparmaßnahmen der öffentlichen Hand und die zunehmende Geldknappheit gemeinnütziger Einrichtungen haben jedoch in den letzten Jahren den notwendigen Ausbau dieser Einrichtungen gestoppt. Viele Einrichtungen mussten inzwischen ihr Angebot reduzieren oder ganz einstellen.

An wen kann ich mich wenden, wenn ...?

Einrichtungen gegen Gewalt:

- Frauenhäuser – Telefonnummern sind im örtlichen Telefonbuch unter »Frauenhaus ...« zu finden.
- Wildwasser – Verein gegen sexuelle Gewalt an Mädchen und Frauen – Telefonnummer und Anschrift sind im Telefonbuch zu finden oder über Frauenhäuser zu erfahren.
- Terre des Femmes, Postfach 25 65, 72015 Tübingen, Tel. 07071/ 242 89
- Männerbüros gibt es in zahlreichen deutschen Großstädten, so z. B. Männer gegen Männergewalt e. V. Heidelberg, Rohrbachstr. 42, 69115 Heidelberg, Tel. 06221/ 16 65 79. Hier sind weitere Adressen zu bekommen.

M2 ■ Im Rollenspiel gegen Gewalt – Selbstbehauptungskurs für Mädchen

Beamte der Kreispolizei in Unna führten im Schuljahr 1994/95 an der Hermann-Ehlers-Gesamtschule in Kamen einen Selbstbehauptungskurs für Mädchen des 10. Schuljahres durch. Ziel des Kurses war es, jungen Mädchen Möglichkeiten aufzuzeigen, wie sie sich in Gefahrensituationen angemessen verhalten können. In der ersten Phase sollten die Teilnehmerinnen für gefährliche Situationen am Arbeitsplatz, in einem Verkehrsmittel, in einer Freizeiteinrichtung, in der Wohnung, im Pkw, im Parkhaus und auf einem Parkplatz sensibilisiert werden. Mithilfe von Rollenspielen wurden die Anzeichen von Gefahren herausgearbeitet. In der zweiten Phase übten die Mädchen auftretende Konflikte durch entsprechende verbale Reaktionen zu vermeiden. In der letzten Phase trainierten sie körperliche Abwehrtechniken. Auf einer Abschlussveranstaltung konnten sie das Gelernte in Rollenspielen testen.

(Westfälische Rundschau/Westdeutsche Allgemeine Zeitung, Weihnachtsausgabe 1994.)

M3 ■ Rollenspiel »Sag NEIN!«

Rollenkarte eines Mädchens:
Dave ist in deiner Klasse. Er spielt oft den Macho. Im Sportunterricht ist er dir ein paar Mal zu nahe gekommen. Du möchtest, dass er dich in Ruhe lässt, aber er macht dich immer wieder an. Du hast dir fest vorgenommen ihm deutlich zu zeigen, dass er dich nicht anfassen soll.
Rollenkarte eines Jungen:
Maike, ein hübsches und lebenslustiges Mädchen in deiner Klasse, gefällt dir. Du möchtest sie gern zu deiner Geburtstagsparty einladen, hast aber Angst eine Absage zu bekommen. Immer, wenn du ihr begegnest, wirst du unsicher. Du überlegst, ob du cool sein und den Macho rauskehren sollst, um Maikes Aufmerksamkeit zu erwecken oder ob es eine andere Möglichkeit gibt.

M4 ■ BIG – Berliner Interventionsmodell gegen häusliche Gewalt

Beim BIG arbeiten Polizei, Staatsanwaltschaft, Gerichte, Justiz- und Frauensenat, Frauenhäuser, Kinderschutz, Beratungsstellen, Männergruppen, Sozial-, Gesundheits- und Jugendämter zusammen, um die Opfer (Frauen und Kinder) zu schützen und die Täter von weiteren Gewalttaten abzuhalten und zu therapieren. Dieses Modellprojekt wird gerade von der Leiterin der Abteilung Frauenpolitik bei der Berliner Frauensenatorin eingeführt.

(Die Zeit vom 7. 4. 1995.)

M5 ■ Frauen-Notruf

1 ■ Entwickelt Rollenspiele zu typischen Situationen alltäglicher Gewalt gegen Frauen und führt sie durch. M2 hilft euch dabei.

2 ■ Stellt paarweise Gewaltsituationen in einem Standbild dar.

3 ■ Diskutiert darüber, inwiefern Rollenspiele gegen Gewalt (M3) oder Selbstverteidigungskurse (M1, M2) Frauen helfen können sich gegen Gewalt durch Männer zu wehren.

4 ■ Sexuelle Gewalt gegen Mädchen und Jungen gibt es auch in der Schule. Führt in eurem Jahrgang eine Befragung zu diesem Thema durch.

5 ■ Besucht eine Beratungsstelle und informiert euch über Gewalt in eurem Wohnort und über Hilfsangebote für Gewaltopfer. Vergleicht die Hilfsangebote mit denen des BIG (M4).

M1 ■ China: Ein-Kind-Familie

11.4 Geburtenkontrolle – Ein Ausweg aus Unterdrückung und Armut? Das Beispiel China

Schon seit Jahrhunderten ist China das bevölkerungsreichste Land der Erde. Kinderreichtum und Großfamilien galten als etwas Erstrebenswertes. Auch die Kommunisten sahen in einer großen Bevölkerung die wichtigste Grundlage für den Aufbau des Landes. So führten offizielle Bevölkerungspolitik und traditionelle Denkweisen von 1949 bis 1994 zu einem Anstieg der Bevölkerungszahl auf 1,2 Milliarden Menschen.

Maßnahmen zur Geburtenkontrolle

Die wirtschaftliche Entwicklung Chinas konnte mit diesem Bevölkerungswachstum nicht Schritt halten. Seit Ende der 70er-Jahre wurden deshalb verschiedene Maßnahmen zur Geburtenkontrolle durchgeführt, z. B. Sterilisierungen und Abtreibungen und die kostenlose Verteilung von Verhütungsmitteln. Dazu kam zu Beginn der 80er-Jahre die staatlich verordnete Ein-Kind-Familie. Bei Einhaltung gab es Gehaltszulagen, erhöhte Zuteilungen von Lebensmitteln und eine Bildungs-, Arbeitsplatz- und Wohnungsgarantie für Einzelkinder. Bei Nichteinhaltung mussten die Eltern massive finanzielle Nachteile in Kauf nehmen. Auf dem Land, wo immer noch drei Viertel der Bevölkerung leben, scheiterte diese Politik. Eine Ausnahmeregelung für Bauern, die ein zweites Kind haben durften, wenn das erste behindert oder ein Mädchen war, und ein Mangel an Kontrolle führten dazu, dass der Plan ohne Erfolg blieb. Die Regierung verschäfte daraufhin ihre Ein-Kind-Politik und ließ sie durch einen enormen Kontrollapparat überwachen. Das Heiratsalter wurde für Frauen auf 25, für Männer auf 27 heraufgesetzt. Arbeitseinheiten in Betrieben, Dörfern und Provinzen bekamen Geburtenquoten vorgeschrieben. Nur wer eine Erlaubnis hatte, durfte ein Kind bekommen. Staatliche Bürokraten führten Menstruationskalender und drängten Frauen, nichtbewilligte Schwangerschaften abzubrechen, auch wenn es die erste war. Nach der Geburt des ersten und stärker nach der Geburt des zweiten Kindes wurden Eltern zur Sterilisation gedrängt.

Staatliche Familienplanung kontra Selbstbestimmungsrecht der Frau

Die strengen Maßnahmen zur Geburtenkontrolle werden von zahlreichen Politikerinnen, Politikern, Menschenrechts- und Frauengruppen weltweit als Menschenrechtsverletzung angeprangert. Sie kritisieren, dass der Staat den Frauen in Fragen der Familienplanung kein Selbstbestimmungsrecht zugestehe und sie für seine Zwecke missbrauche. Mithilfe dieser Maßnahmen ist es China jedoch gelungen, die Wachstumsrate der Bevölkerung von 2 % 1970 auf 1,3 % 1994 zu senken. Ab Mitte des nächsten Jahrhunderts wird sich die Bevölkerung bei etwa 1,5 bis 1,6 Milliarden Menschen einpendeln, allerdings nur, wenn eine strikte Geburtenkontrolle beibehalten wird.

Geburtenkontrolle in Thailand – ein Modell für China?

Thailand ist bei der Familienplanung einen anderen Weg gegangen. Familienplanung und Frauenförderung wurden gekoppelt. Frauen erhielten z. B. Kredite für eine kleine Schweinezucht, wenn sie bereit waren zu verhüten. Diese integrierten Programme wurden verbunden mit einem Angebot an Verhütungsmitteln und Mutter-Kind-Gesundheits- und Bildungsprogrammen. Die Zahl der Paare, die verhüten, konnte sich so verdoppeln und die Geburtenrate sank von 2,1 % Ende der 80er-Jahre auf 1,6 % 1995.

Geburtenkontrolle – nur Frauensache?

Die Geburtenkontrolle ist hauptsächlich die Aufgabe von Frauen. In drei Viertel der Fälle lassen sich die Frauen sterilisieren. Für die Anwendung anderer Verhütungsmethoden wie Spirale oder Pille sind ebenfalls die Frauen verantwortlich. Dazu kommt noch die Abtreibung weiblicher Föten nach einer vorgeburtlichen Geschlechtsbestimmung. Frauengruppen sind der Ansicht, dass Männer an einer so wichtigen Zukunftsentscheidung wie der Familienplanung viel stärker beteiligt werden müssten.

Bevölkerungswachstum – Was bedeutet das?

Das Bevölkerungswachstum der Bundesrepublik Deutschland betrug im Jahr 1994 0,4 %. Das bedeutet, dass die Bevölkerung 1994 um 4 Personen je Tausend Einwohner zugenommen hat. Bei ca. 80 Millionen Bundesbürgern sind das

$$\frac{80\,000\,000 \times 4}{1000} = 320\,000.$$

Die absoluten Wachstumszahlen ergeben sich aus der Addition von Geburtenüberschuss plus Wanderungsgewinn. Der Geburtenüberschuss wird durch den Abzug der Sterbefälle von den Geburten in einem Jahr ermittelt.

M3 ■ Brief an die Partei

Auszug aus einem Brief, den 15 Frauen aus der Volkskommune Qizhen, Kreis Hexian, Provinz Anhui, an die Partei geschrieben haben.

Vor kurzem hat die Frau eines Kaders im Dorf nach vier Mädchen einen Sohn geboren – da gab es ein Riesenfest. Der Ehemann strahlte vor Freude, die Schwiegermutter war überglücklich. Dorf und Nachbarn ließen Böller explodieren und wünschten Glück, Verwandte und Freunde brachten Geschenke. Ein Jahr zuvor, als diese Frau die vierte Tochter zur Welt gebracht hatte, kam der Vater sie nicht einmal besuchen, […]. Jetzt hat sich ihr sozialer Status verhundertfacht. […] Vor dem Gesetz sind wir zwar gleich, aber die Wirklichkeit sieht ganz anders aus. Deshalb fordern wir den Staat auf, auch folgende gesetzliche Bestimmung zu erlassen: »Wer propagiert, Jungen zu respektieren und Mädchen gering zu schätzen und wer Frauen beleidigt, die eine Tochter geboren haben, wird nach dem Gesetz bestraft. […]

(Ekkehard Launer/Wilke-Launer. Zum Beispiel Frauenalltag. Göttingen 1990, S. 7 ff.)

M4 ■ Sprüche

Eine Tochter aufzuziehen ist genauso, als ob man fremder Leute Garten bewässert.
(Chinesisches Sprichwort)

Hundert Mädchen sind nicht so viel wert wie ein Junge. …
(Konfuzius)

M2 ■ Kinderwunsch

1 ■ Entwerft zu M2 in Partnerarbeit je einen Dialog zum Kinderwunsch in der Dritten Welt und in den Industriestaaten.

2 ■ Errechnet, was das Bevölkerungswachstum von 1,3 % für China, von 1,6 % für Thailand und von 1,8 % für Indien bedeutet. Die Bevölkerungszahl Thailands liegt derzeit bei ca. 58, die Indiens bei 890 Millionen.

3 ■ Entwickelt verschiedene Rollenspiele zur Geburtenkontrolle. Versucht alle Beteiligten einzubeziehen: Ehepaar, Eltern, Nachbarn, Funktionäre im Dorf oder in der Stadt, die die Ein-Kind-Politik überwachen (M3).

4 ■ Nehmt Stellung zu dem weit verbreiteten Denken, weniger Kinder bedeuteten mehr Wohlstand (M2).

5 ■ Erklärt, warum die Ein-Kind-Politik Frauen und Mädchen besonders benachteiligt.

6 ■ Familienplanungsprogramme wenden sich stets an Frauen. Erarbeitet Vorschläge für eine stärkere Beteiligung von Männern.

M1 ■ Unterricht in Kerala

11.5 Bildung für Frauen – Ein Ausweg aus Unterdrückung und Armut? Das Beispiel Kerala

Wie viele andere Länder, so hat auch Indien eine Reihe von Maßnahmen ergriffen, um die Benachteiligung von Frauen zu beseitigen. 1951 wurde die Gleichberechtigung von Mann und Frau in der Verfassung festgeschrieben. Frauen erhielten damit das aktive und passive Wahlrecht. Weitere Gesetze zur Beendigung der Diskriminierung folgten: Witwenverbrennungen, Mitgiftpraxis, Kinderhochzeiten wurden verboten und neuerdings ist auch die vorgeburtliche Geschlechtsbestimmung nicht mehr erlaubt. Zusätzlich dazu wurden zahlreiche Projekte für Frauen und Mädchen durchgeführt. All diese Maßnahmen vermochten es jedoch nicht, die Frauen aus ihrer untergeordneten Stellung zu befreien und die Armut großer Bevölkerungsteile wirksam zu bekämpfen. Nur in dem Bundesstaat Kerala ist die Situation anders.

Kerala – die sozialistische Alternative

Kerala, ein kleiner Küstenstaat im Südwesten Indiens, ist nur wenig größer als Baden-Württemberg, aber mit seinen 30 Millionen Einwohnern dreimal so dicht besiedelt. 1957 gelangte hier die kommunistische Partei durch freie Wahlen an die Macht. Sie regiert seitdem im Wechsel mit der Kongresspartei. Die kommunistische Partei hat durch eine andere Politik die Voraussetzungen für mehr soziale Gerechtigkeit geschaffen. Sie enteignete Großgrundbesitzer und verteilte das Land an die Arbeiterinnen und Arbeiter, die jetzt als freie Bauern das Land bewirtschaften und Kokospalmen, Bananen und Cashew-Nüsse produzieren. Durch eine fortschrittliche Sozialpolitik konnten Hungersnöte, krasse Armut und Slums beseitigt werden. Auch die medizinische Versorgung ist vorbildlich und eine intensive bildungspolitische Förderung der Frauen führte dazu, dass fast alle Mädchen außer der Grundschule auch eine weiterführende Schule abschließen.

Bildung – ein Ausweg aus Armut und Unterdrückung?

Der Bildungsgrad der Keraliten ist verglichen mit dem Rest Indiens ungewöhnlich hoch. Nahezu 100 % können lesen und schreiben. Das kleine Land beherbergt mehr als 12 000 Schulen, 133 Colleges und fünf Universitäten. Sehr viele Frauen und Männer in Kerala lesen Zeitung, sind gut über Politik, ihre Rechte, Gesundheitsvorsorge und Familienplanung informiert. Schon in der Schule lernen die Kinder, wie wichtig Familienplanung ist. Für Erwachsene wurden Aufklärungskampagnen durchgeführt. Deswegen sind Geburtenrate und Kindersterblichkeit hier die niedrigsten von allen indischen Bundesstaaten. Auch die soziale Stellung der Frau in Kerala ist deutlich besser als die im übrigen Indien. Kerala ist der einzige indische Bundesstaat, in dem die Anzahl der Frauen die der Männer übertrifft. Auf 1000 Männer kommen hier 1040 Frauen. Im übrigen Indien herrscht ein Frauendefizit. 1991 gab es hier auf 1000 Männer nur 929 Frauen. *Alphabetisierung** und fortschrittliche Sozialpolitik haben das Selbstbewusstsein der Armen und der Frauen in Kerala so gestärkt, dass auch konservative Regierungen es nicht wagten, diese erfolgreiche Politik zu verändern.

Kerala – ein Modell für die Dritte Welt?

Das Beispiel Kerala zeigt, dass der Bildungsgrad der Frau eine Schlüsselrolle bei der Familienplanung spielt. Bildung für Frauen bedeutet aber auch mehr Selbstständigkeit. Denn Frauen, die lesen und schreiben können, sind in der Lage sich über ihre Rechte und Möglichkeiten selbst zu informieren und sich so selbst zu helfen – nicht nur in Kerala.

Das Beispiel Kerala macht auch deutlich, dass in Politik und Wirtschaft andere Wege beschritten werden müssen, um die Situation von Frauen nachhaltig zu verbessern.

M2 ■ Schule nach der Feldarbeit

Rukminidevi ist Mitarbeiterin der Sozialen Aktionsgruppe SIRD, die im Madurai-Distrikt in Tamil Nadu arbeitet. Sie setzt ihre Alphabetisierungskurse vor allem zur Bewusstseinsbildung ein. Anhand bestimmter Alltagsprobleme werden soziale Zusammenhänge analysiert.

Die Kurse finden abends statt, weil Mütter und Töchter tagsüber die Haus- und Feldarbeit erledigen müssen. An einem Abend beschäftigen sich die Teilnehmerinnen mit dem Thema »Wasser«, an einem anderen mit dem Schlüsselbegriff »Mitgift« und den damit in Zusammenhang stehenden Begriffen »Aussteuer«, »Brautpreis«, »Geld« und »Schmuck«. Eine alte Frau erzählt, dass in ihrer Jugend niemand in ihrer Kaste an eine Mitgift dachte. Für die Frau wurde ein symbolischer Brautpreis von 51 bis 101 Rupien gezahlt. Viele erinnern sich, dass das Mitgiftsystem sich erst in den letzten Jahrzehnten »zu einer ansteckenden Krankheit« entwickelt hat, die viele Familien in den Ruin treibt. […]

An einem weiteren Abend möchten die Frauen Zeitung lesen lernen, um sich über Angebot und Nachfrage auf den Märkten der nächsten Städte informieren zu können, denn sie wollen nicht länger betrogen und benachteiligt werden.

(Christa Wichterich, Stree Shakti. Göttingen 1986, S. 137 ff.)

M3 ■ Frauen mit Schulbildung haben weniger Kinder

Anzahl der Geburten einer Frau im Verhältnis zur Anzahl ihrer Schuljahre

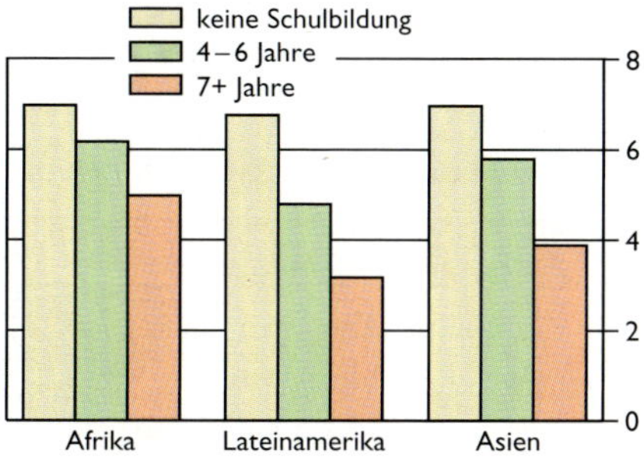

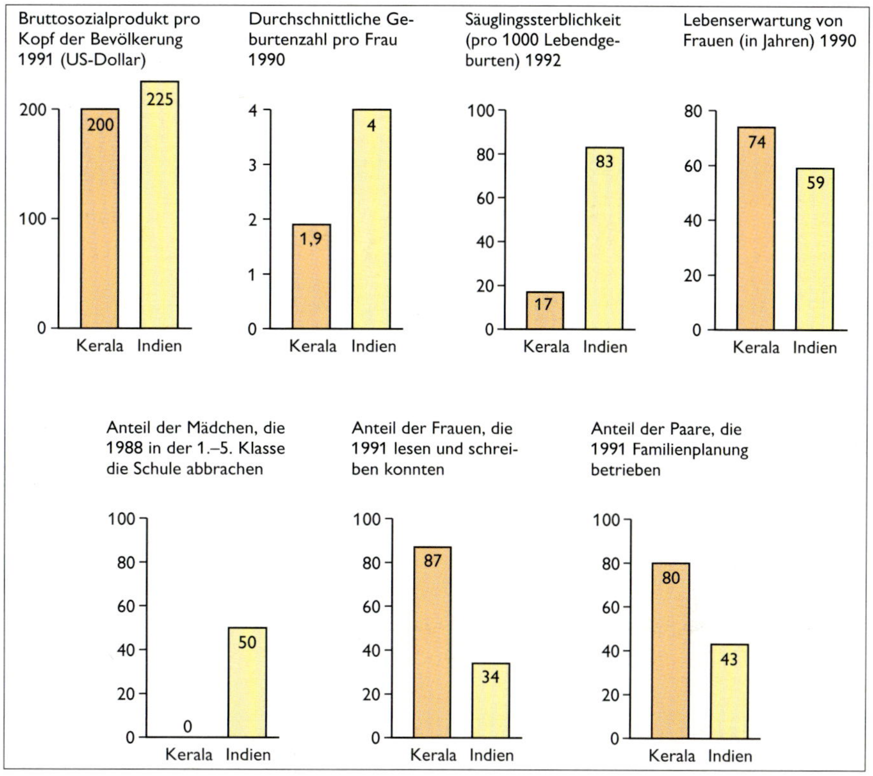

M4 ■ Der Kerala-Faktor

M5 ■ Das indische Bildungswesen

Die indische Verfassung schreibt eine Schulpflicht für Kinder von 6 bis 14 vor.

Einschulungsrate
1980/81: 80,5 % eines Jahrgangs, etwas mehr als ein Drittel davon Mädchen
1887/88: 97,9 % eines Jahrgangs, weniger als die Hälfte davon Mädchen.
Etwa 40 % schließen die Grundschule (Klasse 1 bis 5) ab.

Mittelschulen (Klasse 6 bis 8)
1987/88: 55 % eines Jahrgangs, ein Drittel davon Mädchen.

Weiterführende Schulen
33 % eines Jahrgangs, weniger als ein Drittel davon Mädchen

Analphabetenrate 1985
Männer 42,8 % aller Männer
Frauen 71,1 % aller Frauen

(Länderbericht Indien 1991, Statistisches Bundesamt. Wiesbaden 1991/Länderinformation der Kindernothilfe. Duisburg 1991, S. 20.)

1 ■ Vergleicht die Bildungschancen von Mädchen in Indien insgesamt mit denen des Bundesstaates Kerala (M4 und M5).

2 ■ Diskutiert darüber, ob die Abendkurse der SIRD dazu beitragen können, die Lebenssituation von Frauen zu verbessern (M2).

3 ■ Entwickelt Rollenspiele dazu.

4 ■ Indische Mädchen und Frauen demonstrieren für gleiche Chancen. Stellt eine Liste mit möglichen Forderungen zusammen.

5 ■ »Geburtenkontrolle« und »Bildung« – Auswege aus Armut und Unterdrückung? Welcher Weg erscheint euch als der bessere? Begründet. Entwickelt ein Zukunftsmodell, das außer diesen beiden Wegen noch weitere einschließt.

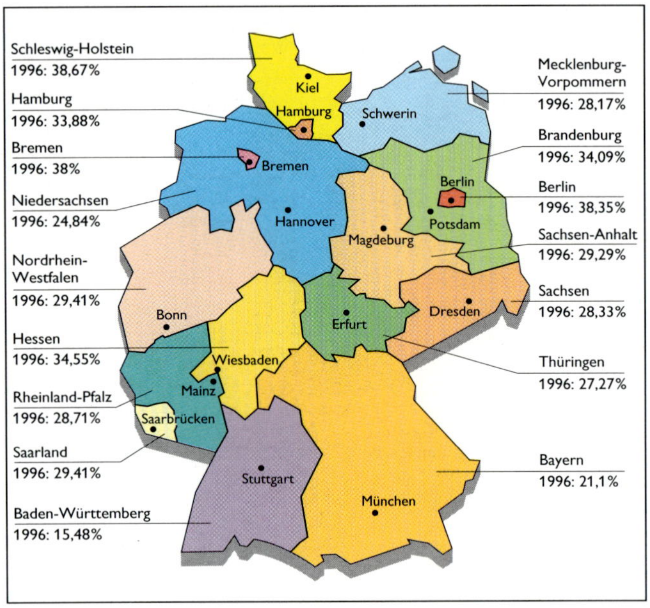

M1 **Weibliche Abgeordnete in den Länderparlamenten**

11.6 Gleiche Rechte – Gleiche Chancen?

Schon in der ersten Hälfte des 19. Jahrhunderts (1848) forderten Frauen in Deutschland außer dem Recht auf Bildung und Berufstätigkeit auch das Recht auf die Teilnahme am öffentlichen Leben. Aber erst 60 Jahre später (1918) erhielten sie das aktive und passive Wahlrecht. Mit dem Gleichberechtigungsgesetz von 1957 wurden sie den Männern rechtlich gleichgestellt. Aber erst das Gesetz zur Reform des Ehe- und Familienrechts von 1977 schrieb die Gleichberechtigung in der Ehe und das Partnerschaftsprinzip fest. Dieses gab Frauen in der Familie den gleichen Entscheidungsspielraum wie Männern. Das Gesetz über die Gleichbehandlung von Männern und Frauen am Arbeitsplatz 1980 sollte geschlechtsspezifische Benachteiligungen beenden. Frauenministerien und Gleichstellungsstellen bei Bund, Ländern und Gemeinden, Frauenbeauftragte der Gewerkschaften in den Betrieben und zahlreiche staatliche und betriebliche Frauenförderprogramme sollten die Gleichstellung von Frauen am Arbeitsplatz verwirklichen helfen.

Trotz all dieser Maßnahmen werden Frauen in der Politik, in der Arbeitswelt, bei Löhnen und Renten weiterhin benachteiligt. Nach wie vor sind berufstätige Frauen durch Haus- und Familienarbeit stärker belastet als Männer.

Das Interview

Interviews wie auch die anderen Arten der Befragung sind eine sozialwissenschaftliche Methode zur Ermittlung von Meinungen bestimmter Personen oder Personengruppen zu bestimmten Themen. Wenn Interviews Erkenntnisse vermitteln sollen, so müssen sie sorgfältig vorbereitet, durchgeführt und ausgewertet werden. Dabei sind folgende Schritte einzuhalten:

1. Die Vorbereitung des Interviews

Zunächst wird das Thema festgelegt. Beispielsweise: Gleiche Rechte – Gleiche Chancen? Hierzu sind verschiedene Fragestellungen und Fragetechniken möglich. Auch muss überlegt werden, wer interviewt werden soll. Am einfachsten ist es in eurer Schule. Als Nächstes wird Kontakt zu den gewählten Interviewpartnerinnen und -partnern aufgenommen. Diese werden dann über Thema, Ziel und Zweck des Interviews informiert und um ihr Einverständnis gefragt. Termin und Ort für das Interview werden ebenfalls abgesprochen.

2. Konstruktion des Fragebogens

In Einzel-, Partner- oder Gruppenarbeit wird ein Fragebogen erstellt. Dabei gibt es zwei grundsätzliche Unterschiede: Bei standardisierten Fragen können die Interviewten nur zwischen den vorgegebenen Antworten auswählen; eigene Formulierungen sind hier nicht möglich. Bei offenen Fragen wird die Antwort den Befragten überlassen. Die Auswertung solcher Interviews ist sehr viel aufwändiger und schwieriger.

3. Durchführung des Interviews

Zu Beginn werden noch einmal Thema, Sinn und Zweck des Interviews vorgestellt. Danach werden Datum, Dauer und Ort des Interviews sowie Alter, Bildung, Beruf und Geschlecht der oder des Interviewten notiert. Diese Daten sind für die Auswertung wichtig. Dann werden die vorbereiteten Fragen bearbeitet. Bei einem Gespräch sollte das Interview mitgeschrieben (protokolliert) oder aufgenommen werden.

4. Auswertung

Um eine genaue und nicht zu zeitaufwändige Auswertung vornehmen zu können, muss vorher ein Auswertungsbogen erstellt werden. Entsprechend den Antworten wird zunächst eine Strichliste und dann eine Tabelle angelegt. Danach wird überlegt, welche Schlüsse aus dem Interviewergebnis gezogen werden können.

M2 ■

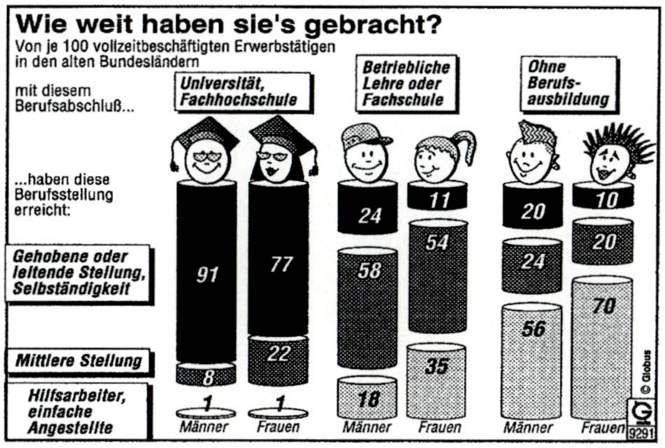

M9 ■

Beispiele für Interviewfragen

M3 ■ Alternativfragen

Alternativfragen bieten die Wahl zwischen zwei Möglichkeiten. Beispiel:
»Sind beide Partner voll berufstätig, sollte die Hausarbeit gleichmäßig auf beide verteilt sein.«
Stimmen Sie dieser Aussage zu?
Ja ○ Nein ○

M4 ■ Multiple-Choice-Fragen

Zu diesen Fragen stehen eine Reihe von Antwortmöglichkeiten zur Verfügung. Alle richtigen Antworten können angekreuzt werden. Beispiel:
Welche der folgenden Tätigkeiten werden Ihrer/deiner Meinung nach eher von Männern erledigt? Kreuzen Sie/Kreuze an.
Einkaufen, Autowaschen, Bügeln, Tapezieren/Anstreichen, Putzarbeiten.

M5 ■ Mehrfachwahlfragen

Bei Mehrfachwahlfragen muss unter mehreren Möglichkeiten die eine richtige herausgefunden werden. Beispiel:
Was schätzen Sie/schätzt du: Wie hoch ist der Anteil von Mädchen an deutschen Universitäten?
unter 10 % / 10 bis 20 % / 21 bis 30 % / 31 bis 40 % / 41 bis 50 % / über 50 %

M6 ■ Skalierungen

Bei Skalierungen ist ein Spektrum von z. B. –5 (völlige Ablehnung) bis +5 (völlige Zustimmung) zu einer Frage vorgegeben. Die Interviewten sollen die eigene Einstellung auf der Skala entsprechend einordnen. Beispiel:
»Bis eine völlige Gleichberechtigung von Frauen in Wirtschaft und Politik erreicht ist, müssen sie bei der Besetzung von Leitungsfunktionen bevorzugt werden. Erst dann sind beide Geschlechter gleich zu behandeln.«
Wo auf der Skala würden Sie/würdest du Ihre/deine Meinung zu dieser Aussage einordnen?
–5 –4 –3 –2 –1 0 +1 +2 +3 +4 +5

M7 ■ Offene Fragen

Offene Fragen überlassen die Antworten ganz den Befragten. Beispiel:
Warum sind Frauen in Spitzenpositionen von Politik und Wirtschaft unterrepräsentiert?

M8 ■ Fragebogen

Alter ____________ Geschlecht ________
Datum ______________________________

GLEICHBERECHTIGUNG VON MANN UND FRAU

1. Ist eine gute Berufsausbildung für Jungen wichtiger als für Mädchen?
Ja ○ Nein ○
Warum glaubst du das?
usw.

Bearbeitet die Aufgaben 1 bis 3 in arbeitsteiligen Gruppen. Verfahrt dabei entsprechend den Arbeitsschritten auf der linken Seite. Verwendet bei der Entwicklung der Fragebögen die Beispiele M3 bis M8 und erweitert sie. Wertet die Fragebögen nach Jungen und Mädchen, Frauen und Männern und, wenn nötig, nach Altersgruppen getrennt aus. Vergleicht die Interviewergebnisse mit den Aussagen des Textes und der Materialien. Schreibt einen Kommentar zu euren Auswertungsergebnissen.

1 ■ Interviewt Schülerinnen und Schüler eurer Schule zur Bedeutung einer guten Berufsausbildung für Mädchen (M9). Fragt sie auch nach den Gründen für ihre Meinung.

2 ■ Führt Interviews mit Lehrerinnen und Lehrern zur Leitungsstruktur eurer Schule durch.

3 ■ Entwickelt weitere Interviewfragen zu den Fragen einer stärkeren Beteiligung von Frauen in der Politik, Frauen als Chefs, gleichen Renten für Frauen und Männer und gleichen Lohn für gleiche Arbeit.

4 ■ Überlegt, was echte Gleichberechtigung für Frauen und für Männer bedeutet.

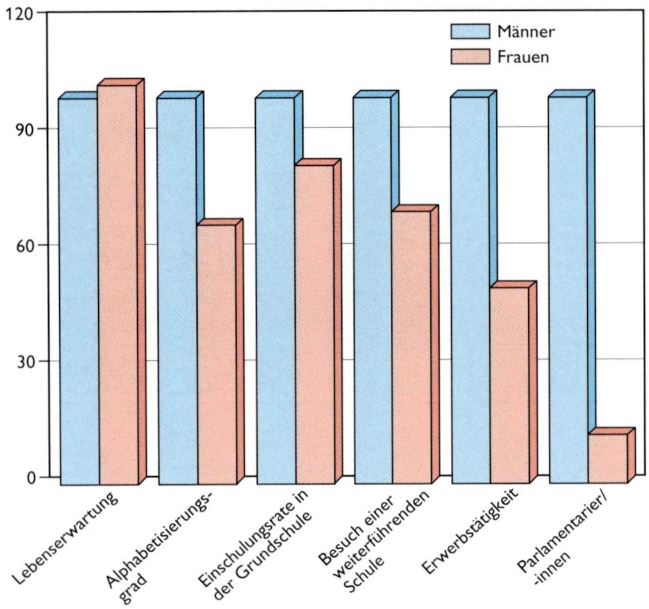

M1 ■ Frauen sind noch lange nicht gleichberechtigt
(Angaben in Prozent, Angaben für Männer stets 100%, Erhebungsbereiche: Länder der Dritten Welt.)

11.7 Auf die Dauer hilft nur Power

Zu Beginn der 70er-Jahre nahmen Hunger und Armut in der Dritten Welt dramatisch zu. Gleichzeitig setzte sich die Erkenntnis durch, dass Frauen eine Schlüsselrolle bei der Nahrungsmittelproduktion, der Gesundheitsvorsorge und der Familienplanung spielen. Die Vereinten Nationen wollten diese Fähigkeiten von Frauen stärker nutzen und sie so an der Lösung der Probleme beteiligen. Sie erklärten das Jahr 1975 zum »Internationalen Jahr der Frau« und den Zeitraum von 1975 bis 1985 zur »Weltdekade der Frau«. Damit leiteten sie die internationale Frauenpolitik ein. Vier Weltfrauenkonferenzen haben seitdem die Ziele dieser Politik bestimmt und Bilanz gezogen.

➠ Aktionsplattform der Weltfrauenkonferenz 1975

Auf der Konferenz in Mexiko forderten die Teilnehmerinnen eine umfangreiche Datensammlung über alle Lebensbereiche von Frauen. Ferner beschlossen sie eine Reihe von frauenfördernden Maßnahmen in den Bereichen Frieden, politische Beteiligung, Bildung, Erwerbstätigkeit, Gesundheit und Ernährung, Familie, Geburtenkontrolle und Wohnverhältnisse. Oberstes Ziel war die »Integration der Frau in die Entwicklung«.

Bilanz der internationalen Frauenpolitik 1995

Nach 20 Jahren internationaler Frauenpolitik ist festzustellen, dass die rechtliche Gleichstellung von Frauen in vielen Ländern verwirklicht worden ist. Auch das Bewusstsein von Menschenrechtsverletzungen und Gewalt gegen Frauen ist überall in der Welt gewachsen. Dennoch ziehen die Vereinten Nationen in dem Frauenbericht von 1995 eine ernüchternde Bilanz bezogen auf die Lage der Frauen in der Welt: »Mehr Armut, mehr Jobs, aber nicht mehr Macht. Der negative Posten in der Bilanz ist die wachsende Zahl armer Frauen.«

Teilnehmerinnen der Weltfrauenkonferenz

An den Konferenzen nehmen Vertreterinnen der nationalen Regierungen teil. Ihre Entscheidungsfreiheit wird bestimmt durch Vorgaben ihrer Regierungen. In zahlreichen Sitzungen versuchen sie eine Aktionsplattform festzulegen, die von möglichst allen Staaten getragen werden kann.

Parallel zu dieser offiziellen Weltfrauenkonferenz finden Treffen zahlreicher ➠ *Nicht-Regierungs-Organisationen* (NROs)* statt. In ihnen wird die eigentliche Arbeit der nationalen und internationalen Frauenpolitik geleistet. Sie sind unabhängig und können deshalb radikalere Forderungen stellen. Durch Druck können sie ihre Regierungen zu einer fortschrittlicheren Frauenpolitik bewegen.

Frauen an die Macht?

In diesem Kapitel sind eine Reihe von Wegen vorgestellt worden, die helfen können die Ungleichheiten von Frauen zu verringern. Es bleibt aber die Frage, wie die volle Gleichberechtigung von Frauen zu erreichen ist. In jedem Fall sollten unterschiedliche Auffassungen von Frauen in der Dritten und Frauen in der Ersten Welt nicht gegeneinander ausgespielt werden. Es gibt in der internationalen Frauenpolitik nicht den einen richtigen Weg. Viele verschiedene Maßnahmen in unterschiedlichen Bereichen sind notwendig und hilfreich, um die weltweite Diskriminierung von Frauen zu beseitigen, zum Beispiel weitere Gesetze, eine neue Schule und Erziehung, weitere Konferenzen, ein anderes Wirtschaftssystem, andere Regierungen und/oder mehr Frauenpower.

Aktionsplattform: schriftliche Vereinbarung zur Festlegung von Handlungszielen

Nicht-Regierungs-Organisationen (NROs): Frauenorganisationen der Kirchen, Gewerkschaften oder private Frauengruppen

M2 ■ Weltfrauenkonferenz in Peking: Delegierte aus Hongkong

M3 ■ Berechnungen der holländischen Umweltorganisation Milieu Defensie zur Tragfähigkeit der Erde

Milieu Defensie räumt jedem Menschen weltweit einen gleich großen »Umwelt-Raum« ein, der genutzt und verschmutzt werden darf. Die Niederländer/innen haben nach diesen Berechnungen ihren Anteil an Wasser um 32 %, den Energieverbrauch, die CO_2-Emissionen und den Holzkonsum um 50 – 60 %, den Fleisch- und Aluminiumverbrauch um 60 – 80 % überschritten. Dennoch hält die Umweltorganisation ein »dauerhaftes« Konsumniveau in vielen Bereichen des Alltagskonsums für möglich, u. a. durch eine optimale Ausnutzung der Ressourcen und durch den Einsatz entsprechender Technologie. Verzicht und Einbußen an Lebensqualität wären nicht nötig. Beim Autoverkehr, Lufttransport und Fleischverbrauch allerdings sind einschneidende Verhaltensänderungen unvermeidbar.

(Christa Wichterich, Die Erde bemuttern. Köln 1992, S. 33.)

M4 ■ Aktionsplattform der Vereinten Nationen in Peking 1995. Die Abschlusserklärung, die von 189 Staaten verabschiedet wurde, enthält u. a. folgende Forderungen:

1. Die sexuelle Selbstbestimmung und die freie Entscheidung über Fortpflanzung ist ein Menschenrecht der Frau.
2. Gewalt gegen Frauen wie sexueller Missbrauch, sexuelle Versklavung und Ausbeutung, internationaler Frauen- und Kinderhandel, Zwangsprostitution, sexuelle Belästigung und Genitalverstümmelungen von Mädchen werden als Menschenrechtsverletzungen gebrandmarkt. Vergewaltigungen im Krieg sollen als Kriegsverbrechen gelten.
3. Schwangerschaftsabbrüche sind kein Mittel der Familienplanung.
4. Frauen sollen in allen Bereichen nationaler und internationaler Politik Männern gleichgestellt werden.
5. Die unbezahlte Arbeit von Frauen soll gemessen und stärker gewürdigt werden.

(Frankfurter Rundschau vom 16. 9. 1995.)

M5 ■ Der Mensch im Mittelpunkt, nicht das Wirtschaftssystem

Frauen des asiatischen-pazifischen Raumes verabschiedeten 1995 in Manila folgende Aktionsplattform zur Vorbereitung der Weltfrauenkonferenz in Peking:

Wir […] hinterfragen das Streben nach Wirtschaftswachstum als Entwicklungsmodell, das zu Umweltzerstörung, wachsender Armut und Ungleichheit zwischen den Geschlechtern geführt hat. Angesichts verschiedener Krisen entwickeln wir eine neue, für die Umwelt tragfähige Vision von Entwicklung, die die Rechte und Bedürfnisse der Menschen in den Mittelpunkt stellt. Sie schließt bleibende Werte von sozialer Gerechtigkeit und Gerechtigkeit zwischen den Geschlechtern ein. Sie ist ganzheitlich und trägt zum Empowerment von Frauen bei.

(Christa Wichterich, Frauen der Welt. Göttingen 1995, S. 233.)

1 ■ »Frauen an die Macht!« Denkt darüber nach, ob Frauen das Problem der Ungleichheit zwischen den Geschlechtern eher lösen könnten als Männer.

2 ■ Am 8. März, dem Internationalen Frauentag, demonstrieren Frauen für gleiche Rechte. Malt Schilder mit Forderungen der Frauen.

3 ■ Entwickelt auf der Grundlage von M3 bis M5 das Modell einer Gesellschaftsform, deren oberste Ziele die Gleichberechtigung zwischen Frau und Mann, soziale Gerechtigkeit und Schutz der Umwelt sind. Überlegt auch, auf welchen Wegen ihr eine solche Gesellschaft erreichen wollt. Ihr könnt hier auch die Leseschnupperseiten mit einbeziehen.

11.8 Leseschnupperseiten:

Der Odonismus – Eine alternative Gesellschaft?

Ursula Le Guin, Planet der Habenichtse. München (Wilhelm Heyne Verlag) 1976, S. 21ff.

Auf Urras, einem der Erde ähnlichen Planeten, herrschen große soziale Gegensätze. Diese sind herbeigeführt worden durch ein Wirtschaftssystem, das auf Privatbesitz, Konkurrenz und Profit beruht. Die Hälfte der Menschen, die Frauen, sind weit gehend vom öffentlichen Leben ausgeschlossen. Auf dem Hintergrund der zunehmenden Ungleichheiten entwickelt Odo, eine Frau, die Theorie einer anarchistischen Gesellschaftsform, den Odonismus, dessen wichtigste Ideale Freiheit, Gleichheit, Solidarität und Partnerschaft sind.

Ein Aufstand der Anhänger Odos auf Urras wird niedergeschlagen. Die Überlebenden dürfen auf den unwirtlichen Nachbarplaneten Anarres auswandern. Hier können sie nach ihren Idealen leben. Eine Million Menschen entscheidet sich für das neue Leben. Shevek, die Hauptfigur des Romans, wird auf Anarres geboren. Er ist ein genialer Physiker, dessen Theorien die Raumfahrt revolutionieren könnten. Shevek hat eine Einladung nach Urras erhalten, um seine Theorien dort vorzustellen. An Bord des Raumschiffes trifft er den Arzt Dr. Kimoe, einen Urrasti, der für seine Desinfektion und Einführung in die neue Welt verantwortlich ist. Während des Fluges unterhalten sich die beiden über die Stellung der Frau auf Urras und Anarres.

»Gibt es wirklich keinen Unterschied zwischen Männerarbeit und Frauenarbeit?«

»Nun ja – nein. Das wäre doch eine sehr mechanische Grundlage für die Arbeitsteilung, nicht wahr? Jeder wählt seine Arbeit nach seinen Interessen, seiner Begabung und seiner Körperkraft. Was hat das Geschlecht damit zu tun?«

»Männer sind körperlich stärker«, verkündete der Arzt mit professioneller Bestimmtheit.

»Das stimmt – häufig. Und auch größer. Aber was spielt das für eine Rolle, da wir ja doch Maschinen haben? Und selbst wenn wir keine Maschinen haben, wenn wir mit dem Spaten graben oder Lasten auf unserem Rücken tragen müssen, arbeiten die Männer zwar möglicherweise schneller – die großen –, die Frauen aber arbeiten länger […] Ich habe mir oft genug gewünscht, so zäh und belastbar zu sein wie eine Frau.« […]

Kimoe starrte ihn fassungslos an; sein Schock war so groß, dass er die Höflichkeit vergaß. »Aber dann geht doch alles verloren […] alles Weibliche, alles Zarte […] und die männliche Selbstachtung […] Sie können mir doch nicht weismachen, dass die Frauen Ihnen auf Ihrem Fachgebiet gleichrangig sind? In der Physik, in der Mathematik, hinsichtlich des Intellekts? Sie können mir doch nicht weismachen, dass Sie sich ständig auf deren Niveau hinabbegeben?« […]

»Gewiss, ich habe auch hochintelligente Frauen kennen gelernt, Frauen, die logisch denken konnten wie ein Mann«, räumte der Arzt hastig ein. Er merkte, dass er beinahe geschrien hatte, dass er, wie Shevek fand, mit beiden Händen an die verschlossene Tür gehämmert und geschrien hatte […]

Shevek lenkte das Gespräch auf ein anderes Thema, musste aber weiterhin über dieses nachdenken. Die Frage der Überlegenheit und Minderwertigkeit musste im Gesellschaftsleben der Urrasti eine wichtige Rolle spielen. Wenn Kimoe, um seine Selbstachtung zu erhalten, die Hälfte der menschlichen Rasse als minderwertig betrachten musste, wie erhielten sich dann die Frauen ihre Selbstachtung – betrachteten sie die Männer als minderwertig? […]

Shevek ist erstaunt darüber, unter den Naturwissenschaftlern von Urras keine Frauen zu finden. In einem Gespräch mit drei Naturwissenschaftlern versucht er Ursachen dafür zu finden.

»Dann sind alle Naturwissenschaftler hier wohl Männer?« – »Naturwissenschaftler?«, wiederholte Oiie ungläubig.

Pae hüstelte. »Naturwissenschaftler. Aber ja, gewiss, das sind nur Männer. An den Mädchenschulen gibt es natürlich ein paar Lehrerinnen. Aber über die Diplomebene kommen die nie hinaus.«

»Warum denn nicht?«

»Weil sie keine Mathematik können; weil sie nicht abstrakt denken können; weil sie da einfach nicht hingehören. […]

»Lasst ihr Odonier denn eure Frauen Naturwissenschaften studieren?«, erkundigte sich Oiie.

»Hm – ja. Sie sind in den Naturwissenschaften.«

»Aber hoffentlich doch nicht viele!«

»Na, so ungefähr die Hälfte.«

»Ich habe ja schon immer gesagt, dass Technikerinnen bei richtiger Führung den Männern in einem Labor eine Menge

Arbeit abnehmen könnten«, behauptete Pae. »Bei stereotypen Arbeiten sind sie tatsächlich geschickter und schneller, fügsamer und weniger rasch gelangweilt. Wenn wir Frauen einsetzten, hätten die Männer mehr Zeit für schöpferische Arbeit.«

»Finden Sie, dass Frauen intellektuell schöpferisch arbeiten können, Dr. Shevek?«

»Nun, eigentlich haben sie mich gefunden – in Northsetting war Mitis meine Lehrerin. Und Gvarab; von der haben Sie, glaube ich, gehört.«

»Gvarab war eine Frau?«, fragte Pae aufrichtig erstaunt und lachte.

Oiie war nicht überzeugt, sondern gekränkt. »An den Namen kann man das natürlich nicht erkennen«, sagte er kalt. »Wie ich annehme, machen Sie es sich zum Prinzip, keinen Unterschied zwischen den Geschlechtern zu machen.«

»Odo war auch eine Frau«, gab Shevek freundlich zu bedenken.

Im Haus des Physikers Oiie auf Urras lernt Shevek dessen Schwester Vea kennen. Ihr Mann ist der Leiter eines großen Industriekombinats und viel unterwegs. Vea geht keiner beruflichen Tätigkeit nach und hat deswegen viel Zeit für sich. Sie lädt Shevek ein sie zu besuchen. Sie möchte etwas über die Frauen auf Anarres erfahren. Dabei wird ihre Rolle durch Shevek einer kritischen Analyse unterzogen.

»Bin ich denn tatsächlich so anders als die Anarresti-Frauen?«

»O ja, sehr!«

»Sind die alle ganz schrecklich stark und haben Muskeln? Tragen sie Stiefel und haben sie große Plattfüße und kleiden sie sich furchtbar praktisch und rasieren sie sich nur einmal im Monat?«

»Sie rasieren sich überhaupt nicht.«

»Nie? Nirgends? O Gott! Reden wir lieber von was anderem.«

»Über Sie.«

»Ich möchte wissen, ob eine Urrasti-Frau sich nicht daran stört, ständig als minderwertig angesehen zu werden.«

»Minderwertig? – Im Vergleich zu wem?«

»Zu den Männern.«

»Ach so! Wie kommen Sie darauf, dass ich das bin?«

»Weil in Ihrer Gesellschaft alles von Männern gemacht wird. Industrie, Kunst, Verwaltung, Regierung, Entscheidungen. Und Sie tragen Ihr Leben lang den Namen Ihres Vaters und Ihres Mannes. Die Männer gehen zur Schule, Sie gehen nicht zur Schule; Lehrer, Richter, Polizisten und Regierungsbeamte – allesamt sind ausschließlich Männer, nicht wahr? Warum lassen Sie zu, dass sie alles bestimmen? Warum tun Sie nicht, was Ihnen passt?«

»Aber das tun wir doch. Wir Frauen tun genau das, was wir wollen. Und zwar, ohne uns die Hände schmutzig zu machen oder Stahlhelme zu tragen oder im Direktorat aufstehen und herumschreien zu müssen.«

»Aber was tun Sie denn?«

»Wir regieren natürlich die Männer! Und wissen Sie was? Wir können ihnen das ruhig sagen, denn sie werden es uns nie glauben. Sie sagen nur, ha, ha, sehr komisch, Kleine, und tätscheln einem herablassend den Kopf und marschieren davon, dass ihre Orden klimpern. Rundherum selbstzufrieden.«

»Und sind Sie auch selbstzufrieden?«

»Allerdings.«

»Das glaube ich nicht.«

»Weil es nicht in Ihre Prinzipien passt. Männer haben ewig Theorien und die Tatsachen müssen sich ihnen anpassen.«

»Nein, nicht wegen der Theorien, sondern weil ich sehe, dass Sie nicht zufrieden sind. Dass Sie rastlos, unzufrieden, ja gefährlich sind.«

»Gefährlich!« Vea lachte ihn strahlend an. »Was für ein absolut fabelhaftes Kompliment! Warum bin ich gefährlich, Shevek?«

»Weil Sie genau wissen, dass Sie in den Augen der Männer ein Gegenstand sind, ein Besitztum, gekauft, verkauft. Und daher ständig überlegen müssen, wie Sie Ihre Besitzer hereinlegen können, wie Sie sich rächen« […]

Die Anarresti lehnen eine Institution wie die Ehe ab. Wenn ein Mann und eine Frau zusammen leben wollen, schließen sie eine Partnerschaft.

Die Partnerschaft war eine freiwillig hergestellte Föderation wie jede andere. Solange sie klappte, klappte sie, und wenn sie nicht klappte, hörte sie auf zu existieren. […]
Ein Paar, das sich zur Partnerschaft zusammenschloss, tat dies in voller Kenntnis der Tatsache, dass es jederzeit durch die Erfordernisse der Arbeitsteilung getrennt werden konnte.

Um zu überleben, um das Leben lebenswert zu machen, mussten die Anarresti jederzeit bereit sein dorthin zu gehen, wo sie gebraucht wurden, und die Arbeiten zu verrichten, die notwendig waren. Das wussten sie. Sie wuchsen heran in dem Bewusstsein, dass die Arbeitsteilung einen Hauptfaktor in ihrem Leben darstellte, eine unmittelbare, permanente soziale Notwendigkeit; während die Partnerschaft eine persönliche Angelegenheit war, eine Wahl, die nur innerhalb der größeren Wahl getroffen werden konnte.

12 Migration

M1

M2 ■ **Massenvertreibung aus Polen, 1946**

M3 ■ **Albanische Flüchtlinge im Hafen der italienischen Stadt Bari, August 1991**

Menschen fahren in Urlaub, wechseln ihren Wohnsitz, sind geschäftlich unterwegs. Andere wollen der Armut entkommen, fliehen vor Krieg und Verfolgung, müssen wegen Umweltkatastrophen ihre Heimat verlassen, suchen einen Ausweg aus der Hoffnungslosigkeit.

Schon immer haben sich Gruppen oder ganze Völker von ihren Wurzeln losgerissen und sich auf den Weg gemacht, um in der Fremde ein besseres Leben zu finden.

Zu keiner Zeit fanden sie eine wirklich menschenleere neue Heimat vor, immer trafen sie auf andere Menschen, die bereits dort lebten. Nur selten gelang ein friedlicher Ausgleich, häufiger führten Neid und Misstrauen, Unverständnis und Unkenntnis zur Ausgrenzung der Fremden. Erst Generationen später lebten Einheimische und Zugewanderte wirklich zusammen.

Die Inhalte dieses Kapitels sind so ausgewählt, dass ihr an verschiedenen Epochen die unterschiedlichen Motive untersuchen könnt, warum Menschen ihre Heimat verlassen, wie sie in der Fremde aufgenommen werden und unter welchen Bedingungen sie in ihrer neuen Heimat leben.

In diesem Kapitel werdet ihr

- erfahren, dass es schon immer Wanderungsbewegungen über Grenzen hinweg gegeben hat;
- Gründe kennen lernen, warum Menschen ihre Heimat verlassen haben;
- erkennen, wie das Zusammenleben zwischen Einheimischen und Zugewanderten gestaltet werden kann;
- erarbeiten, welche Schwierigkeiten die Wandernden bewältigen mussten;
- ermitteln, dass die Wanderungsbewegungen der Gegenwart eine größere Dimension besitzen als die der Vergangenheit;
- erfahren, auf welche Bedingungen Zugewanderte bei uns treffen;
- die Methode des historischen Längsschnitts kennen lernen.

M1

12.1 Der historische Längsschnitt

Geschichte – das ist zunächst ein sehr verschwommener Begriff. Viele verstehen darunter das, was sie im Geschichtsunterricht der Schule kennen gelernt haben, andere denken an Kriege und Feldherren, wieder andere an Burgen und Schlösser. Aber das sind alles nur Teile einer Gesamterscheinung, die wir »Geschichte« nennen.

Im Strom der Geschichte fischen

Schon immer haben Menschen versucht ein Bild zu finden, um die grundsätzlich unendliche Vielfalt der Personen, Ereignisse und Erscheinungen in der Geschichte zu erfassen. Eines der bekanntesten Bilder ist das eines riesigen Stroms, dessen Quelle irgendwo in der Vergangenheit und dessen Mündung in einer unendlichen Zukunft liegt. Ungeordnet treiben in diesem Strom alle uns bekannten und unbekannten Ereignisse und Personen. Einiges schwimmt an der Oberfläche und ist leicht erkennbar, anderes treibt unter dem Wasserspiegel, wieder anderes liegt auf dem Grund. Damit wir aber überhaupt etwas von dem, was dieser Strom enthält, erkennen können, müssen wir in diesem Strom fischen, um Teile, die in diesem Strom treiben, an Land zu ziehen, sie dort zu untersuchen und zu ordnen. Es sind die Geschichtswissenschaftlerinnen und -wissenschaftler, die hauptberuflich mit Netzen in diesem Strom fischen. Und wie beim Fischfang hängt das, was man fängt, davon ab, wie das Netz geknüpft ist. Dabei gibt es kein »richtiges« oder »falsches« Muster, jeder Geschichtswissenschaftler knüpft für sich sein Frage-Netz. Und je nachdem, wie die Maschen aussehen, bleiben unterschiedliche Erscheinungen, Ereignisse, Personen, Daten und Fakten im Netz hängen. Vor einhundert Jahren sahen die Netzmuster anders aus als heute und morgen werden sie wiederum anders aussehen. Aus dem, was in ihrem Netz geblieben ist, konstruieren Wissenschaftler ihr Bild von der Geschichte.

Forscherinnen und Forscher stehen an einer Stelle des Geschichtsstroms, z. B. bei der Jahreszahl 1789, 1342 und werfen ihr Netz aus. Sie werden dann vielleicht Neues zur Französischen Revolution entdecken. Sie können ihr Netz aber auch an verschiedenen Stellen des Stromes auswerfen. Dann werden sie in verschiedenen Jahrhunderten »Beute« machen. Diese Methode im Strom der Geschichte zu fischen nennt man: historischer Längsschnitt.

Wanderungen in der Geschichte: ein historischer Längsschnitt

Auf den nächsten Seiten werden wir ein Netzmuster knüpfen, das den Namen Migration (Wanderungen) trägt. Wir werden das Netz an verschiedenen Stellen des Geschichtsflusses auswerfen und sehen, was sich im Netz verfängt, und wir werden uns daraus ein Bild von der Geschichte der Wanderungen machen. Der Vorzug unseres Längsschnitts besteht in der Erkenntnis, dass die Erscheinung der Wanderung nicht grundsätzlich neu ist, sondern dass die Grundstruktur im Laufe der Jahre und Jahrhunderte immer wieder gefunden werden kann. Die Geschichte der vergangenen Zeiten kann euch natürlich nicht sagen, wie ihr euch heute gegenüber der Tatsache, dass Millionen von Menschen weltweit auf Wanderschaft sind, verhalten sollt, aber sie leistet anderes: Indem ihr euch mit zurückliegenden Epochen beschäftigt, wird euch deutlich, was ihr bei der Beurteilung der heutigen Situation alles bedenken müsst. So bewahrt euch Geschichte vor unüberlegten und voreiligen Urteilen zu einem nur scheinbar neuen Problem. Es gibt bei dieser Methode aber auch Nachteile. So muss auf eine eingehende Darstellung all dessen, was zwar in der jeweiligen Zeit wichtig und wesentlich war, aber keinen direkten Bezug zum Thema »Wanderungen« hat, verzichtet werden. Viele Menschen sehen daher in dem Vorgehen des historischen Längsschnitts die Gefahr einer Verkürzung oder gar Verfälschung von Geschichte. Wenn ihr die Stärken und Schwächen der von euch benutzten Methode kennt, könnt ihr mögliche Fehler leichter vermeiden.

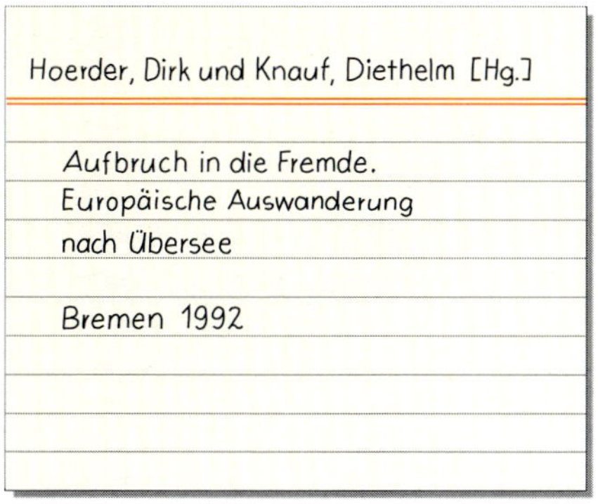

M2 ■ Karteikarte für einen Buchtitel

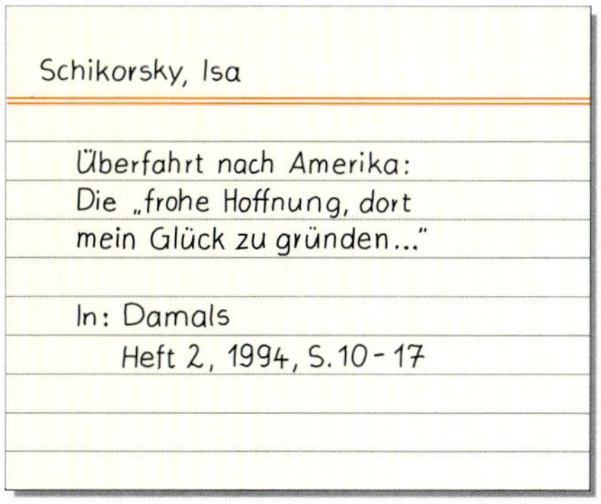

M3 ■ Karteikarte für einen Zeitschriftenaufsatz

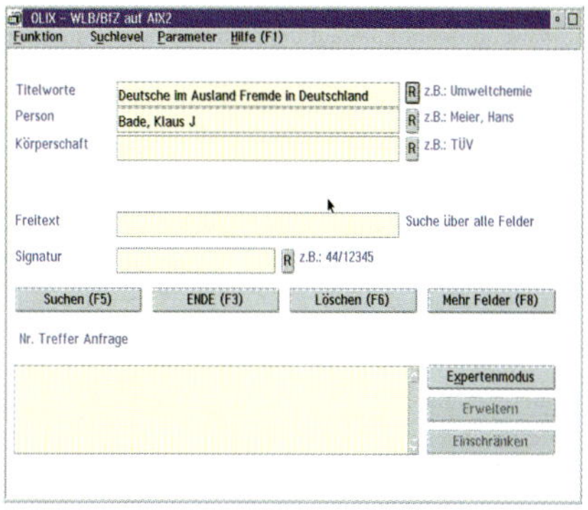

M4 ■ Bildschirm-Maske einer Bücherei

Wie arbeite ich in einer Bücherei?

Bei jedem Thema, das ihr untersuchen sollt, ist es in der Regel notwendig, in eine Bücherei zu gehen. Dabei ist es zunächst einmal unerheblich, ob dies die Schul-, Gemeinde-, Stadt- oder gar Universitätsbibliothek ist und ob diese Bibilothek in Kiel, Köln oder Chemnitz, in Velbert, Gommern oder Zittau ist, denn alle Büchereien sind nach demselben Ordnungsprinzip aufgebaut. Es ist auch gleichgültig, ob die Bücher in Karteikästen katalogisiert oder bereits über ein Computersystem zu finden sind. Überall gibt es neben dem alphabetischen Verfasserkatalog einen systematischen oder Schlagwort Katalog. Unter jedem Schlag- oder Stichwort finden Benutzerinnen und Benutzer in alphabetischer Reihenfolge Buchtitel oder Zeitschriftenaufsätze zu dem jeweiligen Stichwort.

Wenn ihr z. B. das Thema »Auswanderung nach Amerika« bearbeiten sollt, werdet ihr vielleicht dieses als Stichwort nicht finden. Dann müsst ihr euch überlegen, unter welchem weiter gehenden Begriff Buchtitel zu diesem Thema zu finden sein könnten, »Wanderungen« wäre so ein Oberbegriff, manchmal wird auch das Fremdwort »Migration« auftauchen. Wie die Oberbegriffe zu finden sind, dafür gibt es leider keine verbindliche Regel, aber zwei Tipps: Auch hier gilt »Übung macht den Meister oder die Meisterin« und zum Zweiten gibt es in jeder Bücherei Bibliothekarinnen und Bibliothekare, die weiterhelfen.

Wenn ihr unter dem Schlagwort fündig geworden seid, sind zwei weitere Faustregeln zu beachten: Allgemeine Darstellungen zum Thema sind immer vorzuziehen, weil ihr euch sonst zu schnell hoffnungslos in Einzelfragen verstrickt. Die zweite Regel ist nicht so ausnahmslos gültig, hilft euch aber Entscheidungen zu fällen: Zuerst solltet ihr die neuesten Veröffentlichungen lesen, weil diese die älteren Arbeiten mitberücksichtigen. Manchmal jedoch sind ältere Darstellungen besser als neue, dafür gibt es leider wieder keine Regel.

Für das Thema wichtige Bücher und Zeitschriftenartikel sollten auf Zetteln oder Karteikarten notiert werden, und zwar nach folgendem Muster:

Bücher:

1. Name, Vorname der Verfasserin/des Verfassers oder Herausgebers [Hg.], 2. Titel, gegebenenfalls mit Untertitel, 3. Reihentitel (falls vorhanden), 4. Erscheinungsort und Jahr der Erstauflage, 5. Auflage und Erscheinungsjahr des benutzten Buches, falls es nicht mit Zeile 4 identisch ist, 6. Bibliothekssignatur.

Für Zeitschriften gilt ein ähnliches Muster:

1. Name, Vorname der Verfasserin/des Verfassers, 2. Titel des Aufsatzes, 3. In: Name der Zeitschrift, 4. Jahrgang, Erscheinungsjahr, Seitenangaben, 5. Bibliothekssignatur.

1 ■ Gehe in eine Bücherei in deiner Nähe und suche drei Titel heraus, die das Thema »Wanderungen« bearbeiten. Schreibe diese Titel auf Zettel oder Karteikarten.

2 ■ Ordnet die verschiedenen Karteikarten in eurer Klasse so, dass in einem ersten Schritt zusammengehörige Karten in Gruppen zusammengefasst werden und in einem zweiten Schritt die Wanderungen zeitlich geordnet werden.

3 ■ Zeichne eine historische Karte der Wanderungsbewegungen der eigenen Familie.

12.2 Die Völkerwanderung – Europas Landkarte verändert sich

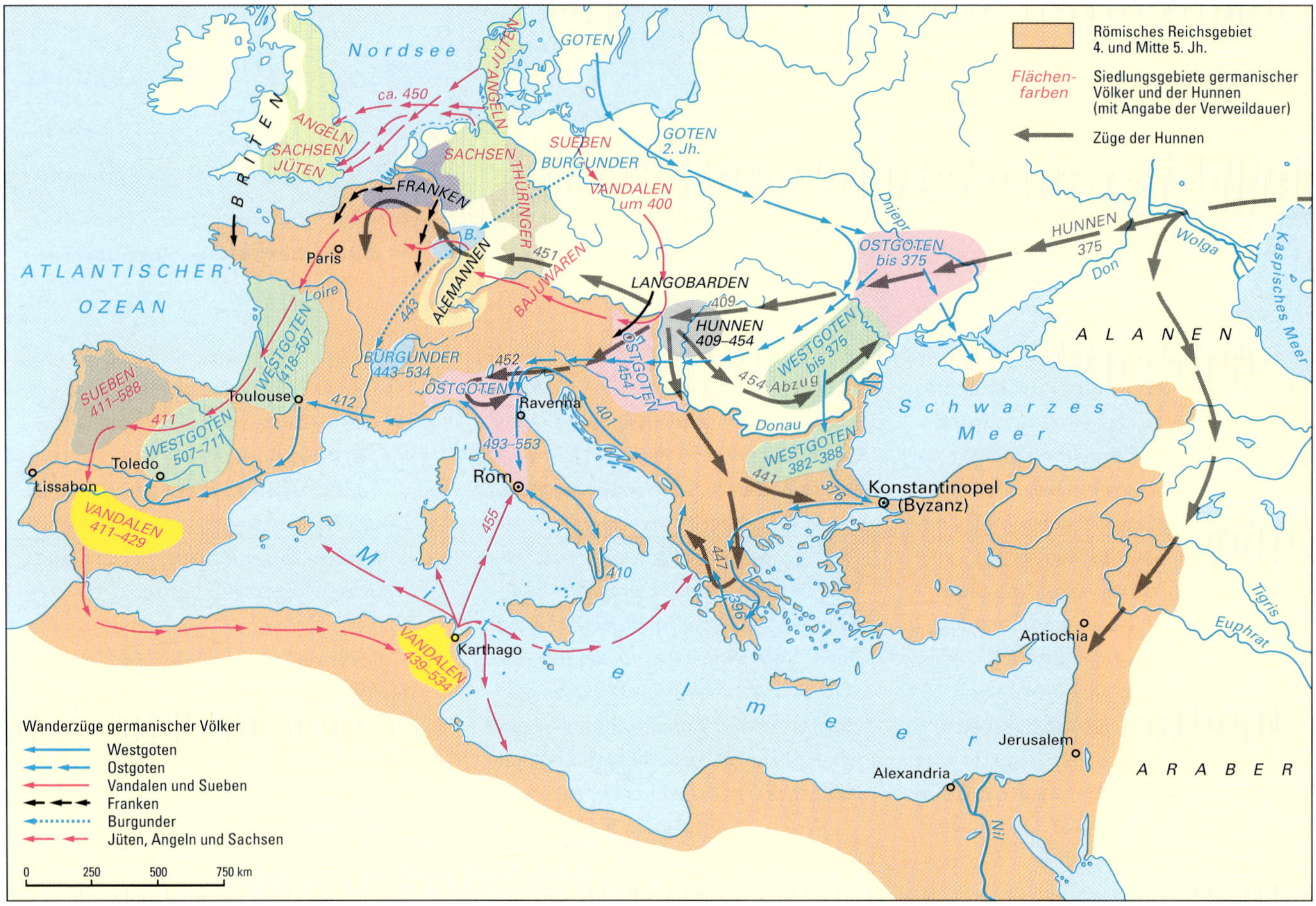

M1 ■ Völkerwanderung (3. – 6. Jh.)

Im Verlauf des 3. Jahrhunderts verließen viele germanische *Stämme** mit sämtlichen Angehörigen und ihrer gesamten Habe ihre Heimat und zogen nach Süden. Über den Ablauf ihrer Wanderung wissen wir kaum etwas, zu wenig ist überliefert. Im Laufe der Wanderung änderte sich die Zusammensetzung eines Stammes ständig. Einzelne oder ganze Gruppen blieben zurück, andere schlossen sich dem Stamm an. Wenn sich der Stamm nach einer geglückten Landnahme nicht über große Räume verteilte, sondern auf zu engem Raum zusammenblieb, war der Boden nach ein bis zwei Generationen ausgelaugt und der Stamm begab sich erneut auf Wanderung. Andere Gründe für den Aufbruch in die Fremde waren auch: starke Bevölkerungszunahme, Klimaverschlechterungen, Naturkatastrophen, Missernten oder auch nur die Hoffnung auf bessere Lebensbedingungen.

Seit Ende des 4. Jahrhunderts drang aus den Weiten Asiens das Reitervolk der Hunnen in das Schwarzmeergebiet ein und löste eine neue große Wanderungswelle aus. Um den Hunnen zu entgehen, wichen die germanischen Stämme nach Süden und Westen aus. Nach Ende der Hunneneinfälle hatten sich die Ostgoten unter der Oberhoheit des oströmischen Kaisers im Gebiet zwischen den Ostalpen, Donau und Save niedergelassen. Nachdem Theoderich 471 ihr König geworden war, wurde dieser von dem oströmischen Kaiser nach Italien geschickt und besiegte 493 den germanischen Heerführer Odoaker. Die Kultur der Ostgoten wurde das Bindeglied zwischen römischer und germanischer Welt.

M2 ■ Der Dichter Prosper Trio von Aquitanien schrieb zwischen 400 und 450 n. Chr. über den Einbruch der Germanenvölker:

Der einst mit hundert Pflügen die Erde umbrach, schwitzt nun, um noch zwei Rinder halten zu können, der oftmals im Wagen durch herrliche Städte fuhr, geht nun mit müden Füßen missmutig über ein verödetes Land. […] Nicht das Land und nicht die Städte wahren ihren Bestand. Alles stürzt jäh dem Ende entgegen. Durch Schwert, Pest, Hunger, Gefangenschaft, Hitze und Kälte rafft auf tausendfache Weise ein und derselbe Tod die Menschen hinweg. Kriege toben allenthalben, Raserei packt alle an, mit ungezählten Waffen stürzen Könige aufeinander los. Unheilige Zwietracht wütet auf der verwirrten Welt. Der Friede hat die Erde verlassen, überall erblickst du die letzten Dinge.

(Wolfgang Lautemann/Manfred Schlenke [Hg.], Geschichte in Quellen. Bd. 1: Altertum. München 1978, S. 802.)

M3 ■ Ein Zeitgenosse schrieb über die Herrschaft Theoderichs des Großen (451/471 – 526):

In seiner Zeit war Italien 30 Jahre lang vom Glück begleitet, derart, dass selbst Reisende Frieden hatten. Denn er tat nichts verkehrt. So regierte er die beiden Völker in einem, die Römer und die Goten. Er gehörte zwar selbst der arianischen Sekte an, unternahm aber doch nichts gegen die katholische Religion, gab Zirkusspiele und Amphitheater, sodass er auch von den Römern Traianus und Valentinianus (Namen römischer Kaiser) genannt wurde –, deren Zeit sein Vorbild war – und von den Goten […] allerwege tapferster König. Den Staatsdienst der Römer überließ er, wie zur römischen Kaiserzeit, weiter den Römern selbst.

(nach: Wolfgang Lautemann/Manfred Schlenke [Hg.], a. a. O., S. 829.)

M4 ■ Das Grabmal des Theoderich in Ravenna. Wie die Hünengräber wird es durch einen einzigen behauenen Stein oben abgeschlossen.

M5 ■ Theoderich der Große. Goldmedaillon, Anfang des 6. Jh.; Rom, Thermenmuseum

M6 ■ Theoderich schreibt über das Zusammenleben von Römern und Germanen im Ostgotenreich:

Mögen beide Völker hören, was uns am Herzen liegt. Die Römer sind eure Nachbarn, ihr Goten, daher sollen sie mit euch in Liebe verbunden sein. Ihr aber, Römer, sollt mit großem Eifer die Goten lieben, die euch im Frieden zu einem zahlreichen Volk machen, im Krieg aber den gesamten Staat verteidigen.

(Cassiodorus, Variae, 7, 3, 3.)

1 ■ Gib mit eigenen Worten die Gedanken und Gefühle des Dichters Prosper Trio von Aquitanien wieder.

2 ■ Beschreibe den Weg der Ostgoten seit ihrem Aufbruch in Skandinavien. Welche Gewässer und Gebirge mussten sie überwinden? Miss die Wegstrecke.

3 ■ Erstelle einen kurzen Steckbrief zu Theoderich dem Großen und den Grundzügen seiner Politik.

4 ■ Schau dir das Grabmal Theoderichs an (M4). Welche unterschiedlichen Elemente erkennst du? Beziehe deine Beobachtungen auf M2 und M6.

5 ■ Überlegt euch eine Szene, in der es um die Niederlassung einer gotischen Familie in einem Dorf im Norden Italiens geht. Die Mitglieder einer seit Generationen dort ansässigen Bauernfamilie reagieren sehr unterschiedlich.

M1 ■ Ein Fürst überreicht einem Lokator eine Urkunde. Daneben roden Bauern einen Wald und errichten ein Dorf.

12.3 Die Siedlungsbewegungen des Mittelalters

Als sich die Bevölkerung in den Ländern Mitteleuropas zwischen dem 11. und 14. Jahrhundert verdreifachte, wurde das Ackerland knapp. Die Menschen mussten bisher nicht genutzte Flächen in der Nähe ihrer Dörfer kultivieren. Wälder wurden gerodet, Sümpfe und Moore trocken gelegt, Deiche errichtet. Dennoch reichte auch dieser innere Landesausbau bald nicht mehr aus.

Eine europäische Rodungsbewegung

Daher drangen französische Siedlerinnen und Siedler im 13. Jahrhundert nach Spanien vor, die Engländer dehnten sich weiter auf ihrer Insel aus, schwedische Siedler machten sich auf den Weg nach Finnland, Siedlerfamilien aus Dänemark gingen nach Estland und deutsche Siedler ließen sich in den Gebieten östlich von Elbe, Saale und Donau nieder.

Ein schwieriger Anfang

Es ist anzunehmen, dass es auch den damaligen Bauern, Handwerkern und Kaufleuten und ihren Familien nicht leicht gefallen ist, ihre angestammte Heimat zu verlassen. Aber in der Ferne gab es viel ungenutztes Land, das zu wesentlich günstigeren Bedingungen abgegeben wurde als in ihrer alten Heimat. Auf den Weg in die Fremde machten sich vor allem die nachgeborenen Bauernsöhne, die kein Erbrecht hatten und nur als Knechte in der Heimat hätten leben können. Allerdings waren in der neuen Heimat anstrengende und weiträumige Rodungsarbeiten zu leisten, bevor an die erste Ernte überhaupt zu denken war. »Dem Ersten der Tod, dem Zweiten die Not, dem Dritten das Brot«, dieses Sprichwort war für die Neuankömmlinge bittere Wahrheit.

Mit der Organisation und Durchführung eines Siedlungsprojekts beauftragte der Fürst, dem das zu kultivierende Land gehörte, im Regelfall einen Ritter oder Bürger als Siedlungsunternehmer *(Lokator*)*. Für seine Arbeit erhielt der Lokator einen Teil der Neusiedlung als abgabefreien Eigenbesitz, darüber hinaus Abgabe- und Steuerfreiheit für mehrere Jahre, schließlich auch noch das einträgliche Amt des Dorfrichters (Schulze) und weitere Privilegien.

Holländische Bauernfamilien kultivieren im Deutschen Reich

Anfang des 19. Jahrhunderts holte der Erzbischof von Bremen holländische Bauernfamilien in sein Land. Sie sollten sumpfige Gebiete in der Nähe der Weser in fruchtbares Ackerland umwandeln. Holländer waren für ihre Fähigkeit zur Kultivierung bekannt. Um die Holländer zu bewegen ihre Heimat zu verlassen und die beschwerliche Arbeit im Osten des Landes aufzunehmen, versprach der Erzbischof jedem Siedler ein eigenes Stück Erbland und Abgabenfreiheit. Viele nachgeborene holländische Bauernsöhne nahmen das verlockende erzbischöfliche Angebot an und zogen nach Osten.

Die Siedlung östlich der Elbe

Die Fürsten östlich der Elbe hatten den Nutzen der Dorf- und Stadtgründungen erkannt und nahmen gerne Siedlungswillige aus dem Westen auf. Ihre Steuereinnahmen stiegen, die Siedler brachten technisches Know-how wie z. B. den Räderpflug, das *Kummet** und die Dreifelderwirtschaft mit, Bergwerke wurden angelegt, Handelsverbindungen geknüpft. Für diese Vorteile gewährten die Fürsten den Siedlern gerne geringere Abgabenleistungen und eine bessere Rechtsstellung als ihrer eigenen Bevölkerung. Auf Dauer war diese Ungleichbehandlung aber nicht aufrechtzuerhalten und so gaben sie ihren slawischen Untertanen immer häufiger dieselben Rechte, die sie den Siedlern zugestanden hatten. Allmählich kam es zur Vermischung der Neuangesiedelten mit der slawischen Bevölkerung.

Der Kolonisation gingen in der Regel keine kriegerischen Auseinandersetzungen voraus, sie war auch nicht planmäßig und flächendeckend von den Adligen in Angriff genommen worden. Gemessen an der Gesamtbevölkerung im Reich war die Zahl der Menschen, die im 12. und 13. Jahrhundert im Osten siedelten, gering. Schätzungen besagen, dass es lediglich 5 bis 6 % der Bevölkerung gewesen sein sollen.

M2 ■ Siedlungen mit deutschem Recht im Osten

1 ■ Beschreibe anhand der Karte die Etappen der Besiedlung des Landes östlich der Elbe.

2 ■ Überlege, was den polnischen König Przemysl II. veranlasst hat, dem nach polnischem Recht regierten Städtchen Miechow und seinen dort lebenden Bürgerinnen und Bürgern das freiere deutsche Recht zuzugestehen (M3)?

3 ■ Führt ein Rollenspiel durch, in dem eine alte Bäuerin/ein alter Bauer seiner Enkelin/seinem Enkel erzählt, warum sie/er, als sie jung waren, ihr Heimatdorf bei Bamberg verlassen haben.

4 ■ Die Siedlerinnen und Siedler aus dem Westen brachten ihr eigenes Recht mit und durften es behalten. Diskutiert, ob dies auch heute für die in die Bundesrepublik Zuwandernden ein Modell sein könnte.

M3 ■ Przemysl II., König von Polen, übergibt Gerhard, Bürger zu Krakau, das Städtchen Miechow, 1290:

Wir (König Przemysl II.) machen bekannt, dass wir in dem Wunsche, den Zustand unseres Landes um Krakau zu verbessern, die nach polnischem Recht lebende Stadt Miechow […] einem unserer Bürger aus Krakau, Gerhard, (als Vogt) übertragen haben. Er soll sie nach deutschem Siedelrecht und nach der Gewohnheit von Neumarkt (eine Stadt, die nach deutschem Recht regiert wird) austun. Im Zuge dieser Lokation erhält der genannte Gerhard: 10 Freihufen, jeden 6. Hof in der Stadt als Freihof, jeden 6. Garten um die Stadt frei, den 3. Pfennig aus dem Gericht von allen Fällen, freie Brot- und Schuhbänke, freie Badstuben, so viel ihm nötig scheinen, eine freie Mühle […] und einen freien Schlachthof. (Es folgt noch die Auflistung weiterer Privilegien.) […] Und damit die Siedler umso williger in die Stadt ziehen und vor allem auch Lust gewinnen zu bleiben, geben wir den Städtern auf bebaute Äcker 6, auf noch zu rodende Flur aber 10 Freijahre. Aufgrund dieser Freiheit entfallen für sie alle Abgaben, Steuern, Dienste und Zinsen, auch aller Zwang. […] Wenn der Vogt oder ein Bürger […] vor Gericht zitiert werden, […] dann sollen sie nur nach deutschem Recht verurteilt werden. Wir bestimmen weiter, dass sie zu keiner Heerfahrt verpflichtet werden können, die nicht der Gewohnheit [dem Recht] der Stadt Krakau entspricht. Zu Dienstleistungen sollen die Bürger ebenfalls nur in dem Maße herangezogen werden, wie es bei den nach deutschem Recht im Lande um Krakau angesetzten Stadtgemeinden üblich ist. Wir übergeben außerdem dem genannten Gerhard und seinen Nachkommen 600 große Hufen, die zum Bereich der Stadt gehören. Sie haben Macht diese Hufen mit Siedlern nach deutschem Recht zu besetzen. […] Damit die Bürger sich gegen Feindesgewalt umso sicherer halten können, erlauben wir die Stadt mit Wall und Graben, Pallisaden und anderen Wehranlagen zu befestigen.

(Wolfgang Lautemann/Manfred Schlenke [Hg.], Geschichte in Quellen. Bd. 2: Mittelalter. München 1978, S. 634f.)

12.4 Um Gottes willen – Glaubensflüchtlinge in Europa

Im Laufe des Mittelalters zerfiel die alte, über Jahrhunderte bestehende gesellschaftliche und soziale Hierarchie. Auch die bestehende Kirche verlor ihre Rolle als alleinige Heilsbringerin. Gleichzeitig verkündeten Renaissance und Humanismus die Freiheit des Individuums. Mit der Reformation war vorläufig der Höhepunkt des Autoritätsverlusts der Kirche erreicht.

Die Lehre Martin Luthers und auch die Glaubensgemeinschaften der *Calvinisten**, der *Hugenotten** in Frankreich und der *Puritaner** in England hatten sehr großen Zulauf.

Ein König, ein Glaube, ein Gesetz

Zu dieser Zeit bildete sich in Europa ein neues Verständnis von der Herrschaft und den Machtbefugnissen eines Fürsten heraus. Vorbild für alle Fürsten Europas war der Absolutismus des französischen Königs Ludwig XIV.: »Ein König, ein Glaube, ein Gesetz«, war der Leitspruch. Infolgedessen duldete der katholische Ludwig XIV. in seinem Reich auch keine andere Glaubensgemeinschaft. So hob er im Jahr 1685 das Toleranzedikt seines Großvaters Heinrich IV. auf, der den Hugenotten 1598 die freie Religionsausübung garantiert hatte. Die Hugenotten wurden verfolgt, eingesperrt, getötet.

Preußen als Zufluchtstätte für Protestanten in Europa

Der Kurfürst von Brandenburg, ein Anhänger des Calvinismus, erließ, nachdem er von dem Befehl des französischen Königs gehört hatte, im Oktober 1685 in Potsdam sein Toleranzedikt und lud die Flüchtlinge nach Brandenburg-Preußen ein. In diesem Kurfürstentum hatte der 30-jährige Krieg (1618 bis 1648) furchtbar gewütet, die Bevölkerungsverluste waren enorm, weite Landstriche und viele Städte lagen in Trümmern. Der Kurfürst von Brandenburg versuchte mit allen Mitteln sein Land wieder aufzubauen. Die Grundlage dazu war eine Steigerung der Staatseinnahmen durch die Ansiedlung weiterer Untertanen. Dabei setzte der Kurfürst vor allem auf Glaubensflüchtlinge aus ganz Europa, die zwar oft in bejammerswertem Zustand sein Land erreichten, aber viele in Preußen unbekannte Kenntnisse und Fähigkeiten mitbrachten. Großzügig gewährte der Kurfürst den Hugenotten finanzielle Starthilfen und Privilegien. Auch die Nachfolger des Kurfürsten, die zu Königen aufgestiegen waren, hielten an dieser Einstellung fest. 1732 bot der preußische König Friedrich I. (1713–1740) mehr als 18 000 salzburgischen Glaubensflüchtlinge eine neue Heimat. Die meisten dieser Flüchtlinge siedelten als Bauern in Ostpreußen. Einige Jahre später waren es dann evangelische Glaubensflüchtlinge aus Böhmen, die in einem Dorf bei Berlin, heute Berlin-Neukölln, angesiedelt wurden.

M1 ■ Reliefplatte am Denkmal Friedrich Wilhelms I. Der dritte Flüchtling von rechts trägt die Böhmische Bibel unter dem Arm.

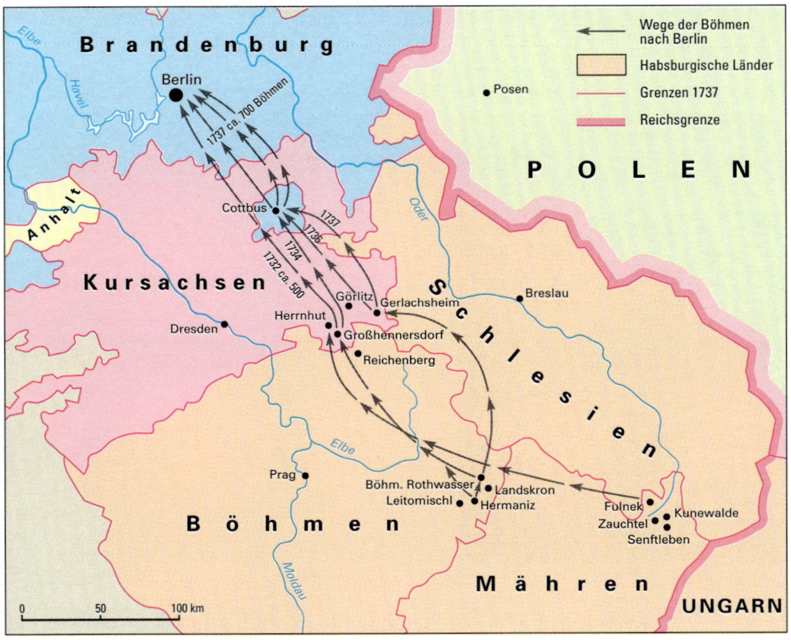

M2 ■ **Wege der Böhmen nach Berlin 1737**

Böhmenzug nach Berlin im 18. Jh.
Die Böhmen, die in Böhmisch-Rixdorf (heute Berlin-Neukölln) siedelten, stammten aus Ostböhmen, wo sie ihres evangelischen Glaubens wegen verfolgt wurden. Von dort flohen sie nach Sachsen, wo sie auf Dauer nicht bleiben konnten. In Preußen wurde ihnen 1737 Aufnahme und Privilegien gewährt, um sie zur Aussiedlung zu bewegen. Sie waren vom Kriegsdienst befreit und mussten fünf Jahre lang keine Steuern entrichten. Allmählich vollzog sich eine Integration der Neuangesiedelten. Bis heute behielten sie ihre böhmische Kultur und Sprache bei. So gibt es in Neukölln heute noch das böhmische Dorf mit eigener Kirche.

M3 ■ Aus einer königlichen Ordre vom 5.2.1737

So viel die in Sachsen sich aufhaltenden Böhmischen Emigranten anbetrifft, so will Ich solche gern in meine Lande aufnehmen und will Ich, dass diejenigen von ihnen, welche Handwerke können, ingleichen die, so von der Weberei und vom Spinnen Profession machen, zu Berlin auf der Friedrichstadt etabliert werden sollen, wenn auch schon Ich noch eine Kirche vor (= für) selbige bauen müsste. Die unter ihnen befindlichen Ackerleuthe aber sollen nicht in Pommern, sondern sämtlich in der Churmark und um Berlin herum angesetzt werden, damit eines-theils Ich nicht nöthig habe, in Pommern vor ihnen eine besondere Kirche zu bauen, anderntheils aber diese Leuthe so viel als möglich ist zusammen bleiben können.

(zitiert nach: Irmgard Hort, Die böhmischen Ansiedlungen in und um Berlin. In: Herbergen der Christenheit 2/1959, S. 24.)

M4 ■ Aus dem Lebenslauf von Katharina Proske (1729 – 1763)

Sie war geboren 1729 am 19. November in Böhmen im Dorfe Hermaniz. [...] Bewegten Herzens erinnerte sie sich, wie ihr Vater in einer Nacht aus dem Bett geholt wurde und ins Gefängnis nach Litomischl gebracht wurde. Sie war damals sechs Jahre alt. Dort wurde er mehrere Monate hart gehalten und sehr geschlagen [...] und er saß an der Kette in einem dunklen und kalten Raum. [...] Sie blieben dann noch (nach dem Tod des Vaters) ein Jahr in Böhmen unter vielen Unterdrückungen und schlechter Behandlung. Besonders der Mutter wurde gedroht, dass ihr die Kinder weggenommen würden und in katholische Familien kämen und sie selbst ins Gefängnis. [...] So kam sie doch glücklich nach Gerlachsheim. 1737 mussten sie von dort weiterziehen und hatten bei schlechtem Wetter einen sehr schwierigen Weg. Der Heiland hat ihnen aber geholfen, dass sie [...] in Berlin ankamen.

(Archiv der Brüdergemeine Berlin-Neukölln. E II a) I. Lebensläufe aus dem 18. Jahrhundert.)

1 ■ Stelle die Gründe für die Flucht der Böhmen zusammen.

2 ■ Beschreibe den Fluchtweg der Exilanten. Mit einem Atlanten kannst du die Entfernungen und die besonderen Schwierigkeiten, z. B. beschwerliche Gebirgs- und Flussüberquerungen, herausfinden (M2).

3 ■ Versetze dich in die Rolle eines königlichen Beamten, der 1737 skeptische preußische Untertanen von der Notwendigkeit der Aufnahme böhmischer Glaubensflüchtlinge überzeugen soll. Wie würdest du argumentieren?

4 ■ Informiere dich, ob es in deiner Gemeinde oder Stadt ein Gebetshaus für eine nichtchristliche Glaubensgemeinschaft gibt, wer es errichtet hat und wer es unterhält (siehe M3).

5 ■ In welchen Ländern gibt es heute Spannungen zwischen Religionsgruppen oder Religionsgruppen, die unterdrückt werden?

M1 ■ Irland heute

12.5 Great Famine – Die Große Hungersnot

Noch heute bewegt kein Ereignis das Nationalgefühl der Iren stärker als die Geschichte der Großen Hungersnot (Great Famine) in den Jahren 1845–49. Die genaue Zahl der Opfer kennt keiner, aber alle Schätzungen nennen mehr als 1 Million Hungertote in diesen vier Jahren. Weitere 1,5 Millionen Iren verließen zwischen 1845 und 1850 ihre Insel.

Protestantische Engländer und katholische Iren

Am 12. Juli 1690 besiegte der protestantische englische König Wilhelm III. ein französisch-irisches Heer am Fluss Boyne. Seine Soldaten wurden mit dem Land der Besiegten bezahlt. Nur 14 % des irischen Bodens durften die katholischen Iren behalten. Ein Pachtsystem prägte sich aus, bei dem die Landlords (Grundbesitzer), von denen viele im fernen London wohnten, ihren Grundbesitz an Großpächter übergaben. Diese wiederum übergaben ihn an Unterpächter und so setzte sich die Pyramide fort, bis am Ende der irische Kleinpächter stand. Die oft winzig kleinen Parzellen reichten kaum aus, um eine Familie zu ernähren und die Pacht zu zahlen.

Die Kartoffelfäule vernichtet das Grundnahrungsmittel

Weil es keine andere Frucht gab, die im Verhältnis zur bebauten Fläche mehr Hungrige satt machte als die Kartoffel, wurde diese Pflanze zum Hauptnahrungsmittel der Iren. In der ersten Hälfte des 19. Jahrhunderts lebte ein Drittel der irischen Bevölkerung ausschließlich von der Kartoffel, selten kam ein Hering auf den Tisch, Fleisch gab es nur zwei- bis dreimal im Jahr.

Als 1845–1849 viermal hintereinander die Kartoffelfäule die gesamte Ernte eines Jahres vernichtete, war vielen irischen Kleinpächtern die Lebensgrundlage entzogen. Sie konnten weder die Pachtzinsen bezahlen noch hatten sie genug zu essen. Rücksichtslos ordneten die Pächter die Vertreibung der Familien an, rissen deren ärmliche Hütten ein und legten die Parzellen zu größeren, rentableren Einheiten zusammen.

Hilfe für Notleidende war damals nach Auffassung aller Regierungen keine Aufgabe des Staates, sondern Privatsache. Erst allmählich gingen die Engländer dazu über, in Irland Arbeitshäuser zu errichten, in denen sich die Hungernden Geld für Lebensmittel verdienen konnten. Die Arbeitsbedingungen dort waren bewusst hart, denn jeder sollte sich bemühen möglichst schnell eine andere Arbeit zu finden. Wer keinen Platz in einem der Arbeitshäuser fand, schleppte sich mit anderen auf den Straßen in die etwas reicheren Städte, vor allem Belfast und Dublin. Vor Entkräftung und an Seuchen starben Zehntausende in den Straßengräben und an Häuserecken.

Emigration als Ausweg aus der Not

Schon immer war die Emigration nach England ein Ausweg für die Iren. In den Jahren des Hungers stieg die Zahl der Auswandernden jedoch sprunghaft an. Wer noch genügend Geld für eine Fahrkarte hatte, verließ die Insel. Wer mehr bezahlen konnte, bevorzugte die Vereinigten Staaten als Ziel. Heute leben mehr Menschen irischer Herkunft in den USA, besonders in den Neuenglandstaaten, als in Irland selbst.

M2 ■ Irische Bevölkerung im 19. Jahrhundert

1804	5 400 000
1813	5 937 000
1821	6 801 000
1831	7 767 000
1841	8 175 000
1851	6 552 000
1861	5 799 000
1871	5 412 000
1881	5 175 000
1891	4 705 000
1901	4 458 000
1986	3 540 000

(Joe Finn, Ireland and England: 1798–1922 [History at Source Series]. London 1995, S. 33.)

Kartoffelfäule

Bei den unter dem Begriff »Kartoffelfäule« zusammengefassten Schädigungen handelt es sich um Pflanzen, die von einem Sporenpilz befallen sind. Die Sporen benötigen Wind zur Verbreitung und Feuchtigkeit zur Entwicklung, fanden also gerade in Irland besonders günstige Lebensbedingungen.

M3 ■ Anfänge der Hungersnot, 1845

M4 ■ Freeman's Journal, Dublin, 11. 9. 1845

Zu unserem Bedauern erhalten wir von mehr als nur einem gut informierten Korrespondenten Berichte darüber, dass in Irland, besonders im Norden, die Kartoffelkrankheit aufgetreten ist, die man »Cholera« nennt. Am Montag ernteten Arbeiter Kartoffeln, die schönsten, die sie je gesehen hatten. Als sie am Dienstag im selben Feld weiterarbeiteten, fanden sie alle Knollen zerplatzt und ungeeignet für den tierischen und menschlichen Verzehr.

(Robert Kee: Ireland. A History. London: Abacus, 1982, S. 78. Autorenübersetzung.)

M5 ■ »Road Fever«

Ein Augenzeuge aus der Grafschaft Cork schreibt im April 1847 über die Auswirkungen einer Epidemie, die mit der Hungerkatastrophe einherging. Die Iren nannten diese Seuche »road fever«:

Eine unüberschaubare Menschenmenge hungernder Kreaturen strömt aus den ländlichen Distrikten in die Stadt. Hier ergreifen die Hungernden Besitz von irgendwelchen Hauseingängen oder den Eingängen zu öffentlichen Gebäuden, wo sie ein wenig Stroh hinlegen und dort bleiben, bis sie sterben. Folglich hat sich die Seuche überall in der Stadt ausgebreitet. Es gibt jetzt über 400 Personen, die an Fieber und Ruhr erkrankt sind. Der Eingang zum Friedhof liegt direkt an der Hauptstraße und es sind mehrere Fälle bekannt geworden, dass Trauergemeinden, die die sterblichen Überreste ihrer Freunde beerdigen wollten, die Särge einfach auf der Friedhofsmauer abgesetzt und ihrem Schicksal überlassen hatten, weil die Friedhofstore geschlossen waren.

(Robert Kee, a. a. O., S. 92.)

1 ■ Erkläre, warum der Ausfall der Kartoffelernte für die irische Bevölkerung so verheerende Folgen hatte.

2 ■ Stelle aus der Sicht des Jahres 1845 eine Liste von Gründen und Gegengründen zusammen, ob eine irische Familie ihre Heimat verlassen soll.

3 ■ Erkläre, wie die Kartoffelfäule und die Ausbreitung von Seuchen in Irland zusammenhingen. Lies dazu die Leseschnupperseiten.

4 ■ Erkundige dich, wie heute den Menschen, die durch Katastrophen oder Seuchen in Not geraten sind, geholfen wird.

5 ■ Beschaffe dir Informationen über die gegenwärtige Situation in Irland und über das Verhältnis zu Großbritannien.

6 ■ Suche nach einem Beispiel für Hungerflüchtlinge heute und ermittle die Ursachen für die Not dieser Menschen.

12.6 Arbeitsplätze im Westen Preußens – Die Ruhrpolen

Wer heute in einem Adressbuch einer Ruhrgebietsstadt blättert, stößt neben anderen fremdländisch klingenden Eintragungen auch auf eine Vielzahl polnischer Namen: Familien, die vor mehr als 100 Jahren in das Ruhrgebiet gekommen sind.

Polnisch sprechende preußische Staatsbürger

Bei den Teilungen Polens im letzten Drittel des 18. Jahrhunderts hatte sich das Königreich Preußen nach und nach die westlichen Gebiete Polens einverleibt. Nun erstreckte sich Preußen vom Rhein im Westen bis zu den Provinzen Ost- und Westpreußen, Posen und Schlesien im Osten. Die dort lebenden Polen, auch wenn sie sich nicht so fühlten, waren polnisch sprechende preußische Staatsbürger.

M1 ■ »Der polnische Nachschub kommt. Aus dem Ruhrgebiet.« Karikatur aus der satirischen Zeitschrift »Der wahre Jacob« von 1911.

Nach der Gründung des Deutschen Reiches 1871 setzte in der deutschen Wirtschaft ein lebhafter Aufschwung ein. Dies führte auch zu einem erhöhten Arbeitskräftebedarf in der Bergbauindustrie des Ruhrgebietes. Bald gab es in den umliegenden Regionen keine freien Arbeitskräfte und so schickten die Bergbauindustriellen ihre Werbeagenten in die östlichen Provinzen Preußens, wo große wirtschaftliche Not herrschte. Anfangs gingen die Werber in das oberschlesische Bergbaurevier, bald aber auch zu der landlosen und verarmten bäuerlichen Bevölkerung der Provinzen Ost- und Westpreußens und Posens. So kam es, dass im Jahr 1908 etwa jeder dritte Bergmann im Ruhrgebiet polnischer Herkunft war.

Zwischen Sammelunterkunft und Werkskolonie

Aufgrund des Arbeitsplatzangebots verließen zunächst überwiegend Männer ihre polnische Heimat, Frauen und Familien zogen erst später nach. Die Zeche brachte die angeworbenen polnischen Arbeiter zunächst gegen einen geringen Lohnabzug in eigenen Sammelunterkünften unter, wo sie ein Bett, Mittag- und Abendbrot erhielten. Später wohnten viele Polen mit ihren Familien in Werkskolonien. Dort waren die Wohnungen billig, verfügten über einen kleinen Garten, in dem Kleinvieh gehalten und Gemüse angebaut werden konnte. Allerdings waren die Bewohner dieser Wohnungen eng an die Zeche gebunden. Verlor der Mann seine Arbeit auf der Zeche oder starb er, musste die Familie die Wohnung verlassen.

Zwischen Abschottung und Integration

Als preußische Untertanen konnten die polnischen Arbeiter zwar alle Mittel des preußischen Rechtsstaates in Anspruch nehmen, aber sie wurden vom Staat misstrauisch beobachtet. Kinder der polnischen Bergarbeiter wurden in eigenen Schulklassen zusammengefasst und von deutschen Lehrern unterrichtet, die besonders darauf achteten, dass die Bindung an das Deutsche Reich gefördert wurde. Ihrerseits schlossen sich die im Ruhrgebiet lebenden Polen zu eigenen Gesellschaftsvereinen zusammen, um ihre Kultur zu pflegen. 1902 gründeten sie eine polnische Gewerkschaft, weil die deutschen Arbeiterorganisationen ihre Interessen nicht berücksichtigten.

In der Krisenzeit nach dem Ersten Weltkrieg brachen alte Vorurteile auf. Die Deutschen warfen den Polen im Ruhrgebiet vor mit den Franzosen heimlich zusammenzuarbeiten. Öffentlich wurde ihre Entlassung und Ausweisung gefordert. In dieser Zeit verließen zwei Drittel der polnischen Bergleute das Ruhrgebiet. Ein Teil von ihnen ging zurück in den 1918 neu gegründeten polnischen Staat, ein anderer Teil zog in die nordfranzösischen und belgischen Bergbaugebiete.

M2 Ein Arbeiter über seinen Umzug ins Ruhrgebiet

In Beuthen stellte sich alle paar Wochen ein Agent von der Ruhr ein, der nicht viel zu locken brauchte. Hunderte Unzufriedene wie wir umlagerten das schmutzige Hotel. Der Agent betrog die Angeworbenen, das wusste man; er betrog erst recht jene, die sich ihm mit Gewalt aufdrängten, mit dem kleinen Zehrgeld, mit den lumpigen Fahrtkosten und mit dem Kontrakt, den jeder unterzeichnen musste. [...] Der Zug rollte. Unser armes Land flog vorbei. Staubige, Feuer speiende, schweiß-triefende Städte, traurige Straßen, abgefetzte barfüßige Kinderscharen, bleiche Frauen und ausgemergelte, uns nachstarrende Männer. Die alte Heimat entblößte noch einmal ihr ganzes trostloses Gramgesicht. [...] Der Zug rollte durch das flammende Westfalen – Dortmund, Bochum, Essen – die Kanonenstadt Krupps. Rauch, Donnerschlag, verrußte Kasernen, das Ruhrgebiet, das »Kap der Guten Hoffnung«, der Goldwesten des Reiches. Lange Reihen Bergleute, lange Reihen hastender Fabrikarbeiter, die emporragenden Schachte. [...] Und dieser brodelnde schwarze Pott sollte die Rettung sein? Mancher der träumenden Jungen kritzelte rasch eine Karte: »Wir sind da. Bald hoffen wir, euch was zu schicken!«

(Hans Marchwitza, Meine Jugend. Berlin 1976, S. 152 f.)

M3 Eine Zeitung schrieb 1902

Jeder vernünftige Mensch wird den Polen den Gebrauch ihrer Nationalsprache unbeschränkt zuerkennen. Was ist denn dabei, wenn etliche Hunderttausende neben der offiziellen Landessprache noch ihre besondere Nationalsprache kultivieren? Daran geht niemand zugrunde. [...] (U)nsinniges Hetzen [...] (veranlasst) die Polen erst recht ihr Nationaltum zu pflegen, das nun in den Gegensatz zum Deutschtum getrieben ist.

(Frankfurter Zeitung 35/1902.)

M4 Herkunftsstruktur der Großstadtbevölkerung 1907

	Einwohner insgesamt (in Tausend)	davon Ortsgebürtige in %	Nahwanderer* in %	Fernwanderer in %	Ausländer in %
Gelsenkirchen	154,6	38,6	28,5	31,2	1,7
Dortmund	188,8	41,9	30,7	25,1	2,2
Bochum	125,9	36,5	39,8	22,2	1,4
Essen	242,2	46,6	30,8	20,3	2,2
Duisburg	204,3	48,6	31,1	13,7	6,6
Ruhrgebiet	915,8	43,3	31,7	22,0	3,0

* Zu den »Nahwanderern« zählen hier sowohl Pendler zwischen den Großstädten des Ruhrgebiets als auch Zuwanderer aus dem Umland – also aus den Provinzen Rheinland und Westfalen.

(Wolfgang Köllmann, Bevölkerung in der industriellen Revolution. Göttingen 1974, S. 117 f.)

M5 Zahl der aus den Ostprovinzen des preußischen Staates stammenden Einwohner des Ruhrgebiets

Provinz	1880	1885	1890	1900	1905	1910
Ostpreußen	16522	30105	65175	166733	185070	218269
Westpreußen	9855	14779	24285	56080	70161	94714
Posen	7469	11551	21437	85616	114176	153187
Oberschlesien	ca. 4500	ca. 5200	ca. 9200	24617	25880	31301
Insgesamt	38340	62635	120098	333046	395287	497471

(Krystyna Murzynowska, Die polnischen Erwerbsauswanderer im Ruhrgebiet während der Jahre 1880–1914. Dortmund 1979, S. 25.)

1 Schreibe aus dem Text M2 Ursachen und Motive heraus, warum die jungen Männer ihre oberschlesische Heimat verlassen.

2 Verfasst einen Dialog zwischen dem Werbeagenten und einem jungen polnischen Arbeiter.

3 Erstelle eine Kartenskizze des Deutschen Reiches in seinen Grenzen von 1871, in der du die Hauptherkunftsprovinzen der Einwanderer aus den preußischen Ostgebieten einträgst.

4 Ermittle, welche Chancen und Probleme sich aus der Zuwanderung für die Großstädte im Ruhrgebiet ergaben.

5 Beschreibe die Karikatur M1 und gib die in ihr enthaltene Kritik mit eigenen Worten wieder.

6 Erläutere, zu welchen Reaktionen die Unterdrückung der polnischen Kultur im Ruhrgebiet bei den Betroffenen führte.

7 Fertigt eine Klassenstatistik über die Herkunft eurer Großeltern und Urgroßeltern an und tragt die Herkunftsorte auf einer großen Kartenskizze im Klassenraum ein.

12.7 Flucht, Vertreibung und Zwangsumsiedlung

Eine gewaltige Bevölkerungsbewegung in Ost-West-Richtung gehört zu den Folgen des Zweiten Weltkrieges. Bereits seit Herbst 1944 strömten endlose Flüchtlingstrecks vor allem aus Ostpreußen und dann aus Schlesien nach Westen. Sie waren vor der heranrückenden sowjetischen Armee auf der Flucht. Auf der *Potsdamer Konferenz** stimmten die englischen und amerikanischen *Alliierten** der Aneignung Königsbergs und der nördlichen Teile Ostpreußens durch die Sowjetunion ebenso zu wie dem Plan die deutschen Gebiete östlich der Oder-Neiße-Linie unter polnische Verwaltung zu stellen. Auch wurde beschlossen die Deutschen aus diesen Gebieten und aus Teilen Ungarns und der Tschechoslowakei »in geordneter und humaner Weise« umzusiedeln.

M1 ■ Flüchtlinge vor dem Hauptbahnhof in Hannover, 1946

Fremd im eigenen Land – die deutschen Flüchtlinge

Im Mai 1945 waren von fünf Deutschen zwei irgendwie irgendwohin unterwegs. An eine systematische Verteilung der Flüchtlinge und Vertriebenen war im Chaos des Jahres 1945 gar nicht zu denken. Die Einheimischen sahen die körperlich und seelisch erschöpften Menschen als Fremde an und nahmen sie häufig nur widerwillig auf. Im Umland von Großstädten trafen die Flüchtlinge und Vertriebenen auf die dort bereits untergebrachten Ausgebombten der Städte. Es kam zu Rivalitäten zwischen beiden Gruppen. Von den vielen Tragödien, die sich im Alltag abspielten, steht nur wenig in den Geschichtsbüchern. Ebenso von den vielen Einheimischen, die mit selbstloser Hilfe versuchten die schlimmste Not zu lindern. Die erste Nachkriegsvolkszählung Ende 1946 erfasste 9,6 Millionen aus ihrer Heimat vertriebene Deutsche. Davon lebten 3,6 Millionen in der sowjetischen Zone, in der britischen 3,1 Millionen, in der amerikanischen 2,7 Millionen, in Berlin 100 000 und in der französischen Zone 60 000. Die Flüchtlinge waren aber nicht gleichmäßig über das Gebiet einer Zone verteilt. Es bildeten sich Schwerpunkte, in denen der Vertriebenenanteil nicht selten bis zu 50 % der einheimischen Bevölkerung betrug. Rund 2 Millionen Deutsche verloren bei Flucht und Vertreibung ihr Leben. Dazu gehörten auch die Opfer von Rache- und Mordaktionen derjenigen, die unter deutscher Herrschaft während des Nationalsozialismus gelitten hatten. Jahrelang aufgestauter Hass über die von Deutschen ausgeübten Verbrechen entlud sich auf diese Weise.

Zwangsumsiedlungen von Polen

Vertriebene gab es zu dieser Zeit nicht nur unter der deutschen Bevölkerung. So wurden z. B. Polen, die in Gebieten wohnten, die nach dem Kriege der Sowjetunion zugesprochen waren, umgesiedelt. Auch diese Menschen hatten ihre Heimat nicht freiwillig verlassen, auch sie kamen jetzt in eine fremde Umgebung und sie wussten nicht, wie lange sie dort bleiben konnten. Ein alter Mann aus dem ehemals polnischen Lemberg erzählt, wie er sein Haus verlassen musste und mit seiner Familie ohne viel Gepäck mitnehmen zu dürfen nach Breslau umgesiedelt wurde. Dort wiesen ihm polnische Soldaten eine Wohnung zu. Jahrzehnte später, als die ehemalige deutsche Mieterin in Breslau ihre alte Wohnung besuchte, erfuhr der Mann von ihr, dass sie nicht etwa geflohen war, wie man es ihm damals erzählt hatte, sondern eine halbe Stunde vor der Ankunft der aus Lemberg Zwangsumgesiedelten von Soldaten aus der Wohnung getrieben worden waren.

M2 ■ Flucht und Vertreibung in Europa 1945–1950

M3 ■ Aus dem Verwaltungsbericht der Stadt Fulda für das Haushaltsjahr 1947

Von den 5636 Flüchtlingen sind 986 Familien mit Ernährer, 643 Familien ohne Ernährer und 932 Personen allein stehend. Rund 1200 oder 23 % sind als unterstützungsbedürftig zu bezeichnen gewesen, jedoch ist die Zahl […] im Sinken begriffen. In Fuldas Industrie, Handel und Gewerbe sind 4210 Flüchtlinge beruflich eingesetzt, wovon 1189 innerhalb der Stadt ihren Wohnsitz haben. Im Zuge der Sesshaftmachung der Flüchtlinge wurden 14 Industrie-, 11 Handwerks- und fünf Einzelhandelsbetriebe neu errichtet. […] Das enge Zusammenwohnen, der verschiedenartige landsmannschaftliche Charakter führen schon ohnehin, von allen anderen Schwierigkeiten abgesehen, zu Spannungen zwischen Alt- und Neubürgern. […] Soweit Klagen von Flüchtlingen geltend gemacht wurden, hatten sie häufig folgende Beweggründe als Ursache: Hinausekeln des Zwangsmieters, Entzug von geliehenen Gegenständen, Verweigern der notwendigen Schlüssel, Sperrung von Kellern, Boden, Klosett und Waschküche.

(Günter Sagan, Flüchtlinge in Osthessen am Ende des Zweiten Weltkrieges. Hessisches Institut für Lehrerfortbildung, 1990, S. 24 f.)

1 ■ Erkundige dich in deinem Bekanntenkreis nach Zeitzeugen und befrage sie über ihre Vertreibung, die Bedingungen, unter denen sie flohen, und wie sie in der neuen Heimat aufgenommen wurden.

2 ■ Versetze dich in die Rolle eines Bürgermeisters, der für die ankommenden Flüchtlinge Wohnraum sucht. Mit welchen Reaktionen der Einheimischen wird er sich auseinander setzen müssen?

3 ■ Eine vierköpfige Familie wohnt in einer Dreizimmerwohnung. Eine Flüchtlingsfrau mit zwei Kindern steht eines Tages auf Anweisung des Wohnungsamtes vor der Tür. Stellt die Szene in einem Standbild dar.

4 ■ Versetze dich in die Lage eines in dem schlesischen Städtchen Neiße seit 1946 lebenden polnischen Staatsbürgers/einer polnischen Staatsbürgerin, der/die von einer deutschen Familie Besuch bekommt, die erklärt, ihre Großeltern hätten in diesem Haus gewohnt. Welche Gedanken und Gefühle bewegen dich?

5 ■ Flucht und Vertreibung ist kein Schicksal nur der Deutschen. Begründe diese Aussage anhand der Karte (M2).

6 ■ Schildere die wirtschaftliche und soziale Lage der Vertriebenen (M3).

M1 ■ 1964 wurde der einmillionste Gastarbeiter, Armado Sa. Rodrigues aus Portugal, mit einem Blumenstrauß und einem Moped als Geschenk begrüßt.

12.8 Vom Gastarbeiter zum ausländischen Nachbarn

Mitte der 50er-Jahre setzte in der Bundesrepublik ein wirtschaftlicher Aufschwung nicht gekannten Ausmaßes, das so genannte *Wirtschaftswunder**, ein. Die Gesamtzahl der Beschäftigten stieg von 19 Millionen im Jahr 1945/46 auf 27 Millionen in den Jahren 1970/72. Zunächst waren es heimkehrende Kriegsgefangene und Vertriebene aus den ehemaligen deutschen Ostgebieten, die die wachsende Arbeitskräftenachfrage deckten. Danach waren es hauptsächlich Flüchtlinge aus der DDR, die in der Bundesrepublik den Arbeitskräftemangel milderten. Dieser Zustrom versiegte jedoch 1961/62, als die DDR ihre Grenzanlagen immer undurchlässiger ausbaute und in Berlin am 13. August 1961 die Mauer errichtete.

Arbeitskräftemangel in Deutschland

Bereits Mitte der 50er-Jahre erkannten die deutschen Firmen und die Bundesanstalt für Arbeit den kommenden Arbeitskräftemangel. Daher wurden mit verschiedenen Ländern Abkommen über die Anwerbung und Vermittlung von Arbeitskräften abgeschlossen: Italien (1955), Spanien und Griechenland (1960), Türkei (1961), Marokko (1963), Portugal (1964), Tunesien (1965), Jugoslawien (1968). Während zunächst nur männliche Arbeitskräfte für schwere Tätigkeiten, z.B. im Baugewerbe und in der Metallindustrie, gesucht wurden, erstreckte sich die Nachfrage bald auch auf weibliche Arbeitskräfte für körperlich leichtere Tätigkeiten im Dienstleistungs- und Produktionsbereich. Als sich 1973 in der Bundesrepublik eine Wirtschaftskrise und damit die Gefahr hoher Arbeitslosigkeit abzeichnete, kam es im November 1973 zum Anwerbestopp. Ausgenommen von dieser Regelung waren Arbeitnehmer aus den Mitgliedsstaaten der Europäischen Gemeinschaft. Der Nachzug von Familienangehörigen und die höhere Geburtenrate führte dennoch zu einem weiteren Anstieg der Gesamtzahl der in Deutschland lebenden Ausländerinnen und Ausländer. Von 1955–1973 waren rund 14 Millionen ins Bundesgebiet gekommen, rund 11 Millionen davon kehrten wieder zurück. Zunächst stellten Italiener den größten Teil der ausländischen Arbeitskräfte, heute sind es die Arbeitskräfte aus der Türkei. Auch die DDR hatte ausländische Arbeitskräfte angeworben, allerdings in vergleichsweise geringerer Zahl. Als sogenannte Vertragsarbeiter kamen sie überwiegend aus den sozialistischen Ländern Angola, Kuba, Mosambik und Vietnam. Nach dem Zusammenbruch der DDR und der deutschen Vereinigung wurden diese Arbeitsverträge nicht verlängert. Die Bundesregierung schloss mit den Herkunftsländern Rückführungsabkommen, um die Eingliederung dieser Personen in ihrer Heimat zu erleichtern.

An die sozialen Folgen dachte niemand

Der niemals von staatlichen Stellen offiziell benutzte Ausdruck »Gastarbeiter« bürgerte sich schnell in der Umgangssprache ein. Es zeigte sich aber bald, dass die Industrie und auch die ausländischen Arbeitskräfte selbst ein Interesse an einem längeren Aufenthalt in Deutschland hatten.

Massenquartiere für Gastarbeiter gehörten zwar schon in den 70er-Jahren der Vergangenheit an, stattdessen bildeten sich in den Ballungsgebieten und Großstädten Deutschlands in den citynahen Altbauvierteln mit niedrigem Wohnwert ausländische Siedlungskolonien. Die einheimischen Deutschen sahen dies mit Argwohn. Für die nach Deutschland kommenden Arbeitskräfte sind diese Wohnviertel zunächst eine Selbsthilfegemeinschaft, die ihnen den Anfang in einer ihnen fremden Kultur erleichtert. Eine geglückte Integration bedeutet dagegen ein häufig spannungsreiches Ausscheiden aus den sozialen Bindungen dieser Kolonien.

M2 ■ Beschäftigte ausländische Arbeitnehmer inklusive EG-Ausländer

Jahr	Ausländische Arbeitnehmer	in % 1)
1954	72 096	0,4
1957	108 190	0,6
1960	329 356	1,5
1963	828 743	3,7
1966	1 313 491	6,3
1969	1 501 409	7,0
1972	2 359 392	10,8
1975	2 038 779	10,1
1978	1 864 051	9,1
1981	1 917 239	9,1
1984	1 608 061	7,8
1987	1 610 847	7,5
1990	1 782 253	8,0
1993	2 226 862	9,5
1995	2 128 722	9,4 2)

1) Anteil der beschäftigten ausländischen Arbeitnehmer an der Gesamtzahl der Beschäftigten,
2) Stand: 30. 6. 1995

M3 ■ Alt-Gastarbeiter

Der Ausländerrechtsexperte Helmut Rittstieg, Professor für öffentliches Recht an der Universität Hamburg:

Die Ausländer, die jahrelang die minderbezahlten Jobs erledigten und so den Deutschen Studium und sozialen Aufstieg ermöglichten, seien naturgemäß auf Sozialhilfe angewiesen: »Das Altersheim kann doch keiner von seiner Rente zahlen.« Schließlich hätten die deutschen Unternehmen vor 30 Jahren junge, kräftige Leute ins Land geholt, deren produktive Lebenszeit ausgenutzt, ohne die Vorbereitungskosten zu tragen für Babyaufzucht und Ausbildung. Die Gastarbeiterpolitik, so Rittstieg, sei volkswirtschaftlich für die Bundesrepublik »ein enorm günstiges Geschäft gewesen.« Doch jetzt, da die sozialen Folgekosten der Anwerbung anfallen, weigert sich die reiche bundesdeutsche Gesellschaft, als Einwanderungsland den alten Immigranten die erforderlichen Hilfen anzubieten, und hofft, dass die armen Heimatstaaten die ausgepowerten Auswanderer auffangen.

(Der Spiegel 12/1992.)

M4 ■ Ausländerbeschäftigung

M5 ■ Ohne Ausländer?

Die nordrhein-westfälische Landeshauptstadt Düsseldorf untersuchte vor Jahren, was passieren würde, wenn in einem Zeitraum von zwei bis drei Jahren drei Viertel aller Ausländer wegziehen würden. Die Ergebnisse: ein Kaufkraftverlust von mindestens 50 Millionen Mark jährlich, von dem alle Branchen in der Stadt betroffen wären; ein Ausfall von über zehn Millionen Mark Lohnsteuereinnahmen; akuter Personalmangel in großen Industriebetrieben wie Mannesmann, Thyssen, Henkel sowie bei der Rheinischen Bahngesellschaft, in Krankenhäusern und in städtischen Altenheimen.

(Wirtschaftswoche vom 10. 2. 1989.)

1 ■ Versetze dich in die Rolle von Armado Sa. Rodrigues und schreibe in einem Brief an deine in Portugal gebliebene Familie deine Gedanken und Empfindungen bei der Begrüßung als einmillionster Gastarbeiter auf (M1).

2 ■ Suche nach Zeitzeugen, die in den 60er- und 70er-Jahren in ihren Heimatländern für die Arbeit in Deutschland angeworben wurden. Führe eine Befragung durch nach: a) veränderter Lebensplanung gegenüber der Ankunft; b) ihrem Lebensgefühl im fremden Land; c) positiven/negativen Eigenschaften der Deutschen aus ihrer Sicht.

3 ■ Erkundige dich bei sozialen Einrichtungen in deiner Nähe, wie sie auf das Problem der ausländischen Seniorinnen und Senioren vorbereitet sind (M3).

4 ■ »Man wollte Arbeitskräfte und es kamen Menschen.« Erläutere diesen Satz.

5 ■ Vergleiche die Situation der ausländischen Arbeitnehmerinnen und Arbeitnehmer in den 60er- und 70er-Jahren mit der Situation der Ruhrpolen Ende des 19./Anfang des 20. Jahrhunderts. Welche Unterschiede und Gemeinsamkeiten stellst du fest?

M1 ■ »In unserer IGS lernen Schülerinnen und Schüler aus 17 Nationen.«

12.9 Ist das Boot voll?

Deutschland ist seit mehr als 30 Jahren Ziel von Zuwanderern. In Deutschland leben ausländische Arbeitnehmerinnen und Arbeitnehmer, die schon in der 2. und 3. Generation hier wohnen, hinzu kommen Asylbewerber und *Asylberechtigte**, illegale Einwanderer und Aussiedler, Armuts-, Kriegs- und Bürgerkriegsflüchtlinge. In der öffentlichen Wahrnehmung der *Deutschen** verschmelzen alle diese Gruppen zu »Ausländern«.

Wanderungsrichtungen und Intensität

Die Verdopplung des Reichtumsabstandes zwischen den Industrie- und Entwicklungsländern während der letzten 30 Jahre verstärkte die weltweite Wanderungsbewegung nach Nordamerika, Australien und in die Länder des europäischen Wirtschaftsraumes. Zielland in Europa war lange Zeit vor allem die Bundesrepublik, auf die sich gut die Hälfte der Zuwanderung konzentrierte. Zu dieser Süd-Nord-Wanderung kommt seit Öffnung der Grenzen Osteuropas eine bis dahin unterbundene Ost-West-Wanderungsbewegung hinzu.

Motive für Wanderungen

Die Motive für Wanderungsbewegungen haben sich mit Ende der 80er-Jahre gewandelt. Wenn der augenblickliche Trend anhält, werden die 90er-Jahre als das Jahrzehnt der Armutswanderung bezeichnet werden. Diese Armutswanderung wird durch so unterschiedliche Faktoren ausgelöst wie Arbeitslosigkeit, Verelendung, Umweltzerstörung und Kriegsfolgen. Darüber hinaus verändert auch die Möglichkeit überall auf der Welt Bilder vom Lebensstandard in den westlichen Industrienationen per Satellit zu empfangen, die Bedürfnisstrukturen der Menschen in ärmeren Ländern und schafft neue Anreize sich auf den Weg zu begeben. Global betrachtet, bleibt der Großteil der Wanderung augenblicklich noch auf die Dritte Welt beschränkt. So gab es 1991 in Europa 1,3 Millionen Flüchtlinge, in Nordamerika waren es 1,4 Millionen Menschen, dagegen waren in Afrika 6 Millionen Menschen auf der Flucht vor Krieg und Hunger und in Asien sogar 7,4 Millionen.

Die multikulturelle Gesellschaft – Chance oder Utopie?

Ende der 80er-Jahre wurde das Konzept einer multikulturellen Gesellschaft für Deutschland entworfen. Angehörige verschiedener Abstammung, Religion, Herkunft und Sprache sollen in der Bundesrepublik gleichberechtigt und friedlich zusammen leben und gegenseitig von ihrer kulturellen Vielfalt profitieren. Spannungen und Konflikte werden durch ständige Kommunikation und in Kooperation gelöst. Kritikerinnen und Kritiker wenden dagegen ein, dass Grundrechte wie Meinungsfreiheit, Gleichberechtigung von Mann und Frau, das Recht auf die Würde des Einzelnen und auch die Menschenrechte keineswegs in allen Kulturen akzeptiert sind. Ein besonders drastisches Beispiel ist der Aufruf islamischer Fundamentalisten den Schriftsteller Salman Rushdie wegen angeblicher Beleidigung des Korans zu töten. Dies widerspricht den Grundsätzen einer rechtsstaatlichen Demokratie und wird in unserem Kulturkreis nicht toleriert.

M2 ■ Flüchtlinge in Westeuropa und Afrika

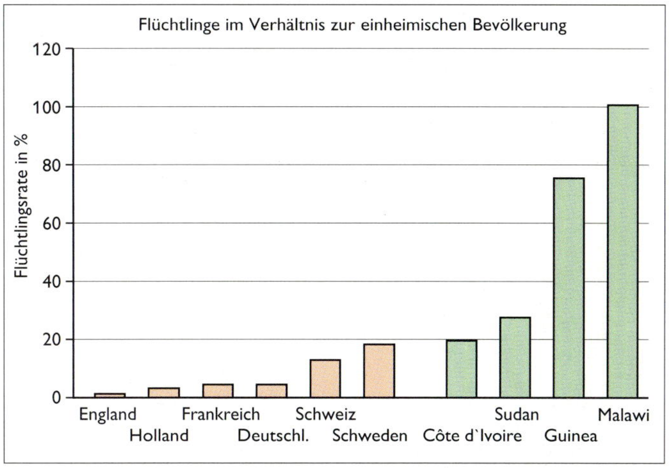

M3 ■ Was ist »Integration«?

Mit dem Begriff »Integration« ist nach Aussagen der Bundesregierung nicht Assimilation – Einschmelzung – gemeint. […] Niemandem kann daran gelegen sein, Menschen ihre Wurzeln zu nehmen. Deshalb meint nach meinem Verständnis Integration ein schrittweises Einleben in unsere Lebensverhältnisse und ein friedliches Zusammenleben von Menschen unterschiedlicher Herkunft im gegenseitigen Respekt vor dem nationalen, kulturellen und religiösen Selbstverständnis des jeweils Anderen. Das setzt ein hohes Maß an Toleranz voraus und zugleich das Bemühen um Verständnis und Begegnung von beiden Seiten. Dabei muss allerdings unsere Rechtsordnung als Grundlage des politischen und gesellschaftlichen Lebens für alle Bewohner unseres Landes verpflichtend sein.

(Bericht der Beauftragten der Bundesregierung für die Integration der ausländischen Arbeitnehmer und ihrer Familienangehörigen. März 1991, S. 19 ff.)

M4 ■

1 ■ Stellt in einer Liste die Motive für Wanderungen zusammen, die ihr in diesem Kapitel kennen gelernt habt.

2 ■ Interpretiere die Karikatur (M4), indem du aufzeigst, auf welchen Missstand der Zeichner aufmerksam machen will.

3 ■ Gibt es in deiner Umgebung Beispiele für die Integration oder Diskriminierung von Ausländerinnen und Ausländern? Berichte.

4 ■ Überlege, welche Gründe es für die mangelnde Möglichkeit, Fähigkeit und Bereitschaft zur Integration geben kann und was dagegen zu tun ist.

5 ■ Entwerft ein Plakat, auf dem gegen Ausländerfeindlichkeit und zu mehr Toleranz aufgerufen wird.

6 ■ Erkundige dich, welche Stellen sich in deiner Gemeinde oder Stadt für die Belange der Ausländerinnen und Ausländern einsetzen.

7 ■ Informiere dich über die Lebenssituation und Probleme von Ausländerinnen und Ausländern in anderen europäischen Staaten sowie in den USA.

M1 ■ **Demonstration für das Bleiberecht des von Ausweisung bedrohten rumänischen Schülers Raoul S. in Kamen, Juli 1993**

12.10 Asylsuchende bei uns

Die Bundesrepublik Deutschland gewährt Menschen mit fremder Staatsangehörigkeit, die politisch verfolgt werden, Asyl. Deutschland ist das einzige Land, das diesen Anspruch auf Asyl in der Verfassung verankert hat. Damit zogen die Verfasserinnen und Verfasser des Grundgesetzes die Konsequenzen aus den Erfahrungen deutscher Flüchtlinge zur Zeit des Nationalsozialismus.

Der Artikel 16 a des Grundgesetzes

Um die seit Ende der 1980er-Jahre rasch steigende Zahl von *Asylsuchenden** zu verringern, verabschiedeten Bundestag und Bundesrat nach langen innenpolitischen Diskussionen im Mai 1993 mit Zweidrittelmehrheit die Neufassung des Asylrechts im Artikel 16 a des Grundgesetzes. Zwar genießen politisch Verfolgte immer noch Asylrecht, aber es ist nun mit einer Reihe von Einschränkungen verbunden. Drei Punkte waren dabei besonders umstritten: Wer aus einem Land stammt, in dem die Menschenrechte und die Genfer Flüchtlingskonvention gewahrt werden, kann sich in Deutschland nicht auf das Asylrecht berufen. Die Liste dieser »sicheren Herkunftsländer« oder »sicheren Drittstaaten« legen Bundestag und Bundesrat per Gesetz fest. Als »sichere Drittstaaten« gelten z.B. alle EU-Länder, Österreich, Polen, Schweiz, die Tschechische Republik, aber auch Staaten wie Ghana, Gambia und der Senegal. Die Bundesrepublik ist von einem Gürtel »sicherer Drittstaaten« umgeben. Der zweite umstrittene Punkt war die Bedeutung, die dem Reiseweg zugemessen wird. Wer auf dem Landweg durch einen »sicheren Drittstaat« gekommen ist, darf an der Grenze abgewiesen werden. Drittens gilt, wer mit dem Flugzeug in Deutschland ohne oder mit falschen Ausweispapieren landet, wird im Transitbereich des Flughafens einem Schnellverfahren zur Prüfung des Asylantrages unterzogen. Mit der Anwendung des neuen Artikels 16 a ging die Zahl der Asylsuchenden in Deutschland drastisch zurück. Mit seinem Urteil vom 14. Mai 1996 bestätigte das Bundesverfassungsgericht das neue Asylgesetz.

Vorurteile gegenüber Asylsuchenden und Aussiedlern

Meinungsumfragen belegen zwar, dass die überwiegende Mehrzahl der Deutschen nicht ausländerfeindlich ist, aber je düsterer die wirtschaftliche Lage aussieht, je höher die Zahl der Arbeitslosen steigt, je gefährdeter die Wahrung des gewohnten Lebensstandards ist, desto kritischer beäugen die Deutschen die Zuwanderer. Das Vorurteil, diese Menschen nähmen uns Arbeitsplätze weg, ist immer wieder zu hören. Dabei übernehmen die Zugewanderten oft Arbeiten, die deutsche Arbeitslose nicht annehmen wollen oder annehmen können. Denn rund ein Drittel der arbeitslosen Deutschen sind über 50 Jahre alt und ein Viertel von ihnen ist gesundheitlich beeinträchtigt. Viele Arbeitsplätze gehen auch deshalb verloren, weil die Produktion wegen zu hoher Lohn- und Lohnnebenkosten ins Ausland verlegt wird. Wer einen direkten Zusammenhang zwischen der steigenden Arbeitslosenzahl und der Zahl der Zuwandernden behauptet, verschweigt gerne diese Tatsachen. Ein zweites, oft gehörtes Argument ist die angeblich horrende Ausländerkriminalität. Die Beteiligung von Ausländern an Gewalttaten und Rauschgifthandel darf nicht verharmlost werden, aber daneben weist die Statistik eine Vielzahl »asyltypischer Delikte« auf. Dabei handelt es sich oft darum, dass Asylsuchende eine unerlaubte Arbeit angenommen oder die Grenzen seines behördlich zugewiesenen Aufenthaltsbezirks überschritten haben. Konkurrenzangst war schon immer in der Geschichte eine Triebkraft von Fremdenfeindlichkeit, sie ist es offensichtlich bis heute geblieben.

M2 ■ Hellweger Anzeiger/Ruhr Nachrichten, 1.7.1993

Zwei Chöre, eine Schulklasse und das Kollegium der Hermann-Ehlers-Schule machen mobil. Sie wollen die Ausweisung des aus Rumänien stammenden George S. (43) und seines Sohnes Raoul (15) verhindern. Sie haben in Deutschland längst Fuß gefasst – und können dennoch ab nächsten Mittwoch jederzeit des Landes verwiesen werden. Damit es nicht dazu kommt, haben die Unnaer »Zugvögel« und »Die letzten Heuler« aus Kamen, die Lehrerinnen und Lehrer der Ehlers-Gesamtschule und die Klasse 9d der Schule eine Petition aufgesetzt, die […] an den Düsseldorfer Petitionsausschuss adressiert wurde. […] Eine Bergkamener Druckerei hat beim Arbeitsamt den Vater »angefordert«, […] Sohn Raoul hat befriedigende und gute Leistungen erreicht, gilt als freundlich und hilfsbereit – eine Ausweisung würde ihm die Möglichkeit zum Schulabschluss verbauen.

Organisationen wie die RAA (Regionale Arbeitsstelle für Ausländerfragen) haben es sich u.a. zur Aufgabe gemacht mit außergewöhnlichen Aktionen auf Probleme von ausländischen Mitmenschen aufmerksam zu machen. Bei einem Besuch der Ausstellung »Labyrinth Fluchtweg« konnten Schülerinnen und Schüler selbst erleben, was »Flucht« bedeutet. Nehmt Kontakt zu Institutionen wie der RAA auf und fragt nach entsprechenden Aktionen. Ihr könnt das »Labyrinth Fluchtweg« aber auch selbst simulieren. Versetzt euch in die Lage eines Asylsuchenden. Stellt euch dazu Fragen wie diese: Warum begebe ich mich auf die Flucht? Was bedeutet es für mich, mein Land zu verlassen? Welche Gefahren erwarten mich? Was nehme ich mit? Wie wird es mir ergehen, wenn ich in Deutschland angekommen bin?

M3 ■ Asylsuchende 1977–1995 (*bis Oktober 1995)

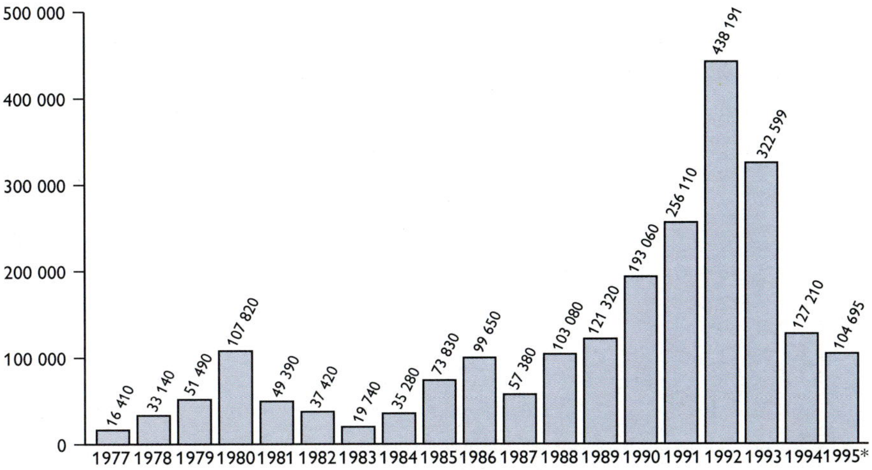

(Informationen zur politischen Bildung 237, S. 32, und Bundesinnenministerium nach tel. Auskunft. Für 1992 und 1993 auch: Cornelia Schmalz-Jacobsen und Georg Hansen [Hg.], Ethnische Minderheiten in der Bundesrepublik. München 1995, S. 562.)

M4 ■ Ausstellung: Schicksale von Flüchtlingen nachfühlen

Kamen. Bekanntschaft mit den beiden macht man zunächst an Station eins: »Fatma ist Kurdin, Abbas Iraner«, klingt es aus den Kopfhörern. »Fatma wurde in der Türkei vergewaltigt, ihr Mann ermordet. Abbas ist seit elf Jahren auf der Flucht vor dem iranischen Geheimdienst.« Im Kreis Unna konnten Schüler jetzt die beiden Flüchtlinge im »Labyrinth Fluchtweg« begleiten.

(H. Strauß, Westdeutsche Allgemeine Zeitung vom 19.4.1995.)

1 ■ Diskutiert über die Kamener Demonstration für das Bleibe-recht des Schülers Raoul.

?

2 ■ Stellt zum Abschluss des Kapitels eine Bildausstellung »Flüchtlinge in der Welt. Ein historischer Längsschnitt« zusammen.

12.11 Leseschnupperseiten: Zornige grüne Insel

Liam O'Flaherty, Zornige grüne Insel (Originaltitel: Famine). Zürich (Diogenes) 1982, S. 303 ff.

Dieser Roman berichtet auf eindringliche Weise über das Leben in Irland zur Zeit der großen Hungerkatastrophe.

Die erste Kunde von der Kartoffelpest hatte den Ort am Abend vorher erreicht, doch bis jetzt hatte ihr noch weiter niemand Beachtung geschenkt, und zwar einfach aus dem Grunde, weil diejenigen, die sie brachten, von dem Unglück so überwältigt waren, dass sie seine Bedeutung nicht genügend in den Vordergrund rückten. Außerdem war man es gewöhnt, dass die Bergbewohner um Mitleid zu erregen stets die übertriebensten Schauergeschichten über die Entbehrungen, die sie durchzumachen hätten, in Umlauf brachten. Der Doktor war daher tief erschüttert, als er auf seinem Wege nach Glenaree das Schwarze Tal durchquerte und wahrnahm, was sich wirklich zugetragen hatte. Sämtliche Äcker, die noch vor ein paar Tagen, als er das letzte Mal hier entlanggekommen war, gegrünt hatten, lagen jetzt schwarz und nackt unter dem Himmel. Und die Menschen, denen er begegnete und die auf dem Weg ins Dorf waren, gingen langsam und schweigend dahin und warfen ihm kaum einen Blick zu. Kein Einziger versuchte ihn anzuhalten, um eine Gefälligkeit von ihm zu erbitten oder um ihn anzubetteln, wie es sonst üblich war. Das entsetzte ihn. Und wie um all dem zu entgehen, spornte er sein Pferd an, bis es in vollem Galopp mit ihm dahinjagte.

Nachdem er den Gipfel jenes Berges erreicht hatte, der das Schwarze Tal und Glenaree trennte, war das Pferd gezwungen im Schritt zu gehen. Dahinter war der Weg kaum breiter als ein Ziegenpfad, sodass tatsächlich noch niemals ein Wagen bis nach Glenaree vorgedrungen war, in das Tal der Könige, wie es von einem Zyniker in alten Zeiten getauft worden war. Es war viel breiter als das Schwarze Tal und im Osten von einer Bergkette begrenzt, hinter welcher man die große vom Sonnenlicht überflutete Ebene Mittelirlands liegen sehen konnte, ein wahrhaft majestätischer Anblick. In der Nähe jedoch, im Tal selbst, gab es nichts, was man schön oder majestätisch hätte nennen können. Überall im Talgrund lagen gewaltige runde Granitblöcke verstreut und die kleinen Hütten mit ihren Wänden aus Lehm und ihren ausgebleichten Strohdächern lugten wie erschreckt hinter diesen ungeheuerlichen grauen Felsen vor. Selbst die grünen Kartoffeläcker, die zu dieser Jahreszeit gewöhnlich etwas dazu beitrugen, das eintönige Grau der Landschaft aufzuhellen, waren schwarz geworden. Man hatte den Eindruck, als wäre eine Armee von Riesen am Werke gewesen und hätte die reiche Oberfläche der Erde, ihren fruchtbaren Boden und alles, was das Auge erfreuen könnte, abgetragen und nichts übrig gelassen als nur die ausgetrockneten Eingeweide und die zerbrochenen Knochen. Und die großen Rollsteine, mit denen sie das Leben der Erde zerquetscht hatten.

Nachdem er aus seinem Abstieg in das Tal den Kirchhof und die kleine geweißte Kapelle hinter sich gelassen, in welcher der Pfarrgehilfe die Messe zu lesen pflegte, kam ein zerlumpter Bursche mit dem Hute in der Hand hinter einem Zaun hervor auf ihn zugerannt.

»Hier entlang, Euer Gnaden«, sagte er. »Dort drüben ist es.«

Er zeigte nach links, wo am äußersten Ende eines felsigen und unfruchtbaren Feldes eine unscheinbare Hütte stand. Dann lief er, seine nackten Beine hinter sich hochschleudernd, auf die Hütte zu, sodass der Arzt, der sein Pferd im Schritt gehen ließ, seine schwarzen Fußsohlen sehen konnte. Die winzige Hütte, die weder einen Kamin noch ein Fenster aufwies, war von Unrat umgeben. Rauch quoll aus dem Türrahmen. Ein stinkender Tümpel lag unmittelbar davor. Der Doktor stieg ab.

»Bist du der Sohn der Kranken?«, fragte er und übergab dem halbwüchsigen Burschen die Zügel.

Der Bursche nickte und grinste erregt. Er war ohne Zweifel nicht recht bei Verstand. Sein Genick war mit Schwären bedeckt. In seiner Aufregung stülpte er sich den Hut auf den Kopf, der, wie sich bei näherem Hinschauen erwies, keinen Boden hatte, sodass sein dichtes Haar wie ein verstaubtes schwarzes Büschel daraus hervorstand. Während er grinste, lagen seine beiden langen Vorderzähne bloß. Ein bedauernswerter Anblick!

»Warum ist das nicht längst beseitigt worden?«, fragt der Doktor, der vor dem Tümpel stand, welcher den Eingang zu dem Hause versperrte. »Das ist ja eine schöne Schweinerei! Und das vor der Tür zu einem Krankenzimmer! Warum wird es nicht zugeschüttet?«

Der Bursche grinste noch immer. Dann rieb er die Schultern an seiner Kleidung und sagte mit monotoner Stimme: »Das war schon immer da, gnädiger Herr. Es ist der Misthaufen, bloß jetzt ist er überschwemmt, weil es gestern Nacht geregnet hat. Wir hatten einen Schauer hier im Tal. Und sie ist auch nicht krank, glaube ich, denn seit sie vorgestern Abend von den Nesseln gegessen hat, rührt sie sich überhaupt nicht mehr. Ich und mein Bruder Michael haben auch davon gegessen. Es ist das Einzige, was wir seit einer Woche zu uns genommen haben. Seit Toomey, der Schmied, nach Amerika ausgewandert ist, wohnen wir ganz allein hier. Das nächste Haus weiter unten im Tal gehört Patch Feeney. Von ihm haben wir uns auch den Esel geborgt, auf dem Michael in den Ort geritten ist, um Sie zu holen. Da sie seit den Nesseln überhaupt kein Glied mehr bewegt hat, haben Michael und ich Angst bekommen. Sie ist ganz aufgedunsen. Ich hab es im Hause nicht mehr ausgehalten und bin auf den Weg hinausgelaufen, um auf Sie zu warten. Wir sind ganz allein hier und es ist einsam und schrecklich mit dem Kirchhof so ganz in der Nähe.«

Der Bursche brach plötzlich in Tränen aus, ließ die Zügel fallen, setzte sich hin und verbarg das Gesicht in seinem zerbeulten Hut. Die Stute schnaubte auf und entfernte sich trabend eine kurze Strecke von dem Hause. Mit einem Ausruf des Ekels sprang der Arzt über den Tümpel. Er landete auf der Türschwelle und stieß mit dem Kopf gegen den oberen Pfosten. Er fluchte und trat ein. Der Gestank, der ihm aus der Hütte entgegenschlug, trieb ihn fast wieder zurück. Er überwand seinen Widerwillen und schaute sich um. Es war ziemlich dunkel, da der Raum mit Torfqualm angefüllt war. Auf einem Reisighaufen in der Nähe des Herdes lag eine Frau, teilweise mit Lumpen zugedeckt. Ihre nackten Beine ragten geschwollen und steif unter diesen Lumpen hervor. Auch ihr Leib war beträchtlich aufgedunsen. Sie lag mit heruntergeklapptem Unterkiefer da.

»Wo sitzen denn die Beschwerden?«, sagte der Arzt.

Er konnte sie nur undeutlich sehen. Da keine Antwort auf seine Frage erfolgte, trat er näher heran und beugte sich über sie, richtete sich jedoch sogleich wieder auf. »Mein Gott!«, sagte er.

Die Frau war tot und musste schon vor längerer Zeit gestorben sein. Sie befand sich bereits in einem Zustand fortgeschrittener Verwesung und es war offensichtlich für ihn, was die Ursache ihres Todes gewesen war. Das Herz krampfte sich ihm in einer Aufwallung plötzlicher Furcht zusammen. Es war der erste Pestfall, mit dem er zu tun hatte. Eilig verließ er die Hütte und nahm sich nicht einmal so viel Zeit einen Zipfel des zerrissenen Tuches über das Gesicht der Toten zu decken. In seiner Hast von der Hütte fortzukommen, planschte er durch den Tümpel, sodass die trübe Jauche nur so aufspritzte. Das stimmte ihn noch besorgter, da er fürchtete, der Tümpel könnte verseucht sein.

»Wie lange ist sie denn krank gewesen?«, rief er dem Burschen zu.

»Ist sie krank?«, fragte der Bursche zurück.

»Sie ist tot«, sagte der Doktor brutal. »Wie heißt sie mit Vornamen?«

»Tot?«, rief der junge Mensch und warf sich auf den Boden nieder. Er brach in ein lautes Wehgeheul aus und es dauerte eine geraume Weile, ehe der Arzt weitere Auskünfte von ihm erhalten konnte. Er wollte gerade aufsitzen und so schnell wie möglich in die Ortschaft zurückreiten, um das Auftauchen der Seuche zu melden, als ihm einfiel, dass er den Burschen vor der Hütte warnen müsse.

»Auch du wirst sterben, wenn du hineingehst«, sagte er.

Der Bursche hörte auf zu wehklagen, blickte den Arzt an und sagte in einem Ton völliger Erschöpfung: »Mir ist alles gleich. Ich habe Hunger. Es ist alles nur gekommen, weil wir so hungrig sind, gnädiger Herr. Das geht nun schon seit dem Winter so.«

»Mein Gott!«, sagte der Doktor, der sich plötzlich seiner groben Worte von vorhin schämte. »Folge mir. Ich werde dir etwas zu essen geben. Aber schnell, ich hab es eilig.«

Der junge Bursche blickte ungläubig zu ihm auf. Dann sprang er plötzlich mit einem wilden Schrei auf die Füße und versuchte die Knie des Arztes zu umarmen. Der Doktor wandte sich ab. »Lauf«, sagte er.

»Oh, und wie ich laufen werde, gnädiger Herr!«, erwiderte der Bursche. »Gott segne Euer Gnaden. Ich werde um mein Leben laufen. Möge der Herr den Besitz Euer Gnaden vieltausendmal vergrößern. Möge die Jungfrau Maria Sie segnen, gnädiger Herr.«

Der Doktor stieg in den Sattel und folgte dem Burschen, der inzwischen bereits den Weg erreicht hatte. Von der Aussicht bald etwas zu essen zu bekommen zum Aufbieten all seiner Kräfte angespornt, hielt er für eine ganze Strecke seinen Vorsprung, allmählich aber zeigte sich die Auswirkung der Entbehrungen, die er in letzter Zeit durchgemacht. Er verlangsamte seine Geschwindigkeit, schleppte sich noch eine Weile im Schritt dahin und blieb zuletzt laut keuchend an einem Zaune stehen.

»Ich kann nicht mehr, Euer Gnaden«, sagte er. »Mir ist schlecht.«

Der Arzt erschauerte. War der Knabe etwa auch schon von der Seuche befallen?

13 Frieden für den Nahen Osten?

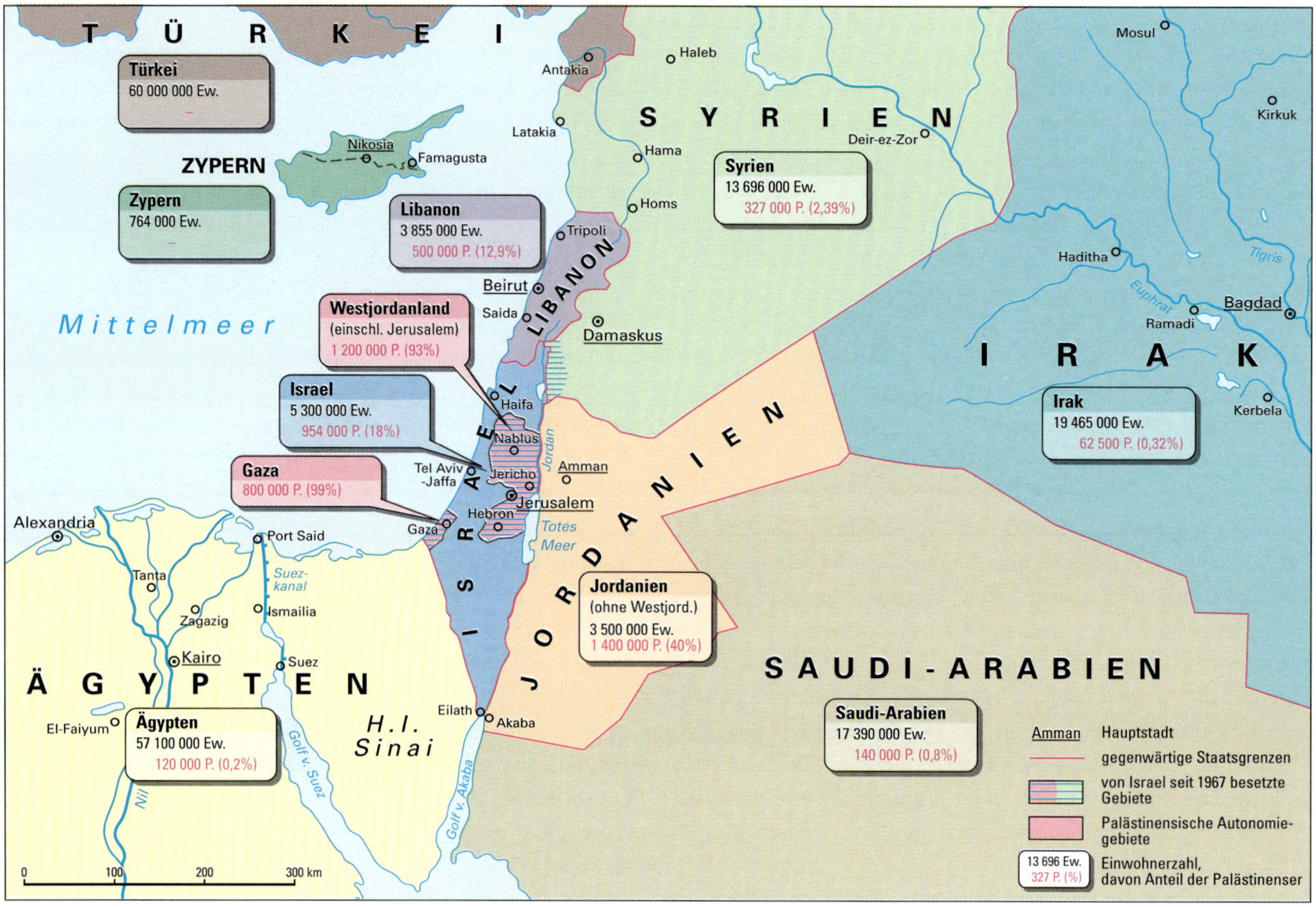

M1 Der Nahe Osten, 1995

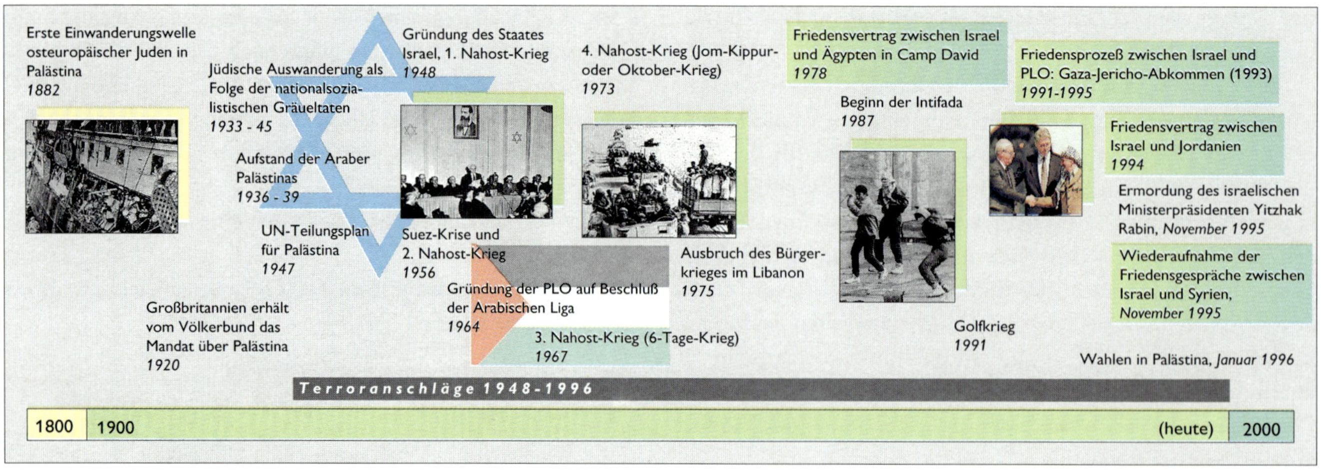

Hanan Ashrawi, als *PLO* *-Vertreterin maßgeblich an den Nahost-Friedensverhandlungen beteiligt, schreibt in ihrem Buch »Ich bin in Palästina geboren«: »Am 14. Oktober 1994 wurden Jasir Arafat, Shimon Peres und Yitzhak Rabin für den Friedensnobelpreis nominiert. In den Augen der meisten Menschen hätte man nur schwerlich ein ungleicheres Trio und eine merkwürdigere Kombination finden können. Denn noch vor zwei Jahren wäre eine derartige Entwicklung undenkbar gewesen. In Israel und dem Westen war Arafat als der Erz-Terrorist dargestellt worden, während Rabin für die Palästinenser und unsere Freunde der Architekt der brutalen Unterdrückungspolitik der ›Eisernen Faust‹ war. Die Feindschaft zwischen Israel und den Palästinensern war zu einer Selbstverständlichkeit des Lebens geworden und Gewalt war unser täglich Brot.

Nun ist es nicht einer wundersamen Wandlung zu verdanken, dass diese drei ehemaligen Feinde, die statt Händedruck und Lächeln Kugeln und Bomben ausgetauscht hatten, den Titel ›Friedensstifter‹ erhielten. Es geschah vielmehr aus Initiative eines Komitees norwegischer Minister. […] Das Ringen um den Frieden war langwierig und beschwerlich.«

M2 ■ Die Friedensnobelpreisträger Arafat, Peres und Rabin

Wie schwierig im Falle eines Konfliktes der Weg zum Frieden war, werdet ihr am Beispiel des Nahen Ostens in diesem Kapitel nachvollziehen können. Ihr werdet dabei die vielfältigen Ursachen für Konflikte, ihre Erscheinungsformen und taugliche und untaugliche Ansätze zur Konfliktlösung kennen lernen und in einem Planspiel selbst erarbeiten.

M3 ■ An der Klagemauer in Jerusalem

Dabei erfahrt ihr,

- ▶ wie Juden und Araber ihren Anspruch auf »Palästina« historisch begründen,
- ▶ welche Bedeutung der Stadt Jerusalem zukommt,
- ▶ wieso es zwischen den in dieser Region lebenden Menschen immer wieder zu gewaltsamen Auseinandersetzungen kommt,
- ▶ welche Rolle dabei die Interessen anderer Staaten spiel(t)en,
- ▶ was unternommen wurde, um diesen Konflikt zu lösen und
- ▶ welche Chancen für einen dauerhaften Frieden gegeben sind.

M4 ■ Friedliches Miteinander: Moslems und Juden auf der Treppe zum Damaskustor in der Altstadt von Jerusalem

13.1 Die Geschichte des Nahost-Konflikts

Das zwischen Mittelmeer und Wüste liegende, auch »Heiliges Land« genannte Gebiet stellte schon vor 5000 Jahren die Verbindung zwischen den Hochkulturen Ägypten und Mesopotamien her. Es war wegen der wichtigen Handelsstraßen häufig Schauplatz von Kriegen. Ägypter, Babylonier, Perser, Griechen und Römer besiedelten bzw. eroberten das Land.

Jüdische Ansprüche auf das »Heilige Land«

Das Alte Testament beschreibt, wie um 1250 v. Chr. das jüdische Volk unter Führung von Moses von Ägypten aufbrach und in das damals erstmals Israel genannte Gebiet einwanderte. König David, ein Judäer aus Bethlehem, errichtete dort einen Staat mit der Hauptstadt Jerusalem. Nach dem Tode von Davids Sohn Salomo (um 930 v. Chr.) zerfiel das Reich in die Teilreiche Israel und Juda. Die spätere Unterdrückung und wirtschaftliche Ausbeutung durch die Römer führten nach jüdischen Aufständen 135 n. Chr. zur Ausweisung aller Juden aus Judäa. Das Gebiet erhielt durch den römischen Kaiser Hadrian nun den Namen »Palästina«. Nach dem Verlust des religösen und geographischen Zentrums blieb nur eine kleine jüdische Minderheit in Palästina. Die Zerstreuung der Juden über die gesamte damals bekannte Welt förderte im Mittelalter wegen der immer noch bestehenden engen Verbindungen untereinander den wirtschaftlichen Erfolg der jüdischen Händler und Kaufleute. Als Anlass für Neid gegenüber den Juden führte dieser zu Ausgrenzung und Verfolgung. Erst im 19. Jh. erhielten Juden staatsbürgerliche Rechte ohne aber eine vollständige Integration zu erreichen. Ende des 19. Jh. begründete dann der Journalist Theodor Herzl mit seinen Forderungen nach einem »Judenstaat« die Zionistische Bewegung.

Im Zusammenhang mit dem Nationalismus bildete sich dann eine rassistisch motivierte Form des Judenhasses heraus, der zu *Pogromen** in Osteuropa, dem damals größten jüdischen Siedlungsgebiet, führte. Eine erste Auswanderungwelle nach Palästina (1880–1929) war die Folge. Die Gräuel des Nationalsozialismus ließen schließlich einen jüdischen Nationalstaat auf dem Boden des historischen Israel als einzig möglichen Ausweg erscheinen.

M1 ■ Erste gedruckte Darstellung Jerusalems mit dem Tempel Salomos (Schedelsche Weltchronik, Nürnberg 1493)

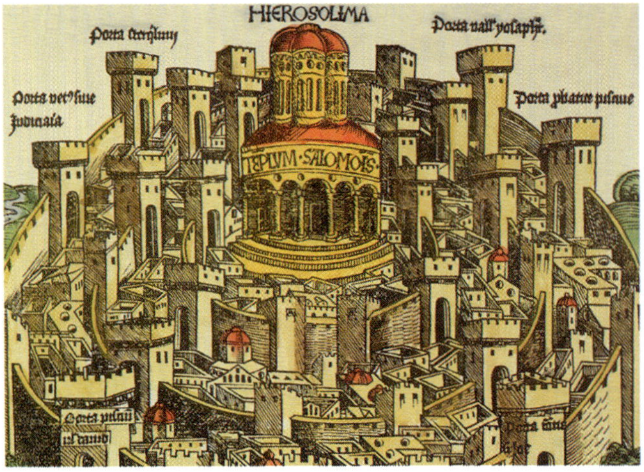

Die arabische Sichtweise

Die arabische Geschichte Palästinas setzt im 7. Jh. ein. Ausgelöst durch den Propheten Mohammed und die Ausbreitung der islamischen Glaubenslehre kam es zu einem gewaltigen Aufbruch arabischer Nomaden, der 637 n. Chr. zur Eroberung Jerusalems durch den arabischen Kalifen Omar I. führte. Als »El Kuds« wurde Jerusalem neben Medina und Mekka einer der drei heiligen Orte des Islam, da der Überlieferung zufolge Mohammed von hier in den Himmel aufgefahren sein soll. Unter dem Einfluss des Islam verstand sich die Mehrheit der Bevölkerung trotz unterschiedlichster Abstammung einheitlich als Araber. Nach dem Kampf gegen die christlich-europäischen Kreuzfahrer, der zur Eroberung Jerusalems (1099–1187 n. Chr.) durch die Christen führte, folgte die Unterwerfung unter die ägyptischen Mameluken und seit dem 16. Jh. unter die osmanischen Türken, zwar Moslems wie sie selbst, aber dennoch Fremdherrscher. Die erneute Begegnung mit dem europäischen Abendland löste Napoleons Expedition nach Ägypten 1798/99 aus. Daraus entstand ein zunächst gegen das Osmanische Reich gerichteter *Panarabismus**. Zeitgleich zum *Zionismus** entwickelten arabische Intellektuelle die Idee einer arabischen Nation mit eigenen Lebensformen aus der islamischen Tradition und der arabischen Kultur. Die Anhängerzahl der 1904 gegründeten »Liga des arabischen Vaterlandes« stieg mit der jüdischen Zuwanderung in Palästina an. 1940 entwickelte sich daraus in Damaskus die Baath-Partei, die zur Staatspartei in Syrien und im Irak wurde. Nach der Niederlage des *Osmanischen Reiches** im Ersten Weltkrieg kam es zu einer Neuordnung des Nahen Ostens, auf die die Araber im Hinblick auf einen Nationalstaat große Hoffnungen setzten.

M2 ■ Islamisches Jerusalem mit den Kuppeln der Omar-Moschee (Mitte), der El-Aksa-Moschee (rechts) und der für die Christen wichtigen Grabeskirche (links), vom Berg Zion aus gesehen. Der Maler Buchard fertigte das Bild 1455 für Philip von Burgund an.

M3 ■ Ziele der Zionistischen Bewegung (Basel 1897)

Die Zionistische Bewegung trat beim ersten Zionistenkongress unter Leitung Theodor Herzls mit folgenden Zielen an die Öffentlichkeit:

Der Zionismus erstrebt für das jüdische Volk die Schaffung einer öffentlich-rechtlich gesicherten Heimstatt in Palästina. Zur Erreichung dieses Ziels erwägt der Kongress folgende Maßnahmen:

1. Die Förderung der Kolonisation Palästinas durch jüdische Einwanderer aus Landwirtschaft und Industrie nach sachgemäßen Richtlinien.
2. Die Organisation und den Zusammenschluss des Gesamtjudentums durch entsprechende lokale und internationale Einrichtungen, welche mit den Gesetzen der jeweiligen Länder in Einklang stehen.
3. Die Stärkung und Pflege des zionistischen Volksgedankens und -bewusstseins.
4. Erste Schritte mit dem Ziel die Genehmigung der Regierungen zu erlangen, sofern diese den Zielen des Zionismus notwendig erscheinen.

M4 ■ Bericht des Nahostbeauftragten General Patrick J. Hurley an den amerikanischen Präsidenten Roosevelt (3.5.1943)

Die Zionistische Organisation in Palästina hat auf ihre Verpflichtung gegenüber einem erweiterten Programm hingewiesen, welches vorsieht:

1. einen souveränen zionistischen Staat, der Palästina und wahrscheinlich [...] auch Transjordanien umfassen soll;
2. eine allmähliche Aussiedelung der arabischen Bevölkerung von Palästina in den Irak;
3. eine zionistische Führungsrolle in dem gesamten Mittleren Osten auf den Gebieten der wirtschaftlichen Entwicklung und Kontrolle.

M5 ■ Sami Hadawi: »Das arabische Recht auf Palästina«

Sami Hadawi, in Jerusalem geboren, 1920–1955 im Regierungsdienst in Palästina und Jordanien, 1955–1965 UN-Berater in den USA, ist seither als Dozent und Schriftsteller in Beirut tätig.

Die heutigen Araber Palästinas – Moslems und Christen – sind nicht, wie weithin angenommen, ausschließlich die Nachfahren der islamischen Wüsteneroberer vor 1300 Jahren; in Wirklichkeit sind sie hauptsächlich die Abkömmlinge der früheren eingeborenen Bevölkerung – der Philister, Kanaaniter, Hethiter, Jebusiter usw. Sie waren hier schon längst sesshaft, als die frühen Hebräer um 1500 v. Chr. in das Land eindrangen; sie überlebten nicht nur die israelische Okkupation, sondern erhielten sich während der gesamten israelischen Epoche den Besitz eines großen Teils des Landes; nach der Zerstreuung der Hebräer blieben sie im Land, um sich zuerst im siebenten nachchristlichen Jahrhundert mit den ararbischen Eroberern, dann im elften Jahrhundert mit den Kreuzzüglern zu vermischen. In ihrem nun arabischen Charakter setzten sie die Durchdringung des Landes bis zur zionistischen Invasion des Jahres 1948 fort.

(M3–M5: Sami Hadawi, Brennpunkt Palästina. Rastatt 1969, S. 13 ff. u. S. 18.)

1 ■ Welche Aspekte der jüdischen und arabischen Geschichte Palästinas werden in M1 und M2 gezeigt? Vergleicht die Darstellungen mit der historischen Realität.

2 ■ Stellt mithilfe der Quellentexte M3 und M5 die Argumente für ein jüdisches und für ein arabisches Palästina zusammen. Welche Probleme könnten sich ergeben?

3 ■ Was bedeuteten die in M3 beschriebenen Forderungen für die in Palästina lebende Bevölkerung?

4 ■ Wie beurteilte der amerikanische Nahostbeauftragte (M4) die Folgen der zionistischen Forderungen (M3) für den Nahen Osten?

5 ■ Entwerft Flugblätter, die die Forderungen der jüdischen und der arabischen Seite dokumentieren.

6 ■ Sammelt aus Reiseprospekten Abbildungen über das heutige Israel und erstellt daraus eine Collage. Mit welchen historischen »Sehenswürdigkeiten« wird geworben (z. B. in Jerusalem)?

7 ■ Legt eine Zeitleiste an, die die historischen Wurzeln Israels bzw. Palästinas darstellt und verbindet.

13.2 Jerusalem – Heilige Stadt dreier Weltreligionen

Jerusalem, heute eine Stadt mit knapp 600 000 Einwohnern, ist die einzige Stadt auf der Welt, die von drei Weltreligionen als »Heilige Stadt« angesehen wird. Das spiegelt sich in den etwa 6000 Synagogen, 90 Moscheen und 400 Kirchen in Israel wider. 82 % der Bevölkerung Israels bekennen sich zum jüdischen Glauben, 14 % zum Islam und 3 % zum Christentum.

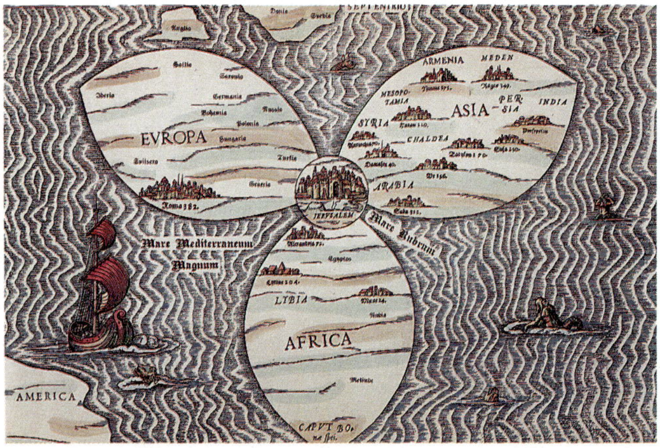

M1 ■ Diese Karte von Heinrich Bünting, obwohl erst 1581 gedruckt, lehnt sich an die Sichtweise aus der Zeit der Kreuzzüge an.

Die Heilige Stadt der Juden

Für Menschen jüdischen Glaubens ist Jerusalem die Stadt Davids, mit Tempelberg und Klagemauer die religiöse Wurzel des Judentums. Jerusalem ist für sie aber auch politische Metropole des historischen Israel. In Israel wird die Geschichte Jerusalems so datiert: Von 1000 v. Chr. bis zur Zerstörung des ersten Tempels im Jahre 587 v. Chr. war es die Hauptstadt des davidischen Königreiches und die seiner Nachfolger. Von 515 v. Chr. bis zur Zerstörung des zweiten Tempels im Jahre 70 n. Chr. war es erneut die Hauptstadt des jüdischen Volkes. Im Jahre 1948 wurde Jerusalem wiederum zur jüdischen Hauptstadt.

Die Heilige Stadt der Christen

Das Alte Testament weist an vielen Stellen große Paralellen mit jüdischen und islamischen Überlieferungen auf. Diese konkrete christliche Verbindung mit Jerusalem beginnt mit Jesus von Nazareth. Viele Orte, die mit der Geschichte seines Lebens und Leidens verbunden sind, gelten als Heilige Stätten und werden im Neuen Testament beschrieben.

Die Kirche des Heiligen Grabes, auch »Grabeskirche« genannt, wurde nach mehrfacher Zerstörung der früheren Kirche im Jahre 1099 n. Chr. durch christliche Kreuzfahrer an der Stelle wieder aufgebaut, an der früher Kreuzigung, Grablegung und Auferstehung Jesu stattgefunden haben sollen.

Jerusalem wurde dreimal in seiner Geschichte von Christen beherrscht: in der byzantinischen Periode (324 bis 637 n. Chr) als Provinzstadt mit großer religiöser Bedeutung, unter den Kreuzrittern (1099–1187 n. Chr.), die sich als Beschützer des Heiligen Grabes sahen und die Rechte der Moslems und Juden unterdrückten, und unter britischer Mandatsherrschaft (1920–1948). Im Laufe der Jahrhunderte sind hier von Christen dreißig verschiedener Glaubensbekenntnisse, z. B. Orthodoxen, Katholiken, Äthiopern, Protestanten, Anglikanern, religiöse Stätten errichtet worden.

Die Heilige Stadt der Moslems

Der Islam erkennt Jesus Christus zwar nicht als Gottes Sohn, aber als letzten Propheten vor Mohammed an. Daneben hat Jerusalem im Zusammenhang mit dem Propheten Mohammed für Moslems eine noch größere Bedeutung. Der Koran verweist in der Sure XVIII auf die »Nächtliche Reise«, in der Mohammed vom Engel Gabriel zum »entfernt liegenden Heiligtum« gebracht wird, von wo sie sich ins Paradies erhoben und dort Abraham, Moses und Jesus gesehen haben sollen. Mohammed hatte Jerusalem als Heilige Stadt anerkannt, bevor er 623 n. Chr. die Gebetsrichtung nach Mekka ausrichtete. Zu Beginn der arabischen Herrschaft wurde 691 n. Chr. an der Stelle des Tempelberges, an der der Erzvater Abraham der Überlieferung nach seinen Sohn Isaak opfern wollte, an der Stelle des früheren Tempels Salomos der Felsendom zur Erinnerung an Mohammeds »Nächtliche Reise ins Paradies« errichtet. Genau gegenüber erbaute man 638 n. Chr. die El-Aksa-Moschee, die als drittwichtigstes islamisches Heiligtum nach Mekka und Medina gilt. Die Herrschaft moslemischer Araber begann 638 n. Chr., als Truppen des Kalifen Omar die Stadt eroberten. Die Zeit der islamischen Herrschaft wurde – mit wenigen Ausnahmen – durch weit gehende Toleranz gegenüber Juden und Christen gekennzeichnet. Die Phase der moslemischen Herrschaft, seit dem 16. Jh. ausgeübt durch die Osmanen, endete 1920.

M2 ■ Juden beim Gebet an der Klagemauer in Jerusalem

M5 ■ Nach dem Freitagsgebet am Felsendom auf dem Tempelberg

M3 ■ Christliche Pilgerinnen in der Jerusalemer Altstadt

M4 ■ Projektvorschlag: »Feiertage«

Informiert euch über den jüdischen, christlichen und islamischen Glauben, aber auch über andere Glaubensrichtungen, sofern sie in eurer Umgebung vertreten sind. Fragt zum Beispiel Mitschülerinnen und Mitschüler der jeweiligen Glaubensrichtung, Religionslehrerinnen und -lehrer, offizielle Vertreter der örtlichen Glaubensgemeinschaften (z. B. Rabbiner, Pfarrerinnen und Pfarrer, Imame etc.) usw. Welche Gemeinsamkeiten gibt es in den verschiedenen Religionen? Welche Feste werden gefeiert? Überlegt, wie ihr solche Feiertage gemeinsam begehen könnt. Plant ein gemeinsames Fest.

1 ■ Interpretiert M1. Welche geographischen Kenntnisse hatten die Menschen 1581? Welcher politische Anspruch verbirgt sich hinter der Karte.

2 ■ Wertet die Materialien dieser und der vorherigen Seiten aus. Beurteilt die Bedeutung Jerusalems aus der Sicht von Juden, Christen und Moslems.

3 ■ Welche Probleme, aber auch Möglichkeiten könnten sich aus der Bedeutung Jerusalems für die drei Weltreligionen im Hinblick auf einen dauerhaften Frieden ergeben? Sammelt Lösungsvorschläge.

Die heiligen Stätten Jerusalems

Die West- oder Klagemauer gehörte zur von Herodes errichteten und 70 n. Chr. zerstörten Originalmauer des Tempelberges und ist Ort des Gebetes von Juden aus aller Welt.

Die Kirche des Heiligen Grabes, 326 n. Chr. von Kaiser Konstantin an der Stelle der Kreuzigung und Grablegung Jesu errichtet, ist die bedeutendste christliche Pilgerstätte in Jerusalem.

Der Felsendom wurde 691 n. Chr. an der Stelle erbaut, von der aus der Prophet Mohammed in den Himmel aufgefahren sein soll. Nur durch einen Platz vom Felsendom getrennt, steht die El-Aksa-Moschee, das islamische Zentrum Jerusalems.

M1 ■ Karikatur von 1948

13.3 Die Welt und der Nahe Osten

Am 16. Mai 1916, also noch während des Ersten Weltkrieges, wurde im damals geheimen Sykes-Picot-Abkommen die Aufteilung der »Kriegsbeute« im Nahen Osten durch Großbritannien und Frankreich beschlossen. Gleichzeitig machte die britische Regierung einerseits den Arabern als Dank für ihre Hilfe im Krieg gegen das Osmanische Reich Hoffnungen auf die Gründung eines unabhängigen arabischen Reiches, das Syrien, Mesopotamien und die Arabische Halbinsel umfassen sollte. Andererseits gab der britische Außenminister Balfour am 2. November 1917 der zionistisch-jüdischen Bewegung eine Sympathieerklärung für die Errichtung ihrer »Heimstatt« in Palästina ab.

Als der Völkerbund den Nahen Osten zu Mandatsgebieten von Frankreich und England erklärte, kam das deren kolonialen Interessen entgegen. Mit dem Palästina-Mandat verpflichtete der Völkerbund Großbritannien die Balfour-Erklärung zu verwirklichen »ohne die Rechte nichtjüdischer Bevölkerungsgruppen zu beeinträchtigen«. Die Briten unterstützten nun den Aufbau der »Jewish Agency for Palestine«, die die Förderung der Zuwanderung von Juden nach Palästina zum Ziel hatte. Gleichzeitig versuchte man nach blutigen Aufständen 1921, die Araber durch Aufteilung Palästinas in einen jüdischen Teil westlich und einen arabischen Teil östlich des Jordans (Transjordanien) zu besänftigen, um Zugriff auf den immer wichtiger werdenden Rohstoff Öl zu erhalten, z. B. im Irak.

Die Rolle der Siegermächte des Zweiten Weltkrieges

Während der Anteil der Juden an der Gesamtbevölkerung 1929 lediglich 15 % ausmachte, stieg die Zahl der jüdischen Zuwanderer aus Europa seit der Machtergreifung der Nationalsozialisten in Deutschland 1933 sprunghaft an. Das hatte blutige Aufstände der Araber zur Folge. Da Großbritannien wegen des Krieges Auseinandersetzungen im Nahen Osten vermeiden wollte, beschränkte es 1939 die Einwanderungszahlen auf jährlich 75 000. Gleichzeitig kündigte es die Errichtung eines unabhängigen Staates Palästina in zehn Jahren an. Dieser Staat wäre dann überwiegend arabisch geworden. Großbritanniens Hoffnung durch diese Maßnahme viele arabische Politiker von ihrer deutschlandfreundlichen Politik abzubringen wurde enttäuscht. Gleichzeitig nahm diese Entscheidung Hunderttausenden von Juden die letzte Fluchtmöglichkeit vor dem Tod. Nur durch illegale Einwanderung gelangten noch Juden nach Palästina.

Unter dem Druck der Weltöffentlichkeit nach dem unvorstellbaren *Holocaust**, nach blutigen Sabotageakten jüdischer Untergrundorganisationen und aufgrund der Tatsache, dass Großbritannien wegen des Krieges die finanziellen Mittel für die Weiterführung einer Großmachtpolitik fehlten, erließ die neu geschaffene UN 1947 einen Teilungsplan für Palästina, wobei Jerusalem zur internationalen Zone erklärt wurde. Am 14. Mai 1948 proklamierte Ben Gurion den Staat Israel. Die dort lebenden Menschen (Palästinenser) wurden Opfer des Teilungsplans. Viele von ihnen verließen das Land oder wurden vertrieben. Im Juni 1950 waren ca. 960 000 palästinensische Flüchtlinge in Lagern registriert, 160 000 von ihnen waren in Israel geblieben.

Hinwendung zur Sowjetunion

Da es den oft westlich orientierten arabischen Staaten nicht gelang, einen Modernisierungsprozess einzuleiten, kam es in vielen Ländern, z. B. Ägypten, Irak, zur Ablösung der durch die Kolonialmächte emporgekommenen politischen Führungsschicht. Es wurden Maßnahmen zur Verbesserung der Lebensbedingungen der Bevölkerung eingeleitet (Agrarreform, Industrialisierung), die sich am Sozialismus orientierten. Dabei wurde versucht, die islamischen Traditionen zu bewahren. Diese Politik führte in den 50er-Jahren zur Feindschaft gegenüber den westlichen Ländern und zur politischen Umorientierung zur damaligen Sowjetunion hin. Ausnahmen bildeten nur die traditionellen arabischen Monarchien (Emirate, Saudi-Arabien), die dank ihres Ölreichtums für westliche Staaten wirtschaftlich wichtig blieben.

UN-Teilungsplan 1947

Der UN-Teilungsplan wurde am 29. 11. 1947 mit 33 Ja-Stimmen, 13 Nein-Stimmen und zehn Enthaltungen in Abwesenheit eines Staates von der UN-Vollversammlung verabschiedet. Er sah Folgendes vor:

- Spätestens bis zum 1. 8. 1948 sollten die Truppen der britischen Mandatsmacht Palästina verlassen.
- Eine UN-Kommission sollte die Gründung von zwei unabhängigen Staaten in Palästina vorbereiten, vorläufige Regierungen einsetzen und demokratische Wahlen bis Ende 1948 ermöglichen.
- Die beiden unabhängigen Staaten sollten wirtschaftlich eng zusammenarbeiten und eine Wirtschaftsunion bilden.
- Das Gebiet um Jerusalem sollte internationaler Kontrolle unterstellt werden, um den freien Zugang zu den heiligen Stätten der Juden, Moslems und Christen zu gewährleisten.

M2 ■ Der Teilungsplan für Palästina vom 14. Mai 1948 und der Staat Israel 1948/49.

1 ■ Interpretiert die Karikatur M1.

2 ■ Untersucht M3 vor dem Hintergrund der Ereignisse, die in Deutschland ab 1933 stattfanden.

3 ■ Erstellt für die auf M1, S. 240, dargestellten Länder Informationsplakate: Zeitraum Erster Weltkrieg bis heute.

4 ■ Welche Rolle spielten bis 1948 Völkerbund bzw. UN im Nahost-Konflikt? Informiert euch über beide Weltorganisationen, z. B. im Begriffsglossar.

5 ■ Spielt den Verlauf der UN-Vollversammlung vom 29. 11. 1947 nach. Bildet Koalitionen von Ländern mit ähnlichen Interessen. Lasst auch Juden und Palästinenser, die nicht in der UN vertreten waren, ihre Standpunkte vortragen. Stellt die wichtigsten Argumente für und gegen den Plan auf Karteikarten zusammen. Notiert auch Alternativvorschläge. Stimmt dann ab.

M3 ■ Jüdische Immigration nach Palästina (Angaben in Tausend)

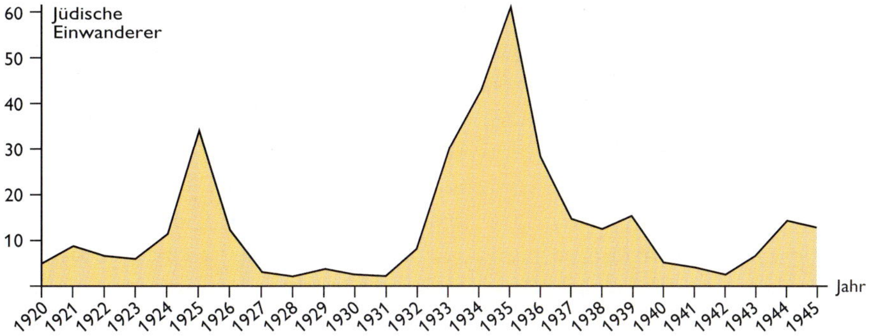

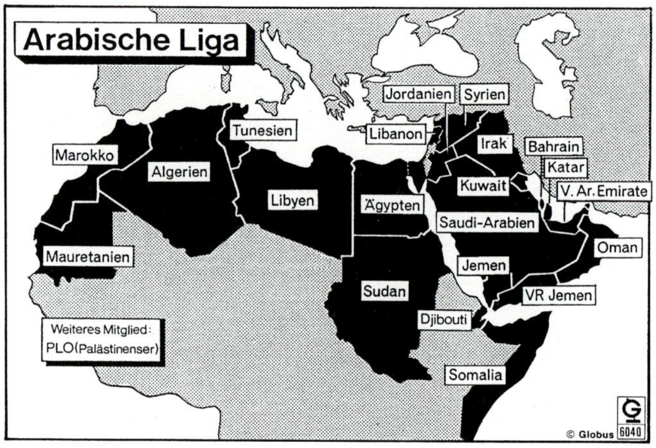

M1 ■ **Mitgliedsstaaten der Arabischen Liga**

13.4 Der Nahost-Konflikt wird zum Weltkonflikt

Israel nahm einen ungewöhnlichen wirtschaftlichen Aufschwung, u. a. dank finanzieller Unterstützung aus dem Ausland, durch Spenden amerikanischer Juden, deutsche Wiedergutmachungszahlungen usw. Gleichzeitig entwickelte sich bei vielen der arabischen Nachbarländern ein Gefühl von Ohnmacht und Zorn, da sie das palästinensische Flüchtlingsproblem im eigenen Land direkt vor Augen hatten. Sie sahen außerdem, dass die in Israel gebliebenen Araber durch legale Enteignung immer mehr Land verloren. So betrug der Landbesitz der Araber in Palästina 1948 noch 93 %, 1965 dagegen in Israel nur noch etwa 29 %.

Bündnis zwischen den arabischen Staaten

Als Reaktion auf diese aus arabischer Sicht untragbare Situation schlossen sich einige arabische Staaten am 22. März 1945 zur *Arabischen Liga* * zusammen. Die Liga wurde wegen der Schwierigkeiten zwischen ihren Mitgliedsstaaten jedoch keine politisch schlagkräftige Organisation. Einig war man sich aber in der Forderung nach einem unabhängigen Palästina und im Wunsch nach Aufrüstung. Wegen ihrer innenpolitischen und wirtschaftlichen Probleme nahmen einige Mitgliedsstaaten, je nach politischer Orientierung, »Hilfsangebote« der beiden Weltmächte USA und Sowjetunion als mögliche Lösung an.

Der Nahe Osten wird zum internationalen Krisengebiet

1955 orientierte sich Ägypten politisch zur Sowjetunion hin. Nach den Vorstellungen der revolutionären Offiziere um Staatschef Nasser sollte diese Umorientierung dem Land im Kampf gegen Israel die notwendige militärische Unterstützung sichern und ihm die Modernisierung erleichtern. Als die ägyptische Regierung 1956 versuchte den Suezkanal, das wichtigste Wirtschaftsunternehmen seines Landes, unter staatliche Kontrolle zu bringen, löste sie damit eine internationale Krise aus. Der Suezkanal, Wasserstraße zwischen Mittelmeer und Rotem Meer und kürzeste Verbindung zwischen Europa und den Ölfeldern am Arabisch-Persischen Golf, gehörte damals überwiegend einer britischen Kanalgesellschaft. Ägypten wollte nach der Verstaatlichung dieses Unternehmens mit den Gewinnen aus den Kanalgebühren, die jedes Schiff für die Durchfahrt bezahlen musste, die Modernisierung des Landes vorantreiben, z. B. den Bau des Assuanstaudammes zur Sicherung der Landbewässerung.

Großbritannien und Frankreich reagierten im Oktober 1956 auf die Verstaatlichung mit der Landung von militärischen Truppen im Suezkanalgebiet, während Israel die Sinai-Halbinsel besetzte. Die Sowjetunion unterstützte Ägypten mit Entschiedenheit und mit der Drohung »Freiwillige« auf Seiten Ägyptens in den Krieg zu schicken und notfalls auch Raketen einzusetzen. Dies wiederum veranlasste die USA und anschließend die UN, Druck auf die drei angreifenden Staaten auszuüben. Diese mussten schließlich alle eroberten Gebiete wieder aufgeben. Die UN übernahm die Kontrolle der israelisch-arabischen Grenze.

Veränderung der Kräfteverhältnisse im Nahen Osten

Das Ereignis von 1956 stärkte das Selbstbewusstsein der Araber und machte Nasser zu einer Identifikationsfigur des *Panarabismus* *. Der Traum von einem arabischen Großreich wurde wieder lebendig. Die Macht der alten Kolonialmächte brach zusammen. Gleichzeitig war der Nahe Osten nun endgültig in das doppelte Spannungsfeld von Ost-West- und Nord-Süd-Konflikt einbezogen. Er geriet immer mehr in einen Rüstungswettlauf der neuen Supermächte USA und Sowjetunion. Der Stellenwert dieser Region wurde wegen der wachsenden Bedeutung der für die Industrienationen lebensnotwendigen Ölquellen immer weiter gesteigert. Ihre Probleme wurden aber in keiner Weise gelöst.

M2 ■ Grundlagen der Nahostpolitik der USA (23. 7. 1954)

In einem damals geheimen Papier äußerte sich der Nationale Sicherheitsrat über die Politik der USA im Nahen Osten:

Der Nahe Osten ist von großer strategischer, politischer und wirtschaftlicher Bedeutung für die freie Welt. In dieser Region liegen die größten Erdölvorkommen auf der Erde; lebenswichtige Standorte für strategische Militärstützpunkte für jeden weltweiten Konflikt mit dem Kommunismus; der Suezkanal sowie natürliche Verteidigungsgrenzen. In ihr liegen auch heilige Stätten der christlichen, jüdischen und islamischen Welt und es gehen deswegen von dort religiöse und kulturelle Einflüsse mit Wirkungen auf alle Menschen in der Welt aus. Die Sicherheitsinteressen der Vereinigten Staaten wären aufs Höchste gefährdet, wenn der Nahe Osten unter sowjetischen Einfluss oder sowjetische Herrschaft fallen sollte. […]

– Einen bewaffneten Angriff Israels oder der arabischen Staaten abschrecken, und, falls es zu einem solchen Angriff kommen sollte […], den angreifenden Staat zwingen […] jedes eroberte Gebiet zurückzugeben. […]
– Während die an Israel geleistete Wirtschaftshilfe zunehmend verringert wird, um sie in ein ausgewogenes Verhältnis für andere in dieser Region zu bringen, auf Israel Druck ausüben, damit es die finanzpolitischen Maßnahmen ergreift, die notwendig sind für einen möglichst raschen Fortschritt in Richtung auf eine sich selbst versorgende Volkswirtschaft […].
– Versuchen, […] mit dem Problem arabischer Flüchtlinge weiterzukommen durch Maßnahmen wie Wiederansiedlung in arabischen Staaten oder außerhalb des Nahen Ostens.
– Den Arabern deutlich machen, dass wir ihre negative Einstellung zu Vorschlägen, die mit der Anerkennung der Existenz Israels zu tun haben, und ihre Weigerung, die Möglichkeit einer künftigen Beilegung des Konflikts zu erwägen, nicht hinnehmen können.

(zitiert nach: Ernst-Otto Czempiel/Carl-Christoph Schweitzer [Hg.], Weltpolitik der USA nach 1945. Bonn 1989, S. 146 ff.)

M3 ■ Der sowjetische Außenminister Gromyko zur Teilung Palästinas (1947):

Dieser Beschluss ist gegen keine der beiden ethnischen Gruppen, die Palästina bewohnen, gerichtet. Im Gegenteil, die Delegation der UdSSR ist der Meinung, dass dieser Beschluss den fundamentalen nationalen Interessen beider Völker entspricht, den Interessen der Araber ebenso wie denen der Juden. Die Vertreter der arabischen Staaten machen geltend, dass die Teilung Palästinas ein historisches Unrecht wäre, doch diese Auffassung des Falls ist unannehmbar, wenn auch nur, weil schließlich das jüdische Volk über einen ansehnlichen Zeitraum der Geschichte eng mit Palästina verbunden gewesen ist. […] Wir dürfen die Stellung nicht übersehen, in der sich das jüdische Volk infolge des jüngst beendeten Weltkriegs befindet.

(zitiert nach: H. Jendges / E. Vogt [Hg.], Der israelisch-arabische Konflikt. Bonn 1984.)

M4 ■ Die sowjetischen Interessen im Nahen Osten

Der Widerspruch zwischen dem revolutionären Auftrag und der Gefahr eigener Vernichtung zwang die sowjetische Führung zur indirekten Strategie in der politischen Auseinandersetzung mit ihren Hauptgegenern. Dem entsprach ein intensiveres Bemühen sowjetische Interessen in diesem Gebiet zu verwirklichen: die Nahost-Länder aus der Abhängigkeit der kapitalistischen Staaten zu lösen, Verbündete zu gewinnen, wirtschaftliche und politische Abhängigkeiten zu erzeugen und militärstrategische Vorteile zu erzielen.

(Walter Schilling, Die sowjetischen Interessen im Nahen Osten seit 1917. In: Aus Politik und Zeitgeschichte. Beilage zur Zeitung Das Parlament 51–52/1975, S. 3 ff.)

1 ■ Welche Bedeutung hatte der Zusammenschluss der Araber aus der Sicht Israels (M1)?

2 ■ Wie bewertet die UdSSR den UN-Teilungsplan (M3)? Wie vereinbart sich dieser Standpunkt mit der sowjetischen Unterstützung arabischer Staaten?

3 ■ Notiert unter den Überschriften »Gründe für das Interesse«, »Zielsetzungen« und »Strategien« das Vorgehen der Großmächte hinsichtlich des Nahen Ostens (M2–M4).

4 ■ Erklärt die Absichten der USA, sich im Zusammenhang mit der Suezkrise gegen die Nato-Partner und Israel zu richten (M2).

5 ■ Welche Folgen hatte die Suezkrise für das Kräfteverhältnis in der Welt?

6 ■ Diskutiert die Behauptung: »Europäische und außereuropäische Staaten trugen zu Entstehung und Andauern des Nahost-Konfliktes aus Machtstreben und wegen wirtschaftlicher Interessen bei.«

7 ■ Welche Bedeutung hatte die Ausweitung des Nahost-Konfliktes für den Friedensprozess in dieser Region? Welche Vorstellungen hatten USA und UdSSR von einem Frieden im Nahen Osten?

8 ■ Erstellt Informationsplakate über Länder, die Nahostländer unterstützten. Ordnet sie den von euch bereits erstellten Informationsplakaten zu.

M1 ■ Palästinenserinnen werden am Eingang zum Tempelberg von israelischen Polizisten durchsucht.

13.5 Gewalt als Lösung?

Schon einen Tag nach Bekanntwerden des UN-Teilungsplanes begannen palästinensische Untergrundkämpfer Terroranschläge gegen Juden zu verüben.

Juden reagierten mit denselben Mitteln. Sie blickten schon auf eine »traditionelle« Untergrundtätigkeit aus der Zeit zurück, als die Briten die weitere Einwandung von jüdischen Flüchtlingen nach Palästina zu verhindern versuchten. »Untergrundorganisationen«, die sich 1945 mit der »Hagana« (= Selbsthilfe) gemeinsam zu einer Einheitsfront formierten, ermöglichten vielen Flüchtlingen die illegale Einreise nach Palästina und retteten sie vor dem Tod im Konzentrationslager. Ihre Anführer Schamir und Begin wurden später israelische Ministerpräsidenten.

Eine Spirale der Gewalt begann sich zu drehen. Oft erfasste sie auch unschuldige und wehrlose Menschen. Welche Seite mit der Gewalt begonnen hatte, war bald nicht mehr feststellbar.

Kriege um Israel

Der Teilungsplan der UN war von arabischer Seite bis 1975 nicht akzeptiert, die Existenz eines Staates Israel in sicheren Grenzen nicht anerkannt worden. Mehrere Kriege waren die Folge. Auch hier war oft nicht klar, wer Angreifer und wer Opfer war. Arabische Propaganda gegen den zionistischen Staat erinnerte viele Israelis an die Massenvernichtung durch die Nationalsozialisten. Selbsterhaltung durch Schaffung sicherer Grenzen war so das wichtigste Ziel Israels. Expansionspolitik schien der einzig mögliche Wege dahin zu sein.

Die arabischen Motive waren dagegen vielfältig: Das Gefühl, von der ganzen Welt ungerecht behandelt worden zu sein, für die »Sünden der abendländischen Völker« büßen zu müssen, das Ohnmachtsgefühl, nicht mehr »Herr im eigenen Land« zu sein, der Wunsch nach Errichtung eines panarabischen Reiches usw. Militärische Niederlagen bzw. Siege verstärkten Ohnmachtsgefühl und Widerstandskraft oder führten zur Selbstüberschätzung und damit zu neuen Aggressionen. Und was taten die Palästinenser?

PLO und »Intifada«

Viele Palästinenserflüchtlinge, die sich 1949 notgedrungen mit ihrer Lage in den Flüchtlingslagern abgefunden hatten, änderten ihre eher passive Haltung erst 1967. Auf Vorschlag Ägyptens wurde 1964 die Organisation zur Befreiung Palästinas (Palestine Liberation Organization = PLO) gegründet, die als offizielle Vertretung der Palästinenser unter der Kontrolle der Arabischen Liga stehen sollte. Sie ging aus der vom Palästinenser Jasir Arafat gegründeten Flüchtlingsorganisation »al-Fatah« hervor. Teile der PLO oder abgespaltene Gruppen führten den Kampf gegen Israel erst durch weltweite Terroranschläge wie Flugzeugentführungen und Geiselnahmen, häufig mit tödlichem Ausgang (z. B. israelische Sportler bei den Olympischen Spielen in München 1972), später durch Attentate von Selbstmordkommandos in Israel, und ließen in den Medien das Bild der PLO als Terrororganisation entstehen. Andere Teile dieser Organisation bemühten sich zur gleichen Zeit durchaus um eine friedlichere Lösung des Problems. Diese Aktionen gelangten aber nicht an die Öffentlichkeit, da befürchtet wurde die Unterstützung der breiten Mehrheit der Palästinenserinnen und Palästinenser zu verlieren.

Auf die arabische Aggression reagierte Israel mit ständiger Militärpräsenz, Verhaftungswellen, Ausweisungen und einer intensiven Siedlungspolitik. Besonders nationalistisch eingestellte Juden wurden in den besetzten Gebieten angesiedelt, wo die Palästinenser ihrerseits mit Terror antworteten.

Die PLO operierte zunächst aus dem Libanon, nach der 1982 erfolgten Ausweisung aus Tunis über geheime Gruppen innerhalb der besetzten Gebiete.

Seit 1987 wurde der permanente Aufstand der Palästinenser, die »Intifada« (arabisches Wort für »abschütteln«), zum festen Bestandteil des Widerstandskampfes im Inneren. Die »Intifada«, auch bekannt als »Krieg mit Steinen«, entwickelte sich allmählich zum Volksaufstand, der jetzt auch von Kindern und Frauen, vor allem aber von Jugendlichen geführt wurde.

M2 ■ Israel und die besetzten Gebiete

M3 ■ Die »Intifada«

Die Intifada war insofern ein Volksaufstand, als praktisch die gesamte Bevölkerung des Westjordanlandes und des Gazastreifens von ihr erfasst wurde. […] Doch ihr Widerstand überschritt nicht bestimmte Grenzen. Die Rebellen […] warfen Steine und Eisenstücke, schleuderten Molotow-Cocktails, drohten mit Messern und Äxten.

M4 ■ Ein Palästinenser aus einem Flüchtlingslager im Gazastreifen zur »Intifada« (15.12.1987)

Wir gehen ihnen jetzt mit blanker Brust entgegen. Uns ist jetzt alles egal. Unser Leben ist nichts mehr wert. Vielleicht bringt es unserem Volk ein besseres Leben, wenn wir getötet werden.

M5 ■ Ein israelischer Reservist zur Situation während der »Intifada« (ARD-Weltspiegel, 17. 7. 1989)

Dem Menschen, den ich verhafte, sehe ich an seinen Händen an, dass er ein Arbeiter ist wie ich. Und obwohl ich weiß, dass er nichts getan hat, muss ich ihn zusammenschlagen, um ihn einzuschüchtern. Ich fühle mich vor diesem Palästinenser erniedrigt. Als Mensch macht mich das kaputt. Das sind nicht die Werte, nach denen ich erzogen bin.

(M3–M5: Friedrich Schreiber, Aufstand der Palästinenser – die Intifada. Opladen 1990, S. 47, S. 16 u. S. 75.)

M6 ■ Intifada – palästinensischer Krieg mit Steinen

1 ■ »Gewalt erzeugt Gewalt, nicht Frieden«. Überprüft diese Feststellung am Beispiel des Nahost-Konflikts.

2 ■ Welche Ziele hat Israel, welche haben seine arabischen Nachbarstaaten (M3–M5)?

3 ■ Beurteilt M4 und M5.

4 ■ Welche Bedeutung hat die »Intifada« (M3 und M6) für den Friedensprozess? Kommentiert dazu die Feststellung: »Eine Armee kann eine Armee schlagen, aber eine Armee kann kein Volk schlagen.«

Kriege um Palästina/Israel

1948/49 Palästinenser und arabische Armeen aus Ägypten, Syrien, Libanon und Jordanien griffen Israel an, das durch seinen Sieg das Staatsgebiet um 22% des Palästinensergebietes erweiterte. Jerusalem wurde geteilt.

1956 Großbritannien, Frankreich und Israel griffen als Folge der Suezkrise Ägypten an, mussten aber auf Druck der USA 1957 die Landgewinne wieder abtreten.

1967 Im »Sechs-Tage-Krieg« zwischen Israel und Ägypten, Syrien und Jordanien eroberten die Israelis nach einem Überraschungsangriff die Sinai-Halbinsel und den Gazastreifen von Ägypten, die Golanhöhen von Syrien und das Westjordanland einschließlich Jerusalem von Jordanien.

1973 Im »Jom-Kippur-Krieg« verzeichneten Ägypter und Syrer bei einem Überraschungsangriff auf Israel zunächst Landgewinne.

Das Überlegenheitsgefühl der Araber wurde verstärkt, als die Erdöl exportierenden Länder erstmals die »Ölwaffe« einsetzten. Sie drosselten die Erdölförderung um 5 % und machten so der westlichen Welt schlagartig ihre Abhängigkeit bewusst (Autofahrverbote auch in Deutschland, *Ölpreisschock**).

Israel setzte sich schließlich, unterstützt durch Waffenhilfe aus den USA, militärisch durch.

1982 Um gegen mögliche palästinensische Terroraktionen vorzugehen, besetzte Israel einen Teil des Libanon räumte ihn dann 1985 wieder bis auf eine Sicherheitszone im Südlibanon.

M1 ■ Ein Schritt zum Frieden ist gemacht: Begrüßung Arafats durch den orthodoxen Rabbi Hirsch in Jericho, 1994

13.6 Erste Schritte zum Frieden

Bereits 1979 schloss der ägyptische Präsident Anwar el-Sadat einen Friedensvertrag mit Israel, der zur Räumung der Sinai-Halbinsel durch Israel und zur Anerkennung Israels durch Ägypten führte. Das Abkommen war auf Initiative des amerikanischen Präsidenten Carter in Camp David ausgehandelt worden. Sadat beendete gleichzeitig die am Sozialismus orientierte Politik seines Vorgängers Nasser.

Dieser Alleingang wurde von den übrigen arabischen Staaten als Verrat an den gemeinsamen Zielen angesehen und mit dem Ausschluss Ägyptens aus der Arabischen Liga sanktioniert. Als Sadat kurze Zeit später einem Attentat islamischer Fundamentalisten zum Opfer fiel, kam der »Camp-David-Friedensprozess« zum Halt. Hauptursache dafür war die zunächst unklare politische Lage in Ägypten. Hinzu kam die Tatsache, dass man die Palästinenserfrage ohne die Betroffenen lösen wollte und dass Israel den Palästinensern nur »Autonomie« in Bereichen wie Kultur, Religion, Erziehung und Gesundheitswesen zugestehen, die Sicherheit aber selbst überwachen wollte. Trotzdem war der erste Schritt getan.

Der zweite Schritt: Friedensinitiative der Palästinenser

Ab 1982 fand innerhalb der PLO ein Umdenkungsprozess statt, aber gleichzeitig auch die Kraftprobe zwischen Befürwortern von Gewalt und denjenigen, die den Weg im Dialog suchen wollten. Die später einsetzende »Intifada« gab der PLO-Führung die Bestätigung, dass nicht mehr von außen gesteuerte Einzelaktionen, sondern Palästinenserinnen und Palästinenser selbst durch den »Krieg der Steine« ihr Schicksal in die Hand nehmen wollten. Daraufhin proklamierte das im Exil gebildete palästinensische Parlament am 5.11.1988 den unabhängigen Staat Palästina. In einer Resolution wurde eine »Zwei-Staaten-Lösung« angenommen und faktisch damit Israel als einer davon anerkannt. Weitere Verhandlungen sollten im Rahmen einer internationalen Konferenz mit Unterstützung der UN geführt werden.

Das Ende des Ost-West-Konflikts

Als im Januar 1991 der Golfkrieg die Welt erschütterte, war weltpolitisch durch das Ende des *Ost-West-Konflikts** bereits eine große Wende eingetreten. Der Nahe Osten war nicht mehr »Zankapfel« der Supermächte. So reifte in der amerikanischen Regierung der Entschluss die im Golfkrieg sichtbar gewordene politische und wirtschaftliche Zerrüttung des Nahen Ostens zu einer Neuordnung in dieser Region zu nutzen. Dabei sollten die amerikanischen Interessen, etwa am Erdöl, ebenso gewahrt werden wie die Sicherheit seiner Verbündeten, z.B. Israel. Das Palästinenserproblem sollte nun unter Beteiligung aller Betroffenen gelöst werden, da es als eine Hauptursache für die Instabilität der Region galt.

Wer verhandelt für den Frieden?

Der Friedensprozess verlief jeweils auf zwei parallel verlaufenden Gleisen, und zwar zwischen Israel und unabhängig voneinander drei verschiedenen Delegationen: der jordanisch-palästinensischen, der libanesischen und der syrischen.

Hier ergab sich als nächstes Problem, wer das Volk der Palästinenser vertreten sollte. Die Israelis lehnten zunächst die PLO als Vertretung ab. Ihre Forderung war, dass es unabhängige Vertreter der Palästinenser aus den besetzten Gebieten sein sollten, die nie etwas mit Terror zu tun gehabt haben durften. Diese mussten von vornherein einer Übergangslösung zustimmen, d.h. für mindestens fünf Jahre lang ihre Forderung nach einem unabhängigen Palästinenserstaat zurückstellen. Diese Forderung erwies sich aber als unerfüllbar, da es eine unabhängige Führung von Bewohnern der besetzten Gebiete ohne Verbindung zur PLO und ihrer Führung in Tunis nicht gab. So waren die ausgewählten Delegierten Haidr Abd el Shafi, Feisal Husseini und Hanan Ashrawi über Fax-Leitungen ständig mit dem PLO-Hauptquartier verbunden.

Daneben gab es zwei weitere »Hauptbegleiter«: Vertreter des US-Außenministeriums und die internationalen Medien, die jeden Schritt der Verhandlungen begleiteten und alle Delegationen ständig ins Licht der Öffentlichkeit stellten. Das setzte alle Beteiligten einem großen Druck aus.

M2 ■ »Israels Realismus führte zu Palästinenser-Autonomie«

Auszug aus dem Presseartikel des ehemaligen UN-Botschafters (1949) und israelischen Ex-Außenministers (1966–74) Abba Eban:

Die Bereitschaft die Westbank mit den Palästinensern zu teilen, ist nicht ein plötzlicher Einfall von Yitzhak Rabin und Shimon Peres. Sie entspringt dem normativen Verhalten der Israelis aus den ersten Tagen unseres Staates. »Territorium für den Frieden«, so lautet die klassisch israelische Idee.

Die Rabin-Peres-Regierung antwortete deshalb auf drei Faktoren:
- die unakzeptable Zahl der Todesopfer
- den quälenden Widerspruch, dass die israelische Demokratie eine fremde, rebellische Nation regiert ohne dieser die gleiche Staatsbürgerschaft zuzugestehen
- das sinkende internationale Ansehen Israels. Der Friedensprozess konnte diese Entwicklung aufhalten. […]

Der Friedensprozess hat Israel zu den Wurzeln zurückgeführt – zurück zum ursprünglichen Pragmatismus und zur Ideologie seiner Gründer. Die Übereinkunft mit der gemäßigten palästinensischen Organisation ist eine seiner Früchte.

(Focus 41/1995.)

M3 ■ Die Rolle des Libanon im Friedensprozess aus israelischer Sicht

Auch mit der libanesischen Delegation hatten wir keine ernsthaften politischen Schwierigkeiten. Israel stellt keinerlei Forderungen in Bezug auf libanesischen Boden und an dessen Souveränität. Wir haben überhaupt keine Lust irgendeine Rolle in der unmöglichen inneren Politik des Landes der Zedern zu spielen. Alles was wir wollen, ist, dass der Libanon die Verantwortung für die Sicherheit entlang der Grenze zu Israel übernimmt, damit keine Katjuscha-Raketen von seinem Territorium aus auf Ortschaften in Israel abgeschossen werden und damit keine Terror-Kommandos mehr von dort in unser Land eindringen. Allerdings ist das wirkliche Problem des Libanon – so hat sich in den Verhandlungen herausgestellt – nicht die Beziehung zu Israel, sondern seine Beziehung zu Syrien. In der Praxis hindert Syrien den Libanon daran, konkrete sachliche Verhandlungen mit Israel zu führen, solange wir nicht zu einem positiven Ergebnis mit Damaskus kommen.

(Shimon Peres, Die Versöhnung. München 1996, S. 18 ff.)

M4 ■ Akabas Bürgermeister Helo und sein Kamener Kollege Erdtmann führen Gespräche über einen Städtekontakt

M5 ■ Städtepartnerschaft Kamen–Eilat–Akaba

Die Stadt Kamen unterhält seit über 10 Jahren eine Städtepartnerschaft mit der israelischen Stadt Eilat. Der Hellweger Anzeiger berichtete über die Bürgerreise 1995: »Es war wie eine andere Welt: Anlässlich der Reise nach Israel […] stattete Bürgermeister Manfred Erdtmann auch dem benachbarten Akaba auf jordanischem Boden einen Besuch ab […]. Die großen Unterschiede zwischen ›verwestlichtem‹ Israel und orientalischem Jordanien bergen Schwierigkeiten, aber auch Chancen […]. ›Ein Netzwerk von Partnerschaften‹ stellt sich Erdtmann vor – der ›Draht‹ Eilat–Akaba war ein persönliches Anliegen des ermordeten israelischen Ministerpräsidenten Rabin gewesen, dessen Tod auf beiden Seiten Betroffenheit auslöste. Für Kamen wünscht sich Erdtmann, es möge ›ein kleines Rädchen‹ in der Entwicklung des Friedens der dortigen Region sein.«

(Hellweger Anzeiger vom 21.11.1995.)

1 ■ Erstellt eine Zeitleiste zum Ablauf des Friedensprozesses. Welche Rolle spielten Einzelpersonen dabei?

2 ■ Beurteilt Abba Ebans Stellungnahme (M2) über das Zustandekommen des Friedensprozesses.

3 ■ Warum begann der Friedensprozess erst so spät? Listet die »Störfaktoren« auf, stellt dann fest, welche beseitigt werden konnten und welche nicht.

4 ■ Wie beurteilt Shimon Peres die Friedensverhandlungen mit dem Libanon und Syrien (M3)?

5 ■ Was können die Betroffenen und Beteiligten tun, um den Frieden zu sichern, z. B. im Hinblick auf »Gewalt«?

6 ■ Welche Fragen würdet ihr bei einem Schüleraustausch nach Israel und Jordanien stellen? Was können wir Deutschen für einen dauerhaften Frieden im Nahen Osten tun (M5)? Sammelt Vorschläge.

13.7 Friedensverhandlungen

M1 ■ Hanan Ashrawi, Sprecherin der Palästinenser-Delegation, bei einer der vielen Pressekonferenzen während der Friedensgespräche

Die Bekundung des Willens zu Friedensverhandlungen war schon ein riesiger Schritt nach vorn, ein komplizierteres Unterfangen waren dann aber die Friedensgespräche selbst.

Erste Nahost-Friedenskonferenz in Madrid

Vor diesem Hintergrund begann am 20.10.1991 unter der Schirmherrschaft des amerikanischen und des sowjetischen Präsidenten die erste Nahost-Friedenskonferenz. Am 13.9.1993 wurde in Washington eine israelisch-palästinensische Grundsatzerklärung unterzeichnet. Der berühmte Händedruck zwischen Jasir Arafat, Präsident der Palästinenser, und dem israelischen Ministerpräsidenten Yitzhak Rabin signalisierte der Welt einen Neuanfang, der sich im jordanisch-israelischen Friedensvertrag 1994 fortsetzte. Israel räumte nun Städte im Westjordanland, die unter die Aufsicht der PLO gestellt wurden. Mordanschläge von palästinensischen und jüdischen Extremisten konnten den Friedensprozess bisher nicht aufhalten. Selbst nach der Ermordung des israelischen Präsidenten Rabin am 4.11.1995 durch einen jüdischen Extremisten während einer Friedenskundgebung erklärte sein Amtsnachfolger Shimon Peres »Das Lied des Friedens wird nicht verstummen!«

Inhalte und Verlauf der Friedensverhandlungen

Die jeweils bilateralen Verhandlungen befassten sich hauptsächlich mit der Regelung von Konflikten aus der Vergangenheit: Grenzen, Eigentum an Wasser und Land, Sicherheitsregelungen und dem Charakter der für etwa fünf Jahre geplanten Übergangsverwaltung.

Nach ersten geheimen Gesprächen zwischen allen Delegationen in Oslo 1993 gestalteten sich die Gespräche mit Jordanien wegen der bereits vorhandenen nachbarschaftlichen Beziehungen nicht sehr schwierig und endeten schließlich im Oktober 1994 mit der Unterzeichung eines Friedensvertrages. Dagegen fanden die Verhandlungen mit Syrien und dem Libanon noch kein positives Ende.

Auch die Verhandlungen mit der Palästinenserdelegation waren nicht einfach, da alle Zwischenergebnisse mit der PLO-Spitze abgestimmt werden mussten. Militante Palästinenserorganisationen und jüdische Siedler versuchten außerdem den Verhandlungsfrieden durch blutige Attentate zu stören. Zeitweise zweifelte die Bevölkerung in den besetzten Gebieten am Erfolg der eigenen Delegation und äußerte ihren Unmut öffentlich. Auch die Kritik verschiedener arabischer Staaten machte die Verhandlungen der PLO-Delegation zu einem schwierigen Balanceakt.

Und das Ergebnis?

Vor dem Friedensvertrag mit Jordanien am 26.10.1994 paraphierten Israel und die Palästinenserdelegation am 13.9.1993 in Washington das Gaza-Jericho-Abkommen. Am 4.5.1994 unterzeichneten Yitzhak Rabin und Jasir Arafat in Gegenwart der Außenminister der USA und Russlands in Kairo die 450 Seiten umfassenden Ausführungsbestimmungen des Abkommens. Das Dokument regelt u.a. die Gegenwart palästinensischer Polizisten in den autonomen Gebieten, den Rückzug der israelischen Sicherheitskräfte in die jüdischen Siedlungen sowie die Übergabe lokaler Verwaltungskompetenzen an die Palästinenser. Der Charakter des dauerhaften Friedens soll bei weiteren Friedensverhandlungen bestimmt werden, die im dritten Jahr der Autonomie beginnen und im fünften Jahr nach Inkrafttreten dieser Regelung zu Ende geführt werden sollen. Bis dahin will Israel schrittweise Orte im Westjordanland und in Gaza räumen und unter palästinensische Aufsicht stellen. Aus den ebenfalls in den Vertrag aufgenommen demokratischen Wahlen ging Arafat 1996 als Sieger hervor.

Syrien bekundete direkt nach der Ermordung des Ministerpräsidenten Rabin im November 1995 Interesse an der Wiederaufnahme der unterbrochenen Friedensgespräche, während die militante Palästinenserorganisation Hamas ihren Terror mit blutigen Anschlägen in Israel fortsetzte.

M2 Auszug aus dem Friedensvertrag zwischen Israel und Jordanien (26.10.1994)

Art. 2: Die Vertragsparteien wenden in ihren Beziehungen zueinander die Charta der Vereinten Nationen und die Grundsätze des Völkerrechts an, welche die Beziehungen zwischen Staaten in Friedenszeiten regeln. […]

1. Sie erkennen das Recht der jeweils anderen Vertragspartei an, innerhalb sicherer und anerkannter Grenzen in Frieden zu leben und achten es;
2. sie entwickeln gutnachbarschaftliche Beziehungen der Zusammenarbeit, um dauerhafte Sicherheit zu gewährleisten, enthalten sich der jeweils gegen die andere Vertragspartei gerichteten Androhung oder Anwendung von Gewalt und lösen alle Streitigkeiten zwischen ihnen mit friedlichen Mitteln;
3. sie achten und erkennen die Souveränität, territoriale Integrität und politische Unabhängigkeit jedes Staates in der Region an;
4. sie achten und würdigen die entscheidende Rolle, die der Entfaltung und Würde des Menschen in regionalen und bilateralen Beziehungen zukommt;
5. sie sind ferner der Auffassung, dass im Rahmen dieses Zuständigkeitsbereiches unfreiwillige Personenbewegungen, welche die Sicherheit einer Vertragspartei gefährden, nicht erlaubt sind. […]

Art. 8: […] 2. In der Erkenntnis, dass die durch den Konflikt im Nahen Osten verursachten o.g. menschlichen Probleme auf bilateraler Ebene nicht in vollem Umfang gelöst werden können, bemühen sich die Vertragsparteien sie in geeigneten Gremien in Übereinstimmung mit dem Völkerrecht zu lösen; dies umfasst folgende Möglichkeiten:

a) im Falle heimatloser Personen einen Viererausschuss, dem auch Ägypten und die Palästinenser angehören,
b) im Falle von Flüchtlingen i) im Rahmen der multilateralen Arbeitsgruppe für Flüchtlinge; […]

Art. 9: 1. Jede Vertragspartei gewährt freien Zugang zu Stätten von religiöser und historischer Bedeutung.«

(zitiert nach: Deutsche Gesellschaft für Auswärtige Politik [Hg.], Internationale Politik, Frieden im Nahen Osten. Bonn 1995, S. 86 ff.)

M3 Ein Staat für die Palästinenser?

M4 Die Selbstmörder der Hamas

Die Israelis fürchten derzeit nichts mehr als die Selbstmörder der Hamas. Es könnte jeden treffen und überall, im Bus, im Kino, im Supermarkt. Die Hamas hat nur eines zum Ziel: Möglichst viele Opfer. […] Die Selbstmörder der Hamas – das sind Jugendliche zwischen 18 und 24 Jahren. Sie kämpfen für einen Frieden nach den Kriterien der Hamas: den Aufbau eines islamischen eigenständigen Palästina. Das bedeutet den Abbau aller jüdischer Siedlungen und die Auflösung des Staates Israel.

(Focus 11/1996, S. 266 ff.)

1 Erläutert die in M2 aufgeführten Artikel des Friedensvertrages. Formuliert Vertragstexte zu den ebenfalls im Vertrag behandelten Themen Schaffung von Frieden, Grenze, Sicherheit, Wasser, wirtschaftliche Beziehungen, Flüchtlinge, kultureller und wissenschaftlicher Austausch, Verbrechensbekämpfung, Verkehr, Schifffahrt, Luftfahrt, Umwelt, Rechte und Pflichten.

2 Nehmt zum Terror der Hamas Stellung.

3 Mit welchen Problemen wird ein künftiger Palästinenserstaat zu kämpfen haben (M3, M4 und Leseschnupperseiten)? Wie wird die Zukunft der dort lebenden Juden (0,6 % im Gazastreifen und 20,5 % im Westjordanland) aussehen?

4 Überlegt, wie das Problem der Palästinenser in absehbarer Zeit gelöst werden kann (z. B. bei einer Arbeitslosenquote im Gazastreifen von 45 %). Berücksichtigt auch die 900 000 in Israel lebenden Palästinenser und die im Ausland lebenden Flüchtlinge. Welche Unterstützung wäre nötig?

5 Werte die Vergabe des Friedensnobelpreises an Rabin, Peres und Arafat.
Lies dazu den Text von Hanan Ashrawi auf S. 241.

6 Nennt Gründe dafür, warum sich die Verhandlungen mit Syrien und dem Libanon schwierig gestalten. Notiert Forderungen der jeweiligen Seite. Informiert euch über den Libanonkonflikt in eurer Schulbibliothek oder einer Bibliothek in eurer Nähe.

13.8 Planspiel: Der schwierige Weg zum Frieden

In einem Planspiel könnt ihr einen Friedensvertrag für den Nahen Osten aushandeln. Alle in den Nahost-Konflikt verwickelten Gruppierungen verhandeln in schriftlicher Form über den Frieden. Jede Delegation gibt über die Spielleitung Statements an andere Gruppen weiter, die schriftlich kommentiert und verändert werden. Die Pressegruppe nimmt eine Sonderstellung ein, denn sie darf von Gruppe zu Gruppe gehen. Sie bringt Extrablätter über den Stand der Verhandlungen heraus.

Vorbereitung des Planspiels »Frieden für den Nahen Osten«

- Im Plenum werden auf Karten die Delegationen (Spielgruppen) notiert, auf einer politischen Weltkarte markiert (z. B. mit Stecknadelfähnchen) und Grundbeziehungen zwischen ihnen veranschaulicht (Zuordnung der Karten von Partnern, Gegnern, Unentschiedenen an der Wand).
- Hauptkonfliktpunkte werden notiert und zugeordnet (M3).
- Jede Spielgruppe formuliert ein Kurzreferat über die vordringlichen Interessen ihres Landes, macht sich ihre Beziehung zu den anderen Gruppen klar (z. B. Verbündete, vermutete Gegner, nicht einschätzbare Gruppen) und notiert vermutete Einstellungen, Erwartungen, mögliche Konfliktpunkte und Argumente. Danach wählt die Gruppe das vermutlich am leichtesten zu lösende Problem aus.
- Die Spielleitung sammelt die Ausgangsproblempunkte.

Spielregeln

1. Spielgruppen verhandeln nur schriftlich über den Spielleiter oder die Spielleiterin miteinander, wobei jede Nachricht mit Nummer, Uhrzeit und Namen von Absender und Empfänger versehen mindestens in 4facher Ausfertigung vorliegen muss (für Absender, Empfänger, Spielleitung, Presse). Hier empfiehlt sich der Einsatz eines Computers.
2. Die Presse hat neben der schriftlichen Information die Möglichkeit jede Gruppe mündlich zu befragen, um pro Stunde eine Pressemitteilung herausgeben zu können.
3. Die Spielleitung spielt »Briefträger«, sammelt Nachrichten, erteilt Auskunft, hält die Spielschritte in einem Protokoll fest, greift gegebenenfalls ins Spielgeschehen ein, bereitet die Auswertung vor und leitet sie.
4. Die Gruppe »Beobachtung« erstellt in der ersten Phase eine »Checkliste zur Beobachtung«. Danach beobachtet sie die Arbeit in und zwischen den Gruppen hinsichtlich Aktivität, Einstellungen, Taktik, Arbeitsstil (engagiert, initiativ, reagierend), Konfliktpotential, Bewältigung von Spannungen, Eingehen auf Inhalte, Verhandlungsstil usw.

Durchführung des Planspiels

- Die Spielleitung informiert über die Regeln des Planspiels und die Ausgangsproblemlagen.
- Im Plenum wird eine gemeinsame Ausgangsproblemlage mit Hauptverhandlungspunkten sowie Verbündeten, Gegnern und »Unentschlossenen« ausgearbeitet.
- Nun werden ergänzende Unterlagen für die einzelnen Gruppen verteilt, z. B. als Verhandlungsbasis M3 und als Handlungsrepertoire für das Vorgehen M2.
- Nach der Auswahl der Beobachterinnen und Beobachter erfolgt ihre Einweisung.
- Die Gruppen beginnen mit der Arbeit, indem sie nach der Plenumsinformation noch einmal ihre persönliche Ausgangslage überarbeiten. Dann entwickeln sie eine Strategie, die sie bei den Verhandlungen zum Erfolg, d. h. zur Durchsetzung ihrer Interessen führt (M2). Sie nehmen jeweils schriftlich über die Spielleitung mit den anderen Gruppen Kontakt auf. Über die Pressemitteilungen erfahren sie vom jeweiligen Stand der Verhandlung.

Auswertung des Planspiels

- Die Ausgangslagen werden im Plenum verlesen.
- Die Ergebnisse der Zusammenarbeit zwischen den Gruppen werden dargestellt.
- Die Gruppen berichten über ihre weiteren Absichten und geplanten Handlungen.
- Die Beobachterinnen und Beobachter beschreiben die Arbeit in und zwischen den Gruppen aus ihrer Sicht.
- Die verschiedenen Strategien (M2) werden zusammengestellt und bewertet.
- Das Plenum erarbeitet weitere Lösungsmöglichkeiten bzw. trifft Absprachen hinsichtlich der noch nicht geklärten Punkte.

M1 Wie man Konflikte untersuchen kann

Ein Konflikt ist ein Streit, in dem unterschiedliche Ansichten und Bedürfnisse aufeinander prallen. Konflikte kann man untersuchen. Dabei und bei der Suche nach Lösungsmöglichkeiten können folgende Fragestellungen helfen:

Konfliktursachen
- Um welche Streitfragen geht es?
- Welche Ursachen hat der Konflikt?

Konfliktverlauf
- Welche gegnerischen Parteien stehen sich gegenüber?
- Wer unterstützt die gegnerischen Parteien?
- Welche Interessen haben sie?
- Welche Macht haben sie?
- Wie wurde der Konflikt bisher ausgetragen? Mit welchem Ergebnis?

Konfliktlösung
- Welche Vorstellungen haben die Gegner bzw. indirekt am Konflikt Beteiligten von der Lösung des Konflikts?
- Wo gibt es Ansätze für einen Kompromiss?
- Welche Möglichkeiten des friedlichen Austrags des Konflikts gibt es?
- Welche Lösungsvorschläge werden von den Gegnerinnen und Gegnern akzeptiert, welche nicht?
- Welche Ursachen beseitigt die Lösung, welche nicht?
- Trägt die Lösung zu mehr Gerechtigkeit bei? Politisch, sozial usw.?

M2 Mittel zur Durchsetzung von Interessen

- **Mittel zum Machtkampf, z. B.**
  Hinweis auf Verordnungen, Gesetze, Regeln; Benutzung von Amtsautorität; Ausübung von Entscheidungsgewalt im demokratischen Sinn; Massenbewegung wie Streik, Boykott, Demonstration usw.; Informationspolitik zur Verbesserung der Machtposition (Öffentlichkeitsarbeit, Propaganda).
- **Diplomatische Mittel, z. B.**
  Teilzugeständnisse, dem Gegner »Brücken« bauen, Berücksichtigung der Lage des Gegners; Maximalforderungen stellen, um Minimum zu erreichen; Sympathiegewinnung; taktische Rollenverteilung in der Gruppe; Organisieren einer guten Atmosphäre; Einzelkontakte mit Meinungsführern.
- **Überzeugungsversuch, z. B.**
  Verständlichmachen der eigenen Lage, Aufzeigen von Widersprüchen, Ungerechtigkeiten; Verweis auf demokratische Normen.
- **Konfliktabwehr, z. B.**
  Personalisierung (»Herausgreifen« von Einzelnen); Ablenkung; Harmonisierung; Spaltung von Bündnispartnern

M3 UN-Resolution 242 (1967)

Der Sicherheitsrat gibt seiner ständigen Besorgnis über die ernste Lage im Nahen Osten Ausdruck und unterstreicht, dass es nicht angeht, Territorium durch den Krieg zu erobern, und dass es nötig ist, für einen gerechten und dauerhaften Frieden zu wirken, der es jedem Staat der Region erlaubt in Sicherheit zu leben. Er unterstreicht im Weiteren, dass alle Mitgliedsstaaten, indem sie die Charta der Vereinten Nationen annehmen, sich verpflichtet haben, gemäß Artikel 2 zu handeln.

1. Er bekräftigt, dass die Einhaltung der Prinzipien der Charta es erfordert, dass ein gerechter und dauerhafter Frieden im Nahen Osten errichtet wird, welcher die Anwendung der beiden folgenden Prinzipien umfassen sollte: a) Rückzug der israelischen Streitkräfte aus den (1967) besetzten Gebieten. b) Einstellung jeglicher kriegerischen Erklärung oder jeglichen kriegerischen Zustandes sowie Respektierung und Anerkennung der Souveränität, der territorialen Integrität und der politischen Unabhängigkeit jeglichen Staates der Region und dessen Rechtes in Frieden innerhalb der sicheren und anerkannten Grenzen frei von Drohungen oder von Gewaltakten zu leben.
2. Er stellt im Weiteren die Notwendigkeit fest a) die freie Schifffahrt auf den internationalen Wasserstraßen der Region zu garantieren, b) eine gerechte Regelung des Flüchtlingsproblems zu verwirklichen, c) die territoriale Unverletzlichkeit und politische Unabhängigkeit jedes Staates der Region durch Maßnahmen zu garantieren, welche die Schaffung entmilitarisierter Zonen umfassen.

(zitiert nach: Frankfurter Allgemeine Zeitung vom 15.10.1990.)

1 Analysiert mithilfe von M1 den Nahost-Konflikt.
2 Überprüft die Anwendbarkeit des Konfliktanalyseschemas M1 bei privaten Konflikten.
3 Erstellt ein Ablaufschema für das Planspiel »Friedenskonferenz«.
4 Führt auf der Basis von *UN-Charta** und UN-Resolution 242 (M3) ein Planspiel durch.
5 Der Status von Jerusalem und die Nutzung des Jordanwassers könnten zu Störfaktoren des Friedensprozesses werden. Führt eine Konfliktanalyse durch, dann macht Lösungsvorschläge.
6 Worin unterscheiden sich Planspiel und Wirklichkeit?
7 Was sagen die Fotos in diesem Kapitel über den Nahost-Konflikt aus?

13.9 Leseschnupperseiten: Der geteilte Israeli

David Grossmann, Der geteilte Israeli, Über den Zwang, den Nachbarn nicht zu verstehen. München (Hanser) 1994, S. 280 ff.

David Grossmann, 1954 in Jerusalem geborener Schriftsteller und Rundfunkredakteur, stellt in diesem Buch die Frage nach der Gleichberechtigung der Palästinenser in Israel. Es geht ihm dabei weniger um die Palästinenser in den besetzten Gebieten, die einmal Bürger eines Palästinenserstaates sein könnten, sondern vielmehr um diejenigen, die bei der Staatsgründung in Israel geblieben bzw. später dort geboren sind. Er fragt nach den Rechten von etwa 900 000 Arabern in einem Staat mit etwa 4 Millionen Juden und nach ihren Perspektiven für die Zukunft. Um Antworten auf diese Fragen zu bekommen hat er Juden, Araber und Palästinenser verschiedener Generationen befragt. Sein Buch löste 1992 in Israel und auf der ganzen Welt heftige Reaktionen aus. Der folgende Auszug aus dem Nachwort für die Auflage 1994 geht darum auf den inzwischen in Gang gekommenen Friedensprozess ein und gibt Denkanstöße – auch für Nicht-Israelis und Nicht-Palästinenser.

Wenn wir Frieden haben wollen, müssen wir endlich nüchtern werden. Wir müssen auf einen Fernsehbildschirm schauen, auf dem viele Filme gleichzeitig ablaufen.

In dem einen Ausschnitt sehen wir, wie die Muslimbrüder aus der Moschee heraus ihre Anhänger mobilisieren; gleichzeitig sehen wir den Film, wie der Irak sein nukleares Arsenal verstärkt. Und dann den von einem nationalistischen oder religiösen Aufstand in Jordanien. […] Und gleichzeitig der Film über einen Terroristen aus den Reihen der radikalen Palästinenserorganisationen – und die werden immer mehr werden – an Bord eines El-Al-Flugzeuges.

Und um meine Nerven einer wirklichen Zerreißprobe auszusetzen werde ich versuchen mir ein weiteres Feld vorzustellen, in dem Israels Premierminister anordnet, die Zünder der Atomanlage Dimona scharf zu machen.

Aber in einem dieser Felder, so klein wie die anderen, wird noch ein anderes Bild zu sehen sein: Nicht das einer digitalisierten Taube mit digitalisiertem Olivenzweig im Schnabel, sondern eins, in dem ein israelischer und ein jordanischer Chirurg zusammenarbeiten, um einem syrischen Patienten in einer neuen Klinik in Dschiddah ein Herz zu implantieren – einer Klinik, die auf Hebräisch »Shiba« oder Arabisch »Shipa« heißen wird (beides bedeutet »genesen«). Das Spenderherz wird aus der Nahost-Organbank in Beirut kommen. Oder wir könnten einen Report anschauen über eine Sitzung der Kommission, die die totale Niederlage der Israelis gegen die Ägypter untersuchen soll – im Fußball. Die Schlagzeile wird lauten: »Was für ein Witz!« Wir könnten uns die Einweihung einer neuen israelisch-jordanischen Bewässerungsanlage in der Aravawüste ansehen; oder eine israelische Rockband im musikalischen Dialog mit einer jemenitischen Experimental-Gruppe in einem Benefiz-Konzert für die dürregeplagten Bewohner des Südirak; und die kuwaitische Börse, wo israelische Händler in der Hitze des Geschäfts hektisch in ihre Satelliten-Telefone brüllen; und ein Treffen zwischen israelischen und syrischen Pädagogen zur Planung der zukünftigen Lehrmaterialien. Ja, wir dürfen alle träumen und uns daran erinnern, dass viele Dinge so lange unmöglich sind, bis sie dann doch passieren.

Und in einem kleinen Feld, in dem meine Träume Wahrheit werden – es ist schwierig, das niederzuschreiben, meine Instinkte sind sofort in Abwehrstellung –, in diesem Feld also eine kontrollierte Explosion, die freiwillige Zerstörung der Atomanlage in Dimona: dieser Anlage, die sowohl ein Nukleararsenal wie eine Metapher ist, weshalb ihre Vernichtung der stärkste Ausdruck des völligen Umbruchs, einer völlig neuen Art zu denken wäre.

Aber bevor wir Segel setzen, um solche weit entfernten Häfen anzulaufen, könnte es vielleicht besser sein, von Erreichbarem zu träumen: von der Paraphierung eines Freihandelsabkommens zwischen Israel, Jordanien, Syrien und Saudi-Arabien etwa. Und, natürlich, Palästina.

Und ich kann von dem heruntergekommenen Gaza-Streifen träumen, wie er sich in eine bevorzugte internationale Entwicklungszone verwandelt, und von arabischen Ländern, die einen ökonomischen und politischen Sprung nach vorn machen in Richtung Demokratie, Entwicklung, Wohlstand. Vergesst nicht, dass der Golfkrieg 620 Milliarden Dollar gekostet hat; dass die Länder dieser Region jedes Jahr 50 Milliarden Dollar für Waffenkäufe ausgeben. Dabei importiert der Nahe Osten jedes Jahr Nahrungsmittel im Wert von mehr als 30 Milliarden Dollar, Nahrungsmittel, die leicht hier in der Region angebaut und verarbeitet werden könnten.

Wenn es jemanden geben sollte, der Vorbehalte gegenüber solchen Hoffnungen auf Wohlstand für die arabische Welt hat, der sollte daran erinnert werden, dass Israels Hauptinteresse ist, dass die Staaten dieser Region stabil, entwickelt und aufeinander angewiesen sind – sowie auf Israel und den Westen, verbunden durch ein weit reichendes Netzwerk von

Kontakten. Israels Außenminister Shimon Peres hat dies als Erster verstanden, weil er sich immer mit der Zukunft beschäftigt hat. Peres, der praktischste Visionär von allen, wusste einfach Bescheid. Wenn die derzeitigen unsteten […] Beziehungen in kommerzielle umgewandelt werden, in regionale Wirtschaftsentwicklungsprogramme, […] wird die Möglichkeit, dass diese Partner sich gegenseitig ausradieren wollen, kleiner. Sie verschwindet nicht ganz, aber sie wird kleiner. Wieder rede ich nicht von Liebe. Ich bete nur für eine verhaltene Feindseligkeit. Um konstruktives Misstrauen.

Kann all das passieren auf dem kleinen Feld der unterteilten Mattscheibe meines Angst-Kabel-TV-Programms? […] Ich denke an das Europa von 1945. Ein zerrissener Kontinent. Ein verwüstetes Deutschland. Die Gräuel der Nazis, die erst nach und nach bekannt werden. Die Wirtschaften der meisten Staaten in Trümmern. Und doch wird neun Jahre später der Grundstein für die Europäische Gemeinschaft gelegt. Europa fängt an sich zu erholen. Man kann den Kontinent durchqueren mit nur einem Dokument in der Hand – einem Pass. Nur neun Jahre. Es ist möglich, nicht zwingend. Man kann es eigentlich nicht vergleichen – aber es ist möglich. Und wir alle dürfen träumen uns ein Feld im Dickicht der Alpträume zu gönnen. […]

Gibt es eine Chance, dass Israel eines Tages akzeptiert sein wird als untrennbarer, organischer Bestandteil des Nahen Ostens? Ich bezweifle stark, dass das in den nächsten Jahren passieren wird. Die Friedensgespräche sind natürlich ein guter Anfang, aber es wird viele Jahre dauern, bis sich das Bewusstsein in der arabischen Welt dauerhaft geändert hat. […]

Dasselbe gilt natürlich auch für die jüdischen Israelis. Wird Israel jemals die Tatsache akzeptieren, dass es Teil des Nahen Ostens ist? Werden die jüdischen Israelis anfangen zu verstehen, dass wir hier nicht zufällig im Herzen der arabischen Welt sitzen, dass dies kein geographischer Schönheitsfehler und auch kein bürokratischer Schwindel ist, sondern eines der Fundamente unseres Lebens, sogar eine große Herausforderung? Werden Israelis sich neugierig auf den islamischen Kanon zeigen? Auf arabische Kunst und Philosophie? Werden sie sich für arabische Literatur begeistern, so wie sie sich für südamerikanische Literatur begeistert haben? Wird hier künftig Arabisch als zweite Fremdsprache von der Unterstufe an unterrichtet werden? […]

Werden wir aufhören automatisch alles, was aus dem Westen kommt, zu loben und nachzuahmen, und stattdessen offener sein für das, was der Orient zu bieten hat? Immerhin sind wir hier im Orient. Und es verursacht immer noch Pein, sich daran zu erinnern, dass der aufgeklärte Westen uns unendlich viel mehr angetan hat, mehr Leid, Qual und Tod, als die arabische Welt. […]

Die palästinensische Gesellschaft hat […] einen schwierigeren Prozess des moralischen Verfalls, des Extremismus und der Verrohung durchgemacht. Familien sind auseinander gefallen, das moralische Gerüst der Gesellschaft wurde beschädigt. Eine ganze Generation von Kindern hat fünf Jahre Schule und reguläre Erziehung verpasst. Sie fühlt jetzt die Essenz des Friedens, aber auch die Essenz der Anarchie. Wie wird eine Gesellschaft in einem solch zerbrechlichen Zustand diesen Herausforderungen begegnen? […]

Zum ersten Mal seit der Gründung des Staates Israel werden wir die Möglichkeit haben all unsere Fähigkeiten auszuleben; unter normalen Bedingungen auszuprobieren, zu was wir als Volk imstande sind. […] Es scheint, dass wir langsam anfangen voranzukommen […].

Wir sind dabei, nicht nur dem palästinensischen Volk das »Recht auf Selbstverwirklichung« zu geben, sondern uns auch. Nach Jahren des Irrens, der spirituellen Verarmung, des Auf-der-Stelle-Tretens und der Schwächung wird uns jetzt die beinahe unglaubliche Chance gegeben zum zweiten Mal innerhalb von 45 Jahren das Wunder der Wiedergeburt zu erleben.

M1 ■ Gespannte Atmosphäre in der Altstadt von Jerusalem. Gehören Bilder wie dieses bald der Vergangenheit an?

14 So viel Anfang war nie

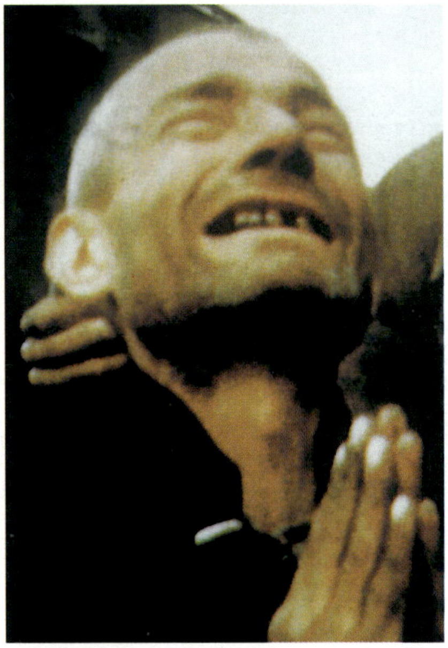

M1 ■ Befreiter Gefangener eines Konzentrationslagers, 1945

M2 ■ Deutscher Soldat vor dem Reichstagsgebäude in Berlin, 1945

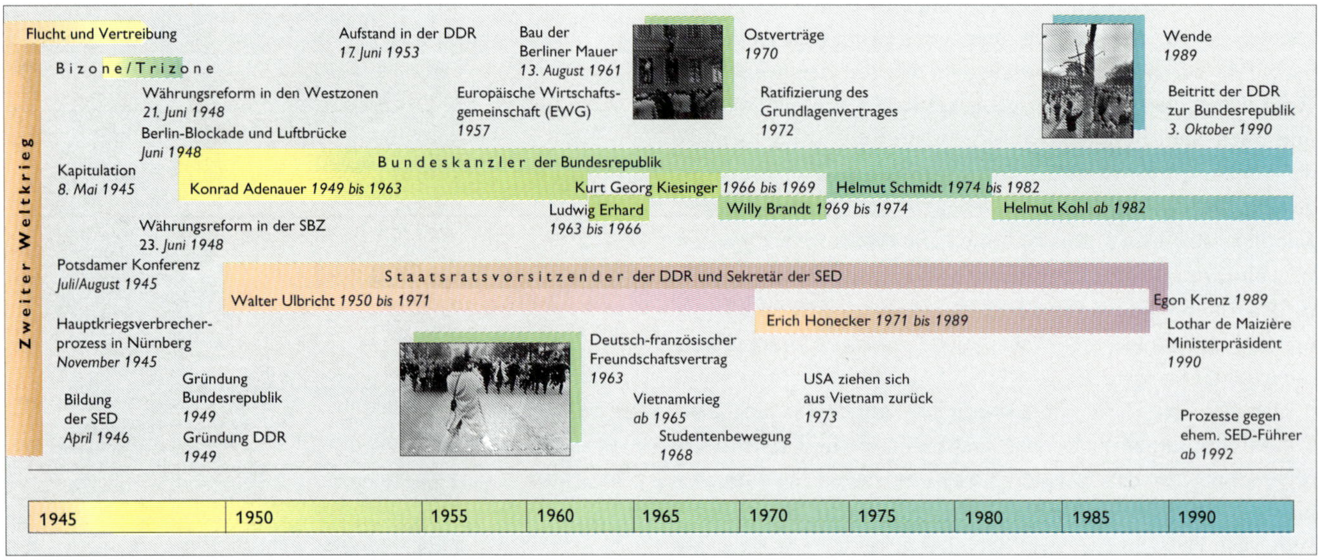

Das Vergangene hinter sich lassen, noch einmal ganz von vorne anfangen – diesen Wunsch haben viele schon einmal gehabt. Deutschland hat in einem halben Jahrhundert diese Chance zweimal bekommen.

1945 lag Deutschland in Trümmern. Zerbombte Städte, auseinander gerissene Familien, die Erinnerung an Tote und Ermordete, zerstörte Hoffnungen und Ideale prägten das allgemeine Lebensgefühl. Die Nachkriegsgeschichte begann. Zwei deutsche Staaten entstanden, seit 1961 getrennt durch eine Mauer. Diese Mauer fiel 1989. Ihre Trümmer wurden zum Zeichen eines weiteren Anfangs: Aus zwei deutschen Staaten wurde eine neue Bundesrepublik Deutschland.

Was fühlen und tun Menschen, wenn ihre Wohnungen, ihr Besitz, aber auch ihre Werte und Ordnungen in Trümmern liegen? Wie erinnern sie sich an das, was passierte? Glauben sie, dass sie Einfluss auf das Geschehen in der Zukunft haben werden?

1945 war das nationalsozialistische Deutschland besiegt worden. Kriegsverbrechen und Völkermord, die von Deutschen und in deutschem Namen begangen wurden, wurden von außen ein Ende bereitet. 1989 beendete die friedliche Revolution in der Deutschen Demokratischen Republik ein Unrechtsregime. Beide Male war das Ziel der Veränderungen ein demokratischer Neubeginn mit Menschlichkeit und mehr sozialer Gerechtigkeit.

M3 ■ Die Mauer am Brandenburger Tor in Berlin, 1990

In diesem Kapitel

- ▶ erfahrt ihr vom gemeinsamen Überleben und Neubeginn im zerstörten Deutschland nach 1945 und von der Leistung der Trümmerfrauen;
- ▶ könnt ihr euch mit der Frage nach Schuld und Verantwortung für die nationalsozialistischen Verbrechen auseinander setzen;
- ▶ könnt ihr euch informieren über das politische Engagement der Frauen in der Nachkriegszeit und ihre Erfolge;
- ▶ erfahrt ihr, von welchen gesellschaftlichen und politischen Bedingungen die Arbeitsteilung zwischen Frauen und Männern in Beruf und Familie seit 1948 und in den 50er-Jahren abhingen und könnt euch eine Meinung dazu bilden, wie sie heutzutage nach der Vereinigung Deutschlands zu gestalten ist;
- ▶ könnt ihr erkennen, wie die deutsche Politik von den Interessen der Großmächte USA und UdSSR abhängig war;
- ▶ erfahrt ihr, wie schwierig die Beziehungen zwischen der Bundesrepublik und der DDR waren;
- ▶ könnt ihr lernen, wie man lebensgeschichtliche Interviews führt;
- ▶ könnt ihr lernen, wie sich Werte, Idole und Lebensstile von Jugendlichen gewandelt haben;
- ▶ könnt ihr euch über die Vereinigung Deutschlands und deren Folgen für die Menschen informieren;
- ▶ könnt ihr die Situation der Frauen nach 1945 und nach 1989 miteinander vergleichen. Ihr könnt euch auch eine Meinung dazu bilden, ob ein solcher Vergleich berechtigt ist.

14.1 Auf den Trümmern

Am 8. Mai, dem Tag der deutschen Kapitulation, war der größte Teil Deutschlands bereits von den _Alliierten_* besetzt. Für die Masse der deutschen Zivilbevölkerung war der Krieg schon Wochen oder Monate zuvor beendet, nämlich mit dem Tag, an dem ihre Stadt oder ihr Dorf den Alliierten übergeben wurde. So sollen einige Menschen ihren ersten Frühlingsspaziergang am Rhein unmittelbar nach dem Eintreffen der Amerikaner am 8. März unternommen haben. Zwei Tage zuvor war den Amerikanern Köln übergeben worden. Frankfurt/M. erreichten die US-Truppen am 29. März und Hannover am 10. April. Mit dem Eintreffen der Alliierten endete für die Bevölkerung die alltägliche Angst um das nackte Überleben. Zeitzeuginnen und Zeitzeugen berichten, dass sie von der offiziellen Kapitulation des Hitler-Nachfolgers Dönitz eher nebenbei erfuhren. Die Alliierten übernahmen die oberste Regierungsgewalt und teilten das Land in vier Besatzungszonen auf.

Die von Deutschland angegriffenen Länder hatten alle Kräfte aufgewandt und viele Opfer bringen müssen, um die brutalen Eroberungszüge Deutschlands zu stoppen. Sie befreiten die noch lebenden Opfer nationalsozialistischer Gewalt, vor allem die Überlebenden der Konzentrationslager, in Deutschland festgehaltene Kriegsgefangene und Millionen von Zwangsarbeiterinnen und Zwangsarbeiter.

Überleben in Trümmern

Für die deutsche Zivilbevölkerung ging der Existenzkampf nach der Übernahme der Regierungsgewalt durch die Alliierten nicht minder hart weiter. Die Städte lagen in Trümmern, Familien waren ausgebombt, entwurzelt und auseinander gerissen. Flüchtlinge und Ausgesiedelte aus den ehemals deutschen Ostgebieten irrten durch die Straßen und suchten nach Verwandten und Obdach. Überall herrschte Chaos und Mangel: Um jede Mahlzeit, um Kleidung, um ein Dach überm Kopf, Brennstoff und Wasser musste gekämpft werden. »Die Ordnung der Dinge hat aufgehört«, schrieb eine Zeitzeugin in ihr Tagebuch.

M1 ■ **Tagesration ohne Sonderzulagen in der US-Zone**

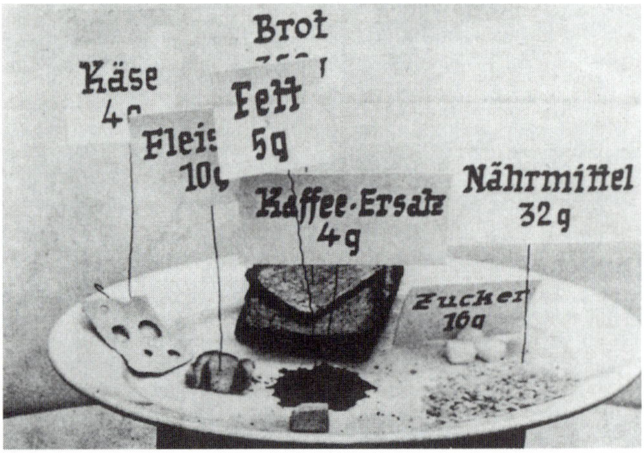

Hunger statt Bomben

1946 wurde die Bevölkerungszahl in Deutschland auf 66,5 Millionen geschätzt. Fast vier Millionen Männer waren im Krieg gefallen und 12 Millionen befanden sich 1945 in Kriegsgefangenschaft. Infolgedessen stellten Frauen die große Mehrheit der Bevölkerung. Sie waren diejenigen, die die katastrophale Lebenssituation bewältigen mussten.

In den Städten war die Hälfte der Wohnungen zerstört, sodass allein stehende Frauen mit ihren Kindern und Hinterbliebenen nicht selten Wohngemeinschaften auf kleinstem Raum bildeten. Das Allernötigste fehlte: Essen, Betten, Schuhe, warme Kleidung. Kinder mussten in den Trümmern auf Holzsuche gehen. Frauen sammelten heruntergefallene Kohlen von den Eisenbahnschienen und stahlen Kohlen von den Waggons. Dennoch starben viele Menschen infolge Unterkühlung und Unterernährung. Lebensmittel waren nach Beruf und Alter rationiert, der tägliche Kalorienwert der zugeteilten Lebensmittel war viel zu gering.

Erweiterte Hausarbeit

Traditionell gehört die Hausarbeit zur Aufgabe von Frauen. Als Überlebensarbeit wurde sie nun umfangreicher und mühsamer als je zuvor. Um Lebensmittel zu organisieren, mussten Frauen stundenlang Schlange stehen; sie tauschten auf dem Schwarzmarkt ihre geretteten Besitztümer gegen Butter und Eier und organisierten »Hamsterfahrten« aufs Land. Auch war es schwierig und sehr zeitaufwendig, aus den wenigen vorhandenen Nahrungsmitteln wie Kartoffeln, Graupen oder Rüben eine schmackhafte Mahlzeit herzustellen. Dennoch bekamen die Frauen als »nichtberufstätige Hausfrauen« von den Militärbehörden nur die Lebensmittelkarte V mit der niedrigsten Kalorienmenge. Nur wer Trümmer beseitigen half, bekam die Lebensmittelkarte I für schwere Arbeit und hatte damit Anspruch auf die doppelte Brot- und Fettmenge. In Berlin arbeiteten im Sommer 1945 zwischen 40000 und 60000 Trümmerfrauen.

M2 ■ Frauen räumen Trümmer auf. Berlin 1945

M3 ■ Eine Überlebensgemeinschaft in Berlin 1945

Helene, 35 Jahre alt, ein Sohn, hat Karla, eine Flüchtlingsfrau aus Ostpreußen, mit ihren zwei Kindern in ihre Wohnung aufgenommen.

»Karla und ick hatten uns die Arbeit eingeteilt. Wenn ick für die Essensbeschaffung zuständig war, musste sie Wasser holen. Dat hört sich nun nach gar nischt an, aber für zwei Eimer Wasser musste se oft Stunden anstehn und dann waren ihre beiden Kinder immer bei Oma Polten. Also haben wir für die mitgesorgt und der wat mitgebracht und abends, nachdem wir unsere herrliche Wassersuppe mit Aromastoff runtergeschlürft hatten, sind Karla und ick los und haben auf den Trümmern nach Baumaterial gesucht, denn wir sollten unsere Wohnung noch winterfest machen. Wir hatten zwar ne Tür, aber die Fenster waren noch nich so richtig dicht.«

Der Hunger wurde so schlimm, dass (sie) ihre Wertgegenstände auf den Tisch packten, um sie auf dem Schwarzmarkt gegen Lebensmittel zu tauschen. [...] Mit ihren Habseligkeiten marschierten sie zur Friedrichstraße, wo sie mit Russen und Händlern tauschen konnten. Da sie sich auf diesem Sektor überhaupt nicht auskannten, war ihre Ausbeute mehr als dürftig: 100 g Butter, Möhren, Kaffee, Brot und Speck. Dafür hatten die beiden Frauen einen goldnen Ring, ein Kleid und zwei Röcke verhökert. Von dem teuer erkauften Essen mussten drei Erwachsene und fünf Kinder einige Tage leben.

Der Winter 1945/46 wurde kalt, sehr kalt. In Berlin starben 60 000 Menschen an Unterernährung oder durch Erfrierungen. Die Lebensmittelrationen für den Normalverbraucher wurden von 1500 auf 1000 Kalorien gekürzt. Fett und Eiweiß gab es nur in winzigen Mengen. Im Frühjahr gab der Magistrat die öffentlichen Grünanlagen als landwirtschaftliche Nutzfläche frei.

(C. Jenk, Steine gegen Brot. München 1989, S. 16.)

1 ■ Erkundigt euch bei Zeitzeuginnen und Zeitzeugen über Kriegszerstörungen in eurem Ort. Fragt nach, wie die Wohnsituation war und wie den Flüchtlingen begegnet wurde.

2 ■ Beschreibt in Stichworten die Ernährungssituation 1945. Unterscheidet dabei nach Bevölkerungsgruppen.

3 ■ Listet auf, was heute zur Hausarbeit gehört, und vergleicht mit der »erweiterten Hausarbeit« nach dem Krieg.

4 ■ Versetzt euch in die damalige Zeit. Welche Möglichkeiten gab es, Kleidung und Schuhe herzustellen oder zu beschaffen, wenn es in den Geschäften nichts zu kaufen gab?

5 ■ Entwickelt ein Rollenspiel: »Auf dem Schwarzmarkt« oder »Tauschgeschäfte auf dem Land«.

6 ■ Erklärt den Begriff »Trümmerfrauen«.

7 ■ Schreibt einen Brief an einen kriegsgefangenen Verwandten über die Situation nach Kriegsende.

14.2 Schuld und Verantwortung

Im Mai 1945 sahen Deutsche mit unterschiedlichen Erfahrungen auf die vergangene Zeit zurück. »Der eine kehrte heim, der andere wurde heimatlos. Dieser wurde befreit, für jenen begann die Gefangenschaft. Viele waren einfach nur dafür dankbar, dass Bombennächte und Angst vorüber waren. Andere empfanden Schmerz über die vollständige Niederlage des eigenen Vaterlandes. Verbittert standen Deutsche vor zerrissenen Illusionen, dankbar waren andere Deutsche für den geschenkten neuen Anfang«, erinnerte sich Richard von Weizsäcker am 8. Mai 1985. So wie die Ruinen der Häuser mit neuen Wohnungen überbaut wurden, versuchten viele ihre grausamen Erinnerung zu vergessen, indem sie nicht darüber redeten. Obwohl der Wunsch nach Trost für erlittene Verluste an Menschen, Heimatorten und Lebensidealen groß war, breitete sich in vielen Familien Schweigen aus.

Politische Säuberung und Bestrafung der Verbrecher

Gegnerinnen und Gegner des Nationalsozialismus und die Siegermächte wollten jedoch nicht zulassen, dass begangenes Unrecht vergessen wurde. Unmittelbar nach ihrem Einmarsch nahmen die Alliierten zahlreiche Verhaftungen und Beschlagnahmungen von Vermögen vor. Mit dem Programm der Entnazifizierung setzten sie sich die »politische Säuberung« Deutschlands zum Ziel. Die Verantwortlichen sollten bestraft werden. Und kein ehemaliger Nationalsozialist sollte künftig in Politik, Wirtschaft, Schulen oder Zeitungen etwas zu sagen haben.

In den ➠Nürnberger Prozessen wurden einige der Hauptverbrecher des Nationalsozialismus – Politiker, Generäle, Juristen, Ärzte und Unternehmer – vor ein internationales Gericht der Siegermächte gestellt. Hermann Göring zum Beispiel, ein hoher NS-Funktionär und Vertrauter Hitlers, wurde im so genannten Hauptverfahren aller vier Anklagepunkte für schuldig befunden: Verschwörung, Verbrechen gegen den Frieden, Verbrechen gegen die Menschlichkeit und Kriegsverbrechen. Alle Hauptbeschuldigten erklärten zur Anklage: »Nicht schuldig!« Der Prozess ging im Herbst 1946 mit zwölf Todesurteilen, sieben lebenslangen Haftstrafen und drei Freisprüchen zu Ende. Noch bis in unsere Zeit werden in Deutschland NS-Prozesse vor deutschen Gerichten geführt.

Nürnberger Prozesse: alliiertes Kriegstribunal gegen die deutschen Hauptkriegsverbrecher (1945–46)

Amnestie: Straferlass für bestimmte Straftaten, unabhängig von der Schuld der Menschen

Entnazifizierung: Beschluss der Alliierten die NSDAP zu verbieten und Nationalsozialisten aus allen staatlichen, kulturellen und wirtschaftlichen Stellen zu entfernen.

Wer war Schuld am Nationalsozialismus?

Im August 1947 hielten 35 % der Deutschen den Nationalsozialismus für eine prinzipiell schlechte Idee, 52 % hingegen immer noch für eine gute, aber schlecht ausgeführte Vorstellung. So wurde das Programm der Entnazifizierung auf die gesamte deutsche Bevölkerung über 18 Jahren ausgeweitet. Ein Fragebogen mit 131 Fragen, unter anderem zu Parteimitgliedschaft, Wahlverhalten und Kriegsteilnahme sollte die persönliche Schuld der Einzelnen ermitteln. Nach diesen Angaben wurden sie in Hauptschuldige, Belastete, Minderbelastete, Mitläufer und Entlastete eingeteilt. Seit 1945 wurden »Spruchkammern« gebildet, die über Zweifelsfälle entschieden. Die Strafen reichten von zehn Jahren Gefängnis über Ausschluss von öffentlichen Ämtern und Geldbußen für Wiedergutmachungsfonds.

Alleine die Berliner Spruchkammer zur »Bereinigung des Handels von faschistischen Elementen« musste zwischen Juni und Dezember 1945 1500 Einsprüche gegen Einstufungen bearbeiten, 2000 Fälle waren noch offen. Die Betroffenen legten Entlastungszeugnisse vor, die von der Bevölkerung missbilligend »Persilscheine« (mit denen sich Beschuldigte »reinwaschen« konnten) genannt wurden.

Als 1948 in der sowjetischen Zone und 1950 in der Bundesrepublik diese Verfahren für beendet erklärt wurden, waren alle Bagatellfälle abgearbeitet, die komplizierteren Fälle hatte man sich für später aufbewahrt. In ihrer Besatzungszone nutzten die Sowjets die Gelegenheit, nicht nur ehemalige Nationalsozialisten, sondern auch viele Gegner der Kommunisten aus den Schlüsselpositionen zu verdrängen. Viele NSDAP-Parteigenossen wurden frühzeitig von der Bestrafung ausgenommen, um sie für das neue politische System zu vereinnahmen. Auch in den Westzonen gingen durch die Spruchkammerverfahren und ➠Amnestien zahlreiche schon verurteilte ehemalige Nationalsozialisten straffrei aus. Je mehr Zeit verstrich, desto großzügiger wurden Entlastungszeugnisse ausgestellt, desto lauter wurde die Kritik an der ➠Entnazifizierung. Darüber hinaus verstellte das Verfahren den Blick auf die Frage der individuellen Verantwortung, die bis heute nichts von ihrer Bedeutung verloren hat: Menschen werden nicht nur durch aktive Beteiligung an Verbrechen schuldig, sondern auch durch Gleichgültigkeit, Unwissenheit, blindes Vertrauen oder Konfliktscheu.

M1 ■ Kölner Plakat um 1945

M2 ■ Ziele der amerikanischen Militärregierung (gültig bis 1947)

Es muss den Deutschen klargemacht werden, dass Deutschlands rücksichtslose Kriegsführung und der fanatische Widerstand der Nazis die deutsche Wirtschaft zerstört und Chaos und Leiden unvermeidlich gemacht haben und dass sie nicht der Verantwortung für das entgehen können, was sie selbst auf sich geladen haben. Deutschland wird nicht besetzt zum Zwecke seiner Befreiung, sondern als ein besiegter Feindstaat [...] Bei der Durchführung der Besetzung und Verwaltung müssen Sie gerecht aber fest und unnahbar sein. Die Verbrüderung mit deutschen Beamten und der Bevölkerung werden Sie streng unterbinden. Das Hauptziel der Alliierten ist es, Deutschland daran zu hindern, je wieder eine Bedrohung des Weltfriedens zu werden. Wichtige Schritte zur Erreichung dieses Zieles sind die Ausschaltung des Nazismus und des Militarismus in jeder Form, die sofortige Verhaftung der Kriegsverbrecher zum Zwecke der Bestrafung, die industrielle Abrüstung und Entmilitarisierung Deutschlands mit langfristiger Kontrolle des deutschen Kriegspotentials und die Vorbereitungen zu einem späteren Wiederaufbau des deutschen politischen Lebens auf demokratischer Grundlage.

(Herbert Michaelis u.a. [Hg.], Ursachen und Folgen, Bd. 24. Berlin o.J., S. 25ff.)

Aktion Sühnezeichen/Friedensdienste

»Miteinander leben lernen«, heißt das Motto von Aktion Sühnezeichen, einer Organisation, die sich zum Ziel gesetzt hat aus der Geschichte zu lernen, begangenes Unrecht zu sühnen und sich gegen aktuelle Ungerechtigkeiten in der Welt einzusetzen. Junge Leute, die sich diesen Zielen anschließen möchten, arbeiten freiwillig einige Zeit in sozialen Projekten und Gedenkstätten in Israel, USA und Europa.

Kontaktadresse: Aktion Sühnezeichen/Friedensdienste, Auguststr. 80, 10117 Berlin

M3 ■ Aussage aus einem NS-Prozess:

Gegen 14 ehemalige Pflegerinnen einer Heil- und Pflegeanstalt wurde 1965 wegen Beihilfe zum Mord verhandelt. Dort waren zwischen 1942 und 1945 Behinderte und psychisch Kranke mit Giftspritzen getötet worden. Die aussagende Luise E. wurde freigesprochen.

Wenn ich mich bei diesen Tötungen doch beteiligte und somit gegen meine innere Einstellung und Überzeugung handelte, so geschah es deswegen, weil ich es gewohnt war, die Anordnungen und die Befehle der Ärzte unbedingt auszuführen. Ich bin so erzogen und auch ausgebildet worden. Als Schwester oder Pflegerin besitzt man nicht den Bildungsgrad eines Arztes und kann daher nicht werten, ob die vom Arzt getroffene Maßnahme oder Anordnung richtig ist. Die ständige Übung den Anordnungen eines Arztes zu folgen, geht so in Fleisch und Blut über, dass das eigene Denken ausgeschaltet wird.

(A. Ebbinghaus [Hg.], Opfer und Täterinnen. Nördlingen 1987, S. 234f.)

1 ■ Stelle zusammen, wie die Entnazifizierung durchgeführt wurde.

2 ■ Die Entnazifizierung mit Fragebögen und Spruchkammern wurde als »Mitläuferfabrik« bezeichnet. Prüft dieses Urteil.

3 ■ Nimm an, du bist Schöffe oder Schöffin in dem Gerichtsverfahren M3. Entscheide, ob die Pflegerinnen sich schuldig gemacht haben. Begründe.

4 ■ Das Plakat M1 vertritt die Vorstellung einer »deutschen Kollektivschuld«. Nehmt dazu Stellung.

5 ■ Erörtert, ob die Ziele der amerikanischen Militärregierung in M2 erreicht wurden.

6 ■ Sprecht über Aktion Sühnezeichen. Wer möchte dort mitarbeiten?

M1 ■ **21. Juni 1948: Währungsreform im Westen**

14.3 Als Vati zurückkam

1948 wurde offensichtlich, dass sich die Siegermächte nicht über die Zukunft Deutschlands einigen konnten. Deutschland wurde zum Ort der weltweiten Auseinandersetzung zwischen zwei gegensätzlichen Systemen. Die Politik der Sowjetunion zielte nach Ende des Zweiten Weltkrieges darauf ab, sich mit von ihnen abhängigen Staaten zu umgeben. Die amerikanische Regierung und viele europäische Nachkriegspolitiker wollten dies verhindern und eigene Einflusszonen schaffen. Sie waren überzeugt, dass Völker, denen es wirtschaftlich gut geht, nicht für kommunistische Vorstellungen zu gewinnen sind. Im Juni 1947 bot der amerikanische Außenminister Marshall daher allen europäischen Ländern, einschließlich der Sowjetunion und den osteuropäischen Staaten, ein großes Hilfsprogramm an. Der so genannte Marshall-Plan bestand aus Krediten, Lebensmittel- und Rohstofflieferungen. Die Sowjetunion und die von ihr abhängigen Staaten lehnten dieses Angebot jedoch ab.

Das Ende der »Zigaretten-Währung«

Nachdem sich die westdeutschen Politiker für die Marktwirtschaft und die Annahme der Marshall-Plan-Hilfe entschieden hatten, war eine Reform der durch den Krieg zerrütteten Währung notwendig. Am 20./21. Juni 1948 wurde in den Westzonen eine Währungsreform durchgeführt. Jeder erhielt zunächst 40 DM. Löhne, Gehälter und Pensionen wurden im Verhältnis 1:1 umgestellt, andere Geldwerte nur zu einem Zehntel umgewandelt. Wer gespart hatte, verlor dadurch ein Großteil des Vermögens. Nur wer Sachwerte besaß, blieb von Verlusten verschont. Weil die Geschäftsleute ihre Waren bis dahin zurückgehalten hatten, füllten sich die Schaufenster über Nacht mit Lebensmitteln und Kleidung.

Rosinenbomber versorgen Berlin

Die Verwaltung der Sowjetzone zog mit einer eigenen Währungsreform nach. Zum offenen Konflikt kam es bei der Frage, welche Währung in Berlin gelten sollte. Ab dem 24. Juni 1948 blockierten die Sowjets deshalb alle Straßen, Bahnlinien und Wasserwege zwischen den Westzonen und West-Berlin. Die Westalliierten reagierten mit einer Luftbrücke. Elf Monate lang versorgten »Rosinenbomber«, wie die Menschen in Berlin die alliierten Flugzeuge nannten, den Westteil der Stadt mit Lebensmitteln, Kohle und Baumaterialien.

»Gebt den Männern die Arbeitsplätze wieder!«

Als die Männer aus Krieg und Gefangenschaft nach Hause kamen, brauchten sie eine neue Perspektive: Arbeit, Einkommen und Wertschätzung. Auf dem Arbeitsmarkt gerieten sie in Konkurrenz zu den Frauen, die sie während ihrer Abwesenheit ersetzt hatten: als Lkw-Fahrerinnen, Kranführerinnen, Maschinistinnen, Packerinnen, Matrosinnen, Gleisbauarbeiterinnen, als Abstecherinnen oder Probenehmerinnen am Hochofen oder im Baugewerbe. Vor allem aus höheren Positionen wurden Frauen entlassen, z. B. als Beamtinnen. Die Berufstätigkeit von Ehefrauen wurde als »Doppelverdienertum« angeprangert. Frauen wurden in schlechter qualifizierte und bezahlte Berufe und Stellen abgedrängt. Für die Hausarbeit waren sie weiter alleine zuständig. Diese hatte sich mit der Währungsreform verändert. Konsumgüter gab es nun zu kaufen, aber den meisten Menschen stand wenig Geld zur Verfügung. Hausarbeit blieb umfangreich. Statt zu hamstern und zu tauschen, hieß es nun: Preise vergleichen und sparsam einkaufen. Noch lange haben Frauen Lebensmittel im Garten angebaut und Kleidung selbst genäht.

Familien vor Zerreißproben

Die Rückkehr der Männer, oft nach acht bis zehn Jahren Abwesenheit, sollte sich als Belastungsprobe für die Familien herausstellen. Träume von Ruhe, Geborgenheit und Unterstützung trafen hart auf eine ganz andere Realität: Männer waren durch Krieg und Gefangenschaft, durch Angst, Hunger, Kälte und Verwundungen erschöpft und verunsichert. Frauen waren durch Bombennächte und Überlebensarbeit überlastet, aber auch selbstständig geworden. In beengten Wohnverhältnissen sollten sich die Männer nun mit ihren Kindern zusammenraufen, die den »fremden Onkel« nicht einmal kannten. Viele Ehen und Familien zerbrachen.

M2 Familie 1948

M3 Weibliche Arbeitskräfte 1947

Besonders die Hütten greifen immer mehr auf die Arbeitskraft der Frau zurück, um sie als Kranführerin, Apparatewärterin oder Hilfsarbeiterin einzusetzen. Da die Bedarfsdeckung nur auf freiwilliger Grundlage erfolgt, geht die Zuweisung nur langsam vor sich. Störend wird durchweg die ungünstige Lohngestaltung für Frauen empfunden. Es kann nicht genug auf die notwendige soziale Gleichstellung der Frau hingewiesen werden, da sie ja vielfach das Vakuum an fehlenden Männern füllt und von ihr die gleiche Arbeitsleistung verlangt wird.

(Duisburger Mitteilungen vom 17.10.1947.)

M4 Weibliche Arbeitskräfte 1948

Grundsätzlich sollen Männer und Frauen im Arbeitsprozess gleichberechtigt sein. Es muss aber dafür gesorgt werden, dass alle verheirateten weiblichen Arbeitskräfte, deren Ehemänner in einem festen Arbeitsverhältnis stehen, ihren Arbeitsplatz freimachen, damit soziale und wirtschaftliche Härten für andere Arbeitskräfte vermieden werden.

(Aus dem Protokoll des Personalausschusses der Stadt Duisburg am 20.7.1948.)

M5 Eine Entlassung 1950

Eine Frau klagte beim Arbeitsgericht Duisburg gegen ihre Entlassung und bekam Recht. Die Klägerin war seit drei Jahren bei den Städtischen Werken mit einem Stundenlohn von DM 0,81 beschäftigt. Der Ehemann der Klägerin ist im gleichen Betrieb als Arbeiter mit einem Stundenlohn von DM 0,88 tätig. Die Klägerin wurde unter dem 24.10.49 durch folgendes Schreiben der Beklagten gekündigt:

»Bei der herrschenden Arbeitslosigkeit ist es aus sozialen Gründen nicht zu vertreten, dass auf der einen Seite Mann und Frau Verdiener sind, während auf der anderen Seite stellungslose, auf sich allein gestellte Frauen von ihrer kärglichen Unterstützung leben müssen. Da Ihr Ehemann bei uns als Hofarbeiter in Arbeit und Lohn steht, sehen wir uns zu unserem Bedauern gezwungen Ihr Arbeitsverhältnis zum 31.3.1950 zu kündigen [...].«

(Klaus-Jörg Ruhl, Frauen in der Nachkriegszeit 1945–69, Düsseldorf 1983, S.98.)

M6 Weibliche Erwerbsbeteiligung

Erwerbstätig waren in Deutschland

im Jahr	von Frauen im erwerbsfähigen Alter	von Ehefrauen unter 60
1925	48,9 %	29,1 %
1933	48,0 %	30,1 %
1939	49,8 %	33,8 %
1950	44,4 %	26,4 %
1961	48,9 %	36,5 %

(Ute Frevert, Frauen-Geschichte. Frankfurt/M. 1986, S.290.)

M7 Ein Erfahrungsbericht

Dora Brandenburg (Jahrgang 1910), verheiratet mit Karl Brandenburg (Jahrgang 1908), Töpfermeister, der nach neunjähriger Abwesenheit 1948 wiederkam, erzählt: »Der Rolf, der Jüngste, der hat seinen Vater überhaupt nicht anerkannt. Der wusste überhaupt nicht, was ein Vater ist. Wir hatten hier in der Bekanntschaft keinen Mann, der Vater war. Also, mit dem Kleinen ging das gar nicht:

›Mutti, ist das der Meister, zu dem ich Vater sagen muss‹ [...] Der Älteste sagte mal zu mir: ›Mutti, es war viel schöner, als Vater noch nicht da war.‹ Da war nun plötzlich einer, der noch mitreden wollte und befehlen wollte. [...] Der Älteste, der hat mir viel geholfen, der war unbezahlbar. Eine große Stütze war der mir und ich konnte irgendwie verstehen, dass er sich verdrängt fühlte vom Vater. Er konnte nicht gut lesen. Mein Mann kommt nach Hause. ›Was, der kann nicht lesen?‹

Da musste der Junge 25 Kniebeugen machen, als ob er deswegen besser lesen könnte. Der Junge hat ihn völlig abgelehnt, mein Mann hat darunter gelitten, sehr gelitten.«

(A. Dickeun, Auferstanden aus Ruinen. Wiesbaden 1986.)

1. Beschreibt, wie die Währungsreform in den Westzonen Erwerbsarbeit und Hausarbeit von Frauen veränderte.
2. Zeichne ein Diagramm zu M6 und erkläre es!
3. Erkundigt euch beim örtlichen Arbeitsamt über den Frauenanteil in typischen Männerberufen heute und diskutiert das Ergebnis.
4. Verfasse eine Klagebegründung für Frau Müller (M5).
5. Führt ein Streitgespräch zum Thema: »Doppelverdiener«.
6. Versetzt euch in die Lage von Herrn Brandenburg (M7). Spielt eine Szene, in der er seine Situation einem Kriegskameraden erzählt.

M1 ■ Die DDR 1951: Politik- statt Warenkonsum. Auch in den Schulen und Schulbüchern wurde für das sozialistische System »geworben«.

14.4 Erzählte Geschichte(n)

Der Geschichtsunterricht zerteilt die Vergangenheit in Themen und Abschnitte. Dieses Kapitel handelt zum Beispiel von Frauen in Deutschland zwischen 1945 und heute. Wenn ihr mit Zeitzeuginnen und Zeitzeugen sprecht, »lebensgeschichtliche Interviews« führt, könnt ihr einen neuen Zugang zur Geschichte dieser Zeit bekommen.

Geschichte ist Erinnerung

In einem Gespräch über Erinnerungen an das eigene Leben werden viele Zeiten, Themen und Ereignisse berührt. Wie durch einen Filter, nämlich durch die Sinne und Gedanken der Person, mit der ihr sprecht, wird euch eine einheitliche Lebensgeschichte begegnen. Ihr hört, wie Leute eine Zeitepoche erfahren haben, die normalerweise keine Bücher mit ihrer Biografie veröffentlichen. Sind die wichtigen Ereignisse in ihrem Leben die gleichen, die in den Geschichtsbüchern stehen? Wovon wird ihr Leben bestimmt oder bestimmen sie selbst die Verhältnisse, in denen sie leben?

Erfahrungen bestimmen politisches Handeln

Wie Menschen handeln, wie sie wählen, ob sie Zivilcourage beweisen oder lieber den Mund halten, hängt von ihren Erinnerungen und Erfahrungen ab. Eine Frau zum Beispiel, die 1928 geboren ist, hat in ihrer Jugend Nationalsozialismus, Bombennächte und demokratischen Neuaufbau erlebt. Sie kümmert sich vielleicht in den 50er-Jahren ausschließlich um ihre privaten Angelegenheiten und versucht fleißig, durch Wohlstand persönliche Sicherheit zu erlangen. Ihre Tochter, 1948 zur Welt gekommen, gehört zu der Generation im Westen, die anfängt die 50er-Jahre miefig und verlogen zu finden. Die Selbstverständlichkeit von Frieden und Wohlstand wird sie in den 70ern vielleicht befähigen sich kritisch mit dem Nationalsozialismus auseinander zu setzen.

Stimmen Lebensgeschichten?

Den meisten Menschen ist wichtig, dass ihr Leben einen Sinn hat, stimmig ist, einen Wert hat. Sie verdrängen deshalb Erlebnisse, vergessen oder heben andere hervor. Allgemeine und persönliche Ereignisse, Erlebtes und Gehörtes, Gefühle und Urteile werden vermischt. Was sie mitteilen, ist ihre subjektive Sicht. Diese hängt davon ab, wo, wie und wann sie leben. Das ist wichtig zu wissen, wenn ihr die Lebensgeschichten richtig analysieren und etwas über eine bestimmte Zeit wissen wollt.

Lebensgeschichtliche Interviews

1. Sich mit der infrage kommenden Zeitepoche beschäftigen.
2. Leitfaden entwickeln mit Fragen, die sich am Lebenslauf orientieren.
3. Gesprächspartnerinnen und -partner suchen.
4. Gespräche anhand des Leitfadens führen (1 – 1½ Stunden) und nach Möglichkeit auf Tonträger aufzeichnen. Achtung: Die Interviewten erzählen euch ihr Leben. Achtet ihre Grenzen und ihre Gefühle!
5. Gespräche oder Gesprächsteile, die euch besonders wichtig erscheinen, wörtlich aufschreiben (transkribieren). Die anderen Teile zusammenfassen.
6. Gespräche analysieren. Mögliche Fragen: Wo war die Erzählerin/der Erzähler anwesend, was hat sie selbst gehört oder gelesen? Welche Ereignisse und Zeiten werden besonders engagiert, besonders breit erzählt? Was sind Gefühle oder Wertungen, was sind Fakten? Welche Erinnerungen sind privat, welche allgemein? Was wird ausgelassen?
7. Gespräche vergleichen und Schlüsse ziehen.
8. Präsentation: als Ausstellung, Zeitung oder Videodokumentation? Achtung: Veröffentlichte Texte müssen von den Befragten genehmigt werden!

M2 ■ Elfriede und Magarethe Schulz

M3 ■ »Und da habe ich mich so wahnsinnig aufgeregt«. Zwei Lebensgeschichten aus der DDR

Margarethe (M) und Elfriede (E) Schulz sind um 1910 geboren. Als Margarethe 7 und Elfriede 11 Jahre alt waren, kamen sie von Ostpreußen nach Berlin.

M(argarethe): »Unser Vater fand gar keine Arbeit in Ostpreußen und hat dann in Berlin gearbeitet.«

M: »In der Weimarer Republik hat Vater nun seine beiden Töchter auf die höhere Schule geschickt und das war früher sehr teuer, also praktisch schon von der Sexta bis zur Oberprima monatlich 20 Mark bei den kleinen Gehältern, die es früher gab.«

M: »Meine Schwester hat das Abitur mit Auszeichnung gemacht. [...] Und dann hatte der Direktor nur den Kopf geschüttelt und gesagt, das reicht an einer kleinen Universität zur Doktorarbeit, dafür kriegen Sie bestimmt ein Stipendium und das Stipendium – das war eine ganz schlimme Zeit – wurde abgelehnt.«

Elfriede machte einen kaufmännischen Kurzlehrgang und arbeitete anschließend bei einer Zeitung. Als sie Tuberkulose bekam, wurde ihr nach einem halben Jahr gekündigt. Von Oktober 1933 bis Juni 1948 arbeitete sie dann als Sozialsekretärin beim Archiv für Wohlfahrtspflege.

M: »Als meine Schwester kein Stipendium bekam, da bin ich von der Obersekunda weg. [...] Da hab ich auf der Technischen Schule Berlin technische Zeichnerin gelernt und das war eine sehr anspruchsvolle Ausbildung und da wurde gleich, als die Nazis dann kamen, ganz empört gesagt: Was sollen denn Frauen in der technischen Ausbildung?«

Sie arbeitet seit 1934 bei Telefunken-Berlin »[...] für das Luftfahrtministerium [...]! Aufrüstung! [...]«, wie sie selbst meint.

Beide führen aus, dass der »Naziterror« ab 1938 nicht zu übersehen war. [...]

M: »[...] In Berlin haben wir die Juden mit dem Judenstern gesehen, da waren die Polen mit diesem P ...«

1948 lag Margarethe im Krankenhaus im Westsektor der Stadt.

M: »Und da habe ich mich so wahnsinnig aufgeregt, als ich das mit der Währungsreform gehört habe. Da habe ich mir gesagt: Das können die doch nicht machen. Das bedeutet doch die Teilung Deutschlands! [...] Praktisch zwei Jahre war ich im Krankenhaus und habe das so richtig miterlebt, wie sich alle freuten. [...] Wenn man bedenkt, dass die Bundesrepublik praktisch dafür bezahlt worden ist, dass sie 55 Millionen Tote auf dem Gewissen hat [...].«

E(lfriede): »Na, und als eben die Währungsreform da war und die Teilung Deutschlands, da war mein Entschluss: Wenn sie schon den Kommunisten den Osten überlassen, dann müssen wenigstens ein paar Christen dabei sein – und habe es mir auch ziemlich schrecklich vorgestellt. Es ist aber ganz anders gekommen.«

Beide gingen nach Ostberlin, waren dort erwerbstätig und haben sich darüber hinaus politisch und kirchlich engagiert: in Frauen- und in Friedensgruppen, für die deutsch-sowjetische Freundschaft, in der Betriebsgewerkschaft und in Diskussionen mit Jugendlichen in der Bundesrepublik.

Das Gespräch führten 1990 zwei junge Männer im Rahmen eines Projekts über Frauen in der Bekennenden Kirche.

(B. Schröder/G. Nützel [Hg.], Die Schwestern mit der roten Karte. Berlin 1992, S. 39 ff.)

1 ■ Teilt zunächst eure Eindrücke über das Interview mit.

2 ■ Bearbeitet das Interview nach den Auswertungsmethoden von lebensgeschichtlichen Interviews.

3 ■ Konzipiert ein Projekt zur Durchführung lebensgeschichtlicher Interviews (mit Zeitangaben), führt es durch oder bietet es anderen Lerngruppen an.

4 ■ Beschreibt und diskutiert die Reaktion auf die DDR in M3.

M1 ■ Die vier »Mütter des Grundgesetzes«: Frieda Nadig, Elisabeth Selbert, Helene Weber und Helene Wessel (v. links)

14.5 Politik mit leerem Magen

Von einer CDU-Tagung im Winter 1945/46 erzählt eine Zeitzeugin, dass der spätere Bundeskanzler Konrad Adenauer gesagt habe: »Ja, meine Damen und Herren, wir müssen abreisen. Ich habe jetzt den ganzen Tag hier nur 'ne Wassersuppe gekriegt, das kann man nicht, dabei kann man keine Denkarbeit machen.« Als daraufhin jemand seine Lebensmittelkarte für Kartoffelklöße opferte, gab Adenauer eine kleine Dose mit Butter, die er in der Tasche hatte, für eine Soße dazu. Die Tagung konnte daraufhin fortgesetzt werden. Allmächlich erwachte ein neues politisches Leben unter vielen alltäglichen Problemen. Während sich der politische Aufbau in den Westzonen zunächst auf Gemeinde- und Länderebene vollzog, richtete die sowjetische Militärregierung in ihrer Zone zügig deutsche Zentralverwaltungen ein, die den Länderparlamenten und Kommunalverwaltungen Weisungen erteilen konnten.

In erster Linie waren es Verfolgte des NS-Regimes, demokratische Kräfte und besonders Frauen, die in Ausschüssen und anderen Vereinigungen politisch aktiv wurden. In diesen Teilen der Bevölkerung war der Wille zu demokratischer Neugestaltung sehr stark. In ganz Deutschland entstanden, vor allem in den Städten, insgesamt 5000 Frauenausschüsse, in denen sich Frauen aller Parteien und Weltanschauungen zusammenschlossen. Sie kümmerten sich vor allem um die Versorgung der Bevölkerung durch Sammeln von Kinderkleidung, Schulspeisung. In der sowjetischen Zone engagierten sich die Frauenausschüsse eher in allgemein politischen Fragen wie dem Friedenserhalt oder dem Aufbau einer antifaschistischen demokratischen Gesellschaft.

Politische Weichenstellungen

Direkt nach Kriegsende wurden als Erstes die im Nationalsozialismus verfolgten politischen Parteien wieder zugelassen. Eine »Umgestaltung des deutschen politischen Lebens auf demokratischer Grundlage« wurde beschlossen und demokratische politische Parteien wurden zugelassen. Traditionsgemäß war das Engagement von Frauen in diesen Parteien relativ gering. Als Gemeindestrukturen wieder aufgebaut wurden, »Verwaltungsgebiete« (die späteren Länder) gebildet und Ministerpräsidenten eingesetzt wurden, beherrschten die Männer das Terrain. 1946 fanden die ersten Wahlen in allen Zonen statt: In allen Landesregierungen zusammen gab es unter 100 Ministern nur zwei Frauen.

Als es darum ging, für ganz Deutschland eine neue Staatsform zu schaffen, hatten sich die politischen Ziele der Alliierten so unterschiedlich entwickelt, dass es darüber keine Verständigung mehr gab. Die Blockade Berlins beschleunigte die Entscheidung, der Gründung eines eigenen westdeutschen Staates zuzustimmen. Als verfassunggebende Versammlung berieten im Parlamentarischen Rat 65 Abgeordnete, die aus den westdeutschen Landtagen entsandt wurden, über eine zukünftige Verfassung, das »Grundgesetz«.

Getragen vom gemeinsamen Willen, ein tragfähiges Grundgesetz zu entwickeln, wurde auch die Rechtsstellung der Frau verbessert. Zunächst sollte der Gleichheitsgrundsatz aus der Weimarer Verfassung übernommen werden. Das hätte aber bedeutet, dass Frauen nur dieselben staatsbürgerlichen Rechte wie Männer haben. Elisabeth Selbert (SPD), eine der vier Frauen im Parlamentarischen Rat, protestierte und forderte die Gleichstellung der Frau auf allen Rechtsgebieten. Denn schließlich hätten die Frauen während all der Kriegsjahre auf den Trümmern gestanden und den Mann an der Arbeitsstelle ersetzt, sodass sie nun einen moralischen Anspruch darauf hätten, wie der Mann bewertet zu werden. Sie mobilisierte die Frauenöffentlichkeit. Als waschkörbeweise Protestschreiben beim Parlamentarischen Rat eingingen, bewirkte dies einen Umschwung. Selberts Formulierung des Artikels 3 Absatz 2 des Grundgesetzes »Männer und Frauen sind gleichberechtigt« wurde mit Mehrheit angenommen: Der Paragraph sollte die Benachteiligung von Frauen umfassend beseitigen. Alle Gesetze, die dem Mann eine übergeordnete Stellung gegenüber der Frau zusprachen, sollten geändert werden.

Ein von der *SED** dominierter »Deutscher Volksrat« arbeitete ebenfalls eine Verfassung aus. Diese trug noch keine ausgeprägten sozialistischen Züge und sollte für ganz Deutschland gelten.

M2 ■ Frau Henle (später CDU) über den Duisburger Frauenausschuss:

Wir betrachteten uns als Brücke von der Bevölkerung zur Stadt und zur Militärregierung und unser Ziel war mitzuhelfen, wo wir gebraucht wurden. […] Wir freuten uns über jede Beschlagnahmung des Schwarzmarktes, weil wir damit den am schlimmsten Betroffenen, den Frauen mit Kindern, den Alten und den Flüchtlingen helfen konnten. Wir benutzten unsere persönlichen Beziehungen, um zum Beispiel Volksküchen zu errichten und um Kohle, Schuhe, Nähnadeln, Nähmaschinen oder […] die bekannte Säuglingswäsche heranzuschaffen. In allen vier Besatzungszonen hatten sich mittlerweile Frauenausschüsse gebildet. […] In der sowjetischen Zone (hatten) die Frauenverbände. […] jedoch einen starken politischen Einschlag, der uns eigentlich mehr oder weniger fehlte. Im März 1947 ging von ihnen eine Einladung an uns, an einem Friedenskongress der Frauen teilzunehmen. Der Gedanke, dass wir Frauen eine alle Zonengrenzen überwindende Organisation aufbauen könnten, war verlockend und wir beschlossen drei Damen […] nach Berlin zu entsenden. […] Der Kongress fand im Admirals-Palast statt. […] Die Dinge, die besprochen wurden, waren […] soziale Probleme, die Gleichstellung von Mann und Frau und die Mitbestimmung der Frau in allen Dingen des öffentlichen Lebens. Aber da kam in Berlin noch ein ganz besonderes Thema hinzu, was uns fremd war, nämlich der antifaschistische Kampf. Dem antifaschistischen Kampf in der Sowjetzone musste alles untergeordnet werden. So merkten wir bald, dass dort Mitbestimmung eigentlich Kontrolle bedeutete. […] Da sahen wir, dass unser Traum von einem alle Zonengrenzen überschreitenden Frauenbund […] begraben werden musste.

(zitiert nach: Katrin Ader, Frauen machen Geschichte in Duisburg, S. 145 f.)

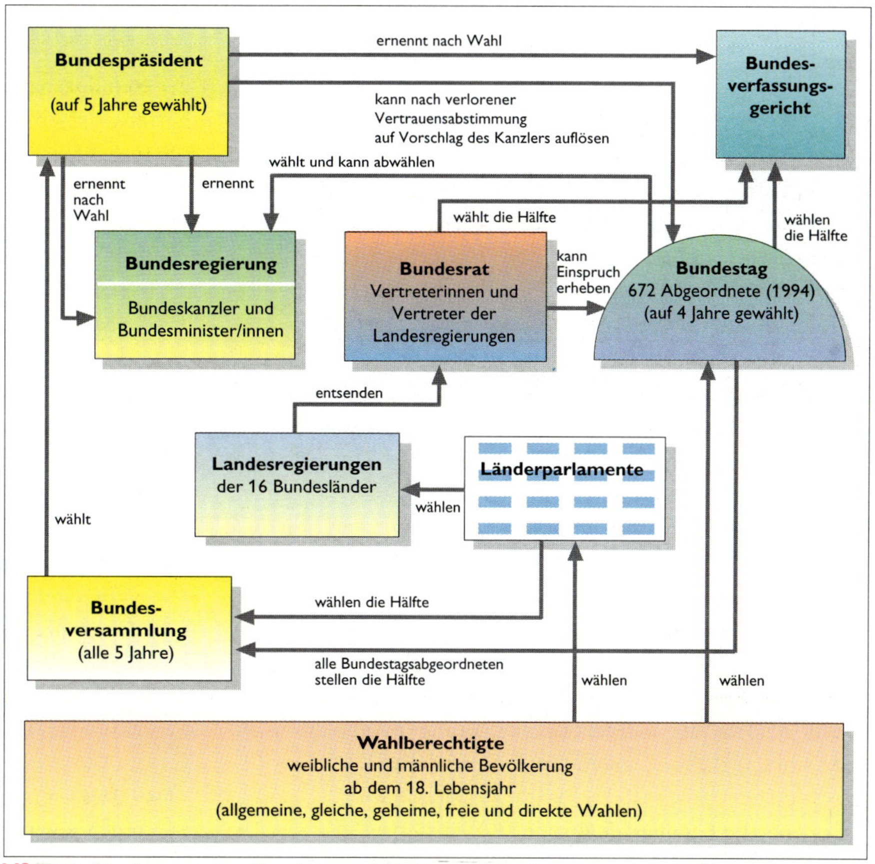

M3 ■ Die Verfassung der Bundesrepublik Deutschland

1 ■ Erklärt am Beispiel der Frauenausschüsse (M2), was »Magenpolitik« heißt.

2 ■ Stellt mithilfe von M2 zusammen, in welchen Bereichen der Politik sich die Spaltung zwischen Ost- und Westzonen zeigte.

3 ■ Notiert, auf welchen Gebieten Frauen politisch aktiv waren, und versucht eine Bewertung. Beachtet dabei auch, was Frau Henle (M2) unter Politik versteht.

4 ■ Spielt eine Sitzung des Parlamentarischen Rates, in der über den Antrag von Elisabeth Selbert diskutiert wird. 4 der 65 Abgeordneten waren Frauen.

5 ■ Beurteilt, wie die Politik mit den Leistungen der Trümmerfrauen umging.

6 ■ Besorgt euch Zahlen und Informationen über Frauen in der Politik heute und vergleicht (siehe auch S. 210, M1).

7 ■ Erklärt das Schaubild M3. Beurteilt die Stellung des Bundeskanzlers, des Bundespräsidenten und des Bundestages. Vergleicht sie mit der Stellung des Reichskanzlers, des Reichspräsidenten und des Reichstages in der Weimarer Verfassung. Erklärt, inwiefern die Schöpfer des Grundgesetzes aus den »Fehlern von Weimar« gelernt hatten (siehe auch S. 146).

14.6 »Wir sind wieder wer!«

1954 wird die Bundesrepublik Deutschland Fußballweltmeister, für viele ein Zeichen dafür, dass es nun auch auf anderen Gebieten wieder aufwärts geht. »Schaffe, schaffe, Häusle baue!«, wird zur Richtschnur des Handelns für die große Masse der bundesrepublikanischen Bevölkerung in den 50er-Jahren. Aus dem Chaos der Nachkriegszeit entstand das Bedürfnis nach Sicherheit und Wohlstand und der Wiederherstellung überkommener Werte. »Die alte muffige Welt, die Vorkriegsbürgerwelt, die wurde still und unaufhaltsam wieder aufgebaut, als sei nichts gewesen«, schrieb Luise Rinser in ihren Lebenserinnerungen. »Man konnte weitermachen.« Tugenden wie Fleiß, Ordentlichkeit und Sparsamkeit wurden hoch gelobt. Bücher mit Titeln wie »Man benimmt sich wieder« oder »Das Einmaleins des guten Tons« erreichten hohe Auflagen. Vierzehnjährige Schülerinnen und Schüler gingen zur Tanzstunde und lernten dort außer den Tanzschritten vor allem das anständige Verhalten gegenüber dem anderen Geschlecht. Dazu gehörte die aufrechte Tanzhaltung in gebührendem Abstand und die formvollendete Aufforderung zum Tanz.

Das neue alte Familienideal

Viele Menschen suchten den sicheren Hafen in der Familie, die zum Leitbild dieser Zeit wurde. Werbung, Schlager und Film überschwemmten die Gesellschaft mit dem Traumbild von der heilen Familie mit dem Vater als Ernährer, der Mutter als Hausfrau und braven, adretten Kindern, die fleißig lernten, um es später zu etwas zu bringen. Die meisten Kinofilme der damaligen Zeit drehten sich um romantische Liebe und Mutterglück. Über 80 % der Artikel in Frauenzeitschriften und Illustrierten beschäftigten sich mit Ehe- und Familienproblemen. Die soziale *Marktwirtschaft** versprach eine goldene Zukunft für alle. Konsumgüter wie Elektrogeräte und Motorfahrzeuge sollten das Leben leichter machen. Luxusgüter wie Nylonstrümpfe und Petticoats, Coca-Cola und Kaugummi, die nicht viel kosteten, verbreiteten einen Hauch von Luxus und den Duft der »großen weiten Welt«. Arbeit und Alltag waren jedoch ungeheuer hart. Es musste eisern gespart werden, um auch nur einen Teil dieser Güter erwerben zu können. Trotz *»Wirtschaftswunder«** konnten sich viele Ehefrauen ein Hausfrauendasein gar nicht leisten.

In der Bundesrepublik förderte die CDU-Regierung von Bundeskanzler Konrad Adenauer die traditionelle Familie. Die Erwerbstätigkeit von Müttern wurde abgelehnt. Um Frauen vom Geldverdienen zu entlasten, gab der Staat kinderreichen Familien Beihilfen wie Kindergeld und Steuervorteile. Scheidungen wurden erschwert. Alleinstehende Frauen gerieten durch diese Familiennorm ins Abseits. Man sagte, sie hätten »keinen Mann abbekommen«. Ledigsein wurde in der Öffentlichkeit nun als »beklagenswerte Kriegsfolge« dargestellt, nicht als anerkennenswerte Lebensweise. Immerhin wurden in den 50er-Jahren, z. B. im Westteil Berlins, ein Drittel aller Haushalte von Alleinstehenden geführt.

Die Bundesrepublik beschritt den Weg des Sozialstaats: 1952 wurden alle größeren Vermögen mit einer Abgabe belegt. Von diesem Geld wurden viele Milliarden Mark an Betroffene für Verluste aus Flucht, Vertreibung und Kriegszerstörung ausbezahlt. Jährlich entstanden fast eine halbe Million Wohnungen durch den sozialen Wohnungsbau. 1957 erhöhte die Regierung auch die Altersrenten wesentlich und koppelte sie an den wirtschaftlichen Aufschwung.

Die DDR ab den 50er-Jahren

Um die Grundlagen für den »Aufbau des Sozialismus« zu schaffen, musste die DDR wie die Bundesrepublik auf den Fleiß, die Ordnungsliebe und die Gefügigkeit der Deutschen zurückgreifen. Die *SED** baute die zentrale Kontrolle des Staates aus. Ganz im Sinne des sowjetischen Vorbildes galt der Satz: »Die Partei hat immer Recht!« Seit 1950 überwachte der Staatssicherheitsdienst (Stasi) die Bevölkerung, um jede Kritik im Ansatz zu unterbinden. Da die Nachkriegsnot im Osten länger war als im Westen, dauerte der Aufbau erträglicher Familienverhältnisse bis Mitte der 50er-Jahre. Trotz hoher Arbeitsleistungen der Menschen blieb der Lebensstandard niedrig. Ab 1952 wurden Frauen gezielt in die Betriebe geholt, um die Produktivität zu erhöhen. Soziale Einrichtungen wie Kinderkrippen und Kindertagesstätten ermöglichten den Müttern diese Berufstätigkeit. Eine partnerschaftliche Teilung der Hausarbeit gab es aber kaum. Die *Kollektivierung** der Landwirtschaft führte dazu, dass viele Bauern die DDR verließen. Als 1953 der sowjetische Diktator Stalin starb, hofften viele auf eine Verbesserung der Lage. Als kurze Zeit später die Arbeitsnorm in den Betrieben jedoch erhöht wurde, kam es am 17. Juni 1953 vor allem in Berlin zu einem Aufstand, der mithilfe sowjetischer Panzer niedergeschlagen wurde. Immer mehr Menschen verließen die DDR. Berlin war für viele das Tor zum Westen, denn dort war der freie Übergang von einem Sektor in den anderen noch möglich. Das änderte sich, als die DDR am 13. August 1961 entlang der Sektorengrenze eine Mauer baute. Wegen der Gefahr eines Krieges ergriffen die Westmächte keine militärischen Gegenmaßnahmen. Die beiden Großmächte akzeptierten ihren jeweiligen Einflussbereich. Ein deutscher Gesamtstaat war in weite Ferne gerückt.

M1 ■ Pril-Werbung 1957

M2 ■ Trizonesien-Song

Mein lieber Freund, mein lieber Freund,
die alten Zeiten sind vorbei; ob man da lacht, ob man da weint,
die Welt geht weiter, eins, zwei, drei.
Ein kleines Häuflein Diplomaten macht heut' die große Politik,
sie schaffen Zonen, ändern Staaten.
Und was ist hier mit uns im Augenblick?
Wir sind die Eingeborenen von Trizonesien, heide – tschimmela – tschimmela – tschimmela – tschimellabumm!
Wir haben Mägdelein mit feurig wildem Wesien, heide – tschimmela [...]!
Wir sind zwar keine Menschenfresser,
doch wir küssen umso besser.
Wir sind die Eingeborenen von Trizonesien, heide – tschimmela [...]!
Doch fremder Mann, damit du's weißt,
ein Trizonesier hat Humor,
er hat Kultur, er hat auch Geist, darin macht keiner ihm was vor.
Selbst Goethe stammt aus Trizonesien
Beethovens Wiege ist bekannt.
Nein, so was gibt's nicht in Chinesien,
darum sind wir auch stolz auf unser Land.
Wir sind die Eingeborenen von Trizonesien, heide – tschimmela [...]!

(Die Insulaner, Text und Musik: Karl Berbuer, 1948. Zitiert nach: Bikini – die 50er-Jahre. Berlin 1981, S. 174.)

M3 ■ Konsumgüter in Westdeutschland

Durchschnittliches Monatseinkommen einer Familie: 300 Mark.
Ein Kühlschrank kostete 300,–, Waschmaschine mit Schleuder 2 000,– bis 3 000,– Mark.
1955 besaßen 88 % der Haushalte ein elektrisches Bügeleisen, 83 % ein Radio, 57 % ein Fahrrad, 39 % einen Staubsauger, 11 % einen Heißwasserbereiter, 10 % einen elektrischen Kühlschrank, 9 % eine elektrische Waschmaschine, 8 % ein Motorrad, 7 % einen Musikschrank, 6 % ein Auto, 5 % ein Moped, 2 % einen Motorroller. 34 % einen Fernseher. 25 % leisteten sich eine Urlaubsreise.

(Ute Frevert, Frauen-Geschichte, Frankfurt/M. 1986, S. 255.)

M4 ■ Willy Brandt erinnert sich an den Tag des Mauerbaus:

Es wurde mir schwer, ruhig und beherrscht zu bleiben. Einen kühlen Kopf hatten wir in mancher Berlin-Krise behalten und beweisen müssen. Dies war seit der Blockade von 1948 die ernsteste Herausforderung – keine kriegerische und unmittelbare Bedrohung, denn nicht wir wurden von der Außenwelt mit Gewalt abgeschlossen wie damals, ein Regime schloss vielmehr sich und seine Bürger gegen uns ab. Dennoch, die fieberhaft betriebene Arbeit der Abriegelung, die waffenstarrenden Wachkommandos an den Grenzen – das war ein Bild der Drohung.

(Willy Brandt, Begegnungen und Einsichten. Hamburg 1976, S. 10.)

1 ■ Interpretiert den Trizonesiensong. Worauf gründen die Bewohnerinnen und Bewohner der drei westlichen Besatzungszonen (Trizonesien) ihr wiedergewonnenes Selbstbewusstsein? Welche Haltung zeigen sie gegenüber der Politik?

2 ■ Macht ein Mindmapping, was für euch zu Anstand und guten Sitten gehört. Vergleicht mit den 50er-Jahren.

3 ■ Tauscht euch darüber aus, wie viele Jugendliche die Tanzstunde heute besuchen und was sie dort lernen. Vergleicht mit den 50er-Jahren.

4 ■ Schreibe eine Geschichte zu M1.

5 ■ Bearbeitet M1 und M3 und stellt den Tagesablauf der Hausfrau zusammen. Welche Hilfsmittel hatte sie für die Hausarbeit?

6 ■ Findet mithilfe von M3 heraus, welche Voraussetzungen erfüllt sein mussten, damit eine Familie größere Anschaffungen machen konnte.

7 ■ Führt einen Dialog zwischen einem Bauarbeiter, der an den Mauerarbeiten beteiligt ist, und einer Frau, die am 13. August 1961 in den Westteil der Stadt will. Nehmt auch die Gedanken von Willy Brandt zu Hilfe (M4).

14.7 Kein verschlafenes Jahrzehnt – Die 60er-Jahre

Nach den Jahren des politischen und wirtschaftlichen Aufschwungs hätte eine Phase der Ruhe eintreten können. Tatsächlich aber traten Probleme zutage, die während des Wiederaufbaus in den 50er-Jahren überdeckt waren.

Der Aufbruch

Ein Teil der Jugendlichen sah im Wirtschaftswunder nicht nur das Wunderbare, sondern auch die Wiederaufrichtung einer Wirtschafts- und Gesellschaftsform, die auch den Nationalsozialismus hervorgebracht hatte. Der Anspruch der Bundesrepublik eine demokratische und freie Gesellschaft zu sein, erschien vielen Jugendlichen wenig glaubwürdig angesichts des konservativen politischen Klimas, das durch den »Kalten Krieg« geprägt war. Der Eintritt der Vereinigten Staaten in den Vietnamkrieg 1965 und die Unterstützung der Bundesregierung für das diktatorische Regime des Schahs von Persien verursachten eine Welle des Protestes. Nachdem während einer Demonstration gegen den Besuch des Schahs in Berlin ein Student von einer Polizeikugel tödlich getroffen wurde, erreichte die Protestwelle einen neuen Höhepunkt. Die Ausschreitungen richteten sich vor allem gegen den Zeitungsverleger Axel Springer, zu dessen Verlagsgruppe auch die BILD-Zeitung gehörte, die in ihrer Berichterstattung die demonstrierenden Studenten als Kriminelle brandmarkte.

Ist die Demokratie gefährdet?

Zu erregten und teils gewalttätigen Auseinandersetzungen führte auch die Debatte um die Notstandsverfassung der Bundesrepublik. 1949 enthielt das Grundgesetz noch keine Regelung, wie staatliche Entscheidungen gefällt werden sollen, wenn nach einem Angriff eines feindlichen Staates oder nach einem Putsch von innen der Bundestag und Bundesrat nicht mehr zusammentreten können. In der Auseinandersetzung um die Notstandsverfassung wurde immer wieder auf die Gefahr hingewiesen, dass die Bundesrepublik ihren freien und rechtsstaatlichen Charakter verlieren werde. Nach jahrelangen Beratungen verabschiedete 1969 der Bundestag mit einer Zweidrittelmehrheit die Notstandsverfassung. Sie bestimmt, dass ein schon in Friedenszeiten gebildeter Gemeinsamer Ausschuss, der aus Vertretern des Bundestags und Bundesrats besteht, die erforderlichen Maßnahmen beschließt. Die Grundrechte bleiben in allen wesentlichen Punkten unberührt. Bisher ist niemals eine Situation eingetreten, in der es notwendig war, von der Notstandsverfassung Gebrauch zu machen.

»Mehr Demokratie wagen«

Mehrere Jahre lang kam es in der Bundesrepublik immer wieder zu gewaltsamen Demonstrationen, die von der überwiegend studentisch getragenen »Außerparlamentarischen Opposition« (APO) veranstaltet wurden. Wenn auch die breite Mehrheit der Bundesbürger solche Unruhen ablehnte, so änderte sich doch allmählich das politische und gesellschaftliche Klima. Die Politiker zeigten sich reformfreudiger und offener. »Mehr Demokratie wagen« – ein Ausspruch Willy Brandts – wurde zum Programm des nächsten Jahrzehnts. Im Bildungsbereich setzte sich das Recht auf Mitsprache durch die Schülervertretung (SV) und den Allgemeinen Studentenausschuss (AStA) durch.

M1 Demonstration gegen die Notstandsgesetze am 11. Mai 1968

M2 »Ihr müsst diesen Typen nur ins Gesicht sehen«
(Überschrift in der BILD-Zeitung)

M3 Der Schriftsteller Heinrich Böll auf der Kundgebung am 11. Mai 1968 in Bonn:

Aufgrund meiner Erfahrungen mit verschiedenen Notständen der deutschen Geschichte bin ich der Überzeugung, dass Notstände [...] durch Gesetze nicht zu regeln sind. [...]
Das Gesetz erscheint den meisten Bürgern [...] als eine Art Verkehrsregelung bei Naturkatastrophen, während es in Wahrheit fast totale Mobilmachung enthält. Hinzu kommt die [...] wirklich verdächtige Hast, mit der dieses Gesetz verabschiedet werden soll.

(zitiert nach: Johannes Lehmann [Hg.], Die unruhigen Sechziger. Ismaning bei München 1986, S.162.)

M4 Der Bundesjustizminister Heinemann sagte am 15. Mai 1968 im Bundestag:

Die Demonstranten [...] bestreiten die Notwendigkeit jeglicher Vorsorge für den Notfall. Sie deuten die geplante Vorsorge in einen heimtückischen Angriff auf unser aller Freiheit um. [...] Die Älteren unter uns erinnern sich daran, dass in der Weimarer Zeit das Parlament mehr und mehr durch den Reichspräsidenten überspielt wurde. An die Stelle parlamentarisch beschlossener Gesetze traten Notverordnungen des Reichspräsidenten. Dafür wurde der berühmte – oder soll ich sagen berüchtigte – Artikel 48 der Weimarer Verfassung in Anspruch genommen. [...] Ein Kernpunkt der jetzigen Vorlage ist es, die Mitwirkung des Parlaments zumindest in der Form des Gemeinsamen Ausschusses als Notparlament zu erhalten und die Grundrechte dem Zugriff der Exekutive zu entziehen. Deshalb ist es unsinnig, diese Vorlage als »Abmarsch in die Diktatur« zu charakterisieren. [...] Womit wollen diese Gegner aus Grundsatz eigentlich ihre Rechte verteidigen, wenn alles auf ungeschriebenes Notstandshandeln der Regierung zurückfällt? [...] Auch der deutsche Bürger will wissen, was in guten und was in bösen Zeiten recht oder unrecht ist (anhaltender lebhafter Beifall bei den Regierungsparteien und bei den Abgeordneten der FDP).

(Verhandlungen des Deutschen Bundestages, Stenographische Berichte Bd. 67, 5. Wahlperiode, Bonn 1968, 173 Sitzung, 15. Mai 1968, S. 9265 ff.)

M5 Die neue Frauenbewegung

In der Bundesrepublik [...] formiert sich die neue Frauenbewegung [...] im Zusammenhang mit der antiautoritären Studentenbewegung. [...] Die [...] Frauen wehren sich gegen ihre alleinige Zuständigkeit für Kindererziehung und Reproduktionsaufgaben, die sie daran hindert, bei der politischen Arbeit eine gleichberechtigte Rolle einzunehmen. Die Ignoranz der Männer in der sog. Außerparlamentarischen Opposition (APO) gegenüber den vermeintlich privaten Problemen der Frauen veranlasst die Studentinnen schließlich sich in autonomen Gruppen zu organisieren, um ihre Probleme thematisieren zu können.

(Annette Kuhn [Hg.]: Chronik der Frauen. Dortmund 1992, S. 569.)

1. Informiert euch über die Sechzigerjahre anhand von Zeitungen und Zeitschriften, die ihr bei euren lokalen Zeitungsredaktionen, in Bibliotheken oder im Stadtarchiv findet. Stellt daraus ein Wandbild der »Jugend« der Sechzigerjahre zusammen.
2. Erkläre, warum Gustav Heinemann im Zusammenhang mit den Notstandsgesetzen auf die Weimarer Verfassung hinweist und welche Unterschiede er sieht.
3. Beurteilt die Parallele zum Nationalsozialismus auf dem Foto M1.
4. Welchen Eindruck vermittelt euch M2? Nehmt zu dem Foto und der BILD-Schlagzeile Stellung.
5. Beschreibe den Prozess der Entscheidungsbildung im Fall einer Notstandssituation gemäß Art. 53 a und Art. 115 a I. Abschnitt des Grundgesetzes.
6. Diskutiert die Frage: Wie lässt sich ein demokratischer Staat im Notstand schützen?
7. Das Recht auf Widerstand ist in Artikel 20 des Grundgesetzes verankert. Informiert euch darüber. Diskutiert die Frage: Wann hat die Bevölkerung ein Recht auf Widerstand gegen den eigenen Staat? Welche Formen des Widerstandes haltet ihr für angemessen?

M1 ■ Jugendliche in der DDR

14.8 Jugend und Protest im Wandel

Immer wieder haben Jugendliche Probleme mit der Erwachsenenwelt und sind mit deren Vorstellungen nicht einverstanden. Dagegen protestieren sie. Jugendprotest ist etwas Normales und es gab ihn schon immer. Gewandelt haben sich nur die Formen und die Ziele des Protests. Die Schüler- und Studentenbewegung der späten 60er- und beginnenden 70er-Jahre hatte sich überwiegend für die Durchsetzung politischer Ziele engagiert. Ein großer Teil der Jugendlichen trat in die bestehenden politischen Parteien ein, vor allem in die SPD. Aber auch außerhalb der Parteien gab es zahlreiche politische Aktionen und Initiativen, beispielsweise für unabhängige Jugendzentren oder gegen Fahrpreiserhöhungen im Nahverkehr. Leer stehende Häuser wurden besetzt, um auf die neue Wohnungsnot aufmerksam zu machen. Bei den Protesten gegen das strafrechtliche Verbot des Schwangerschaftsabbruchs durch den Strafrechtsparagraphen 218 bildete sich eine neue Frauenbewegung.

Missachtung des demokratischen Staates

Eine Minderheit griff in der Bundesrepublik mit Mord und Brandanschlägen oder auch Flugzeugentführungen den demokratischen Staat und das Wirtschaftssystem an. Die »Rote-Armee-Fraktion« (RAF) tötete zwischen 1974 und 1992 insgesamt 39 Menschen und verletzte über 100 durch Attentate. Menschenverachtender Terrorismus wurde auch von rechtsextremistischen Gewalttätern verübt, die die Verbrechen des Nationalsozialismus leugnen und Fremdenhass schüren.

Der Umweltschutz findet Eingang in die Politik

Bürgerinitiativen auf dem Gebiet des Umweltschutzes wandten sich gegen Kernkraftwerke und zeigten auf, wie die Produktionsmethoden der Industriegesellschaft die Umwelt gefährdete. Die Diskussion um atomare Mittelstreckenraketen, die auf dem Gebiet der Bundesrepublik stationiert werden sollten, gab der Friedensbewegung Auftrieb. Die Protestbewegungen, die sich überwiegend gegen Umweltgefährdungen oder auch militärische Nachrüstung richteten, wirkten zunächst außerhalb der bestehenden Parteien. Mit der Zeit wurde die alternative Bewegung zunehmend auch parteipolitisch aktiv. Zunächst etablierten sich die Grünen auf kommunaler, dann auf Landesebene und 1983 gelang ihnen auch der Einzug in den Bundestag.

Alternative Lebensformen

Seit Mitte der 70er-Jahre entstanden vielerorts alternative Handwerksbetriebe, Ökobauernhöfe, Bioläden, unabhängige Verlage und Theatergruppen. Gemeinsam war diesen Projekten und Lebensformen das Ziel den Vorrang des absoluten Gewinnstrebens aufzugeben und die Einheit von Leben, Wohnen und Arbeiten wiederherzustellen. Auch in der DDR entwickelte sich seit den späten 60er-Jahren eine jugendliche Alternativkultur. Das Regime tolerierte gewisse Nischen, genehmigte Rockkonzerte und bewilligte kostbare Devisen für den Import von Marken-Jeans. Es gelang der staatlichen Jugendorganisation FDJ (Freie Deutsche Jugend) im Leben der Jugendlichen allgegenwärtig zu bleiben. Mochten auch die politischen Parolen und Aktivitäten Überdruss auslösen, die FDJ bot den Rahmen für jugendgemäßes Leben und Erleben.

Die Zersplitterung der Jugendstile in den 80ern

Insgesamt war die Jugend der 80er-Jahre stärker von gefühlsbetonten und spontanen Bedürfnissen bestimmt als es die politische Jugend der ausgehenden 60er- und der 70er-Jahre war. Bestimmend war das Gefühl, dass das Leben grundlegend bedroht und die herkömmliche Politik dieser Herausforderung nicht gewachsen sei. War Ende der 60er-Jahre der Minirock das Signal der Emanzipation und sexuellen Befreiung und verkündete die Bluejeans die Botschaft von Lässigkeit, Körperlichkeit und Jugend, so wurden »Schrill drauf sein« und der Drang unbedingt anders sein zu wollen jetzt die Devisen immer ausgefallenerer Moden. Die Entwicklung der Industriegesellschaft zur Gesellschaft des Massenkonsums bedeutete für eine Jugend, die zumeist in Wohlstand und sozialer Sicherheit aufgewachsen war, dass es immer wichtiger wurde, sich ganz bestimmte Dinge leisten zu können.

M2 ■ **Demonstration gegen den Vietnamkrieg der USA, 1968**

M5 ■ **Demonstration vor dem Atomkraftwerk Biblis, 1995**

M3 ■ Ein Vertreter der Deutschen Jugendfeuerwehr

Wir beobachten heute, wie Jugendliche deprimiert reagieren, wenn sie erfahren müssen, dass ihnen die Gesellschaft vieles schuldig bleibt, dass sie zum Beispiel gar nicht so erwünscht sind und so nötig gebraucht werden, wie es ihnen immer wieder eröffnet wird. Wenn man in unsere Gesellschaft Einstieg finden will, muss man erst einen »Numerus clausus« überwinden. Es ist richtig […], dass die gesellschaftspolitischen Forderungen eines Teils der Jugend oft wirr und auch widersprüchlich sind oder so erscheinen, aber gerade hier ist für unsere Begriffe eine Chance erkennbar, dass Vertrauen zueinander wiederhergestellt wird. Das ist eine Gemeinschaftsaufgabe.

(Zur Sache 1/83: Jugendprotest im demokratischen Staat [II]. Schlussbericht 1983 der Enquete-Kommission des 9. Deutschen Bundestages. Hrsg. v. Deutschen Bundestag, 1983, S. 41 f.)

M6 ■ **Landkommune 1973**

M4 ■ Popper-Mode ist wichtig

Tim, 13, erzählt:

Wenn ein Typ vom Land mit ollen Klamotten zu uns in die Schule kommt, wird er erst mal total fertig gemacht. Alle sagen: Oh, guck mal, Salamander-Schuhe. 17,50 Mark, was? Willste mit deiner Hose zelten gehen? […] Der wird dann ganz rot.

Britta, 13, hatte hinzugefügt:

Und eines Tages hatte der dann auch College-Schuhe und einen V-Pullover an. […] Wie es sich gehört. […]

Robert, 14, sagt:

Man will zeigen, dass die Eltern Geld haben. […]

(R. Wolf. In: Zeit-Magazin 14/1980.)

1 ■ Beurteile die Fotos M2 und M5. Erkläre, was sich grundlegend am Protestverhalten geändert hat. Beschreibe die Ideale und die Idole.

2 ■ Erkläre, was die APO-Generation von den Alternativen unterscheidet. Was verbindet sie miteinander?

3 ■ Führt ein Streitgespräch zwischen den Demonstranten in M2 und M5.

4 ■ Führt ein Streitgespräch zwischen einem Mitglied der Landkommune (M6) und einer Popperin (M4)

5 ■ Formuliert Forderungen, die der Vertreter der Jugendlichen (M3) aufstellen könnte.

M1 ■ Willy Brandt in Erfurt, 1970

14.9 Lieber schlechte als gar keine Beziehungen zueinander

Als das Wahlergebnis der Bundestagswahl vom 28. September 1969 bekannt wurde, wusste jeder, dass eine Ära zu Ende gegangen war. In den ersten 20 Jahren der Bundesrepublik bestimmte die CDU die Grundlinien der Politik. Mit nun 42,7 % hatte die SPD nicht nur das beste Wahlergebnis in ihrer Geschichte erreicht, sondern konnte auch die Regierung stellen. Die Vorsitzenden der SPD und FDP, Willy Brandt und Walter Scheel, einigten sich auf ein Regierungsbündnis. Die Zeit der sozialliberalen Koalitionen dauerte unter den beiden Kanzlern Willy Brandt und Helmut Schmidt von 1969 bis 1982. Hatte Konrad Adenauer die Westintegration der Bundesrepublik vorangetrieben, so war es Willy Brandt, der die Aussöhnung mit den östlichen Ländern vorantrieb.

Wandel durch Annäherung

Seitdem offensichtlich geworden war, dass keine der beiden Supermächte einen eventuellen Atomkrieg gewinnen könnte, waren die USA und *UdSSR** verstärkt an einer Politik der Entspannung und an der Anerkennung der Realitäten in Europa interessiert. Die Unterstützung der Westalliierten für eine Vereinigung der beiden deutschen Staaten ließ deutlich nach. Alles dieses führte zu einem Wandel in den Beziehungen zu den osteuropäischen Staaten. Wenn die kommunistischen Regime nicht beseitigt werden konnten, so sollte doch versucht werden sie zu verändern. Im Verhältnis zur DDR war die Bundesregierung bemüht der DDR-Führung die Angst zu nehmen, Westdeutschland wolle den Untergang der DDR herbeiführen. Die Bundesregierung unter Willy Brandt glaubte, dass eine Regierung, die sich sicher fühlt, ihrer Bevölkerung auch größere Freiheiten gewähren würde.

»Willy Brandt ans Fenster«

Die ersten Schritte der Annäherung waren sehr zögerlich. Schließlich kam es am 19. März 1970 zu einem Treffen zwischen Willy Brandt und dem DDR-Ministerpräsidenten Willi Stoph in Erfurt. Das Treffen blieb zwar ohne greifbares Ergebnis, aber vor dem Tagungsgebäude durchbrachen die Menschen die Absperrungen und riefen den Bundeskanzler ans Fenster. Entgegen allen Versuchen des DDR-Regimes ihren Bürgerinnen und Bürgern das Bewusstsein von einer eigenen deutschen sozialistischen Nationalität einzuimpfen, zeigte dieser Tag, dass es zwar zwei deutsche Staaten gab, die Menschen sich einer gemeinsamen Nation zugehörig fühlten.

Der Schlüssel für eine Annäherung an die DDR lag in Moskau. Erst nachdem sich die Bundesregierung und die UdSSR am 12. August 1970 im Moskauer Vertrag grundsätzlich auf ein Konzept der Entspannung geeinigt hatten, konnte auch die DDR einbezogen werden. Am 3. September 1971 unterzeichneten die vier Alliierten das Berlin-Abkommen. Hierin wurde der Verkehr von Westdeutschland nach Berlin unter die Verantwortung der Sowjetunion gestellt und für die Westberliner wurden Reiseerleichterungen beschlossen. Außerdem sollten die Telefon- und Postverbindungen in den jeweils anderen Teil der Stadt und in die übrige DDR verbessert werden.

Die Grundlage für die Annäherung

Ein Schritt in Richtung Normalisierung der Beziehungen war der im November 1972 zwischen den beiden deutschen Staaten abgeschlossene Grundlagenvertrag: Die Bundesrepublik gab ihren Alleinvertretungsanspruch auf, die gegenseitige Anerkennung der vollen Souveränität ermöglichte den gleichzeitigen und gleichberechtigten Eintritt der beiden deutschen Staaten in die UNO. Die DDR stimmte Reiseerleichterungen und dem so genannten »Kleinen Grenzverkehr« zu. Etwa 6 Millionen Menschen in grenznahen Gebieten erhielten eine vereinfachte Möglichkeit, die DDR zu besuchen. Die Wirkung der Reisebestimmung ist kaum zu überschätzen. Erstmals entfernten sich die beiden deutschen Staaten nicht mehr voneinander, sondern näherten sich an. Gut waren die Beziehungen der beiden deutschen Staaten zueinander aber längst noch nicht. Oft kam es zu Schikanen, regimekritische Menschen wurden in der DDR weiter verfolgt und immer wieder starben Menschen an der Grenze zwischen den beiden Staaten, nur weil sie die DDR verlassen und im Westen leben wollten.

M2 ■ »Gewiss nicht komfortabel, aber statt des Seils immerhin doch ein Brett!« (Karikatur zum Grundlagenvertrag, 1972)

M5 ■ Meinungsbilder zur deutschen Frage

Wunsch nach einem einheitlichen deutschen Staat, 1948–1987 in %

1948	96
1954	88
1955	80
1956	85
1957	94
1959	90
1960	91
1972	78
1979	81
1980	79
1984	81
1985	78
1987	80

Reale Erwartungen auf eine Vereinigung, 1951–1987 in %

1951	39
1953	61
1956	66
1961	48
1965	58
1970	18
1975	8
1980	17
1985	11
1987	3

(nach: Deutschland Archiv 10/1989, S. 1139 f.)

M3 ■ Reisestatistik: Bundesrepublik – DDR; Reisen der Bevölkerung der früheren Bundesrepublik in die ehemalige DDR über fünf Tage und länger

1962	594 000	1975	975 000
1966	720 000	4.1976–3.1977	829 000
1969	466 000	4.1977–3.1978	858 000
1971	604 000	4.1978–3.1979	817 000
1972	611 600	4.1979–3.1980	672 000
1973		4.1980–3.1981	611 000
1974		4.1981–3.1982	447 000

M4 ■ Willy Brandt beschreibt seine Eindrücke vom Besuch in Erfurt

Ich zögerte; dann ging ich doch ans Fenster und blickte auf die erregten und hoffenden Menschen: Sie hatten sich das Recht zu einer spontanen Kundgebung genommen. Für einen Augenblick fühlten sie sich frei genug ihre Gefühle zu zeigen. Es war gewiss keine übersteigerte nationale oder nationalistische Emotion, die ich in diesem Augenblick spürte. [...] Ich war bewegt. Doch ich hatte das Geschick dieser Menschen zu bedenken: Ich würde anderntags wieder in Bonn sein, sie nicht. [...] So mahnte ich durch eine Bewegung meiner Hände zur Zurückhaltung. Man hat mich verstanden. Die Menge wurde stumm. Ich wandte mich schweren Herzens ab. Mancher meiner Mitarbeiter hatte Tränen in den Augen. Ich fürchtete, hier könnten Hoffnungen wach werden, die sich nicht würden erfüllen lassen.

(Willy Brandt, Begegnungen und Einsichten. Die Jahre 1960–1975. Hamburg 1976, S. 491.)

1 ■ Willy Brandt spricht in M4 von Hoffnungen, die wach werden und nicht erfüllt werden können. Führt ein Gespräch zwischen einer Abordnung der Demonstranten und dem Bundeskanzler.

2 ■ Interpretiere die beiden Tabellen (M2, M5) und setze sie in Beziehung zu den historischen Ereignissen, die du in diesem Kapitel kennen gelernt hast.

3 ■ Verfasse einen Text zur Karikatur M2, in dem das Besondere der Beziehungen der beiden deutschen Staaten zueinander deutlich wird.

4 ■ Informiert euch über die Lebensbedingungen in der DDR und der Bundesrepublik in den 70er-Jahren. Entwerft eine Szene, in der sich Verwandte aus beiden Teilen Deutschlands erstmals treffen.

14.10 Die Wende 1989

Am 3. Oktober 1990 trat die DDR der Bundesrepublik Deutschland bei. Damit war die deutsche Vereinigung erreicht, die seit 1949 viele Menschen herbeigesehnt hatten. Seitdem die DDR im Jahre 1961 eine Mauer zwischen ihrem Territorium und der Bundesrepublik gebaut hatte, hatten wenige noch Hoffnung gehabt, dass es je wieder einen gemeinsamen deutschen Staat geben würde. In den 80er-Jahren wurde vermehrt gefordert, die Zweistaatlichkeit als unabänderliche Realität anzuerkennen und auf einen gemeinsamen deutschen Staat zu verzichten. Dass es dennoch zu einer Vereinigung kam, lag in erster Linie am Ende des *Ost-West-Konflikts**.

Flucht oder Wandel

Mit der *Perestroika** hatte Michail Gorbatschow in Moskau 1985 einen Reformkurs in der Sowjetunion eingeleitet. Dies ermutigte die Oppositionellen in der DDR. Sie hatten jahrelang im Untergrund gearbeitet und traten nun mit Unterstützung der Kirchen immer mehr an die Öffentlichkeit. Trotz der Repressionen der DDR-Regierung, die z. B. bekannte Bürgerrechtlerinnen und Bürgerrechtler verhaften ließ oder ausbürgerte, wuchs die Oppositionsbewegung immer mehr an und wurde zu einer Massenbewegung. Berühmtheit erlangten die Leipziger Montagsdemonstrationen. Von Woche zu Woche nahmen mehr Menschen an dieser Protestkundgebung teil. Im Oktober 1989 waren es 300 000, die Reisefreiheit und eine demokratische Erneuerung forderten.

M1 ■ Massenkundgebung für mehr Demokratie in der DDR auf dem Alexanderplatz in Berlin am 4.11.1989

Als Ungarn die Grenzen öffnete, kam es zu einer Massenflucht aus der DDR. Zeitweise verließen täglich etwa 10 000 Menschen das Land. Die, die dablieben, verschärften ihre Protestaktionen. Der Druck nahm derart zu, dass sich die SED immer mehr den Forderungen der Bürgerbewegung öffnete. »Runde Tische« zwischen allen Parteien und Oppositionsgruppen diskutierten über die Zukunft des Landes. Die Volksbewegung gipfelte am 9. November 1989 in der so genannten friedlichen Revolution. Sie erzwang die Öffnung der Mauer und Tausende von Ost- und Westberlinerinnen und -berlinern fielen sich am Brandenburger Tor um den Hals. In freien Wahlen wurde 1990 die alte SED-Regierung abgewählt, an ihre Stelle trat eine große Koalition unter Ministerpräsident Lothar de Maizière (CDU).

Die Öffnung nach Westen beschleunigte die Wirtschaftskrise in der DDR. In einer historisch noch nie da gewesenen Aktion wurde die Vereinigung der zwei deutschen Staaten in einem ungeheuer kurzen Zeitraum vollzogen. »Deutschland – eilig Vaterland« nannten Kritiker dieses Eilverfahren und spielten damit auf die Parole »Deutschland – einig Vaterland« an, die im Januar 1990 bei der Leipziger Montagsdemonstration aufgekommen war.

Die Menschen in den neuen Bundesländern mussten erleben, wie alles ausgetauscht wurde: die Währung, das Wirtschaftssystem, die Sozialordnung, Gesetze, Verwaltungen usw. Im Einzelnen bedeutete das:

- Die Ostmark wurde abgeschafft und teilweise im Verhältnis 1:1 gegen die Westmark eingetauscht (Währungsreform).
- Die DDR-Wirtschaft wurde dem *marktwirtschaftlichen** System angepasst. Viele der ehemaligen Staatsbetriebe waren der Konkurrenz aus Westeuropa nicht gewachsen. Sie mussten schließen oder wurden von Westfirmen gekauft.
- Die Arbeitslosenzahlen stiegen enorm an.
- Als Anschubfinanzierung pumpte die Bundesrepublik 115 Mrd. DM aus dem Bundeshaushalt und einem »Sonderfonds Deutsche Einheit« in die neuen Länder. Außerdem wurde von allen Steuerzahlern ein zeitlich begrenzter »Solidaritätszuschlag« erhoben. Auch EU-Fördermittel flossen verstärkt in die neuen Länder.
- Der Staatssicherheitsdienst (Stasi) wurde aufgelöst. Als Unterlagen verschwanden, stürmten Mitglieder der Bürgerbewegung die Stasi-Zentrale, damit kein Beweismaterial vernichtet würde. Die Akten wurden gesichert und öffentlich zugänglich gemacht.
- Die Anhebung des niedrigen Lebensstandards im Osten entpuppte sich als schwierige politische Aufgabe und langwieriger Prozess.

M2 Ergebnisse der 2 + 4-Verhandlungen vom 12. 9. 1990

Die vier Mächte verzichteten auf ihre Rechte und Verantwortlichkeiten für Deutschland als Ganzes und Berlin und legten fest: Deutschland erhält volle Souveränität. Es kann keinerlei Gebietsansprüche geltend machen. Deutschland verzichtet auf Herstellung, Besitz und Verfügungsgewalt über atomare, biologische und chemische Waffen. Die deutschen Streitkräfte werden auf 370 000 Soldaten begrenzt. Die sowjetischen Truppen werden bis 1994 aus Ostdeutschland abgezogen. Gesamtdeutschland darf nach freier Entscheidung der Nato angehören.

(Autorinnentext.)

M3 Aus der Rede von Stefan Heym auf dem Alexanderplatz (Berlin) am 4. November 1989:

Liebe Freunde, Mitbürger, es ist, als habe einer die Fenster aufgestoßen nach all den Jahren der Stagnation, […] den Jahren von Dumpfheit und Mief und bürokratischer Willkür. […] In der Zeit, die hoffentlich jetzt zu Ende ist, wie oft kamen da die Menschen zu mir mit ihren Klagen. Dem war Unrecht geschehen und der war unterdrückt […] worden. […] Und ich sagte, so tut doch etwas. Und sie sagten resigniert, wir können doch nichts tun. Und das ging so in dieser Republik, bis es nicht mehr ging, bis es so viel […] Unmut im Leben der Menschen (gab), dass ein Teil von ihnen weglief. Die anderen aber, die Mehrzahl, erklärte, und zwar auf der Straße, öffentlich: Schluss, ändern, wir sind das Volk!

(Die Tageszeitung/taz vom 9. 1. 1989.)

M4 Ein Sohn bespitzelt den Vater

Ein Wissenschaftler aus Leipzig bekam anonyme Stasi-Protokolle zugesandt, die der Sohn, im August 1989 nach Hamburg geflüchtet, über politische Debatten des Vaters fertigte. Ein Ladendiebstahl hatte den jungen Mann in die Fänge (der Stasi) geraten lassen. Straffreiheit war der Lohn für den Spitzel. Wer ist Täter, wer ist Opfer? Die Grenze verschwimmt. […] Die tiefe moralische Krise in der Ex-DDR kann das westliche Deutschland nicht nachvollziehen.

(Rheinischer Merkur vom 12. 10. 1990.)

M5 Wünsche

Wunschliste der DDR-Bürger nach der Währungsunion (in %)

	Männer	Frauen
Auto	82	60
Reise	42	50
Wohnung/Haus	30	20
Videorekorder	26	10
Bekleidung	4	28

(Neue Berliner Illustrierte, Berlin-Ost 27/1990.)

M6 Staatssicherheit – Misstrauen ohne Ende

85 000 Menschen arbeiteten für die Stasi und bespitzelten ihre Mitmenschen. […] Die Bürgerrechtlerin Bärbel Bohley antwortete auf die Frage, was mit den Tätern geschehen soll: »Ich möchte, dass mit den Tätern nichts geschieht, aber ich möchte auch nicht, dass diese Täter in der nächsten Zeit Verantwortung in der Politik, in der Wirtschaft, in der Kultur haben. Sie sollen das wieder gutmachen, was sie verbrochen habe, aber nicht in politisch verantwortlichen Stellen. Sie könnten dableiben, wenn sie wirklich bereit wären über ihre Arbeit Auskunft zu geben. Aber nicht ein Einziger von den über 50 Abgeordneten ist aufgestanden und hat gesagt: Ich war Mitarbeiter oder habe Informationen weitergegeben und sehe heute ein, es war ein Fehler. Ich glaube, jemand, der sich so verhalten hätte, hätte auch Chancen bekommen, da zu bleiben.

(Der Morgen vom 20. 9. 1990. Zitiert nach: K. u. K. Lau, Deutschland auf dem Weg zur Einheit. Braunschweig, S. 46 f.)

M7

1 Erstellt eine Übersicht über die wichtigsten Ereignisse der DDR-Geschichte von 1949 bis 1990.
2 Erkläre die Aussage: 1990 endete für Deutschland die Besatzungszeit.
3 Deutet die Karikatur M7 vor dem Hintergrund der Maueröffnung. Interpretiert sie auch aus der Sicht von DDR-Bürgerinnen und -Bürgern.
4 Sammelt Argumente gegen die Behauptung, die Ostdeutschen hätten einzig das Warenangebot im Westen im Auge gehabt.
5 Erarbeitet aus den Materialien die Gefühle und Einstellungen der Ostdeutschen vor und nach der Wende.
6 Schreibt einen zusammenfassenden Bericht über den Staatssicherheitsdienst (Stasi) (M4 und M6) und begründet, wie eurer Meinung nach mit der Vergangenheit der DDR umgegangen werden sollte.
7 Bewertet die Folgen der Vereinigung für die Ostdeutschen.
8 Macht Vorschläge, was ihr zur Verständigung zwischen Ost und West beitragen könnt.

M1 ■ »Wiedervereinigung«

14.11 Sind Frauen die Verliererinnen der Einheit?

Was hat 1945 mit 1989 zu tun? Zunächst einmal ist die deutsche Vereinigung das Ende einer Geschichte, die mit Nationalsozialismus und Krieg angefangen hat: der Geschichte der deutschen Teilung.

Können wir darüber hinaus die beiden Situationen miteinander vergleichen und nach Parallelen suchen?

Historische Vergleiche hinken

1945 war Krieg, Deutschland war zerbombt, die Menschen hungerten. Die Siegermächte eroberten Deutschland und bestimmten die Ziele für seine Zukunft. 1989 gingen die Menschen der DDR in Friedenszeiten auf die Straße und führten die Wende selbst herbei. Der NS-Staat war nicht der SED-Staat und die Stasi nicht die Gestapo.

Besonders aus Sicht der östlichen Bundesländer drängen sich aber auch Ähnlichkeiten der beiden Situationen auf. Beide Male sind menschenverachtende politische Systeme zusammengebrochen, auf den Trümmern der DDR sollte eine neue, freie Gesellschaft entstehen wie auf den Trümmern des nationalsozialistischen Deutschlands. Für viele Menschen bedeutete dies Hoffnung, aber auch die kritische Frage nach der eigenen Vergangenheit, nach der eigenen Identität – 1945 wie 1989.

Wendefrauen und Trümmerfrauen

Die Frauen der Wendezeit erinnern an ihre Mütter und Großmütter der Nachkriegszeit. Ihre Arbeitskraft und Einsatzbereitschaft wurde gebraucht. Sie setzten Fantasie und Mut ein, um eine neue Ordnung zu schaffen. Dabei fielen sie schon mal aus ihren angestammten Rollen. Eine Zeitzeugin erzählt: »Und dann sind wir nach dem Frühstück eben losgegangen und haben die Stasi-Besetzung organisiert, die eine Stunde später stattgefunden hat.« In jenen Herbstwochen des Jahres 1989 arbeiteten Frauen in Bürgerkomitees und Parteien und organisierten Kundgebungen. Über 50 Frauenprojekte und -initiativen entstanden. Ostdeutsche Frauen begannen, Frauenzentren, Zufluchtshäuser für von Gewalt betroffene Frauen und Gleichstellungsstellen zu gründen. Sie mischten auch in der »großen Politik« mit, in neu gegründeten Parteien oder an »Runden Tischen«. Die Öffnung der Mauer am 9. November 1989 erzeugte bei vielen engagierten Frauen gemischte Gefühle: »Mir war klar, das war's jetzt. Das war's, es ist zu Ende, dass die Leute, die DDR-Leute ihre Kraft und ihre Kreativität und weiß ich was darauf verwenden, jetzt hier was zu ändern. Jetzt wird der Westen kommen, das war mir völlig klar.« Wie in den 50er-Jahren gelangten alte Werte und traditionelle Rollenverteilungen zu neuer Blüte.

Zwischenbilanz

Wie nach 1945 haben sich die Frauen in Ostdeutschland seit 1990 mit neuen Gesetzen, einer neuen Wirtschaft und neuen Umgangsformen auseinander zu setzen. Ob die Vereinigung Deutschlands für sie als Neuanfang mit Gestaltungsmöglichkeiten oder als Wiederherstellung einer veralteten Ordnung zu beurteilen ist, bleibt noch ungewiss. 1989 waren in der DDR 91 % der Frauen erwerbstätig. Soziale Sicherheit bezahlten die Frauen mit einem Leben im Einheitsstil mit doppelter Belastung durch Berufs- und Familienarbeit, hohen Scheidungsraten, ohne Beratungsangebote bei persönlichen Problemen. In den Jahren nach der Wende haben sich die Lebensverhältnisse der ostdeutschen Frauen in rasanter Geschwindigkeit denen der westdeutschen Frauen angeglichen. Reise- und Konsummöglichkeiten, persönliche Freiheit und politische Entfaltungsmöglichkeiten gehören ebenso dazu wie häufig finanzielle Abhängigkeit vom Ehemann, hohe weibliche Erwerbslosigkeit und eingeschränkte Berufschancen besonders für sehr junge und ältere Frauen.

M2 ■ Sind Frauen Verliererinnen der Wende? Zwei Meinungen.

a) Es klingt sicher provokativ und auch vereinfachend, aber ich bin der festen Überzeugung, dass wir Frauen in der ehemaligen DDR von einer menschenverachtenden und damit auch frauen- und kinderverachtenden Diktatur erlöst wurden, bis zu einem gewissen Grad uns auch selbst davon befreit haben. Ich kann alle positiven Regelungen wie zum Beispiel die Ganztagskinderunterbringung für wenig Geld nur als Trostpflaster in einem insgesamt bedrückenden und demütigenden System sehen, als ein Alibi gegenüber dem Ausland.

(Helga Schubert, Schriftstellerin: R. Süssmuth/Helga Schubert: Bezahlen Frauen die Wiedervereinigung? München 1992, S. 46.)

b) Ganz grob würde ich es beschreiben als ganz einschneidenen Selbstwertverlust und Selbstzweifel. Also das, was sie bisher gekonnt hatten, war infrage gestellt, das heißt in Bezug auf Arbeitsplätze, Kinderbetreuung, auf das Recht, sich scheiden zu lassen, das Recht auf Schwangerschaftsabbruch und darauf, ökonomisch weit gehend unabhängig zu sein. Und dann gab es natürlich das unersetzliche Gefühl, gebraucht zu werden, wovon ja die meisten Frauen leben oder gelebt haben. Und dann kriegen sie auf einmal mit: Ich bin mit 40 nichts mehr wert, ich weiß zum Teil gar nicht, wie ich weiterexistieren oder weiterleben soll, ich finde mich hier nicht zurecht.

(Eine Weimarer Ärztin über ihre Patientinnen. Zitiert nach: U. Helwerth/G. Schwarz, Von Muttis und Emanzen. Frankfurt/M. 1995, S. 181 f.)

M3 ■ Arbeitslosigkeit

In der alten Bundesrepublik gibt es eine durchschnittliche Erwerbstätigkeit von 65 %. Das bedeutet, dass ungefähr 90 oder 93 % der Männer im erwerbsfähigen Alter erwerbstätig sind und ungefähr 50 bis 55 % der Frauen. Wir haben jetzt eine Arbeitslosigkeit von ungefähr 4 % in den alten Bundesländern, also nahezu Vollbeschäftigung. Wenn wir in den neuen Bundesländern auch auf einen solchen Stand, nämlich »nahezu Vollbeschäftigung« kommen wollen, aber es bleibt dabei, dass weiterhin 80–85 % der Frauen erwerbstätig sein wollen, dann bedeutet das entweder, dass wir permanent eine viel höhere Arbeitslosenziffer haben oder aber, dass Frauen weiter aus der Erwerbstätigkeit herausgedrängt werden. Eine andere Möglichkeit wäre, dass man mit den Gewerkschaften, mit den Arbeitgebern schnell darüber diskutieren müsste, wie wir völlig andere Arbeitszeitregelungen schaffen.

(Angela Merkel, Frauenministerin 1992. Zitiert nach: epd-dokumentation 30/1992, S. 25.)

1 ■ Stellt Gewinne und Verluste ostdeutscher Frauen durch die Vereinigung gegenüber. Bewertet. Jede und jeder hat 3 Punkte zu vergeben. Diskutiert, ob Frauen die Verliererinnen der Einheit sind.

2 ■ Besprecht die Karikatur M1 und überlegt, was die Frau tun oder sagen könnte.

3 ■ Entwickelt Vorschläge zum Abbau der Arbeitslosigkeit (M3).

4 ■ Vergleiche die Situation von 1945 mit der von 1989 anhand eines selbst gewählten Themas.

5 ■ Denkt darüber nach, warum historische Vergleiche »hinken«.

6 ■ »So viel Anfang war nie« kann zwei Bedeutungen haben. Diskutiert beide für 1945 und 1989.

M4 ■ »Wir sind die anderen Trümmerfrauen«.

M1 Die GUS-Staaten

15 Der große Nachbar im Osten: Russland und die GUS

Sie sprechen eine unbekannte Sprache, kommen aus Orten, die kaum jemand kennt – und sind doch Deutsche: Russlanddeutsche. Die Namen der Regionen, aus denen sie heute nach Deutschland kommen, könnten aus einem Abenteuerroman stammen: Kasachstan, Sibirien, Tadschikistan, Kirgisien. Ursprünglich lebten diese Menschen im Baltikum, in St. Petersburg, an der Wolga, am Schwarzen Meer und später auch in Südwestsibirien. Auf Wunsch der *Zarin** Katharina II. waren ihre Vorfahren vor über 200 Jahren aus Deutschland gekommen, um die riesigen menschenleeren Gebiete Russlands zu besiedeln. Im Zweiten Weltkrieg wurden ihnen wegen ihrer deutschen Herkunft misstraut. Sie mussten den europäischen Landesteil der *Sowjetunion** verlassen und wurden weit im Osten angesiedelt. Nach Auflösung der Sowjetunion 1991 bildeten Russland und ein Teil der Nachfolgestaaten einen neuen Staatenbund, die *GUS** (Gemeinschaft Unabhängiger Staaten).

Wie die Staaten Osteuropas versuchen nun auch die Länder der GUS, die *Marktwirtschaft* einzuführen und einen Anschluss an die westliche Wirtschaft zu finden. Wie schwierig das ist, zeigt die Situation in Ostdeutschland: Arbeitsplätze verschwinden, landwirtschaftliche Großbetriebe und große Industrieanlagen werden aufgelöst. Der Aufbau leistungsfähiger Unternehmen und die Umstellung der Wirtschaft kosten sehr viel Geld.

Wer bezahlt den Übergang von der *Plan-* zur *Marktwirtschaft** in der GUS? Die Staaten versuchen es selbst, indem sie Geld drucken. So wird das Geld zwar mehr, aber die Warenmenge wächst nicht mit, alles wird teurer und es kommt zu einer *Inflation**. Die Preise steigen schneller als die Löhne, die Menschen verarmen. Die Situation in der GUS ist jedoch kein Einzelfall.

Auch in Deutschland gab es solche Zeiten: die Krisenjahre 1923, 1930 bis 1933 und 1945 bis 1948. Wie damals in Deutschland werden die Menschen in der GUS unruhig und suchen nach Schuldigen. Wie damals in Deutschland müssen heute wieder Minderheiten in den jeweiligen Staaten für Schuldzuweisungen herhalten, so auch Juden und Russlanddeutsche.

M2 ■ Basilius-Kathedrale in Moskau

M5 ■ Denkmal für den Eisenbahnbau in Sibirien

M3 ■

M4 ■ Baikalsee in Sibirien

In diesem Kapitel erfahrt ihr,

- warum Nationalitätenprobleme in Russland und seinen Nachbarländern heute eine so große Rolle spielen und wie sich die Russlanddeutschen dabei verhalten,
- warum es für Russlanddeutsche oft nicht einfach ist, sich in Deutschland zurechtzufinden,
- was für eine Gesellschaft und was für ein Land sie zurückgelassen haben,
- wo die Zentren der russischen Kultur sind,
- wie der Psycho-Krimi erfunden wurde,
- wie schön es manchmal in Sibirien ist,
- was aus Russland einmal werden könnte,
- und wie ihr auf einem Themenmarkt einkaufen und verkaufen könnt.

M1 ■ Deutsche und russische Amtsschilder in Sibirien

15.1 Vorschlag 1: Nationen und Nationalitäten

In der *Sowjetunion** lebten viele verschiedene Völker in einem Staat; es handelte sich um einen Vielvölkerstaat. In der *GUS** sind heute viele selbstständige Staaten vereinigt. Die Mehrheit der in den jeweiligen Staaten lebenden Menschen bilden jeweils eine Nation. Doch neben diesen Nationen gibt noch sehr viel mehr Nationalitäten. Wie kommt das? Meist wird zwischen den Bewohnern eines Landes, die in der Mehrheit sind und dem Land auch den Namen geben, und anderen Nationalitäten unterschieden. So leben in Russland heute etwa 80 % Russen, daneben aber auch z. B. Georgier oder Kirgisen. Wenn diese als große Volksgruppe in einem anderen Land als Georgien oder Kirgisien leben und dort in der Minderheit sind, so wird von Nationalitäten gesprochen. Ebenso können viele Russen in Kirgisien oder in Georgien leben und dort im Vergleich zu Kirgisen oder Georgiern in der Minderheit sein. Dann werden sie als Nationalität gesehen. In Russland und in der gesamten GUS leben daher eine Vielzahl von Nationalitäten in den unterschiedlichsten Nationen. So bilden auch die so genannten Russlanddeutschen eine Nationalität in Russland.

Wer gehört zu welcher Nation?

Da sich die UdSSR als große politische Einheit sah, wurden Probleme mit Nationalitäten und Nationen unterdrückt. Diese wurden dann 1990/91 in der auseinander brechenden Sowjetunion deutlich und mussten gelöst werden. Viele Gebiete, die nach der sowjetischen Verfassung (als so genannte Unionsrepubliken) das Recht auf Austritt aus der Union hatten, nahmen dieses nun wahr und wurden unabhängige Staaten und Nationen. Dabei gab es große Unterschiede: Die 1 Million Esten bekamen einen eigenen Staat, die 6,6 Millionen Tataren oder die 2 Millionen Russlanddeutschen bekamen keinen.

Neue Grenzen – neue Strukturen?

Trotz dieser unklaren Verhältnisse gewöhnten sich die Verwaltungen der 15 neuen Staaten sehr schnell an die Unterteilung nach Nationen. Ein Fünftel aller Russen lebt nun als Minderheit in nichtrussischen Staaten. Oft müssen sie dort eine neue Sprachen lernen. Auch die Russlanddeutschen leben seit Gründung der GUS als Minderheit (Nationalität) in den neu gegründeten Staaten.

Die meisten Russlanddeutschen wollen jedoch nach Deutschland auswandern. Die einen sehen sich in den GUS-Staaten unerwünscht und diskriminiert. Die anderen wollen sich in Deutschland wirtschaftlich verbessern. Lediglich in Südwestsibirien hatten bis 1990 einige Siedlungen überlebt, in denen überwiegend deutsch geprochen wurde. Dort wandern die Deutschen nicht aus, sondern sie sind im Gegenteil erwünscht. Mit ihren Kenntnissen und Fertigkeiten bilden sie einen wichtigen Wirtschaftsfaktor.

Deutschland – Hoffnung vieler Russlanddeutschen

In Sibirien hat die DM eine zehn- bis 15-mal höhere Kaufkraft als in Deutschland. Wenige Russlanddeutsche können sich jedoch vorstellen, dass in Deutschland alles entsprechend teurer ist. Nur wenige von ihnen wissen, dass die Bundesrepublik ihre russischen Zeugnisse und Berufsqualifikationen nur für die Rentenzahlung, nicht aber für das Arbeitsleben anerkennt. Umschulungen, sozialer Abstieg, Arbeitslosigkeit drohen ihnen in Deutschland. Unbegreiflich ist für sie auch, dass ihre Sprache und ihre Lebensweise nicht nur von der russischen verschieden ist, sondern auch von der in Deutschland. In Russland waren sie die Deutschen, wurden als Fremde ausgegrenzt oder als »Faschisten« beschimpft. Und in Deutschland werden sie oft verächtlich »Russen« genannt. Sie fühlen sich so zwischen allen Stühlen. »Unsere Kinder werden es einmal besser haben«, ist ihre Hoffnung.

Mehr über die Geschichte der Russlanddeutschen und deren Leben in Deutschland erfahrt ihr im IGL-Buch 1, Kap. 7.3 (Rückkehr nach Jahrhunderten).

M2 ■ Staaten in der GUS

Staat	Bevölkerung 1994 (Mio. Einw.)	Fläche (1000 km²)	Dichte (Einwohner/ km²)	Hauptstadt
EUROPA				
Russland	148,4	17075	8,7	Moskau
Ukraine	52,1	604	86,3	Kiew
Belarus	10,4	208	49,9	Minsk
Moldawien	4,3	34	129,2	Chisinau
TRANSKAUKASIEN				
Aserbaidschan	7,4	87	85,8	Baku
Georgien	5,4	70	77,9	Tiflis
Armenien	3,7	30	125,6	Jerewan
ZENTRALASIEN				
Usbekistan	22,2	447	49,6	Taschkent
Kasachstan	16,1	2717	6,2	Almaty
Tadschikistan	5,7	143	39,9	Duschanbe
Kirgisien	4,4	200	22,3	Bischkek
Turkmenistan	4,4	488	8,9	Aschchabad
GUS	274,1	21895	12,5	
zum Vergleich:				
Deutschland	81	357	227	Berlin

Themenmarkt

Auf einem Themenmarkt werden unterschiedliche Teilthemen eines Gesamtthemas zum »Verkauf« angeboten, so auch in diesem Kapitel. Je nach Interesse soll sich jede/jeder für ein »Angebot« entscheiden. Voraussetzung ist, sich zunächst einen Überblick über die »Angebote« aller Doppelseiten verschafft zu haben.

Danach sucht sich jede/jeder andere Interessierte, die in einer Gruppe am gleichen Teilthema arbeiten möchten. In einem ersten Schritt diskutiert die Gruppe, welche Aspekte wichtig sein könnten, denn jede Doppelseite bietet mehrere an. Ihr setzt Schwerpunkte und überlegt gemeinsam, wie das eigene »Angebot« benannt werden könnte. Den Abschluss dieses Schrittes bildet eine vorläufige Gliederung, die von jeder Gruppe im Plenum vorgestellt wird.

Dann begebt ihr euch auf Informationssuche in die Bibliothek. Fragt Lehrerinnen und Lehrer nach weiteren Informationsquellen. Wenn ihr die gefundenen Informationen verarbeitet habt, überlegt eine »Marktstrategie«: Wie kann das Ergebnis am wirkungsvollsten »verkauft« werden? Ihr kennt bereits eine Reihe von Präsentationsformen wie die Wandzeitung, das Plakat, die Collage, das Referat. Am besten hat sich ein Thema auf dem Themenmarkt dann »verkauft«, wenn sich danach auch andere mit diesem Thema befassen wollen.

M3 ■ Nationalitäten in den GUS-Staaten, 1994

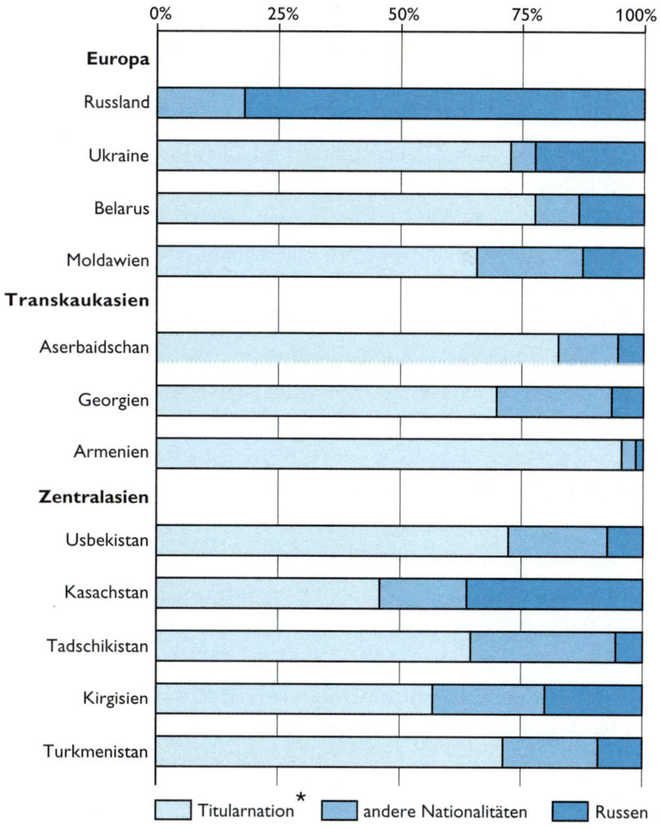

*) Titularnation bedeutet, dass der Staat nach der Volksgruppe benannt ist, die in dem jeweiligen Land in der Mehrheit ist.

M1 ■ Russlanddeutsche in Russland

15.2 Vorschlag 2: Leben in Russland, Leben in Deutschland

Redet man mit russlanddeutschen *Aussiedlerinnen und Aussiedlern**, gewinnt man oft den Eindruck, sie hätten in Russland etwas Wertvolles, Unwiederbringliches verloren. Bei vielen hat sich Heimweh eingestellt. Es scheint also doch in Russland Dinge zu geben, die man in Deutschland gar nicht oder nur noch selten findet, so z. B. die unvoreingenommene Gastfreundschaft. Sie ist in Russland sehr wichtig, da auf sie in fast allen Lebenslagen Verlass ist. Die Bereitschaft der Menschen die Probleme anderer auch als eigene Aufgabe zu sehen, mildert viele Probleme, die mit der wirtschaftlichen Verschlechterung der Lebensbedingungen in Russland seit dem Zusammenbruch der Sowjetunion entstanden sind.

Zu Besuch in Russland

Der deutsche Gast in dem Brief (M3) freut sich über frische Kuhmilch. Ein Grund zum Schmunzeln? Nein. In Russland gibt es eine ganze Reihe von Frischmilchprodukten, die in Deutschland unbekannt sind. Dazu gehören echte Buttermilch, Kefir (vergorene Milch) und Rjaschenka. Darauf und auf viele andere alltägliche Dinge wollen Russlandddeutsche nicht verzichten. Aber es ist in Deutschland schwer, eine echte Pirogge zu backen. Das ist mittleres bis großes Gebäck, das mit Fleisch oder Fisch, Gemüse oder Pilzen, Quark oder Süßem gefüllt wird. Ebenso gibt es keine Pelmieny (russische Maultaschen) und kein Kwass, einem Gärungsgetränk, das aus Brot und Honig hergestellt wird. Unverständlich ist für Russinnen und Russen, wie die für ihre Sauberkeit bekannten Deutschen ohne Dampfbäder, in Russland Banjas genannt, auskommen können. Eine trockene, elektrisch beheizte Sauna im Keller zu Hause, im Schwimmbad oder im Fitness-Center sehen viele Russlanddeutsche im Vergleich zur russischen Banja nur als primitiven Notbehelf.

Reisen in Russland: nicht gerade einfach, aber lohnenswert

Und die andere Seite? Auf was müssen Menschen in Russland verzichten, wenn sie aus Deutschland kommen? Da fehlt vieles, an das man sich so gewöhnt hat, dass es kaum noch auffällt: Küchenmaschinen, Waschmaschinen, teures Spielzeug, Kinderkleidung und viele, viele Kleinigkeiten. Als Gast bei einer russischen Familie werden all diese Dinge jedoch kaum vermisst. Durch Fürsorge füreinander und erhöhten Arbeitseinsatz wird dieser scheinbare Mangel wettgemacht.

Gäste in Hotels müssen aber feststellen, dass für eine einfache Unterkunft mehr bezahlt werden muss als mancher dies für angemessen hält. Diese Einrichtungen haben nämlich für ihre ausländischen Gäste zwei- bis fünfmal höhere Preise als für russische Gäste. Bucht man in Deutschland einen Russland-Aufenthalt als Pauschalreise, kommt noch manch unvorhergesehener Betrag dazu. »Schwierige Organisation«, »Sicherheitsaufwand«, »zu wenig Nachfrage« werden oft als Rechtfertigung für weitere Kostenaufschläge genannt. Solche Zusatzkosten müssen in vielen »Billigreiseländern« bezahlt werden, wo der Tourismus eine wichtige Einnahmequelle für die Menschen ist. Dennoch: Russland ist ein lohnenswertes Reiseziel mit sehr gastfreundlichen Menschen.

M2 ■ Ein Stück Deutschland: Haus von Russlanddeutschen

M3 »Die kuhwarme Milch schmeckte am besten«

Aljona Rubzowa, 14 Jahre, schreibt in einer Zeitschrift über den Russlandbesuch ihres deutschen Onkels:

Im Vorjahr hatten wir einen Gast aus Deutschland. Das war mein Onkel, Bernd Schröder. Er lebt in Hamburg. Russland besucht er schon das dritte Mal. Ihm gefällt unser Land sehr. [...] Ich versuchte, mit meinem Onkel Deutsch zu sprechen. Das bereitete mir viel Spaß. Ich hatte an ihn einen Haufen Fragen gestellt. Er erzählte mir über seine Stadt Hamburg, über die dortigen Sehenswürdigkeiten. Bernd arbeitet in der berühmten Lufthansa. Ihm gefällt seine Arbeit [...]. Was Bernd in Russland besonders beeindruckte, waren die Blumen auf der Wiese. Sie haben einen Aromat, sie duften. Für Deutschland ist das nicht typisch. Auch dort wird fast überall nur Gras gesät. Was ihn noch wunderte, dass man bei uns zur beliebigen Zeit zu Gast gehen kann und dabei immer herzlich aufgenommen wird. In Deutschland erstattet man einen Besuch nur nach einer Einladung. Eine große Entdeckung war für ihn auch die kuhwarme Milch. Sie schmeckt ihm am besten. In diesem Jahr kommt Bernd wieder zu Gast. Ich freue mich sehr darauf.

(zitiert nach: Zeitung für Dich – Deutsche Wochenschrift des Altai; 17/1996, S.18.)

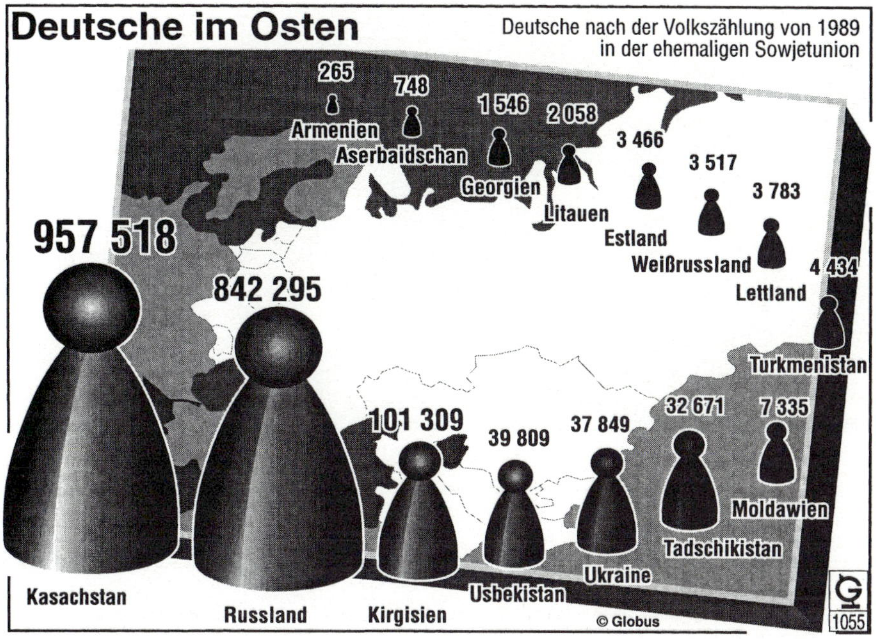

M4

M5 **Picknick im Wald: beliebter Treffpunkt von Russen und Russlanddeutschen**

M1 ■ Das Winterpalais und der Schlossplatz in Petersburg: Von hier gingen die russischen Revolutionen aus.

15.3 Vorschlag 3: Ein Russland, drei Hauptstädte

Die meisten Touristinnen und Touristen beginnen ihre Reise nach Russland in der Hauptstadt – also in Moskau. Moskau war jedoch nicht immer die Hauptstadt. In seiner langen Geschichte hatte das Land drei verschiedene Hauptstädte.

Es begann mit Kiew

Kiew wurde 882 n. Chr. zur Hauptstadt der so genannten »Kiewer Rus«. Das war ein loser Verbund von Fürstentümern und Stadtrepubliken, der sich von der Ostsee bis zum Schwarzen Meer erstreckte. Unter den Kiewer Großfürsten begann auch die Christianisierung Osteuropas. Die bedeutendsten Heiligtümer der russisch-orthodoxen Kirche, so das Höhlenkloster und die Sophienkathedrale, befinden sich in Kiew. 1237 wurde die Kiewer Rus von den Tataren zerstört. Kiew wurde danach litauisch, polnisch, russisch und ist heute mit 2,6 Millionen Einwohnern die Hauptstadt der Ukraine.

Moskau

Die zweite Hauptstadt Russlands wurde im 15. Jahrhundert Moskau. Iwan IV. (der sog. Schreckliche, 1533–1584) wurde 1547 zum ersten russischen *Zaren** gekrönt. Unter seiner Herrschaft wurden die tatarischen Fürstentümer erobert. Wichtige Bauwerke aus dieser Zeit sind der Kreml und die Basilius-Kathedrale auf dem Roten Platz. Moskau wurde mehrfach erobert: von Krimtataren, Polen und schließlich 1812 von den Franzosen unter Napoleon. Dabei wurden bis auf einige Kirchen alle mittelalterlichen Bauten zerstört.

Petersburg

Zu Beginn des 18. Jahrhunderts erlebte die russische Politik unter Peter I. (1689–1725) eine abrupte Wendung nach Westen. Ähnlich wie andere absolutistische Fürsten seiner Zeit gründete er 1703 eine völlig neue Hauptstadt: St. Petersburg am Finnischen Meerbusen. Sie wurde von einem Schweizer Architekten entworfen, von westeuropäischen Baumeistern und Handwerkern erbaut und hat sich bis heute kaum verändert. Das Zentrum ist eine riesige Wasserfläche, an der sich der Newa-Fluss in mehrere Mündungsarme verzweigt. Hier liegen auch die Peter-und-Pauls-Festung und die Eremitage, eines der größten Kunstmuseen der Welt.

Zwei Jahrhunderte lang war St. Petersburg nicht nur die politische, sondern auch die kulturelle Hauptstadt des Landes. Alexander Puschkin (1799–1837), der große russische Dichter, oder auch der berühmte Komponist Peter Tschaikowski (1840–1893) lebten und wirkten hier. Im 19. Jahrhundert wurde St. Petersburg mit dem Eisenbahnbau die größte russische Industriestadt. Die Gegensätze von Prunk und Reichtum einerseits und von Armut und Unterdrückung andererseits prallten auf engstem Raum zusammen. 1905 brach nicht zufällig hier die erste Revolution aus. Im Februar 1917 kam es zu einer zweiten Revolution und im Oktober desselben Jahres zu einer sozialistischen Revolution. Seine Hauptstadtfunktion hatte Petersburg verloren, da es durch die Unabhängigkeit Finnlands 1918 zur Grenzstadt geworden war.

Petersburg, seine Menschen, die wechselvolle Geschichte, die deutsche Belagerung der Stadt während des Zweiten Weltkrieges waren auch die Themen der berühmtesten russischen Dichterin Anna Achmatowa (1889–1966). Trotz geringer Auflagenzahlen hatten ihre Gedichte eine Massenwirkung, die andere europäische Lyriker in ihren Ländern nicht hatten. Im Westen blieb sie lange Zeit unbekannt. Ihr Schüler Josif Brodskij erhielt 1987 den Nobelpreis für Literatur.

... und wieder Moskau

Nach 1918 zog die russische Regierung wieder nach Moskau. Die Stadt blühte danach als Verkehrsknotenpunkt des Landes wirtschaftlich und überholte St. Petersburg. Heute hat Petersburg 4,8 Millionen, Moskau 8,7 Millionen Einwohner. Moskau wurde 1922 Hauptstadt der neuen Sowjetunion und großzügig ausgebaut. Die breiten Ausfallstraßen und die Wolkenkratzer erinnern an amerikanische Vorbilder. Große Wirtschaftsunternehmen und Banken haben ihre Zentralen in Moskau.

M2 ■ **Fast alle großen Straßen Moskaus treffen auf den Kreml.**

M4 ■ **Das Höhlenkloster in Kiew**

M3 ■ **Wichtige Ereignisse mitteleuropäischer und russischer Geschichte**

	Russland	Weltgeschichte/Mitteleuropa
vor 860	Wikinger in Nowgorod und Kiew. Daraus entwickeln sich Fürstentümer, ab 882 vereinigt zur »Kiewer Rus«	842–867 Michael III. von Byzanz: Missionierung der slawischen Völker. 865 Chan Boris von Bulgarien (852–889) lässt sich taufen.
988	Beginn der Christianisierung der Kiewer Rus.	919–973: Bildung des Deutschen Reiches unter Heinrich I. und Otto I.
1237–Ende 15. Jh.	Eroberung und Besetzung der Rus durch die Mongolen (in Russland Tataren genannt)	1241 Mongolen besiegen Deutsche und Polen bei Liegnitz.
1242	Alexander Nowgorod besiegt 1240 die Schweden und 2 Jahre später den Deutschen Orden auf dem Peipussee.	
1582–1583	Eroberung Sibiriens	ab 1517: Reformation
1648	Nordasien bis zum Stillen Ozean russisch	1618–1648: 30-jähriger Krieg
1654	Die Ukraine wird russisch	1661–1714: Ludwig XIV. (Frankreich) 1640–1688: Friedrich Wilhelm I. (Preußen)
1700–1721	Krieg Zar Peters I. (des Großen) gegen Schweden, Eroberung des nördlichen Baltikums, Friede von Nystad. Etwa 20 000 bis 30 000 Deutsch-Balten werden russische Untertanen. Sie dominieren zeitweise das Militär, die Innen- und die Außenpolitik des Reiches (bis ca. Mitte des 19. Jh.)	
1703	Gründung von St. Petersburg, 1712 russische Hauptstadt.	1724–1804: Immanuel Kant (Aufklärung)
1762–1763	Anwerbung von 27 000 Siedlern aus Mitteleuropa zur Erschließung der Wolgaregion unter Katharina II.	
1772, 1793, 1795	Russland, Preußen und Österreich teilen Polen unter sich auf. 1794 Aufstand in Polen.	1775–1783: Amerikanischer Unabhängigkeitskrieg
1799–1837	Alexander Puschkin; Dichter, Schöpfer der modernen russischen Literatursprache	ab 1789: Revolutionen in Frankreich und Mitteleuropa
1801–1825	Zar Alexander I. wirbt 55 000 mitteleuropäische Siedler zur Sicherung des Schwarzmeerraums.	
1812–1813	Krieg Russlands gegen Napoleons Invasionsarmee	1799–1815: Napoleon
ab 1861	allmähliche Aufhebung der Leibeigenschaft, jedoch keine Freizügigkeit, kein Privateigentum, keine Alphabetisierung	1871: Gründung des Deutschen Reichs
1867	Russland verkauft Alaska für 7,2 Millionen US-Dollar an die USA	
1891–1916	Bau der Transsibirischen Eisenbahn	Bau der deutschen Hochsee-Kriegsflotte
1914–1918	Erster Weltkrieg, Russland kämpft gegen Deutschland. 1917: Revolutionen in Russland, Moskau wieder Hauptstadt; 1918 Revolution in Deutschland. Baltikum und Polen werden unabhängig.	
1922–1953	Josif Stalin Generalsekretär der KP. 1924: Gründung der Wolgadeutschen Republik. Ab 1927: Terrorregime mit Millionen von Toten, Alphabetisierung, Industrialisierung	1923: Inflation in Deutschland. Ca. 350 000 Russen leben in Berlin. 1933–1945: Adolf Hitler Reichskanzler
1939–1945	Zweiter Weltkrieg, den die Sowjetunion gewinnt. Ca. 20 Mio. Tote auf sowjetischer Seite. Auflösung der Wolgadeutschen Autonomen Republik und Deportation der Russlanddeutschen in die Ostregionen. Ostverlagerung der sowjetischen Industrie. Sowjetunion gewinnt Baltikum und Moldawien.	
1947–1960	Kalter Krieg	1949: Gründung von BRD und DDR; sozialistische Revolution in China
1985–1991	M. Gorbatschow, Perestroika, Demokratisierung	1989: Öffnung der Mauer in Berlin
seit 1988	Massenauswanderung der Juden und Russlanddeutschen nach Westen	
21.12.1991	Gründung der GUS in Almaty. 31.12.: Ende der Sowjetunion. Die ehemaligen Unionsrepubliken werden unabhängig.	1990: Vereinigung der beiden deutschen Staaten

M1 ■ In Russland verfolgen die Bücher die Schriftsteller bis ins Grab.

15.4 Vorschlag 4: Der Psycho-Krimi kommt aus Russland

Nicht nur mit seinen Palästen und seinem strahlenden Äußeren ist Petersburg in die Geschichte eingegangen. Das Elend seiner Vorstädte und Hinterhöfe wurde Kulisse für die ersten psychologischen Romane der Weltliteratur.

Dostojewski: ein Leben für die Literatur

22. 12. 1849, Semjonow-Platz, St. Petersburg: Nach achtmonatiger Haft wird eine Gruppe zum Tode verurteilter Männer zur Exekution geführt. Ihr Verbrechen: Sie hatten über die Ungerechtigkeiten des Zaren-Regimes diskutiert und Flugblätter darüber gedruckt. Das war damals ein todeswürdiges Verbrechen. Auch dem 28-jährigen Schriftsteller Fjodor Dostojewski wird ausführlich das von einer Geheimkommission gefällte Urteil verlesen. Danach geschieht – nichts. Zehn Minuten vergehen. Dann erscheint ein Bote des Zaren: Begnadigung zu vier Jahren Zwangsarbeit in Sibirien und danach zum Kriegsdienst. Einmal wird Dostojewski so stark ausgepeitscht, dass er sich nicht mehr erholt. Krank und damit zum Militärdienst ungeeignet wird Dostojewski nach fast zehn Jahren entlassen – und schreibt. Seine Romane über das Leben in Sibirien, über Verbrecher, Schurken, Gauner und kleine Leute in den Slums von St. Petersburg werden Bestseller. »Aufzeichnungen aus einem Totenhause«, »Schuld und Sühne«, »Die Brüder Karamasow« sind die Titel seiner Bücher. Nicht nur die äußere Umwelt, auch die innere Welt der Romanpersonen, ihr Denken und Fühlen werden dargestellt. Das hat es in dieser Form vorher noch nie gegeben. Dostojewskis Romane wurden in viele Sprachen übersetzt. Die Welt horchte auf. Russland hatte eine literarische Neuheit hervorgebracht.

Petersburg, 25. Januar 1881. Irgendwo rollt eine Kopeke, die kleinste russische Münze, unter den Schrank. Ein alter Mann bückt sich nach unten und versucht den Schrank zu bewegen, obwohl ihm der Arzt jede körperliche Anstrengung verboten hat. Plötzlich schießt ihm das Blut aus der Lunge in den Hals. Zwei Tage später ist er tot. Eine riesige Menschenmenge folgt Dostojewskis Sarg.

Auch die Werke seiner Zeitgenossen Leo Tolstoi (1828 bis 1910), Iwan Turgenjew (1818–1883) und Anton Tschechow (1860–1904) hatten in Westeuropa Erfolg.

Die russische Literatur und die Revolution

Das Russlandbild der Schriftsteller prägte das Image des riesigen Staates stärker als jedes Erdkundebuch. Russland wurde interessant. Um die Jahrhundertwende pilgerten Künstler und Dichter aus dem Westen nach Osten: Aus Deutschland kamen Rainer Maria Rilke und Ernst Barlach. Sie verstanden, dass in Russland Literatur ein Mittel der versteckten politischen Kritik war, denn offene Kritik war verboten. Die Welt erkannte, dass im zaristischen Russland ein Umbruch drohte. Doch der *Zar** sah es nicht und zögerte Reformen immer wieder hinaus. Vielleicht las er zu wenig. 1908 erscheint in Russland der Roman »Der rote Stern« von Alexander Bogdanow-Malinowskij (1873–1928). Diesmal waren nicht Verbrecher die Helden, sondern Ingenieure, die eine sozialistische Gesellschaft mit dazugehöriger Technik aufgebaut hatten – allerdings nicht auf der Erde, sondern auf dem Mars, dem Roten Stern. Die Zensur ließ den Roman als Utopie passieren. 1917 wurde der rote Stern zum Emblem der Revolution. Viele Schüler Bogdanows waren dann maßgeblich am Aufbau der 1922 gegründeten Sowjetunion beteiligt.

Der »Thriller« im Kino – ein Erbe Dostojewskis

Später begann der zweite Siegeszug von Dostojewskis Werken – als Drehbücher für Kinofilme. Kaum ein Roman wurde so oft verfilmt wie »Die Brüder Karamasow«. Die Romane wurde häufig als Fortsetzungsgeschichten geschrieben und hatten dementsprechend zahlreiche Höhepunkte, da jede Fortsetzung immer wieder Spannung erzeugen sollte. Die Mischung aus »Action«, Gewalt und Gefühlen entsprach genau dem, was die Filmindustrie benötigte. Viele Kino-Regisseure, z. B. Steven Spielberg, arbeiten noch heute mit Stilmitteln, die Dostojewski erfunden hat.

M2 Fjodor Dostojewski (1821–1881)

M4 Leo Tolstoi (1828–1910)

M5 Anna Achmatowa (1889–1966)

M3 Auszug aus Dostojewskis Roman »Schuld und Sühne«:

Ganz verwirrt entfernte er sich über die Treppe und wusste später nicht mehr, wie er hinuntergekommen war.

Als er durch den Torweg gehen wollte, rief ihm eine Stimme nach; »Ach, da ist er ja selbst!«

Raskolnikoff hob seinen Kopf und bemerkte den Pförtner, der vor seiner Loge stand und auf einen kleinen, einfach gekleideten Mann zeigte. Der Fremde war ein Mann in den Fünfzigern, in einen Kaftan gekleidet, der ihm gewisse Ähnlichkeit mit einem Frauenzimmer gab, er hatte kleine verschwommene Augen, die mürrisch und streng dreinschauten.

»Nun, was ist los?«, fragte Raskolnikoff.

Der Fremde musterte Raskolnikoff aufmerksam, kehrte ihm dann den Rücken zu und entfernte sich ohne ein Wort zu sprechen.

»Ja, was soll das heißen?«, wandte sich Raskolnikoff an den Pförtner. »Wer fragte nach mir?«

»Der Fremde dort«, antwortete der Pförtner, »nannte Ihren Namen und fragte, bei wem sie wohnen.« Er blieb noch eine Weile stehen, als ob er nachdächte, und kehrte dann in sein Stübchen zurück.

Raskolnikoff eilte dem Fremden nach und als er ihn an der nächsten Straßenecke eingeholt hatte, ging er, unschlüssig, als ob er nicht wisse, wie er sich verhalten solle, neben ihm her, ehe er sich an ihn wandte: »Sie haben nach mir gefragt?«

Der Fremde ging ohne ihn zu beachten schweigend weiter.

»Nun, was wollen sie von mir? Warum schweigen Sie?«

Da hob der Fremde den Kopf und sprach leise, aber deutlich, dabei seinen Blick auf Raskolnikoff werfend, das Wort: »Mörder.«

Raskolnikoff ging immer noch neben ihm her, aber er fühlte seine Füße schwach werden und einen kalten Schauer den Rücken hinablaufen. Etwa hundert Meter gingen sie nebeneinander, ehe Raskolnikoff mühsam ein paar Worte hervorbrachte: »Was wollen Sie nur was … wer ist ein Mörder?«

»Du bist ein Mörder«, antwortete der Fremde laut mit einem eigentümlichen Lächeln.

Raskolnikoff wurde blass und seine Augen blickten stumpf. Der Fremde ging weiter und bog in die Seitenstraße ab ohne sich umzusehen, ob Raskolnikoff ihm folgte. Raskolnikoff war stehen geblieben und blickte ihm nach. Erst nach fünfzig Schritten wandte der Fremde sich um und Raskolnikoff war es, als ob er ihn noch immer hämisch lächeln sähe.

Mit zitternden Füßen und eisig durchschauert, schleppte sich Raskolnikoff mühsam nach Hause, wieder in sein Zimmer hinauf. Kraftlos und stöhnend warf er sich auf sein Sofa und lag eine halbe Stunde ohne zu denken und doch zogen Gesichter und Gestalten, die er irgendwo und -wann einmal in seinem Leben gesehen hatte, an seinen Augen vorüber. Dann summte es wieder in seinen Ohren wie Glockenton. Das eine beglückte, das andere bedrängte ihn – da hörte er in seinen Träumen die eiligen Schritte Rasumichins. Er schloss die Augen und stellte sich schlafend.

(Fjodor Dostojewski, Schuld und Sühne, 3. Teil. München 1984, S. 438 ff.)

15.5 Vorschlag 5: Sibirien – Land der Tränen, Land der Freiheit

Sibirien liegt weit im Osten Russlands. Es ist die größte Teilregion des Landes und eines der kältesten und unwirtlichsten Gebiete der Erde. Einen abschreckenden Ruf hat Sibirien auch wegen seiner Geschichte: Es gab dort viele Strafkolonien, in denen Gefangene Zwangsarbeit unter unmenschlichen Bedingungen verrichten mussten. Hierher wurden auch die deutschen Kriegsgefangenen nach dem Zweiten Weltkrieg verschickt. Das größte Projekt, das hier mit Zwangsarbeit verwirklicht wurde, war die 9257 km lange Transsibirische Eisenbahn. An deren Bau von 1891 bis 1905 waren über 200 000 Strafgefangene beteiligt. Sie verband Europa mit Wladiwostok am Pazifischen Ozean. In den 20er-Jahren waren es ebenfalls Strafgefangene, die das riesige Kusnezker Kohlebecken erschließen mussten. Ebenfalls mit Zwangsarbeit wurden riesige Metall- und Aluminiumfabriken oder auch Staudämme gebaut. Das letzte und wirtschaftlich sinnlose Zwangsarbeiterprojekt wurde noch vor zehn Jahren begonnen: die Baikal-Amur-Eisenbahn von Bratsk bis zum Pazifik.

Sibirien kann sehr schön sein

Aber es gibt auch ein völlig anderes Sibirien. Seine Geschichte ist mindestens ebenso interessant. Russland wurde zu Beginn des 19. Jahrhunderts eine europäische Großmacht. Nach innen blieb es ein diktatorischer und rückständiger Staat, in dem Leibeigenschaft, Unterdrückung und Folter weit verbreitet waren. Im Krieg gegen Napoleon, der mit einer großen Armee 1812 versuchte Russland zu erobern, begegneten viele Russen zum ersten Mal der westeuropäischen Kultur. Viele russische Soldaten kamen auf den Feldzügen gegen den französischen Kaiser auch nach Westeuropa, wo sie mit der westeuropäischen Lebens- und Denkweise in Berührung kamen. Einige kehrten als Reformer nach Russland zurück. Der bedeutendste von ihnen war Michail Speranskij (1772–1839). Seine Ideale waren Allgemeinbildung, Gleichberechtigung auch der Bauern und die Verbreitung der europäischen Lebensweise und Kultur. Diese Vorstellungen prägten auch die Anschauungen der russischen Intellektuellen des 19. Jahrhunderts. Speranskij wurde später Berater des Zaren Alexander I. Seine Gegner, die eine Veränderung der Gesellschaft durch Speranskij füchteten, setzten schließlich seine Versetzung nach Sibirien durch. Dort war er 1819–1821 Generalgouverneur von Tobolsk, eine der rückständigsten russischen Provinzen. Auch hier wurde Speranskij reformerisch tätig. Er richtete eine sehr fortschrittliche Regionalverwaltung ein und sorgte dafür, dass sich die Leibeigenschaft nicht nach Sibirien ausbreiten konnte. Durch seine Reformen ermöglichte er den wirtschaftlichen Aufstieg der Region. Viele Menschen, die mit den Zuständen im europäischen Teil Russlands unzufrieden waren, suchten nun in Sibirien ihr Glück. Seit Speranskijs Tätigkeit war der Osten des Landes nicht mehr nur Strafkolonie, sondern auch Experimentierfeld für wirtschaftliche und politische Reformen.

M1 ■ **Mit solchen »Dampfrössern« wurde Sibirien erschlossen**

Sibirien – Land reicher Bodenschätze

Kupfer, Silber, Diamanten und viele andere Edelmetalle sowie Mineralien gibt es in Sibirien. Nach dem Bau der Transsibirischen Eisenbahn kamen zu Beginn des 20. Jahrhunderts neue Siedlerinnen und Siedler aus den westlichen Landesteilen – Sibirien erlebte einen regelrechten Goldrausch. Darunter waren auch viele Russlanddeutsche, die aus ihren überbevölkerten Siedlungsgebieten an der mittleren Wolga und am Schwarzen Meer auswanderten. In wenigen Jahren wurde Südsibirien eine der reichsten Agrarregionen.

Sibirien ist für die Russen so etwas wie der »Wilde Westen« für Amerika. Es steht für Naturverbundenheit, Reichtum und Hoffnung auf ein besseres Leben.

1953 wurde in Westsibirien zufällig Erdöl entdeckt, 1965 das größte Erdölvorkommen der Sowjetunion unter dem Samotlor-See. Die Erschließung der Erdöl- und Erdgasvorkommen wurde zum größten Industrieunternehmen in der Geschichte Sibiriens. Städte- und Infrastrukturbau in den lebensfeindlichen Gebieten verschlangen riesige Summen. Er wurde so teuer, dass die Sowjetunion Mitte der 80er-Jahre schließlich zahlungsunfähig war. Dies war einer der Hauptgründe, warum die Wirtschaftsreformen eingeleitet wurden.

M2 ■ **Der Baikalsee: Er ist der größte und tiefste See Sibiriens.**

M4 ■ **Straßengraben in Sibirien nach Tauwetter**

M3 ■ Deutsche in Sibirien

Deutsche Lehrmeister aus Sachsen schufen Voraussetzungen für die Entwicklung der Altaier Bergbauindustrie.

Besonders viele Deutsche, hauptsächlich aus Sachsen, kamen im 18. Jahrhundert nach dem Altai und beteiligten sich am Werdegang des Altaier Erzbergbaus. Viele nahmen mit der Zeit die russische Staatsbürgerschaft an und gründeten die später in ganz Russland bekannten Bergingenieur-Dynastien wie Bär, Gerich, Meder, König, Rick, Schmidt und andere. […] Am Bau des ersten Altaier Kupferschmelzwerks beteiligten sich auch deutsche Fachleute: der Schmelzer J. Georgi und der Berghauer Keller. Das Werk in Kolywan wurde […] 1729 in Betrieb genommen. 1744 entstand nördlich von Kolywan die Kupferhütte Barnaul. Nach den ersten Bergwerken wurden nachher die gesamten Altaier Hütten- und Bergwerke Kolywano-Woskressenskij genannt. […] Der Kanzlei der Kolywano-Woskressenskij Bergwerke standen von 1747 bis 1799 sieben Leiter vor, darunter stammten fünf aus Sachsen.

(O. Gerber /E. Berg. In: Zeitung für Dich – Deutsche Wochenschrift des Altai vom 11. 5. 1996, S. 12 ff.)

M5 ■ **Strafgefangener in Sibirien**

M6 ■ **Zur Verbannung nach Sibirien**

15.6 Vorschlag 6: Russlands Chancen in der Marktwirtschaft

Gewaltige regionale Unterschiede, riesige Entfernungen, die schwierige Energieversorgung in Wintern mit Kältegraden unter –30 °C, die Probleme der Landwirtschaft in einem Klima mit extremen Wechseln von Dürre-, Feuchtigkeits- und Frostjahren zeigen stellvertretend die Probleme Russlands auf, eine *Marktwirtschaft** nach westlichem Vorbild aufzubauen.

Als Vorbild könnten die nordischen Ländern dienen, denn sie haben aufgrund ihrer geographischen Lage mit ähnlichen Problemen zu kämpfen. In Finnland, Schweden, Norwegen, Island und auch Kanada werden wirtschaftliche Schlüsselbereiche wie die Energieversorgung oder auch die technische Infrastruktur staatlichen Trägern überlassen. Private Unternehmen könnten solche Risiken nicht auf sich nehmen. Denn wenn z. B. ein Winter zu warm wird, könnten 20–30 % der Energievorräte nicht verkauft werden. Ein Privatunternehmen würde dann im nächsten Winter die Vorräte verringern. Wenn der darauf folgende Winter dann jedoch sehr kalt wird, würde die Wirtschaft weit gehend zusammenbrechen, da keine Vorräte da sind. Und ohne Öl, Strom oder Gas läuft in einem Land, wo der Winter viele Minusgrade kalt ist, nichts mehr.

Während die Sowjetunion ihre Energieversorgung mit einem in den 1920er-Jahren begonnenen umfassenden Kraftwerksbauprogramm sicherte, haben die zahlreichen Einzelstaaten der GUS nun massive Probleme. Es kommt immer wieder zu regionalen Energiekrisen, da viele, heute eigenständige Gebiete nicht auf Kraftwerke aus der Zeit der Sowjetunion zurückgreifen können. Daneben schafft die Privatisierung der Erdölindustrie und die Streichung der staatlichen Kohle-*Subventionen** Unsicherheiten, die die übrige Wirtschaft lähmen.

Abhängig von Subventionen

Auch die Eisenbahn und der Luftverkehr werden nicht mehr so stark subventioniert wie früher. Bedenkt man, dass nur etwa 13 % des Landes für die Landwirtschaft nutzbar sind, müssen 87 % des Landes mit Lebensmitteln versorgt werden. Der Bau und die Aufrechterhaltung einer Versorgungsstruktur ist problematisch und sehr teuer. So sind die Preisunterschiede für Lebensmittel an verschiedenen Orten Russlands sehr hoch. Da die Löhne und Gehälter diese teilweise sehr hohen Lebenshaltungskosten im Norden und Osten des Landes nicht ausgleichen können, verlässt die Bevölkerung die russischen Nord- und Ostregionen und reist nach Süden. Sibirien, das ein halbes Jahrhundert lang Neusiedlerinnen und Neusiedler aus allen Teilen der Sowjetunion angezogen hat, verliert seit 1989 zunehmend an Bevölkerung. Viele Städte und Siedlungen sind bereits verlassen und zu Geisterstädten geworden. Es gibt kaum mehr eine medizinische Versorgung, keine Lehrkräfte und keine Polizistinnen und Polizisten mehr. Zurück bleiben die Rentiere züchtenden Ureinwohner: Nenzen, Tschuktschen, Ewenken und viele andere. Sie werden von Krankheiten, plündernden Räuberbanden, Gold- und Edelmetallsuchern bedroht. Der Norden Sibiriens verwandelt sich wieder in den »Wilden Osten« – was er vor 1917 auch war. Viele der kleinen Völker des Nordens werden im nächsten Jahrzehnt wahrscheinlich aussterben. Gefährdet ist auch die Kultur anderer kleiner Völker in Russland. Früher wurde das gesamte Kulturleben von Moskau aus organsisiert, heute kaum noch.

Zeitungen, die in der Marktwirtschaft überleben wollen, brauchen eine gewisse Auflagenzahl. Sonst sind sie zu teuer und niemand kauft sie. 1990 erschienen tschetschenische Zeitungen noch mit einer Auflage von 5,9 Millionen Exemplaren. Drei Jahre später waren es nur noch 0,9 Millionen Exemplare.

Die Sprachen der neuen Marktwirtschaft sind Russisch und Englisch. Wer sie nicht kann, ist benachteiligt. Also verzichten viele Angehörige der kleinen Völker auf das Erlernen ihrer eigenen Sprache. Denn auch Schulzeit kostet Geld. Für die neuen Gymnasien und Oberschulen müssen drastische Schulgebühren entrichtet werden. Kinder der Unterschichten gehen oft gar nicht mehr in die Schule. In vielen Fällen starten sie direkt in kriminelle Karrieren.

Auch in Russland sind die Frauen die Verlierer der Reformen

Die Frauen sind besonders vom Wandel in Russland betroffen. Sie arbeiten oft als Lehrerinnen, Ärztinnen, Wissenschaftlerinnen oder Künstlerinnen. Diese Bereiche sind jedoch kaum privatisiert worden und profitieren daher nicht vom ökonomischen Aufschwung. Die Gehälter wurden kaum erhöht, sodass sich mit der Inflation große Einkommenseinbußen ergaben. Von der Arbeitslosigkeit sind sie ganz besonders betroffen, weil sie durch die Hausarbeit und die Kindererziehung stärker gebunden sind. Zu sowjetischer Zeit wurde die Kindererziehung mit Vergünstigungen durch den Staat unterstützt: Mit Kindern war es leichter, eine Wohnung zu bekommen und es war möglich, zu Hause zu bleiben, wenn ein Kind krank war. Heute ist das alles weggefallen. Kinder werden mehr und mehr als Belastung für Beruf und Karriere gesehen. Die Geburtenrate ist daher seit 1987 um die Hälfte gesunken.

M1 **Riesenkraftwerk in Westsibirien**

M3 **Bettlerpaar vor dem Luxuskaufhaus GUM in Moskau**

M4 **Preisvergleich**

Preise (in Rubeln) für einen Liter Milch an verschiedenen Orten in Russland (Juni 1994)

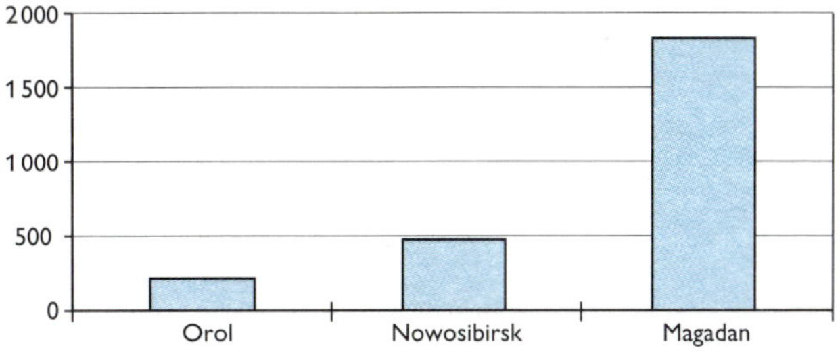

Preise (in Rubeln) für ein Kilogramm Rindfleisch an verschiedenen Orten in Russland (Juni 1994)

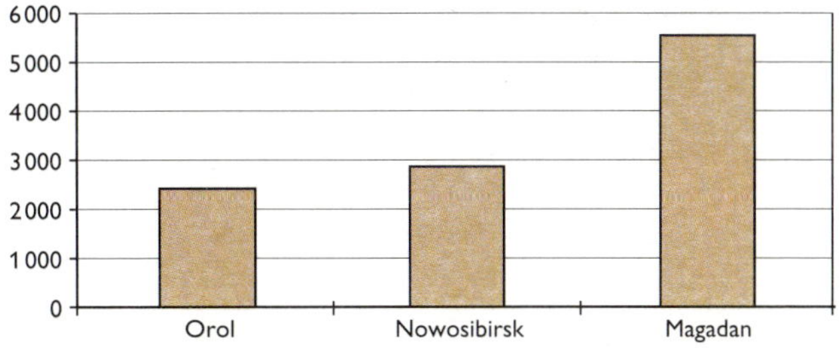

M2 Russen im Elend

Wohnungslose im Gassenstaub, verfrorene Invaliden in Unterführungen und Metroschächten, verfilzte Kinder unter Parkbänken – jahrelang hat das neue Russland menschlichen Ballast auf dem Weg zu marktwirtschaftlichen Ufern achtlos auf die Straße gespuckt. [...] Während sich die Wirtschaftsdaten langsam bessern und die Regierung den beginnenden Aufschwung auslobt, klafft die soziale Schere immer weiter auseinander. »Die einen kaufen bei Christian Dior am Roten Platz, die anderen betteln davor«, heißt es in einem Reiseführer. Wer einmal ins Taumeln gerät, hat kaum noch eine Chance: Aus den überfüllten Gefängnissen Entlassene bleiben sich selbst oder – wo vorhanden – der Hilfe ihrer Familie überlassen. Weil bei der geplanten großen Amnestie zum Siegesjubiläum im Mai eine neue Obdachlosenwelle drohte, wurden die Pläne fallen gelassen. Statt 300 000 kamen nur 7000 Häftlinge frei. Auch Waisen- und Kinderheime schicken ihre Zöglinge nach dem 15. Geburtstag oft direkt auf die Straße. Krieg und Vertreibung spülen zudem Flüchtlinge aus den Nachbarrepubliken und dem Kaukasus ins vergleichsweise besser gestellte Russland. [...]

So wird die Zahl der Obdachlosen heute in Moskau offiziell auf 30 000 bis 50 000 geschätzt. Jede größere Stadt, vor allem mit Eisenbahnanschluss Richtung Süden, hat ihre Freiluftcamps, die sich allmählich zu Papp- und Brettersiedlungen auswachsen. »Eine nationale Schande – die Armee der Bomschij (der Obdachlosen) ist bald so groß wie nach dem Bürgerkrieg«, empörte sich eine Moskauer Zeitung: »Nur der Winter kümmert sich um sie.« Erfrorene Stadtstreicher landen ungezählt im Massengrab.

(Frankfurter Rundschau vom 30. 8. 1995.)

Zeichnung W.Milejko

M1

15.7 Vorschlag 7: Russland wohin?

Mit dem Rückzug aus Sibirien verringert sich auch die russische Rohstoffproduktion. Trotzdem werden immer noch genügend Rohstoffe und Waren aus Sibirien exportiert, um die riesigen Einfuhrrechnungen für Lebensmittel und Luxusgüter zu begleichen. Wie ist das möglich?

Rohstoffreichtum und Misswirtschaft gehen Hand in Hand

Die sozialistischen Großbetriebe brauchten ihre Rohstoffe und die anderen, zur Produktion notwendigen Mittel, nicht zu bezahlen. Sie wurden ihnen zugewiesen. Darunter waren auch solche, die auf dem Weltmarkt sehr wertvoll und teuer sind. Die Unternehmen legten riesige Vorräte an. Es ist zwar nicht erlaubt, sie ins Ausland zu verkaufen, doch schon die Produktionsabfälle sind häufig so wertvoll, dass man sie gewinnbringend auf dem Weltmarkt absetzen kann. Viele Maschinen und Anlagen stammen noch aus der Zeit der Sowjetunion und sind technisch vollkommen veraltet, aber gerade wegen ihres Alters sehr wertvoll. Sie enthalten viele Metallbestandteile und können in den Abnehmerländern als wertvolle Rohstoffe recycelt werden.

Russland lebt daher heute weit gehend von der Substanz, die noch aus sowjetischen Zeiten stammt. Trotz der weit verbreiteten Armut lebt es immer noch über seine Verhältnisse. Der Ausverkauf der Industrie oder auch die Abholzung der sibirischen Wälder durch Konzerne aus Industriestaaten sind neben der allgemeinen Verarmung die Dinge, die von der russische Bevölkerung am meisten kritisiert werden.

Trotz aller Probleme: Russland ist ein Einwanderungsland

Und trotz aller Probleme ist Russland ein Zuwanderungsland. 1992 kamen 176 000 mehr Menschen als abwanderten. 1993 waren es 430 000 und 1994 bereits 810 000 Menschen. Die meisten Zuwanderer kamen aus den anderen GUS-Staaten, wobei nur 63 % Russen oder russischsprachig sind. Dies bedeutet, dass die politischen und wirtschaftlichen Verhältnisse in Russland offenbar besser sind als in den anderen GUS-Staaten.

Während Russland ein geschlossener und relativ gut organisierter Staat ist, bereiten gerade den kleineren GUS-Staaten ihre Grenzen sehr viele Probleme. Denn die Grenzen bedeuten Verkehrskontrollen, andere Währungssysteme und Zölle. Da kompliziertere Industrien stark auf überregionale Arbeitsteilung und Märkte angewiesen sind, brachen sie in den kleineren GUS-Staaten schneller zusammen als in Russland. Die Sowjetunion hatte nicht für den Fall vorgesorgt, dass die vielen unterschiedlichen Gebiete des Landes eines Tages autonom werden könnten und daher eine in sich geschlossene Wirtschaftsstruktur benötigen würden. Hoch qualifizierte Arbeitskräfte finden in einigen Ländern der GUS kaum noch Beschäftigungsmöglichkeiten. Also gehen sie nach Russland. Auf der anderen Seite ist die Abwanderung aus Russland in Länder außerhalb der ehemaligen Sowjetunion enorm gestiegen. 1995 verließen allein 75 000 Russlanddeutsche das Land. Weitere Zielländer sind Israel und die USA mit je 15 000 Emigranten.

Angesichts der scheinbar unüberwindlichen Probleme stellt sich die Frage, ob man den GUS-Staaten überhaupt noch helfen kann. Ihre Konjunktur hängt fast vollständig vom russischen Markt ab. Wenn die Wirtschaft Russlands gesundet, dann könnte es auch seinen Nachbarn besser gehen. Wie also könnte Russland geholfen werden?

Die ausländischen Investitionen in Russland weisen eine merkwürdige Struktur auf: Die Schweiz steht mit einem Anteil von 14,6 % an erster Stelle, dann folgen Großbritannien, Kanada und die USA mit jeweils über 10 %. China erreichen immerhin 6,6 %. Deutschland investierte 5,3 %. Österreich und Japan schafften je 4 %. Die Kapitalbilanz ist negativ. Das heißt, dass weit mehr Waren und Geld aus Russland nach Westen fließen als umgekehrt. Allein der russische Exportüberschuss betrug 1993 und 1994 je 20 Mrd. US-Dollar. Nach der Schweiz ist Deutschland zwar das zweitwichtigste Zielland für russische Gelder, doch es fließt noch zu wenig Geld von Deutschland nach Russland. Wirtschaftlich betrachtet ist es daher so, dass nicht das reiche Deutschland Russland unterstützt, sondern umgekehrt, Russland unterstützt Deutschland.

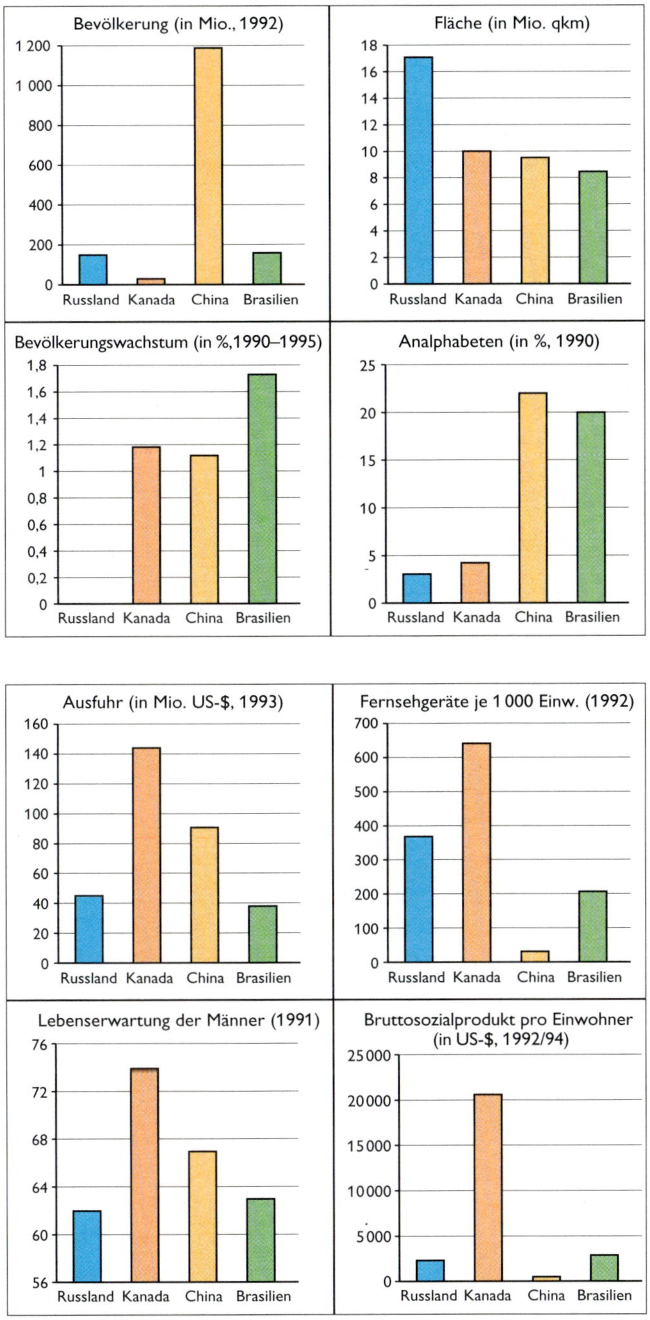

M2 ■ Länder im Vergleich

M3 ■ Gegensätze von Alt und Neu findet man in Russland überall: alter Holzpalast vor einem Betonbau aus dem Sozialismus.

M4 ■ Die Wolga ist Europas größter Fluss.

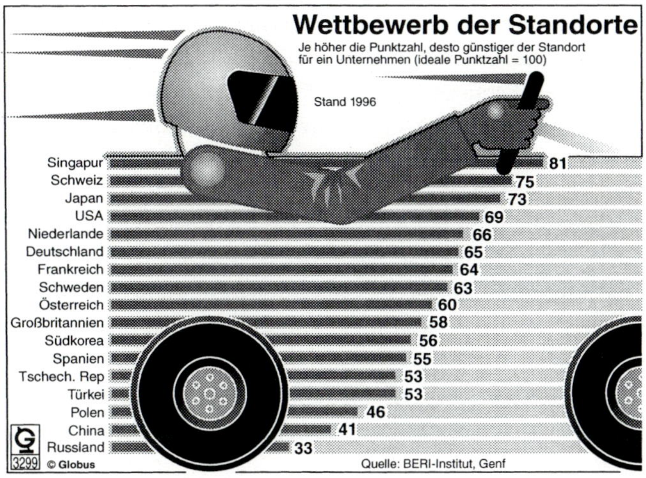

M5 ■ Russland ist (noch) weit abgeschlagen. (Die Punktzahl errechnet sich aus den Standortfaktoren. Dies meint z. B. Arbeitslöhne, Ausbildungs-Standard, Arbeits- und Tarifverhältnisse.)

16 Neue Weltordnung? Neue Weltunordnung Neue Welt …?

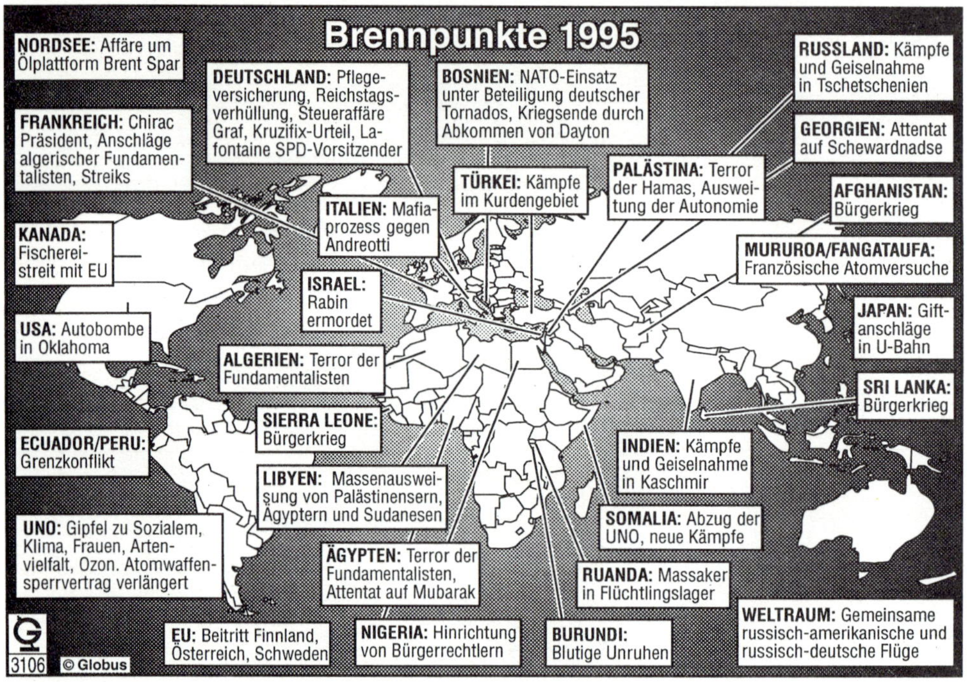

M1

Der *Ost-West-Konflikt**, der die Politik der Nachkriegszeit weit gehend bestimmte, ist vorbei. Der »*Eiserne Vorhang*«* ist offenen Grenzen gewichen. Die hohen Rüstungsausgaben der Großmächte verringern sich allmählich. Dennoch ist damit nicht die Zeit eines »ewigen Friedens« angebrochen. Regionale Konflikte gibt es heute vielleicht sogar mehr als vor zehn Jahren.

Eine friedliche Welt – hat es so etwas überhaupt schon einmal gegeben? Ist das nicht weltfremdes Wunschdenken? War nicht jede Zeit voller Krisen und Konflikte? Dennoch wünschen sich die Menschen – auch wir – nichts sehnlicher als eine friedvolle, übersichtliche, geordnete Welt.

Es sind daher nicht nur kriegerische Konflikte, die unsere Zukunft gefährden. Was bringt unsere Welt sonst noch in Unordnung?

Wo gibt es Ansätze für Problemlösungen, die uns unseren Vorstellungen von Sicherheit, Frieden und einer gerechten Ordnung näher bringen könnten?

M2 © Mario Menkes, HD

M3

M5

M4

In diesem Kapitel sollt ihr

- euch mit den verschiedenen Konflikten auseinander setzen, die auf dieser Auftaktseite angedeutet sind;
- Vorschläge diskutieren, die von Politik und Wissenschaft zur Problemlösung in die Diskussion gebracht worden sind;
- zur Erlangung eines besseren Verständnisses aktueller Problemfelder die Tagespresse auswerten lernen. Eure Fähigkeit hierfür könnt ihr in Form von »Pressespiegeln« dokumentieren.

16.1 »Was ist los? Überall brennt es!«

»Katastrophen, Krieg und Krisen und die ganze blöde Welt in der Tagesschau …«, hieß es in einem populären Hit der 80er-Jahre. Damals waren die meisten von euch noch gar nicht geboren. Was ist heute? Ist es viel besser? Eher wohl nicht! Der tägliche Blick in die Fernsehnachrichten zeigt etwas anderes. Überall brennt es: Panzer in Tschetschenien, Massengräber in Kroatien, ein explodierendes Urlaubshotel in der Türkei, gewalttätige Demonstrationen extremistischer Kurden in Dortmund oder von Algeriern in Marseille. Es gibt offenbar kaum eine Region in der Welt ohne Krisenherde. Niemand hatte das nach dem Ende des *Ost-West-Konfliktes** erwartet. Leben wir jetzt in einer besonders unfriedlichen und gefährlichen Zeit?

Die Allgegenwart der Medien

Besonders friedlich ist es in der Welt noch nie zugegangen. Gegenüber früheren Zeiten, etwa der Nachkriegszeit, gibt es jedoch eine wichtige Änderung: Die ganze Welt ist heute bis zum letzten Winkel mit einem Netz von Journalistinnen und Journalisten sowie Fernsehstationen überzogen. Die globale Allgegenwart der Medien sowie schnellste Übertragungsmöglichkeiten bedeuten, dass wir viel stärker als früher auch regional begrenzte Konflikte zur Kenntnis nehmen können. Aber sind deshalb die meisten auch besser informiert? Häufig werden Konflikte nur ausgeschlachtet, wenn sie etwas »Spektakuläres« bieten. Nicht selten bleibt dabei die Information über Entstehung und Hintergründe der Konflikte sowie über unterschiedliche Erwartungen und Forderungen der Beteiligten »auf der Strecke«.

Das Ende des Ost-West-Konfliktes

Es wäre aber zu einfach, die Konflikthaftigkeit unserer Zeit mit der Allgegenwart der Medien allein erklären zu wollen. Tatsächlich hat sich mit dem Zerfall der Sowjetunion Ende der 80er-Jahre eine unerwartete neue »Un«-Ordnung herausgebildet. Zwar endete mit der Konkurrenz der Wirtschafts- und Gesellschaftssysteme die Zweiteilung der Welt, von der besonders Europa und Deutschland betroffen waren. Die Kontrolle der beiden Weltmächte über »ihre« Herrschaftsbereiche war nun ebenfalls weltweit an ein Ende gekommen. Damit verringern sich die Möglichkeiten Konflikte oder Krisen im eigenen Einflussbereich einzudämmen oder gar nicht erst entstehen zu lassen.

Besonders gut kann man dies am Beispiel des zerfallenen Jugoslawien sehen. Unter dem Druck des Ost-West-Gegensatzes schwelten die Konflikte zwischen den verschiedenen Volksgruppen auf dem Balkan, kamen aber nicht offen zum Ausbruch. Mit dem Zerfall der *Sowjetunion** begannen die Völker Jugoslawiens ihren Wunsch nach nationaler Eigenständigkeit gewalttätig durchzusetzen. Ein blutiger Krieg begann, an dessen (vorläufigem) Ende die Zerstörung weiter Teile des Landes stand.

Auf der Suche nach neuen Möglichkeiten, regionale Konflikte zu befrieden, wurde der UNO eine neue Verantwortung zugeschoben. Sie soll Frieden sichern oder wiederherstellen. Dies ist die wichtigste Aufgabe der Weltorganisation.

M1 Die Brücke über die Neretva in Mostar (Bosnien-Herzegowina)

M2 ■

Agenda für den Frieden

Vorschläge des UN-Generalsekretärs Boutros Ghali zur Friedens- und Sicherheitspolitik der Vereinten Nationen

1. Vorbeugende Diplomatie

ZIEL Das Entstehen von Streitigkeiten zu verhüten, den Ausbruch offener Konflikte zu verhindern, oder Konflikte, die bereits ausgebrochen sind, rasch wieder einzugrenzen

MITTEL Diplomatische Gespräche; Vertrauensbildende Maßnahmen; Frühwarnsysteme, die rechtzeitig auf Spannungen hinweisen; formelle Tatsachenermittlung; vorbeugender Einsatz von UN-Truppen; vorsorgliche Einrichtung entmilitarisierter Zonen

2. Friedensschaffung

ZIEL Nach Ausbruch eines Konflikts die feindlichen Parteien zu einer Einigung zu bringen

MITTEL **Friedliche Mittel**
z.B. Vermittlung, Verhandlungen, Schiedsspruch, Entscheidungen durch den Internationalen Gerichtshof

Gewaltlose Sanktionen
z.B. Wirtschafts- und Verkehrsblockade, Abbruch der Beziehungen

Friedensdurchsetzung
durch speziell ausgebildete, ständig abrufbereite bewaffnete UN-Truppen

Militärische Gewalt
zur Aufrechterhaltung oder Wiederherstellung des Weltfriedens und der internationalen Sicherheit, wenn alle friedlichen Mittel versagen

3. Friedenssicherung

ZIEL Die Lage in einer Konfliktzone zu entschärfen oder zu stabilisieren; die Einhaltung der Vereinbarungen zwischen den Konfliktparteien zu überwachen und durchzusetzen

MITTEL Entsendung von Beobachtermissionen; Einsatz von UN-Friedenstruppen zur Untersuchung von Grenzverletzungen, zur Grenzkontrolle, zur Beobachtung von Wahlen, Überwachung von Waffenstillstands- und Friedensvereinbarungen, Bildung einer Pufferzone zwischen gegnerischen Mächten, Wahrnehmung von Polizeiaufgaben, Sicherung humanitärer Maßnahmen usw.; umfassendes Konfliktmanagement

4. Friedenskonsolidierung

ZIEL Den Frieden nach Beendigung eines Konflikts zu konsolidieren; die Konfliktparteien zum friedlichen Wiederaufbau anzuhalten

MITTEL **Nach einem Konflikt innerhalb eines Landes**
z.B. Entwaffnung der verfeindeten Parteien, Wiederherstellung der öffentlichen Ordnung, Einsammeln der Waffen, Minenräumung, Repatriierung von Flüchtlingen, Ausbildung und Beratung von Sicherheitskräften, Wahlüberwachung, Schutz der Menschenrechte, Reform oder Neuaufbau staatlicher Institutionen

Nach einem internationalen Krieg
z.B. gemeinsame Projekte, die der wirtschaftlichen und sozialen Entwicklung dienen und das gegenseitige Vertrauen stärken (Landwirtschaft, Energie- und Wasserwirtschaft, Verkehr usw.); Abbau der Schranken zwischen den Nationen durch Kulturaustausch, Reiseerleichterungen, gemeinsame Jugend- und Bildungsprogramme

ZAHLENBILDER 615 500

M3 ■ Hans Koschnik, von der EU eingesetzter Verwalter der Stadt Mostar, über die Bedeutung der Friedensarbeit:

Denn wir wissen aus der täglichen Erfahrung, dass – wenn es wieder zu einem großen Brand auf dem Balkan kommt – weitere Regionen in Europa gefährdet sind einen ähnlichen Weg zu gehen. Die Unruhen zwischen den Nationalitäten im früheren sowjetischen Imperium sind groß. Sie zu kanalisieren und in Formen eines neuen Miteinander zu bringen ist Ziel vernünftiger Politik. Es muss verhindert werden, dass neue Konflikte entstehen. [...] Wenn das nicht gelingt, werden Millionen von Menschen fliehen, ihre angestammte Heimat verlassen, gejagt von der Kriegsfurie werden sie nicht nach Wladiwostok fliehen, nicht nach Ankara und Teheran; sondern sie werden in das Herz von Europa drängen. [...] Wir müssen vor Ort, dort wo die Menschen in Gefahr sind, jetzt unseren Beitrag leisten, damit die Betroffenen ihre Überlebenschance behalten.

(zitiert nach: Zlata Filipović, Entseeltes Land. Freiburg 1995, S. 12.)

M4 ■ »Fernsehkrieg«

Die militärische Eskalation in der Taiwanstraße findet vorwiegend auf den Mattscheiben statt. Waffenästhetische Videos werden mit CNN-Interviews und aufs Gröbste vereinfachenden Schaubildern garniert. Wo aber CNN ist, da schwärmen auch die Teams all der anderen Fernsehveranstalter ein, um dieselben Bilder exklusiv und dieselben Interviews live zu produzieren. Wenn schon nicht geschossen wird, dann muss um der Einschaltquoten und der Werbeeinnahmen willen wenigstens durchgespielt werden, was wäre, wenn etwas wäre. Die Wirklichkeit [...] verschwindet hinter der virtuellen Realität. Die aber erzeugt eine öffentliche Meinung; Bürger wie Abgeordnete nehmen die Vorspiegelung von Informationen für etwas, das vor der Erfindung der Kreditkarten »bare Münze« genannt wurde.

(Frankfurter Rundschau vom 21. 3. 1996.)

?

1 ■ Sucht euch aus der Karte auf der Auftaktseite einen aktuellen Konfliktherd heraus, mit dem ihr euch in einer Arbeitsgruppe beschäftigen möchtet.

2 ■ Informiert euch in einer Bibliothek über Vorgeschichte, Ursachen und Verlauf »eures« Konflikts.

3 ■ Erstellt zusammen eine möglichst große Weltkarte. Stellt darauf zu »euren« aktuellen Konfliktbeispielen wichtige Informationen übersichtlich zusammen: Bilder, Grafiken, Tabellen, eigene Kurztexte.

4 ■ Besorgt euch Tageszeitungen und seht sie nach Informationen durch, die sich mit Vorschlägen oder Versuchen zur Regelung »eures« Konflikts beschäftigen.

Russland startet neuen Großangriff

MOSKAU/ALCHASUROWO, 26. März (AFP). Russische Sondertruppen haben am Dienstag nach eigenen Angaben eine Großoffensive begonnen, um die tschetschenischen Unabhängigkeitskämpfer in der Hauptstadt Grosny zu »liquidieren«. Mehrere hundert Soldaten der Omon-Einheiten des Moskauer Innenministeriums stünden für den Einsatz bereit, der bis in den April dauern solle, sagte ein hochrangiger Mitarbeiter der russischen Militärs der Nachrichtenagentur Interfax.

Verwerflich

W. A. Wieder einmal haben die russischen Streitkräfte eine Großoffensive in Tschetschenien gestartet; aufs Neue ist von Verteidigungsminister Gratschow die Liquidierung aller Unabhängigkeitskämpfer befohlen worden; selbst der aus dem Kriegsgebiet stammende frühere Präsident des russischen Obersten Sowjets klagt die Militärs inzwischen öffentlich der Einrichtung von Konzentrationslagern im Kaukasus an.

Kein Frieden

Am Sonntag will Russlands Präsident Boris Jelzin im Fernsehen erzählen, wie er den Krieg in Tschetschenien zu beenden gedenkt, den er zu verantworten hat. Größere Militäraktionen, heißt es, werde es danach nicht mehr geben. Aber Frieden wird dann noch nicht sein. Jelzin wird versprechen, was er nicht halten kann.

Es ist nicht mehr viel zu zerstören in dem kleinen Land am Kaukasus. Die russische Armee, die Truppen des Innenministeriums und die berüchtigten Omon-Sondereinheiten haben die größeren Orte in Schutt und Asche gebombt.

M1 Meldungen und Kommentare aus der Frankfurter Allgemeinen Zeitung und der Frankfurter Rundschau vom 27. 3. 1996

16.2 Zeitung im Unterricht: Der Pressespiegel

Bewegte Bilder in der abendlichen Nachrichtensendung bringen die Welt ins Wohnzimmer. Offenbar ist die Information perfekt. Eine kleine Probe zeigt aber auch die Grenzen dieses Mediums: Schon nach kurzer Zeit können die meisten Fernsehzuschauerinnen und -zuschauer sich nur noch ungenau an die einzelnen Berichte erinnern und am nächsten Morgen ist fast alles vergessen. Zeitungen haben demgegenüber einen großen Vorteil. Zwar bringen sie die Nachrichten um einen Tag zeitversetzt, bieten aber die Möglichkeit zur nachlesbaren und damit genaueren Information. Als Leserinnen und Leser bestimmen wir den Rhythmus der Informationsaufnahme, die zum Verständnis notwendigen Wiederholungen sowie die schnell eingeschobenen Verständnisklärungen, etwa durch ein Lexikon. So genutzt, können Zeitungen nachhaltiger informieren.

Aufgaben der Zeitung

Die wichtigste Aufgabe einer Tageszeitung besteht darin, möglichst umfassend und objektiv über aktuelle Ereignisse und deren Hintergründe zu informieren. Das Problem dieser Aussage zeigt sich, wenn wir verschiedene Tageszeitungen vom selben Tag nebeneinander legen: Ein Ereignis erscheint in der einen Zeitung mit einer fetten Überschrift, in einer anderen erst auf der dritten Seite, in einer weiteren überhaupt nicht. Was heißt da objektive Information?

Ein Problem stellt sich beim Lesen. Die eine Zeitung berichtet kritisch oder nachdenklich über ein Ereignis, die andere zustimmend-positiv. Auf was kann man sich da verlassen? Ganz einfach: Eine einizge Zeitung reicht häufig nicht aus. Wenn wir uns eine eigene Meinung bilden wollen, müssen wir zu verschiedenen Zeitungen greifen und uns mit unterschiedlichen Sichtweisen auseinander setzen. Dabei sollten zusätzlich zu den Meldungen die Kommentare gelesen werden. Hier nimmt eine Redakteurin oder ein Redakteur zu wichtigen Zeitereignissen aus eigener Sicht Stellung. Wenn Kommentare aus verschiedenen Zeitungen verglichen werden, werden die unterschiedlichen Standpunkte sichtbar. Eine weitere Aufgabe von Zeitungen besteht darin, das Handeln von Regierungen, Politikerinnen und Politikern, Parteien, Institutionen oder Verwaltungen kritisch zu kontrollieren. Zeitungen haben damit eine »öffentliche Aufgabe«. Das Grundrecht der Pressefreiheit gibt dieser Aufgabe in unserer Gesellschaft eine große Verantwortung. Die Aufdeckung politischer Skandale, die Enthüllung unliebsamer Fakten oder der Verweis auf »offene Wunden« unserer Gesellschaft machen Zeitungen für eine Demokratie unverzichtbar. Damit haben diese Medien aber auch eine besondere Verantwortung, weil sie auch manipulieren können.

Schwere Vorwürfe der OSZE gegen russische Truppen

MOSKAU, 26. März (AFP/AP). Russische Sondertruppen haben am Dienstag eine Großoffensive begonnen, um die tschetschenischen Unabhängigkeitskämpfer in Grosny zu »liquidieren«. Mehrere hundert Soldaten der Omon-Einheiten des Innenministeriums stünden für den Einsatz bereit, der bis April dauern solle, sagte ein Mitarbeiter der russischen Sicherheitskräfte der Nachrichtenagentur Interfax. Der ehemalige russische Parlamentspräsident Chasbulatow warf der russischen Armee unterdessen vor, sie habe »Konzentrationslager« eingerichtet, in denen Tschetschenen gefoltert und auch Kinder festgehalten würden.

M2 ■ »Lesen als Weg zum politischen Alltag«

Kohlscheider Realschule richtete Zeitungs-Leseraum für ältere Schülerinnen und Schüler ein.

Das ist – nach Wissen der Lehrer – einzigartig im Aachener Raum. [...] Jetzt haben die Schüler der neunten und zehnten Klasse ihn, den Leseraum. Der Raum besteht nicht im Sinne einer Schulbibliothek aus Fachliteratur und Ähnlichem, nein, Zeitungen sind gefragt. [...] Seit März stellen [die Lehrer] das Lesematerial, das sie zu Hause schon »verkonsumiert« haben. [...] Es gibt ein umfangreiches Angebot an Zeitungen und Zeitschriften; jeder Schüler hat die Möglichkeit sich über aktuelle Ereignisse und Geschehnisse zu informieren, auch derjenige, der zu Hause keine Zeitung hat; jeder hat die Möglichkeit ungestört zu lesen...

(Brand/Schulze [Hg.], Medienkundliches Handbuch: Die Zeitung. Medienpädagogischer Teil. Braunschweig 1987, S. 435.)

Presseagenturen
Bei der Arbeit am Pressespiegel kann schnell der Eindruck entstehen, viele Nachrichten in den unterschiedlichen Tageszeitungen würden sich gleichen. Das ist dann auch der Fall, wenn mehrere Zeitungen einen großen Teil ihrer nationalen und internationalen Meldungen von der gleichen Presseagentur kaufen. Dabei handelt es sich um Unternehmen, die in der ganzen Welt Nachrichten sammeln und in Form aufbereiteter Artikel an feste Abonnenten weitergeben. Dies hat allein Kostengründe: Keine Zeitung kann in der ganzen Welt ein Netz von Berichterstattern unterhalten. Die wichtigsten Nachrichtenagenturen, die in der Bundesrepublik ihr Angebot vertreiben, sind (und können an ihrem Kürzel zu Beginn des Artikels erkannt werden):
dpa: Deutsche Presse-Agentur (Hamburg); ddp: Deutscher Depeschen-Dienst (Bonn); Reuter: Reuters Ltd. (London); AP: Associated Press (New York); AFP: Agence France-Presse

1 ■ Macht eine Umfrage unter euren Mitschulerinnen und Mitschülern darüber: An welche Meldungen aus den Nachrichtensendungen des Vortages können sie sich noch erinnern?

2 ■ Erstellt Pressespiegel zu »euren« Regionalkonflikten und befestigt die Überschriften an der Wand-Weltkarte. Entsprechende Pressespiegel könnt ihr auch zu den noch folgenden Themen dieses Kapitels zusammenstellen.

3 ■ Fasse wichtige Aufgaben einer Tageszeitung in eigenen Worten zusammen.

Der Pressespiegel
Zeitungen transportieren Nachrichten und Meinungen. Erst ein Nebeneinander verschiedener Zeitungen gibt uns die Möglichkeit über verschiedene Nachrichten und Kommentare ein vollständigeres Bild des jeweiligen Ereignisses zu bekommen. Mithilfe eines Pressespiegels könnt ihr euch selbst und anderen diesen Überblick verschaffen. Dabei geht es darum, etwa einen regionalen Konflikt über einen längeren Zeitraum aus der Sicht verschiedener Tageszeitungen oder wöchentlich erscheinender Nachrichtenmagazine zu beobachten und zu analysieren. Nachdem ihr euch für einen Konflikt entschieden habt, gilt es, sich auf bestimmte Zeitungen festzulegen, die über einen längeren Zeitraum untersucht werden sollen. Dabei ist es sinnvoll, zumindest eine regionale durch mindestens eine, besser zwei überregionale Tageszeitungen zu ergänzen. In den seltensten Fällen ist es dabei notwendig, diese Zeitungen zu kaufen. Bittet einfach Lehrerinnen und Lehrer aus eurer Schule oder Bekannte, die solche überregionalen Tageszeitungen abonniert haben, euch für einen längeren Zeitraum das gelesene Exemplar am nächsten Tag mitzubringen. Eure Regionalzeitung haben sicher viele von euch zu Hause. Falls nicht, kann euch die Redaktion der Zeitung weiterhelfen. Wenn alle Artikel, Bilder und Grafiken zum Thema aus den Zeitungen ausgeschnitten sind (dabei bitte nie vergessen, das Datum auf den Ausschnitt zu schreiben), werden die Artikel etwa mithilfe der W-Fragen (was, wer, wo, wie, wann, warum) oder bei Kommentaren hinsichtlich der vertretenen Meinung verglichen. Unterschiedliche Informationen können farbig herausgehoben werden, die Artikel selbst auf einer großen Wandzeitung aufgeklebt werden.

16.3 Die arme Welt in der Krise – Zukunft hoffnungslos?

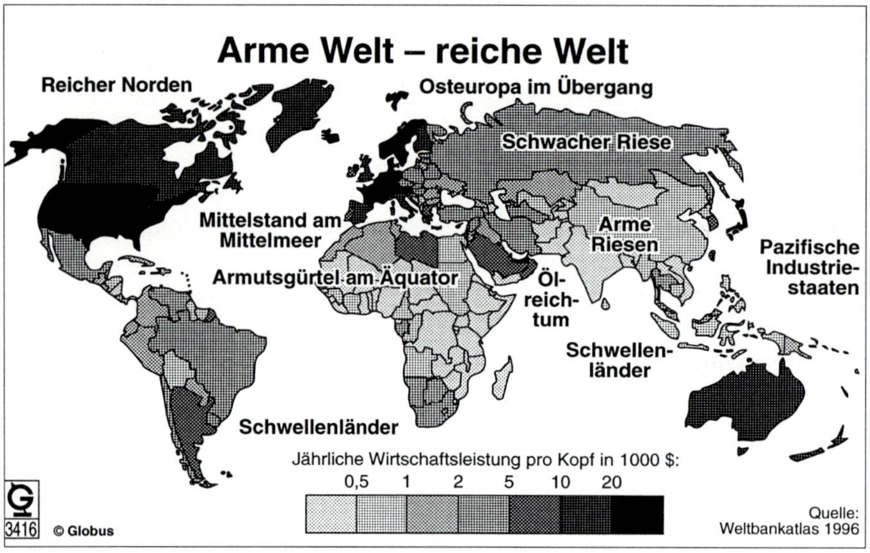

M1

Ob in den Innenstädten oder auf den Schulhöfen vieler unserer Schulen – immer mehr fremde Sprachen sind zu vernehmen. Das kommt daher, dass viele Menschen ihre Heimat verlassen haben, um ihre Vorstellungen und Ziele in Ländern zu verwirklichen, in denen die Voraussetzungen dafür günstiger sind, so z. B. in Deutschland. In ihren Herkunftsländern müssen diese Menschen, statistisch gesehen, mit weniger als 1 US-Dollar am Tag auskommen. Damit kommen sie nicht »auf den grünen Zweig«. Für solche Länder hat sich die Bezeichnung *Vierte Welt** eingebürgert.

Bei vielen Jugendlichen in den *Industrieländern** lösen starke Zuwanderungen von Fremden Ängste aus. Wer selbst nicht wohlhabend ist, fürchtet schwer wiegende Nachteile gegenüber den Zuwanderern bei der Konkurrenz um ohnehin schlecht bezahlte Arbeit, um Sozialhilfe und knappen billigen Wohnraum.

Gibt es Patentlösungen?

Diese Probleme bei uns stellen aber nur die eine Seite dar. Durch den Blick auf Probleme bei uns darf das Gefühl für die ungleich größere Armut in der »Vierten Welt« nicht verloren gehen. Die Politik scheint um eine Lösungsformel nicht verlegen zu sein: »Die Armut an der Wurzel bekämpfen«, also in den Herkunftsländern die Lebensbedingungen verbessern. So bemühen sich die Regierungen des »Nordens«, den so genannten *Nord-Süd-Konflikt** zu entschärfen, indem sie im so genannten »Süden« die Demokratisierung, den Aufbau von Marktwirtschaften und den freien Handel fördern. Dahinter steht die Überzeugung, dass eine solche »Verwestlichung« Kräfte freisetzt, die einen Aufschwung der dortigen Volkswirtschaften bewirken würden. Nur, dort wie hier gilt: Reformen sind teuer. Es gibt sie nicht umsonst. Die Kassen in den Industrieländern sind weit gehend leer. Die Zahl der Arbeitslosen hat sich allein in den EU auf 19 Millionen Menschen erhöht. Wo soll das Geld für die Vierte Welt hergenommen werden? Wer in der Bevölkerung würde eine Regierung oder eine Partei wählen, die den Etat für Entwicklungshilfe erhöht, aber zugleich die Sozialausgaben für die eigene Bevölkerung kürzt?

Eine unerwartete Beobachtung

In einzelnen Ländern sind Projekte zur Verbesserung der Lebensverhältnisse finanziert worden. Die hatten aber eine andere Wirkung als erwartet. Die nur geringfügige Verbesserung der Situation hielt die Menschen nicht von Wanderungen ab. Ganz im Gegenteil: Die Menschen kamen durch die Entwicklungshilfe mit den Industrieländern in Kontakt. Der Ruf Deutschlands als eines reichen Landes wurde lediglich wirkungsvoll bestätigt. So einfach scheint eine Lösung des Armuts- und Wanderungsproblems wohl doch nicht zu sein. Es wird immer offensichtlicher: Ein wenig Hilfe reicht nicht. Aber von einer wirklichen Lösung des Problems sind wir weit entfernt.

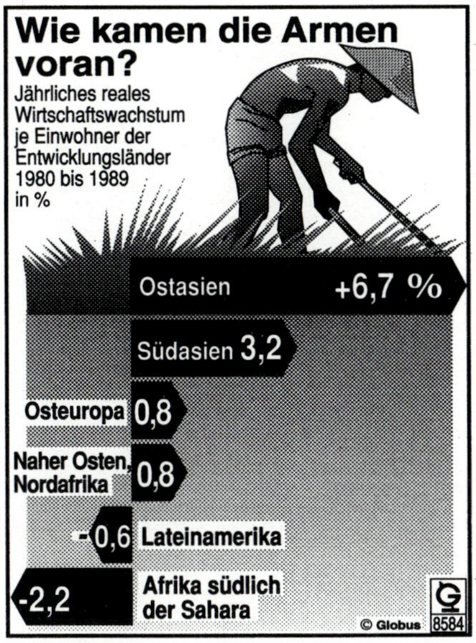

M3 ■ Afrika in »Treuhandschaft« nehmen!

Im Vergleich aller Kontinente ist die Lage Afrikas am katastrophalsten. Die Hilfe hilft nicht. [...] Die bisherigen Konzepte sind sämtlich fehlgeschlagen. Die Wurzel des Übels ist nicht der Kolonialismus. In einer zunehmenden Zahl von Ländern sind heute die Lebensbedingungen schlechter als zum Zeitpunkt ihrer Entkolonialisierung. [...] Mit den dortigen Eliten [muss] härter umgegangen werden, gegebenenfalls durch den Einsatz eigenen Personals. [...] Eine solche Intervention ist grundsätzlich zu befürworten [...] auch dann, wenn es dadurch zur Einschränkung der Souveränität kommt. [...] [Es ist] eine internationale Eingreiftruppe aufzustellen, die in [...] Krisensituationen zum Einsatz kommt. [...] Ein Aspekt der neuen Weltordnung wird darin bestehen, dass die Interventionen in den Krisengebieten der Welt vonseiten der führenden Industrieländer des Westens zunehmen werden. Diese Gebiete [...] werden bis auf weiteres der Treuhandschaft der Länder des Nordens unterstellt.

(Ulrich Menzel. In: Frankfurter Rundschau vom 3. 6. 1991.)

M2 ■

M4 ■ Wir können uns nicht unserer Mitverantwortung entziehen!

Es ist eine verkürzte Sicht, Probleme, die sich historisch entwickelt haben, militärisch lösen zu wollen. Es ist bodenlos naiv und zugleich arrogant zu glauben, im Handstreich gesellschaftliche Probleme lösen zu können. Es wird keine schnellen Lösungen geben. Reformen sind unabdingbar. Wir müssen die herrschenden Eliten von der Notwendigkeit ernsthafter Armutsbekämpfung überzeugen, ihr Bemühen aber von mehreren Seiten her unterstützen. Hundert Jahre Kolonialismus wirken bis heute nach, vor allem in der Struktur der Rohstoffexporte, die vom europäischen Markt abhängig sind. Die Öffnung der Industrieländermärkte zugunsten der Verbesserung der Exportmöglichkeiten industrieller Produkte Afrikas wäre ein bedeutsamer Beitrag als Entwicklungshilfe.

Wir könnten auf vielen Ebenen Unterstützung leisten, z. B. den zahllosen Selbsthilfegruppen durch Aus- und Fortbildung helfen oder Genossenschaften durch Kreditvergabe fördern. Auf einer anderen Ebene wäre es sinnvoller als militärisch einzugreifen, den Export von Waffen wirksam zu unterbinden. Unsere Verantwortung leitet sich weniger aus kolonialer Vergangenheit ab, als einfach daraus, dass wir heute in einer Weltgesellschaft leben, die nur gemeinsam in humaner Art auf diesem Planet überleben kann.

(D. Hansohm/R. Kappel, Schwarz-weiße Mythen. Münster 1994, S. 16.)

M5 ■ Weder arm noch ohnmächtig!

Die Afrikaner sind die einzigen Menschen auf der Welt, die noch meinen sich nicht selbst um die eigene Entwicklung kümmern zu müssen. Afrikas Probleme lassen sich nicht von außen lösen. Das Problem heißt nicht Kolonialismus und Verschuldung oder die Verschlechterung der Terms of Trade. Das Hauptproblem ist der Minderwertigkeitskomplex der Afrikaner gegenüber dem Westen. Afrika ist gelähmt durch die Inkompetenz seiner politischen Klassen und durch dreißig Jahre Entwicklungs- und Nahrungsmittelhilfe. Afrika muss endlich aus seiner Lethargie aufwachen und seine Entwicklung in die eigenen Hände nehmen.

(Axelle Kabou, kamerunische Sozialwissenschaftlerin. In: »Weder arm noch ohnmächtig«. Basel 1993, S. 43.)

1 ■ Dritte Welt, Vierte Welt: Beschreibe Unterschiede. Warum liegen die meisten der Vierte-Welt-Länder in Schwarzafrika (M1)?

2 ■ Was verhindert eine einfache und schnelle Lösung des Problems der Abwanderung aus den armen Regionen?

3 ■ Nimm Stellung zum Vorschlag eines »humanen Kolonialismus« durch eine »Treuhandschaft« der Industrieländer.

4 ■ Stellt in Gruppen Thesen für eine denkbare Lösung des Wanderungsproblems aus der »armen Welt« auf (M3 – M5).

5 ■ Die Lebensplanung aufgeben oder auswandern? Wie würdest du für dich selbst entscheiden? Was müsste sich bei uns ändern, dass eine Auswanderung für dich überhaupt denkbar würde? Schreibe deine Gedanken dazu auf und stelle sie zur Diskussion.

16.4 Die globale ökologische Krise: Zerstören wir uns selbst?

Die Menschen in den Tropen brauchen Kühlschränke. Wer will ihnen das verdenken? Außerdem: Wir, die *Industrieländer**, sind es, die Unmengen Coca-Cola und Bier dorthin exportieren und davon profitieren. Die Chinesen bauen Autos. Sie wollen die Massenmotorisierung. Sie tun es mithilfe deutscher Autobauer. Die sind glücklich über jede Autofabrik, die sie in der »Zukunftsregion« Südostasien errichten dürfen. Die Folgen? Erdölverbrauch, Luftverschmutzung, Flächenverbrauch usw. All das kann die Erde ökologisch nicht verkraften. Was also tun? Vom »Norden« als dem Hauptverbraucher von Rohstoffen und »Schmutzfink Nummer 1« sind Konsequenzen gefordert. Denn der »Süden« hat ein Recht auf Entwicklung. Unsere Appelle an den »Süden« im Interesse des gemeinsamen Überlebens Verzicht zu leisten, weil für eine Ausbeutung der Natur nach dem Vorbild des »Nordens« nun kein Spielraum mehr vorhanden sei, wird dort niemanden beeindrucken. Warum sollten die Menschen dort auch das unterlassen, was wir während der letzten Jahre mit einem unglaublichen Luxuskonsum vormachen!

Die Folgen der kommenden Generation überlassen?

Es ist also an uns, Veränderungen einzuleiten. Je näher wir aber an die absoluten Belastungsgrenzen kommen, je dringlicher ein »Umschalten« wird, desto mehr scheint uns die Bereitschaft dafür abhanden zu kommen. Aufschieben, Verdrängen, Verharmlosen, »Aussitzen« – all das ist viel bequemer. Große Teile der Wirtschaft verweigern jede zusätzliche Belastung unter Verweis auf die bedrohte internationale Konkurrenzfähigkeit und den Erhalt der Arbeitsplätze. Sie können mit dem Beifall der Mehrheit der Bevölkerung rechnen. Denn in der Tat: Würde an der Elbe ein Kraftwerk stillgelegt, weil Strom gespart wird, nützen den entlassenen Technikern und Facharbeiterinnen neu entstandene Arbeitsplätze bei der Herstellung von wärmedämmendem Glas wenig, zumal, wenn dieses in Bayern produziert wird.

Was bleibt, ist wiederum eine bequeme »Lösung«. Die Konsequenzen der zukünftigen Generation aufbürden. Die aber wird sich wehren: Warum sollen wir zurückstecken und für die Bequemlichkeit und Bedenkenlosigkeit der Erwachsenen büßen und uns obendrein noch »Moral predigen« lassen? Gleiches würden die Menschen in der Dritten Welt sagen.

M1 Verkehr im 3. Jahrtausend?

Die Zukunft ist offen

In der Theorie ist alles ganz klar und einfach. Ökologisch schädliche Wirkungen des Wirtschaftswachstums in der Dritten Welt müssen durch entsprechende Einsparungen in den Industrieländern ausgeglichen werden. Nur, wie kann man sich das praktisch vorstellen? Nicht nur in wirtschaftlichen Krisenzeiten verlangen Wirtschaftsfachleute, Politikerinnen und Politiker ein möglichst hohes Wirtschaftswachstum. Dieses einzuschränken dürfte den Prinzipien eines Wirtschaftssystems zuwiderlaufen, das auf unaufhörliches Wachstum ausgerichtet ist.

Und wie käme die Forderung nach Selbstbeschränkung bei den Konsumentinnen und Konsumenten an? Diese werden doch von der Werbung unablässig auf neue Produkte eingeschworen. Ist es da nicht naiv, Einsicht zugunsten der Umwelt und der Lebenschancen der nächsten Generation zu erwarten? Wenn nicht jede/jeder das Konsumverhalten ändert, dann sind auch unsere Lebensgrundlagen in absehbarer Zeit zerstört. Mut und Fantasie sind gefragt.

M2 ■ »Ich jedenfalls verleih' nie wieder etwas!«

M3 ■ Konzept 1

Wer »anderen schadet, der sollte zur Rechenschaft gezogen werden. Zu diesem Verursacherprinzip bekennt sich schließlich auch unsere Rechtssprechung. Gäbe es ein global geltendes Verursacherprinzip, so müssten […] die Industriestaaten die Länder der Dritten Welt für die Schäden, die sie […] anrichten und anrichten werden, anteilig entschädigen«. […] Nur so wird es »keinen Ansturm ›aufgebrachter Horden von Hungernden, Ungebildeten und Arbeitslosen‹ auf unsere Industriestaaten geben. […] Diese unverzichtbaren Schritte werden unpopulär, teuer und schmerzhaft sein und die reichen Nationen werden ihren Wohlstand mit den armen südlichen Ländern teilen müssen. In den Industrieländern werden sich deshalb Lebensstil und Konsumverhalten ändern müssen. […] Die Verschwendung der Nordstaaten ist das zentrale Hindernis für die Rettung der Erde.«

(J. Bruhn, Öko-Report 2000. Wege aus der Umweltkatastrophe. Stuttgart 1994, S. 151 u. S. 169.)

M4 ■ Konzept 2

Der Umweltforscher Ernst-Ulrich von Weizsäcker hat gute Neuigkeiten. Er hält die Halbierung des Naturverbrauchs für möglich – bei einer gleichzeitigen Verdoppelung des Wohlstandes. Hinter dem Faktor vier steht nichts anderes als die Forderung nach einer vierfach wirkungsvolleren Nutzung der Ressourcen (bei gleichzeitiger Verminderung der Umweltbelastungen). Warum nicht statt 2 × 2 gleich 1 × 4, als eine Vervielfachung des Wohlstandes? Auch Chinesen, Angolaner oder Brasilianer wollen an den Segnungen des Wachstums teilhaben. Daher wird sich das Wachstum weltweit unabdingbar verdoppeln. Um die schädlichen Wirkungen zu vermeiden, müssen wir neben höherer Effizienz der eingesetzten Ressourcen zugleich deren Verbrauch halbieren. Nur so können alle Gesellschaften ohne eine weitere Überbelastung der Erde am technischen Fortschritt teilhaben. Die Pläne dazu liegen schon in den Schubladen der Ingenieure und Manager. Ein Katalog oder ein Nachschlagewerk auf CD-ROM stellt im Vergleich zum gedruckten Buch eine Steigerung der Ressourcenausnutzung weit über den Faktor vier dar. Verglichen mit herkömmlichem Postversand macht das mindestens den Faktor 20 aus.

(nach Ernst Ulrich v. Weizsäcker/A. Lovins/H. Lovins, Faktor Vier. München 1995. In: Focus, 37/1995, S. 162.)

M5 ■ »Smart« ins 3. Jahrtausend

?

1 ■ Gibt es eurer Meinung nach einen »ökologischen Generationenkonflikt« zwischen euch und den Erwachsenen? Schreibt eure Meinung dazu auf und diskutiert anschließend eure Standpunkte.

2 ■ Suche in M3 und M4 jeweils den dir am wichtigsten erscheinenden Satz heraus. Diskutiert eure Ergebnisse.

3 ■ Interpretiert die Karikatur M2 und formuliert daraus ein neues Prinzip in einem möglichst treffenden Satz.

4 ■ Entwickelt für jedes der beiden Konzepte am Beispiel des Autos eine möglichst konkrete Vorstellung für das Jahr 2010.

5 ■ Übertragt das Konzept »Faktor Vier« auf andere Objekte, z. B. auf den Kühlschrank oder auf Joghurt.

6 ■ Entwickelt ein neues Konzept, bei dem Elemente aus Konzept 1 und Konzept 2 in Blick auf die Dritte Welt miteinander verbunden werden.

7 ■ Es ist zu erwarten, dass jedes der Konzepte auf Widerstand stößt. Überlegt am Beispiel des Autos (M1), welche Argumente vermutlich dagegen vorgetragen werden. Wie könnte ihnen begegnet werden?

M1 ■ **So sieht ein Karikaturist die gegenwärtige wirtschaftliche Entwicklung**

16.5 Ohne Arbeit keine Ordnung?

Frankfurter Allgemeine Zeitung vom 14. 3. 1996: »Der Beschäftigungsabbau im deutschen Maschinenbau geht weiter, obwohl die Produktion zunimmt.« Ähnliche Meldungen finden wir fast täglich. Die Gewinne großer Firmen explodieren; gleichzeitig steigen aber auch die Arbeitslosenzahlen in der Bundesrepublik auf ein Rekordniveau. Über vier Millionen Menschen sind inzwischen in Deutschland offiziell als arbeitslos registriert. Politikerinnen und Politiker aller Parteien behaupten über das richtige Konzept zur Lösung dieses Problems zu verfügen. Der Bundeskanzler verspricht eine Halbierung der Arbeitslosenzahlen bis zur Jahrtausendwende. Doch viele Arbeitslose haben resigniert. Umfragen zeigen, dass die meisten Menschen den Glauben an eine grundlegende Verbesserung der Situation verloren haben. Müssen wir uns an diese »Unordnung« gewöhnen?

Globalisierung der Wirtschaft …

Der technische Fortschritt hat in den letzten Jahrzehnten zu erheblichen Verbesserungen in der Transport- und Kommunikationstechnik geführt. Die niedrigen Erdölpreise tun ein Übriges. Der Transport von Rohstoffen und Gütern um den halben Globus ist billiger denn je. Jedes siebte in einem Industrieland erzeugte Produkt wird bei so niedrigen Transportkosten im Ausland abgesetzt – statistisch gesehen. Bei der deutschen Industrie ist es sogar jedes vierte.

Es hat sich aber noch mehr geändert. In Deutschland erwirtschaftete Gewinne werden nur noch zu geringen Teilen in Deutschland wieder investiert. Das Kapital »vagabundiert« weltweit, bis es einen Standort gefunden hat, an dem es am meisten Gewinn abwirft und wo die industrielle Fertigung am kostengünstigsten ist. Die Abwanderung bekannter deutscher Firmen in so genannte »Billig-Lohn-Länder« sei nötig, so argumentieren viele Unternehmer, um im internationalen Konkurrenzkampf bestehen zu können. In Deutschland sei das Lohnniveau zu hoch, vor allem im Bereich der »Lohnnebenkosten« (Sozialversicherung usw.).

… und ihre Folgen

Die Globalisierung der Wirtschaft ist durch Aufhebung der ehemaligen »Blöcke« beschleunigt worden. Im ehemaligen »Ostblock« steht seit dem Wegfall des »Eisernen Vorhangs« ein Millionenheer gut ausgebildeter, aber arbeitsloser Menschen zu Verfügung. Die Globalisierung gibt einigen bislang wenig industrialisierten Regionen der Welt eine Chance zur wirtschaftlichen Entwicklung. Entscheidend ist dabei der Qualifikationsgrad der Menschen. Osteuropa und Ostasien sind hier führend, während Afrika »abgehängt« wird. Damit einher geht häufig eine rücksichtslose Ausbeutung von Arbeiterinnen und Arbeitern. Diese arbeiten oft ohne soziale Absicherung und ohne Unfallschutz, bei geringer Freizeit und nur wenigen Tagen Urlaub im Jahr.

Gleichfalls schwierig sind die Folgen der Globalisierung für die »alten« Industrieländer. Dort stehen Lohn- und Sozialabbau auf der Tagesordnung. »Solidarpakte« oder »Bündnisse für Arbeit« sollen hier helfen.

Mehr zum Thema Arbeit erfahrt ihr in den Kap. 3 (Arbeitsmarkt Europa) und Kap. 9 (Neue Armut).

M2 ■ Arbeitsminister Norbert Blüm über die Angriffe auf den Sozialstaat

Den Gewerkschaften sage ich, es muss gespart werden, weil die Beitragslasten von Arbeitnehmern und Arbeitgebern so wenig wie Bäume in den Himmel wachsen können. Die Arbeitgeber erinnere ich, dass der Sozialstaat ein Stabilitätsfaktor des Wirtschaftsstandorts Deutschland ist und man ihn nicht kurz und klein schlagen kann. [...] Die Ausgaben für Kuren laufen davon: in der Rentenversicherung von 6,6 Milliarden Mark in 1991 auf 9,8 Milliarden Mark in 1995. In der Krankenversicherung von 3 auf 4,5 Milliarden. Niemand wird behaupten, der Gesundheitszustand habe sich in den vier Jahren so elementar verändert.

(Der Spiegel, 52/1995, S. 72.)

M3 ■ Vorschlag des DGB: »Bündnis für Arbeit«

Die Arbeitgeber sagen verbindlich zu in den nächsten drei Jahren die Zahl der Arbeitsplätze deutlich zu steigern und sie vorrangig Berufsanfängern, Langzeitarbeitslosen, Frauen und älteren Arbeitnehmern anzubieten. [Sie verpflichten sich] das Angebot an Ausbildungsplätzen [...] in den nächsten Jahren deutlich zu erhöhen. [...] Der DGB und die Gewerkschaften unterstreichen ihre Bereitschaft im Rahmen bindender Vereinbarungen und Verabredungen, die zu mehr Arbeits- und Ausbildungsplätzen führen, auch einen Beitrag der Arbeitnehmerinnen und Arbeitnehmer einzubringen und dafür die tarifpolitischen Spielräume zu nutzen.

(DGB, Düsseldorf, Höchste Zeit für neue Zeiten. Düsseldorf 1996, S. 4.)

M4 ■ »Sprudelnde Gewinne«

Die Chemiekonzerne BASF und Bayer legen für 1995 Gewinnzahlen vor, die in vielen anderen Unternehmen und selbst in Teilen der Branche nur ungläubiges Staunen hervorrufen können. Mit 4,2 Milliarden DM vor Steuern hat der Bayer-Konzern den Höchstwert des Jahres 1989 übertroffen, die BASF kam mit gut 4,1 Milliarden DM an die Rekordmarke heran. [...] Doch gerade diese Unternehmen haben nicht zuletzt im Inland in den vergangenen Jahren massiv Arbeitsplätze abgebaut. [...] Zwischen 1989 und 1995 ist die Beschäftigtenzahl bei der BASF von 137 000 auf 105 000 gesunken.

(Frankfurter Allgemeine Zeitung vom 13.3.1996.)

M5 ■ Erpressung?

In Offenburg soll die Belegschaft [einer Firma] unter der Drohung, andernfalls würden 400 der 1200 Stellen gestrichen, zu enormen Zugeständnissen veranlasst werden. [...] Die Sparmaßnahmen im Einzelnen: Die Wochenarbeitszeit wird nach Informationen der Gewerkschaft von jetzt auf 34 bzw. 35 Stunden auf 41,5 Stunden ausgedehnt. [...] Zuschläge werden halbiert, Jubiläumsurlaube entfallen, Bezahlung für Pausen wird gestrichen, außer in den untersten Lohngruppen werden freiwillige übertarifliche Leistungen binnen zweier Jahre abgebaut. [...] Zum Lohn winkt der Stammbetrieb [...] mit einer Beschäftigungsgarantie für alle Festangestellten [...] bis Ende 2000. Auf die Auslagerung von Betriebsteilen wird verzichtet, die Vorruhestandsregelung wird um sechs Jahre ebenfalls bis 2000 verlängert.

(Frankfurter Rundschau vom 8. 3. 1996.)

M6 ■ Textilbranche vereinbart »Bündnis für Arbeit«

Als erste Branche haben sich die Tarifparteien der Textil- und Bekleidungsindustrie auf ein bundesweites »Bündnis für Arbeit« geeinigt. [...] Der Vereinbarung zufolge sollen die rund 255 000 Beschäftigten in Westdeutschland vom Frühjahr an 1,5 % mehr Lohn erhalten. [Das entspricht etwa der Höhe der jährlichen Geldentwertung.] Unternehmen in schwieriger wirtschaftlicher Lage können diese Tarifanhebung [...] für maximal ein Jahr aussetzen. Im Gegenzug sagen die Arbeitgeber zu keine Kündigung vorzunehmen.

(Frankfurter Rundschau vom 21.3.1996.)

1 ■ Stelle die Aussage der Karikatur in eigenen Worten dar. Berücksichtige dabei M3.

2 ■ »Wir brauchen Wirtschaftswachstum zur Schaffung von Arbeitsplätzen.« Nimm zu diesem Lehrsatz Stellung, der von vielen Wirtschaftsfachleuten, Politikerinnen und Politikern vertreten wird.

3 ■ Informiere dich bei einer in deinem Wohn- und Schulort vertretenen Gewerkschaft über ihre Position zur Arbeitslosigkeit. Welche Lösungen schlagen sie vor?

4 ■ Schreibe für ein Schülerlexikon eine Erklärung zum Stichwort »Globalisierung der Wirtschaft«.

5 ■ Diskutiert in Gruppen die Folgen der Globalisierung für verschiedene Bevölkerungsgruppen, z. B. Jugendliche, Frauen, ältere Arbeitnehmer.

6 ■ Wie würdest du dich als Belegschaftsmitglied der Offenbacher Firma gegenüber dem Vorschlag M5 verhalten?

7 ■ Überlegt: Ist der Sozialstaat, der viel Geld kostet, eher ein Hindernis für den »Standort Deutschland« oder eher ein Stabilitätsfaktor? Begründet.

8 ■ Stellt einen Pressespiegel zum Problem Arbeitsplatzabbau und Beschäftigungssicherung zusammen.

16.6 Sind Frauen die »besseren Männer«?

»MÄNNER« von Herbert Grönemeyer

Wann ist der Mann ein Mann? Männer haben Muskeln,
Männer sind furchtbar stark, Männer können alles,
Männer kriegen einen Herzinfarkt.

Männer führen Kriege, Männer sind schon als Baby blau,
Männer bauen Raketen, Männer machen alles ganz genau.
Wann ist der Mann ein Mann?

Männer kriegen keine Kinder […] Männer sind so verletzlich, Männer sind einfach unersetzlich, Männer […]

Herbert Grönemeyer geht in seinem bekannten Lied mit Männern nicht gerade sehr pfleglich um: Männer fühlen sich furchtbar stark – bis zum Herzinfarkt; sie führen Kriege und machen dabei alles ganz genau. Sie fühlen sich unersetzlich. Sind sie das wirklich? Die Kriege der Geschichte wurden von Männern geführt. Die Natur, die zerstört wird, hat dies Männern zu verdanken. Die Wirtschaft, die die einen reich, viele andere arm macht, wird von Männern geführt. Sollte man es angesichts solcher »Leistungen« nicht einmal mit Frauen versuchen?

So entstand folgender Brief an einige bekannte Politikerinnen:

Sehr geehrte …
Unser Gesellschaftslehre-Schulbuch »IGL« will Schülerinnen und Schüler in ihren Gefühlen und Erfahrungen ansprechen und sie aktivieren. So haben wir uns in allen Kapiteln ganz besonders mit der gesellschaftlichen Situation und den Interessen von Frauen befasst.

Das soll auch beim Kapitel »Neue Weltordnung - Neue Weltunordnung?« geschehen. Hier sollen Ideen für die politische Zukunftsgestaltung entworfen werden. Das Teilkapitel, bei dem wir um Ihre Mithilfe bitten, hat den Titel »Sind Frauen die besseren Männer?« Einleitend verweisen wir darauf, dass die aktuellen Probleme der Welt - historisch wie aktuell - von Männern verursacht worden sind. Könnte es um unsere Zukunft nicht besser bestellt sein, wenn wir - in Umkehrung der bisherigen Verhältnisse in Politik und Wirtschaft - Frauen den Platz einräumten, den stets Männer besetzt halten? Ist von Frauen eine humane, mutigere und rationalere Zukunftsgestaltung zu erwarten? Hätten Frauen vielleicht die kreativeren Problemlösungsideen? Könnten Frauen nicht tatsächlich die »besseren Männer« sein? Was denken Sie dazu?

Wir bitten Sie um Ihr kurzes persönliches Statement - mit Begründung Ihres Standpunktes als erfahrene Politikerin. Schülerinnen und Schüler sollen sich dann mit den vermutlich unterschiedlichen Stellungnahmen verschiedener Persönlichkeiten auseinander setzen, einen eigenen Standpunkt entwickeln und schließlich die Meinungen von »Frauen und Männern auf der Straße« einholen.

Vielen Dank für Ihre Mithilfe

M1

Ist die Politik eher die Angelegenheit der Männer?
Umfrageergebnisse 1975, 1983

Frage: Mitunter wird gesagt: »Politik ist eher Sache der Männer als der Frauen.«

Antworten der Männer	1975	1983
Einverstanden	51 %	41 %
Nicht einverstanden	46 %	55 %
Weiß nicht	3 %	4 %
Summe	100 %	100 %
Antworten der Frauen	**1975**	**1983**
Einverstanden	42 %	37 %
Nicht einverstanden	51 %	59 %
Weiß nicht	7 %	4 %
Summe	100 %	100%

(Wochenschau II · Nr. 3 · Mai/Juni 1985.)

M2

Mehr Frauen in die Parlamente?
Umfrageergebnisse 1977, 1983

Frage: Würden die Dinge wohl besser oder schlechter laufen, wenn es deutlich mehr Frauen gäbe im Parlament? – Antworten in %:

	Männer		Frauen		Insgesamt	
	1977	1983	1977	1983	1977	1983
besser	19	18	35	29	27	24
schlechter	25	12	12	6	18	9
gleich	42	60	36	53	39	56
weiß nicht/ keine Antwort	14	10	17	12	16	11
	100	100	100	100	100	100

(Wochenschau II · Nr. 3 · Mai/Juni 1985.)

Die Antworten auf den »IGL« -Frauen-Brief

M3 Lasst euch nicht von den Vereinfachungen einfangen: böse Männer, gute Frauen. Mann und Frau sind zum Guten wie zum Bösen fähig. Schaut in die Geschichte und ihr findet die Beispiele. Und für die Gegenwart gilt Gleiches. Frauen in Regierungen sind nicht immer durch besondere Sachkompetenz oder Menschlichkeit aufgefallen. Und ich kenne Männer, die genauso sensibel sind wie manche Frau. Keine Schablonen bitte. Jeder Mensch, Mann wie Frau, hat sein Tun und sein Lassen vor den Menschen und vor Gott zu verantworten.

(Hanna-Renate Laurien, ehemalige Schulsenatorin in Berlin.)

M4 *Frauen sind manchmal schon die besseren Männer – und zwar in jeder Hinsicht. Sie sind oft nicht nur mutiger, humaner und offener; sie können auch kompromissloser, härter und engstirniger sein. Bei der Gleichberechtigung geht es aber nicht darum, das »Modell Männer« durch das »Modell Frauen« zu ersetzen, sondern um die kreative Herstellung von Gerechtigkeit, indem alte Denkgewohnheiten und Machtstrukturen überwunden werden und Neues entsteht. Dabei kann auch Gegensätzliches zusammenwirken. Vielleicht gibt es so Männer, die die besseren Männer sind, dann brauchen Frauen das nicht zu versuchen. Genauso können Frauen besser sein als manche Männer. Meine Erfahrung in der Politik ist, dass dann die besten Lösungen erarbeitet werden, wenn jede und jeder im freien Spiel der Ideen seinen Teil beiträgt. Auf die vermeintlichen Vorteile seines Geschlechts zu pochen, endet nur in Erstarrung und Dogmatismus.*

(Antje Vollmer, Bundestagsvizepräsidentin.)

M5 Frauen erstritten Frauenministerien und Quoten, auch besser bezahlte Jobs. Und einige, viel zu wenige, bewiesen, dass Frauen in allen Spitzenpositionen »ihren Mann« stehen können. Ob die, die es geschafft haben, grundsätzlich alles besser machen als ihre Kollegen, dafür gibt es weder Beweise noch Garantien. Sie sind nicht die besseren Menschen, haben allerdings häufig die Eigenschaft Probleme gemeinsam zu lösen, sachlich und zielgerichteter zu arbeiten und gute Argumente vor persönliche Eitelkeiten zu stellen. Das macht sie in meinen Augen wesentlich unempfänglicher für den Missbrauch von Macht. Das macht für mich sehr viel Sinn, wenn es um die Gestaltung der Zukunft geht. Mein Wunsch ist, dass Männer und Frauen selbstverständlich und zu gleichen Teilen an der Gestaltung der Zukunft beteiligt sind. Nur so kann sich die Gesellschaft insgesamt positiv verändern, nur so können Männer und Frauen voneinander lernen. Wenn das erreicht ist, stellt sich die Frage nicht mehr, wer besser regiert, besser Kinder erzieht oder besser ein Unternehmen leitet.

(Heide Simonis, Ministerpräsidentin von Schleswig-Holstein.)

M6 *Frauen sind nicht die besseren Menschen, wenngleich sie immer noch beruflich tüchtiger sein und mehr leisten müssen als Männer, wollen sie erfolgreich sein. Aber es geht nicht darum, die »Männergesellschaft« durch die Vorherrschaft von Frauen zu ersetzen, sondern Frauen – ohne Gleichmacherei – gleichgewichtig und partnerschaftlich in alle Entscheidungsprozesse einzubeziehen. Unsere Gesellschaft gibt derzeit weiblichen Erfahrungen und Ideen beruflich wie öffentlich noch zu wenig Raum und Einfluss. Frauen denken vielleicht eher an unkonventionelle Lösungen, sie handeln ganzheitlicher, fragen konsequenter nach menschenverträglichen Lösungen. Gleichberechtigung bedeutet für mich eine Absage an Hierarchie, an Überordnung des Mannes, Unterordnung und Ausgrenzung der Frau. In einem Punkt dürften Frauen allerdings tatsächlich »die besseren Männer« sein, nämlich wenn es um Belastbarkeit, Durchhaltevermögen, Fantasie, um das Machbare, um Improvisation und Menschenverträglichkeit geht.*

(R. Süssmuth, Präsidentin des Deutschen Bundestages.)

M7 In der Politik stellt sich nicht die Frage, ob Frauen die besseren Männer sind. Wichtiger ist die Frage nach der Glaubwürdigkeit, die sich weniger im Reden als im politischen Handeln ausdrückt und geschlechtsneutral ist. Ein Politiker muss notwendigerweise Kompromisse eingehen, die aber mit seiner Überzeugung und seinen Prinzipien in Einklang zu bringen sind. Meine Überzeugung, dass die Grund- und Freiheitsrechte des Bürgers in einem offenen und demokratischen Gemeinwesen keine beliebige Verfügungsmasse sein dürfen, ist für mich kein austauschbares Prinzip. Deswegen habe ich auf das Amt der Bundesjustizministerin freiwillig verzichtet, nachdem die Mitglieder meiner Partei für den »Großen Lauschangriff«, das Abhören von Wohnungen, gestimmt haben. Ich habe mir immer meine innere Unabhängigkeit bewahrt, was für Frauen meiner Erfahrung nach häufiger eine größere Rolle spielt als für Männer. Ich glaube, dass Frauen Ämter und Funktionen und damit Macht nicht um jeden Preis behalten wollen.

(Sabine Leutheusser-Schnarrenberger, Mitglied des Bundestages und frühere Justizministerin.)

1. Interpretiert M1 und M2. Welchen Trend könnt ihr zwischen den Ergebnissen der 70er- und der 80er-Jahre feststellen? Gibt es Widersprüche?
2. Versucht, Erklärungen dafür zu finden, dass viele Frauen den Männern in der Politik mehr zutrauen als sich selbst.
3. Was für Befragungsergebnisse zu M1 und M2 würdet ihr für die 90er-Jahre vermuten? Begründet.
4. Wiederholt die Befragungen von M1–M2 in der Umgebung eurer Schule und vergleicht eure Ergebnisse mit denen der früheren Befragungen bzw. mit eurer Prognose.
5. Vergleicht die Stellungnahmen der Politikerinnen zum IGL-Brief. Welcher Position würdet ihr Recht geben? Begründet.

17 UTOPIE oder DER TRAUM von einer besseren Welt

»Wer keinen Mut zum Träumen hat, hat auch keine Kraft zu kämpfen«

(GRAFFITI)

Zu allen Zeiten träumten die Menschen von einem besseren Leben. Besonders in Krisenzeiten wuchs die Sehnsucht nach einem Leben frei von Mühsal, Leid, Alter und Tod.

In Tagträumen malten sich die Menschen Bilder aus von persönlichem Liebesglück, von einem Leben im Einklang mit der Natur, von einer harmonischen Gemeinschaft oder einer idealen Regierung.

In der Überzeugung vieler Kulturen wies dabei das »Traumgesicht« den richtigen Weg. Eine Traumgeschichte war oft letzte, »übernatürliche« Instanz bei der Frage, was richtig oder falsch ist.

Wir kennen aber auch den Seufzer: »Das ist leider nur ein Traum!«, der meint, dass sich das Erdachte und Geträumte nicht verwirklichen lasse – zumindest nicht so leicht.

In diesem Sinne können Utopien den Weg weisen ohne sich am nächsten Tag verwirklichen zu lassen.

M1 ■ Malinches Traum (Ölgemälde von Antonio Ruiz, 1939)

M2 ■ Illustration zu »Utopia« von Thomas Morus

Utopie oder die »Dichtung vom besten Staat«

Im 15. und 16. Jh. stießen abendländische Seefahrer auf unbekannte Kontinente, Küsten, Inseln und Völker. Gerüchte und Erzählungen von unvorstellbaren »neuen Welten«, von Paradiesinseln (»Schlaraffenland«), Goldländern (»El Dorado«), von »Eingeborenen«, mit »ursprünglichen« Sitten und Gebräuchen, von »unschuldigen« Menschen, die in prächtiger Natur wunschlos glücklich zu sein schienen, machten die Runde.

Der englische Politiker und Philosoph Thomas Morus beschrieb im Jahre 1516 eine Insel mit einer für ihn idealen Gesellschaftsverfassung. Er gab der Insel den Namen »Utopia«, das heißt im Griechischen »Nirgendwo«. Im Untertitel nannte er sein Buch: »Von der besten Verfassung des Staates«. Für viele ist utopisches Denken gleichzusetzen mit der »Dichtung vom besten Staat«.

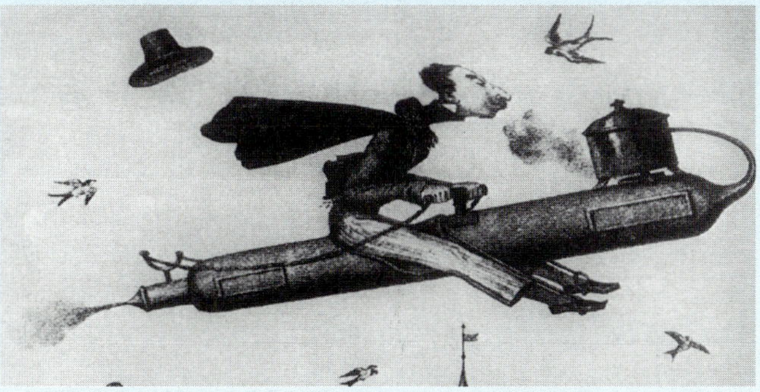

M3 ■ **Karikatur vom fliegenden Menschen (19. Jh.)**

Utopie oder »Fantastisch, fantastisch – muss sofort erfunden werden«

Menschen hatten immer den »Traum vom Fliegen«. Technische Erfindungen haben immer ungläubig staunen lassen und immer wieder fasziniert. Manche haben ihre Zweifel am technischen Fortschritt in satirisch übertriebenen Darstellungen zum Ausdruck gebracht. Viele »Produkte der technischen Fantasie« sind später Wirklichkeit geworden, wie die »Flugmaschine« oder das Automobil. Offen bleibt, ob die Welt deswegen tatsächlich besser geworden ist.

TROPICAL Island. ??? We are a normal familiy, we're going to buy an island and are looking for a complete community.
Please send a letter to Liwyning Farm.

M4 ■ **Die Anzeige**

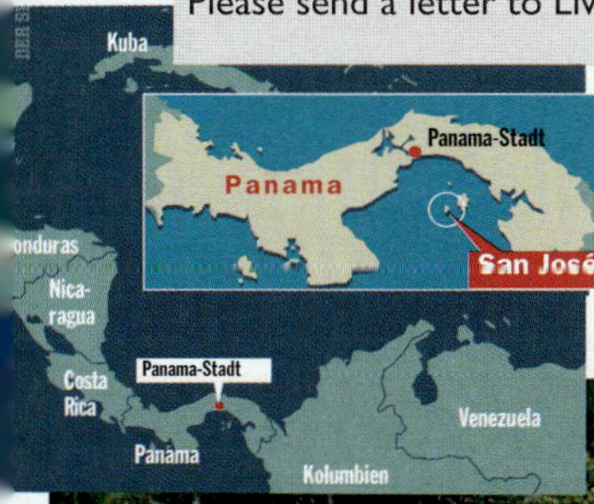

M5 ■ **Die Lage des Eilands**

M6 ■ **Die Familie Miller auf San José**

Unternehmen »Trauminsel '97« oder »Flucht ins Paradies«.

Utopie oder »Reif für die Insel«

Anzeige in der Sunday Times (England): »Tropisches Inselleben. Wir sind eine normale Familie. Wir wollen eine Insel kaufen und suchen nach einer ergänzenden Gemeinschaft. Wir wollen eine sichere, familienorientierte, fürsorgliche Gemeinschaft aufbauen, eine Insel des Vertrauens.«

Alle Interessierten sollen 335 000 DM Startkapital in die Gemeinschaftskasse einbringen; außer dem eigenen Heim wird es kein Privateigentum geben. Die Regierung der Insel soll aus einem Rat bestehen, dem alle Neu-Insulaner angehören und der missliebige Bewohner von der Insel verbannen kann. 90 Familien haben sich schon gemeldet. Eine »konkrete« Utopie?

Utopie oder eine »total verrückte Welt«

Die Utopisten wollten für ihre Einsicht, dass sich die Welt verbessern lässt, Aufmerksamkeit gewinnen. Dazu ließen sie bei der Beschreibung der Trauminsel oder der Fahrt nach Utopia ihrer Fantasie freien Lauf. Den Schiffs- oder Fahrzeugbesatzungen drohten dann unbekannte Gefahren; unerhörte Kräfte brachten sie vom Kurs ab. Eine exotische, eine »verkehrte Welt«, in der alle Naturgesetze »verrückt spielen« konnten, sollte die Leserinnen und Leser in ihren Bann ziehen. Wenn der Schiffsjunge im Mastkorb Utopia endlich entdeckt hatte, konnte sein Blick verzerrt sein oder seine Meldung märchenhaft klingen.

Dieses Kapitel will euch zu utopischem Denken und zum Nachdenken über die Zukunft anregen.

▶ Zuerst sollt ihr in kleineren Aufgabenstellungen eure Vorstellungen von der Zukunft zusammentragen; ihr sollt unterscheiden, was ihr von ihr erhofft und was ihr befürchtet. Danach könnt ihr euch in den drei Teilbereichen:
- »Zum Wohle des Menschen bauen«
- »Vom glücklichen Zusammenleben«
- »Von der guten Regierung«

mit den utopischen Vorstellungen anderer Menschen, vor allem auch aus der Vergangenheit, auseinander setzen. Diese Arbeit sollte dann in ein größeres »utopisches« Unterrichtsprojekt einmünden; in Gruppenarbeit werdet ihr eure Gedanken zu einer idealen Zukunft in einem Produkt konkretisieren.

17.1 Blick in die Zukunft

»… denn Gott macht die Welt und denkt dabei, es könnte ebenso gut anders sein.« (Robert Musil)

M1 ■ Edith, 15 Jahre, aus Goch in Nordrhein-Westfalen

Die Erde und das Leben der Menschen auf ihr ist zu gut erforscht, als dass wir heute auf unserem Planeten noch irgendwo unbekannte Gesellschaften oder paradiesische Zustände vermuten könnten. Unser Leben wandelt sich allerdings so schnell, dass wir uns eine ganz andere Welt schon in nicht allzu ferner Zukunft vorstellen können. Die Zukunft kann düster oder hell, unbestimmt oder eindeutig erscheinen und sie kann ihr Aussehen im Laufe der Zeit ändern.

Ihr sollt erst einmal alles zusammentragen, was euch – alleine und gemeinsam – zum Stichwort »Zukunft« einfällt.

Dazu könnt ihr euch mit den Materialien beschäftigen oder die freien Arbeitsaufträge ausführen.

»Kettenschreiben«: Setzt euch in Gruppen bis zu acht Personen um einen Tisch und schreibt irgendeinen Gedanken zur Zukunft auf (einen Satz); nachdem das alle gemacht haben, wird das Blatt nach rechts im Kreis weitergereicht, das erhaltene Blatt gelesen und ein Gedanke hinzugefügt. Nachdem die Blätter zweimal im Kreis herumgegangen sind, werden die Texte aller Gruppen in der Klasse vorgelesen.

Ihr könnte auch ein »Akrostichon« (Gedicht oder kleine Geschichte aus Anfangsbuchstaben eines Wortes) zu den Begriffen ZUKUNFT und/oder UTOPIE anfertigen:

Z *um Leben geht der Mensch ins All,*
U *mherzufliegen, schneller als der Schall.*
K *eine Schulen haben sie mehr,*
U *nd der abgeholzte Regenwald soll wieder her.*
N *uklearwaffen gibt es nur noch im Spiel;*
F *rieden und Einigkeit, ein nahes Ziel?!*
T *rotzdem ist unsere Zukunft grau – niemand kennt sie ganz genau!*

U *nterwasserwelten werden entstehen;*
T *iere werden als Freunde gesehen,*
O *hne Freundschaft geht überhaupt nichts mehr.*
P *hantasie wird der Mensch haben bald sehr.*
I *ronie hat nirgendwo mehr Platz,*
E *inträchtig leben Hund und Katz!*

(Frauke, 15 Jahre, aus Goch, 1995)

Fertigt ähnliche Bilder und Texte an.

Schreibt einen Aufsatz zum Thema: »Wie ich mir die Zukunft im Jahre 2100 vorstelle«.

Fertigt einen »Ideenstern« wie in M2 zur Zukunft an. Aus dem Ideenstern könnt ihr am Ende auch einen Text über die Zukunft machen.

M2 ■ Ideenstern »Rummelplatz«

Zukunftsforschung

Viele Forscherinnen und Forscher haben sich mittlerweile mit der Zukunft beschäftigt; sie wollen sie möglichst genau vorhersagen können. Ihre Prognosen liegen aber noch sehr weit auseinander.

M3 Computopia

Warenherstellung, Transport und Nachrichtenübermittlung werden von Computern gesteuert.

Alle können mitentscheiden; viele können zu Hause am Computer ihrer Erwerbsarbeit nachgehen; keiner muss körperlich hart arbeiten.

Die Computersysteme sind miteinander verbunden; Informationen sind verschlüsselt.

M4 Ökotopia

Die Menschen leben in kleinen Siedlungen, die sich selbst versorgen können. Die Lebensweise verzichtet auf unnötigen Luxus; die Warenherstellung erfolgt umweltverträglich und die Menschen haben gelernt sich selbst zu versorgen; ihnen wird von keiner Zentrale etwas vorgeschrieben.

M5 Chinatown

Die Weltbevölkerung ist explodiert.

Die Menschheit lebt in Riesenstädten, in denen sich alle Völker und Kulturen vermischt haben. Nationen gibt es nicht mehr.

Kulturelle Vermischung und Toleranz herrschen vor.

Die Erziehung bereitet auf die multikulturelle Weltgesellschaft vor.

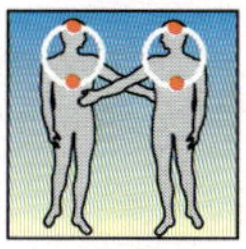

M6 Anima (»Seele«)

Die Menschen leben in Gruppen; sie streben gemeinsam ihre geistige Vervollkommnung an.

Die innere Entwicklung, das »Wachstum der Seele« ist wichtig. Geistige Disziplin steht hoch im Kurs. Die Erziehung und der Wert des Menschen orientiert sich an »inneren Werten«.

M7 Dallas

Das westliche System hat sich durchgesetzt; die großen Industriestaaten beherrschen die Welt. Die Gesetze des Marktes regieren: Profitstreben und Konkurrenz. Es gibt Gewinner und Verlierer. Im Innern der Staaten bestimmen Großkonzerne, Banken und Milliardäre. Besitzlose und Idealisten sind die Verlierer.

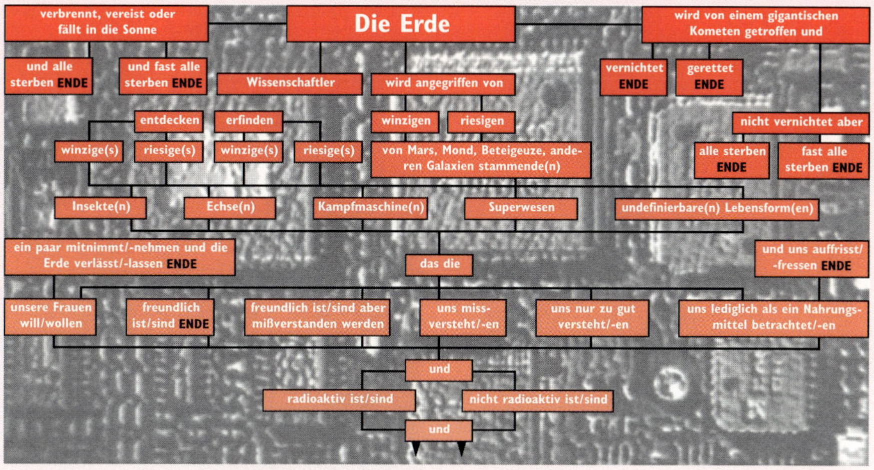

M8 Der Science-Fiction-Horror-Film-Taschen-Computer

M9 Erwartung

1 In der Bundesrepublik werden wöchentlich mehr als eine Million Science-Fiction-Hefte verkauft. Worin liegt ihr Erfolg begründet? Schreibt einen langen, zusammenhängenden Text mit dem Computer-Programm. Welche Einsicht will der »Taschen-Computer« vermitteln (M8)? Versucht den Inhalt eines Science-Fiction-Films ähnlich darzustellen.

2 Stellt Tipps für einen erfolgreichen Science-Fiction-Film zusammen (Drehbuch, Ausstattung, Zielgruppe).

3 Untersucht, ob es zwischen den Science-Fiction-Geschichten (Drehbüchern) der Jungen und der Mädchen Unterschiede gibt?

4 In M3–M7 werden fünf wissenschaftlich für möglich gehaltene Zukünfte vorgestellt. In welcher Zukunft möchtet ihr leben? Welche Zukunft haltet ihr für wahrscheinlich? Begründet.

5 Sortiert die bisher gesammelten Ideen und Begriffe in »negative – positive Zukunftsvorstellungen«. (Damit könnt ihr auf der nächsten Doppelseite weiterarbeiten.)

17.2 Wunschträume

»You may say I'm a dreamer …
And the world will be as one.«

(John Lennon, Beatles)

M2 ■ Wenn Sie die Insel der Götter besuchen, warum dann nicht auch das Paradies der Stars? (Werbung für Indonesien)

M1 ■ Dreamtime

In Ikarien ist die Liebe aber eine ungemischte, ungetrübte, reine, lautre, folglich echte, denn sie hat dort nichts mit dem Mammon zu schaffen. In Ikarien sind ferner Mädchen und Jünglinge national gleichartig unterrichtet, gebildet, so geistig wie körperlich, folglich findet sich dort eine ungeheure, hinreißende Harmonie zwischen den beiden Geschlechtern. Mädchen und Jünglinge sind von der Republik und von den Familienkreisen so sorgsam und so vernünftig erzogen worden, dass die Ehen meist glücklich werden, selbst wollte man durchs Loos heirathen; was natürlich keinem einfällt. Die Leute hierzulande wissen sehr gut, dass die Ehe, wenn sie nichts taugt, das ganze Dasein verstört; sie nehmen daher nicht einen Lebensgefährten, den sie nicht vorläufig sechs Monate wenigstens genau gekannt haben. Es ist sehr gut, dass man den jungen Frauenzimmern, um ihnen Gelegenheit zu gewähren, ihre künftigen Gatten kennen zu lernen, erlaubt, frei und frank mit den jungen Leuten zu verkehren und auszugehen, natürlich stets unter den Augen der Mutter, sowohl auf den Promenaden wie im Gesellschaftszirkel.

Die Eltern haben kein Interesse, welches der wahren Neigung des Kindes widerstritte: Das Kind seinerseits fügt sich liebevoll den Eltern. Die sich Liebenden stehen auf gleicher Stufe, haben die nämliche Bildung des Geistes und Herzens, können sich also nicht täuschen, nicht verblenden: Der leere Schein gilt nichts mehr.

(Étienne Cabet, Reise nach Ikarien, 1842, S. 277.)

M3 ■ Lebenswichtig

»Äußerst wichtig für das eigene Leben«

Rangordnung der Werte

Deutsche	West Rang	West Prozent	Ost Rang	Ost Prozent
Eine Welt in Frieden (frei von Krieg und Konflikt)	1.	77 %	1.	84 %
Wahre Freundschaft (enge unterstützende Freunde)	2.	68 %	3.	73 %
Freiheit (Freiheit des Handelns und des Denkens)	3.	66 %	4.	62 %
Familiäre Sicherheit (Sicherheit für die geliebten Personen)	4.	57 %	2.	79 %
Innere Harmonie (in Frieden mit mir selbst)	5.	55 %	6.	49 %
Ein abwechslungsreiches Leben (erfüllt mit Herausforderungen, Neuem, Veränderungen)	6.	39 %	5.	50 %

?

1 ■ Besorgt den englischen Text des John-Lennon-Songs »Imagine«. Übertragt ihn ins Deutsche. Von welcher Zukunft könnte John kommen?

2 ■ Tragt in die Tabelle (M3) ein, was jeder Mensch braucht, um glücklich leben zu können. Wer kann die einzelnen Bedürfnisse befriedigen?

3 ■ Sammelt »Traumbilder« aus Comics, Filmen, Video-Clips, Computerspielen, Werbung, Songs oder Romanen, die bei euch beliebt sind.

4 ■ Malt Bilder oder fertigt Collagen an zum Begriff »Paradies«.

Alpträume

»Die Ursprünge des Pessimismus waren seit je: Die Hinfälligkeit des Körpers in Schmerz, Siechtum und Tod; die unerfüllte Sehnsucht nach Liebe und die unerfüllte Sehnsucht nach der Wahrheit über allen Wahrheiten«

(Ludwig Marcuse)

M6 **Alptrauminsel** (Gemälde von Wolfgang Mattheuer, 1980)

M4 Schöne neue Welt (1932)

»Bokanowskyverfahren«, wiederholte der Direktor und die Studenten unterstrichen das Wort in ihren Heftchen.

Ein Ei – ein Embryo – ein erwachsener Mensch: das Natürliche. Aber ein bokanowskysiertes Ei knospt und sprosst und spaltet sich. Acht bis sechsundneunzig Knospen – und jede Knospe entwickelt sich zu einem voll ausgebildeten Embryo, jeder Embryo zu einem voll entwickelten Menschen. [...]

Ein Student war töricht genug zu fragen, wo da der Vorteil liege. »Aber, lieber Freund!« Der Direktor drehte sich mit einem Ruck nach ihm um. »Begreifen Sie nicht? Ja, begreifen Sie denn das nicht?« Er hob den Zeigefinger mit feierlicher Miene. »Das Bokanowskyverfahren ist eine der Hauptstützen menschlicher Beständigkeit.« Ein einziges bokanowskysiertes Ei lieferte die Belegschaft für einen ganzen kleineren Fabrikbetrieb.

»Sechsundneunzig völlig identische Geschwister bedienen sechsundneunzig völlig identische Maschinen!« Seine Stimme bebte fast vor Begeisterung. »Da weiß man doch zum ersten Mal in der Weltgeschichte, woran man ist!« Er zitierte den Wahlspruch des Erdballs: »Gemeinschaftlichkeit. Einheitlichkeit. Beständigkeit.« Goldene Worte. »Wenn sich das Bokanowskyverfahren unbegrenzt fortführen ließe, wäre das ganze Problem gelöst.« Gelöst durch gleiche Gammas, identische Deltas, einheitliche Epsilons. Millionlinge. Massenproduktion, endlich auch in der Biologie. »Aber leider«, der Direktor schüttelte den Kopf, »können wir nicht unbegrenzt bokanowskysieren«. Sechsundneunzig schien das Äusserste zu sein, zweiundsiebzig ein gutes Durchschnittsergebnis.

(Aldous Huxley, Schöne Neue Welt. Frankfurt/M. 1990, S. 13.)

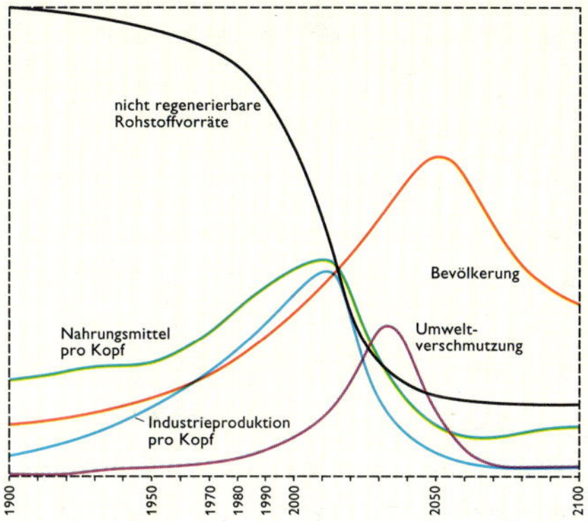

M5 **Trends**

?

1. Woher kommen nach Ludwig Marcuse unsere optimistischen und unsere pessimistischen Gedanken?
2. Sammelt Zahlen, Texte und Karikaturen über die »düstere Zukunft« unseres Planeten.
3. Schreibt Geschichten, macht Skizzen zu euren Zukunftsängsten. Tauscht sie aus.
4. In welchen Bereichen (Politik, Familie, Schule, Gesundheit, Umwelt, Freundschaft, Freizeit, usw.) werden »schwarze« Utopien entwickelt?
5. Teilt euch in Gruppen auf die genannten Bereiche auf und erfindet »Kurznachrichten aus Katastrophien.«
6. Formuliert für jeden der Bereiche einen Satz, der eure Zukunftsängste zusammenfasst. Wie sieht das jeweilige Gegenteil aus? Formuliert einen Satz, der die benannten Zustände ins Positive wendet, hängt die Sätze auf einer Wandzeitung aus.

17.3 Zum Wohle des Menschen bauen

»Die utopischen Träume sind oft nur vorzeitige Wahrheiten.«
(A. de Lamartine)

Der Turmbau zu Babel

»Wohlauf lasst uns eine Stadt und einen Turm bauen, dessen Spitze bis an den Himmel reiche, dass wir uns einen Namen machen!« (1. Mose 11,4)

In der Bibel finden wir den ältesten Bericht über eine Bauutopie: die Geschichte vom Turmbau zu Babel. Dieser Turm, eine Art Stufenpyramide (Zikkurat), ist im 7. Jahrhundert v. Chr. im alten Babylon als Heiligtum des Stadtgottes Marduk tatsächlich gebaut worden. Die Zikkurat hatte sieben Stufen und überragte mit etwa 90 Metern das prächtige Babylon Nebukadnezars II. Mit ihrem blau glasierten Ziegelschmuck war sie weithin sichtbar und Zielpunkt zahlreicher religiöser Prozessionen.

Der Turm zu Babel hat wie kein anderes Bauwerk die Fantasie der Menschen beschäftigt. Er ist immer wieder gemalt und gezeichnet worden. Im christlichen Europa wurde der Turmbau vor allem zum Sinnbild für die Überheblichkeit und Selbstüberschätzung der Menschen, die ihre Unvollkommenheit vergessen und sich »gottgleich« machen wollen. In der Bibel straft Gott die Menschen für ihre Selbstherrlichkeit, indem er ihre Sprache verwirrte und sie über den ganzen Erdball zerstreute, »wo sie mit dem Städtebau aufhörten«. (1. Mose 11,8)

Bauen und Sprechen

Die »Sprachverwirrung«, die dem Turmbau folgt, deutet einen Zusammenhang zwischen Bauen und Sprechen an. Bauten können das Ins-Gespräch-Kommen und das Sich-Verstehen fördern oder erschweren. Hochhausbewohnerinnen und -bewohnern wird nachgesagt, dass sie sich oft nicht einmal kennen oder grüßen. Menschen in dörflichen Bebauungen sollen z.T. darunter leiden, dass auch das Privateste voneinander bekannt und besprochen wird.

Menschliches Maß

Die Geschichte vom Turmbau zu Babel zeigt, dass sich Baufantasien nicht an dem technisch Machbaren, sondern an dem für den Menschen Zuträglichen orientieren sollten. Es muss immer gefragt werden, welche Auswirkungen der Aufbau einer Stadt auf das Leben und Wohlbefinden ihrer Bewohnerinnen und Bewohner hat. Die Stadtanlage ist der Wohnort einer menschlichen Gemeinschaft. Stadtpläne können also auch als Utopien gesellschaftlichen Zusammenlebens gesehen werden. Der Haus- und Wohnungsbau muss sich an den Alltagsbedürfnissen der Menschen ausrichten. Er darf sich nicht »rücksichtslos« einer schönen oder fantastischen Idee verschreiben. Heute muss bei den Entwürfen für die Häuser der Zukunft vor allem eine Bedingung berücksichtigt werden: Das Einsparen von Energie bzw. die Schonung der Umwelt.

M1 »Wir haben nicht aus unseren Fehlern gelernt. Wir haben sie erst gar nicht gemacht.« (Titel einer Niedersachsen-Werbung)

M2 ■ »Stadtliche« Visionen

Die Vielfalt der Visionen ist verwirrend: gewaltige Turmkonstruktionen mit horizontalen Auslegern, in die Wohnungen eingehängt werden: »Trichterstädte« als künstliche Riesenkrater, schwimmende Hohlzylinder im Ozean, die ganze Stadtbevölkerungen aufnehmen können; riesige Netzkonstruktionen, die mit Wohnungselementen ausgefüllt werden sollen; hoch in die Luft gebaute Gerüste, den Helgen einer Riesenwerft vergleichbar, die weite Flächen überdecken und über bestehende Städte und über Wasserflächen hinweggespannt werden sollen: Städte unter Plastikhäuten in der Wüste oder in der Antarktis – und vieles mehr. Wer sich kritisch mit solchen Vorschlägen auseinander setzt, kann sich dem Eindruck nicht entziehen, dass es sich dabei überwiegend um Extrapolationen (Ableitungen) dessen handelt, was heute technisch möglich ist, ohne dass nennenswerte Überlegungen daran verschwendet worden wären, was eine solche Umwelt für das Leben des Einzelnen und der Gesellschaft bedeuten würde. Das aber ist genau jene enge und einseitige Betrachtungsweise, die uns in die gegenwärtige Situation, in die Umweltzerstörung durch unvernünftigen Gebrauch der Technik hineingeführt hat.

(G. Albers, Städte und Stadtentwicklung in Gegenwart und Zukunft. In: Universitas 1982, S. 366.)

M4 ■ »Hundertwasserhaus« in Wien

M3 ■ Bauen nach den Grundsätzen der Natur

Tassilo Sittmann, Architekt und Städteplaner in Frankfurt und Experte für ökologisches Bauen, stellt folgende Grundregeln für den Hausbau auf:

Die Raumhöhen sollen den Menschen als Maßstab haben. Häuser sollten so gestaltet werden, dass sie nach Norden keine Fenster haben, um Energie zu sparen; das Haus sollte von Osten, Westen und Süden mit Glas ausgestattet sein, um viel Tageslicht zu gewinnen; das Baumaterial Holz (keine Edelhölzer) sollte verwandt werden, wasserlösliche Farben sollten verarbeitet werden sowie alternative Energien (Sonnen- und Windenergie, Wärmepumpen); Begrünung von Hausfassaden und Grasdächer. Der Garten sollte der natürlichen Umgebung des Bauplatzes angepasst werden. Er sollte Freiräume für Kinder erhalten.

(zitiert nach: Landesinstitut für Schule und Weiterbildung [Hg.], Praxisbeispiele, Soest, S. 1.)

?

1 ■ Beurteilt die Niedersachsen-Werbung (M1).

2 ■ Sucht in einem Buch der Rekorde Baurekorde heraus. Gibt es Grenzen?

3 ■ Vergleicht das Leben in eurer Stadt mit dem in »Atlantis«. Begründet, in welcher Stadt ihr am liebsten leben würdet.

4 ■ Der »Bauhausstil«, in dem vor allem in den 1920er- und 1930er-Jahren gebaut wurde, wollte in allem »vernünftig« bauen. Kein Detail sollte überflüssig oder nebensächlich sein. Gibt es in eurer Stadt ein Gebäude im »Bauhausstil«? Versuche es zu beschreiben.

5 ■ Nach welchen Ideen ist das »Hundertwasserhaus« aufgebaut (M4)?

6 ■ Stellt mithilfe der Grundsätze für ökologisches Bauen bzw. mit Fachleuten (z. B. einer Architektin) die ökologische Bilanz verschiedener Häuser auf.

17.4 Vom glücklichen Zusammenleben

»Die Utopie besteht im Erfinden einer Gemeinschaftsform.«
(Antoine de Saint-Exupéry)

M1 ■ »Tante, müssen wir heute denn schon wieder das spielen, was wir wollen?«

In praktisch jeder utopischen Erzählung gibt es lange Kapitel darüber, wie die Kinder im Idealstaat erzogen werden. Der Mensch hat durch Erziehung die Einsicht, das Können und das Wollen, das harmonische Zusammenleben der Gemeinschaft herzustellen und zu sichern.

Mit Erziehung fängt alles an

Die historischen Utopien legen großen Wert auf eine geregelte und durchorganisierte Erziehung und Bildung. Die Kinder sollen möglichst viele Fähigkeiten und Fertigkeiten erwerben; und sie sollen dazu erzogen werden, diese nur zum Wohle der Gemeinschaft einzusetzen. Selbst die »Frei-Zeit« wird dabei oft eingesetzt, um die Heranwachsenden zum »Planziel« des »guten Menschen« zu formen.

Thomas Campanella (1568–1639) beschrieb in seinem Roman »Der Sonnenstrahl« von 1602 einen christlich-gemeinschaftlichen Staat mit einem Idealpapst an der Spitze.

Iambulos verfasste im 3. Jh. v. Chr. einen fiktiven Reisebericht. Dabei fand er am Äquator eine Inselgruppe vor, auf der eine utopische Gesellschaft lebte.

Platon (427–347 v. Chr.), berühmter griechischer Philosoph, der in seinen Schriften einen idealen Staat entwickelte.

EGON

Tja, ich bin also Egon.

Ich glaube, ich bin ein ganz normaler Jugendlicher. Ich mein, das heißt i mir steckt sehr viel, was den meisten Jugendlichen auch heutzutage eigen ist. Zum Beispiel rassel ich dauernd mit meinen Alten zusammen: Fragen die doch dauernd, was ich mache, wo ich hingehe usw. Ich kapier nicht, was die das angeht. Was mir noch auf'n Wecker geht, sind diese ewigen Vorschriften und Regeln. Ganz grauenvoll sind vor allen Dingen irgendwelche Anstands- und Höflichkeitsregeln und Tischmanieren und so'n Keks. Mann, Mann, Mann. Mittelalterlich kann ich da nur sagen.

Aber das erstmal den Alten begreiflich machen... Apropos begreifen: Die kapieren doch tatsächlich manchmal erst beim 2. mal, was ich zu denen sage. Als hätten wir zwei verschiedene Sprachen. Wirklich, mann, das finde ich doch echt bratzig, do.

Egon

M2 ■

M3 ■ Eltern Also sei die Erzeugung der Nachkommenschaft Sache des Staates und nicht der Einzelnen, es sei denn, insofern diese Glieder des Staates sind. Da aber diese meistens sinnlos zeugen und ihre Kinder sinnlos zum Verderben des Staates erziehen, deshalb überlassen sie jene der Fürsorge der Behörden gleichsam als erster und heiligster Pflicht des Staates. Und ihre Sicherung ist Gemeinschaftssache, nicht aber Einzelaufgabe. Daher verbinden sich auch Väter und Mütter von bester Veranlagung nach philosophischen Grundsätzen. (Campanella, 1602)

M4 ■ Am Strand von Utopia? (Gemälde von Einar Hein, 1910)

M5 ■ Auslese Jede Gruppe der Bewohner hält sich einen sehr großen Vogel von merkwürdiger Art, der dem Zweck dient die kleinen Kinder auf ihre geistigen Anlagen zu prüfen. Sie setzen diese also auf die Vögel und diejenigen, die den Flug aushalten, ziehen sie groß: Die aber, denen übel oder schwindlig wird, werden ausgesondert als wertlos für die Gemeinschaft, weil sie nicht als fähig angesehen werden viele Jahre leben zu können. (Iambulos, 3. Jh. v. Chr.)

M6 ■ Bildung Denn wenn es auch nicht viele aus jeder Stadt sind, die von den übrigen Aufgaben befreit und allein für das Studium bestimmt sind, nämlich nur die, bei denen man von Kindheit an hervorragende Begabung, außerordentliche Intelligenz und ausgesprochene Neigung zu den schönen Künsten bemerkt, so werden doch alle Kinder in die Wissenschaften eingeweiht und ein großer Teil des Volkes, Männer wie Frauen, verwendet zeitlebens jene erwähnten Freistunden zu wissenschaftlicher Beschäftigung.
(Morus, 1516)

M7 ■ Jugendliche über Erziehung (1994)

Wie sind Sie erzogen worden?

Liebevoll:	40
Liberal:	26
Streng:	19
Antiautoritär:	6
Nachlässig:	5
Mit Prügel und Hausarrest:	4
Gar nicht:	2

Was oder wer hat Sie im Denken am meisten beeinflusst?

Eltern	61
Freunde	17
Lehrer/innen	8
Fernsehen	5
Partner/in	4
Geschwister	4

(Antworten in Prozent, Mehrfachnennungen möglich.)

M8 ■ »Meine Lieben« In ökotopianischen Ehen gibt es fließende Übergänge zur Großfamilie, zu Freundschaften mit beiden Geschlechtern [...] Die Ehe nimmt keinen so zentralen Stellenwert im Leben des Einzelnen ein und daher ist es auch nicht so wesentlich, dass sie in jeder Beziehung befriedigend ist. Trotzdem werden Trennungen offenbar als sehr schmerzlich empfunden. Aber die Leute haben nicht das quälende Gefühl versagt zu haben.
(Callenbach, 1982)

M9 ■ »Das goldene Zeitalter« (Ölgemälde von Lucas Cranach)

M10 ■ Verwandtschaft Die Frauen werden, sobald sie heiratsfähig sind, verehelicht und ziehen dann in die Wohnungen ihrer Männer; die männlichen Sprösslinge und nachher die Enkel bleiben in der Familie und stehen unter der Gewalt des Familienältesten, sofern dieser nicht infolge des Alters geistesschwach geworden ist; dann nämlich tritt der Nächstälteste an seine Stelle. [...] Die Frauen sind den Männern, die Kinder den Eltern und überhaupt die Jüngeren den Älteren unterstellt.
(Morus, 1516)

M11 ■ Wichtigkeit der Familie (1982)

»Eine eigene Familie und Kinder« sind »sehr wichtig« Angaben in %

Deutschland	-Ost	-West
Insgesamt	83	68
Geschlecht		
Männer	81	61
Frauen	86	74
darunter:		
berufstätige Frauen	87	66

1 ■ Diskutiert, ob Egon (M2) gut erzogen ist.

2 ■ Fragt eure Eltern, welche Erziehungsgrundsätze sie heute für richtig halten und wie sie selbst erzogen worden sind.

3 ■ Schreibt einen Text: Wie ich meinen Sohn, meine Tochter erziehen werde.

4 ■ Versucht aus Heiratsanzeigen zusammenzustellen, was Menschen heute vom Zusammenleben erwarten.

5 ■ Schreibt für euch (euren Freund / eure Freundin) eine (anonyme) Kontaktanzeige.

?

6 ■ Vergleicht die abgedruckten Umfrageergebnisse mit den Einstellungen in eurer Klasse. Stellt die Fragen aus M7 und M11 in eurer Klasse. Vergleicht die Ergebnisse.

7 ■ Was ist an den historischen Beispielen zeitgebunden? Was könnt ihr auf keinen Fall akzeptieren?

8 ■ Stellt euch vor, Mars wäre der »Planet der Männer« und Venus der »Planet der Frauen«. Was würde die beiden Planeten voneinander unterscheiden?

17.5 Von der guten Regierung

»Ach und die Utopien. Nur wer sich ändert, bleibt sich treu! Sie steigen auf und leuchten und verbrennen und verblassen und gehn halt unter. Na und?! Die Sehnsucht der Menschenkinder nach einer gerechteren Gesellschaft wird mit jeder Generation neu geboren. Wir können gar nicht anders und wolln es auch nicht.« *(Wolf Biermann)*

»Alle müssen mitbestimmen können!«, »Einer muss schließlich das Sagen haben!« Beide Sätze sind gelegentlich zu hören, wenn Menschen darüber diskutieren, wie Entscheidungen getroffen werden sollen: in der Familie, in der Klasse, im Sportverein, in der Stadt, in einer Gemeinde oder in einem Staat.

Wer darf über andere bestimmen? Wer soll die Macht haben etwas durchsetzen zu können? Wie können alle gleichwertig an Entscheidungen beteiligt werden?

Über die Antwort auf diese herrscht nicht immer sofort Einigkeit. Manchmal findet man zwar gemeinsam einen Grundsatz wie: »Das ganze Volk muss bestimmen!«, aber es gibt Streit darüber, wie das z. B. bei einigen Millionen Menschen zu organisieren ist.

Es handelt sich um die zentralen Fragen der Politik: Wer soll Macht verleihen? Wer soll Macht haben? Wie wird Herrschaft organisiert und kontrolliert?

Über die Berechtigung und über die Regeln der »Herrschaft des Menschen über den Menschen« hat es im Laufe der Geschichte immer wieder utopische Entwürfe gegeben.

Utopie und Menschenrechte

»Utopien sterben, wenn sie zu Ideologien verderben!«

Utopien können dazu benutzt werden, Zwang, Menschenrechtsverletzungen, Zensur oder Unterdrückung um eines großen, utopischen Endzieles willen zu rechtfertigen.

Es darf aber kein »unvermeidliches« Unrecht zugelassen werden, um irgendwann die »absolute« Gerechtigkeit oder Gleichheit zu erreichen.

M1 ■ Mächtige Frauen

Natürlich ist allgemein bekannt, dass Ökotopias Staatsoberhaupt eine Frau ist: Vera Allwen. Aber die meisten Amerikaner sind sich nicht im Klaren darüber, dass die von ihr geführte Partei, die Survivalist Party, eine Organisation ist, in der Frauen tonangebend sind – und dass die Partei beim Kampf um die Unabhängigkeit eine Schlüsselrolle gespielt hat. Aber auch wenn die Mehrheit der Parteimitglieder Frauen sind, gehören doch auch viele Männer der Survivalist Party an und einige von ihnen bekleiden sogar hohe Parteiämter. Die grundlegende, auf Kooperation und Biologie orientierte Politik der Partei wird jedoch für gewöhnlich als Ausdruck typisch weiblicher Eigenschaften und Interessen angesehen. Die führende Oppositonspartei, die Progressive Party, vertritt weiterhin das, was die Survivalist Party als überholte und männliche Tendenzen ansieht: Individualismus, Leistungsdenken und verwandte Einstellungen.
(Ernest Callenbach, 1982)

M2 ■ Weise Männer

Denn es ist doch wider die Natur, dass ein Steuermann die Matrosen bittet, sie sollten sich von ihm leiten lassen, oder dass die Weisen vor die Türen der Reichen gehen: – wer dieses Scherzwort geprägt hat, der hat gelogen. Wahr ist vielmehr, dass der Kranke, ob reich oder arm, notgedrungen vor die Türen des Arztes geht und jeder, der regiert werden möchte, vor die Türen dessen, der zu regieren vermag, dass aber nicht der Regent die Untergebenen bittet, sie sollten sich von ihm regieren lassen, sofern er wirklich etwas taugt. Wenn nicht entweder die Philosophen Könige werden in den Städten oder die, die man heute Könige und Machthaber nennt, echte und gründliche Philosophen werden, und wenn dies nicht in eines zusammenfällt: die Macht in der Stadt und die Philosophie, und all die vielen Naturen, die heute ausschließlich nach dem einen oder dem anderen streben, gewaltsam davon ausgeschlossen werden, so wird es mit dem Elend kein Ende haben, nicht für die Städte und auch nicht, meine ich, für das menschliche Geschlecht.
(Platon, 5/4. Jh. v. Chr.)

»Von Lastern frei zu sein, wird nie
was anderes sein als Utopie.
Für Tugend hat's
In großen Staaten nicht viel Platz.
Stolz, Luxus und Betrügerei
Muss sein, damit ein Volk gedeih.«
(de Mandeville, 1714)

M3 ■ frei zu sein

Was wir wollen, ist alle daran zu erinnern, dass wir nicht nach Anarres gekommen sind, um hier Sicherheit zu finden, sondern um frei zu sein. Wenn wir alle einer Meinung sein, alle nur in der Gemeinschaft gut funktionieren müssen, sind wir nicht besser als eine Maschine. Wenn der Einzelne nicht in Solidarität mit seinen Brüdern arbeiten kann, ist es seine Pflicht, allein zu arbeiten.

Jede Herrschaft [...] ist Tyrannei. Die Pflicht des Einzelnen besteht darin, keine Herrschaft zu akzeptieren, der Initiator seines eigenen Handelns zu sein, Verantwortung auf sich zu nehmen. Nur wenn jeder das tut, kann die Gesellschaft leben, sich verändern, sich anpassen und überleben. Wir sind nicht Untertanen in einem auf Gesetze gegründeten Staat, sondern Mitglieder einer durch Revolution geformten Gesellschaft.
(Le Guin, 1976)

M4 ■ Zwangs-Frei-Tod

Alle Einwohner werden sehr alt, sodass sie sogar das Alter von 150 Jahren erreichen. Die meiste Zeit ihres Lebens sind sie frei von Krankheit. Jeder von ihnen, der zum Krüppel geworden ist oder generell an einer körperlichen Schwäche leidet, wird – in Übereinstimmung mit einem unerbittlichen Gesetz – gezwungen sich selbst das Leben zu nehmen. Es gibt bei ihnen ein weiteres Gesetz, das besagt, dass sie nur eine vereinbarte Zahl von Lebensjahren durchlaufen dürfen und [...] aus dem Leben scheiden müssen und zwar auf eine seltsame Art: Dort wächst eine ganz besondere Pflanze. Wenn immer sich ein Mensch auf sie legt, fällt er in Schlaf und stirbt.
(Iambulos, 3. Jh. v. Chr.)

M5 ■ Kibbuz – die »gelebte Utopie«?

In Palästina/Israel versuchten Menschen seit Anfang des Jahrhunderts die Idee der Gleichheit in kleinem Rahmen zu leben. In ihren Gemeinschaftssiedlungen (Kibbuz) haben sie vor allem das Land urbar gemacht. Dieser »Utopie-Versuch« dauert noch an.

§4 Jedes Mitglied des Kibbuz soll seinen ständigen Wohnsitz im Kibbuz nehmen, seine volle Arbeitskraft dem Kibbuz zur Verfügung stellen und sein ganzes Einkommen und Vermögen dem Kibbuz übertragen, der Kibbuz soll dem Mitglied seine Arbeit und alles, was damit verbunden ist, zuweisen, für seine Bedürfnisse und die seiner Angehörigen, die im Kibbuz wohnen, aufkommen.

§48 Der Kibbuznik muss seine volle Arbeitskraft dem Kibbuz zur Verfügung stellen und die Anordnungen der entsprechenden Kibbuzbehörden, die seine Arbeit, die Arbeitsweise und alles, was damit zusammenhängt, betreffen, befolgen.

§49 Ein Kibbuznik muss die Autorität des Kibbuz im Hinblick auf Versorgung und Erziehung seiner minderjährigen Kinder anerkennen.

§50 Der Kibbuznik ist verpflichtet, Ämter innerhalb des Kibbuz zu übernehmen oder in seinem Interesse und als sein Beauftragter außerhalb der Kibbuzgemeinde tätig zu werden.

M6 ■ Insel-Grundgesetz

§1 Alle Menschen sind gleich. Niemand darf benachteiligt werden.

§2 Jeder Mensch hat das Recht auf körperliche Unversehrtheit.

§3 Jeder Mensch hat das Recht auf freie Meinungsäußerung.

§4 Niemand darf seiner Freiheit beraubt werden.

§5 Niemand darf sich auf Kosten anderer einen Vorteil verschaffen.

§7a) Alle Bestimmungen müssen einstimmig angenommen werden.

§7b) Abstimmberechtigt ist jeder, der das 16. Lebensjahr erreicht hat.

§7d) Der Inselvorstand ist für die organisatorischen Aufgaben auf der Insel zuständig. Er wird jedes Jahr neu ernannt.

§9 Alle Kinder haben die Pflicht Grundbegriffe des Lebens, Rechnens und Schreibens zu lernen.

1 ■ Stellt Regeln für ein ideales Zusammenleben in einem Staat auf (»Grundgesetz für Utopia«).

2 ■ Besorgt euch die Athener Verfassung aus dem 5. Jh. v. Chr. Was könntet ihr für eure Idealverfassung übernehmen?

3 ■ Könntet ihr euch vorstellen in einem Kibbuz zu leben (M5)? Begründet.

4 ■ Vergleicht das Grundgesetz der Bundesrepublik Deutschland (vor allem die Artikel 1 bis 20) mit eurem »Grundgesetz für Utopia«.

5 ■ Ergänzt in Gruppen das Insel-Grundgesetz (M6) mit eigenen Paragraphen. Die vorhandenen Paragraphen können auch durch Vorschläge ausgetauscht werden. Stellt das Ergebnis in der Klasse vor und diskutiert darüber.

17.6 Projekt: »Zukunft«

»Wenn einer allein träumt, ist es nur ein Traum, wenn viele gemeinsam träumen, ist es der Anfang einer neuen Wirklichkeit.« (Robert Jungk)

Zum Schluss möchten wir euch eine Unterrichtsmethode vorstellen, mit der ihr gemeinsam Utopien entwickeln könnt. Ihr habt projektartiges Arbeiten in diesem Buch schon kennen gelernt. Im Projektunterricht planen Schülerinnen und Schüler, Lehrerinnen und Lehrer eine gemeinsame Arbeit, an deren Ende ein vorzeigbares Projekt stehen soll. Die Planung legt dabei nicht alles von Anfang an fest; sie muss sich eventuell wegen veränderter Bedingungen (Zeit, Materialien, Räume, Hilfe von außen) umstellen (»rollende Planung«). Auch die Vorstellung vom Produkt kann sich im Laufe der Arbeit noch ändern.

Wichtig ist, dass alle an der Planung beteiligt sind und einen Beitrag zum Endprodukt beisteuern. Im Idealfall hat die Lerngruppe die gesamte Verantwortung für das Projekt: Sie verteilt die Zuständigkeiten, sie setzt die Zeitplanung fest, sie besorgt die Materialien, sie ist der »Veranstalter«.

Die Projektmethode ist von der Idee her die höchste Form eines demokratischen Unterrichts. Aber auch Demokratie will gelernt sein. Eure Schule setzt euch einen bestimmten Rahmen, der nicht beliebig zu verändern ist – und die Verantwortung für den Unterricht bleibt bei eurer Lehrerin oder eurem Lehrer.

Achtet darauf, dass möglichst alle ihr besonderes Können, ihre Interessen oder ihre Erfahrungen in das Projekt einbringen können.

Hängt folgende Regeln – und weitere, auf die ihr euch einigen könnt – im Klassenraum aus:
- Wir sind gemeinsam verantwortlich.
- Jeder hat besondere Fähigkeiten, die wir nutzen wollen.
- Die Lehererin oder der Lehrer können uns unterstützen.
- Wir nehmen uns nur das vor, was wir püntklich fertig bekommen können.

Hier wird jetzt zu den letzten drei Doppelseiten (Bauen, Regieren, Zusammenleben) je ein Projektbeispiel vorgestellt. Bevor ihr euch damit intensiver beschäftigt und euch für ein Projekt entscheidet, solltet ihr die Doppelseite zum jeweiligen Thema bearbeitet haben.

Das Projektbeispiel ist eine konkrete Erklärung der Methode; ihr könnt es aber auch als direkten Vorschlag nehmen. Selbstverständlich könnt ihr auch Abänderungen vornehmen.

Z. B. kann man die Themen und die Produkte (Präsentationsformen) untereinander austauschen. Wenn ihr euch die Herstellung einer Nachrichtensendung auf Video nicht zutraut, könnt ihr euch auf das Schreiben und Vorlesen der Nachrichtentexte beschränken. Es können alle an einem Projekt arbeiten oder es können in mehreren Gruppen verschiedene Projekte realisiert werden.

Die vorgestellten Projekte können auch in einer Projektwoche, z. B. zum Thema »Zukunft«, durchgeführt werden.

Projekt: »Zum Wohle des Menschen bauen«

»Eine Weltkarte, auf der Utopia nicht eingezeichnet ist, ist nicht mal wert, flüchtig angesehen zu werden.«

(Oscar Wilde)

1. Projektidee: Entwürfe zeichnen oder Modell eines Wohnviertels in Utopia bauen.

In diesem Projekt sollen zukünftige Wohnviertel entwickelt werden. Die Darstellungsform sollen Skizzen und Zeichnungen (Grundrisse, Aufrisse, Seiten- oder Vorderansichten, Innenraumskizzen usw.) sein. Diese Zeichnungen können mit Funktionsbeschreibungen versehen sein (Was ist das? Wie funktioniert das?).

M1 »Wer keine Visionen hat, verkommt!«

M2 »Wer sich nicht verläuft, hat keine Chance ins Paradies zurückzufinden.«

Es können auch Modelle von Innenräumen oder Wohnbereichen oder sogar Stadtlandschaften aus unterschiedlichen Materialien angefertigt werden.

Unterstützung könnt ihr durch den Fachbereich Kunst (Zeichentechnik, Materialberatung, Bücher zur Architektur) oder durch ein Architekturbüro in der Nähe eurer Schule erhalten.

Nehmt euch einen Aspekt heraus (Energie, Zusammenleben, Freizeit, Medien, Natur und Wohnkultur usw.) und versucht eure Zukunftsvorstellungen darzustellen. Am Ende fügt ihr eure Teilprodukte zu einer Ausstellung zusammen.

2. Projektidee: Stadt- bzw. Inselplan von Utopia/Werbebroschüre für meine Traumstadt.
Der Projektauftrag ist die Anfertigung eines großen Stadtplans als Wandplakat oder die Anfertigung eines (zugehörigen) Werbetextes oder einer Werbebroschüre.

Ihr könnt für Einzelteile Zeichnungsvorlagen nehmen oder auch mit Collageelementen (Ausschneiden aus Illustrierten, Broschüren, Katalogen) arbeiten.

M3

Projekt: »Glücklich Zusammenleben«

»Die Liebe ist der Endzweck der Weltgeschichte und das Amen des Universums.« (Novalis)

Projektidee: Theaterszenen über Partnerschaft, Sexualität, Beziehung der Geschlechter, Familie, Kindererziehung und Freizeit in »Harmonie«.

Projekt: »Gute Regierung«

»Niemand will so viel Reformen durchführen wie Kinder.« (Franz Kafka)

Projektidee: Herstellung einer politischen Nachrichtensendung von der Paradiesinsel; es soll dabei erkennbar werden, wie regiert wird. Was kann aufgenommen werden? Nachrichten mit Schaubildern; Bericht aus dem Kinderparlament, der Volksvertretung, von Parteitagen; Erklärungen und Kommentare zu Gesetzesvorhaben, Verfassungsänderungen; Interviews mit Passantinnen und Passanten, Ministern, Königinnen; der Sport; das Wetter.

Projekt: »Eine Schule, wie wir sie uns wünschen«

»Fantasie ist wichtiger als Wissen.« (Albert Einstein)

Projektidee: Ihr seid für alles selbst verantwortlich: Fragenkatalog, Entscheidung über die Projekt- und Präsentationsform, Organisation der gemeinsamen Arbeit. Ihr könnt euch durch die anderen Projektideen anregen lassen.

M4

– SO, UND WAS HAT MEIN SÖHNCHEN HEUTE IN DER SCHULE GELERNT?
– DER LEHRER HAT GESAGT, WIR SOLLEN MAL RUMTRÄUMEN.

Methodenglossar

Fallstudie
(Kapitel 8, S. 135)

Die Fallstudie ist eine Methode zur Untersuchung eines historischen oder politischen Ereignisses, das von zentraler historischer oder politischer Bedeutung ist. An dem konkreten Fall soll erarbeitet werden, wie und warum Menschen in einer bestimmten Situation gehandelt haben, um daraus Rückschlüsse auf menschliches Handeln in vergleichbaren Situationen zu ziehen. Dabei werden unterschiedliche Perspektiven und Handlungsalternativen deutlich. Die Fallstudie wird in drei Abschnitte unterteilt: 1. Recherche, 2. Analyse und 3. Bewertung.

Fotos als Dokumentationsmittel
(Kapitel 5, S. 96/97)

Fotos dokumentieren die Wirklichkeit und liefern Informationen. Sie lösen aber auch Empfindungen aus. In welchem Maße das geschieht, hängt von den Absichten und dem Können des Fotografen, den technischen Möglichkeiten sowie Vorwissen und Erwartungen der Betrachtenden ab. Ein Dokumentarfoto ist in der Regel Ergebnis systematischer Planung. Fotografinnen und Fotografen haben meist eine Vorstellung von dem, was sie mit ihren Fotos ausdrücken wollen. Danach wählen sie Motiv und Blickwinkel so aus, dass neben Informationen auch Stimmungen an die Betrachtenden weitergegeben werden. Für eine gute Bildgestaltung sind Geschick und bestimmte »Regeln« notwendig, um eine harmonische Bildgestaltung (»2/3-Regel«) oder einen Eindruck von Tiefe oder Bewegung zu erreichen.

Historischer Längsschnitt
(Kapitel 12, S. 218)

Methode, um periodenübergreifende Themen, Entwicklungslinien und Problemstellungen im geschichtlichen Wandel zu untersuchen. Mehrere Epochen oder kürzere Zeiträume werden unter einem ausgewählten Teilaspekt (Thema) betrachtet.

Interpretation von Karikaturen
(Kap. 2, S. 30/31)

Eine Karikatur ist ein gezeichneter Witz. Aktuelle Vorgänge werden verschlüsselt dargestellt, Personen verspottet und Missstände angeprangert.

1. Beginnt mit dem Bildelement, das euch als Erstes ins Auge fällt.
2. Ist daran etwas Merkwürdiges/Widersprüchliches? Formuliert Fragen an die Karikatur.
3. Nehmt jetzt die Person(en), die dargestellte Situation, die Einzelheiten und ggf. den Text der Karikatur unter die Lupe. Vielleicht beantwortet das schon einige Fragen.
4. Handelt es sich um eine Abbildung der Wirklichkeit oder ist die Situation verfremdet? Findet ihr hierauf keine Antwort, müsst ihr die historische Situation bzw. den politischen Zusammenhang klären, in dem die Karikatur steht. Besorgt euch die nötigen Informationen. Beachtet Datum und Erscheinungsort der Karikatur.
5. Formuliert die Aussage der Karikatur. Woran übt sie Kritik? Wer soll über was zum Nachdenken gebracht werden?
6. Versucht die politische Position der Karikaturistin/des Karikaturisten zu bestimmen. Nehmt Stellung zu der Karikatur und findet eine eigene Position.

Interview
(Kapitel 11, S. 210/211)

Interviews sind eine sozialwissenschaftliche Methode zur Ermittlung von Meinungen bestimmter Personen oder Personengruppen zu bestimmten Themen. Die Ergebnisse können z. B. die Grundlage für Planungen sein. Interviews müssen sorgfältig vorbereitet und ausgewertet werden. Dabei sollten folgende Schritte beachtet werden:

1. Festlegung des Themas, zu dem ein Interview durchgeführt werden soll.
2. Entwickeln eines Fragebogens. Es sollten möglichst standardisierte Fragen gestellt werden, höchstens zwei bis drei offene.
3. Durchführen des Interviews. Daten wie Geschlecht, Alter, Beruf, Datum, Dauer und Ort des Interviews sollten auf dem Fragebogen vermerkt werden.
4. Auswerten des Interviews mithilfe eines vorher erstellten Auswertungsbogens.
5. Interpretation der Ergebnisse. Welche Schlüsse können aus den Ergebnissen gezogen werden?

Bei der Vorbereitung und Durchführung des Interviews muss bedacht werden, dass z. B. durch Mimik, Gestik, die Anwesenheit Dritter, die Fragestellung oder vorformulierte Antworten die Ergebnisse positiv oder negativ beeinflusst werden können.

Kriegerdenkmäler als Geschichtsquellen
(Kapitel 6, S. 106/107)

Wie alle Denkmäler, so bilden auch Kriegerdenkmäler einen Zugang zur Geschichte. Im Rahmen einer historischen Spurensuche muss das jeweilige Denkmal hinsichtlich seiner Entstehungsgeschichte erforscht werden. Wichtige Informationen bieten Stadtarchive, alte Zeitungen und kommunale Verwaltungen, etwa das Bauamt. Die Erforschung sollte sich dabei auf verschiedene Aspekte beziehen: die Baugeschichte, den historischen Anlass und die Botschaft des Denkmals. Besonders interessant sind dabei die Reden, die anlässlich der Einweihung des Denkmals gehalten wurden. All dies gibt Hinweise auf die Verarbeitung des jeweiligen Krieges im Bewusstsein der Menschen, aber auch den Hintergrund für eine kritische Prüfung aus heutiger Sicht. Erforscht werden kann ebenfalls, welche Bedeutung das Denkmal nach seiner Errichtung für die Menschen gehabt hat. Interessant sind dabei Zeitungsberichte über Ehrenveranstaltungen, die bis in die heutige Zeit hinein stattfinden.

Lebensgeschichtliches Interview
(Kapitel 14, S. 268/269)

Wenn Menschen über ihr Leben erzählen, erfahrt ihr etwas über ihre persönliche Sicht von Geschichte, was sie selbst erlebt haben und was ihr Leben bestimmt hat. Ihre Erinnerung wird zur historischen Quelle. Diese Aussagen könnt ihr interpretieren, indem ihr mehrere Personen zum gleichen Thema und dem gleichen Zeitabschnitt interviewt. Die Fragen müssen vorher festlegt werden. Nach den Gesprächen vergleicht ihr die Berichte und setzt sie in Beziehung zu dem allgemeinen historischen Geschehen. Die wichtigsten Auswertungsfragen sind: Was haben die Personen erlebt? Welche Aussagen sind Beschreibungen, welche sind Wertungen? Wie haben sie die Geschehnisse wahrgenommen?

Mind Map(ping)
(Kapitel 4, S. 79)

Mind-Mapping ist eine Methode Überlegungen stichwortartig darzustellen. Die Erläuterung beginnt beim zentralen Ausgangspunkt und erlaubt eine Ausdifferenzierung bis in feine Verästelungen. Der besondere Wert dieser Methode liegt in ihrer Übersichtlichkeit und im Zwang zum freien Sprechen für jene, die ihre Überlegungen vortragen.

Planspiel
(Kapitel 13, S. 256/257)

Bei einem Planspiel wird versucht Lösungen für Konfliktfälle aus der Alltagswirklichkeit, für gesellschaftliche und/oder internationale Probleme zu finden. Das Planspiel öffnet damit den Blick aller Beteiligten für Strukturen und Prozesse in Politik und Alltag. An der Konfliktbearbeitung sind verschiedene Gruppierungen beteiligt, die den Konflikt aus unterschiedlichen Perspektiven wahrnehmen und zur Konfliktlösung miteinander agieren müssen. Lösungswege sind zwar offen, Entscheidungen aber an festgelegte rechtliche Regelungen gebunden.
Ein Planspiel gliedert sich in
1. Vorbereitung (Ausgangslage, Rollenanweisungen, Gruppenaufteilung, Spielregeln usw.),
2. Durchführung (eigentlicher Spielablauf mit Beratungen in den Gruppen, Verhandlungen zwischen den Gruppen unter Einbeziehung des Spielleiters, Entscheidungsfindung usw.) und
3. Auswertung (Reflexion über Inhalt und Struktur des Spiels).

Pressespiegel
(Kapitel 16, S. 304/305)

Tageszeitungen oder politische Wochenmagazine sind wichtige Informationsquellen. Mithilfe der in ihnen enthaltenen Nachrichten und Kommentare können sich Interessierte über fast jedes Ereignis informieren. Die so genannten »Printmedien« (im Gegensatz zu den audio-visuellen Nachrichtenträgern Fernsehen und Radio) sammeln Nachrichten entweder von eigenen Korrespondenten oder von Nachrichtenagenturen, die sie dann häufig gekürzt oder bearbeitet drucken. Zusätzlich findet man in zahlreichen Zeitungen und Magazinen Hintergrundberichte, die einen tieferen Einblick in bestimmte Geschehnisse geben. Häufig berichten Zeitungen aus einem bestimmten Blickwinkel über Ereignisse, sind also nicht objektiv. Um ein möglichst vollständiges Bild eines bestimmten Ereignisses zu erhalten, sollten Nachrichten und Kommentare verschiedener Zeitungen zum selben Thema nebeneinander gelesen werden. Das Ergebnis der Zeitungsrecherche kann in einem Pressespiegel dargestellt werden. Sinnvoll ist es, die Untersuchung verschiedener Zeitungen zu einem bestimmten Konflikt über einen längeren Zeitraum durchzuführen. Der Pressespiegel kann in der Klasse als Wandzeitung ausgehängt werden. Außerdem kann er die Grundlage für Referate bilden.

Projekt: »Zukunft«
(Kapitel 17, S. 326/327)

Schüler/-innen und Lehrer/-innen planen und führen gemeinsam eine Arbeit zu einem vorher festgelegten Thema durch, an deren Ende ein vorzeigbares Produkt steht: ein Landschafts- oder Stadtmodell, Theaterszenen, eine Nachrichtensendung auf Video, ein Hörspiel, »Spiel ohne Grenzen« für die ganze Schule, die Verschönerung des Klassenzimmers, die Gestaltung des Schulhofes, eine Ausstellung, eine Tanzaufführung, Modeschau usw. Alle sollen ihr besonderes Können, ihre eigenen Interessen und Erfahrungen einbringen. Alle sollen über Thema und Verlauf des Projekts mitbestimmen können; jede/jeder sollte sich für die Durchführung verantwortlich fühlen.

Pro-und-contra-Diskussion
(Kapitel 3, S. 57)

Mithilfe einer Pro-und-contra-Diskussion kann man einen umstrittenen Sachverhalt, ein politisches Problem oder Lösungsvorschläge für Konflikte untersuchen. Dabei wird der Sachverhalt von zwei gegensätzlichen Seiten beleuchtet. In Gruppen werden zunächst Argumente für und gegen eine Position gesammelt. Danach werden diese Argumente im Rahmen einer Diskussion gegeneinander abgewogen. Landet die Diskussion bei schwierigen Fragen, können »Fachleute« dazu gehört werden. Dabei handelt es sich um Schülerinnen und Schüler, die sich besonders in dem Sachverhalt auskennen.

Referat
(Kapitel 7, S. 131)

In einem Referat werden Ergebnisse eigener Recherche nach einer selbst erarbeiteten, klaren Gliederung mündlich dargeboten, um eine Diskussionsgrundlage zu schaffen. Ein Referat soll nach Möglichkeit nicht vorgelesen, sondern in freier Rede vorgetragen werden unter Zuhilfenahme schriftlicher Aufzeichnungen, um die Aufmerksamkeit der Zuhörerschaft zu erregen. Dies wird durch Visualisierung (Folien, Bilder usw.) sowie durch eine Darstellung an Beispielen erleichtert.

Soziale Perspektivenübernahme
(Kapitel 9, S. 154/155)

Durch die Aktivierung der Fähigkeit zur sozialen Perspektivenübernahme könnt ihr lernen bei der Analyse politischer und sozialer Sachverhalte nicht nur auf euch selbst, eure eigenen Bedürfnisse und Interessen zu achten, sondern auch eure Mitmenschen und ihre Probleme wahrzunehmen. Denn häufig unterscheiden sich Innen- und Außenperspektive deutlich voneinander. Um einen Sachverhalt wirklich zu verstehen, sind aber beiden Perspektiven notwendig.

Spurensuche im Archiv
(Kapitel 10, S.176/177)

Archive bewahren Material aus vergangenen Zeiten auf. Das sind vor allem Texte: Dokumente, Briefe, Zeitungsartikel, ganze Zeitungen, auch Fotos. Es gibt auch Archive für Filme, Noten, Schallplatten und CDs. In einem Archiv kann man ein bestimmtes Ereignis genauer untersuchen oder den eigenen Wohn- oder Schulort erforschen. Dabei ist zu beachten:
1. Festlegung der Fragestellung
2. Feststellung, welche Archive es in der Nähe gibt und welches infrage kommt.
3. Kontaktaufnahme mit dem Archiv wegen Öffnungszeiten, Arbeitsmöglichkeiten, Beratung.
4. Durchsicht des Findbuches, in dem alle Materialien des Archivs mit einer Aktennummer (Signatur) verzeichnet sind.
5. Bestellung der Akte(n) auf einem Bestellzettel mithilfe der Signatur.
6. Herausschreiben der wichtigsten Textstellen oder eventuell Kopieren der wichtigen Seiten.
7. Auswertung: Darstellung des Ereignisses oder Bericht über die entdeckte Geschichte des Wohn- oder Schulortes.

Tribunal
(Kapitel 1, S. 21)

Ein Tribunal macht nicht gewollten Zuständen den Prozess. Es ist nicht auf bestimmte, dem eigenen Handeln tatsächlich zugängliche Themen begrenzt. Voraussetzung ist jedoch, dass ihr das Thema soweit bearbeitet habt, dass die Positionen für die einzelnen Parteien/Gruppen klar sind. Es empfiehlt sich, folgende Bedingungen sicherzustellen:
1. Möglichst mehrere Lehrerinnen und Lehrer einplanen, denn es müssen viele Aufgaben erfüllt werden. Sie müssen sorgfältig informiert sein und den Gang der Verhandlung steuern, Material beschaffen, Gruppen beraten.
2. Ähnlich wie ein wirkliches Gericht sollt auch ihr euch Zeit nehmen Rückfragen zur Klärung zu stellen usw.
3. Nötige technische Voraussetzungen: eine Schreibmaschine/Computer pro Gruppe, ein eigener Arbeitsraum oder eine eigene Arbeitsecke.
Die Ergebnisse müssen knapp und klar formuliert und in freier Rede vorgetragen werden.

Begriffsglossar

Agrarländer: Staaten, in denen die landwirtschaftliche Produktion überwiegt.

Alliierte: Verbündete. Bezeichnung für die im Ersten und Zweiten Weltkrieg gegen Deutschland verbündeten Staaten, besonders Frankreich, Großbritannien, USA und Russland bzw. Sowjetunion.

Alphabetisierung: Maßnahmen, die Menschen, die noch nicht lesen und schreiben gelernt haben, das Lesen und Schreiben beibringt.

Antisemitismus: Ende des 19. Jh. entstandener Begriff für die Abneigung oder Feindschaft gegenüber den Juden.

Arabische Liga: Die Arabische Liga ging aus der panarabischen Bewegung hervor (Panarabismus) und wurde am 22. März 1945 von Ägypten, Irak, Jemen, Jordanien, Libanon, Saudi-Arabien und Syrien gegründet. Sie umfasst heute 22 Mitglieder, einschließlich der PLO für Palästina. Die Arabische Liga strebt die politische, militärische, wirtschaftliche und kulturelle Zusammenarbeit ihrer Mitglieder an. Besonders im Nahostkonflikt bemühte sich die Liga um eine einheitliche Linie. Oberstes Beschlussorgan ist der Rat, in den jedes Mitglied einen Vertreter entsendet. Geschäftsführer ist ein gewählter Generalsekretär. Der Rat kann kein Mitglied gegen seinen Willen (Vetorecht) an einen Beschluss binden.

Asylberechtigte: Personen, die als politisch Verfolgte im Sinne des Grundgesetzes rechtskräftig anerkannt worden sind. A. dürfen in Deutschland arbeiten oder eine Ausbildung aufnehmen. Sie erhalten eine Reihe von Leistungen wie Sprachkurse, Sozialhilfe, Leistungen nach dem Bundesausbildungsförderungsgesetz oder nach dem Arbeitsförderungsgesetz. Sie dürfen ihren Wohnort frei wählen und unterliegen keinen räumlichen Beschränkungen.

Asylsuchende: Flüchtlinge, die einen Asylantrag an der Grenze oder bei einer Ausländerbehörde gestellt haben, so lange bis ihr Asylbegehren rechtskräftig entschieden ist. Sie unterliegen einer Reihe von Auflagen, haben beispielsweise keinen Anspruch in ein bestimmtes Bundesland zu kommen, sondern werden nach einem bestimmten Schlüssel auf das Bundesgebiet verteilt. A. genießen keine Freizügigkeit und erhalten nur dann eine Arbeitserlaubnis, wenn der Arbeitsmarkt dies zulässt. Sie haben Anspruch auf Sozialhilfe, die in mehreren Bundesländern als Sachleistung (Verpflegung, Kleidung) gewährt wird.

Atmosphäre: Die Lufthülle der Erde, die von der Sonne erwärmt wird und so Leben überhaupt erst ermöglicht.

Aussiedler: Aussiedler sind nach § 1 Abs. 2 Nr. 3 des Bundesvertriebenen- und Flüchtlingsgesetzes deutsche Staatsangehörige oder Volkszugehörige, die vor dem 8. Mai 1945 ihren Wohnsitz in den ehemaligen deutschen Ostgebieten bzw. in Polen, der ehemaligen Sowjetunion, der ehemaligen Tschechoslowakei, Ungarn, Rumänien, dem ehemaligen Jugoslawien, Danzig, Estland, Lettland, Litauen, Bulgarien, Albanien oder China gehabt haben und diese Länder nach Abschluss der allgemeinen Vertreibungsmaßnahmen verlassen haben oder verlassen.

Autarkie: wirtschaftliche Unabhängigkeit vom Ausland. Bei den Nationalsozialisten wirtschaftspolitische Ideologie einen großen Wirtschaftsraum zu schaffen, der nicht auf Importe und Rohstoffe aus dem Ausland angewiesen sein sollte.

Berber: Bevölkerung Nordafrikas, die bis zur arabisch-islamischen Invasion (7. Jh.) das Gebiet von den Kanarischen Inseln bis Westägypten bewohnte. Unter der Oberfläche des Islam lebt altes berberisches Gewohnheitsrecht und Brauchtum weiter. Viele Berberdialekte werden noch gesprochen, Arabisch ist bei vielen Berbern die gängige Schriftsprache. Von den heute etwa 7 Mio. Berbern lebt der größte Teil in Algerien und Marokko. Im heutigen Algerien bilden die Berber mit 17% eine Minderheit. Zu den Berbern gehören auch die Kabylen und die Tuareg.

Boykott: Kampfmaßnahme gegen eine Firma, Geschäfte, einen Wirtschaftszweig oder ein Land. Die Nationalsozialisten riefen im März 1933 zu einem Boykott jüdischer Geschäfte am 1. April 1933 auf.

Bruttoinlandsprodukt: Gesamtwert der Produkte, die Menschen innerhalb eines Landes während eines bestimmten Zeitraumes erwirtschaftet haben.

Calvinismus: Bezeichnung für eine Glaubensrichtung, die auf die Lehre des Genfer Reformators Jean Calvin (1509–1564) zurückgehen.

Code Napoléon (auch: Code Civil): Dieses Gesetzbuch, von Napoleon I. 1800 in Auftrag gegeben, wurde am 21. 3. 1804 veröffentlicht und später um Straf- und Handelsrecht erweitert. Es legte auf der Basis der Ideen der Französischen Revolution erstmalig die für ganz Frankreich geltende Rechtseinheit fest und sicherte so allen französischen Bürgerinnen und Bürgern u. a. völlige Gleichheit vor dem Gesetz, persönliche Freiheit und das Recht auf Eigentum und Wirtschaftsfreiheit zu. Es bildete später die Grundlage für die Rechtsprechung vieler Länder, u. a. auch für das Bürgerliche Gesetzbuch (BGB) der Bundesrepublik Deutschland.

Computer: Ein elektronisch gesteuertes Gerät, das mit einem gespeicherten Programm Informationen bzw. Daten schnell verarbeiten kann. Die meisten Computer bestehen aus der Tastatur, einem Bildschirm, einer »Maus«, und dem »Rechner«.

Datenautobahn: Superschnelles Netz für den Austausch großer Datenmengen per Computer. Es wird aus hochleistungsfähigen Glasfaserkabeln bestehen und so die riesigen Datenmengen bewältigen können, die für neue technische Kommunikationsformen wie Video auf Bestellung (video on demand), interaktives Fernsehen, Teleshopping, Telearbeit oder den Austausch von Bilddateien (z. B. Röntgenbilder für eine medizinische Diagnostik) nötig sind. Weltweit noch im Aufbau, in Deutschland bereits in Ansätzen verwirklicht.

Deportation: zwangsweise Verschleppung z. B.: ausländischer Arbeitskräfte, diskriminierter Bevölkerungsgruppen oder politischer Gegner.

Deutsche: Deutscher im Sinne des Grundgesetzes ist vorbehaltlich anderweitiger gesetzlicher Regelungen, wer die deutsche Staatsangehörigkeit besitzt oder als Flüchtling oder Vertriebener deutscher Volkszugehörigkeit oder als dessen Ehegatte oder Abkömmling in dem Gebiet des Deutschen Reiches nach dem Stande vom 31. Dezember 1937 Aufnahme gefunden hat.

Dey (auch: Dei): von etwa 1600 bis 1830 Titel algerischer Herrscher

Diktatur: Herrschaft eines Einzelnen, einer Gruppe oder einer Partei mit uneingeschränkter Macht.

Einwanderungsgesetz: Mit einem solchen Gesetz legt ein Staat fest, wie viel Zuwanderer er in sein Land lassen will. Dabei bindet ein Einwanderungsgesetz etwa Einwanderungsquoten an zur Verfügung stehende Wohnungen oder Arbeitsplätze. Auch andere Vorgaben wie etwa Berufsqualifikationen der Zuwanderer könnte das Gesetz nennen.

Eiserner Vorhang: Begriff, der von dem englischen Politiker Churchill geprägt wurde. Damit sollte das Verhalten der UdSSR beschrieben werden, ihren Herrschaftsbereich gegenüber dem Westen völlig abzuriegeln.

Entmilitarisierung: Damit wird der Versuch der Kriegsgegner Deutschlands nach dem Ersten, aber auch nach dem Zweiten Weltkrieg beschrieben, die Armee und die militärische Ausrüstung vollständig zu vernichten bzw. wie nach dem Ersten Weltkrieg radikal einzugrenzen.

Europarat: Zusammenschluss westeuropäischer Länder im Jahre 1948 zur Verteidigung der parlamentarischen Demokratie und der Menschenrechte.

Feindbilder: Damit sind negative Vorprägungen der Wahrnehmung anderer Menschen, Gruppen, Völker oder Staaten gemeint. Die Wahrnehmung ist in diesem Fall nicht realistisch, sie wird nicht an der Wirklichkeit überprüft.

FLN (Front de Libération Nationale): Nationale Befreiungsfront, zu der sich 1955 bis 1962 verschiedene politische Strömungen zusammengeschlossen hatten, um gemeinsam für die Unabhängigkeit Algeriens von Frankreich zu kämpfen. Die FLN stellte in Algerien eine starke Partisanenarmee auf und rekrutierte in Marokko und Tunesien aus algerischen Flüchtlingen eine moderne, bewaffnete Truppe. Beide zusammen bildeten die Nationale Befreiungsarmee. Seit 1962 war die FLN die Einheitspartei Algeriens, die nach Durchsetzung der Unabhängigkeit allein die Führungsrolle beanspruchte. Gewalt, zunächst als Mittel gegen die Kolonialmacht eingesetzt, wurde nun gegen Andersdenkende eingesetzt. Alle wichtigen Positionen des Landes wurden mit FLN-Mitgliedern besetzt. Die Durchsetzung des Einparteienstaates erfolgte mithilfe der Armee. Oppositionelle Parteien wurden erst nach Unruhen 1989 zugelassen. Die FLN erlitt bei den folgenden ersten demokratischen Gemeinderatswahlen 1990 (28,13 % der Stimmen) und den ersten Parlamentswahlen 1991 (15 von 430 Sitzen) schwere Niederlagen. Beide Wahlen wurden für ungültig erklärt, die Macht von der Armee übernommen. Bei den Wahlen 1995 siegte der vorher von der Armee eingesetzte Staatspräsident.

Fundamentalismus: Richtung (z. B. im Islam), die sich gegen modernistische Zeitströmungen und Kritik am Glaubensschriftgut und an Glaubensregeln wendet und am Wortverständnis von theologischen Überlieferungen (z. B. dem Koran) festhält. Bewegungen wie die Islamische Heilsfront FIS (Front Islamique du Salut) in Algerien beschränken sich aber nicht auf theologische Streitgespräche, sie streben nach Errichtung eines streng nach den Regeln des Korans geführten »Gottesstaates«, nach politischer Macht, die demokratische Strömungen ausschließt.

Gestapo (Geheime Staatspolizei): Politische Polizei zur Zeit des Nationalsozialismus zur Überwachung und Verfolgung.

Gewerkschaften: Organisationen, in denen sich Arbeitnehmer zum Schutz ihrer Rechte und zur Durchsetzung von Forderungen zusammenschließen. Gewerkschaften entstanden in Zusammenhang mit der Industrialisierung. Unabhängig vom Staat versuchen Gewerkschaften z. B. durch den Abschluss von Tarifverträgen Lohnforderungen oder soziale Rechte durchzusetzen. Ihr wichtigstes Kampfmittel ist der Streik.

Globalisierung: Lange Zeit waren Firmen meist auf den einheimischen Produktionsstandort und Markt beschränkt. In den letzten Jahren verlegen zunehmend mehr Firmen Teile ihrer Produktionsanlagen ins Ausland. Dies geschieht oft aus Kostengründen, aber auch, weil neue Märkte etwa in Südostasien entstehen. Firmen, die dort verkaufen wollen, müssen vor Ort sein, um wirtschaftlichen Erfolg zu haben. Der damit entstehende Handel um die ganze Welt ist in den letzten zwei Jahrzehnten um mehr als das Sechsfache gestiegen.

GUS (Gemeinschaft Unabhängiger Staaten): freiwilliger Bund souveräner Staaten auf dem Gebiet der ehemaligen Sowjetunion, die sich nach deren Zerfall 1991 zusammenschlossen.

Hardware: Englische Bezeichnung für alle Teile, die zu einem Computer gehören und sich anfassen lassen.

Holocaust: Massenvernichtung, besonders durch Feuer. Bezeichnung für den Völkermord an den Juden durch die Nationalsozialisten.

Hugenotten: Bezeichnung für die französischen Protestanten seit dem Eindringen des Calvinismus in Frankreich in der Mitte des 16. Jh.

Humanismus/Renaissance: Beide Begriffe werden oft gleichgesetzt. Gemeint ist die philosophische, kulturelle und wissenschaftliche Bewegung des 14. bis 16. Jh. Die Menschen wandten sich zum Zweck einer von der kirchlichen Dogmatik befreiten und diesseitigen Lebensgestaltung der in Vergessenheit geratenen griechischen und lateinisch/römischen Sprache, Literatur und Wissenschaften zu. Von Italien ausgehend breitete sich der H. nach Frankreich, Spanien, England, den Niederlanden und nach Deutschland aus.

Ideologie: Weltanschauung, Vorstellung und Deutung der politischen und gesellschaftlichen Zustände und Entwicklungen.

Imperialismus (lat. imperium = Weltreich): Ausbreitung des Machtbereiches eines Staates und/oder seiner Wirtschaft auf benachbarte, oft fernliegende Gebiete durch Eroberung, Besitzergreifung, Schaffung von Einflusssphären usw. Dabei wird das Machtstreben vielfach mit Sendungsbewusstsein gerechtfertigt. Seit dem 19. Jh. verbindet sich Imperialismus in der Regel mit Nationalismus, der den Ausdehungsdrang eines Volkes fördern will. Die überseeische Macht- und Wirtschaftspolitik der Großmächte seit etwa 1874 war die Fortentwicklung des Kolonialismus der Seemächte im 16. bis 18. Jh. Großbritannien war 1874–1914 stärkster Träger des Wirtschaftsimperialismus; Frankreich trat durch seine Afrikapolitik, Russland durch die Eroberungen in Asien, Japan seit 1894, die USA seit 1898, Deutschland und Italien traten als Letzte ein in die Reihe der Großmächte, die See- und Weltgeltung beanspruchten. Infolge des weltpolitischen Gegensatzes der Großmachtinteressen birgt Imperialismus immer die Gefahr eines Krieges in sich. In marxistisch-leninistischer Deutung gilt der Imperialismus zwar als höchstes Stadium des Kapitalismus. Aber auch die Außenpolitik der UdSSR trägt deutlich imperialistische Züge.

Importbeschränkung: Etwa durch Zölle oder Mengenfestlegungen kann ein Staat die Importe regeln. Sinn von Importbeschränkungen ist meist der Versuch die heimische Wirtschaft vor billigeren Konkurrenzprodukten aus dem Ausland zu schützen.

Industrieländer: Überwiegt in einem Land der Bereich der industriellen Produktion gegenüber der Landwirtschaft oder dem Dienstleistungsbereich, spricht man von einem Industrieland.

Inflation: Starkes Anwachsen der Geldmenge, während die Menge der Waren und Güter nicht mitwächst. Die Folgen einer Inflation reichen von massiven Preissteigerungen bis hin zu einer völligen Entwertung des Geldes.

Internet: Internationales Computer-Datennetz, das sich aus einem im Sommer 1969 vom amerikanischen Verteidigungsministerium veranlassten Verbund von Universitätsrechnern entwickelt hat. Es erlaubt den Nutzern, über einen Einwählpunkt per Telefonleitung weltweit auf Zehntausende von Computern und die von ihnen zur Verfügung gestellten Daten zuzugreifen.

Investitionen: Einsatz von Kapital (in der Regel Geld) zur wirtschaftlichen, kulturellen oder sozialen Nutzung. Investitionen können der Erhaltung des Bestehenden, der Modernisierung oder Rationalisierung oder auch der Erweiterung eines Betriebes, eines Gebäudes, einer kulturellen oder sozialen Einrichtung dienen.

Joint Implementation: Form der Zusammenarbeit zwischen Industrie- und Entwicklungsländern zur Umwelterhaltung, bei denen die IL international vereinbarte Leistungen nicht bei sich, sondern in den EL erbringen. Dort kann die vereinbarte Verminderung der Umweltbelastung viel billiger als zu Hause erbracht werden, wenn z. B. Fabriken oder Kohlekraftwerke in den IL durch moderne Filteranlagen bereits einen hohen Umweltstandard erreicht haben, sodass eine weitere Verbesserung nur noch über einen hohen Finanzaufwand möglich wäre.

Kabylen: Stammesgruppen der Berber, die in der Kabylei (Gebirgslandschaft des Tellatlas in Algerien) ansässig sind. Sie treiben Ackerbau, Obstkultur und sind z. T. als Saisonarbeiter in den Landwirtschaftsgebieten der Ebenen und im Bergbau tätig. Fehden und Aufstände waren in der Geschichte der freiheitsliebenden Kabylen häufig. Als Nationalheld wird noch heute der Emir Abd el-Kader (1808–1883), Führer der algerischen Berberstämme im algerischen Unabhängigkeitskampf gegen Frankreich, gefeiert.

Kollektivierung: Die Überführung privater Produktionsmittel in Gemein- bzw. Staatseigentum.

Kolonie: Als Kolonien werden auswärtige Besitzungen eines Staates bezeichnet. Seit dem 16. Jh. eroberten eine Reihe europäischer Staaten (Spanien, Portugal, England, Frankreich, die Niederlande, Belgien, Italien, Deutschland und Russland) Gebiete außerhalb Europas in Amerika, Asien und Afrika und nahmen sie in ihren Besitz. Erst im 20. Jh. erreichten die letzten Kolonien ihre politische Unabhängigkeit.

Konferenz von Maastricht: Auf dieser Konferenz wurde von den Staaten der Europäischen Gemeinschaft die Weiterentwicklung der europäischen Einigung festgelegt. Wichtigster Beschluss war die Einführung einer gemeinsamen Währung bis zum Jahre 1999.

Konzentrationslager (KZ): Gefangenenlager, Internierungslager. Die Nationalsozialisten errichteten ab 1933 zahlreiche Konzentrationslager, in die sie zunächst politische Gegner, später auch die jüdische Bevölkerung, Sinti, Roma, Homosexuelle und andere ihnen missliebige Menschen einsperrten. Ab 1942 wurden in den Konzentrationslagern im deutsch besetzten Polen Menschen, vor allem Juden, Sinti und Roma, systematisch durch Gas ermordete (Vernichtungslager).

Kooperative: Organisatorische Zusammenfassung von meist mittellosen Kleinbauern zur besseren Nutzung von Gemeinschaftseinrichtungen und modernen Ackergeräten. In »sozialistischen« Systemen meist unfreiwillig und häufig mit Aufgabe des Eigentums an Boden verbunden.

Kummet: Ein Leder- oder Stoffbalg, der dem Pferd über den Kopf und die Halsbasis gelegt wird. Der Kummet dient der Verbindung zum Fahrzeug. Gegenüber dem einfachen Strick, der um den Hals gelegt wurde, schnürt der Kummet nicht die Atmung des Tieres ab. Die Zugleistung und Ausdauer des Tieres kann so verdoppelt werden.

Lebensstandard: alle Güter, Rechte und Nutzungen, die der privaten Lebensführung dienen. Hierzu gehören die Lebenshaltung ebenso wie die öffentliche Sicherheit und Ordnung, der allgemeine Zugang zu Bildung und Ausbildung, zur Gesundheitsfürsorge, der Alphabetisierungsgrad der Bevölkerung und die allgemeine Hygiene.

Lokator: Siedlungsunternehmer, der im Auftrag eines adligen Grundherrn Siedler für die Kolonisierung anwarb, die Landvermessung im Neusiedlungsgebiet übernahm und auch die Rechtsgeschäfte abschloss. Entlohnt wurde er häufig mit dem Amt des Dorfschulzen (Dorfrichter) und Abgabenbefreiung in dem Neusiedlungsgebiet.

»Machtergreifung«: Bezeichnung für den Prozess der Regierungsübernahme, der Machtsicherung und der Festigung durch die Nationalsozialisten.

Marktwirtschaft: Eine Wirtschaftsform, in der Unternehmen Waren für einen Markt produzieren. Entscheidend ist der Wettbewerb.

Methan: Die Ozonschicht angreifendes Gas, das unter Luftabschluss in den Mägen von Tieren, beim Reisanbau, auf Mülldeponien, in Kläranlagen und Sümpfen entsteht. Wird es aufgefangen, kann es als Heizgas verwendet werden.

Mobilität: Beweglichkeit zur Überbrückung von Entfernungen, im 20. Jh. durch die Funktionstrennung von Wohnen, Arbeiten und Freizeit, ermöglicht durch die Erfindung moderner Transportmittel.

Multimedia: Dieses Wort ist eine der meist gebrauchten Vokabeln in der Computer- und Medienbranche, eine allgemein anerkannte Definition des Begriffes gibt es jedoch nicht. Im wörtlichen Sinne beschreibt Multimedia die Verknüpfung verschiedener Medientypen wie Text, Bild, Ton, Video. Multimedia-Apparate können im Prinzip Fernseher oder auch Computer sein, in manchen Visionen erscheint das Multimediagerät der Zukunft als TV/PC-Zwitter. Multimedia-Anwendungen wie Lernprogramme, Abenteuerspiele oder Lexika auf CD-ROM benötigen eine leistungsfähige Hardware mit einem schnellen Prozessor, Sound- und Grafikkarte sowie CD-ROM-Laufwerk.

Nationale Stereotype: Klischeehafte Wahrnehmung anderer Nationen, häufig im negativen Sinne.

Neue Technologien: Sammelbegriff für die neuen technischen Geräte zur Informationsbe- und -verarbeitung und das Wissen von ihrer Anwendung sowie ihren Auswirkungen.

Nicht-Regierungs-Organisation (NRO oder NGO): Kirchliche oder private Entwicklungsförderung, aus Spendenmitteln finanziert. Gilt als wirksamer als staatliche Entwicklungshilfe, da sie basisnäher, weniger bürokratisch und von mehr Idealismus getragen ist.

Nord-Süd-Konflikt: Konfrontation zwischen Industrie- und Entwicklungsländern, bei der es im Kern um die Verringerung des Einkommensgefälles zwischen »Norden« und »Süden« durch eine neue Weltwirtschaftsordnung geht.

Öko-Kolonialismus: Ein von den Entwicklungsländern an die Industrieländer gerichteter Vorwurf auf umweltschädliche Entwicklungen wegen der damit verbundenen hohen ökologischen Schäden zu verzichten, z. B. auf die Holzgewinnung im tropischen Regenwald.

Ökobilanz: Methode der Berechnung von Umweltbelastungen, bei der der Weg eines Produktes (Ware oder Dienstleistung) vom Ausgangsmaterial, dessen Bearbeitung, Transport bis zur Entsorgung verfolgt wird. Dabei kann z. B. die schädliche Einwegverpackung zu geringeren Belastungen führen, wenn durch sie lange Transportwege vermieden werden.

Ölpreisschock: 1973 und 1981 setzten die nahöstlichen Erdölproduzenten eine Vermehrfachung des Rohölpreises durch. Das brachte u. a. auf Öleinfuhren angewiesene arme Entwicklungsländer in Zahlungsschwierigkeiten und wirkte als eine Ursache der Auslandsverschuldung.

Online: Computer-Verbindung zu einem entfernten anderen Computer, der in der Regel Daten oder Programme liefert. Das geschieht meist über Telefonleitungen und Modem (Anschaltbox). Moderne »Online-Dienste« ermöglichen z. B. Bestellungen, Homebanking (das Führen des Bankkontos von zu Hause aus), Mails (elektronische Briefe) und Chats (elektronische Unterhaltung über Bildschirm und Tastatur des PC) oder einfach den Abruf von Informationen über weltweite Netze wie z. B. das Internet.

Osmanisches Reich: Türkisches Reich, das nach seinem Gründer Sultan Osman I. (1288–1326) genannt wurde. Entstanden aus den Trümmern der Seldschukenherrschaft in Kleinasien, begannen die Anfänge des Osmanischen Reiches im Inneren der türkischen Halbinsel. Nach der Eroberung Konstantinopels und der Vernichtung des Oströmischen Reiches 1433 vollzog sich der Aufstieg zur Großmacht bis 1566. Auf dem Höhepunkt der Macht unter Sultan Süleiman I. umfasste das Osmanische Reich Kleinasien, Syrien, Mesopotamien, Arabien und die Kaukasusländer in Asien, Ägypten und in halber Abhängigkeit die Staaten der Nordküste Afrikas bis nach Marokko, in Europa die Balkanhalbinsel und große Teile Ungarns. Der Niedergang vollzog sich 1566 bis 1920 durch Machtkämpfe im Inneren und mit anderen europäischen Staaten (z. B. Österreich und Russland) und endete an der Seite Deutschlands mit der Niederlage im Ersten Weltkrieg.

Ost-West-Konflikt: Bezeichnung für die Konfrontation der Machtblöcke unter Führung der USA und der UdSSR, die nach dem Zweiten Weltkrieg begann und bis 1991 dauerte.

Ozonloch: Die Ozonschicht schirmt die Erde in 12–50 km Höhe vor schädlichen ultravioletten Sonnenstrahlen ab. Seit 1960 ist über den Polen eine jahreszeitliche Ausdünnung von über 50 % feststellbar, also streng genommen kein Loch. Die ausgedünnte Fläche entspricht bereits der Nordamerikas. Jedes Prozent Ozonabbau bewirkt eine Zunahme der gefährlichen UV-Strahlen um 3 %.

Panarabismus: Unter Panarabismus versteht man eine alle Araber umfassende Bewegung, die auf die Errichtung eines arabischen Großreiches ausgerichtet ist. Sie zielt darauf ab, alle Araber zu gemeinsamem politischem Handeln und kultureller Zusammenarbeit zu bewegen. Die panarabische Bewegungen entstand 1880 als Folge des Eindringens europäischer Kolonialmächte in die von Arabern bewohnten Gebiete. Der Kampf gegen Israel gab dieser Bewegung eine neue Richtung. Aus ihr ging 1945 die Arabische Liga hervor.

Pazifismus: Bewegung, die aus ethischen Gründen jegliche Gewaltanwendung in den internationalen Beziehungen ablehnt, sich gegen Militär und Rüstung wendet und den Kriegsdienst verweigert.

Perestroika (russ. = Umbau): politisches Schlagwort des Reformprogramms zur Umgestaltung des wirtschaftlichen und gesellschaftlichen Lebens in der UdSSR 1985–1990.

Planwirtschaft: Wirtschaftsform, in der die gesamte Wirtschaft zentral vom Staat geplant wird. Für die einzelnen Wirtschaftszweige, ja sogar für die einzelnen Firmen werden Planziele festgelegt, die innerhalb eines bestimmten Zeitraumes erreicht werden müssen. Die Schwierigkeit besteht darin, dass die Vorhersagesicherheit zentraler Pläne sich als unzureichend erwiesen hat.

PLO (Palestine Liberation Organization): 1964 gegründete palästinensische Befreiungsorganisation, die die meisten palästinensischen Guerilla-Organisationen umfasste und seit 1969 von Jasir Arafat geführt wird. 1975 wurde die PLO von der Arabischen Liga als einzige Vertreterin des palästinensischen Volkes anerkannt. Nach dem Autonomieabkommen zwischen Israel und der PLO ging die Organisation mit Jasir Arafat an der Spitze 1996 als Siegerin aus den ersten demokratischen Wahlen in den Autonomiegebieten hervor.

Pogrom: gewaltsame Ausschreitungen gegen Minderheiten, z. B. im November 1938, als die Nationalsozialisten die Synagogen in Brand setzten, jüdische Geschäfte verwüsteten und mehrere tausend Juden verhafteten.

Potsdamer Konferenz: Vom 17. Juli bis 2. August 1945 zwischen Truman (USA), Stalin (UdSSR) und Churchill/Attlee (GB) in Potsdam bei Berlin abgehaltene letzte Gipfelkonferenz der »großen Drei« der sog. Anti-Hitler-Koalition des Zweiten Weltkrieges. Die Ergebnisse wurden im Potsdamer Abkommen festgehalten,

u. a. die wirtschaftliche und politische Behandlung des besiegten Deutschlands und die vorläufige Festlegung der Oder-Neiße-Linie als Westgrenze Polens sowie die Ausweisung Deutscher aus Polen, der Tschechoslowakei und Ungarn.

Puritaner: Bezeichnung für die Anhänger einer kirchlichen Reformbewegung in England seit der zweiten Hälfte des 16. Jh. Die P. wollten die Kirche von allen unbiblischen, katholisierenden Resten befreien und vertraten eine einfache Lebensführung. Ihre Trennung von der englischen Staatskirche trieb viele P. in die Emigration nach Nordamerika.

Rentabilität: Bezogen auf ein Unternehmen stellt dieser Begriff eine Beziehung her zwischen dem eingesetzten Kapital und dem erzielten Gewinn.

Reparationen: Geld und Sachleistungen der Verlierer eines Krieges zur Kompensation der angerichteten Schäden.

Rezession: Verminderung des wirtschaftlichen Wachstums, Rückgang der Konjunktur. Bedeutet Verminderung von Produktion und Investitionen und, dadurch bedingt, steigende Arbeitslosigkeit.

Rüstungswettlauf: Eine internationale Entwicklung, in der Staaten sich gegenseitig in ihrer Aufrüstung zu übertreffen versuchen. Dabei wird argumentiert, dass der andere immer schon etwas Neues eingeführt hat, man selbst also nachziehen muss.

Sandinisten: Sozialistische Widerstandsbewegung gegen die Diktatur Somozas in Nicaragua, die sich nach Agostino Sandino benannte, der 1926–34 einen antikolonialen Freiheitskampf gegen die USA führte und dabei ermordet wurde.

Schwellenländer: Entwicklungsländer wie die ostasiatischen »Tiger« Singapur, Hongkong, Taiwan und Südkorea, die durch eine starke Staatsförderung und Industrialisierung vorwiegend für den Export allmählich an die Industrieländer heranreichen. Diese rasche Industrialisierung zeichnet sich zwar durch ein anhaltend hohes Wirtschaftswachstum aus, wird aber auch durch extrem hohe Umweltbelastungen und -zerstörungen erkauft.

SED (Sozialistische Einheitspartei Deutschlands): staatstragende Partei der DDR

Software: Englische Bezeichnung für Computerprogramme, d. h. für die Befehle und Anweisungen, die den Computer steuern, ihm »sagen« was er zu tun hat. Es gibt Software, die fest im Computer eingebaut ist, und Software, die z. B. über Disketten eingegeben werden kann.

Souveränität: Auf einen Staat bezogen bedeutet dieser Begriff die uneingeschränkte staatliche Handlungsfähigkeit. Völlig unabhängig kann ein souveräner Staat entscheiden, wie er sich organisieren will, mit wem er Verbindung aufnehmen will oder wen er nicht in sein Land lassen möchte. Moderne demokratische Staaten begrenzen ihre Souveränität häufig selbst dadurch, dass sie internationale Verpflichtungen oder Verbindungen eingehen und damit ihre Entscheidungsfreiheit selbst einengen.

Sowjetunion (UdSSR): Union der Sozialistischen Sowjetrepubliken, nach der Revolution von 1917 und dem Bürgerkrieg von 1918–1921 am 30.12.1922 als Bundesstaat gegründet. Die führende Rolle in der Leitung des Staates spielte die Kommunistische Partei der Sowjetunion (KPdSU) unter Lenin, nach seinem Tod 1924 unter Stalin, der diktatorisch herrschte. 1953 übernahm nach Stalins Tod Chruschtschow die Führung der Partei. 1956 leitete er die allmähliche Entstalinisierung der Sowjetunion ein. Sein Nachfolger wurde Breschnew. 1985 wurde Gorbatschow Generalsekretär der KPdSU. Er leitete mit Glasnost (Offenheit) und Perestroika (Umstrukturierung) einen Umbau und eine Demokratisierung der UdSSR ein, die schließlich zu ihrer Auflösung führten. Die baltischen Staaten und zahlreiche ehemalige Unionsrepubliken wurden selbstständige Staaten, andere schlossen sich mit Russland zur Gemeinschaft Unabhängiger Staaten (GUS) zusammen.

Sozialstaat: Staat, der aktiv an der Gestaltung der sozialen Verhältnisse mitwirkt. Zu den Aufgaben eines Sozialstaats gehören die Regelung von Arbeitsbedingungen und die Sicherstellung von Hilfen bei Arbeitslosigkeit, Krankheit, Invalidität, Alter, Behinderung, Pflegebedürftigkeit oder Not. Die Bundesrepublik Deutschland ist nach Art. 20 des Grundgesetzes ein Sozialstaat.

Spurengase: Gase in der Lufthülle der Erde, die neben deren Hauptbestandteilen Stickstoff (70 %) und Sauerstoff (20 %) in geringen Mengen auftreten, z. B. Methan.

Staatsverschuldung: Seine Ausgaben bestreitet der Staat im Wesentlichen durch Steuereinnahmen. Jährlich wird in einem Haushaltsplan festgelegt, wie viel Geld voraussichtlich an Steuern eingenommen wird und wofür es wieder ausgegeben werden soll. In der Vergangenheit kam es in der Bundesrepublik immer häufiger dazu, dass mehr ausgegeben wurde, als durch Steuereinnahmen abgesichert war. Deshalb macht der Staat immer höhere Schulden.

Stamm: In der Völkerwanderungszeit entstand diese Siedlungseinheit, die sich selbst politische Strukturen (Herzogtum, Königtum) gab. Stämme sind weniger eine ethnische (völkische) Gemeinschaft, sondern eher ein Verband, der gemeinsame politische Traditionen ausbildete.

Strukturhilfen: Für Regionen mit einem Entwicklungsrückstand oder besonders problematischen Entwicklungen in bestimmten Wirtschaftsbereichen gibt der Staat Geld, um diese Probleme langfristig auszugleichen. Er trägt dadurch z. B. zum gezielten Strukturwandel bei.

Subventionierung: Staatliche Hilfe zur Stützung nicht oder nicht mehr konkurrenzfähiger Betriebe oder Branchen, meist in der Absicht Arbeitsplätze zu schaffen oder zu erhalten.

Tuareg (Einzahl: Targi): Nomadenstämme berberischer Abstammung, die in der westlichen Sahara leben. Die ca. 300 000 Menschen unterscheiden sich trotz gleichen islamischen Glaubens von allen Umwohnern u. a. in der hohen Stellung der Frau, einer eigenen Schrift (»Tifinagh«) und dem von Männern getragenen Gesichtsschleier »Litham«. Die traditionelle Klassenschichtung in Adlige und Vasallen ist nur noch in Resten erhalten.

UN-Charta: In der UN-Charta bekennen sich alle Mitglieder dazu, den Grundsatz der Gleichberechtigung und des Selbstbestimmungsrechtes der Völker über ihren eigenen Staat anzuerkennen. In Artikel 2 verpflichten sich alle Mitgliedsstaaten, Konflikte mit anderen Staaten friedlich zu lösen. Militärischer

Angriff und Besetzung des Territoriums eines anderen Staates sind verboten. Sowohl Israel als auch die arabischen Staaten sind Mitglieder der UN und haben durch ihren Beitritt die Charta als verpflichtend anerkannt.

Utopie (griechisch: »Nirgendwo«): Schilderung eines erhofften Idealzustandes der Welt und der menschlichen Gemeinschaft. Utopisches Denken, das der Sehnsucht nach einer besseren Welt entspringt, ist oft in fantastische Erzählungen eingekleidet. Der geschilderte Idealzustand einer wahren und gerechten Lebensordnung kann auch Kritik an den bestehenden Verhältnissen bedeuten oder als Leitbild für die Weiterentwicklung von Gesellschaften dienen. Im 20. Jh. sind verstärkt »negative Utopien« geschrieben worden; sie malen Katastrophen aus, die durch hemmungslose Weiterentwicklung der technischen Errungenschaften unserer Zivilisation drohen.

Verständigungspolitik: Eine Außenpolitik, die vorzugsweise den Ausgleich mit den Nachbarstaaten sucht und darauf verzichtet, etwa durch Drohgebärden oder Einschüchterungen den anderen zum Nachgeben in einer zwischenstaatlichen Angelegenheit zu zwingen.

Vierte Welt: Die ärmsten und am stärksten zurückgeworfenen Staaten der Erde werden heute als »Vierte Welt« bezeichnet.

Währungsstabilität: Dieser Begriff beschreibt zum einen die Stabilität der Währung nach innen: Preisstabilität. Zum anderen erfasst er die Stabilität der eigenen Währung in Bezug auf den Tausch gegen andere Währungen: Wechselkursstabilität.

Widerstand: Bezeichnung für Handlungen, die gegen einen diktatorischen Staat gerichtet sind. Aus der Erfahrung mit dem Nationalsozialismus ist im Grundgesetz ausdrücklich ein »Recht auf Widerstand« (Art. 20 GG) verankert worden.

Wirtschaftsstruktur: Betrachtet man die Wirtschaft eines Landes, kann man drei zentrale Bereiche erkennen: Die Landwirtschaft, das produzierende Gewerbe und den Bereich der Dienstleistungen. Die Struktur der Wirtschaft lässt sich danach beschreiben, wie die Zahl der Arbeitsplätze sich auf diese drei Bereiche verteilt. In der Bundesrepublik etwa nimmt der Dienstleistungssektor in den letzten Jahren immer mehr zu, während die Zahl der Arbeitsplätze in der Landwirtschaft immer mehr abnimmt.

Wirtschaftswunder: Bezeichnung für die rasche wirtschaftliche Entwicklung in der Bundesrepublik Deutschland nach dem Zweiten Weltkrieg.

Zarin/Zar: Russischer Herrschertitel 1457 bis 1917. Abgeleitet von lat. Caesar = Kaiser, Anspruch der Nachfolge des 1453 untergegangenen Oströmischen Reiches.

Zionismus: Zionismus ist eine Bewegung des Judentums, die die Rückführung aller Juden in das »Land Israel« mit dem religiös-politischen Mittelpunkt »Zion«, d. h. Jerusalem, zum Ziel hat. Theodor Herzl begründete mit seinem Artikel über den »Judenstaat« den politischen Zionismus und gab ihm mit dem 1. Zionistischen Weltkongress 1897 in Basel eine feste Form. Seit den russischen Pogromen 1905 setzte eine starke jüdische Einwanderung nach Palästina ein. Das Hauptziel der Bewegung, nämlich die Errichtung eines jüdischen Nationalstaates auf dem Boden des historischen Israel, wurde 1948 mit der Gründung des Staates Israel erreicht.

Zollschranken: Zollschranken sind Möglichkeiten der Importbeschränkung, häufig angewendet zum Schutz der eigenen Wirtschaft. Damit regelt ein Staat Importe in sein Wirtschaftsgebiet.

Stichwortverzeichnis

*Die mit einem * gekennzeichneten Begriffe findet ihr auch in den Glossaren!*

*Die mit einem * gekennzeichneten Begriffe findet ihr auch in den Glossaren!*